In der Stille die Freiheit
Band 2 - die Jahre 1923 bis 1969
Silke Ellenbeck

Silke Ellenbeck

In der Stille die Freiheit
Band 2 - die Jahre 1923 bis 1969

Das bewegte Leben der Prinzessin Alice von Griechenland, Prinzessin von Battenberg,
Mutter von Prinz Philip, Duke of Edinburgh,
1885-1969

Historische Romanbiografie

DeBehr

Copyright by: Silke Ellenbeck
Herausgeber: Verlag DeBehr, Radeberg
Erstauflage: 2019
ISBN: 9783957537157

Inhaltsverzeichnis

Vorwort 7

Rastlose Jahre, 1923 bis 1939 9

Kriegszeiten, 1940 bis 1945 275

Eine royale Eheschließung und die Erfüllung eines Traumes, 1946-1960 358

Lebensabend, 1961 bis 1969 475

Nachwort 515

Bibliografie 517

Filme 521

Bildnachweis 522

Danksagung 527

Lesen Sie mehr Historisches von Silke Ellenbeck bei DeBehr 528

Vorwort

Da ich mich als Historikerin und Autorin seit mehr als fünfundzwanzig Jahren mit der Geschichte des deutschen Adels und seinen Verbindungen durch Heirat in europäische Kaiser- und Königshäuser auseinandersetze, fielen mir bei meinen Recherchen, besonders zur letzten Zarenfamilie um Zar Nikolaus II. und seiner Frau Zarin Alexandra, geborene Prinzessin von Hessen und bei Rhein, stets auch die Schicksale einzelner Prinzen und Prinzessinnen auf. Das russische Zarenhaus pflegte durch Verheiratung von Prinzessinnen verwandtschaftliche Beziehungen nach Hessen und über die Jahrzehnte festigten sich diese.

Da die Recherche zu meiner 2015 erschienenen Biografie über die Großfürstin Maria Nikolajewna, dritte Tochter des letzten Zaren von Russland, es erforderte, sich intensiv mit dem Haus Hessen auseinanderzusetzen, stieß ich auf das Schicksal der Prinzessin Alice von Battenberg, spätere Prinzessin von Griechenland und Mutter des Prinzen Philip von Edinburgh, der wiederum später Prinzgemahl der Königin Elizabeth II. von England werden sollte.

Alice wurde im Jahre 1885 als Ur-Enkelin Königin Victorias in England geboren, war von Geburt an taub und lernte durch das Engagement ihrer Familie das Lippenlesen in mehreren Sprachen und auch das Sprechen auf einem ihrer Behinderung angepassten Niveau. Durch ihre Heirat mit dem Prinzen Andreas von Griechenland im Jahre 1903 wurde sie ein Mitglied des griechischen Königshauses.

Mit Beginn des Ersten Weltkriegs und dem folgenden Zusammenbruch des poltischen Einflusses des Adels, durch den Zerfall der Monarchien in Europa zerfielen auch ihre heile Welt, ihre Familie und nicht zuletzt ihr hochherrschaftlicher Lebensstandard. Bedingt durch die politischen Unruhen in Griechenland musste Alice mit ihrer Familie das Land verlassen. Man versuchte im Exil in Paris einen Neuanfang, doch das Leben im Exil schlug sich auf die seelische Gesundheit der Prinzessin nieder, sodass sie auf Veranlassung ihres Mannes und ihrer Mutter in ein Sanatorium zwangseingewiesen wurde. Ihre Behandlung wurde unter anderem durch Dr. Sigmund Freud und Dr. Ernst Simmel vorgenommen.

Ihr jüngstes Kind Prinz Philip und seine Schwestern waren beim gewaltvollen Abtransport der Mutter absichtlich nicht zugegen, wobei diese Trennung das Ende der heilen Familie für Alice bedeutete. Zeit ihres Lebens war das Verhältnis zwischen Mutter, Sohn und Schwestern dadurch belastet.

Hinzu kamen Eheprobleme, die zu einer Trennung zwischen Alice und ihrem Mann führten. Dennoch versuchte die Prinzessin sich wieder ein eigenes Leben aufzubauen, kehrte nach ihrer seelischen Genesung nach Griechenland zurück und engagierte sich im Widerstand gegen die Besetzung durch die Nationalsozialisten, indem sie eine jüdische Familie vor der Deportation bewahrte.

In ihrem späteren Leben konvertierte sie zum orthodoxen Glauben und wurde Nonne in einem eigens gegründeten Orden. Anderen Menschen, die in Not geraten waren, durch welche Lebensumstände auch immer, zu helfen, wurde ihr zu einem Bedürfnis und Lebensziel.

Erst in ihren letzten Lebensjahren näherte sie sich wieder ihrem Sohn an, sodass sie ihren Lebensabend in der Nähe seiner Familie in England verbrachte.

Ich möchte dieser beeindruckenden Persönlichkeit in dieser Biografie ein Denkmal setzen und einer von der Historie eher unbeachteten Prinzessin eine Stimme geben. Um ihre Sicht deutlicher auszudrücken, habe ich einen personellen Erzählstil gewählt.

Aber lassen wir Alice selbst zu Wort kommen …

Die Autorin, im Februar 2018

„Nur für diesen Zweck wurde der Mensch erschaffen: Zu lehren, wer eine einzige Seele zerstört, zerstört die ganze Welt. Und wer eine einzige Seele rettet, rettet die ganze Welt …"
(Jerusalem Talmud, Auszug: Sanhedrin, 23a-b)

"For Alice…to an uncommon woman."

Rastlose Jahre, 1923 bis 1939

Im Januar des Jahres 1923 reisten wir mit Christo und seiner Frau von Cherbourg auf der *Olympic* nach New York.
Wir genossen die Reise und der Prozess, der nun als *Trial of the Six* in die Geschichte eingehen sollte, schien wie eine schlimme Erfahrung hinter uns zu liegen. Weder Andrea noch ich wollten auch nur eine Zeitung in die Hand nehmen, die noch darüber berichtete. Es erschien uns alles wie der Aufbruch in ein neues Leben, welches wir uns in Paris mit den Kindern einrichten wollten. Wir mussten beide erst mal wieder zur Ruhe kommen, zu uns selbst und zu uns als Paar finden.

Andrea und ich auf dem Schiff in Richtung New York, Januar 1923

Andreas Bruder liebte seine Frau sehr. Ihr Reichtum führte dazu, dass ihr Leben allen Luxus bot, aber dennoch konnten beide nicht verbergen, wie sehr sie sich davor fürchteten, man könne Anastasia sagen, dass eine weitere Therapie sinnlos sei und damit ihr Kampf gegen den Krebs verloren.

Böse Zungen hatten oft behauptet, dass Christo seine Frau nur aufgrund ihres Geldes heiratete, aber dies war eine sehr gemeine Unterstellung, denn für ihn spielte dies überhaupt keine Rolle. Ebenso wenig wie die Tatsache, dass sie zehn Jahre älter war als er.

Mit Andrea auf der Olympic, Januar 1923

Christo und Anastasia auf dem Schiff, Januar 1923

Nonie oder Nancy, wie sie auch genannt wurde, war eine der großzügigsten Frauen, die mir jemals begegneten. Sie war sehr gütig und warmherzig und sehr stolz auf ihren Sohn William, der im Jahre 1921 die Tochter von Andreas Schwester Marie in Paris heiratete. Großfürstin Xenia war bei der Heirat erst achtzehn Jahre alt gewesen, William neunzehn. Nancy mochte Xenia, vor allem hatte sie Mitleid mit der jungen Frau, deren Vater während der Revolution in Russland hingerichtet wurde. Aber sie fand das Paar etwas zu jung zum Heiraten, dennoch freute sie sich darüber, wie die beiden auf Long Island ein recht aufregendes Leben in den besten Kreisen führte. Und sie schienen glücklich miteinander zu sein, als wir die beiden einmal trafen.

Da Xenias Mutter Marie keine glückliche Ehe mit ihrem Gatten geführt und überwiegend mit den beiden Töchtern in Paris gelebt hatte, kannte ich Xenia nicht wirklich gut, da wir uns zu selten begegnet waren, wenn sie einmal mit der Mutter nach Griechenland zu Besuch kam.

Dafür war sie öfter mit der Schwester in Russland gewesen bei der Familie ihres Vaters und sie und ihre Schwester Nina hatten oft mit meinen Cousinen Marie und Anastasia gespielt. So erinnerten wir uns kurz daran, wie vor allem Anastasia gewesen war – wild, manchmal zu derb beim Spielen, wenn sie kratzte, an den Haaren zog oder bei Spielen absichtlich betrog, aber auch immer lustig, zu Streichen aufgelegt, die in der Planung oftmals von großer Fantasie zeugten. Xenia wollte unbedingt einmal Anna Anderson treffen, denn sie wollte sichergehen, dass diese nicht vielleicht doch Anastasia sei. Ich riet ihr davon ab, erzählte ihr, was wir erfahren hatten über das Schicksal der Familie, aber sie wollte sich wohl selbst ein Urteil bilden und daran konnte ich sie nicht hindern. Auch wenn ich für meinen Teil dies absolut ablehnte, denn es gab zu viele Fakten die gegen ein Überleben meiner Cousine sprachen.

Uns erreichte auf der Fahrt über den Atlantik per Telegramm die Nachricht, dass Tino am elften Januar um ein Uhr dreißig morgens an Herzversagen gestorben war. Wir sandten telegrafisch eine Beileidsbekundung zurück an Sophie. Es sollte nur ein kleines Begräbnis in Palermo in der Nähe der Villa geben, wo er zuletzt mit seiner Familie lebte. Es bestand keine Möglichkeit, den entthronten König in Griechenland beizusetzen. Das revolutionäre Komitee hätte dies niemals gestattet und George, Sohn des Königs und nun selbst König, würde sich niemals gegen dieses stellen.

Tinos Tochter Helen hatte uns mitgeteilt, dass ihr Vater noch vorgehabt habe nach Neapel zu reisen, um dann in Florenz mit seiner Familie zu leben. Die letzten Tage jedoch hatte er fast nicht mehr ohne fremde Hilfe, gestützt auf einen Stock, laufen können und für Helen stand fest, dass ihr

Vater an einem gebrochenen Herzen gestorben war, denn die Ereignisse in Griechenland hatten sich schwer auf seine Schultern gelegt. Diese Last war ihm nach ihren Worten einfach zu viel geworden. Tino war ja erst vierundfünfzig Jahre alt, als er starb.
Als wir am siebzehnten Januar am Pier 59 in North River, New York, anlegten, wartete schon die amerikanische Presse auf uns. Andrea stand den Reportern bereitwillig Rede und Antwort. Als einer von ihnen ohne Umschweife fragte, ob er vorhabe, jemals wieder nach Griechenland zurückzukehren, antwortete er ohne zu zögern, dass er niemals das Risiko erschossen zu werden auf sich nehmen würde.
Doch mein Mann würdigte auch Tino, seinen verstorbenen Bruder als König, wandte ein, dass dieser sich niemals wirklich richtig von seinen beiden schweren Erkrankungen in den Jahren 1915 und 1917 erholt und sich das natürlich auch auf seine Regierung ausgewirkt habe. Andrea ließ sich dazu hinreißen, festzustellen, dass das griechische Volk nun kriegsmüde sei. In aller Ausführlichkeit berichtete er von dem griechischen Debakel im Krieg gegen die Türken, seinem Prozess und seiner Rettung.
Unglücklicherweise verwandte die Presse dies später gegen ihn. Als wir im Sommer wieder nach Europa zurückkehrten, bezichtigte ihn der amerikanische Chargé d'affaires, der diplomatische Geschäftsträger in Athen, der Propaganda. Andrea machte entschieden deutlich, dass dem nicht so war, musste aber an Bentinck in Athen und an Talbot schreiben, um dies deutlich zu machen. An die Schwiegermama schrieb er auch einen Brief, in dem er meinte, sein einziger Fauxpas während der Interviews in den USA sei es gewesen, die Frage, ob man ihn inhaftiert habe und er nur knapp dem Tod durch Erschießen entkommen sei, positiv zu beantworten. Dies sei keine Propaganda gegen das revolutionäre Komitee in Griechenland, da die ganze Welt bereits davon gewusst habe.
Mein Ehemann war davon überzeugt, dass hier Griechen am Werk waren, die nur Sturm gegen ihn machen wollten, um Mon Repos in ihren Besitz zu bringen.

Nun, in New York, im Januar 1923 gab es zwar sehr positive Reaktionen auf Andreas Rettung, aber mein Mann machte auch entschieden deutlich, wie sehr ihn das Ganze noch schmerzte und dass er nun nicht immerzu damit konfrontiert werden wollte.
Wir zogen ins *Ambassador Hotel* an der *Park Avenue*. In dem sehr vornehmen Hotel bekamen wir einen Kammerdiener und eine Kammerfrau bereitgestellt, die sich nur um unsere Belange kümmern sollten. New York war eine aufregende Stadt, sogar bei Nacht waren die Straßen von der Reklame hell erleuchtet, die Menschen ständig unterwegs, genossen das Nachtleben

am Broadway oder in kleinen Clubs und Bars. Es war durchaus beeindruckend, besonders als wir mit dem Automobil durch die Stadt fuhren. Denn es gab so viel zu sehen, dass man die ganzen Eindrücke kaum verarbeiten konnte. In Mon Repos war das Leben sehr still und beschaulich gewesen, London bot auch einige Attraktionen, aber New York schlug das alles um Längen. Wir konnten uns buchstäblich gar nicht sattsehen. Es war aufregend und pulsierend. Für Christo und Anastasia, die öfter in den USA waren, boten das Land und die Metropole New York eine gute Möglichkeit, einen sehr exklusiven Lebensstil zu pflegen. Wenn man reich war, gab es an jeder Ecke Amüsements zu entdecken. Es war eine schillernde Welt, in die wir eintauchten, aber auch eine sehr oberflächliche. Anastasia kannte buchstäblich Gott und die Welt, ständig begegnete ihr jemand und sie begann höfliche Gespräche, doch oftmals wirkte dies auch aufgesetzt.
Wenn man viel Geld hat, ist dies sicher ein sanftes Ruhekissen, aber unter den sogenannten Freunden sind auch oft nur welche, die einem wegen dieses Reichtums wohlgeneigt sind. Jedenfalls empfand ich das immer so.
Andrea und ich scheuten uns nicht davor, eingeladen zu werden von Christo und Anastasia. Wir fühlten uns auch nicht schlecht dabei, denn wir hatten Geld, kamen aber eben nur nicht an unser Vermögen aufgrund der Situation in Griechenland.
In den folgenden Tagen besuchten wir das *Woolworth Building*, ein Wahrzeichen der Stadt, von dem aus man einen herrlichen Ausblick auf New York genießen konnte. Dort kauften wir kleine Nachbildungen des Gebäudes für unsere Töchter als Mitbringsel.
Einmal fragte uns ein Journalist, wie es uns in New York gefiele, und Andrea sagte ihm, dass er den Broadway sehr imposant fände, die hohen Gebäude und die Kleider der Frauen seien sehr extravagant. Man stellte ihm die Frage, warum ihn nicht ein Gentleman-in-waiting begleitete, also ein Bediensteter aus vornehmer Familie, und Andrea musste darüber lachen, gab zurück, er sei Demokrat und brauche daher keinen.
An einem Sonntag machten Andrea und Christo einen langen Spaziergang über die Fifth Avenue und ließen es sich nicht nehmen, wie alle anderen auch in einem Bus auf der Fifth Avenue zum Hotel zurückzufahren. Auf der Brücke sei ihnen ein Grieche begegnet, erzählte mir Andrea, dieser habe sie beide erkannt, gegrüßt, aber sie hatten ihn ignoriert und es vorgezogen unerkannt zu bleiben.

Nach dem Tod Tinos befand sich die griechische Königsfamilie in einer sechsmonatigen Trauerphase. Es gab einige Gedenkgottesdienste für Tino, zu einem waren wir auch eingeladen worden. So unterbrachen wir unsere USA-Reise im Februar kurz, reisten mit Christo in einem Zug nach Montreal in Kanada. Die griechische Gemeinde dort veranstaltete den Gedenkgottesdienst und ich erinnere mich sehr gut daran, wie kalt es an dem Morgen war, als wir in Montreal ankamen.

Der Gottesdienst war sehr gut besucht, vielleicht umso mehr, da wir anwesend waren. Danach gab es ein großes Mittagessen im *Ritz-Hotel*, aber durch die Fülle an Reden und Darbietungen, die währenddessen stattfanden, konnten wir es kaum genießen. Es war für uns fremd, dass man dies nicht vor dem Essen machte oder danach. Christo erklärte uns, dass es in Kanada und den USA eben so üblich sei, auch beim Essen eine Rede zu halten oder das Essen mit Darbietungen zu untermalen.

Wieder zurück in den USA besuchten wir Washington und Palm Beach in Florida, wo wir im *Royal Poinciana Hotel* wohnten. Das Hotel war eine der größten Holzkonstruktionen zur damaligen Zeit, weltweit gesehen, war einmal erweitert worden und bot Platz für rund zweitausend Gäste, um die sich eintausendsiebenhundert Angestellte kümmerten. Es waren zwei Gebäude, die miteinander verbunden waren. Das Besondere war, dass man einmal auf einem Weg, der rechts und links von Palmen gesäumt war, anderen Gebäude gelangen konnte, indem man zu Fuß ging oder aber man ließ sich kutschieren in den sogenannten *Afromobiles*. Schwarze Angestellte traten in die Pedale eines einer Riksha ähnlichen Gefährts. Dies war in den USA normal, doch für Andrea und mich sehr befremdlich. Und die Wege im Hotel selbst waren so weitläufig, die Pagen mussten auf Fahrrädern ihre Aufgaben erledigen.

Ich muss zugeben, dass ich niemals einen Unterschied zwischen Menschen gemacht habe, egal welcher Religion sie angehörten oder welche Hautfarbe sie hatten, daher missfiel mir die Rassentrennung sehr. Natürlich gab es auch dunkelhäutige Amerikaner, die sich einen guten Lebensstandard erarbeitet hatten, zu Reichtum gelangt waren, dennoch durften sie auch als Gäste in den Hotels niemals in den Pool für die Weißen. Christo sagte mir, dass, wenn ein dunkelhäutiger Mensch nur den Fuß in das Wasser eintauchte, das gesamte Wasser ausgetauscht, der Pool gereinigt werden musste, dann zumeist kurioserweise von dunkelhäutigen Angestellten. Dies war ein Unsinn, den ich nicht verstehen wollte und konnte.

In Palm Beach trafen wir auf viele bekannte Persönlichkeiten wie Lady Sarah Wilson, die erste weibliche Kriegsberichterstatterin, die unter anderem aus dem Zweiten Burenkrieg berichtet hatte. Sie gehörte zur Churchill-Familie, stammte aus England, arbeitete auch für die *Daily Mail* als Journalistin. Sie war dreiundfünfzig Jahre alt, verheiratet, hatte einen Sohn, aber war in ihrer Arbeit sehr engagiert und noch oft in Afrika. Sie erzählte uns von ihren Erlebnissen, was ich sehr interessant fand, denn sie hatte sich ihren Posten und die Anerkennung in der Männerwelt hart erkämpfen müssen.

Xenia und William kamen nach Palm Beach und wir verbrachten einige Tage miteinander, dann fuhren wir auf der Yacht von Anastasia mit ihr und Christo bis nach Kanada und wieder zurück nach Palm Beach.

William Leeds Junior, links, Xenia rechts, in der Mitte Andrea und ich, Palm Beach, Florida 1923

Christo versuchte stets seine Sorge um Anastasia zu verbergen, aber schließlich musste er uns doch offenbaren, dass es schlimmer um sie stand, als wir vermuteten. Es bestand kaum noch Hoffnung, dass sie wieder genesen würde. Und dennoch unternahmen die beiden alles, um uns den Urlaub so angenehm zu machen, dass wir ihnen sehr dankbar dafür waren. Aber man merkte, wie sehr es Christo belastete, er nur schwerlich den Urlaub genießen konnte. Seine Frau bemühte sich auch, es zu verbergen, aber es lag dennoch eine Schwere auf den beiden, die sich nicht mehr abschütteln ließ.

Als wir am zwanzigsten Mai auf der *Aquitania* aus den USA abreisten,

blieben sie in New York. Wir dankten ihnen, wünschten ihnen alles Gute, doch obwohl es ehrlich und aufrichtig gemeint war, konnte es ihnen nicht helfen.
Lady Sarah Wilson reiste mit uns zurück nach Europa und war uns eine sehr willkommene Gesellschaft auf der Rückfahrt über den Atlantik.

Wir versuchten uns in St. Cloud einzurichten. Es war aber sehr schwierig, als Dolla und Margarita dann auch noch dort eintrafen, um mit uns zusammen zu leben, denn wir waren einfach zu viele Personen und hatten zu viel Personal. Das Haus war innen großzügig gestaltet, aber dennoch wirkte es sehr überfüllt, wenn wir alle anwesend waren.

Wir hatten zwar nicht die ausreichenden finanziellen Mittel zur Verfügung, um uns selbst zu versorgen, aber Mimi war wie eine überfürsorgliche Mutter. Wir lebten in ihrer Nähe, sie kam hauptsächlich für unsere gesamten Ausgaben auf. Und sie verbat sich, dass wir etwas nicht annehmen wollten von ihr. Mimi war eine sehr großzügige Frau, der ich wirklich dankbar für die finanzielle Hilfe war. Wenn man bedenkt, dass sie diese auf einige Jahre gesehen für uns übernahm, war ihre Großzügigkeit grenzenlos. Ihr Vater, Prinz Roland, war mit seinen dreiundsechzig Jahren sehr krank und gebrechlich. Sie kümmerte sich sehr engagiert um ihn, ließ ihm die beste Pflege zukommen.

Ihre Kinder befanden sich oftmals in der Obhut von Gouvernanten, dennoch liebte sie sie innglich. Andreas Bruder George war nur selten anwesend. Auch in Griechenland war er nicht oft zu Besuch gekommen. Wenn er nach Athen reiste, besuchte er kurz seinen Bruder Tino, machte sich aber bald wieder auf die Rückreise. Mimi sagte mir einmal, er habe Griechenland, ebenso wie sie, abgeschrieben. Dennoch hatte man aus ihrer Sicht Tino im Griechisch-Türkischen Krieg nicht beigestanden, womit sie England und Frankreich meinte, die beide kurzzeitig eine Handelsblockade gegen Griechenland verhängten. Dies war aber nur eine kleine Sache gewesen, wenn man sich auf das Ganze konzentrierte, was mit der Niederlage am Sakarya-Fluss zur eigentlichen erzwungenen Abdankung Tinos führte.

Ich teilte Mimis Auffassung, wie sehr das revolutionäre Komitee den neuen König George unterdrückte. Er war nicht wirklich frei in seinem Handeln für das Land und niemand zweifelte daran, dass das Komitee ihn früher oder später auch zur Abdankung zwingen würde.

Unsere Bediensteten in St. Cloud bestanden oftmals aus sehr unterschiedlichen Nationalitäten, wodurch es oft zu Meinungsverschiedenheiten zwischen dem Personal kam. Einmal wurde eine Kammerfrau von einem Diener mit einem Messer attackiert, wodurch sie aber zum Glück nur leicht verletzt wurde. Die Attacke geschah wohl mehr oder weniger aus verletztem Stolz des Dieners, als die Kammerfrau seine Avancen abwies, der Diener bestand aber darauf, dass er nur wütend geworden sei, weil er keinen Lohn erhalten habe. Wir entschieden zu Gunsten der Kammerfrau in diesem Fall und der Diener wurde entlassen. Aber es kam leider auch durchaus vor, dass Angestellte auf ihren Lohn warten mussten. Es war nicht leicht, Mimi darum zu bitten, für diesen aufzukommen.

Man kann uns vielleicht eine gewisse Versnobtheit unterstellen, weil wir in unserer Lage noch auf Personal bestanden, wo wir selbst auch den Haushalt hätten führen können, aber zum einen bestand Mimi auf diesem Luxus für uns und zum anderen versuchte ich selbst Geld für uns zu verdienen, wodurch ich zeitlich sehr eingespannt war.

Dolla, rechts, Margarita, Andrea und ich in unserem Haus in St. Cloud, Paris 1923

Andrea und ich, St. Cloud, Paris, 1923

Ich bestickte Stoffe mit antiken griechischen Mustern wie Kissen, Bettwäsche, Tücher, Tischdecken, Schals und fand für diese Handarbeiten durchaus Abnehmer, da diese Art der Volkskunst immer noch sehr beliebt war. Es ergab sich bald darauf die Möglichkeit für mich, die fertiggestellten Handarbeiten in einem sogenannten Wohltätigkeitsladen anzubieten, den ich selbst gründete. Diese Boutique nannte ich *Hellas* und sie befand sich in der *Rue Faubourg Saint-Honoré* in Paris. Ich bot dort unter anderem die Handarbeiten mit den griechischen Stickereien an, auch mit diesen verzierte Seide, die auch andere Damen für mich herstellten, aber deren Herstellung ich überwachte. Wir boten auch Tapisserie in griechischem Stil an, wundervolle Gobelins. Bald sorgten Christo, Nancy, Mimi und ihr Gatte George für reiche Kunden und ich begann auch Antiquitäten anzubieten. Der Erlös aus den Verkäufen kam griechischen Flüchtlingen zugute. Ich arbeitete dort als Geschäftsführerin, da ich mich für die Flüchtlinge einsetzen wollte und so auf Wunsch auch Handarbeiten anfertigen konnte oder eben fertige zum Verkauf offerierte. Und die Anwesenheit einer griechischen Prinzessin im Laden war durchaus willkommen, weil es eben auch Kunden anzog.
Nikolaus, Andreas künstlerisch begabter Bruder, schickte ab und an ein von ihm handgemaltes und signiertes Bild zum Verkauf in den Laden und bald empfahl man das Geschäft weiter, es sprach sich in der Familie herum. So gingen auch bald mehr und mehr Spenden an Dingen ein, die wir anbieten konnten. Die Boutique florierte, wie man so sagt.
Die Arbeit tat mir gut und es bedeutete auch, dass wir dadurch die Verbin-

dung nach Griechenland noch etwas aufrechterhielten. Seit unserer Abreise aus Griechenland hatten wir keine griechischen, sondern immer noch die dänischen Pässe, wenn wir verreisen wollten.
Mein Gatte sagte, man habe uns damit auch die griechische Nationalität gestohlen, was er besonders für die Kinder nicht schön fand, denn sie waren in Griechenland geboren worden. Ich erinnerte ihn daran, dass er lieber froh sein solle, noch am Leben und bei uns zu sein, da waren mir die Pässe völlig gleichgültig.

Andrea verbrachte viel Zeit mit Tiny, Cäcilie und Philip. Gemeinsam fuhren sie mit einem Automobil in die Stadt, erkundeten Paris und seine Sehenswürdigkeiten oder spazierten durch den *Bois de Boulogne*, den wunderschönen Park und Wald im Westen von Paris. Dort konnten sich die Kinder auch austoben, herumlaufen und spielen.
In St. Cloud gab es einen Tennisplatz zwischen unserem Haus und dem von Mimi. Viele Stunden lang spielte Andrea mit Cäcilie und Tiny kleine Matches zu zweit, Philip durfte als Balljunge die Bälle wiederholen, wobei er sich emsig bemühte, aber auch oft mit dem einen oder anderen Ball zu spielen begann und vergaß, ihn den Spielern zurückzugeben.
Jeden Sonntag luden uns Mimi und George zu einem großen Mittagsessen ein.
Unter der Woche war Mimi die meiste Zeit bei ihrem Vater in Paris, trieb ihre Karriere als Psychoanalystin voran, wenn George zu Hause war, sah man ihn kaum. Er liebte die Stille und Zurückgezogenheit. Manchmal fuhr er zu seinem Stadthaus in Paris in der *Rue Adolph Yvan* oder er besuchte für längere Zeit die Verwandten in Dänemark.
Auch Nikolaus und Ellen lebten mittlerweile in St. Cloud und damit in unserer direkten Nachbarschaft. Ihre älteste Tochter Olga hatte sich im Jahre 1922 zuerst mit dem Kronprinzen Frederick von Dänemark verloben müssen, da ihre Mutter diese Partie als durchaus positiv befand, denn ihre Tochter wäre damit finanziell abgesichert und Königin geworden. Doch Olga schenkte ihr Herz dann dem Prinzen Paul von Jugoslawien. Die Hochzeit war für den Oktober 1923 geplant.
Die beiden jüngeren Töchter, Elizabeth und Marina, hatten noch nicht vor sich zu binden.
Andreas Cousine, *Meg Bourbon* genannt, hieß eigentlich Prinzessin Margrethe von Bourbon-Parma. Sie war eine geborene Prinzessin von Dänemark und verheiratet mit dem Prinzen René von Bourbon-Parma. Meg hatte zwei Kinder, den kleinen Jacques, der ein Jahr alt war, und das Baby Anne. Wir trafen uns oft mit den Verwandten, da wir alle nun so dicht beieinander wohnten.

Wenn ich nicht im Laden arbeitete oder über meinen Handarbeiten saß, verbrachte ich viel Zeit mit meinem Mann und den Kindern. Ich würde durchaus sagen, dass diese Zeit in St. Cloud trotz der Umstände eine unserer schönsten war.

In dem Wohltätigkeitsladen Hellas – ich mit einigen Stücken, die dort zum Verkauf angeboten wurden, 1923

Wir standen in stetem Kontakt mit Mama und meinen Geschwistern in England, verbrachten aber die meiste Zeit in Frankreich, zu den deutschen Verwandten pflegte ich kaum Kontakt, blieb aber über meine Mutter stets auf dem Laufenden.

Mama lebte mit Louise in ihrem großzügigen Appartement in der nordwestlichen Seite des Kensington-Palastes und durch die Tanten meiner Mutter, Beatrice und Louise, die auch dort lebten, hatten sie stets Gesellschaft. Da Tante Louise seit dem Jahre 1914 auch Witwe war, aber die Ehe leider kinderlos geblieben war, sah meine Mutter eine ihrer Verpflichtungen darin, sich um ihre beiden Tanten zu kümmern.

Die Pye-Crust, Edith, war immer noch Mamas Kammerfrau, denn sie gehörte mittlerweile zur Familie. Seit einiger Zeit gehörte auch Isa von Buxhoeveden, Tante Alix☐ ehemalige Hofdame, zum Haushalt meiner Mutter. Sie war so etwas wie die Sekretärin Mamas, half ihr mit der Post und beide hatten begonnen, Mamas Memoiren niederzuschreiben. Leider

wurden diese aber nie veröffentlicht.
Auch Nona und ihr Ehemann Dick zählten noch zum Freundeskreis meiner Mutter. Sie war ihnen immer noch sehr dankbar, dass Papa, Louise und sie in Fishponds hatten leben dürfen, empfand dieses Zuhause immer noch als ihr schönstes. Daher besuchte sie die beiden so oft es ihr möglich war in Netley Castle. Nona und Dick hatten sich Hühner zugelegt, waren aber in der Zucht nicht besonders erfolgreich, doch es war meiner Mutter jedes Mal eine Freude, sich um die Tiere, besonders die Küken, zu kümmern.
Auch wenn meine Mutter es nicht gerne offen aussprach, so beschäftigte sie doch immer noch die falsche Anastasia in Deutschland. Anna Anderson war nicht die Einzige, die behauptete, ein überlebendes Mitglied der Zarenfamilie zu sein. Zu ihr gesellten sich weitere angebliche Anastasias, wie eine Dame, die in den USA lebte, ein falscher Alexei, falsche Olgas und so war die Liste beliebig erweiterbar. Niemand behauptete jedoch jemals Onkel Nicky oder Tante Alix zu sein. Besonders Isa fand das äußerst kurios.
Der Fall Anna Anderson wog daher so schwer für unsere Familie, da diese Frau förmlich alles in Bewegung setzte, damit jemand ihr bestätigte, sie sei die echte Anastasia. Doch für meine Mutter blieb sie nach wie vor stets eine Betrügerin, deren Lüge sie sehr schmerzte.

Meine beiden älteren Töchter schickte ich oft zu Mama und Louise nach London. Dolla und Margarita verstanden sich sehr gut mit Louise und fühlten sich sehr wohl in ihrer Gesellschaft. Mama schickte meine Töchter in Begleitung meiner Schwester oft zu Partys. Oder Edwina nahm sich Zeit für die Mädchen, sie schenkte ihnen sogar einige ihrer oftmals sehr exklusiven Kleider für diese Anlässe. Das Weitergeben von Kleidungsstücken, die einem selbst nicht mehr passen, ist in großen Familien normal, aber für Edwina war es traurig mitanzusehen, wie Dolla und Margarita sich selbst solche Kleider nicht leisten konnten. So bestellte sie bald ihre Kleider so, dass sie sich jederzeit weiter oder länger machen ließen, um sie dann an meine Töchter weiterzureichen. Dickies Gattin war schmaler als die Mädchen, doch in ihren Kreisen war es üblich, die meisten Kleider nur einmal zu einem besonderen Anlass zu tragen. Danach hingen sie nur noch im Schrank. Mit ihrer Großzügigkeit machte sie meine Töchter natürlich überglücklich, denn sie waren inzwischen junge Damen, die auch gerne einmal Wert auf ihr Äußeres legten. Damit meine ich keine Eitelkeit, die war ihnen beiden fremd, denn sie waren mit Verzicht konfrontiert worden, als wir das erste Mal Griechenland verlassen mussten. Aber durch diese Erfahrung wussten sie vieles auch mehr zu schätzen als andere Mädchen in ihrem Alter.
Mir war klar, dass sie sich mehr Louise und Edwina zuwenden würden,

wenn ich sie aus meiner Obhut entließ. Und ich denke, mein Fehler war, ihnen nicht den Eintritt die die Gesellschaft zu ermöglichen oder sie dabei zu unterstützen, so wie es dann Edwina und Louise taten. Ich habe dies aber immer befürwortet, war vielleicht in dem Punkt eine etwas nachlässige Mutter.

Dolla, links, Louise und Margarita, im Jahre 1923

Im Mai waren Dolla und Margarita bei einem Tanztee bei der Prinzessin Amélie Troubetskoy geladen. Die Gattin von Prinz Pierre Troubetskoy, einem Künstler und Aristokraten, hatte sich als Autorin von Romanen, Gedichten und Theaterstücken einen Namen gemacht. Sie stammte aus den USA, war auch mit Oscar Wilde bekannt gewesen und gemeinsam mit ihrem Ehemann lebte sie eigentlich in Virginia, residierte aber auch immer eine Zeit lang im Jahr in London.

Im Juli veranstalteten die Vanderbilts einen Ball in Brook House, zu dem auch der Prinz von Wales, die Herzogin und der Herzog von York eingeladen waren. Dies war ein sehr spektakulärer Ball, der einen nachhaltigen Eindruck bei meinen beiden Mädchen hinterließ.

Am sechsten Juli durften sie, in Begleitung von mir und Andrea, an der nachmittäglichen Geburtstagsfeier für Toria, Tante Alexandras unverheirateter Tochter, teilnehmen. Die Tante scheute jedes Jahr keine Kosten und Mühen, um ihrer Tochter eine großzügige Feier auszurichten, bei der aber die Kinder der verheirateten Freunde von Toria geladen wurden. Es war, wenn man es so sagen will, ein bisschen wehmütig für ihre ledige Tochter, sich von jungen Damen und Herren umgeben zu sehen, die alle einen Ehepartner suchten, während sie als Gesellschafterin ihrer Mutter ein sehr einsames Leben führte. Tante Alexandra litt an schwerem Rheuma, wodurch sie hinkte und einen Schirm als Stock benutzte, zudem war ihre Taubheit bereits weit fortgeschritten. Dies beruhte auf einer angeborenen leichten Schwerhörigkeit und Erkrankung der Ohren. Viele bewunderten oft ihr noch jugendliches Aussehen, aber dies beruhte auf Unmengen von Schminke, mit der sie jedes noch so kleine Fältchen zu kaschieren versuchte. Es kam öfter vor, dass andere Menschen dies bemerkten, auf einem Ball hatte auch einmal jemand angemerkt, sie sehe aus wie *lackiert*. Eigentlich fand ich es nicht verwerflich, zu seinem Alter zu stehen, denn sie war bereits neunundsiebzig Jahre alt.

Für Toria war das Leben sehr schwer an ihrer Seite, da sich die Tante hauptsächlich aus den gesellschaftlichen Aktivitäten zurückzog, da sie eben nicht mehr verstand, was die Leute zu ihr sagten. Toria und sie hatten sehr viele Haustiere, die wohl beiden etwas Trost schenkten, obwohl Toria sich nie beklagte. Vielleicht war sie aber auch für meine Schwester Louise ein noch größeres Mahnmal, sich doch noch zu verheiraten, um nicht so zu enden.

Bei der Geburtstagsfeier für Toria fiel allen auf, dass Tante Alexandra verwirrt wirkte, was man ihrem fortgeschrittenen Alter zuschrieb. Sie trug ein wunderschönes Kleid mit Pailletten, an denen sie immer wieder herumnestelte, die ein oder andere dabei abriss oder verlor, und als sie vor mir und Andrea stand, fragte sie, wo ich sei. Wir versuchten ihr zu erklären, dass ich vor ihr stand, aber sie begann lauthals zu lachen. Alle im Saal starrten sie an, dann rief sie aus, Andrea behaupte, mit der Dame neben ihm verheiratet zu sein. Gute zwanzig Jahre zuvor war sie Gast auf unserer Hochzeit gewesen, aber sie erkannte mich einfach nicht mehr. Da ahnten wir alle, wie schwer das Leben an ihrer Seite für Toria mittlerweile sein musste, denn diese beobachtete das Ganze mit einem wirklich bemitleidenswerten Blick.

Ich glaubte, meine Schwester Louise würde ganz in ihrer Rolle als Tante für Dolla und Margarita aufgehen und habe die eigene Ausschau nach einem Bräutigam vorerst aufgegeben, doch ich sollte mich irren.

Im Juni des Jahres 1923 kam der Kronprinz Gustav von Schweden nach London gereist, um mit seinen beiden ältesten Söhnen, Gustav Adolf, der siebzehn Jahre alt war, und Sigvard, sechzehn Jahre alt, an einigen Bällen und Gesellschaften der Saison teilzunehmen. Ich hatte bereits erwähnt, dass seine Gattin im Jahre 1920 verstorben war und er nun alleine mit seinen fünf Kindern dastand. Das jüngste Kind, Carl Johan, war erst sechs. Da der Kronprinz mit seiner Gattin eine sehr glückliche Ehe geführt hatte, ging niemand davon aus, dass er sich auf einer eventuellen Brautschau befand, denn er trauerte sehr um seine verstorbene Frau, war sie doch hochschwanger gewesen und das Kind ebenfalls gestorben.

Der Kronprinz kannte uns Battenbergs, wir hatten ihn ein paar Mal getroffen, aber es war ein freundschaftlicher, doch nie tief gehender Kontakt gewesen. Das lag aber sehr lange zurück. Und das letzte Mal, als er und Louise mehr Zeit miteinander verbrachten, war 1914 gewesen. Mama und Louise mussten damals aus Russland aufgrund des Ausbruchs des Krieges überstürzt abreisen, kamen auf der Reise bei dem Kronprinzen und seiner Gattin unter, bevor ihnen die Weiterreise nach England möglich war. Als er sich nun in London aufhielt, schenkte er Louise sehr große Beachtung. Sie begegneten sich bei Georgie und Nada, als diese Gustav und seine Söhne einluden. Und nach einer Weile war allen klar, dass es nur eine Frage der Zeit wäre, bis Gustav um Louises Hand anhielt. Doch meine Schwester, die seit der Erfahrung mit *Shakespeare* ein gebranntes Kind war, überkamen Zweifel. Sie haderte mit ihrer Situation, dennoch war es für sie verwirrend, plötzlich mit romantischen Avancen konfrontiert zu werden. Sie war vierunddreißig Jahre alt, eigentlich längst als *alte Jungfer* abgeschrieben, wurde von den Männern generell übersehen, die sich auf Brautschau befanden und weitaus jünger waren als sie. Dennoch würde sie bald *zu alt* sein, um sich noch zu vermählen.

Louise scheute sich davor, England zu verlassen. Gustav würde einmal König werden und sie wollte eigentlich nicht am Hof leben, ferner hatte er eine sehr große Familie. Natürlich sehnte sie sich nach einem Ehemann als Lebenspartner, eigenen Kindern, doch sie wusste nicht, ob sie Gustav und seinen Kindern ausreichend gerecht werden könnte.

Obwohl Mama Louise gut zuredete, die Hand des Kronprinzen anzunehmen, hatte sie doch mehr Vertrauen in die Worte von Nona, mir und meinen Geschwistern, denn Mama dachte eben wie eine Mutter, die ihre Tochter gut verheiratet sehen wollte. Meine Mutter war nie eine Frau, die sich an ihre Kinder klammerte, daher war ihr das Glück ihrer Tochter wichtiger als ihre darauf folgende Einsamkeit, wenn Louise nach Schweden zöge.

Es war offensichtlich, dass meine Schwester befürchtete, den Anforderungen, die man an eine Königin stellte, nicht gerecht zu werden.

Sie schrieb mir, dass es sie wie ein Schlag getroffen habe, dass ihr Gustav Avancen machte. Es verwirre sie, denn eben noch habe sie Dolla und Margarita in die Gesellschaft einführen wollen, wobei sie den Gedanken an eventuelle Heiratskandidaten für die zwei sich selbst zur äußersten Priorität gemacht habe, und nun könnte *sie* diejenige sein, die demnächst vor dem Traualtar stehe. Und meine beiden Töchter stünden ihr stets mit Rat und Tat zur Seite, seien so erwachsen darin, ihr Mut zu machen.

An einem Sonntag lud Gustav Mama und Louise ein, mit ihm im Automobil nach *Hampton Court Palace* zu fahren. Das Schloss liegt im Südwesten Londons am linken Ufer der Themse. Es war einmal der Sitz der englischen Könige gewesen, wie unter anderem von Heinrich VIII. und im Tudor-Stil erbaut. Es war ein schönes Ausflugsziel und während der Fahrt wurde Louise schlagartig bewusst, dass dieser Ausflug eben nur dem einen Ziel diente, um sie dort um ihre Hand zu bitten.

Gustav war sieben Jahre älter als Louise. Seit er als Kind eine Teekanne aus dem alten China geschenkt bekam, befasste er sich mit der Geschichte des Landes und war inzwischen ein regelrechter Experte, was diese betraf. Er sammelte chinesische Artefakte, kochte selbst leidenschaftlich gerne und sehr gut, trank keinen Alkohol und liebte jede Art von Gesellschaft. Paraden fand er ebenso unterhaltsam wie Bankette, aber ebenso gerne fand man ihn im Garten, wo er Blumen pflanzte. Und im Gegensatz zu Louise, die bereits als Kind einige Schimpfwörter aufgegriffen hatte, diese aber nur sehr selten benutzte, da es sich für eine Dame nicht gehörte, fluchte er niemals. Ihm waren solche derben Ausdrücke verhasst.

Gustav hatte sich sogar Rat bei Mama geholt, wie er Louise dazu bringen solle, ihn zu heiraten, also wusste meine Mutter, wie der sprichwörtliche Hase läuft. Sie bat ihn nur, diskret zu sein, da Louise bereits einmal ihr Herz verloren habe an einen Mann und damals sehr unter der Trennung litt. Böse Zungen hätten Louise ein *Mauerblümchen* genannt, denn selbst die Kunst des Flirtens war ihr fremd.

Doch nun wollte ein Mann sie heiraten, den man im Englischen aufgrund seiner vorzüglichen Eigenschaften und seines Charakters als *rare* bezeichnete. Eine alles in allem sehr gute Partie und rar gesät.

So nahm sie an und am ersten Juli verlobten sich Gustav und sie noch stillschweigend, denn er musste erst noch nach Schweden reisen, um seine Kinder um ihr Einverständnis zu bitten. Dies war etwas, was ihn noch mehr auszeichnete. Es ging ihm dabei vor allem um seine einzige Tochter Ingrid, denn die Zwölfjährige hatte sehr an ihrer Mutter gehangen und hielt ihr Andenken in Ehren. Louise hatte aber Gustav gesagt, dass sie den Kindern niemals die Mutter derart ersetzen wolle, indem sie ihren Platz einnahm, jedes Andenken an sie verbannen würde oder Ähnliches. Dies wiederum

sprach für meine Schwester.
Die Eheschließung war nur mit einem Problem verbunden, denn das schwedische Erbrecht von 1810 gab an, dass ein schwedischer Prinz seine Erbrechte verlor, wenn er mit oder ohne Kenntnis und Zustimmung des schwedischen Königs die Tochter eines schwedischen oder ausländischen Mannes heiratete. Es ging darum, ob Louise verfassungsgemäß berechtigt sei, einmal Schwedens Königin zu werden. So erbat die schwedische Regierung eine Erklärung der britischen Regierung, die bestätigte, dass die Wahl einer zukünftigen Ehefrau durch den Kronprinzen dem Erbrecht entspreche. König George V. in England sah kein Problem darin und stimmte einer Hochzeit Louises mit dem Kronprinzen natürlich zu. Vielleicht, so witzelten wir, fürchtete er aber auch Mamas erneuten Zorn, wenn er diese verweigern sollte.
Meine Schwester war von Geburt an ein Mitglied der britischen Königsfamilie und daher gab es keine Probleme darin, Gustav zu ehelichen, ohne dass er seine Erbrechte verlor.
Auch König Gustav V. von Schweden und seine Gattin, Königin Viktoria, eine geborene Prinzessin von Baden, standen der Heirat sehr positiv gegenüber. Sie sahen wohl in erster Linie einen Mutterersatz in Louise für ihre Enkelkinder. Man muss hier erwähnen, dass es kein Geheimnis war, wie unglücklich die Ehe des Königs mit seiner Gattin war, denn diese hatte bereits seit dem Jahr 1893 ein Verhältnis mit ihrem Leibarzt, weswegen sie sich meist in ihrer Villa *Solliden* auf der Insel Öland aufhielt oder ihre Zeit an der Seite des Arztes auf Capri verbrachte. Der König war eher Männern zugetan als seiner Gattin und dies hatte sich auch sehr negativ auf die Kindheit von dem Kronprinzen Gustav und seiner zwei Brüder ausgewirkt. Sein jüngerer Bruder Erik war allerdings 1918 an der Spanischen Grippe verstorben.
Und Wilhelm, der zweitälteste, war mit Tante Ellas Ziehtochter Marie verheiratet gewesen. Er lebte inzwischen mit einer anderen Frau in *wilder Ehe*, wie man so sagt. Offiziell war sie seine Haushälterin.
Louise würde also in recht bizarre Familienverhältnisse einheiraten.
Ich beschloss, dass es gut wäre, wenn Gustav und meine Schwester sich noch etwas besser kennenlernen könnten. Kurzerhand lud ich beide ein, mit uns die Sommerferien zu verbringen. Es war schwer, noch freie Hotelzimmer um diese Zeit des Jahres zu bekommen, aber in Arcachon im Département Gironde, einem Badeort an der Biskaya, der bekannt war für seine Austernzucht, hatten wir Glück.
Gustav reiste mit seinen Kindern an. Meine Schwester liebte Kinder, vor allem in den kleinen Philip war sie überaus vernarrt. So war es für sie überhaupt kein Problem, sich auf die Kinder des Kronprinzen einzustellen. Ber-

til, damals elf Jahre alt, vernarrt in Flugzeuge und Automobile, fand besonders schnell Zugang zu ihr, was Louise sehr freute. Ingrid dagegen war sehr zurückhaltend und ein wirklich traurig wirkendes Kind, doch meine Schwester schaffte es, sie etwas aufzuheitern. Die Kinder taten ihr leid, denn der Verlust der Mutter wog schwer, aber sie war so einfühlsam mit ihnen, dass niemand Zweifel daran hatte, dass sie mit ihnen gut auskommen würde. Dies freute Gustav natürlich umso mehr.

Die Hochzeit wurde auf den dritten November 1923 festgesetzt, König George wollte diese unbedingt organisieren. Louise zweifelte nur daran, ob sie in ihrem Alter noch ein weißes Brautkleid tragen könne. Aber sie bat ohne Umschweife sofort meine Töchter, ihre Brautjungfern zu sein, was die Mädchen natürlich in überschwängliche Freude versetzte.

Auch die Zeitungen und Journale berichteten von Louises Verlobung mit Gustav, als diese offiziell bekannt gegeben wurde

Trotz dieses schönen Ereignisses, welches nun ins Haus stand, hatten wir auch einige familiäre Verluste zu verkraften. Am neunten Juli starb Tante Lenchen in *Schomberg House* in London. Sie war im Frühjahr an einer schweren Grippe erkrankt, erholte sich nur schwerlich davon und erlitt auch noch Ende Mai einen Herzanfall.

Ihr Ehemann, Prinz Christian von Schleswig-Holstein-Sonderburg-Augustenburg war bereits im Jahre 1917 im Londoner Sitz der beiden verstorben. Sie hatten keine Kinder.

Die Trauerfeier für Mamas Tante fand in der *St. George's Chapel* auf dem Gelände von Windsor Castle statt, danach setzte man Lenchen neben ihrem Ehemann in der *Albert Memorial Chapel* bei.

Am zwanzigsten Juli verstarb dann Tante Marie Karoline, Papas Schwester, im Schönberger Schloss in Schönberg. Ich war bei der Beerdigung nicht zugegen.

Aber nun lebte von Papas Geschwistern nur noch Onkel Franzjos.

Unsere Familie, aufgenommen anlässlich der Verlobung und als Postkarte veröffentlicht, Juli 1923, London

Wir erfuhren Anfang August, dass es Christos Frau immer schlechter ging, und am neunundzwanzigsten August erlag Nancy ihrem Krebsleiden. Christo hatte sie zuletzt in Spencer House in London mit der Unterstützung von Krankenschwestern gepflegt.

Wie Nancy es in ihrem Testament gewünscht hatte, wurde sie im Mausoleum ihrer Familie auf dem *Woodlawn Cemetary* in der *Bronx* in New York City beigesetzt.

Für Andreas Bruder war der Tod seiner Gattin ein sehr schwerer Schlag, doch er konnte bei seinem Stiefsohn William und dessen Frau Xenia in Long Island seinen Kummer teilen, denn er hatte ein sehr gutes Verhältnis zu beiden. So zog er sich für einige Wochen in die USA zurück.

Dickie setzte uns kurz danach in Kenntnis, dass Edwina schwanger war. Das Baby sollte Anfang des Jahres 1924 zur Welt kommen.

Das zweite Porträt, welches der Künstler de László von mir im Jahre 1923 fertigstellte

Meine Mutter, die nun bald ohne Louise leben würde, sah darin kein Problem, denn sie wollte uns vermehrt in St. Cloud besuchen und wir planten auch mehrere Verwandtenbesuche, wie nach Hessen zu Onkel Ernie und Tante Onor.

Ich hoffte, daß Dolla und Margarita sich ihre Ehemänner selbst aussuchen würden, denn sie sollten aus Liebe heiraten. Es war aber nicht so, dass ich sie dabei bedrängte, dennoch war ich der Meinung, die längeren Aufenthalten in London würden ihnen mehr Abwechslung und vor allem Gelegenheiten bieten, junge Männer kennenzulernen. So waren sie im Herbst überwiegend in England bei Mama und Louise.

Am dritten November heiratete Louise Gustav in der *Chapel Royal* im St. James's Palace in London. Meine Töchter waren die Brautjungfern, wie es ihnen meine Schwester versprochen hatte. Es war eine wunderschöne Hochzeit, wenngleich auch nicht mit so viel Pomp und Prunk wie bei meinem Bruder Dickie und Edwina.

Meine Schwester wirkte überglücklich an diesem Tag, da sie endlich einen passenden Ehemann gefunden hatte. Sie und Gustav wurden vom Erzbischof von Canterbury, Randall Thomas Davidson, getraut. Neben unserer Familie und der des Brautpaares nahmen auch viele Mitglieder der britischen Königsfamilie an der Hochzeit teil. Auch König George V. und seine Gattin Mary waren als Gäste anwesend.

Louise und Gustav am Tag ihrer Vermählung, 3. November 1923, mit Tiny, Cäcilie und David, Georgies Sohn, links und Margarita, stehend, Gustavs Bruder Wilhelm, Dolla und Tatjana, Georgies Tochter, rechts

Man hatte in der schwedischen Presse schon viele Fotografien von ihr veröffentlicht, seit der offiziellen Bekanntgabe der Verlobung auch einiges über sie geschrieben. Aber als Louise dann nach Hochzeit mit Gustav nach Schweden reiste, dort das erste Mal öffentlich auftrat, waren die Menschen sofort fasziniert von ihrem Charme, ihren guten Manieren. Sie schrieb mir kurz darauf, wie begeistert und herzlich man sie überall empfangen habe.
Gustav und Louise zogen mit den Kindern nach *Schloss Ulriksdal* in der Gemeinde Solna bei Stockholm. Dort dekorierten sie das in den Jahren 1643 bis 1645 erbaute Renaissance-Schlösschen ganz nach ihren Wünschen. Wir waren uns alle sicher, dass Louise ihr Glück gefunden hatte, und dies sollte sich bewahrheiten. Gustavs Kinder schlossen meine Schwester schon bald sehr in ihre Herzen.
Auch den Winter über waren Dolla und Margarita die meiste Zeit in London. So wurden sie Weihnachten von der Familie des Earls of Leicester eingeladen und verbrachten Silvester und Neujahr in Sandringham mit der königlichen Familie.
In dieser Zeit lud meine Schwiegermutter Olga sie an einem Abend die Woche zu sich ein. Anders als ihre Kinder und Enkel erhielt die ehemalige Königin noch eine monatliche Rente vom griechischen Staat von zwanzig englischen Pfund, zudem durfte sie aus Griechenland noch eine Anzahl an ihr vertrauten, älteren Bediensteten ins Exil begleiten. Somit war sie recht gut versorgt. Ferner konnte sie sich voll und ganz auf ihre Familie verlassen, wenn sie eine Unterkunft brauchte, und pendelte so zwischen den einzelnen Familienmitgliedern hin und her. So lebte sie einige Zeit bei Christo in Spencer House, dann bei ihrer Tochter Marie, die ein Anwesen im Regent`s Park gemietet hatte, in Sandringham House bei ihrer Schwägerin Tante Alexandra und deren Tochter Toria, in Schloss Windsor oder dem Buckingham-Palast, wo ihr ihr Neffe König George Appartements zur Verfügung stellte.
Meine Schwiegermutter war auch auf die Unterstützung durch die Familie angewiesen, da sie kaum noch selbst gehen konnte, die meiste Zeit in einem Rollstuhl saß. Dazu kam eine Verschlechterung der Sehkraft, weswegen sie mehrmals in Paris weilte, um sich dort bei einem Spezialisten operieren zu lassen. Leider brachte dies immer nur für eine kurze Zeit eine Linderung der Beschwerden. Diese Einschränkung ihrer Sehfähigkeit führte aber auch oftmals zu sehr amüsanten Momenten. So wurde sie einmal an einer Statue der nackten Lady Godiva vorbeigefahren und empörte sich darüber, wie man die Königin ohne Kleider hatte in Stein meißeln können. Zudem fand sie es unerhört, diese dann auch noch vor aller Augen öffentlich aufzustellen.
Nach dem Tod Anastasias zog sie zu Christo ins Spencer House. Als er aus

den USA zurückkehrte, konnte sie ihn so etwas über seinen schweren Verlust hinwegtrösten. Wenn es ihre Gesundheit zuließ, nahm er sie mit nach Rom, wo er zum Andenken an seine Gattin die *Villa Anastasia* errichten ließ, oder sie reisten nach *Pau*, einer Gemeinde in Frankreich, die in unmittelbarer Nähe des Atlantiks gelegen ist.

Ich hatte einen guten Kontakt zu meiner Schwiegermutter und besuchte sie natürlich, wenn ich in London weilte, aber ich fand es auch schön, dass Dolla und Margarita, nun, da sie beide schon erwachsen waren, ihr einmal die Woche Gesellschaft leisteten.

Nach einiger Zeit informierte uns Christo darüber, dass Anastasia uns Geld hinterlassen hatte, mit dem die Kosten für die schulische Ausbildung unserer Kinder gedeckt werden sollten, und sie hatte eine zusätzliche Apanage festgelegt, damit Andrea die Dinge finanzieren konnte, die unsere Familie zum täglichen Leben brauchte. Es deckte einen Teil unserer monatlichen Ausgaben. Wir hatten niemals erwartet, dass Anastasia uns bedenken würde, aber es lag an ihrem großen Herzen. Geld hatte ihr nie viel bedeutet, für sie zählten mehr die Schicksale der Menschen.

Mein Bruder Georgie ließ mir auch noch etwas finanzielle Unterstützung zukommen und ich war auch ihm sehr dankbar dafür.

Ich möchte anmerken, dass ich für meine Arbeit im *Hellas* kein Gehalt bezog. Es war eine rein freiwillige Tätigkeit, da jeder Erlös für die griechischen Flüchtlinge gespendet wurde. Mittlerweile hatte der Laden durch meine Arbeit dort einen gewissen Bekanntheitsgrad erlangt, denn viele Menschen fanden es faszinierend, von einer waschechten griechischen Prinzessin bedient zu werden. So erweiterten wir das Sortiment bald auch auf Honig und eine größere Auswahl an Schmuck.

Andrea verfiel normalerweise schnell in Depressionen, wenn er sich unterfordert fühlte, nichts zu tun hatte. Ihm fehlte das Militär, aber dennoch versuchte er aus seiner vielen freien Zeit das Beste zu machen und begann ein Buch über die Katastrophe in Kleinasien zu schreiben. Es war seine Art, die Ereignisse zu verarbeiten. Er verfasste sein Manuskript in Griechisch und ich übersetzte es ins Englische. Der Arbeitstitel war *Towards Disaster* und gab ausschließlich seine Sicht der Dinge wieder, aber ohne jegliche Anklage oder einen Vorwurf. In einem recht nüchternen, sachlichen Ton bezog er Stellung. Das Buch sollte aber erst im Jahre 1930 erscheinen und sich sehr gut verkaufen.

Im Januar des Jahres 1924 durften meine Töchter durch Vermittlung von Mama bei der offiziellen Eröffnung des Parlaments anwesend sein und meine Mutter nahm sie zu einigen Bällen von karitativen Organisationen mit. Die jugendliche Frische der Mädchen gefiel Mama sehr, sie erfreute sich daran, wie glücklich sie über die Teilnahme an den Bällen waren.

Inzwischen war die Situation in Griechenland zusehends unerfreulicher geworden, sodass bald unsere Hoffnungen, jemals zurückzukehren immer mehr schwanden. König George II. hatte von Anbeginn seiner Regierung keinen leichten Stand in Griechenland gehabt, da das revolutionäre Komitee ihm jegliche Verfügungsgewalt nahm, die ein König eigentlich innehaben sollte. Er war leider ebenso wie Alexander nur eine Marionette in diesem politischen Schachspiel des Oberst Plastiras. Man suchte nur nach einer Möglichkeit ihn loszuwerden, wenn man das so hart ausdrücken möchte. Doch es gab noch Unterstützter des Königs.
Im Oktober 1923 war es zu einem militärischen Putsch von Pro-Royalisten gekommen. Königstreue Militäroffiziere unter den Generalleutnants Georgios Leonardopoulos, Panagiotis Gargalidis und dem Oberst Georgios Ziras versuchten sich gegen das revolutionäre Komitee aufzulehnen, um die Machtposition des Königs zu festigen. Es begann damit, dass das Komitee am achtzehnten Oktober verkündete, dass am sechzehnten Dezember in der Nationalversammlung Wahlen stattfinden sollten, bei denen man über die weitere Regierungsform in Griechenland abstimmen wollte. Allerdings hatte Oberst Gonatas bereits ein neues Wahlgesetz ins Leben gerufen, welches die liberale *Venizelistische Partei* favorisierte und damit auch die antimonarchistischen Parteien einschloss. Als das Gesetz verabschiedet wurde, löste dies eine Welle der Empörung unter den königstreuen Angehörigen des Militärs aus. Eine sogenannte *Hauptmanns-Organisation* wurde gegründet, die es sich zum Ziel machte, das Komitee zu stürzen. Dieser Organisation gehörten die besagten zwei Generalleutnants und der Oberst an, aber auch Andreas ehemaliger Flügeladjutant, General Metaxas. Leonardopoulos und Gargalidis waren eigentlich Venizelisten, traten aber der Organisation bei, weil sie sich von dem Komitee getäuscht fühlten. Auch andere Offiziere engagierten sich für die Organisation, weil sie befürchteten, dass das Komitee sie bei einer Abdankung des Königs ihrer Positionen verweisen könnte. Genau genommen ahnte man, dass es zu einer Umstrukturierung im Militär kommen würde, bei der man den *alten Stab* ersetzen würde.
Metaxas hatte eigentlich geplant, dass der Putsch in Athen beginnen sollte, quasi um das Komitee direkt an seinem Nerv zu treffen. Doch dann versuchte man am zweiundzwanzigsten Oktober zuerst in den frühen Morgenstunden Kontrolle über die Provinzen zu erlangen. Grundgedanke war eigentlich, dabei die militärischen Einheiten, die dem Komitee unterstanden, im Norden Griechenlands und auf der Halbinsel Peloponnes zu überwältigen. Dann wollte man den Putsch ausweiten, die Garnisonen in Athen,

Saloniki und den anderen großen Städten einnehmen.
Zu Beginn sah es auch recht gut für die Aufständischen aus. Schnell weiteten sie den Putsch aus, bald waren am Morgen nur noch Athen, Saloniki, Ioannina und Larissa unter Kontrolle des Komitees. Dieses zeigte sich überrascht über den Putschversuch, doch man handelte sofort, kommandierte auch Angehörige der Marine ab, die überwiegend alle Venizilisten waren. General Pangalos, Oberbefehlshaber der Streitkräfte, kommandierte Offiziere ab, die die Putschisten mit der Hilfe von Soldaten bekämpften. Bereits am fünfundzwanzigsten Oktober hatte man die Kontrolle über den Norden Griechenlands zurück, Ziras floh nach Jugoslawien.
Leonardopoulos und Gargalidis marschierten mit ihren Truppen nach Athen, wurden dort aber von den Soldaten des Komitees eingekesselt und am siebenundzwanzigsten Oktober zur Aufgabe gezwungen.
Die Auswirkungen des misslungenen Putschversuchs waren verheerend für die königstreuen Angehörigen des Militärs. Man verhaftete Leonardopoulos und Gargalidis, stellte sie vor ein Militärgericht. Beide wurden zum Tode verurteilt, aber dann begnadigt, doch mussten das Land verlassen. Metaxas, der sich in Korinth befand, konnte das Land verlassen und floh nach Italien. Rund eintausendzweihundert Angehörige des Militärs, die sich am Putsch beteiligt hatten oder sich für den König aussprachen, wurden unehrenhaft aus dem Dienst entlassen.
Nun richtete sich der Hass des Oberst Plastiras gegen den König. Man wollte ihn zur Abdankung zwingen, indem ihn Plastiras beschuldigte, einen Graben zwischen das griechische Volk und die Regierung zu treiben. Die Herrschaft der Könige in Griechenland habe in den letzten Jahren nur zu Misserfolgen geführt. Es hatte damit begonnen, dass sich sein Vater weigerte, sich im Jahre 1915 mit den Alliierten zu verbünden, der verlorene Krieg gegen die Osmanen hatte mit dem Tod von Tausenden Menschen aus der griechischen Zivilbevölkerung geendet. Alles in allem ergab sich daraus, dass eine Fortführung der Monarchie Griechenland nur schadete.
Das Kabinett sprach sich für eine Ausreise des Königs aus. Er sollte mit seiner Gattin das Land verlassen, bis sich die Situation beruhigt, man eine Entscheidung getroffen habe.
George weigerte sich abzudanken, aber er verließ am neunzehnten Dezember mit seiner Gattin das Land, reiste mit ihr in ihre Heimat Rumänien und wusste, dass man ihm eine Wiedereinreise verweigern würde. Vor der Presse bekannte er schmerzlich, was für einen griechischen König stets am Wichtigsten sei – er musste ständig ein gepacktes Köfferchen stehen haben, um jederzeit ins Exil aufbrechen zu können.
Das Ergebnis der Wahlen im Dezember stand dann eindeutig gegen die Monarchie.

Am achtzehnten Februar des Jahres 1924 wurde ein offizieller verbaler Angriff des Generals Pangalos veröffentlicht, den er in der Nationalversammlung gegen Andrea ausgesprochen hatte. Er sagte, mein Mann sei schuld an der militärischen Niederlage am Sakarya-Fluss und er hätte dafür exekutiert werden sollen. Aber stattdessen hatten die Briten einen halboffiziellen Gesandten dazu auserkoren, ihn zu retten und diesen mit einem Sack voller leerer Versprechungen ausgestattet, wie der Begleichung von Krediten, auf die Griechenland noch Anspruch geltend machte. Dieser Angriff schadete auch dem König.

Am fünfundzwanzigsten März sprachen sich die Griechen bei einer Volksabstimmung eindeutig gegen die Aufrechterhaltung der Monarchie aus und so wurde durch das Komitee die Republik ausgerufen. Die neue konstituierende Versammlung ordnete die Enteignung allen Besitzes der Mitglieder der königlichen Familie an.

Wir waren in Sorge um Mon Repos. Dort lebten nur noch Mr. Blower und seine Gattin Agnes. Unser ehemaliger Butler hatte die Rolle eines Hausmeisters übernommen, kümmerte sich um das Haus, den Garten.

Nun stand die Frage im Raum, wem die Villa eigentlich gehörte, denn König Georg, mein Schwiegervater, bekam sie einst von der Gemeinde auf Korfu geschenkt, hatte aber von seinem eigenen Geld mehr Land hinzugekauft. Vorerst jedoch würde sich keine Möglichkeit ergeben, die Besitzverhältnisse zu klären, denn offiziell waren wir enteignet.

Die Ausrufung der Republik in Griechenland zerschmetterte dann auch unsere Hoffnungen endgültig, wieder zu Hause zu leben. Diese Tür war für uns geschlossen, wie man so sagt. Es war sehr traurig für uns alle, besonders für die Kinder, Mon Repos aufzugeben, aber wir mussten das schweren Herzens akzeptieren.

Am vierzehnten Februar hatte Edwina einem Mädchen das Leben geschenkt. Sie wurde auf den Namen Patricia getauft.

Meine Mutter freute sich sehr über den neuen Familienzuwachs, auch wenn ihr Verhältnis zu Edwina eher höflicher als schwiegermütterlich war. Mama hatte Edwina ebenso wie Georgies Gattin Nada gebeten, sie entweder *Tante Viktoria* oder *Viktoria* zu nennen. Sie wollte nicht *Mutter* genannt werden, weil sie das als völlig unpassend empfand. Doch es soll nicht heißen, dass sie ihre Schwiegertöchter und -söhne ablehnte. Es ging für sie dabei einfach um eine reine Form der Höflichkeit. Mit Edwina pflegte sie ein gutes Verhältnis, aber deren oftmals verschwenderischer Umgang mit Geld behagte Mama nicht. Auch wenn diese es sich leisten konnte.

Dickie, Edwina und ihr Baby Patricia, 1924

Dickie war außer sich vor Freude über das Baby und spielte am Abend nach dessen Geburt Roulette in einem Casino, um mit Freunden die Geburt zu feiern. Er setzte nur einmal auf die Null, das Alter seines Babys, und gewann. Er hielt sich gerade auf Madeira auf, hatte die Nachricht über Funk erhalten. Doch sobald es ihm möglich war, reiste er sofort zurück nach England.

Mein Bruder wollte mit den technischen Neuerungen der Zeit gehen und begann ein Studium an der *Signals School* in Portsmouth, um im Bereich der navalen Kommunikation auf dem neuesten Stand zu sein, daneben noch eines in Elektrotechnik am *Royal Naval College* in Greenwich. Gleichzeitig wurde er Mitglied der *Institution of Electrical Engineers*. Es war in den letzten Jahren zu Budgetkürzungen bei der englischen Marine gekommen, doch Dickie kam nie in die Bedrängnis, eine eventuelle Kündigung zu erhalten, da er sich weiterbildete und immer noch sehr engagiert war. Und es war für uns alle nicht verwunderlich, als er beide Kurse als Bester abschloss.

Edwina und er lebten teilweise auf Broadlands, dem Sitz ihrer Familie, bei ihrem Vater und der Stiefmutter, hatten sich aber auch ein Haus mit einem überaus beeindruckenden und großzügigen Park in Portsmouth gekauft. *Adsdean* war ein altes Herrenhaus, wundervoll gelegen und sie verbrachten dort die meiste Zeit.

Edwina war eine sehr lebenslustige Frau und hatte nur den einen Makel, dass ihr jegliche Alltagsroutine verhasst war. Sie suchte stets das Vergnügen, wollte nicht als Hausfrau und Mutter enden, deren einziges Tagesgespräch die neu gekauften Vorhänge oder das erste Lächeln des Babys waren. Bald schon war sie unzufrieden in ihrer Rolle und nur wenige Monate nach Patricias Geburt gab sie das Baby in die Hände einer Nanny, reiste mit Dickie und dem Prinzen von Wales nach New York. Als sie wieder in London waren, nahm sie sofort wieder Einladungen für Partys und Bälle an. Oftmals war sie nicht zu Hause und Dickie tröstete sich dann mit dem Polospielen, was er sehr liebte.

Es schien, als sei seine Gattin immer auf der Suche, aber sie wusste wohl selbst nicht, was sie finden wollte. Bald kamen die ersten Gerüchte auf, dass sie auf den Festen mit anderen Männern flirtete und daraus auch keinen Hehl machte. Dickie, der traditionell aufgewachsen, an ihre bedingungslose Treue glaubte, wollte es zuerst nicht wahrhaben, tat es als unverfängliche Flirts ab, doch musste bald einsehen, dass sie auch durchaus bereit war, mit einem anderen Mann eine Affäre einzugehen.

Ich glaube nicht, dass sie ihr Kind und Dickie nicht aufrichtig liebte, aber dennoch füllte sie dies nicht aus. Und vielleicht lag es daran, dass sie selbst als Kind stets die wirkliche Liebe ihres Vaters vermisst hatte. Sie kannte einfach kein Zuhause, in dem man sich geborgen fühlen konnte, nachdem ihre Mutter so früh verstorben war. Ich sah Edwina als ein armes, reiches Mädchen.

Da sie um Dickies Ehrgeiz seine Karriere betreffend wusste, hielt sie nach außen eine Fassade aufrecht, zeigte sich als treu sorgende Ehefrau und Mutter.

Aber es traf uns alle schwer, dass dies nur ein schöner Schein sein sollte.

Im Mai waren Andrea und ich mit Dolla und Margarita wieder in England. Unsere älteste Tochter war nun neunzehn Jahre alt. Sie verzehrte sich ebenso wie Dolla nach mehr gesellschaftlichem Leben. So nahmen wir sie mit zu einem Ball bei Lord Iveagh, den er für seine Enkelin Aileen Guinness gab. Aileen gehörte zur bekannten und sehr reichen Guinness-Familie. Man nannte die Töchter der Familie die *Guinness Golden Girls*, weil sie so begütert waren. Aber man erzählte sich, dass ihr Vater sich stets mehr um seine

Geschäfte kümmerte als um seine Töchter. Sie bekamen zwar jeden Wunsch erfüllt, denn Geld spielte keine Rolle, aber dafür schenkte man ihnen keine Liebe oder Aufmerksamkeit.
Im Jahre 1923 waren Aileen und ihre Schwestern mit der imposanten Yacht des Vaters um die Welt gesegelt und es hieß, jedes der Mädchen würde einmal ein Schloss vom Vater zur Hochzeit geschenkt bekommen.
Es waren die *Goldenen Zwanziger* und wer Geld hatte, scheute sich nicht davor, seinen Reichtum auch öffentlich zur Schau zu tragen, daher waren solche Bälle etwas sehr Exklusives, die Einladungen heiß begehrt. Denn meist berichteten die Klatschblätter auch über diese. Es war eine Zeit des *Sehen und Gesehen Werdens*.
Im Juni waren Margarita und ich mit der königlichen Familie beim *Gold Cup* anlässlich der Pferderennen in Ascot. Im Juli durften mich Dolla und Margarita zur Feier anlässlich des dreißigsten Geburtstags des Prinzen Edward von Wales begleiten. Diese wurde von Gloria Vanderbilt im Spencer House, welches diese kurzfristig gemietet hatte, ausgerichtet. Sie präsentierte uns eine amerikanische Neuheit, indem sie eine großzügige Cocktailbar einrichten ließ und die fast akrobatisch anmutenden Vorführungen der Barkeeper beim Mixen der Cocktails waren das absolute Highlight des Abends. Die Cocktails hatten so beeindruckende Namen wie *White Lady*, Mary Pickford, nach der Ikone des Stummfilms benannt, *Side Car*, *Bronx* oder doppeldeutige wie *Between the Sheets* oder *Monkey Gland*, Affenhoden.
Man kann sagen, dass die Partys eben das widerspiegelten, wonach die Menschen sich nach dem Krieg sehnten, ein neues gesellschaftliches Leben, Partys, Spaß – es waren die *wilden Zwanziger*. Diese Jahre brachten so viel neues in der Mode, Erfindungen, Medizin, im kulturellen Leben. Und Margarita und Dolla wollten ein Teil davon sein, diese neue Zeit genießen, was ich ihnen sehr gönnte. Schließlich hatten sie genug durchmachen müssen in den letzten Jahren.

Am fünfundzwanzigsten Juni besuchten Andrea und ich mit unseren ältesten Töchtern eine Ausstellung von de Lászlós Werken in der *La Galleria Pall Mall* in der Nähe des Trafalgar Squares in London. Die französische Kunstgalerie ist eine der exklusivsten weltweit und beherbergt auch ein Auktionshaus.
In der folgenden Woche war ich mit Dolla und Margarita bei einem Ball der Lady Beauchamp in Grosvenor House anlässlich der Einführung des Lords Emley in die Gesellschaft.
Im Juli nahmen wir drei an der alljährlichen Gartenparty im Buckingham-Palast teil und sahen uns auch das Cricket-Turnier der Colleges von Eton und Harrow an. Trotz der großen Hitze, die an diesem Tag herrschte, genos-

sen wir die gemeinsame Zeit.

Ende Juli sahen wir bei einem Pferderennen auf der berühmten Goodwood Rennbahn bei Chichester in West Sussex, wie König Georges Pferd *London Cry* seine Gegner um Längen schlug.

Als die sogenannte Saison beendet war, hatten meine beide ältesten Töchter ein interessanteres Leben gehabt, als sie es jemals in Athen oder auf Mon Repos hätten haben können. Aber keine von ihnen lernte auf den Bällen einen eventuellen Heiratskandidaten kennen. Es lag sicher auch daran, dass sie beide zwar griechische Prinzessinnen waren, aber keine große Mitgift bieten konnten, ohne Vermögen dastanden, was sie für die Londoner Gesellschaft zu attraktiven Partien machte. Dennoch gab ich die Hoffnung nicht auf, aber sie waren noch jung. Sie durften sich noch ausleben und ich hoffte, es würde sich beizeiten schon ein Ehemann für eine jede von ihnen finden, der seine zukünftige Braut nicht nur nach ihrem Vermögen oder Status aussuchte. Zudem war es mir wichtig, dass sie auch aus Liebe heirateten. Daher hielt ich mich zurück, bedrängte sie nicht. Sowohl Margarita als auch Dolla waren sehr gebildet, da Andrea und ich stets viel Wert darauf legten, sie sprachen fließend Deutsch, Englisch und Französisch sowie Griechisch. Und sie waren hübsch und clever. Das sollte einen Mann doch auch überzeugen können.

Margarita, 1924

Dolla, 1924

Am einunddreißigsten Juli starb Onkel Franzjos in Territet in der Nähe von Montreux in der Schweiz. Er wurde dreiundsechzig Jahre alt. Da er und seine Frau Anna stets über wenig ausreichend finanzielle Mittel verfügen konnten, hatte Edwina ihn seit ihrer Hochzeit mit Dickie mit Geldzuwendungen unterstützt. Es war ihre reine Freigiebigkeit, die sie dazu veranlasste, denn sie kannte unseren Onkel gar nicht. Tante Anna erhielt auch nach dem Tod des Onkels weiterhin diese Zuwendungen von Edwina. Etwas, was diese bis zu ihrem eigenen Ableben beibehalten sollte.

Edwina zeigte sich aber auch in diesem Sommer sehr großzügig, was Philip betraf. So schloss sie eine Lebensversicherung für ihren dreijährigen Neffen ab, ich selbst hatte aus unseren limitierten finanziellen Mitteln her nie daran gedacht, daher dankte ich ihr und Dickie dafür umso mehr.

Andrea und ich, 1924

Anfang August schickte ich die jüngeren Kinder mit der Nanny ans Meer und Andrea reiste mit Christo nach Florenz, wo sie sich unter anderem mit Sophie, ihrer Tochter Katherine, dem abgesetzten König George und seiner Gattin Elisabeth trafen.
Ich musste leider das Bett hüten, da ich sehr schmerzhafte Krampfadern an den Beinen hatte. Die Behandlung dagegen schlug zwar an, aber ich fühlte mich sehr schlecht und musste vier Wochen liegen.

Philip im Jahre 1924

Wenn ich in St. Cloud war, nahm ich mir viel Zeit für Philip. Böse Zungen in der Familie behaupteten gern, dass er ein sehr tristes Leben führte, kaum Spielsachen hatte, wenig elterliche Fürsorge und Liebe und nicht einmal einen Regenmantel, sodass er bei schlechtem Wetter nicht hinausgehen konnte zum Spielen. Dies ist alles nicht wahr. Er war der unumstrittene Liebling in der Familie. Jeden Abend kam sein Onkel George zu uns herüber, um mit ihm vor dem Schlafengehen zu beten und ihm eine Geschichte zu erzählen. Seine Nanny war sehr liebevoll im Umgang mit ihm. Mein kleiner Sohn mit den flachsblonden Haaren und den blauen Augen war ein kleiner Schatz. Ich habe ihn nie vernachlässigt und liebte ihn ebenso wie meine anderen Kinder.

Im Herbst des Jahres 1924, als er dreieinhalb Jahre alt war, reiste er mit seiner Nanny nach London. Es war die erste Reise dorthin, an die er sich später erinnern würde. Sie reisten mit einem Schiff von Paris aus über den Ärmelkanal und dann weiter mit dem Zug, wo ich sie in London an der *Victoria Station* abholte, da ich gerade meine Mutter in England besuchte.

Philip war überaus begeistert von der Reise, sah seinen ersten Bobby, einen englischen Polizisten, mit dem er sofort ein kindliches Gespräch begann, dann zeigte er großes Interesse für die Doppeldecker-Busse. An einem Nachmittag fuhr ich für lange Zeit mit ihm in einem durch London, wobei er unbedingt ganz oben sitzen wollte. Es war leider einer der Busse ohne Überdachung und es war so kalt, windig und regnete, dass er schnell einsah, dass wir lieber unten sitzen mussten, wo es trocken war. Ich erklärte ihm die Sehenswürdigkeiten, an denen wir vorbeifuhren. Er sog jede noch so kleine Anmerkung von mir begeistert auf.

Auch Andrea bemühte sich sehr um unsere jüngeren Kinder. Er liebte seinen kleinen Sohn sehr, aber behandelte alle Kinder gleich. Aufgrund der vielen Zeit, die er nun neben dem Schreiben hatte, half er den Mädchen bei den Hausaufgaben, spielte auch oft mit allen dreien, wobei es recht turbulent zugehen konnte im Haus. Mal spielten Tiny, Cäcilie und Philip Verstecken mit ihrem Vater oder Fangspiele, bei denen sie auch oft sehr übermütig wurden. Tiny und Cäcilie sprachen noch Jahre später davon, wie lustig es gewesen sei, wenn sie sich durch die Räume verfolgten, dabei buchstäblich über Tische und Bänke gingen.

Da wir Griechenland verlassen mussten, als Philip noch ein Baby war, hatte er nur einige wenige Worte in Griechisch aufgeschnappt. Er war zwar von seiner Geburt her ein griechischer Prinz, aber Andrea und ich gingen davon aus, dass er wahrscheinlich niemals einen richtigen Bezug zu seiner eigentlichen Heimat aufbauen würde. Unter den Verwandten sprachen wir nicht Griechisch, ebenso nicht mit Freunden. Und so lernte er als kleiner Junge nur Englisch, Französisch und Deutsch zu sprechen. Wir vermieden es nicht, Griechisch zu sprechen, weil wir etwa so gekränkt über unser Exil waren und alles ausklammern wollten, was mit Griechenland zu tun hatte. Es lag einfach nur auf der Hand, die Sprachen zu sprechen, die eben die meisten Menschen in unserem Umfeld verstanden.

Ende des Jahres 1924 teilte uns Louise mit, dass sie schwanger war, und wir freuten uns sehr für sie. Ein gemeinsames Baby würde ihr Glück mit Gustav komplett machen.

Doch am dreißigsten Mai des Jahres 1925 brachte meine Schwester ein totes Mädchen zur Welt. Das Kind wäre auch nicht lebensfähig gewesen, denn die Plazenta meiner Schwester war während der Schwangerschaft geschrumpft. Louise war am Boden zerstört, denn die Ärzte rieten ihr davon ab, weitere Kinder zu bekommen. Doch sie war auch sehr selbstlos, als sie meinte, all die Liebe, die sie dem Kind habe schenken wollen, würde sie nun Gustav selbst und seinen Kindern schenken, denn sie habe mit ihm und diesen ihr großes Glück gefunden. Louise war sehr tapfer, wie ich fand, und es war beeindruckend, wie sie mit der Tragödie umging. Dennoch ging das Leben weiter. Ich tröstete sie, meinte, sie habe noch die Neffen und Nichten. Zudem wäre es wunderbar, wenn sie so glücklich sei mit ihrem Ehemann und seinen Kindern. Mama hatte mir erzählt, dass Gustav Louise dafür sehr liebte, wie sie seinen Kindern versuchte eine gute Stiefmutter zu sein, und diese mochten sie sehr gern, eben weil Louise so eine herzensgute Person war, die immer zuerst an andere dachte als an sich selbst.

Meine Mutter war sehr traurig darüber, dass Louise ihr Baby verloren hatte. Zudem belastete sie die Situation in Dickies Ehe mit Edwina, die sich nun in eine Affäre nach der anderen stürzte.

Edwina mit der kleinen Patricia, 1925

Dickies Gattin war sehr hilfsbereit, sie zeigte sich auch finanziell immer sehr großzügig, aber sie musste sich ständig auf neue Abenteuer begeben und so trat sie im Spätsommer des Jahres 1925 eine sehr lange Reise an. Sie nannte kein wirkliches Ziel, ließ Mann und Kind einfach zu Hause zurück, schrieb nur sehr selten einen Brief von der Reise. Irgendwann unterwegs heuerte sie als ganz gewöhnliches Besatzungsmitglied auf einem Handelsschoner an, landete so in der Südsee. Erst im Frühjahr des Jahres 1926 sollte sie wieder nach England zurückkehren. Ihr Gepäck hatte nur aus einem T-Shirt, einem Kleid und Shorts bestanden, alles Weitere kaufte sie sich auf der Reise.

Diese Sucht, sich einfach ohne Ziel auf eine Reise zu begeben, sollte die nächsten Jahre anhalten, meist begleitete sie eine Freundin, die keine Anstrengungen fürchtete. So besuchte sie bald darauf Persien, Ägypten, Westindien und den ganzen Fernen Osten. Ihre Reiseberichte waren nach ihrer Rückkehr immer heiß begehrte Gesprächsthemen auf den sehr exklusiven Festen, die sie in Adsdean gab, wobei sie die perfekte Gastgeberin war. Und jedes Mal präsentierte sie ein exotisches Mitbringsel. In Afrika erstand sie ein Löwenjunges, welches sie mitbrachte, *Sabi* taufte, das dann auf ihrem Anwesen in einem Gehege lebte, diesem folgten ein Chamäleon, zwei Kängurus, ein Buschbaby und sogar einen Honigbären brachte sie mit. Diese Tiere wurden sehr gut versorgt, Patricia liebte diesen Zoo, aber dennoch vermochte all dies nicht die Leere in Edwina auszufüllen. Und so war sie auch gerne auf Skandale aus, trug unter anderem bei einem Ball im Buckingham-Palast ein Kleid, welches überwiegend aus englischen Münzen bestand, die man aneinander geschmiedet hatte. Sie liebte es aufzufallen.

Manche belächelten dies, andere zeigten sich begeistert über ihren Lebensstil. Meine konventionelle Mutter war aber nicht erfreut, wenn Edwina wieder die Klatschseiten eines Magazins zierte, und fürchtete um Dickies guten Ruf.

Dagegen war Georgies Leidenschaft, erotische Kunst zu sammeln, nur ein kleiner Aufreger für Mama.

Manchmal denke ich, meine Mutter gewöhnte sich nur schwerlich an diese neuen, turbulenten Zeiten, in denen sich jeder die Freiheit nahm, das zu tun, wonach ihm oder ihr der Sinn stand. Die alten Traditionen und Konventionen, mit denen sie noch aufgewachsen war, zählten nicht mehr. Für sie war diese Vergnügungssucht völlig unverständlich und sie mochte es schon gar nicht, wenn Menschen ihren Reichtum immerzu offenkundig zur Schau stellen mussten.

Ich versuchte stets, die Menschen in ihrem Verhalten zu verstehen, doch konnte Edwina nicht kritisieren für das Leben, welches sie führte, denn sie hatte sich uns gegenüber in finanziellen Dingen so großzügig gezeigt, dass ich mir nicht das Recht nehmen konnte, sie anzugreifen. Zudem hofften wir alle, sie würde irgendwann dieses ausschweifenden Lebensstils müde werden.

Ich muss gestehen, dass es mir in diesem Jahr zum ersten und letzten Mal passierte, dass ich mich selbst in einen anderen, verheirateten Mann aus England buchstäblich *verguckte*, aber ich denke, dass es völlig normal ist, wenn man viele Jahre verheiratet ist. Man begegnet einem Menschen und versteht sich auf Anhieb so gut, man stellt sich vor, wie es wäre, weiterzugehen, aber dann denkt man an seine Familie, den Ehemann, die Kinder, hat den unglücklichen Bruder vor Augen und besinnt sich eines Besseren. Ich betete viel in dieser Zeit, um nicht doch einen aus meiner Sicht dummen Fehler zu begehen. Es war aber nur ein kurzer, heftiger Flirt meinerseits, wobei der Mann mir eindeutige Signale gab, dass er eben bereit war, eine Affäre mit mir zu beginnen. Doch ich war und bin vielleicht auch zu sehr wie meine Mutter in dem traditionellen, klischeehaften Rollenverständnis einer Ehe, wobei man sich eben bei der Heirat ewige Treue schwört. Dennoch bekommt eine Frau jederzeit gerne Komplimente und fühlt sich über die Avancen eines Mannes geschmeichelt. Es zeigt einem, wie begehrenswert man noch ist. Und das tut einer weiblichen Seele auch mal gut.

In der Saison des Jahres 1925 waren Dolla und Margarita wieder in London bei Mama und nahmen an vielen gesellschaftlichen Aktivitäten teil. Doch die englische Presse nahm sie nicht als Gäste auf einer dieser Veranstaltungen wahr. Nur einmal, als sie sich in der Gesellschaft von Edwina zu einem Basar ins Grosvenor House begaben, fand man am nächsten Tag eine Erwähnung ihrerseits in einem Journal, aber als Begleitung von Edwina. Man schrieb, sie seien sehr hübsche junge Prinzessinnen, doch das war auch schon alles.

Ich hatte vor einiger Zeit über den Laden in Paris Madame Foufounis kennengelernt. Sie war Witwe und mit ihren Kindern aus Griechenland geflohen. Wir wurden schnell sehr gute Freundinnen. Und man kann sagen, dass sie vielleicht auch gerne unsere Nähe als Familie suchte, da sie der Monarchie in Griechenland absolut loyal gegenüberstand. In der Nähe von Marseille lebte sie mit ihrer Familie in der *Villa Georges*, einem Landhaus mit einem Bauernhof. Sie hatte drei Kinder. Die älteste Tochter Ria war mit sieben Jahren so schwer gestürzt, dass sie sich die Hüfte brach. Nach Komplikationen musste das arme Mädchen die nächsten fünf Jahre in einem Gipskorsett verbringen und war dadurch körperlich mehr als eingeschränkt. Die zweitgeborene Tochter Hélène und der Sohn Ianni wurden bald zu guten Freunden für Philip, Tiny und Cäcilie. Ich schickte die Nanny Miss Roose mit den Kindern zu den Foufounis, wo sie Kurzurlaube machten oder sie begleiteten die Madame und ihre Kinder nach Berck, einem Seebad im Département Pas-de-Calais im Norden Frankreichs. Sie sollten dort auch mitunter drei Monate am Stück mit der Familie verbringen.

Andrea und ich reisten auch ab und an dorthin.

Die Madame hatte eine besondere Vorliebe für Philip. Sie kümmerte sich so rührend um ihn, dass die Menschen, denen die beiden begegneten, sie oft schon für seine Gouvernante oder sogar Mutter hielten, was besonders ihre Tochter Hélène sehr eifersüchtig machte.

Auf dem Bauernhof verbrachten die Kinder die Zeit mit Spielen, dem Pflanzen von Gemüse und Früchten, wobei die Madame ihnen ein eigenes kleines Gartenstück überließ, oder sie versorgten die Tiere. Philips Vorliebe galt dabei bald dem Ausmisten der Schweineställe, worauf die Madame sehr verwundert reagierte.

Mein Sohn beeindruckte sie aber auch durch seine große Hilfsbereitschaft, die ihm schon mit vier Jahren zu eigen war, denn als ein Junge mit Spielsachen zu Besuch kam und den Kindern etwas davon abgab, ließ er die arme Ria aus, die überwiegend im Bett liegen musste. Er erklärte, sie könne ja nicht so spielen wie die anderen. Philip begann zu weinen, verließ das Zimmer, nahm sofort einige Spielsachen, die er mitgebracht hatte und welche des anderen Jungen, legte sie ihr auf das Bett, sagte ihr, sie gehörten alle ihr. Dann setzte er sich zu ihr, meinte ganz selbstverständlich, er unterhielte sich lieber mit ihr, als mit dem bösen Jungen zu spielen.

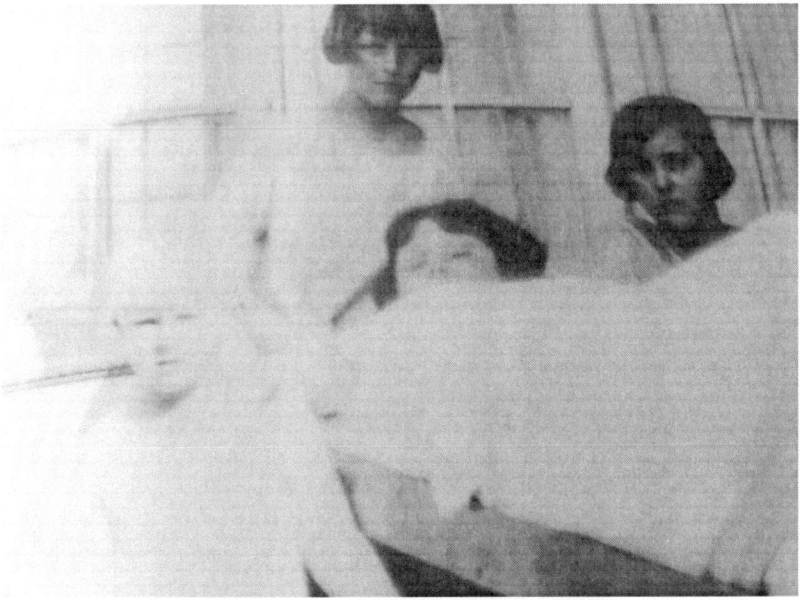

Philip, links, mit Tiny, stehend, Ria und Cäcilie, Villa Georges, 1925

Ria tat Philip so leid, dass er auch sonst oftmals sehr lange an ihrem Bett saß, sich mit ihr unterhielt und scherzte. Dann konnte ihn keines der anderen Kinder von ihr weglocken.

Andrea, Philip und ich am Strand von Berck im Sommer 1925

Andrea und ich mit Philip, links, Hélène und Ianni, Berck 1925

Mein Sohn war aber nicht immer ein Engel. Er konnte sich ebenso wie jeder andere Junge auch sehr ausgelassen und boshaft benehmen. Wenn er bei den Foufounis war, trugen er und Ianni nach dem Mittagessen kleinere persische Teppiche in den Garten am Haus, um sich darauf auszuruhen. Einmal waren die Jungen und die Teppiche verschwunden. Die Nanny der Foufounis, eine Schottin namens Miss MacDonald, die die Kinder *Tantchen* nannten, begann sie zu suchen, und nach über einer Stunde fand sie die beiden, wie sie von Tür zu Tür gingen mit den Teppichen über ihren Schultern. Sie boten diese den Leuten zum Verkauf, so wie sie es bei den fliegenden arabischen Händlern am Strand von Berck gesehen hatten. Miss MacDonald war eine sehr strenge Gouvernante, die sich nicht scheute, die Kinder auch etwas härter zu schlagen, wobei es hier nur um Bestrafungen auf die vier Buchstaben geht. Einmal wurde dies Philip zu viel. Nachdem er und Ianni beim Toben im Haus eine große Vase zerbrochen hatten, erhielt Ianni von der Nanny sofort seine Bestrafung dafür, während mein Sohn nach draußen lief. Im Garten hielt sich seine Nanny Miss Roose mit Tiny und Cäcilie auf. Er versteckte sich bei ihr, als Miss MacDonald ihn erspähte,

lauthalt lospolterte, was passiert sei. Sie wollte ihn ebenfalls bestrafen, doch Philip wandte sich an seine Nanny, sagte, sie solle dies klären und meinte zuckersüß zu der anderen: „Ich bekomme meine Bestrafung von Roosie, vielen Dank!"
Miss Roose musste darüber sehr lachen, aber dennoch erhielt er natürlich seine Strafe.

Cäcilie, links, Roosie, die Nanny in der Mitte mit Philip und Tiny am Strand von Berck, 1925

Mittlerweile festigten wir auch als ganze Familie wieder die Kontakte zu den anderen Verwandten. So machten wir Urlaub auf *Gut Panker* im Kreis Plön bei Schleswig-Holstein. Das Gut befand sich einst im Besitz des hessischen Landgrafen Friedrich I., König von Schweden und gehörte auch zum Eigentum von Onkel Ernie. Auf Panker trafen wir uns unter anderem mit meiner Schwägerin Sophie, ihren Töchtern sowie mit Aspasia und ihrer Tochter Alexandra, die in Philips Alter war. Er beeindruckte sie durch seine Abhärtung, auch bei der größten Kälte im Wasser des Meeres herumzuspringen, während sie zitternd und frierend in den Armen der Nanny lag, nachdem sie nur einmal hineingegangen war.
Auch auf dem Gut gab es einen Schweinestall und wieder war mein Sohn derjenige, der die Tiere unbedingt füttern und versorgen wollte.
Nur eine Stunde entfernt von Panker lag Hemmelmark, wo Onkel Heinrich und Tante Irene lebten. Der Onkel war immer noch ein begeisterter Regatta-

segler, sein Sohn Waldemar verwaltete das Gut Hemmelmark mittlerweile für ihn. Mein Cousin Sigismund und seine Gattin Charlotte Agnes hatten im Jahr 1924 noch einen kleinen Jungen bekommen, den Prinzen Alfred. Auf Hemmelmark konnten die Kinder auch ihre Zeit miteinander genießen und meine Mutter gesellte sich auf dieser Reise zu uns. Es sollte ihr bald darauf zur lieben Gewohnheit werden uns in St. Cloud zu besuchen, um dann mit den Kindern die Ferien eben bei den Verwandten zu verbringen. Andrea und ich fuhren auch öfter mit.

So besuchte Mama mit den Kindern Onkel Ernie und Tante Onor in Hessen und Sophies Tochter Helen in Rumänien, die mit dem Kronprinzen Carol verheiratet war. Sie hatte einen Sohn, den kleinen Prinzen Michael, der einige Monate jünger war als Philip. Helen litt sehr unter ihrer gescheiterten Ehe, denn ihr Gatte hatte zahllose Affären. Seit dem Jahre 1924 lebte er völlig frei und ungeniert mit seiner Geliebten Magda Lupescu, die man auch Elena nannte, zeitweise zusammen, zeigte sich mit ihr in der Öffentlichkeit. Im Dezember 1925 verstieß er sogar die arme Helen und seinen Sohn. Magda war bereits einmal geschieden und das Ganze war ein großer Skandal. Carol verzichtete auf sein Erbrecht auf den Thron, damit er seine Geliebte irgendwann heiraten konnte, wenn seine Gattin in eine Scheidung einwilligte. Aber Helen versuchte alles, ihren Ehemann wieder für sich zu gewinnen, denn sie wollte keine Scheidung um ihres Sohnes Willen.

Sie versuchte sich aufrechtzuhalten, wenn Verwandte anwesend waren. Man verbrachte die Zeit gemeinsam im etwas baufälligen *Cotroceni-Palast* bei Bukarest, in *Sinaia*, einem Schloss, welches hoch in den Karpaten liegt oder im neugebauten *Mamaia-Palast*, wo die Donau in das Schwarze Meer mündet. Hier erlernte Philip auch das Reiten auf einem Pony, sodass er und Michael bald kleine Ausritte unter Aufsicht am Strand unternehmen konnten.

Am vierten Januar des Jahres 1926 setzte Michaels Vater Carol aber seinen Willen durch, das Parlament bestätigte seinen Verzicht auf den Thron und damit schied er auch aus der rumänischen Königsfamilie aus. Er nannte sich von da an mit dem Familiennamen des Hauses Carol Caraiman. Der kleine Michael wurde damit zum Thronfolger und Kronprinzen. Sein Vater wurde aus Rumänien mit seiner Geliebten verbannt.

Zumeist verreisten meine Kinder alleine in den Ferien. Dies lag aber nicht daran, dass ich keine Zeit mit ihnen verbringen wollte, sondern einfach an der Tatsache, dass es mir zeitweise seelisch nicht gut ging. Ich brauchte dann einfach Ruhe und etwas Abstand. Mich belasteten noch immer die Ereignisse in Griechenland und ich wollte meinem Mann beistehen, der selbst alles noch nicht verarbeitet hatte. Andrea haderte immer noch damit, dass er sich jahrelang für die Armee aufopferte, sie zu seinem Lebensinhalt machte und dann so unehrenhaft entlassen worden war. Er vermisste Griechenland sicher mehr als ich, auch wenn er dies nie so äußerte, aber für ihn war es mehr Heimat, denn er war dort aufgewachsen.

Ich war meiner Mutter und den anderen Verwandten durchaus sehr dankbar, wenn sie die Kinder aufnahmen, und Mama verstand mich. Sie sorgte sich sehr um meinen Gemütszustand und tat daher alles, was möglich war, um mich zu entlasten.

Es gab Situationen, in denen ich spürte, wie Andrea und ich uns voneinander entfernten, wenn er in Grübeleien versank und nicht von seinem Unmut über den Prozess gegen ihn und die Folgen lassen konnte. Es fiel mir oftmals sehr schwer, ihm dann noch beizustehen, ihm eine verständnisvolle Gattin zu sein. Obwohl mir zum Beispiel Edwinas Verhalten völlig unverständlich war. Vielleicht war ich einfach zu konventionell in meinem Denken als Gattin. Daher wäre eine Affäre für mich auch nie infrage gekommen. Selbst im Verwandtenkreis erschien es mir mehr als befremdlich, wenn die Paare einen glauben ließen, sie seien noch verliebt, glücklich und nach außen hin war jedem klar, dass es nicht so war. Ich liebte meinen Mann und meine Kinder sehr. Das würde ich niemals aufs Spiel setzen. Die kriselnden Ehen in der Verwandtschaft waren mir ein Mahnmal und Gräuel. Ich hatte sehr hohe moralische Vorstellungen und Prinzipien. Meine griechische Hofdame, Virginie Simopoulos, die seit einiger Zeit bei uns angestellt war, wusste um den anderen Mann. Sie war zwar von mir ins Vertrauen gezogen worden, aber gleichzeitig versicherte ich ihr, dass ich es niemals wirklich in Betracht gezogen hatte, eine Affäre zu beginnen, mich darauf einzulassen. Zudem hatte ich dem Mann einen Brief geschrieben, in dem ich ihm versprach, dass wir uns vielleicht in einer anderen Welt einmal wiedersehen und lieben würden.

Philip und ich, 1925

Am zwanzigsten November des Jahres 1925 starb Tante Alexandra an einer Herzattacke in Sandringham. In ihren letzten Lebensmonaten war nicht nur ihre Sprache sehr undeutlich geworden, ihr Gedächtnis hatte auch zunehmend nachgelassen, sodass sie sich kaum noch irgendwo zurechtfand und auch keine großen Unternehmungen mehr machen konnte. Zu allem Übel war sie mittlerweile auf dem rechten Auge völlig erblindet. Im Jahre 1920 war eine Ader im Auge geplatzt, doch es war wieder geheilt, ihr Sehvermögen war zurückgekehrt. Doch in den letzten Wochen war sie dann auf dem Auge völlig erblindet. Ihr Leben in dieser letzten Zeit war für sie nicht mehr sehr angenehm gewesen, sogar gänzlich unerträglich. Sie wurde neben

Onkel Bertie in der St. George's Chapel beerdigt. Mama, Andrea und ich nahmen an der feierlichen Beisetzung teil.
Kurioserweise hatte die Tante noch ihre Tochter Toria damit beauftragt, Weihnachtskarten zu bestellen, damit sie diese rechtzeitig versenden konnte. Als ihre Schwester Minnie, die Mutter von Onkel Nicky, ihr einen Brief schrieb, ließ sie sie über Toria in einer Rückantwort wissen, dass sie sich auf ihre schöne Weihnachtskarte freuen solle, die sie bald erreichen werde. Als Minnie nun erfuhr, wie schlecht es bald darauf ihrer Schwester ging, reiste sie aus Dänemark trotz ihres ebenfalls hohen Alters nach Sandringham, blieb an ihrer Seite. Obwohl sich beide Schwestern nicht mehr verstanden hatten, seit Minnie Russland verlassen musste und sich im Palast in London unmöglich benahm, ließ sie die Streitigkeiten jedoch hinter sich, um Tante Alexandra noch einmal zu sehen.
Wir hatten wenig Kontakt zu Minnie, aber für sie war der Verlust ihrer Schwester so schlimm, dass sie es kaum verwinden konnte. Sie hatte bereits ihren Ehemann und vier ihrer sechs Kinder überlebt. Ihr kleiner Sohn Alexander war schon mit zehn Monaten an einer Meningitis verstorben, George als junger Mann an Tuberkulose, Michael hatte man ebenso hingerichtet wie Onkel Nicky und seine Familie. Sie glaubte aber immer noch daran, dass Letztere irgendwann wieder lebend auftauchen würden, sie sich nur irgendwo versteckt hielten oder dass wenigstens ein Familienmitglied überlebt habe. Man musste ihr diese Hoffnung lassen, auch wenn sie sich strikt weigerte, die falsche Anastasia zu empfangen. Was sie über sie gehört hatte, war für sie nicht plausibel, und sie glaubte niemals daran, dass diese Person ihre Enkelin sein konnte.
Es war sehr schlimm, wie Minnie auf der Beerdigung ihrer Schwester litt, sie stand kurz vor einem Nervenzusammenbruch. Obwohl sie noch ihre Schwester Thyra hatte, die Prinzessin von Hannover und Herzogin von Braunschweig und Lüneburg war, so stand sie sich doch immer mit Tante Alexandra am nächsten.
Kronprinz Carol hatte sich bereits kurz nach der Beerdigung von Tante Alexandra, bei der er noch die rumänische Königsfamilie vertrat, in Milan öffentlich mit seiner Geliebten gezeigt und dabei keinen Hehl aus seinem Glück gemacht. Die arme Helen konnte es bald darauf in allen bekannten Klatschmagazinen lesen. Es war für sie nicht nur mehr als peinlich, wie ihr Gatte mit dieser Dame herumposierte, sondern auch ein sehr gemeiner Affront gegen sie und ihren Sohn.

Am Sonntag, den neunundzwanzigsten November waren Mama, Andrea und ich zu einem Mittagessen bei König George und Königin Mary eingeladen. Natürlich trauerte George sehr um seine Mutter, doch ich brachte ihn dadurch zum Lächeln, als wir in Erinnerungen zu schwelgen begannen. Und dann brach er in schallendes Lachen aus, als ich ihm erzählte, wie ein schwedischer Angestellter des Palastes in Stockholm ihr einige sehr bekannten und wertvolle Juwelen des Königshauses zeigen wollte. Er machte ein sehr großes Aufheben darum und Louise war überaus gespannt. Um zu den Juwelen zu gelangen, musste man viele Räume passieren, für die letzten öffnete der Angestellte jeweils mit einem anderen besonderen Schlüssel die nächste Tür. Als sie nun im letzten Raum mit den Juwelen angelangt waren, schloss der Angestellte die Tür ab, stellte sich vor Louise hin, schlug in die Hände und meinte in gebrochenem Englisch begeistert: "So, and now I open my drawers and show you my treasure!" Der arme Mann konnte nicht wissen, dass er damit eine zweideutige Bemerkung machte, indem er damit sagte, er würde seinen Reißverschluss an der Hose öffnen und meiner Schwester seinen Schatz, also sein bestes Stück, zeigen. Für Louise war es einer der peinlichsten Momente ihres Lebens, und da sie sich gezwungen sah, den Angestellten über seinen Fauxpas aufzuklären, war auch dieser tief verschämt und entschuldigte sich mehrmals.

Der König übernahm diese Geschichte als eine Anekdote, die er später nur allzugern wieder und wieder erzählte, denn seine Gattin beugte sich über den Tisch und fragte mich: "And did he?"

Für Tante Alexandras Tochter Toria, deren Leben sich ausschließlich auf ihre Mutter konzentriert hatte, bedeutete ihr Tod eine Neuorientierung. Endlich konnte sie ein selbstbestimmtes Leben führen und zog bald darauf nach *Coppins House* in Iver in der Grafschaft Buckinghamshire. Sie engagierte sich bald im Dorfleben und wurde sogar Ehrenpräsidentin der Iver Gartenbaugesellschaft. Leider begann sie bald darauf auch an diversen Erkrankungen zu leiden. So plagten sie Migräneattacken, sehr schmerzhafte Neuralgien, Erkältungen, Depressionen und sie bekam Verdauungsprobleme. Es tat uns allen sehr leid, dass sie zwar nun in gewisser Weise frei war, den Bann mit der Mutter gebrochen hatte, aber nicht wirklich glücklich sein konnte aufgrund ihrer zahlreichen Leiden. Sie sollte auch ihren Stand als unverheiratete, alte Jungfer akzeptieren und nach keinem Mann mehr Ausschau halten, denn dafür sei es zu spät, meinte sie. Mit siebenundfünfzig Jahren würde kein Mann mehr Interesse an ihr zeigen.

Im Januar des Jahres 1926 reiste Sir Gerald Talbot in unserem Auftrag nach Korfu, um auf Mon Repos nach dem Rechten zu sehen. Er sollte sich davon überzeugen, dass das Haus und die Möbel in Sicherheit waren. Dies konnte er uns bestätigen, und da für Mon Repos die Besitzverhältnisse nicht eindeutig geklärt werden konnten, da es sich eigentlich im Besitz der Gemeinde von Korfu befand, was ich bereits erwähnte, konnte die Regierung in Athen auch keinen Einspruch erheben, wenn wir mit dem Haus so verfuhren, wie es uns beliebte. Wir hatten uns an König George gewandt, damit er uns helfen würde, wenn dies für ihn möglich sei, aber obwohl er dazu gerne bereit war, lehnte das Auswärtige Amt in London dies jedoch vehement ab. Man wollte sich nicht einmischen. Daher vermietete Andrea Mon Repos schlussendlich an Dickie, der sich sofort einverstanden erklärte, das Haus für zwanzig Jahre anzumieten, damit wir zu Geld kamen.

Dennoch war die politische Situation in Griechenland immer noch sehr instabil. Der General Pangalos übernahm im April die Macht über die gesamte Regierung und mittlerweile war das Land eine Diktatur, geleitet von Militaristen.

Im Frühjahr des Jahres 1926 reiste ich nach Darmstadt, um Tante Onor und Onkel Ernie wieder einmal zu besuchen. Meine Cousins Lu und Don hatten beide am sechsundzwanzigsten März das externe Abitur im Alten Realgymnasium in Darmstadt bestanden. Don war zwanzig Jahre alt und Lu achtzehn. Sie hatten vorwiegend Privatunterricht im Neuen Palais erhalten, nachdem man ihre Anwesenheit als Schüler an dem Gymnasium anprangerte. Es hatte geheißen, sie seien dort bevorzugt behandelt worden, da sie Söhne des Großherzogs waren.

Don war fast zwei Meter groß, ein sehr geselliger junger Mann, sportlich und leidenschaftlicher Jäger. Er wollte Volkswirtschaftslehre in München, Gießen und Lausanne studieren, um einmal die Besitzungen des Vaters leiten zu können. Lu wollte ebenfalls studieren, und da er das gleiche Interesse wie mein Onkel Ernie für die Kunst zeigte, wollte er zuerst mit einem Studium der Kunstgeschichte in Darmstadt beginnen, dann noch das Fach Archäologie dazunehmen. Wie Don zog es ihn auch an die Universitäten von Lausanne und München. Lu strebte den Beruf eines Kunsthistorikers an, was meinen Onkel sehr stolz machte. Doch die Tante und er unterstützten beide Söhne gleich, freuten sich über deren Zielstrebigkeit, was die Zukunft betraf.

Während meines Aufenthalts in Darmstadt führten Onkel Ernie und ich lange Gespräche über die Philosophie, die ihn ebenso begeisterte wie mich. Ich begann die Lehren des baltischen Philosophen Graf Hermann von Keyserling zu studieren.

Onkel Ernie hatte Keyserling nach dem Ersten Weltkrieg nach Darmstadt in die Künstlerkolonie eingeladen. Beide verstanden sich so gut, dass Keyserling im Jahre 1920 in Darmstadt die *Schule der Weisheit* gründete. Es handelte sich hierbei um eine Begegnungsstätte für maßgebliche Personen des geistigen Lebens und eine Art Lebensschule. Zu den Förderern der

Schule gehörten nicht nur Onkel Ernie, der Verleger Otto Reichl, sondern auch der bekannte Schriftsteller Thomas Mann. Keyserling gründete auch die *Gesellschaft für freie Philosophie*, wobei ihn Graf Kuno von Hardenberg, Onkel Ernies Hofmarschall, immens unterstützte. Im Rahmen seiner Tätigkeit als philosophischer Schriftsteller und Leiter der Schule gelangte Keyserling bald zu großem Ruhm und Ansehen in der Weimarer Republik, was sich auch sehr positiv für Darmstadt und Onkel Ernie auswirkte. Bald reisten nicht nur der bengalische Dichter, Philosoph, Musiker, Komponist und Maler Rabindranath Tagore an, der im Jahre 1913 als erster Asiate den *Nobelpreis für Literatur* erhalten hatte, sondern auch Paul Dahlke, ein Arzt und entscheidender Wegbereiter des Buddhismus in Deutschland, und Carl Gustav Jung, der Schweizer Psychiater und seines Zeichens Begründer der analytischen Psychologie. Zu ihnen gesellten sich bald viele weitere namhafte Persönlichkeiten der Zeit. Die Symposien waren gut besucht.

Ich machte meine Studien aber im Verborgenen, befasste mich tiefergehend mit Keyserlings Ansichten, dass sich die Menschheit nach dem Krieg neu entwickeln und ein neues geistiges Leben schaffen müsse. Dies bezog sich auch auf die einzelne Person. Er hatte sehr interessante Reisen unternommen und diese im Jahre 1919 unter dem Titel *Das Reisetagebuch eines Philosophen* veröffentlicht. Auf seiner Weltreise, die ihn unter anderem nach Indien, Ceylon, China, Japan und Nordamerika führte, traf die abendländische Weltanschauung auf die fernöstliche Weisheit. Er vertrat die These, dass der kürzeste Weg zu sich selbst um die Welt herumführte, wobei Keyserling in jedem Land, welches er bereiste, versuchte sich vollständig auf die Menschen und die Kultur einzulassen. Er wollte eins werden, um zu verstehen, zu begreifen. Dabei verglich er sich mit *Proteus*, dem griechischen Gott der Wandlung, der jede beliebige Gestalt annehmen konnte.

Manche von Keyserlings Aussprüchen in dem Werk waren sehr kritisch, andere wiederum sehr positiv, denn er kritisierte zum Beispiel die seit dem Mittelalter eher parasitäre Existenz der Juden in Europa. Sie waren für ihn die Hautrepräsentanten des Internationalismus. Er riet ihnen, sich zu ihrem Volkstum zu bekennen, sich nicht unterzuordnen, denn sie seien durchaus segensreich für Europa. Ferner war für Keyserling der Deutsche, der einzig *sachliche Mensch* in Europa, denn ihm bedeutete die Sache mehr als der Mensch.

Es war sehr umstritten, sich zu Keyserling zu bekennen, da er im Adelsstand den sogenannten Grandseigneur, den *Höchstausdruck des Menschlichen,* sah. In Zeiten der Weimarer Republik, in der der Adel keine Rechte mehr hatte, stieß dies auf sehr viel Kritik. Ebenso wie die Tatsache, dass er als Weisheitslehrer fungierte, Leiter einer Weisheitsschule war und sich damit als Person eben etwas emporstellte. Man sagte ihm nach, er sei mehr

als überheblich und mache zu viel Aufhebens um seine eigene Person.
Mich faszinierten vor allem seine *südamerikanischen Meditationen*, welche er die Frucht einer Südamerikareise nannte. Dort entwickelte er seine Konzeption einer *Gana*, eines blinden Drangs, der Gebundenheit an eine irrationale Unterwelt, die den ihr triebhaft verfallenen Menschen beherrscht. Den Gegenpol dazu bildet der Einspruch des Geistes, der mit tragischem Lebensgefühl beginnt und den geistbestimmten Menschen befähigt, sich vom Ernst der Erdschwere und aller Gebundenheit zu lösen und das Leben als Spiel, als eine Art Schauspiel, aufzufassen, gleich der göttlichen Komödie, *Divina Commedia*. Eine *Gana* ist in der hinduistischen Mythologie eine Gruppe zwerghafter Gottheiten, es steht aber auch im *Sanskrit* für eine Gruppe oder Klasse.
Wenn man das Leben als eine Art Spiel betrachtete, verkamen viele Dinge zu Nichtigkeiten und dies fand ich sehr beruhigend.
Doch da Keyserling durchaus als kontrovers galt, konnte man sich zwar öffentlich zu seinen Lehren bekennen, aber gerade, wenn man sich als Frau mit der Philosophie befasste, erntete man viel Spott. Damals wurde den Frauen so etwas noch aberkannt, man befand sie nicht wirklich für geistig fähig, sich mit so etwas zu befassen. Und die Philosophie hatte generell einen schweren Stand. Ich befürchtete, man könne mich für verrückt halten, wenn ich darüber mit Freunden oder Verwandten diskutieren würde, was mich bewegte. Andere Frauen lasen Krimis, Liebesromane, doch ich hatte mich eben der Philosophie verschrieben. Ich versuchte darin etwas zu finden, was mir seelischen Halt geben könnte, wenn mich die Niedergeschlagenheit zu erdrücken drohte. Es wäre aber nicht sehr klug gewesen, dies anzusprechen, wenn ich zum Beispiel bei Mama war. Sie stand solchen Dingen sehr kritisch gegenüber, da sie der Meinung war, es verwirre den Geist. Mythologie, jenseitige Welten, Wiedergeburt, die Keyserling auch vertrat im Rahmen des Buddhismus, waren ihr als bodenständige Christin zu abstrakt. Und andere Verwandte sahen das sicher ebenso. Daher vertiefte ich mich im Stillen in meine Studien, verborgen vor den Augen der anderen. Andrea wusste darum, denn er sah die Bücher bei mir, aber es interessierte ihn nur dahingehend, dass er es als etwas zu Abgehobenes betrachtete, wie schon die Seancen mit seinem Bruder Christo. Für ihn war so etwas alles lapidar gesagt Unfug und die Geister, die man damit rief, wurde man nur schwer wieder los.

Am achtzehnten Juni starb meine Schwiegermutter Olga in Christos Villa Anastasia in Rom. Die griechische Regierung hatte noch immer eine sehr hohe Meinung von ihr und sie genoss ein großes Ansehen in Griechenland. So bot man ihren Kindern an, dass die Regierung für ihr Begräbnis aufkäme und man sie in Tatoi beisetzen könne. Doch Andrea und seine Geschwister lehnten dies vehement ab. Dies war natürlich ein Affront gegen die Regierung, aber für uns alle war es ein inakzeptables Angebot. Es wäre undenkbar gewesen, für ihre Beisetzung anzureisen, das Zugeständnis der Regierung, vor allem eine Finanzierung des Begräbnisses anzunehmen, wo wir anderen alle verbannt waren. Man hatte Andrea töten wollen, da erschien die Offerte uns ein größerer Affront zu sein, als diese auszuschlagen.

Am zweiundzwanzigsten Juni fand für meine Schwiegermutter in Anwesenheit von uns allen in der orthodoxen Kirche in Rom ein Gedenkgottesdienst statt, dann bestatteten wir sie in der Krypta der russischen Kirche in Florenz.

Ihr Tod war ein schmerzlicher Verlust, aber es war ihr in den letzten Monaten gesundheitlich nicht mehr gut gegangen. Zu der Trauer kam natürlich auch ein gewisser Unmut darüber, dass sie fern der Heimat begraben werden musste und nicht neben ihrem Ehemann in Tatoi. Aber die Umstände ließen dies einfach nicht zu.

Andreas steter Groll auf die griechische Regierung wog immer noch schwer, er konnte einfach nicht davon lassen und nach dem Begräbnis seiner Mutter wuchs dieser wieder. Dass er sich seine Wut buchstäblich von der Seele schrieb in seinem Buch war sehr positiv, aber dennoch fiel es mir zusehends schwerer, mit seinen Launen umzugehen. Das Leben an sich langweilte ihn oftmals, denn er hatte keine wirkliche Aufgabe. Aus meiner Sicht hatte er diese schon, denn er konnte sich um die Kinder kümmern, aber auch wenn er dies mit Freude tat, füllte es ihn nicht aus. Manchmal überkam mich die Furcht, unsere Ehe könnte an dieser Last zerbrechen, an der Tatsache, dass ich ihm keine Stütze mehr sein konnte und er sich immer tiefer in der Lustlosigkeit, den Launen und dem Groll erging. In solchen Situationen, in denen wir uns dann aus dem Weg gingen, griff ich zu meinen Büchern, suchte wieder Halt in der Philosophie. Sicher, ich hätte mein Herz meiner Mutter, meiner Schwester, den Brüdern ausschütten können, aber es war gleich, wem ich es anvertraut hätte, niemand konnte uns als Paar da raushelfen. Wir mussten wieder zueinander finden und ich betete darum, dass wir dies konnten.

Im Juli des Jahres 1926 reisten Andrea und ich ohne die Kinder nach Cannes, um uns eine Auszeit nur für uns zwei zu nehmen. Cäcilie, Sophie und Philip schickten wir nach England, wo die beiden Mädchen mit meiner Hofdame bei Mama im Kensington-Palast wohnten, damit meine Mutter Zeit mit ihnen verbringen konnte.

Margarita und Dolla verbrachten die Ferien bei Onkel Ernie und Tante Onor auf Schloss Tarasp in der Schweiz.

Philip reiste mit Emily Roose, der Nanny, zu Edwina und Dickie nach Adsdean, wo er bis zum August bleiben durfte, was meine Mutter organisierte. Während der alljährlichen Pferderennwoche in Goodwood brauchten die beiden aber die Zimmer für Gäste und daher bat Mama kurzerhand Nona und Dick Crichton Roosie und Philip bei sich aufzunehmen. Nona war sofort einverstanden, bot Fishponds als Unterkunft an. Mein Sohn sollte sich auf Anhieb bei Nona und Dick wie zu Hause fühlen. Nach diesem Aufenthalt dort war Nona für ihn nur noch *Mrs. Good*, denn, so sagte er, sie sei gut zu ihm und dies daher der richtige Name für sie. Er sollte sich auch später immer wieder darauf freuen, einige Zeit bei ihr zu verbringen.

Mein Bruder Dickie mit Philip, Juli 1926

Philip, die kleine Patricia und Dickie, Juli 1926

Auch mein Bruder Dickie freute sich sehr über Philips Besuch und die beiden verstanden sich gleich so gut miteinander, dass man merkte, was für einen Narren mein Bruder an dem Jungen fand. Die kleine Patricia, seine Tochter, hatte einen Spielgefährten und vielleicht lenkte mein Sohn Dickie auch etwas von seinen ehelichen Problemen ab. Edwina war meist nicht anwesend in Adsdean. Wenn sie sich dort aufhielt, kümmerte sie sich auch um ihre Tochter, um meinen Sohn, aber sie war nicht so liebevoll wie Dickie zu den Kindern. Dazu kam die Tatsache, dass sie stets an irgendwelchen Erkrankungen litt. Ich verstand, wenn sie sich während ihrer Periode unwohl fühlte, denn, so gestand sie völlig offen, es ströme aus ihr heraus wie ein Wasserfall und war verbunden mit sehr schmerzhaften Krämpfen, die tagelang anhielten. Alle anderen ihrer Wehwehchen waren aber eher mit einem Schmunzeln zu sehen, denn sie meinte, sie sei ständig erkältet, ließ sich die Nase sogar mit Kokain behandeln, um diese von innen zu desinfizieren. Sie schob ihre andauernden Erkältungen auf ihre geringe Widerstandskraft und ließ sich mit Bismut behandeln. Aber die Blutuntersuchungen bei allen möglichen Ärzten, die Röntgenbehandlungen und dass sie ganze Mahlzeiten durch die Einnahme von Bismutsalzen ersetzte, brachten alles nichts. Bald kamen noch ständige Zahnschmerzen, Neuralgien hinzu, die sie mit Massagen behandeln ließ. Edwina fand keinen Schlaf mehr, hatte Augenschmerzen. Letzteres wurde mit allerlei Tropfen, Bestrahlungen und Übungen behandelt. Da sie sehr schlank war, wurde sie manchmal einfach ohnmächtig, wenn sie nur Bismutsalze statt richtiger Nahrung zu sich nahm. Man verschrieb ihr eine Brille, aber sie lehnte das Tragen ab, weil sie sich damit hässlich fand. Für eine Zeit gab sie das Rauchen auf, fing dann aber wieder damit an, nachdem auch dies nichts brachte. Oftmals war sie die ganze Nacht auf, bei Partys war sie fast die Letzte, die ging.

Für Dickie waren ihre andauernden Leiden eine große Last, wobei er stets versuchte Verständnis zu zeigen. Aber irgendwann belächelte er auch einmal das eine oder andere, denn es wirkte nicht nur auf ihn so, dass sie vielleicht auch einfach nur bemitleidet werden wollte. Für ihn war die Tatsache weitaus schlimmer, wie andere Männer sie umgarnten. Er bezeichnete diese als *ginks*, was eigentlich ein sehr abwertender Ausdruck für Menschen mit indianischer Abstammung ist. Es gab zwei Sorten von Männern, mit denen sie neben Dickie Zeit verbrachte. Einmal die, die sie auf Partys und zu anderen Veranstaltungen begleiteten, wenn er zeitlich nicht verfügbar war, und die, die bereit waren, weiter mit ihr zu gehen. Mein Bruder hätte es in ihren Tagebüchern nachlesen können, die sie offen in ihrem Zimmer auf dem Schreibtisch liegenließ, so wie es die Hausmädchen taten und bald darüber tuschelten. Er liebte Edwina aufrichtig, doch sprach offen aus, wie sehr seine Nähe ihr manchmal verhasst war. Wenn er vom Dienst in der Marine frei hatte, nahm er sich Zeit für sie, frühstückte mit ihr im Bett, wollte die Nächte mit ihr gemeinsam verbringen, doch schon nach einer gemeinsamen Nacht hatte sie von seiner Intimität genug. Was meinem Bruder zu den anderen Männern fehlte, war eine sexuelle Anziehungskraft. Er sah gut aus, aber wenn ein Fremder aus Südamerika mit Edwina die ganze Nacht Tango tanzte, so begeisterte sie dies mehr.

Besonders meine Mutter zeigte sich sehr besorgt um Dickie, aber er versicherte ihr, wie auch uns allen anderen jedes Mal nur, dass er seine Frau liebte, ihr kleine Ausrutscher verzieh und er hatte, wie man so sagt, Scheuklappen auf, wollte die Wahrheit nicht erkennen.

Die politischen Ereignisse in Athen interessierten uns eigentlich nur noch peripher, aber im August des Jahres 1926 kam es zu einem unblutigen Putsch in Athen, in dessen Verlauf der General Pangalos abgesetzt wurde.
Der griechische Admiral Pavlos Koundouriotis war nach dem Tod von König Alexander Vizekönig gewesen und hatte dieses Amt bis zum November 1920 innegehabt. Im Dezember 1923, nachdem König Georg II. das Land verlassen musste, übernahm er wieder das Amt. Im März 1924 war er von der Nationalversammlung zum Präsidenten der neuen Republik gewählt

worden. Er war zwar ein Weggefährte von Venizelos und diesem gegenüber sehr positiv eingestellt, aber die diktatorische Regierung des Generals Pangalos missfiel ihm. Aus Protest gegen diesen legte er Anfang 1926 sein Amt nieder, denn er empfand die Unterdrückung des Volkes durch das revolutionäre Komitee als nicht akzeptabel. Als Verfechter der Demokratie entschied er sich dafür, sich von Pangalos abzuwenden. Und sein Rücktritt wie auch der Unmut der anderen Mitglieder des Komitees und der Nationalversammlung ließen den Hass gegen Pangalos schwelen, bis es dann zu dem Putsch kam. Pangalos☐ alleinige Machtansprüche erzeugten unter den anderen Generälen viel Unmut. Der General Georgios Kondylis war verantwortlich für die Absetzung von Pangalos. Zwar hatte er sich daran beteiligt, den König ins Exil zu schicken und den Putschversuch der noch königstreuen Militaristen unter Metaxas abzuwenden, aber es ging um reine Machtpositionen. Kondylis hatte eine eigene Partei gegründet, die sich die *Nationalen Republikaner* nannten. Im Jahre 1924 war er Kriegsminister geworden, von 1924 bis 1925 auch Innenminister. Dieses Ränkespiel der Macht lief aber nur auf ein Ziel hinaus – nach der Absetzung Pangalos setzte sich Kondylis am dreiundzwanzigsten August 1926 selbst als Ministerpräsident Griechenlands ein und sollte dieses Amt bis zum vierten Dezember innehaben. Auch Koundouritis wartete nur auf seine erneute Chance, wieder in eine Machtposition zu gelangen, und würde bald darauf wieder das Amt des Ministerpräsidenten anstreben.

Für meinen Mann und mich war es aber eine gewisse Genugtuung, dass man Pangalos nach dem Putsch inhaftierte. Er sollte die nächsten zwei Jahre im Gefängnis verbringen, im Jahre 1930 zwar aus der Haft entlassen werden, aber da er sofort wieder eine neue Verschwörung plante, setzte man ihn für zwei Jahre auf Korfu fest. Er kam nie wieder in eine Machtposition.

Mein Mann war stets der festen Überzeugung, dass Pangalos sich selbst quasi das Genick gebrochen habe, als er versuchte, in Griechenland den Diktator zu spielen und dabei völlig freie Hand hatte.

Am siebten November fanden Wahlen in Athen statt, bei denen es sich um reine Scheinwahlen handelte, wie wir im Nachhinein feststellen mussten, doch als wir davon hörten, keimte in uns die Hoffnung auf, man würde sich vielleicht wieder für die Monarchie entscheiden. Wir waren nicht allzu euphorisch, aber malten uns dennoch aus, wie es wäre, nach Mon Repos zurückkehren zu können.

An diesem Tag war ich bei Mama im Kensington-Palast. Wir erwarteten gespannt am Radio die Ergebnisse der Wahlen, vertrieben uns die Wartezeit, indem wir gemeinsam das Kreuzworträtsel im *Sunday Chronicle* lösten, um unsere Nerven zu beruhigen. Aber die Republikaner gewannen die Wahl haushoch, Kondylis wurde im Amt bestätigt. Meine Mutter versuchte

mich zu trösten, aber es wog schwer, vor allem da ich ahnte, wie sehr es meinen Mann traf. Andrea wäre wieder niedergeschlagen und ich musste wieder versuchen ihn aufzubauen.
Es war schwer, mit der steten Hoffnung zu leben, irgendwann nach Griechenland zurückzukehren. Jedes Mal, wenn man glaubte, es könne sich auch nur der Hauch einer Chance ergeben, wurde diese wieder zerschmettert. Ich war es fast schon leid, mich überhaupt noch daran zu klammern.
Er lamentierte darüber, wie man ihn nach all den Jahren des treuen militärischen Dienstes für seine Heimat im Zuge des Prozesses verantwortlich gemacht hatte für die Sünden anderer, wie er es nannte, und wie ihn nun das griechische Volk sah. Die öffentliche Meinung über ihn war nicht gerade positiv.
Es traf mich sehr, dass er bald darauf kritisierte, wie sehr ich mich in meine Arbeit im Geschäft steigerte, mich für die Bedürftigen schier stundenlang beim Verkauf und der Herstellung von Handarbeiten aufopferte. Andrea verstand meine immer noch anhaltende Bewunderung für meine verstorbene Tante Ella nicht, wurde missmutig, wenn ich über sie sprach, ihren Einsatz für die Armen und Kranken lobte. Aus seiner Sicht stilisierte ich sie zu einer Heiligen, die sie nicht gewesen war. Sicher, er bewunderte, wie sie alles aufgegeben hatte, den weltlichen Besitz, um das Kloster zu bauen, das Waisenhaus, aber sie war einfach ein guter Mensch gewesen, mehr nicht. Und das wiederum verärgerte mich.
Wir begannen zu streiten, gerieten öfter aneinander, als mir lieb war. Auch meine Beschäftigung mit der Philosophie empfand er bald als lächerlich. Er meinte, ich würde mich dadurch auch in eine Art Religiosität steigern, die mich zusehends von den wirklich wichtigen Dingen entfremdete. Seine Kritik machte mich wütend, ich kritisierte ihn und nach jedem Streit erkannten wir uns beide nicht wieder. Es dauert etwas, bis man realisiert, dass eine Ehe zu kriseln beginnt. Doch wir liebten uns immer noch, versuchten unsere Streitereien zu überwinden, was jedoch bald zusehends schwieriger wurde.

Im Februar des Jahres 1927 sah es so aus, als habe Margarita endlich einen passenden Heiratskandidaten gefunden. Als Dolla und Margarita im letzten Sommer bei Onkel Ernie und Tante Onor auf Schloss Tarasp gewesen waren, war auch der Erbprinz Franz Ferdinand von Isenburg und Birstein dort zu Gast gewesen. Sein Vater, Fürst Franz Joseph von Isenburg, und seine Mutter, Fürstin Friederike, eine geborene Prinzessin zu Solms-Braunfels, waren gut bekannt mit dem Onkel und der Tante. Tante Onor war eine geborene Prinzessin zu Solms-Hohensolms-Lich. Es gab also auch verwandtschaftliche Beziehungen. Zudem lebten die Isenburgs auf Schloss Birstein in der Gemeinde Birstein im Main-Kinzig-Kreis in Hessen und der hessi-

sche Adel kannte sich natürlich untereinander sehr gut, man pflegte generell ausgezeichnete Kontakte unter den Familien.
Meine beiden ältesten Töchter hatten sich sehr gut mit Franz Ferdinand verstanden, sie kannten den Ort Birstein von Besuchen bei der hessischen Verwandtschaft. Mit der Familie des Erbprinzen kamen sie auch gut aus und es gefiel ihnen, wie Franz Ferdinand stets um seine Eltern bemüht war, sich für den Besitz in Birstein und die Menschen dort einsetzen wollte. Die Familie war sehr beliebt in ihrem Heimatort.
Die Fürstin verstarb am einundzwanzigsten April 1927 und im Ort wurde ihr Ableben mit nur vierundfünfzig Jahren mit großer Bewegtheit und tiefer Trauer aufgenommen. Die Einwohner von Birstein bereiteten ihr gemeinsam mit dem Fürstenhaus einen sehr würdigen Abschied.
Als ich den jungen Mann bei einem Besuch in Hessen traf, gefiel er mir auch sofort, denn er war sehr gut erzogen und überaus höflich. Er war fünfundzwanzig Jahre alt, zeigte sich sehr interessiert an meiner ältesten Tochter.
Die Isenburgs waren katholisch und es widerstrebte Margarita sehr, ihren Glauben zu wechseln. Als sie es uns mitteilte, wartete Franz Ferdinand darauf, sie bei einem erneuten Urlaub in Hessen besser kennenzulernen, um dann um ihre Hand anzuhalten. Aber meine Tochter zeigte sich störrisch. Sie würde niemals für ihn zum katholischen Glauben konvertieren. Und so scheiterte die Möglichkeit einer ehelichen Verbindung zwischen den beiden, bevor diese überhaupt richtig gedeihen konnte.
Ein wenig Ablenkung bot wenigstens Dollas engagiertes Flirten mit dem alten, verwitweten Fürsten, was diesen etwas von seiner Trauer um seine Gattin ablenkte und auch zu einigen humorvollen Momenten führte. Dolla tat der Fürst einfach sehr leid, so ließ sie ihren ganzen jugendlichen Charme spielen, um auf eine harmlose Art und Weise mit ihm zu flirten. Da er ein Kavalier der alten Schule war, imponierte es ihm natürlich auch.
Aber weder Margarita noch Dolla fanden nun oder in der nächsten Zeit einen für sie passenden Heiratskandidaten.

Nachdem Philip am zehnten Juni sechs Jahre alt geworden war, meldeten wir ihn für die *MacJannet Country Day and Boarding School*, eine fortschrittliche amerikanische Vorschule in St. Cloud an. Die Schule war eigentlich für die Kinder von reichen Amerikanern gegründet worden, die in Paris lebten. Es gab dort aber auch Schüler, die aus Familien stammten, die ins Exil gehen mussten, wie einige aus Russland und aus Griechenland. Einige Sprösslinge von Millionären aus den USA befanden sich ebenfalls unter den Schülern. Man nannte die Schule kurz *The Elms* und Philip sollte diese bis zum Jahre 1929 besuchen. Die hohen Schulgebühren wurden von

Christo getragen, der dies sehr gern tat, um seinem Neffen eine gute Bildung zu ermöglichen.

Das Schulgebäude war vor langer Zeit einmal das Haus von Jules Verne gewesen, sie lag an der 7 Avenue Eugenie nahe der Seine und gegenüber dem westlichen Ende des Bois de Boulogne. Die hohen Ulmen, die die Schule umgaben, verliehen ihr den Spitznamen *The Elms*, die Ulmen.

Am ersten Tag brachte ich ihn zur Schule, sagte dem Rektor Donald MacJannet, dass ich großen Wert darauf legte, dass Philip ein gutes Englisch lernte, denn ich sah ihn später eher in einem englischsprachigen Land leben als in Griechenland. Er war durchaus begabt für Sprachen, denn zu Hause sprachen wir überwiegend Englisch, fielen manchmal ins Französische und konnten auch schon mal auf Deutsch weiterplaudern. Wenn uns ein Wort in der jeweiligen Sprache, in der wir uns gerade unterhielten, nicht einfiel, schwenkten wir einfach in die andere um. So hatte mein Sohn aber schon eine gute Grundkenntnis.

An den nächsten Tagen brachte die Nanny Philip zur Schule, wobei er bald eine große Verantwortung zeigte. Sein Lehrer bemerkte, wie gerne er Einsatz zeigte, ließ ihn jeden Morgen eine halbe Stunde früher kommen, dann füllte mein Sohn sehr gewissenhaft die Tintenfässer im Klassenraum auf, wischte die Tafel sauber, rückte die Tische gerade, machte den Boden sauber und goss sogar die Pflanzen. Der Rektor der Schule wunderte sich darüber, dass Philip bei seiner ersten Vorstellung seinen ganzen Namen nicht wusste, sagte, er heiße nur Philip. Man klärte ihn darüber auf, dass sein voller Name Prinz Philip von Griechenland sei. Und sein gutes Benehmen fiel auf, denn er wiederholte oft die Worte, die ihm seine Schwestern eingebläut hatten, man dürfe keine Türen zuschlagen oder laut herumschreien.

Es brachte ihm auch einen großen Pluspunkt ein, als er wie ein kleiner Gentleman offen aussprach, man warte auf eine Dame bei Tisch, aber ließe diese niemals warten, was er von mir gelernt hatte.

Mein Sohn war stets begierig darauf, etwas Neues zu lernen, und so begann ich mit ihm an drei Abenden in der Woche noch Griechisch zu lernen. Für die Ferien bat ich die Lehrer, ihm für jeden Tag eine kleine Übung in einem anderen Fach aufzugeben. Philip beschwerte sich nie darüber, sondern lernte immer fleißig.

Philip im ersten Schuljahr, Sommer 1927

In der Schule fand mein Sohn schnell Anschluss. Zu seinen beiden besten Freunden gehörten bald Wellington und Freeman Koo, die Söhne des Diplomaten und chinesischen Botschafters in Paris, V. K. Wellington Koo. Ihr Vater war auch Premier-, dann Interims-Präsident von China und Richter am internationalen Gerichtshof in Den Haag. Die Mutter, Hui-Lan Koo, war eines der zweiundvierzig Kinder des sogenannten Zuckerkönigs Oei Tiong Ham und in den Zwanziger Jahren in der Pariser Gesellschaft sehr angesehen, weil sie die traditionelle Manchu-Kleidung aus China mit modernen Elementen kombinierte. Sie trug oftmals mit Stickereien reich verzierte Seidenhosen und wertvolle Jade-Halsbänder.

Die Söhne konnten Jiu-Jitsu und sich selbst sehr gut verteidigen, wenn es auf dem Schulhof in den Pausen zu Rangeleien unter den Schülern kam. Sie übernahmen auch eine Beschützerrolle für Philip.

Bald luden die Koos Philip an den Wochenenden zu sich nach Paris ein. Die großzügige Wohnung der Familie lag über der chinesischen Botschaft und die Jungen tobten dort wild herum, veranstalteten Hindernisläufe über die Möbel. Meist war mein Sohn der Initiator der wilden Spiele und die Dame des Hauses bangte regelmäßig um die teuren chinesischen Artefakte wie Vasen, die in der Wohnung standen. So merkte sie recht schnell an, dass man Philip zwar gerne zu Besuch habe, aber man sei auch sehr erleichtert, wenn er wieder abgeholt wurde und nichts zu Bruch gegangen wäre bei den Spielen. Ich ermahnte ihn, sich zu benehmen, aber er kannte nun einmal diese wilde Art des Spielens von zu Hause in St. Cloud. Da wir keine wertvollen Möbel- oder Dekorationsstücke besaßen, brauchte bei uns auch niemand befürchten, dass etwas Unersetzliches kaputtging. Es beschämte mich aber nicht, denn Philip war nun einmal ein Junge. Und wenn die Jungen sich zu diesen Spielen hinreißen ließen, lag es nicht nur an meinem Sohn und seiner Erziehung.

Die Mehrheit von Philips Klassenkameraden waren Amerikaner und so lernte er Baseballspielen, bevor er Cricket beherrschte.

Er entwickelte eine Vorliebe für Dinge, die aus dem bekannten Kaufhaus Macy`s in New York stammten, hütete diese Geschenke der anderen Kinder wie seinen Augapfel. Einmal tauschte er sogar eine kleine vergoldete Nippesfigur, die ihm König George schenkte, gegen einen modernen dreifarbigen Buntstift eines anderen Schülers.

Am zwanzigsten Juli verstarb König Ferdinand I. von Rumänien im Sinaia-Palast. Er hatte an Krebs gelitten und mit seinem Tod wurde nun der kleine Michael offiziell Thronerbe. Da der Junge aber erst sechs Jahre alt war, konnte er natürlich noch nicht selbst regieren. Stattdessen übernahmen sein Onkel Nikolai, der Patriarch Miron Cristea, ein Kleriker und Politiker, sowie der Präsident des Obersten Gerichtshofes Gheorghe Buzdugan im Rahmen eines Regierungsrates die Regentschaft, bis Michael das achtzehnte Lebensjahr erreichte.

Seine Mutter teilte uns schriftlich mit, dass ihr Sohn sehr verwundert darüber sei, dass man ihn nun mit *Eure Majestät* anspracht, was ihm nicht sehr gefiel. Sie erklärte ihm, er solle es einfach als einen Spitznamen ansehen. Sein neuer Status würde aber nichts an der Freundschaft mit Philip oder den Mädchen ändern und sie seien alle herzlich eingeladen, wenn sie wieder nach Rumänien zu Besuch kommen wollten.

Im Sommer war ich in England zu einem Abendessen eingeladen, bei dem ich den Bankier und Diplomaten Norman Davis aus Tennessee in den USA kennenlernte. Er war seit kurzer Zeit auch Abgeordneter der *Ökonomischen Konferenz* in Genf, da er in seiner Heimat auch eine große Farm besaß. Sein Bestreben war die Unterstützung des Völkerbundes in Europa durch die USA und er war ein bekennender Demokrat. Wir unterhielten uns sehr angeregt über die politische Situation in Griechenland, die sehr instabil war

und immer noch geteilt in Royalisten und Republikaner.
Seit Kurzem beschäftigte mich die Idee, dass Andrea Präsident von Griechenland werden könne, und ich hatte auch schon mit König George darüber gesprochen. Einige Minister seines Kabinetts, er selbst und der Völkerbund fanden diese Idee nicht bizarr, sondern waren durchaus davon angetan. Davis sprach nun davon, dass man Griechenland ein Darlehen geben wolle, um die wirtschaftlichen Probleme in den Griff zu bekommen. Für den Völkerbund war es aber wichtig, eine stabile politische Situation vorzufinden, wenn man ein solches Darlehen bewilligte. Auch die Banken brauchten diese Sicherheit verständlicherweise. So schien es ihm nicht abwegig, wenn man Andrea in einer Wahl zum Präsidenten ernennen würde.
Ich erzählte sogleich meinem Mann von der Idee und Davis☐ Worten, war enthusiastisch. Andrea war jedoch skeptisch. Durch den immensen Flüchtlingsstrom gab es viele Arbeitslose in Griechenland. Man hatte fast schon die fünfundsiebzigtausend erreicht. Die Arbeitsproduktivität war hoch, doch es gab beträchtliche wirtschaftliche Erfolge neben sehr großen Einkommensunterschieden. Die Durchschnittslöhne waren knapp über zwanzig Prozent angestiegen. Mein Mann fand die Probleme erdrückend, dies sei für einen Präsidenten eine sehr große und gewichtige Aufgabe, wenn man dagegen etwas unternehmen wolle. Die Probleme ließen sich nicht von heute auf morgen in den Griff bekommen.
Doch ich blieb weiterhin engagiert. So bat ich Davis, die Angelegenheit doch bitte Sir Eric Drummond, dem ersten Generalsekretär des Völkerbundes in Genf vorzutragen. Davis versprach es mir. Ich bot sogar an, mich heimlich mit Drummond in Genf oder Paris zu treffen. Und Drummond war nicht abgeneigt, wandte aber ein, dass in Genf stets viele Journalisten vor Ort waren, die mich erkennen würden. Also trafen wir uns am ersten Juli um elf Uhr morgens in der 5 Rue Washington in Paris.
Bei dieser Unterredung machte ich deutlich, wie sehr mein Mann bei einer Kandidatur auf die volle Unterstützung beider Seiten, der Royalisten und der Republikaner angewiesen sein würde. Aber er wäre mit Sicherheit bereit, für dieses Amt vier Jahre lang einen guten Republikaner abzugeben, um sich eben für sein über alles geliebtes Heimatland einzusetzen. Ich wollte auf eine Probezeit von vier Jahren hinaus, in der sich mein Mann bewähren könne, damit man ihn dann in einer Wahl wählen konnte. Das Volk könne sich dann selbst für die Republik oder die Monarchie entscheiden. Aber während der vierjährigen Zeit als Präsident auf Probe verzichtete mein Mann dann auf jegliche monarchistische Bestrebungen.
Ich sei mir sicher, dass König George II. von Griechenland alleine deswegen schon damit einverstanden sei, damit das Land das Darlehen zugesprochen bekäme. Und ich sagte, eine Zeitung in Griechenland habe diese Mög-

lichkeit einer Präsidentschaft meines Mannes auch schon aufgegriffen, beide politische Parteien seien angeblich bereit, Andreas Rückkehr nach Griechenland zu akzeptieren.
Drummond zeigte sich aber ebenso skeptisch wie mein Gatte. Er gestand offen, dass der Völkerbund sich nicht in die inneren Probleme eines anderen Landes einmische, er fand das vielmehr gefährlich für das gesamte diplomatische Verhältnis. Doch ich gab nicht klein bei, versicherte, wie Andreas Wahl beiden Parteien in Griechenland eine Hilfe wäre. Die Offiziere der Armee waren müde davon, sich in die Politik einzumischen, für Andrea war die Armee nicht berechtigt, in diese einzugreifen.
Drummond wollte keinen offiziellen Kommentar zu dem Gespräch abgeben, er zögerte vielmehr, aber ich meinte sogleich, er brauche auch erstmal nichts dazu sagen, sondern ich wollte ihn nur informieren.
Am nächsten Tag reiste ich nach London, traf den König im Buckingham-Palast. Ich traf aber mit meinen Bestrebungen auf taube Ohren. Vielmehr zeigte sich der König etwas geschockt, hatte zwar mit dem Gedanken gespielt, aber mehr auch nicht. Wenn die Griechen Andrea einluden, ihn offiziell als Präsidenten einsetzen wollten, dann solle er nach Griechenland reisen, dieses Angebot annehmen. Er wimmelte mich buchstäblich ab, verwies mich an den britischen Botschafter in Paris, Lord Crewe.
Am vierten Juli war ich zurück in Paris, sprach mit Andrea bei Lord Crewe in der britischen Botschaft vor. Mein Mann sah inzwischen eine Chance in der ganzen Sache, um nach Griechenland zurückzukehren, tolerierte mein Engagement und lobte durchaus meinen Einsatz für ihn. Ich konfrontierte Lord Crewe gleich mit meinem Gespräch beim König, weitete meinen Vorschlag aber aus, indem ich einwandte, es sei doch möglich, Andrea oder einen seiner Brüder zum Präsidenten der griechischen Republik zu ernennen. Lord Crewe hörte aufmerksam zu, wollte aber gleich schriftlich den Sekretär des Königs darüber informieren, wie angetan er von der Idee sei. Eine große Mehrheit der Bevölkerung in Griechenland stünde dem Ganzen sicher positiv gegenüber, wenn es bedeutete, dass man dadurch das Darlehen bewilligt bekäme. Aber weder die britische noch die französische Regierung wären in der Lage, sich aktiv einzubringen, was rein diplomatische Gründe habe. Man könne nur versuchen, den Völkerbund für die Idee zu gewinnen und davon zu überzeugen, bei einer eventuellen Präsidentschaft meines Mannes dann das Darlehen zu gewähren – wenn die politische Situation in Griechenland eben stabil genug sei.

Andrea und ich reisten in diesem Sommer nach Venedig und nahmen uns eine kleine Auszeit auf dem Lido.

Andrea und ich stehend mit zwei anderen Urlaubsgästen in einer Gondel auf dem Lido in Venedig, 1927

Im September reisten wir nach Gmunden bei Wien und trafen dort den ehemaligen Stallmeister, der für die Pferde der griechischen Königsfamilie verantwortlich gewesen war. Prinz Theodore Ypsilanti war ein etwas widersprüchlicher Mensch, aber er hörte sich geduldig an, was ich mit Davis besprochen hatte. Und ich fügte vielleicht etwas voreilig hinzu, das der König in England dem Ganzen nicht ablehnend gegenüberstand, wenn die griechische Regierung Andrea ein entsprechendes Angebot der Rückkehr und Übernahme einer Präsidentschaft offerieren würde.

Auch der ehemalige griechische Minister Mercouris besuchte uns in Gmunden. Als ein begeisterter Anhänger Tinos gestand er Andrea, wie unzufrieden er mit der politischen Situation in Griechenland sei. Ypsilanti setzte sich mit ihm in Kontakt und erzählte von Davis☐ Plan, behauptete aber, dieser habe mit ihm persönlich gesprochen, um weder Andrea noch mich in Verruf zu bringen. Denn es bestand durchaus die Möglichkeit, mit der Idee König George II. von Griechenland im Exil zu beleidigen. Es würde ihn ausklammern und in eine Abseitsposition bringen. Daher war es besser, alles etwas dezent anzugehen.

Ich berichtete aber Sir Eric Drummond, er möge den Prinzen Ypsilanti in seinem Wissen nicht ablehnen und seine Bestrebungen unterstützen, wenn dieser sich dafür einsetzte, um eine friedliche Lösung für die großen Spannungen in Griechenland zu finden. Ferner teilte ich ihm mit, ich würde auch Davis selbst von den momentanen Entwicklungen berichten und betonte, ich habe erfahren, wie unzufrieden die Bevölkerung mit der momentanen Regierung in Athen sei. Man sei sicher bereit, alle Konditionen des Völkerbundes zu akzeptieren, würde dagegen auch nicht protestieren, wenn die Kammer ihre Sitzungen am fünfzehnten Oktober wieder aufnähme.

Wenn man erst ein Angebot von Davis in den Händen hielte, müsste man nur sicher sein, dass die Bedingungen nicht allzu hart seien und für die Griechen im Generellen annehmbar, damit man für die nächsten vier Jahre eine politische Stabilität bieten könne.

Meine Worte verhallten jedoch fast ungehört, denn Drummond zeigte sich in seiner Antwort fast schon genervt von meinem Enthusiasmus. Er antwortete mir zwar mit der gebührenden Höflichkeit, betonte aber nochmals, dass weder der Völkerbund noch er etwas in dieser Situation unternehmen würden. Nachdem er sich alles bereitwillig angehört habe, was ich ihm zu sagen hatte, könne er nicht mehr tun. Dennoch versicherte er mir, den Inhalt meines Schreibens geheimzuhalten, was für mich gleichbedeutend mit der Tatsache war, er würde weitere Schreiben meinerseits ignorieren.

In einem letzten Absatz fügte er hinzu, Norman Davis habe ihn bereits darüber informiert, dass ich auch mit dem König in England gesprochen habe. Daher hätte ich die Worte des Königs missverstanden. Natürlich sei der König davon überzeugt, dass eine politische Stabilität in Griechenland sehr wichtig sei, wenn man ein Darlehen erhalten wolle. Aber kein intelligenter oder respektabler Bankier würde sich in solch politischen Fragen mit der griechischen Regierung einlassen. Eine solche Einmischung durch Außenstehende sei absolut gefährlich und keineswegs klug. König George werde aber Davis nochmals kontaktieren, um in dieser Angelegenheit seinen Standpunkt auch vor diesem nochmals deutlich zu machen.

Drummonds Worte trafen mich sehr. Es stellte mich als eine Ehefrau hin, die in dem Ehrgeiz gefangen ihren Mann an der Spitze seines Heimatlandes zu sehen, sich auf ein Terrain begab, welches sie nicht zu beherrschen in der Lage war. Mit anderen Worten versuchte in den Augen dieser Männer ein dummes Frauchen große Politik zu machen. Alle meine Bemühungen waren also sinnlos gewesen, sie stellten mich stattdessen noch bloß. Denn Drummond hielt sein Wort mir gegenüber nicht. Er sandte Kopien des Briefwechsels mit mir an den britischen Außenminister Sir Austen Chamberlain. Dies geschah in vollem Wissen um die Konsequenzen seiner Tat. Chamberlain schickte die Briefe weiter an den König. Er rief ihn dazu auf, meine Bemühungen als unklug anzusehen, ich würde von falschen Hoffnungen getragen und interpretiere meine eigenen Gedanken und Wünsche in die Worte von anderen. Für den Außenminister war es eine reine Farce, die man unbeachtet lassen solle.

Das letzte Wort hatte in dieser Sache König George, der sich überaus entsetzt davon zeigte, dass ich eventuell selbst beim Völkerbund in Genf vorsprechen könne, um meiner Idee einen gewissen Nachdruck zu verleihen. Ich hatte ihn angeblich nicht darüber informiert, wie wichtig mir das alles sei und wie weit ich gehen würde.

Am dreiundzwanzigsten November lud der König uns zum Abendessen in den Buckingham-Palast ein. In einem Nebenraum nahm er meinen Mann zur Seite, meinte lächelnd zu Andrea, Frauen ließen sich oft von einer fixen Idee davontragen. Im Moment, wo es gerade zum Putsch gegen Pangalos gekommen sei und all den politischen Intrigen, die in Griechenland an der Tagesordnung seien, wäre es sehr unklug für meinen Mann, sich auch nur in der Nähe des Landes aufzuhalten.

Andrea verstand den Wink mit dem Zaunpfahl, erzählte mir von der Unterredung mit dem König. Meine Absicht nahm er als durchaus positiv hin, aber dennoch stand besonders ich nun in der Familie lapidar gesagt wie eine Idiotin da. Eine dumme, kleine Frau, die sich von Emotionen geleitet zu völlig unrealistischen Bestrebungen hinreißen ließ. Fortan bekam ich von Verwandten nicht nur einmal zu hören, ich solle mich aus der Politik heraushalten. Man verspottete meine Idee als Alices royalist plots, als Alices royalistische Handlungen. Ich fühlte mich gedemütigt und unverstanden.

Ich vertiefte mich in den nächsten Monaten wieder ins Kartenlegen, hoffte aus ihnen, eine Nachricht zu erhalten, die mir Halt gäbe. Und ich vertiefte mich mehr in die Philosophie, las intensiver als vorher in meinen Büchern.

Im Juni des Jahres 1928 reiste ich mit Cäcilie zu meiner Mutter nach London, um meine nun siebzehnjährige Tochter in die Gesellschaft einzuführen. Im Juli besuchten wir einen Ball der Gräfin Lady Violet Ellesmere in

Bridgewater House im Londoner Stadtteil St. James`s. Der Ball gelangte weniger wegen der zahlreichen Gäste in die Schlagzeilen als durch die Tatsache, dass einige nicht geladene Personen versuchten, über das Tor zum Haus auf das Grundstück zu gelangen, und die Lady zeigte sich diesen gegenüber sehr resolut, vertrieb sie mit einem vehementen Auftreten. Wie ich bereits erwähnte, wurde um die Einladungen zu bestimmten Bällen und Partys der Saison regelrecht gebuhlt, man stellte sich gut mit den hochrangigen Persönlichkeiten, die diese veranstalteten, um Söhne und Töchter auf den Festen miteinander bekannt zu machen. Doch in erster Linie zählte es *zu sehen und gesehen zu werden.*

Anfang August verbrachten Cäcilie und ich ein Wochenende bei Dickie und Edwina in Adsdean. Danach reisten wir nach Cowes zur alljährlichen Regatta.

John Snagge, Nachrichtensprecher und Kommentator beim BBC Radio, und ich, Cowes, August 1928

Wir besuchten Georgie und Nada in Lynden Manor für einige Tage. Kurz darauf wurde Cäcilie vom König und der Königin nach Balmoral eingeladen, wo sie herrliche Tage mit ihnen in Schottland verbrachte. Nach ihrer eigenen Aussage verwöhnten sie die beiden dort fast zu sehr.

Andrea wollte dieses Jahr nicht an der Saison in England teilnehmen. Aber er machte mit mir eine kleine Spitztour mit dem Automobil, als ich wieder in Paris ankam, und am achten September trafen wir in St. Cloud ein. Ich blieb nicht lange zu Hause, denn ich wollte Louise in Ulriksdal besuchen.

Sie erholte sich gerade von einer Operation, bei der man einen Knoten in ihrer linken Brust entfernen musste, welcher sich aber zum Glück als gutartig herausstellte. Da Louise sehr fragil war, sorgten wir uns alle sehr um sie. Daher wollte ich ihr einige Zeit Gesellschaft leisten.

Tiny schickte ich zu meiner Mutter nach London, wohin auch Cäcilie nach ihrem Urlaub in Schottland reiste. Andrea entschied sich dafür, eine Auszeit vom Familienleben zu nehmen, und machte eine Kur in Marienbad. Als er danach nach Hause kam, fühlte er sich, wie er selbst sagte, zehn Jahre jünger.

Margarita, Theodora und Philip reisten gemeinsam nach Rumänien, um Helen und ihren Sohn Michael zu besuchen.

Philip und Michael bei einem Ausritt am Strand von Mamaia, 1928

Es war keine Frage, dass sie alle dort eine schöne Zeit hatten. Erst einmal war die sie umgebende Landschaft in Sinaia und auch in Mamaia sehr schön. Zudem waren Michael und mein Sohn sehr gute Freunde, die bald fast unzertrennlich waren.

Auch die verwitwete Königin Marie kümmerte sich rührend um die beiden Jungen und meine Töchter. Sie schämte sich sehr für ihren Sohn Carol und sowohl ihre Schwiegertochter Helen als auch ihr Enkel taten ihr leid. Es war ein offenes Geheimnis, dass sie keinen großen Wert darauf legte, ihren untreuen Sohn jemals wiederzusehen.

Helen mit Michael, rechts, Dolla, Margarita und Philip, 1928

Als wir alle wieder nach den Ferien zusammen in St. Cloud waren, bereiteten Andrea und ich uns auf unsere *silberne Hochzeit* am siebten Oktober vor. Wir wollten nur eine kleine Feier machen. Die Verwandten machten sich Gedanken über Geschenke für uns beide. Ich hatte bei meinem Aufenthalt mit Cäcilie in London bereits Kontakt zum Maler de László aufgenommen, um einen speziellen Preis für zwei Porträts mit ihm auszumachen, denn ich wollte Dolla und Margarita von ihm in Öl malen lassen. So bot es sich für Mama und meine Geschwister an, die Kosten für die beiden Porträts zu übernehmen.

Philips Nanny Roosie hatte Anfang Oktober noch Urlaub und besuchte ihre eigene Familie, sodass ich bei meinem Sohn mit im Kinderzimmer schlief. Wir hatten jedes Mal vor dem Schlafengehen noch viel Spaß miteinander, wenn wir uns gegenseitig kitzelten, kuschelten und er mir von all den Dingen erzählte, die er am Tag so erlebte. Wobei man anmerken muss, dass alle meine Kinder ganz natürlich mit meiner Behinderung umgingen. Es war für sie nie ein Problem, dass ich nicht hören konnte. Sie sprachen in normalem Tempo mit mir, denn ich hatte gelernt, mich der Sprechgeschwindigkeit anderer anzupassen. Und wenn sie einmal zu schnell etwas erzählen wollten, ihre Worte sich überschlugen, machte ich mir einen Spaß daraus sie falsch zu verstehen, wobei ich dann den Sinn verdrehte, es ins Lustige zog. Ich sprach auch mit ihnen, was mir nicht besonders schwerfiel. Aber ich konnte meine eigene Stimme natürlich nicht hören, doch wünschte ich mir auch mehr, ihre Stimmen einmal hören zu können. Vor allem, wenn sie lachten, machte es mich oft traurig, dass ich nur ihre Mimik wahrnahm.

Ich schlug Philip vor, ihm einige warme Pullover für den Winter zu stricken und er solle sich die Farbe der Wolle aussuchen für jeden einzelnen. Das freute ihn sehr. Ich stand allen meinen Kindern sehr nahe, aber man kann vielleicht sagen, dass ich Philip, weil er der Jüngste war, am nächsten stand.

Am Mittwoch, den dritten Oktober, feierten Andrea und ich Silberhochzeit in St. Cloud. Es war ein noch sehr schöner, warmer Herbsttag und wir machten an diesem besonderen Tag einige Familienaufnahmen in unserem Garten.

Philip und ich im Garten in St. Cloud, Oktober 1928

Margarita, links, Philip, hinten stehend links Cäcilie, rechts Tiny, rechts Dolla, mittig Andrea und ich im Garten in St. Cloud, Oktober 1928

Andrea und ich mit Margarita, Dolla, Cäcilie, Sophie und Philip, St. Cloud, Oktober 1928

Ein paar Tage nach unserem Jubiläum richteten wir ein kleines Abendessen mit siebzehn Gästen, vornehmlich Freunden, in der 5 Rue Mont Valérien aus. Der Mont Valérien ist mit hundertzweiundsechzig Metern einer der höchsten Hügel in der Region um St. Cloud und etwa zwölf Kilometer von Paris entfernt. Es handelt sich um eine alte Festungsanlage, in der es damals, in den Zwanzigerjahren, auch ein kleines Restaurant gab. Alles war aber sehr eng dort und so konnten in dem Speisesaal nur zehn Personen Platz finden, die anderen mussten in einem Nebenraum ihr Essen einnehmen. Andreas ehemaliger Flügeladjutant Menelaos Metaxas war eigens für die Feier aus Athen angereist. Es waren aber weder Tante Onor noch Onkel Ernie anwesend, die uns Geschenke schickten. Die Hofdame Tante Onors Georgina von Rotsmann sandte uns ein schönes besticktes Kissen aus Wolfsgarten zur Erinnerung.

Dickie und Georgie sandten uns das fertige Porträt von Dolla als Geschenk zu, Margaritas würde vom Maler fertiggestellt werden, wenn er uns bald in St. Cloud besuchte. Von der Familie waren so nur George, Andreas Bruder, seine Gattin Mimi, deren Kinder, Meg Bourbon und ihre Familie, Mama und Christo anwesend.

Wir hatten keine große Feier gewollt, Andrea und ich liebten beide kein großes Aufheben um unsere Personen. So war es für uns im kleinen Kreis wesentlich angenehmer.

Es freute mich umso mehr, als Dickie uns nicht nur zu unserem Ehrentag gratulierte und die Bilder übersandte, sondern als er uns auch gleichzeitig mitteilte, dass Edwina wieder schwanger sei. Das Baby, wobei er auf einen Sohn hoffte, sollte im April des nächsten Jahres zur Welt kommen.

Die Mutter von Onkel Nicky, Tante Minnie, starb am dreizehnten Oktober in Hvidore nahe Kopenhagen, jener Villa, die sie einmal mit ihrer Schwester, Tante Alexandra, erworben hatte, um dort gemeinsam die Ferien im Sommer zu verbringen. Tante Minnie war achtzig Jahre alt geworden, doch ihr körperlicher Verfall war in den letzten Jahren wohl rapide gewesen, wie ihre Tochter Olga Mama berichtete. Sie hatte den Tod ihrer Schwester einfach nicht mehr verkraftet. Nach all den schrecklichen Verlusten, die sie ertragen musste, war sie des Lebens müde gewesen. Man setzte sie in der Kathedrale in Roskilde bei.

Die falsche Anastasia hatte immer gehofft, die alte Dame noch einmal zu treffen, um von ihr die Bestätigung zu erhalten, dass sie ihre Enkelin sei, aber man befürchtete, es würde Tante Minnie zu sehr belasten, dieser Person persönlich zu begegnen.

Christo hatte im Jahre 1927 die schlimme Entdeckung machen müssen, dass seine Stiefschwiegertochter Xenia Gefallen an Anna Anderson gefunden hatte und diese zu sich nach Long Island einlud. Xenia traf sie kurz, als sie in New York ankam, denn viele Menschen luden die Dame gerne ein, verrannten sich in dem Glauben, sie sei die echte Anastasia. Nun hatte Xenia aber sofort gemeint, sie erkenne sie wieder, obwohl meine Cousine und sie nur als Kinder miteinander spielten. Es war eine Farce, die Christo sehr verärgerte, denn diese Dame lebte auf Kosten anderer Menschen, die sich gern mit ihr umgaben, ein sehr gutes Leben im angenehmen Luxus. Andreas Bruder traf auf Anna Anderson, wunderte sich jedoch sehr, dass sie kein Wort Russisch beherrschte, nur Deutsch sprach. Zudem brachte sie Paläste, Orte, Zeiten und Gegebenheiten durcheinander oder hatte gar kein Wissen darüber. Immerzu schob sie es auf das Trauma, welches sie erlitten habe bei ihrer geheimnisvollen Rettung. Er war daher im Sommer 1927 erbost von William und Xenia abgereist und Letzterer verzieh er nicht, wie sehr sie sich in die Geschichten dieser Lügnerin verfing.

Nach Christos Erfahrung, die er weitergab an Tante Minnies Tochter Olga, verzichtete man darauf, jemals ein Treffen mit Anna Anderson zu arrangieren.

In mir keimte in der Zeit nach unserer Feier eine Art Erleichterung darüber, dass Andrea und ich unsere Silberhochzeit erreichten, weil wir es fünfundzwanzig Jahre trotz aller Widrigkeiten miteinander ausgehalten hatten. Es kam mir fast so vor, wie ein Ziel zu erreichen, welches man sich innerlich steckt. Doch irgendwie wollte ich für mich eine Veränderung erreichen.

Heimlich plante ich schon vor der Feier meinen Eintritt in die griechisch-orthodoxe Kirche und am zwanzigsten Oktober konvertierte ich in aller Stille, ohne jemanden darüber zu informieren. Ich wollte für mich selbst diesen Schritt tun. Manchmal fühlte ich mich in der letzten Zeit so hilflos und herumgewirbelt, ohne Halt, sodass mir dieser Schritt als eine Möglichkeit erschien, endlich irgendwie anzukommen. Es gab mir einen Rückhalt und dennoch spürte ich eine Veränderung in mir, die mich auch gleichzeitig verwirrte.

Ich fürchtete, meine Familie könne verärgert über meinen Schritt sein, aber es war die Religionszugehörigkeit meines Mannes und meiner Kinder, für viele Jahre hatte ich die Gottesdienste besucht. Meine Mutter war aber überzeugte Lutheranerin, ebenso meine Geschwister.

Im Sommer hatte ich Mama von meinem Plan unterrichtet, aber keinen genauen Zeitpunkt genannt für diesen Schritt, doch mich auf Tante Ella berufen, die für ihren Ehemann zum russisch-orthodoxen Glauben übergetreten war. Meine Mutter bestärkte mich nicht, dennoch schmeichelte es ihr wohl, wie ich ihre Schwester sah, ihr Andenken sehr hochhielt. Ich kann nicht sagen, ob meine Mutter jemals wirklich den Verlust ihrer Schwestern

verarbeitete, vielmehr denke ich, sie musste es akzeptieren und versuchte damit zu leben. Aber wirklich damit abschließen konnte sie wahrscheinlich nie, was ich durchaus verständlich fand.
Meine Mutter wandte ein, dass Tante Ella mit ihrem Schritt im Jahre 1891 aber eher den Vater getroffen habe, den dies sehr schmerzte. Es habe ihn verletzt, weil er es vielleicht als eine Abkehr von ihren Wurzeln empfand, glaubte Mama.
Doch als ich nun in der kleinen Kapelle in St. Cloud konvertierte, die Nachricht sich in der Familie verbreitete, weil ich es natürlich Andrea und den Kindern sagte, war niemand überrascht. Selbst Mama fand es eine gute Entscheidung, wenn es mein freier Wille gewesen sei, denn jeder Mensch sei frei darin, sich dem Glauben anzuschließen, den er für richtig erachtete. Dennoch bestand sie darauf, es nur meinen Geschwistern zu sagen, und bat diese, es auch nicht an die sprichwörtlich *große Glocke zu hängen*. Es sei wichtig für mich und daher akzeptiere sie es.
Dickie und Georgie erklärten Mama, es würde sie nicht wirklich tangieren, denn wenn ich wolle, könne ich ihretwegen auch den Shinto-Glauben annehmen.

Es war ein schleichender Prozess, der mich überkam. Eigentlich wollte ich mich weniger auf weltliche Dinge konzentrieren, fand mich dann aber beim Einkaufen wieder, wobei ich in Paris unter anderem Geld für Kleidung und Schmuck ausgab. Das war etwas, was mir vorher nie viel bedeutete, und Andrea wunderte sich sehr über meinen Wandel.
Eigentlich brauchte ich all diese Dinge nicht wirklich, doch verspürte einen Drang, diese zu erstehen. Ich verrannte mich darin, Geld für profane Sachen auszugeben, und fühlte mich hinterher schlecht. Obwohl ich mich in den schönen Kleidern wohlfühlte, nagte das schlechte Gewissen an mir, die anerzogene Bescheidenheit kämpfte gegen die Kaufsucht. Es laugte mich aus, der innere Kampf machte mich müde und antriebslos.

Eine Aufnahme von mir kurz nach unserer Silberhochzeit, 1928

Meine Geschwister bei einem Treffen in London im Jahre 1928, von links nach rechts: Dickie und Edwina, Louise, Nada und Georgie

Im Frühjahr des Jahres 1929 bemerkte ich, wie mein Geist sich zeitweise vernebelte. Ich wusste manchmal nicht mehr, was ich wollte, war verwirrt und begann Stimmen zu hören, die aber durchaus positiver Natur waren. So begann ich auf dem Boden vor unserem Ehebett zu schlafen, um die Kraft aufnehmen zu können, die mir von oben geschickt wurde. Es half mir, um überhaupt noch durch den Tag zu kommen. Denn zumeist wirkte alles um mich herum nur noch grau, leer und sinnlos. Es gab Momente, in denen ich befürchtete, von einer alles verschlingenden Dunkelheit ergriffen und verschluckt zu werden, was zu einer fast lähmenden Panik führte, gegen die ich machtlos war. Dann wiederum wachte ich morgens auf, fühlte mich stärker und meinte Kräfte in mir zu spüren, die ich weitergeben musste. So erklärte ich meinem Mann, ich habe heilende Hände, aber er tat dies als Spinnerei ab, zeigte sich sehr beunruhigt über meine Wesensveränderung.

In einem schleichenden Prozess, den ich zuerst nicht wirklich wahrhaben wollte, zerbrach die Harmonie zwischen uns und ich sah mittlerweile die Silberhochzeit, die fünfundzwanzig Jahre an der Seite meines Mannes als ein schlechtes Omen an. Er entfernte sich von mir jeden Tag ein kleines Stück mehr, wenn er meine Appetitlosigkeit, meine Äußerungen als Dummheiten abtat. Ich solle mich zusammenreißen und mich davor hüten, anderen Menschen von meinen heilenden Kräften zu erzählen, denn sie würden mich dann auslachen. Und so etwas würde auf ihn als mein Ehemann zurückfallen. Man könne dann meinen, er habe mich nicht im Griff. Aber ich konnte mich nicht dagegen wehren, was mit mir geschah. Ich verstand mich selbst oftmals nicht mehr. Es war so, als würden sich wache Momente, in denen ich alles für mich behalten wollte, abwechseln mit jenen, in denen mein Geist sich verdunkelte, ich nicht mehr Herr meiner Zunge war und gleich einer willenlosen Marionette alles ausplauderte, was mich bewegte.

Unsere Nanny litt an Rheuma und ich schlug ihr vor, meine heilenden Kräfte durch bloßes Handauflegen an ihr zu demonstrieren. Roosie scheute sich nicht davor, denn sie hatte schon vieles ausprobiert, um ihr Leiden zu lindern. So nahm sie mein Angebot dankend an, meinte, es ginge ihr danach etwas besser. Aber meine Kräfte waren nicht stark genug, um sie gänzlich von ihren Leiden zu befreien. Ich bot daraufhin auch meine Dienste in einer nahegelegenen Klinik an, versuchte dort Rheumakranken zu helfen sowie anderen Patienten, die von Leiden wie Arthrose geplagt wurden. Man nahm meine Hilfe überall gerne an.

Mein Mann schämte sich für meine Tätigkeit. Doch ich versicherte ihm, es könne niemandem schaden und es sei mir ein inneres Bedürfnis zu helfen und meine mir von Gott verliehenen Kräfte einzusetzen.

Bald konnte ich meine Gedanken komplett abstellen wie ein Buddhist, empfing, wenn ich mich dafür öffnete, Nachrichten aus der jenseitigen Welt, in denen mir mitgeteilt wurde, wen meine Töchter einmal heiraten würden. Es war mir ein Anliegen, sie gut zu verheiraten. Daher wunderte es mich nicht, dass mich Geisterwesen deswegen kontaktierten, mir ihre Hilfe anboten.

Im Winter 1928 hatte ich begonnen, Andreas Manuskript ins Englische zu übersetzen. Er meinte, es sei eine gute Ablenkung, aber es laugte mich auch fast aus, weil ich es als sehr anstrengend in meiner Lage empfand. Doch ich wollte ihn nicht enttäuschen, ihm eine gute Ehefrau sein und ihm helfen. Zudem konnte ich so selbst noch einmal alles verarbeiten. Man kann sagen, dass es ein Liebesdienst meinerseits an meinem Mann war.

Andrea hatte nicht nur seine Erinnerungen an die *Kleinasiatische Katastrophe* niedergeschrieben, sondern auch Briefe eingefügt, die das Manuskript durchaus bereicherten. Hinzu kamen seine genauen Beschreibungen der militärischen Gegebenheiten, die detailgenau waren und dadurch alles lebendiger wirken ließen.

Die Übersetzung vom Griechischen ins Englische sollte professionell sein. So legte ich mir ein tägliches Arbeitspensum von drei Stunden am Tag auf, arbeitete insgesamt vier Monate an dem Ganzen. Meine Hofdame Virginie machte sich große Sorgen, dass es mich zu sehr anstrengen würde neben all den anderen Dingen, um die ich mich kümmerte, denn ich ging weiterhin zum Verkaufen in das Geschäft in Paris, unterrichtete meinen Sohn in Griechisch, half ihm bei den Hausaufgaben und hatte auch noch die Mädchen.

Aber Andrea war sein Manuskript wichtig. Es war seine persönliche Abrechnung und sein Abschluss mit dem Militär, den Generälen, der ganzen Situation, in der er sich befunden hatte.

Er schickte es nach Fertigstellung der Übersetzung im Frühjahr 1929 an die John Murray Verlagsbuchhandlung in London, die auch schon Werke von Lord Byron, Jane Austen oder die bekannten Detektivgeschichten von Sir Arthur Conan Doyle um Sherlock Holmes publiziert hatten. Und die Rückmeldung kam schnell, war sehr positiv. Man wollte im Jahr 1930 mit einer Auflage von tausend Büchern in Druck gehen.

Für meinen Mann war es eine große Freude, als man ihm die Veröffentlichung zusagte. Er war mir sehr dankbar für meine Hilfe, was uns wieder für eine kurze Zeit zusammenschweißte.

Am neunzehnten April gebar Edwina meinem Bruder Dickie wieder ein kleines Mädchen, welches auf die Namen Pamela Carmen Louise getauft wurde.

Freud und Leid liegen oft dicht beieinander, denn am zwanzigsten April starb Onkel Heinrich in Hemmelmark an Kehlkopfkrebs. Er war sein ganzes Leben über ein starker Raucher und war demselben Krebsleiden wie sein

Vater, Kaiser Friedrich III. von Preußen, erlegen. Man bestattete ihn in einem auf einem Hünengrab errichteten Mausoleum auf dem Gut. Ich reiste mit Mama, den Mädchen und Philip zur Beerdigung.

Mit Philip in Hemmelmark, Frühjahr 1929

Wir erfuhren kurz darauf, dass sich Christo wieder verheiratet hatte. Am zehnten Februar ehelichte er in Palermo standesamtlich die Prinzessin Françoise von Orléans, die siebenundzwanzigjährige Tochter des Duc de Guise, Jean von Orléans. Der Duc war als König Jean III. immer noch ein Anwärter auf den französischen Thron, obwohl Frankreich eine Republik war. Die Familie war also von edlem Geblüt wie man so sagt. Für seine Tochter war Christo, der auch aus königlichem Hause stammte, eine gute Partie. Aber sicher spielte auch sein von seiner verstorbenen Gattin Anastasia ererbtes Vermögen eine große Rolle für seine Eignung als Heiratskandidat.

Am elften Februar hatten die beiden kirchlich das Ehegelübde abgelegt, obwohl es eine unübliche Verbindung unter Angehörigen royaler Abstammung war, denn die Braut war katholisch, Christo gehörte der griechisch-orthodoxen Kirche an.

Andreas Bruder war glücklich mit seiner Braut, die sehr hübsch war. Die beiden waren sehr verliebt und lebten nun überwiegend in Paris.

Im Mai besuchten Andrea und ich meine Mutter in England für zwei Wochen. Es war ein schöner Besuch gewesen, obwohl Mama sich zusehends um mich sorgte, denn ich hatte mir zahlreiche Bücher über Philosophie gekauft sowie einige, in denen es um mystische Thematiken ging. Ich setzte mich immer mehr mit diesen Dingen auseinander und Andrea fand, dass es *zu viel* war. Nach seiner Meinung steigerte ich mich in diese Themen mehr hinein, als es mir guttat.

Doch er war eigentlich mehr mit der baldigen Veröffentlichung seines Buches beschäftigt. Daneben ärgerte es ihn, dass in Griechenland Venizelos aus dem Exil zurückgekehrt war. Am dreiundzwanzigsten Mai des Jahres 1928 hatte dieser verkündet, wieder in die politische Arena einzusteigen. Es war dem unter anderem ein Konflikt mit einem seiner einstigen Mitstreiter, dem liberalen Politiker Georgios Kafantaris, vorausgegangen. Kafantaris war im Jahre 1924 für einige Monate Ministerpräsident gewesen. Nach der Ausrufung der *Hellenischen Republik* gründete er die *Progressive Liberale Partei, Proodeftikon Komma*, die in Opposition zur Diktatur von Pangalos und Theodoros stand. Seit 1928 war die Partei mit einigen Abgeordneten in der Nationalversammlung vertreten. Vom Dezember 1926 bis zum Juli 1928 hatte er auch das Amt des Finanzministers inne und regelte in einem Abkommen die finanzielle Seite der bulgarischen und griechischen Flüchtlinge nach dem Ersten Weltkrieg, aber seine Partei stand konträr zu Venizelos☐ Absichten.

Seit dem vierten Juli des Jahres 1928 war dieser wieder zum Premierminister gewählt worden.

Man hatte die Parlamentswahlen vom neunzehnten August vorgezogen. Er löste umgehend das alte Parlament auf. Venizelos war aber bei der Wahl verfassungswidrig vorgegangen, denn er führte das *Majorzsystem*, das Mehrheitswahlrecht ein. Pro Wahlkreis konnte so ein Abgeordneter gewählt werden, doch der Ausgang der Wahl wird ganz wesentlich dadurch bestimmt, welche Wählerschichten in den einzelnen Wahlkreisen eine, gegebenenfalls auch nur sehr knappe Mehrheit haben. Die Art, wie die Grenzen der Wahlbezirke gezogen werden, verschafft gar nicht allzu selten so einer Partei aufgrund der unterschiedlichen Größe oder Verteilung der Wählerschichten auf die Wahlkreise eine satte Mehrheit im Parlament, obwohl die unterlegenen Parteien im ganzen Land mehr Wählerstimmen erhalten haben – aber eben in den *falschen* Wahlkreisen. Das *Majorzsystem* begünstigt damit die Wahl starker Persönlichkeiten und ihm haftet der Beigeschmack des Wahlbetrugs oder eben der Manipulation an.

In Griechenland galt bis dato das *Proporzsystem*, das Verhältniswahlrecht. Dieses geht eben davon aus, dass nicht der einzelne Abgeordnete für die Politik entscheidend ist, sondern die politischen Parteien und ihre Programme. Es werden größere Wahlkreise gebildet, in denen mehrere Sitze zu vergeben sind. Diese Sitze werden dann proportional zur Anzahl der für eine bestimmte Partei abgegebenen Stimmen unter den Parteien verteilt. Entsprechend der Stärke ihrer Wählerbasis haben so auch kleine Parteien eine faire Chance und eine Manipulation ist weitgehend unmöglich.

Venizelos hätte mit letzterem aber eben auch Parteien wie die von Kafantaris begünstigen können. Die Wahl wurde schnell als unorthodox bezeichnet, dennoch war Venizelos immer noch sehr populär und wahrscheinlich wäre er so oder so als Sieger aus den Wahlen hervorgegangen. Und er nahm sein Amt sofort mit Eifer auf, bemühte sich sogleich um die Integration der vertriebenen Griechen aus der Türkei.

In den vier Jahren seiner Amtszeit sollte er unter anderem auch die Infrastruktur in Griechenland verbessern, die Agrarbank gründen, die Bauern Kredite zu günstigen Konditionen gab, zudem erhielten besitzlose Bauern Land, welches man von den Großgrundbesitzern im Rahmen einer Länderverteilung annektierte. Dadurch, dass Griechenland Makedonien, Epirus und Thrakien angliedern konnte, stand mehr Land zur Verfügung.

Venizelos verbesserte auch das Schulsystem und bemühte sich außenpolitisch um gute Beziehungen zu allen Nachbarn Griechenlands. Man kann sagen, er war überaus eifrig in seinem Tatendrang, doch mein Mann glaubte nicht daran, dass er nur Gutes damit bezweckte. Andrea war misstrauisch gegenüber Venizelos, fast schon zu skeptisch, was diesen betraf. Mich interessierte dies alles nicht mehr wirklich. Mich beschäftigten andere Dinge als die politischen Veränderungen in der Heimat meines Mannes. Ich las darü-

ber und das war alles.
Da keine Hoffnung bestand, nach Griechenland in Bälde zurückzukehren, war es mir vielleicht nicht mehr so wichtig wie meinem Mann.

Den Sommer des Jahres 1929 verbrachte ich mit Margarita und Sophie in St. Cloud, während ich die anderen Kinder zu Verwandten schickte.
Philip war in Adsdean bei Edwina und Dickie, wohin ich Ende Juni reiste.
Am dreißigsten Juni, bei einem Mittagessen mit meinem Bruder und meiner Schwägerin, sprach ich an, wie sehr Mama sich um sich sorgte, weil ich mich angeblich sehr zu ihrem Leidwesen veränderte. Aber weder Dickie noch Edwina fanden etwas in meinem Verhalten besorgniserregend, wie sie offen gestanden. Mein Bruder meinte sogar, unsere Mutter habe nicht mehr so viel im Leben, als sich ständig um alles und jeden Sorgen zu machen. Ich solle mich davon nicht beirren lassen. Es sei doch eher positiv, wenn sie sich noch sorgte, statt sich um nichts mehr zu kümmern.
Da Philip in der Schule in St. Cloud durch den Umgang mit amerikanischen Schulkameraden einen leichten breiten Einschlag der englischen Sprache entwickelt hatte, was mir sehr missfiel, war ich doch etwas froh darüber, als er nun mit acht Jahren auf die renommierte *Cheam-School* in London wechselte. Dickie hatte mir dies vorgeschlagen, da sein Sohn David, der zwei Jahre älter als Philip war, sich dort sehr wohlfühlte. Die Schule genoss zudem einen mehr als sehr guten Ruf.
Philip würde die Schule für die nächsten drei Jahre besuchen und die Ferien dann überwiegend bei Georgie und Nada in ihrem Landhaus in Holyport nahe Maidenhead oder in Lynden Manor verbringen.
Die Cheam-School lag damals in Headley in Hampshire. Es handelte sich um eine Vorschule im Sinne der Vorbereitung auf eine weitere, eventuell höhere Schuldbildung. Im Englischen heißen diese Schulen *mixed-preparatory* schools.
Ich war Georgie sehr dankbar, dass er sich bereit erklärte, Philip in den Ferien bei sich aufzunehmen und mein Sohn sollte sich dort recht schnell einleben. Er gewann auch einmal einen Wettbewerb in Französisch, da er gegenüber den anderen englischen Schülern den Vorteil hatte, dass er die Sprache durch unser eigentliches Leben in Paris schon sehr gut beherrschte. Generell hatte mein Sohn eine sehr schnelle Auffassungsgabe und natürlich störte es ihn zuerst, von uns allen getrennt zu sein. Aber er hatte Georgies Sohn David in der Schule, an den er sich jederzeit wenden konnte. Und ich sagte ihm, er solle sich freuen, so eine gute Schule besuchen zu dürfen.

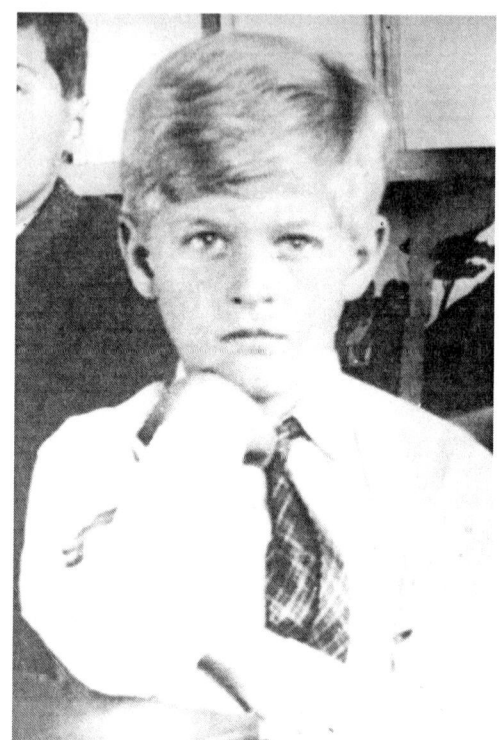

Philip als Schüler im letzten Halbjahr in St. Cloud, 1929

Da mein Mann es vorzog, auch diesen Sommer seinen Urlaub größtenteils allein zu verbringen und erst im September wieder nach St. Cloud zurückkehrte, überlegte ich mir kurzerhand, Dick und Nona einzuladen, mit mir und Philip nach Darmstadt zu reisen, um bei Onkel Ernie und Tante Onor in Wolfsgarten zu bleiben. Eigentlich hätte es ein schöner Aufenthalt werden können, aber ich fühlte mich dennoch müde, hatte keine rechte Lust etwas zu unternehmen. Wir fuhren auch nach Heiligenberg, aber mein altes Zuhause war in einem so heruntergekommenen Zustand, dass es mir noch mehr auf das Gemüt schlug.

Ich glaubte, in Nona eine Vertraute vor mir zu haben, weil ich sie schon so lange kannte. Daher erzählte ich ihr in Wolfsgarten ausführlich über meine heilenden Hände, die Nachrichten aus dem Jenseits, dass ich meine Gedanken wie ein Buddhist anhalten könne. Sie schien sehr interessiert, hörte mir aufmerksam zu und so ging ich auf die Bücher ein, die ich las. Aber ich sollte mich in ihr täuschen, denn sie war so verstört über meine Worte, sah keine andere Möglichkeit, als Louise zu schreiben, was ich sagte und las. Hätte ich damals gewusst, wie man mich hinterging, ich hätte mich niemals geöffnet. Doch ich erfasste die volle Tragweite in meinem Zustand nicht. Denn Louise war durchaus ihrerseits geschockt, glaubte aber an eine Phase. Sie wusste, wie sehr mich übernatürliche Dinge immer interessierten, aber meinte zu Nona, es wäre doch besser, wenn ich mich mit christlicher Wissenschaft befasste, dann könne ich meine heilenden Kräfte auch besser nutzen. Es habe dann nicht diesen undelikaten Beigeschmack. Die Nachrichten aus dem Jenseits hielt sie für verrückt.

Dazu muss man sagen, dass Louise gerade darin bemüht war, mir Gustav Adolf, den erstgeborenen Sohn ihres Gatten und Kronprinzen, als eventuellen Heiratskandidaten für Cäcilie schmackhaft zu machen. Sie bereute dies nun, da ich mich mit solchen abstrusen Dingen beschäftigte.

Im September arbeitete ich wieder in der Klinik und versuchte meine heilenden Kräfte zu optimieren, aber ich überarbeitete mich bald. Es strengte mich sehr an, mich voll und ganz auf die mir verliehenen Kräfte zu konzentrieren, um sie in meinen Händen zu bündeln. Dies laugte mich derart aus, dass ich die Arbeit bald aufgeben musste. In der Klinik belächelte aber niemand meine Tätigkeit. Andrea sagte, es würde einzig und allein an der Tatsache liegen, mit welchem Hintergrund ich auftrat, denn ich war eine griechische Prinzessin. Die verzweifelten Kranken schienen so beeinflussbar in ihrem Wunsch nach Linderung oder Heilung zu sein, dass ihnen da eine Prinzessin gerade recht kam. Wenn die Ärzte nicht mehr weiterwussten, nahm man gerne die Dienste royalen Blutes an, scherzte er. Doch ich ignorierte seine dummen Sprüche, die sich zusehends häuften.

Im Herbst sah ich mich selbst in einer sehr guten Stimmung, denn ich teilte Mama im Oktober mit, wie erfolgreich meine philosophischen Studien voranschritten, und sie solle sich bereitmachen, denn bald sei ich in der Lage, der ganzen Welt meine Entdeckungen und Schlussfolgerungen mitzuteilen. Viele Menschen würden mich auslachen, anzweifeln, was ich zu verkünden habe, aber dennoch war ich mir sicher, einigen helfen zu können. Ich fühlte mich in gewisser Weise erhaben, über allen anderen stehend, die mich umgaben. Die haushaltlichen Pflichten waren mir bald nicht mehr wichtig, ich konzentrierte mich nur noch auf mich selbst.

Andrea machte sich so große Sorgen um meine geistige Gesundheit, dass er Mama schrieb, wie seltsam ich mich verhielt. Da sich jeder über mich lustig machte, meine älteren Kinder mir auch nicht zuhören wollten, blieb mir nur Philip, an den ich mich klammerte. Doch im November fasste ich den Entschluss, nicht mehr zu sprechen. Es erschien mir sinnlos zu reden, wenn alles, was ich sagte, den anderen nur als Unsinn erschien.

Philip im Garten von St. Cloud, Herbst 1929

Im Herbst beobachtete ich Philip beim Spielen im Garten, und als ich meinen Sohn herumtollen sah, der es immer noch nicht leid wurde in seinen steten Bemühungen mich aus der Reserve zu locken und zum Sprechen zu bringen, wurde mir bewusst, wie krank ich war. Es war nur ein kurzer Moment, in dem ich Angst bekam, Philip ansah, der einfach nur seine Mummy wiederhaben wollte, die mit ihm spielte, lernte, ihm die Welt erklärte, sich um ihn kümmerte. In mir war die Furcht einer Mutter zu versagen und das konnte und durfte ich nicht zulassen. Ich entschied mich umgehend dafür, eine selbstauferlegte Kur zu machen. Die ständige Müdigkeit, die Kraftlosigkeit und dieses Fieber, welches in meinem Kopf herrschte, das Wirrwarr

an Gedanken konnte nur durch Ruhe beseitigt werden, glaubte ich.
Ich schrieb Louise, wie ich mich fühlte, dass ich Abstand brauchte. Ich organisierte noch Geschenke und das Weihnachtsfest für Andrea und die Kinder. Dann reiste ich mit einer Kammerfrau nach Grasse an der französischen Riviera, wo wir in einem Hotel unsere Unterkunft nahmen. Ich wollte einfach nur zur Ruhe kommen.
Die Stadt Grasse liegt in den Hügeln nördlich von Cannes. Die bekannten französischen Parfümerien haben dort ihren Sitz, es gibt ein Museum, wo man Düfte und Flakons bestaunen kann. Das Wetter war angenehm und ich wollte mich entspannen, dachte aber doch an meine Kinder und Andrea, vermisste sie. Es tat mir leid, sie gerade an Weihnachten alleine gelassen zu haben, doch meine geistige und körperliche Gesundheit ging nun einmal vor. Mein Mann hatte meine Entscheidung, für einige Zeit wegzufahren, begrüßt. Mein Zustand belastete die ganze Familie, meinte er.
Ich wusste, wie sehr wir uns voneinander entfernten. Wenn er einen Urlaub alleine vorzog, statt mir oder den Kindern, war es nur allzu offensichtlich, wie sehr es in unserer Ehe kriselte. Wir hatten uns nichts mehr zu sagen, daher war es für mich auch besser gewesen zu schweigen.
Es war Mitte Dezember, als wir in Grasse ankamen, aber ich musste schnell einsehen, dass dieser Urlaub mir nicht wirklich half. Fast jeden Tag litt ich an schlimmen Kopfschmerzen, konnte meist nur noch im abgedunkelten Raum im Bett verbringen, versuchte zu schlafen, fand aber keine Ruhe. Die innere Angespanntheit wollte einfach nicht weichen und in meinem Kopf drehte sich ein Gedankenkarussell. Manchmal musste ich mir die Ohren zuhalten, weil das Stimmengewirr in meinem Kopf nicht abebben wollte. Erst flüsterten sie nur, dann wurde es so unerträglich laut, ein Mischmasch an Tönen, die ich nicht sondieren konnte. Ich fühlte mich immer schwächer, wollte dagegen aufbegehren, aber sie ließen sich nicht zum Schweigen bringen.
Dann kamen Tage, an denen fühlte ich mich etwas besser, ging mit der Kammerfrau spazieren, redete und lachte viel. Sie fand es jedoch befremdlich, sagte mir, ich wechsele zu schnell in diese ausgelassenen Phasen, würde kichern wie ein Schulmädchen und manchmal klang es für sie eher hysterisch, gespielt, was ihr Angst machte. Ich versicherte ihr dann, wie gut es mir gehe, aber spürte selbst, wie diese Stimmungsschwankungen mit mir machten, was sie wollten.
Am ersten Weihnachtstag hatte ich wieder einen Tiefpunkt und aß kaum etwas, legte mich für Stunden in die Badewanne, ließ immerzu warmes Wasser nachlaufen, doch verspürte keine Lust, diese zu verlassen. Das Gesicht meiner Kammerfrau sprach Bände. Sie sah keinen wirklichen Erfolg in diesem Urlaub für meine Gesundheit.

Eine Aufnahme von mir, Ende 1929

Ich entschied mich Anfang Januar des Jahres 1930 dafür, aus Grasse abzureisen, kehrte umgehend nach St. Cloud zurück. Andrea und die Kinder freuten sich, mich wiederzusehen, doch nur Philip schien wirkliche Freude über meine Rückkehr zu empfinden. Jedenfalls empfand ich es so. Also beschloss ich, weiterhin nicht mit meiner Familie zu sprechen, schwieg

zumeist oder benutzte die Gebärdensprache, wenn ich etwas von ihnen wollte.
Kurz darauf besuchte mich Andreas Cousine Meg Bourbon, erkundigte sich nach meinem Befinden. Genau der Tag ihres Besuches war aber ein sehr schöner für mich, denn ich hatte am Morgen die Botschaft empfangen, dass ich eine *Heilige* sei. Dies sagte ich ihr sogleich, als sie vor mir stand. Doch man machte mir schnell meine Freude kaputt, indem es sie alle eher belustigte, sowohl Meg als auch Andrea nur den Kopf schüttelten über meine Worte. Es kränkte mich sehr. So strafte ich sie mit Ignoranz.
Irgendwann spürte ich plötzlich diese seltsame Präsenz im Haus. Zuerst schob ich es auf den Unfrieden, der zwischen mir und meiner Familie herrschte, aber dann wurde mir klar, dass es dunkle Mächte waren, die mich auf ihre Seite ziehen wollten. Ich trug geweihte Ikonen durch die Räume, um sie zu vertreiben, hängte mir ein Kreuz um den Hals, aber es war eine finstere, böse Macht. Sie wollte mich betören, dazu verlocken, mich ihr auf der dunklen Seite anzuschließen. Ihre Kraft drückte mich nieder, sodass ich nur noch auf der Chaiselongue in meinem Zimmer liegen konnte, versuchte mit Worten in einem Zwiegespräch diese böse Macht zu bezwingen.
Andrea wollte die Kinder nicht zu mir lassen, denn sie fürchteten sich vor meinem Gemurmel, meinte er. Aber er verstand den Ernst der Lage nicht. Ich wollte sie alle nur beschützen.
Die Stimmen befahlen mir, dem Mann zu schreiben, der mir einst Avancen machte. Sie führten meine Hand, als ich ihm mitteilte, ich könne ihn niemals heiraten, denn ich sei die Braut Jesu.
Ich kontaktierte einen Priester, bat ihn mich zu besuchen, doch als er endlich Zeit hatte, Andrea zu mir in mein Zimmer kam, mir sagte, er warte unten auf mich, war es ein denkbar schlechter Zeitpunkt. Schnell lief ich die Treppe hinunter, entschuldigte mich bei dem Mann Gottes, aber ich würde gleich mein Abendessen mit Jesus Christus einnehmen. Da müsse er verstehen, dass ich keine Zeit habe.

Mein Mann und Margarita sahen keinen anderen Ausweg mehr, als Mama zu schreiben und sie zu bitten, uns zu besuchen, damit sie helfen konnte. Meine Mutter war stets unerschütterlich in ihrer Hilfsbereitschaft. Wann immer jemand in Not war, ließ sie alles stehen und liegen, sah es als ihre Pflicht an zu helfen. So packte Mama sofort ihre Koffer, reiste nach St. Cloud.
Es war für meine Mutter ein großer Schock, als sie bei uns ankam, denn sie hatte wohl nicht damit gerechnet, wie schlecht es mir ging. Ich empfing sie mit einem Lächeln, konnte mich aber auch bei ihr nicht dazu durchringen viele Worte zu verlieren, zeigte ihr ihr Zimmer. Dann verließ ich sie, weil

ich so müde war und mich wieder hinlegen musste.
Am nächsten Tag bestand sie darauf, das Mittagessen für uns alle zu kochen, wobei Margarita ihr helfen sollte. Ich gesellte mich zu ihnen, aber aß nur ein bisschen Gemüse und eine Orange. Am Vormittag waren meine Mutter und Margarita im Garten zusammen gewesen. Mir war bewusst, dass sie über mich sprachen, denn als ich zu ihnen kam, wechselten sie schnell das Thema.
Nach dem Essen bat mich Mama, ihr mein Herz auszuschütten. Es fiel mir schwer, denn sie begann sogleich damit, mir gut zuzureden, ich solle besser einen Arzt aufsuchen, denn so könne es nicht weitergehen. Sie war voller Sorge, ich verstand das natürlich. Doch da sie über meine religiösen Verwirrungen, wie sie es nannte, sprechen wollte, schwieg ich. Ich duldete keine Kritik an den Tatsachen, denn alles war real. Jesus erschien mir in Visionen, vertraute mir wichtige Dinge an, die ich in ein paar Wochen verkünden würde, wobei ich überhaupt nicht verstand, wie Meg Bourbon, der ich dies als Erstes sagte, völlig abwertend darauf reagierte. Jesus sprach durch mich und hatte mich auserwählt, etwas sehr Wichtiges für die Welt zu verbreiten. Meg wollte mir nichts glauben, auch nicht, dass ich voller Glückseligkeit an dem Tag war, als sie mich besuchte. Nun sagte ich zu Mama, ich sei glücklich. Aber meine Mutter hatte auch Nona informiert, falls sie deren Hilfe brauchte. Ich solle in den Spiegel schauen, befahl sie mir mit sanftem Nachdruck, sicher sei es nichts Ernstes. Vielleicht eine Unterversorgung des Gehirns, verursacht durch meine Mangelernährung, meine angestrengten Studien. Mein Geist sei überlastet.

Ohne mich darüber zu informieren, gingen Andrea und Mama zu dem Arzt in der kleinen Klinik, der mir die Tätigkeit als Heilerin erlaubte. Er konnte jedoch nichts für mich tun, da er mich nur peripher kannte, aber ihm war auch nichts Negatives an mir aufgefallen. Alternative Heilmethoden waren durchaus immer in der Mode, wie man so sagt. Denn hierbei, so versicherte er den beiden, spielte meist für eine Linderung oder Heilung in erster Linie der Glauben eine wichtige Rolle. Er schickte sie beide zu Dr. Chignon, der seines Zeichens ein Spezialist für psychische Erkrankungen war. Da dieser auch sehr religiös war, könne er ihnen sicher mehr helfen. Aber er musste mich sehen und untersuchen, was ich sofort entschieden ablehnte.
Andrea schlug mir vor, für einige Zeit bei meiner Mutter in London zu leben, aber ich versicherte ihm, ich sei zufrieden in St. Cloud und wolle nicht weg. Doch ich willigte ein, als Mama sich entschied, noch etwas länger bei uns zu bleiben. Die Kinder freuten sich über die Anwesenheit ihrer Großmutter und ihre Gesellschaft war mir durchaus recht.

Einige Tage fühlte ich mich etwas besser, was ich zuerst auf Mamas Anwesenheit schob, denn sie nahm mir vieles ab im Haushalt und mit den Kindern. Ich beantwortete sogar die Weihnachtskarten und Neujahrsgrüße, die uns erreicht hatten. Doch ich fiel dann doch wieder in diese lähmende Schwere zurück, die dafür sorgte, dass ich das Bett nicht mehr verlassen konnte. Andrea bemühte sich mir zu helfen, aber er konnte es nicht ertragen, wie ich physisch und psychisch abbaute. Natürlich ahnte ich, was er und Mama über meinen Zustand dachten. Sie sorgten sich beide auf ihre jeweils eigene Art und Weise. Doch bei meinem Mann war ich mir nicht mehr sicher, ob er mich nur noch als einen Störfaktor empfand, meiner Mutter zuliebe den liebenden und besorgten Ehemann spielte. Ich tat ihm vielleicht Unrecht in dieser Zeit mit meinen bösen Gedanken, aber ich ahnte, wie dies alles unsere einstige Liebe, die Verbundenheit, die uns früher einte, zerstörte. Auf den Trümmern unserer Ehe tanzten wir noch einen letzten verzweifelten Walzer, belogen uns selbst und dennoch wusste jeder vom anderen, dass wir nicht mehr lange den Weg gemeinsam gehen würden.
Mama äußerte nun die Vermutung, ich befände mich vielleicht in der Menopause, denn diese konnte auch vielen Frauen sehr zusetzen, was sie durchaus verstand. Daher schickten sie und Andrea nach Dr. Louros, meinem Gynäkologen, baten ihn von Athen nach Paris zu kommen. Ich akzeptierte seinen Besuch, denn er hatte sich extra für mich auf die weite Reise begeben. Nach der Untersuchung konnte er aber nichts Physisches feststellen und ich beantwortete jede seiner Fragen zu meinem Befinden ehrlich und gewissenhaft, teilte ihm aber mit, wie sehr es mir missfiel, mich vor ihm auszuziehen, denn Christus sei stets an meiner Seite. Mit Nachdruck sagte ich ihm, ich könne auch nur Medikamente nehmen, wenn Christus mir dies erlaube. Sollte er mir also etwas verschreiben, so müsse ich diesen erst um Rat fragen. Der Doktor zeigte sich sehr interessiert an meinen Worten, ging auf meine Religiosität ein, hinterfragte einiges auch die Philosophie betreffend, doch ich merkte schnell, wie er bereits ein Urteil über mich gefällt hatte, sein Interesse nur gespielt war, um mich aufs Glatteis zu führen. Er sprach offen aus, ich litte aus seiner Sicht an einer schweren Psychose, die wahrscheinlich durch einen schleichenden Nervenzusammenbruch aufgrund der Ereignisse der letzten Jahre, besonders in Griechenland, ausgelöst worden war. Natürlich verstand er das, denn die Belastung für mich war sehr groß gewesen, als mein Ehemann in Lebensgefahr schwebte, aber ich sollte mich dringend behandeln lassen.
Als er sich von uns verabschiedet hatte, stellte ich vor Andrea und Mama sofort klar, dass ich seinen Rat nicht befolgen würde. Ich sei nicht verrückt. Sie wollten mir dies einreden, aber ich ließ mich nicht als eine sprichwört-

lich Bekloppte hinstellen.

Meine Familie wusste sich wohl nun keinen anderen Rat mehr, als Mimi um Hilfe zu bitten, die ihrerseits als Psychoanalytikerin praktizierte. Sie besuchte mich, sprach lange mit mir und schlug mir vor, für eine absehbare Zeit in ein Sanatorium zu gehen. Mimi drängte mich nicht, aber hielt es für besser. Sie meinte, ich würde mir selbst sehr schaden und solle doch an meine Kinder und meinen Mann denken. Ich hatte das alles im Blick, auch Mamas Sorge, die von Louise, Nona ..., aber ich sah keinen Sinn darin, mich in die Hände von Psychiatern zu begeben. Aus meiner Sicht war ich keineswegs krank.

Dr. Louros kam wieder zu mir, er war meinetwegen noch nicht abgereist, wollte mir helfen und meinte, er habe mit Jesus gesprochen, intensiv zu ihm gebetet. Er habe ihm anvertraut, wie wichtig es sei, wenn ich mir helfen lasse. Ich stimmte nun zu, beharrte aber darauf, nicht allzu lange fortzubleiben, was er mir versprach.

Mimi empfahl das Sanatorium von Dr. Ernst Simmel in Tegel, außerhalb von Berlin, da dort auch Sigmund Freud zeitweise praktizierte, zu dem sie einen guten Kontakt hatte, auch Simmel war ihr bekannt. Eine Psychoanalyse, durchgeführt von Fachkräften, würde mir guttun und mir vor allem aus der Krise helfen. So reiste ich mit Dr. Louros im Februar 1930 nach Berlin und ließ mich in das Sanatorium einweisen.

Das *Sanatorium Schloss Tegel* war damals die erste psychoanalytische Klinik der Welt. Es befand sich im Park des Schlosses Tegel im Berliner Bezirk Reinickendorf. Es war am elften April des Jahres 1927 von Dr. Ernst Simmel gegründet worden, der als Psychoanalytiker tätig war und als einer der Entdecker der sogenannten *Kriegsneurosen* bei Soldaten galt. Mimi hatte die Gründung und Einrichtung des Sanatoriums finanziell unterstützt. Das Konzept des Hauses umfasste sowohl die Klinik, die Forschung und Ausbildung von Personal. Simmel arbeitete mit Freud zusammen, der das Sanatorium oft besuchte, Mimi empfahl mir den Aufenthalt in Tegel nicht ohne Grund.

Das Sanatorium, Ende der Zwanzigerjahre auf einer Ansichtskarte

Man muss zu meinem Aufenthalt dort einiges erwähnen. Zum einen war der Aufenthalt in einem Sanatorium nicht wie in einem normalen Krankenhaus anzusehen. Jeder Schritt, den man tat, wurde von einer Krankenschwester oder einem Arzt genauestens beobachtet und dokumentiert. Dies betraf natürlich auch jegliche Äußerung, die man von sich gibt, sei es bedacht oder unbedacht.

Ferner war die Psychoanalyse damals sehr populär und entwickelte sich schnell weiter, da man Erkrankungen der Psyche eines Menschen erkunden wollte. Noch vor der Jahrhundertwende waren psychisch erkrankte Personen zumeist einfach in eine als Irrenanstalt verschriene Einrichtung verbracht worden, die Behandlungsmethoden waren oftmals grausam oder man überließ die Kranken einfach sich selbst, steckte sie in Zwangsjacken, damit sie sich selbst und ihrer Umwelt keinen Schaden zufügten. Zu meiner Zeit war man da wesentlich fortschrittlicher, was aber auch an meinem Status lag. Sogenannte Verwahranstalten für psychisch Kranke oder schwer geistig Behinderte existierten natürlich auch.

Angehörige des Adels aber ließen sich eben in ein Sanatorium einweisen. Ich nenne es im Nachhinein auch noch gerne scherzhaft eine Irrenanstalt für das blaue Blut.

Ein weiterer Aspekt war die Tatsache, dass es gerade bei einer gewissen gesellschaftlichen Stellung den Verwandten, Freunden und der Familie sehr unangenehm war, wenn jemand psychisch erkrankte. Diese arme Person begab sich dann besser in ein Sanatorium, schon alleine deshalb, damit eben die aufgezählten Menschen sich nicht schämen mussten, wenn die Krankheit an die Öffentlichkeit geriet. Wenn die Gesellschaft, die Presse so etwas

aufschnappte, dann war man gesellschaftlich diskreditiert.
Natürlich war mir bewusst, wie sehr meine Veränderung mein gesamtes Umfeld belastete, ich realisierte zwar meine Erkrankung, doch war machtlos dagegen. Ich verstand mich selbst nicht mehr, fühlte mich nicht mehr als Herr meiner Sinne, doch auch nicht verrückt.
Dennoch lag es auf der Hand, dass ich von zu Hause fort sollte, damit das alles nicht an die Öffentlichkeit gelangte. Bei meinem sozialen Status war es wichtig, dass man sich gut um mich kümmerte. In erster Linie jedoch spielte es eine Rolle, mich abzuschieben, damit es nicht auf meinem Mann, meine Kinder oder andere Verwandte zurückfiel. Kurzum: Aus den Augen, aus dem Sinn. Das war das, was ich empfand.

Das Sanatorium war schön gelegen, außerhalb Berlins, nahe des Sees. Man kann auch sagen, dass es recht beschaulich dort war, ruhig und das Gebäude war ansprechend. Ich hatte keine Angst vor einer Behandlung oder verweigerte mich, aber hoffte mehr auf einen Austausch, denn ich hatte mich ja selbst schon sehr lange mit der Psychoanalyse beschäftigt. Man kann sagen, ich stand dem Ganzen durchaus offen gegenüber. Daher hatte ich auch keine Scheu, bei Sitzungen mit Simmel völlig frei über alles zu sprechen, wobei ich auch auf die körperliche Liebe einging, die Andrea und ich schon lange nicht mehr teilten. Meine völlige Offenheit gerade in diesem Bereich sollte im Nachhinein meinen Mann aber sehr verärgern, denn darüber sprach man einfach nicht mit anderen. Es ging nur ihn und mich etwas an.
Sie machten einige medizinische Tests mit mir. Dr. Louros untersuchte mich nochmals eingehend, bestätigte, es sei körperlich alles in Ordnung mit mir. Dabei schloss er in seinem Bericht auch sofort aus, dass es sich um eine psychische Begleiterscheinung der Menopause handeln könne.
Nach etlichen Gesprächen mit Dr. Simmel und weiteren Untersuchungen diagnostizierte er bei mir eine schizophrene Paranoia. Im Zentrum meiner Fantasien stand Christus seiner Meinung nach. Ich glaube daran, die einzige Frau auf der Welt zu sein, die mit Christus verheiratet und ihm physisch verbunden sei. Durch diese körperliche Verbindung sei ich auch den anderen großen religiösen Führern verbunden wie Buddha. Es wäre mir durch diese Verbindungen möglich, auch die verschiedenen Gottheiten mit den Menschen zu verbinden.
Virginie Simopoulos hatte mir gegenüber auch schon die Vermutung geäußert, dass Christus für den Engländer stehe, der mir Avancen machte, aber nicht für Andrea.
Ich fand faszinierend, was Simmel mir sagte und über mich herausfand. Es schreckte mich nicht ab, vielmehr nahm ich es an. Doch ich sah darin nichts Negatives.

Bei meinem Eintreffen im Sanatorium war ich körperlich in keiner sehr guten Verfassung gewesen, weil ich die letzten Wochen nur wenig gegessen und überwiegend gefastet hatte. Da ich Dr. Simmel sehr mochte, weil er überaus freundlich war, Verständnis zeigte, meinte er, eine Heilung sei möglich, denn diese Fantasien seien auch sehr schädigend für mich in beiderlei Hinsicht, sowohl psychisch als auch physisch. Er brachte sehr logische Argumente dafür vor, wie sehr meine inneren Erfahrungen und Ansichten die Welt außen irritierten, daher solle ich es für mich behalten, aber eben nicht aussprechen oder gar darüber sprechen und diskutieren.

Simmel kontaktierte Freud, denn er war der festen Überzeugung, ich leide auch an einem neurotischen und präpsychotischen Zustand bezüglich meiner Libido. Dieser Zustand beruhte zwar nicht auf dem Einsetzen der Menopause, aber ich hatte den Ärzten gegenüber deutlich gemacht, wie sehr Andreas und meine Beziehung mittlerweile mehr der einer Freundschaft glich. Wir lebten eher wie Bruder und Schwester, da wir keine körperliche Intimität mehr teilten.

Sigmund Freud empfahl, meine Eierstöcke mit Röntgenstrahlen zu bestrahlen, um die Menopause zu beschleunigen. Dann würde ich auch psychisch ruhiger werden, meinte er. Hierzu kontaktierte man aber noch einmal Dr. Louros, einige andere Ärzte, besprach sich eingehend und beschloss dann, diese Behandlung an mir vorzunehmen, wovon man mich aber zuerst nicht in Kenntnis setzte. Stattdessen wurde ich zur Bestrahlung von einer Krankenschwester aus meinem Zimmer geholt, man führte mich in den Behandlungsraum. Die Schwester teilte mir nur mit, es ginge um eine Untersuchung. Erst als ich den Behandlungsraum betrat, auf einen Dr. von Schubert traf, erklärte mir dieser, was man vorhabe. Er sagte mir, es geschehe auf Anordnung von Dr. Simmel, welcher sich mit Dr. Freud beraten habe sowie mit meinem Gynäkologen, ich solle mich hinlegen, es würde nicht wehtun. Man wolle auch nicht meine Menopause damit auslösen, sondern nur das Einsetzen dieser beschleunigen. Ich vertraute den Ärzten, denn ich fühlte mich ehrlich gesagt nicht unwohl in dem Sanatorium.

Es war keine geschlossene Klinik. Sobald ich an Gewicht wieder zulegte, etwa sechs Kilo mehr auf den Rippen hatte, durfte ich mich auf dem Gelände frei bewegen, im Park spazieren gehen und dann unter anderem auch eine Theatervorführung in Berlin besuchen. Dies alles geschah ohne eine Aufsicht oder Begleitung. So wie ich vertrauensvoll mein Schicksal in Simmels Hände legte, so vertraute er mir, wenn ich das Sanatorium verlassen durfte. Ich möchte dabei aber nicht von Ausgang im eigentlichen Sinne für Straftäter sprechen. Auch innerhalb des Sanatoriums musste ich nicht die ganze Zeit auf meinem Zimmer verbringen oder war gar dort eingeschlossen. Dies galt aber auch für andere Patienten. Ich hatte keinen Son-

derstatus aufgrund meiner Herkunft.
Meine Familie besuchte mich nicht in Tegel, wir schrieben uns ausschließlich Briefe. Es hieß, sie wollten, dass ich mich entspanne und Ruhe habe, aber ich vermisste besonders meine Kinder schrecklich. Mama schrieb mir, dass Philip nun immer eine Zeit lang bei ihr sei, wenn er nicht zur Schule ging, und sie hatte ihn gerne bei sich.
Oftmals verbrachte mein Sohn aber auch Zeit mit seiner Tante *Zia*, Nadas Schwester Anastasia und ihrem Gatten. Im Jahre 1917 hatte Zia in London Sir Harold August Wernher geheiratet, dritter Baronet Wernher, den Sohn des Diamantenhändlers Sir Julius Wernher. Harold war ein sehr erfolgreicher Geschäftsmann und Millionär.
Da Andrea sich laut Mama nur wenig um Philip kümmerte, nahmen Harold, Dickie und Georgie aus ihrer Sicht so etwas wie die Vaterrolle für meinen Sohn ein, was ich sehr bedauerlich fand. Es freute mich zwar, dass sie dies alle gerne taten, aber Andrea entzog sich seiner Verantwortung als Vater und dies machte mir noch mehr deutlich, wie ihm auch nicht mehr viel an unserer Familie gelegen war.
Cäcilie schrieb mir nach Tegel und teilte mir mit, sie habe sich mit Don, dem Sohn von Onkel Ernie verlobt. Sie würde im Juni neunzehn Jahre alt werden und die Hochzeit sollte Anfang des Jahres 1931 in Darmstadt stattfinden. Cäcilie fühlte sich sehr wohl in Hessen, sie freute sich sehr. Ich mochte Don auch sehr gerne. Für mich sprach nichts gegen diese Heirat. In meinem Antwortschreiben vermied ich es aber, auf die Probleme in meiner eigenen Ehe einzugehen, stattdessen verfasste ich einen eher etwas übertrieben liebevollen Brief, in dem ich ihr unter anderem den Rat gab, sie solle in den ersten Jahren ihrer Ehe etwas Geduld zeigen, dann würde die Liebe zwischen ihr und Don ewig halten, eine Freundschaft für ein ganzes, langes Leben werden, die Frische bliebe dann bis ins hohe Alter.
Cäcilie war manchmal etwas kapriziös, dann wieder sehr sensibel. Schon als Kind wechselte sie schnell von Phasen, in denen sie die Welt umarmen konnte, in Phasen, in denen sie sehr still war, fast depressiv wirkte. Aber Don war ein feinfühliger Mensch, so wie Onkel Ernie, er würde meine Tochter schon zu nehmen wissen.
Ich wollte Cäcilie mit einem Lament über die Trümmer der Ehe ihrer Eltern verschonen, das ahnte sie sicher. Daher war mein zweiter Rat an sie, nur eine gewisse Unabhängigkeit zu bewahren für sich selbst, denn jede Frau leitete ihre Ehe selbst wie ein Dirigent. Man kann sagen, es waren sehr unverfängliche Zeilen.
Dennoch schrieb ich ihr, ich würde wahrscheinlich nicht mehr länger in Tegel bleiben. Ich fühlte mich kräftiger, fitter und verstand nun einiges besser, was mich betraf.

Kurz nach diesem Schreiben an meine Tochter wollte ich das Sanatorium verlassen, bekam aber leider Mumps. So musste ich für einige Zeit das Bett hüten.
Mich überfiel in dieser Zeit das unheimliche Gefühl, die Ärzte könnten mich einsperren, ich sehnte mich nach meinen Kindern und wollte nach Hause. Als ich mich wieder erholt hatte, sprach ich bei Simmel vor, wollte mich selbst entlassen. Er versuchte mich davon zu überzeugen, dass es besser sei noch zu bleiben, denn ich sei noch nicht wirklich geheilt. Ich wäre zwar der festen Überzeugung, aber dies sei ein Trugschluss. Da er mich aber nicht gegen meinen Willen im Sanatorium festhalten durfte, bestand ich auf der Entlassung, verließ Tegel und kehrte am siebten April endlich nach St. Cloud zurück.
Ich war erleichtert, endlich wieder zu Hause zu sein, schrieb an Cäcilie nach Hessen, wie herrlich die Natur war, es befand sich alles in Blüte, die Luft war warm und ich sei voller Kraft, fühlte mich rundum wohl. In die linke obere Ecke des Briefes zeichnete ich ein kleines Kreuz, ein Symbol, welches von Anhängern des automatischen Schreibens verwendet wird und dachte mir nichts dabei. Es war eine unbewusste Kleinigkeit, doch es war ein Hinweis darauf, wie sehr ich mich noch in den Fängen der Krankheit befand.
Mein Geist, die Stimmen befahlen mir wieder Dinge zu tun oder etwas auszusprechen, von dem mir Simmel abgeraten hatte. Ich wollte mich daran halten, konnte mich aber nicht dagegen wehren. Meine Zunge war schneller als mein Verstand. So wurde ich fahrig in dem, was ich tat, in dem, was ich sagte. Die Blicke meiner drei Kinder sprachen Bände, wenn ich sie ansah. Selbst Philip konnte nicht begreifen, weshalb ich begann, nur noch über Christus zu sprechen. Dolla und Margarita versuchten mich immerzu auf andere Themen zu bringen, aber ich wollte mich der Welt mitteilen und nicht über aus meiner Sicht belanglose Dinge schwatzen.
Tiny war bei Cäcilie in Hessen und Andrea konnte damit gar nicht mehr umgehen. Ich denke, er wollte es auch nicht mehr wirklich. Er verheimlichte mir nicht, wie er davon ausging, dass nur noch eine Einweisung in eine geschlossene Klinik mir helfen könne. Völlig überstürzt reiste er nach London, wandte sich an meine Mutter, denn sie war die einzige Person in unserer Familie, die immer zuletzt noch einen Rat wusste. Sie war der rettende Fels in der Brandung, wenn man so will. So konsultierten sie und Andrea zwei Ärzte. Einer von ihnen war der Psychiater Dr. Thomas Ross, der sich auf Neurosen spezialisiert hatte. Ross war auch der Direktor der Klinik *Swaylands* in Penshurst in Kent, welche von Edwinas Großvater einst im Rahmen seiner karitativen Hilfe gegründet worden war, um Soldaten mit

Neurosen zu helfen, wenn sie aus dem Krieg kamen.
Der zweite war der Psychiater Sir Maurice Craig, der später den Sohn von König George als König George VI. von seinem Stottern befreien sollte.
Beides waren sicher anerkannte Spezialisten, aber sie hörten nur von meinem Ehemann und von Mama, wie es mir ging. Beide meinten übereinstimmend, ich habe einen schweren Nervenzusammenbruch gehabt und leide an paranoider Schizophrenie. Sie kamen damit zur selben Diagnose wie Dr. Simmel und Dr. Freud. Auch ordneten sie beide die sofortige Unterbringung meinerseits in einer geschlossenen Klinik an.
Ich habe dies alles erst später erfahren, denn man ließ mich komplett im Dunkeln darüber, welchen gemeinen Plan man mir gegenüber ausheckte. Sogar Nona wurde von Mama darüber informiert, wie schlimm Ostern für sie werden würde, wenn man mich fortbringen müsse.

Onkel Ernie lud zu Ostern des Jahres 1930 nach Hessen ein, um mit uns allen die Verlobung von Cäcilie und seinem Sohn Don zu feiern. Ich freute mich sehr darauf, mit allen gemeinsam im Neuen Palais in Darmstadt Ostern zu verbringen und die Verlobung in einem schönen Rahmen zu feiern.
Mama reiste am zwölften April von London aus nach Darmstadt. Ich reiste gemeinsam mit Philip am dreizehnten April nach Deutschland, Andrea kehrte an diesem Tag aus England zurück. Er würde uns mit den beiden Mädchen einen Tag später im Automobil folgen, dann mit ihnen in dem Zug zusteigen. Ostern fiel in diesem Jahr auf das kommende Wochenende.
Auf der Fahrt genoss ich das Beisammensein mit meiner Familie, wir unterhielten uns angeregt, Andrea meinte, ich wirke wie ausgewechselt. Ich bemühte mich sehr, auf Philips Fragen zu antworten, wenn er aus dem Zugfenster etwas sah, was ihn beschäftigte. Auch mein Mann und die Mädchen waren entspannt, verwickelten mich in Plaudereien über ihre Zukunft, da Cäcilie bald heiratete.
Es traf mich etwas überraschend, als sie mir sagten, dass auch Tiny verlobt sei. Meine Kleine war noch keine sechzehn Jahre alt, da sie erst im Juni Geburtstag hatte. Sie würde den Prinzen Christoph von Hessen im Dezember in Kronberg im Taunus ehelichen. Er war der sechste Sohn des Landgrafen Prinz Friedrich Karl von Hessen, genannt *Fischy*, und seiner Gattin Prinzessin Margarethe, *Mossy*, von Preußen, eine Schwester des Ex-Kaisers Wilhelm II. von Preußen. Die Familie lebte überwiegend auf Schloss Kronberg im Taunus und ich kannte sie natürlich. Christoph war dreizehn Jahre älter als Sophie. Der Altersunterschied störte mich weniger als die Tatsache, dass ich es auf der Reise nach Darmstadt erfuhr. Ich fühlte mich etwas übergangen, sah aber meinen beiden älteren Töchter deutlich an, wie geknickt sie über die Tatsache wirkten, ihre jüngeren Schwestern bald verhei-

ratet zu sehen, während sie beide noch keinen Heiratskandidaten gefunden hatten. Und ich hatte mich die letzten Jahre wahrlich bemüht, sie auf den einen oder anderen jungen Mann aufmerksam zu machen. Da ich beide aber nicht kränken oder ihnen gar Vorwürfe an den Kopf werfen wollte, schwieg ich.

Bei unserem Eintreffen in Darmstadt hatte ich nicht das Gefühl, dass meine Familie etwas plante, was für mich sehr bedeutsam werden würde und so weitreichend für unsere kleine Familie, dass ich es auch nach all den Jahren immer noch nicht begreifen kann. Meine Mutter ließ sich ihr Dilemma nicht anmerken, dennoch fiel mir auf, wie nervös sie zeitweise wirkte.

Ich genoss die Zeit, unterhielt mich lange mit Tante Onor, Onkel Ernie und Mama, wobei sie über meine Aussagen bezüglich Christus und philosophische Themen nicht wirklich begeistert waren. Auch Andrea verhielt sich zunehmend kühler mir gegenüber, meinte ab und an, ich solle doch bitte einfach mal etwas für mich behalten. Ich konnte aber meine Gedanken nicht einfach abschalten, wollte meine Umgebung teilhaben lassen.

Mama hatte inzwischen den Professor und Psychiater Dr. Karl Wilmanns kontaktiert. Wilmanns leitete die Psychiatrische Universitätsklinik in Heidelberg. Er hatte meiner Mutter die Unterbringung meinerseits in einem privaten Sanatorium am Bodensee empfohlen. Es hieß Haus Maria, gehörte zur Bellevue Klinik und lag in Kreuzlingen, umgeben von einem schönen Park. Es gab dort drei Einrichtungen für Patienten – eine geschlossene, eine mit zeitweisem Freigang und eine offene, in Letzterer war es den Patienten gestattet, in Begleitung einer Krankenschwester von Zeit zu Zeit in die Stadt zu gehen. Es handelte sich um ein Sanatorium für die besseren Kreise, wie man so sagt, aus den höheren Schichten der Gesellschaft und auch der berühmte Balletttänzer und Choreograf Vaslav Nijinsky war dort Patient. Sein Erfolg und die vielen Tourneen hatten ihn ausgelaugt, seit dem Jahre 1919 war er aufgrund einer Schizophrenie immer wieder in Kliniken. Schon seit langer Zeit war er aus diesem Grund nicht mehr aufgetreten.

Ich würde dort also schnell Kontakte knüpfen können, meinte Wilmanns, da sich eben Patienten mit einer ähnlichen Herkunft wie meiner dort aufhielten. Wenn man allein über diese Äußerung Wilmanns gegenüber meiner Mutter nachdenkt, muss man sich fragen, ob man wirklich glaubte, ich sei nicht in der Lage oder gar gewillt, mich mit Menschen unterhalb meines Standes zu unterhalten.

Meine Mutter hatte auch Kontakt zu Dr. Simmel aufgenommen, hoffte, er würde anreisen können, damit er mich davon überzeugte, nach Kreuzlingen zu gehen, denn ich mochte ihn schließlich.

Nach Ostern, am dreiundzwanzigsten April reisten Margarita und Andrea wieder nach Paris zurück. Sophie verabschiedete sich von mir, wollte mit

ihrer Schwiegermutter in spe in Kronberg einige Tage verbringen.
Kurz darauf reiste Professor Wilmanns in Darmstadt an und mir wurde gesagt, er sei ein Gast von Onkel Ernie. Ich begegnete ihm mit der mir anerzogenen Höflichkeit und unterhielt mich zuerst sehr angeregt mit ihm. Doch bald begann er von dem Sanatorium in Kreuzlingen zu sprechen, wollte mich dazu überreden, doch dorthin zu gehen. Mein Kopf sei krank, ebenso mein Körper. Die Art und Weise wie er mit mir sprach, wie mit einem kleinen Kind, machte mich skeptisch und ich machte ihm deutlich, dass ich nicht bereit sei, weiterhin mit ihm zu reden. Ich konnte nicht ahnen, wie geschult dieser Mann darin war, Patienten auch gegen ihren Willen fortzubringen. Er war kalt und hart, wechselte von dem liebenswürdigen, verständnisvollen Psychiater zu einem brutalen Menschen, der sich durch nichts von seinem Vorhaben abbringen ließ.
Es war der zweite Mai, als mein Leben zerbrach. Ich hätte die Signale kommen sehen können, aber ich war blind. Ich glaubte, wir würden noch einige schöne Tage in Darmstadt verbringen, doch es war dumm anzunehmen, meine Familie würde Verständnis für mich zeigen. Dolla, Cäcilie, Philip, Mama, Tante Onor und Onkel Ernie ließen mich allein. Sie sagten, sie würden nur einen kurzen Besuch und ein kleines Picknick machen, ich solle dem Professor Gesellschaft leisten. Er zeige sicherlich Interesse an der Philosophie und den anderen Themen, die mich beschäftigten.
Doch als sie fort waren, überließen sie mich diesem Monster. Er redete auf mich ein, ich solle mit ihm nach Kreuzlingen gehen, man könne mir dort helfen, aber ich wollte diese Entscheidung überdenken, denn es war gerade erst vier Wochen her, seit ich aus Tegel wieder zurück war. Dann wurde mir plötzlich bewusst, was er wirklich vorhatte, denn er griff meinen Arm, wollte mich festhalten. Ich begann mich zu wehren, riss mich los, versuchte wegzulaufen, aber er packte mich, gab mir eine Spritze mit Morphium und Scopolamin. Dieses Sedativum zeigte sofort Wirkung. Gleich einer willenlosen Puppe sank ich in seine Arme, konnte nicht mehr sprechen, mein Geist vernebelte sich, meine Beine gaben nach. Schlaff hing ich in seinem Griff, er schleifte mich zu Onkel Ernies Automobil. Hinter einer dicken nebulösen Wand nahm ich wahr, wie wir fuhren, Zeit und Raum verflossen zu einem Einheitsgemisch, die Realität glich plötzlich einer verzerrten Welt, die ich nicht mehr fähig war, genau zu ergründen. Mein Körper war taub, gefühllos, meine Augenlider schwer, sodass ich sie schloss, wegdämmerte. Die Fahrt dauerte sieben Stunden, wie ich später erfuhr, aber ich verlor mein Zeitgefühl.
Ich hing mehr im Sitz, mein Kopf fühlte sich schwer an, doch ich war einfach nicht in der Lage ihn aufrechtzuhalten. Dabei verursachte es mir die größte Pein, dass ich es immer wieder versuchte. Mein Mund war trocken,

ich hatte zeitweise das Gefühl zu ersticken, denn meine Zunge fühlte sich dick und geschwollen an, aber ich war einfach nicht fähig, die Lippen zu bewegen oder gar mit der Zunge Worte zu formen.
Wann immer ich aufwachte, mich fühlte, als würde ich aus tiefem Wasser versuchen nach oben an die Oberfläche zu gelangen, wo das helle Licht der Sonne auf den Wellen Rettung versprach, packte Wilmanns rüde meinen Kopf, flößte mir aus einem orangenen Fläschchen wieder einige Tropfen Scopolamin ein. Er schickte mich zurück in ein erniedrigendes Gefühl der absoluten Hilflosigkeit, des Ausgeliefertsein, welches mir Panik verursachte.
Schemenhaft geisterten Gestalten durch meinen Geist, dachte ich kurz an meine Kinder, Andrea, Mama, doch meine Gedanken entglitten mir zu schnell, ich konnte einfach nicht mehr denken. Ich wollte nur endlich, dass es aufhört, ich wieder ich selbst sein konnte.
Einige Sekunden, in denen ich wach war, den Kopf wegdrehte, damit Wilmanns mir nicht wieder das Fläschchen an die Lippen pressen konnte, befahl mein Geist meiner Hand einfach aus dem Automobil zu springen, um diesem Unmenschen zu entkommen. Aber meine Muskeln reagierten nicht, und es ist die größte Qual auf Erden, wenn man jemandem ausgeliefert ist und es keine Möglichkeit gibt, diese Qual zu beenden.

Als Mama und die anderen ins Neue Palais zurückkehrten, war ich fort. Wilmanns log später, er habe sich gut mit mir unterhalten, ich habe mich für ein kurzes Gebet zurückgezogen, dann zugestimmt mich für die lange und anstrengende Fahrt nach Kreuzlingen sedieren zu lassen. Es war eine unverschämte Lüge, die man auch meinen Kindern und meinem Mann auftischte.
Am dritten Mai reisten Dolla, Margarita und Philip zurück nach St. Cloud. Tiny und Cäcilie blieben in Hessen, Mama fiel die Aufgabe zu, mich zu besuchen und mit den behandelnden Ärzten zu sprechen. Mein Transport nach Kreuzlingen war auf ihr Geheiß und das meines Mannes hin geschehen, ich wurde nicht direkt zwangseingewiesen, aber meine Mutter fungierte als so etwas wie mein Vormund. Eine eventuelle Entlassung meinerseits war nur mit ihrer Zustimmung möglich. Mein Ehemann hatte dies mit ihr so abgesprochen und entzog sich damit jeglicher weiteren Verantwortung für mich.
Es ist grausam, wenn man erkennen muss, dass die Menschen, die man liebt, einen hintergehen und betrügen. Aber noch schwerer zu begreifen ist die Tatsache, wenn eben die Person, der man einst ewige Treue vor Gott schwor, für die man alles tat, sich aufopferte, einen buchstäblich fallenlässt.
Ich habe meine Kinder alle geliebt, wie es eine Mutter tut, von ihnen getrennt zu werden, absichtlich, ist wohl das Grauenvollste, was man sich

vorstellen kann. Vor allem von meinem kleinen Philip, der so sehr an mir hing. Was empfand ein fast neunjähriger Junge, wenn er von einem fröhlichen Ausflug zurückkehrte und seine geliebte Mutter war einfach fort? Man zerschnitt nicht nur das Band zwischen mir und meinem Ehemann, den letzten Faden, der uns noch verbunden hatte, sondern auch das zwischen mir und meinen Kindern. Es brach mir fast das Herz, wenn ich mir ausmalte, wie mein kleiner Sohn nach mir weinte, sie ihn belogen über mein Schicksal – es war herzlos.

Ich wusste, dass es mir nicht gut ging, aber dennoch versuchte ich doch alles in der letzten Zeit, um dennoch für meine Familie da zu sein. Mir war bewusst, wie schlecht es um meine Ehe mit Andrea stand. Aber war ich nicht die Ehefrau gewesen, die ihm immer zur Seite stand, die Stärke und Mut bewies, als es um sein Leben ging? Die sein Manuskript übersetzte? Die sich hauptsächlich um die Kinder kümmerte, auch als er es hätte tun können? Die dafür sorgen wollte, dass er in Griechenland eine politische Rolle spielen konnte? All das zählte nichts mehr für ihn. Ich war für ihn zu einer reinen Belastung verkommen, derer man sich entledigen musste, um ein freies Leben ohne diesen Ballast zu führen. Und es war so verletzend für mich, mich selbst wie eine reine Belastung für meine Lieben zu fühlen.

Mein über alles geliebter Sohn Philip in griechischer Tracht, 1930

Wilmanns und ich fuhren unter anderem durch den Schwarzwald und trafen um elf Uhr nachts am zweiten Mai in Kreuzlingen ein. Das Sanatorium Bellevue lag im Kanton Thurgau in der Schweiz und war eine private psychiatrische Heilanstalt, die im Jahre 1857 von dem deutsch-schweizerischen Psychiater Dr. Ludwig Binswanger, dem Älteren, gegründet worden war. Seit dem Jahre 1910 befand sich die Leitung in den Händen des Schweizer Psychiaters und Psychoanalytikers Ludwig Binswanger, dem Jüngeren. Es handelte sich um einen Familienbetrieb und das Sanatorium fungierte auch als Forschungsstätte für psychiatrische Erkrankungen. Ludwig Binswanger galt als Begründer der Daseinsanalyse, einer Verbindung von Psychoanalyse und Existenzphilosophie. Auch Binswanger hatte seit dem Jahr 1907 Kontakt zu Sigmund Freud, war international bekannt und hatte einen festen Platz in der Psychiatriegeschichte des zwanzigsten Jahrhunderts. Ferner stand Binswanger aber auch freundschaftlich verbunden zu C. G. Jung und Heidegger.

Das Sanatorium befand sich zwar auf einem geschlossenen Areal, aber ein oberstes Ziel der Familie Binswanger war ein gewisser familiärer Kontakt zu den Patienten unter dem Motto des *Für-die-anderen-da-seins*. Durch diese Atmosphäre bedingt gefiel es auch vielen Patienten so gut dort, dass unter anderem ein Baron aus München sich im Park eine Villa bauen ließ. Das Gelände umfasste insgesamt siebzehn Gebäude, darunter befanden sich viele in einem schönen Villenstil erbaute, es gab einen Tennisplatz, eine Orangerie, einen Küchengarten, einen Musikraum, einen Billardraum, eine Kegelbahn, Bäder und der Komfort erinnerte eher an ein Hotel als an eine Nervenheilanstalt. Selbst in der Küche stellte ein Patissier die Desserts und Gebäck her.

Die Patienten lebten in Villen, manche hatten zu ihren Zimmern eigene Bäder, die Gemeinschaftsräume waren großzügig gestaltet mit Sesseln zum Verweilen, Schreibtischen, langen Tischen für die gemeinsamen Mahlzeiten.

Dennoch war der Alltag in Bellevue streng geregelt. Um acht Uhr morgens begann die ärztliche Konferenz, von neun Uhr bis mittags folgten die ärztlichen Visiten bei den Patienten, am Mittagstisch trafen sich dann Ärzte, ihre Frauen und die Patienten, ab fünfzehn Uhr folgten die Therapiesitzungen, nach neunzehn Uhr traf man sich zum gemeinsamen Abendbrot. Danach konnte man noch mit den Ärzten beisammensitzen. Freitagnachmittag zog sich Binswanger dann jeweils zurück, um sich am Wochenende von seiner Tätigkeit zu erholen, samstags und sonntags fanden keine Therapien statt.

Curanstalt Belle-vue — Villa Belle-vue

Eines der Gebäude des Sanatoriums in Kreuzlingen auf einer antiken Ansichtskarte

Dr. Ludwig Binswanger war ein recht fortschrittlicher Psychiater, denn er lehnte die Elektroschocktherapie grundlegend ab, ebenso die Verwendung von Zwangsjacken. Bei seinen Therapien untersuchte er zuerst den sozialen Hintergrund eines Patienten, seine Beziehungen zu den ihm nahestehenden Menschen und seine Umgebung. Er glaubte daran, dass man durch die Liebe zu sich selbst, einer Selbsterkenntnis und dem Verständnis für andere sowie dem Verstehen dieser bessere Heilungserfolge erzielte.

Das Sanatorium lag an der Grenze zum Bodensee, man konnte die deutsche Grenze von dort aus sehen und der Bahnhof war auch in der Nähe.

Man brachte mich in der Villa Maria unter, die im Jahre 1899 erbaut worden war. Bäume umstanden das Gebäude und es war eigentlich schön gelegen, wie man so sagt. Es gab in der Villa zehn Räume für Damen.

Bei meiner Ankunft wurde ich von Ärzten begrüßt, die mich untersuchten, sich zuerst aufgrund meiner Taubheit sorgten, dass man dadurch bedingt eventuell Probleme in der Kommunikation haben könnte, aber ich versicherte ihnen, ich verstehe schon, könne sprechen, von den Lippen in mehreren Sprachen ablesen, was sie durchaus beeindruckte.

Wilmanns hatte mich auf dem letzten Rest der Fahrt nicht mehr sediert, damit ich bei klarem Verstand sei, wie er es ausdrückte, worüber ich kurz auflachte, denn wir waren auf dem Weg in eine Irrenanstalt. Er strafte mich

sogleich mit einem bösen Blick, sein Fläschchen griffbereit, und da wir das Sanatorium in Kürze erreichten, war es mir nun auch gleich. Ich hatte Kopfschmerzen, nahm gerade wieder halbwegs meine Umwelt wahr, da war sowieso jede Gegenwehr meinerseits zwecklos.
Am Tag nach meiner Ankunft besuchte mich Dr. Binswanger mit seinen Kollegen
Dr. Beringer und Dr. Wenger. Sie zeigten sich von meinem stets leicht stereoptypen Lächeln irritiert, aber ich sagte ihnen, ich sei einfach zur Höflichkeit erzogen worden, auch wenn ich mit meiner Situation nicht einverstanden wäre. Ferner machte ich so sogleich darauf aufmerksam, dass ich keineswegs krank sei, meine Nerven nicht überreizt. Ich stünde in direktem Kontakt mit Christus, und wenn ich zu ihm betete, sei dies wie eine intime Beziehung für mich. Den Ärzten machte ich deutlich, wie unangebracht ich es fand, hier in Kreuzlingen zu sein, zudem sei meine Anreise hierher von wirklich unvorstellbarer Grausamkeit geprägt gewesen und dies weise nicht wirklich auf psychologisch geschultes Fachwissen seitens Dr. Wilmanns hin, sondern eher auf rohe Gewaltanwendung und Vergewaltigung meines Körpers durch die Einflößung von Sedativa.
Doch meine Chancen, bald entlassen zu werden, waren natürlich sehr gering, denn Dr. Wilmanns schrieb an Binswanger, dass er keine sehr baldige Heilung erwarte und ich würde auch in naher Zukunft einer Therapie bedürfen, denn meine Erkrankung bedeute erfahrungsgemäß einen sehr langen Aufenthalt in Kreuzlingen, um durch eine intensive Behandlung eine vollständige Genesung zu erreichen. Er wusste darum, wie sehr Binswanger oft daran gelegen war, sehr sensible Patienten baldmöglichst wieder zu entlassen, wenn deren Sehnsucht zu ihren Familien zu groß wurde, daher wollte er ihm mit seinen Zeilen diese Verantwortung abnehmen, rein der Form halber, denn in meinem Fall *musste* ich gegen meinen Willen in Kreuzlingen bleiben.
Ich war so erzürnt und aufgebracht über die Ungerechtigkeit, die mir widerfahren war, dass ich es mir in einem Brief an Mama von der Seele schreiben musste, wie sehr ich Wilmanns dafür verachtete, denn ich hoffte, man würde andere Frauen niemals so behandeln. Meine Mutter ging aber darauf in ihrem Antwortschreiben nicht ein. Sicher hatte sie aus reiner Mutterliebe so entschieden, hielt meine Unterbringung in dem Sanatorium für das Beste, aber sie hatte mir nicht einmal die Chance gegeben, mich anständig von meinen Kindern zu verabschieden. Da man sie niemals gewaltsam ihrer Kinder beraubt hatte, konnte sie meinen seelischen Zustand überhaupt nicht nachvollziehen. Mir war klar, wie Philip wahrscheinlich geweint hätte, wenn ich abgereist wäre. Aber so war es doch viel schlimmer!
Was sollte es mich trösten, dass sie sich um Philip kümmern würde wie um

einen eigenen Sohn? Natürlich würde sie dies tun, ich erwartete auch gar nichts anderes von ihr, denn sie war schuld, dass ich fort war. Und mein Sohn pendelte nun zwischen dem Kensington-Palast, Lynden Manor bei Georgie und Nada und Adsdean bei Dickie und Edwina. Von Andrea schrieb sie mir nichts. Er war sein Vater und offenbar entzog er sich aus dieser Verantwortung. Stattdessen erwähnte sie, wie sehr Philip sich darauf freue, im Sommer wieder nach Rumänien zu reisen.
Ich liebte meine Mutter, aber es gab in dieser Zeit Momente, in denen ich fühlte, wie ich sie auch gleichzeitig zu hassen begann. Das Gleiche galt für meinen Ehemann.

Dr. Binswanger gab sich wirklich Mühe, mich zu verstehen. Ich offenbarte ihm, dass ich Stimmen hörte, und dies sei so, als würde man laut lesen und zur gleichen Zeit nochmals die eigene Stimme hören. Aber ich habe von Gott ein Geschenk in Form von Christus erhalten, denn ich vernahm seine Stimme und ich habe eine religiöse Mission.

Am achten Mai kam Mama mich besuchen, sie wollte auch mit den Ärzten sprechen, um sich Klarheit über meinen geistigen Zustand zu verschaffen. Sie war zu mir herzlich, mütterlich, weder ablehnend noch kühl. Aber es fiel mir schwer, ihr noch zu vertrauen, sie wie vorher zu behandeln.
Für meine Mutter sah es so aus, als würde besonders die Sexualität eine große Rolle bei der Erkrankung spielen. Es irritierte sie, wie ich begann von Prostituierten zu sprechen und was diese Damen so alles taten, um Männer zu beglücken, denn sie entstammte einer Zeit, in der man so etwas niemals öffentlich angesprochen hätte. Es berührte sie mehr als peinlich und sie bat mich doch endlich damit aufzuhören. Aber ich wandte ein, dass Christus mich zu so etwas verführte, mich damit lockte, so wie Andrea es in unseren glücklichen Tagen getan hatte. Damit meine ich keine sexuellen Spielarten, dazu waren mein Ehemann und ich zu konventionell. Keinen von uns hatte je danach verlangt, aber die Intimität kann auch mit Worten, die man während des Aktes zueinander sagt, erfüllend sein, Liebkosungen reichen auch meist schon aus.
Meine arme Mama konnte aber in ihrer traditionellen Denkweise nicht einmal begreifen, dass man sich als Frau auch selbst eine Befriedigung verschaffen kann, und als ich es nur anschnitt, fiel ihr beim gemeinsamen Tee fast die Tasse aus der Hand. Ihre Miene versteifte sich auf eine Art und Weise, die ich von meiner Kindheit her kannte, wenn wir etwas sagten, was sie vor anderen in Verlegenheit brachte. So erwiderte sie sofort, ich müsse eine lange Zeit in Kreuzlingen bleiben, um mir den Wind aus den Segeln zu nehmen. Und ich gab zurück, ich würde mein Schicksal vertrauensvoll in

die Hände Binswangers legen, er würde schon wissen, wann ich entlassen werden könne. Mit Vehemenz erklärte ich Mama aber, dass ich nie mehr etwas mit Dr. Wilmanns zu tun haben wollte. Man muss erwähnen, wie ich zu jenem Zeitpunkt noch nicht erahnte, welche Rolle meine Mutter wirklich in diesem ganzen Szenario spielte. Denn ich sprach im Prinzip mit der Frau, die über meine Entlassung entschied. Mein Schicksal lag in ihren Händen.
Ich beschwerte mich über nichts Weiteres, denn das Sanatorium bot viele Annehmlichkeiten, der Umgang mit mir durch die Ärzte und Schwestern war freundlich, die Verpflegung ausgezeichnet. Mit anderen Worten: Die Unterbringung konnte man mit fünf Sternen bewerten, weil eines Hotels der gehobenen Klasse durchaus würdig, die Basis des Aufenthalts war aber eher keinen Stern wert. Ich bat meine Mutter, mir bei ihrem nächsten Besuch die Schlüssel meiner privaten Schränke in St. Cloud mitzubringen, ebenso wie eine Nagelschere. Sie versprach es mir. Der Besitz einer Schere war kein Problem, denn ich hatte niemals vor, mir das Leben zu nehmen, da ich weder verzweifelt noch buchstäblich lebensmüde war.
Gott hatte mir dieses Leben geschenkt, Christus war mein Gefährte und intimster Vertrauter. Daher war ein Selbstmordgedanke nun wirklich abwegig in meinem Fall.

Die nächsten Tage zog ich mich überwiegend in mein Zimmer zurück und blieb zumeist im Bett. Manchmal war ich zappelig, ging zum Fenster, ärgerte die anderen Patienten, die sich draußen aufhielten, indem ich Grimassen schnitt. Es gab keine Medikation und ich bestand gegenüber Binswanger auf meinem Freiraum. Er war sicher eine Koryphäe auf dem Gebiet der psychischen Erkrankungen, aber meinen wachen Geist würde er nie ergründen können. Ich war wütend über meine Notlage, denn man hielt mich nur in dem Sanatorium gefangen, weil man verhindern wollte, dass ich meine religiösen Theorien einer breiten Öffentlichkeit zugänglich machte, meine Mission vollendete.
Von Zeit zu Zeit überfiel mich eine innere Unruhe, die zu Zuckungen im Gesicht und den Händen führte, wenn es sich verschlimmerte, erfasste ein Zittern meinen ganzen Körper. Binswanger meinte, man sehe mir an, wie sehr ich unter der Situation leide, aber ich müsse es annehmen, um zu gesunden. Er empfahl mir im Park spazieren zu gehen, wobei mich eine Schwester begleitete, die sich aber bald irritiert darüber zeigte, wenn ich einfach stehen blieb, nach oben in die Bäume sah, dann weiterging, oder auf einer Bank einfach nur vor mich hinstarrte, wobei ich innerliche Zwiegespräche mit Christus hielt, ihn um Hilfe bat, aber es für mich behielt. Selbst wenn sie wissen wollte, was ich dachte, zuckte ich nur mit den Schultern oder schwieg.

Die Stimmen wurden wieder mächtiger in meinem Kopf, ich sagte es dem Arzt, erklärte Binswanger, wie eingängig ich mich mit der Philosophie befasst hatte, was ihn und andere Ärzte durchaus faszinierte, denn ich hatte Platon, Sokrates und Plato intensiv gelesen – und vor allem verstanden.
Zuerst verlangte ich auch noch nach solcher Lektüre, vertiefte mich darin, dann verspürte ich bald kaum noch Lust zum Lesen. Manchmal wollte ich bei den Therapiesitzungen nicht reden, verschränkte die Arme und verweigerte mich. Dann war mir einfach nicht danach, Worte zu verschwenden.
Ich mochte lange Spaziergänge, versuchte mich zu beschäftigen, indem ich zu zeichnen begann und die Ärzte und Schwestern bewunderten mein Talent, Tipps beim Dekorieren von Räumen zu geben. Man zeigte sich aber verwundert darüber, dass ich keine Forderungen nach irgendetwas stellte, um nichts bat, auch nicht um Besuche meiner Familie. Meine Genügsamkeit wirkte befremdlich auf sie alle.

Ich war fünfundvierzig Jahre alt, sagte der Krankenschwester, ich hätte selber gerne Enkelkinder, da ich keine eigenen mehr bekommen könne in meinem Alter. Wir sahen des Öfteren Kinder auf der Straße außerhalb des Areals spielen und die Schwester empfand diese Wehmut meinerseits nur als normal. Sie ahnte auch, wie sehr ich mich nach Philip sehnte.
Man gestattete mir, mit einer Krankenschwester gemeinsam in die Stadt zu gehen und traf dort zufällig eine Dame, deren Bekanntschaft ich bereits bei unserem ersten Exil aus Griechenland in Baur au Lac, einem 5-Sterne-Luxushotel in der Nähe des Bürkliplatzes in Zürich im Jahre 1917 machte. Ich ging sofort zu ihr, unterhielt mich sehr angeregt, wobei sie die Anwesenheit der Schwester höflich ignorierte, aber doch sehr erfreut war, mich wiederzusehen. Es war nur ein kurzes Gespräch, in dem ich ihr sagte, ich lebe nun in St. Cloud bei Paris, und da sie die politischen Ereignisse in Griechenland verfolgt hatte, bedauerte sie sehr, dass ich nicht mehr in meiner Heimat leben konnte. Sie erkundigte sich nach meinen Kindern, meinem Ehemann. Und ich erzählte ihr nur von den Verlobungen meiner beiden Töchter, von Philip und log, Andrea würde sich um sie die anderen beiden Töchter und den Sohn kümmern, während ich zur Kur in Kreuzlingen weilte. Sicher ahnte sie den wahren Grund meines Aufenthaltes, aber sie fragte nicht weiter nach. Wir wünschten uns alles Gute und unsere Wege verloren sich wieder.
Ich machte auch Ausflüge auf die Insel Mainau, natürlich wieder in Begleitung einer Krankenschwester, aber genoss es dennoch sehr. Die hübsche Insel bot eine wunderschöne Flora und Fauna. Die Insel hatte einst dem Großherzog Friedrich I. von Baden gehört, der durch den Import zahlreicher Palmen und anderer seltener Pflanzen aus aller Welt eine wahre *Blumenin-*

sel erschuf. Nach dem Tod des Großherzogs war sie der Witwensitz seiner Gattin, als diese im Jahre 1923 verstarb, befand sie sich offiziell im Besitz ihres Sohnes, dem Großherzog Friedrich I. von Baden, er vermachte sie im Jahre 1928 seiner Schwester Viktoria, die mit König Gustav V. von Schweden verheiratet war, der Schwiegervater meiner Schwester Louise. Doch Viktoria starb am vierten April des Jahres 1930, ihr Sohn, Prinz Wilhelm, Ex-Mann von Tante Ellas Ziehtochter Marie, der die Insel erbte, ließ sie verfallen. Sein Interesse an ihr war eher gering. So nistete sich im Schloss bereits Ungeziefer ein, einige der schönen Parkanlagen verwilderten bereits. Man munkelte, dass Wilhelms Sohn, Prinz Lennart, die Insel übernehmen würde. Er war zwar erst dreiundzwanzig Jahre alt, aber hatte dort stets schöne Sommerferien verbracht. Mir war die gesamte Familie schon durch die Heirat Maries vertraut, was ich der Krankenschwester bei unserem ersten Besuch dort auch sogleich erzählte, sie fand es sehr interessant.

Am siebzehnten Mai schrieb ich eine Postkarte an Cäcilie, in der ich ihr mitteilte, dass ich nun oft im Garten des Sanatoriums saß, da wir herrliches Wetter hätten. Ich erwähnte einen Artikel in einem Klatschblättchen, in dem stand, wie sie und Don Gäste bei einem Abendessen von Laura Corrigan gewesen seien. Mrs. Corrigan stammte ursprünglich aus Wisconsin in den USA, sie nutzte das Vermögen ihres verstorbenen Mannes ausschließlich für einen sehr luxuriösen Lebensstil, der auch Festlichkeiten beinhaltete, die in London aufgrund der Exklusivität ihresgleichen suchten.

Vielleicht ahnte meine Tochter, wie sehr ich es bedauerte, nicht mehr am gesellschaftlichen Leben teilhaben zu können, denn sie rechtfertigte sich in ihrem Antwortschreiben an mich, indem sie mir zu verstehen gab, dass dieses Dinner das Einzige gewesen sei, an dem sie mit Don teilnehmen konnte. Sie sei zurzeit überwiegend auch in St. Cloud, würde dort Kleider kaufen und andere Dinge für ihre Hochzeit. Abends sei sie meist zu müde, um überhaupt noch irgendwohin hinzugehen, geschweige denn Einladungen anzunehmen. Cäcilie berichtete mir von Sophie, meiner Schwägerin, die an Krebs litt, sich in Florenz behandeln ließ, wo sie mittlerweile überwiegend lebte, und wie sehr Philip sich wieder auf die Schule in Cheam freue. Sie erwähnte mit keinem Wort, wie sehr sie mich vermisste oder ob ihre Schwestern und Philip Sehnsucht nach mir hatten. Das kränkte mich doch sehr.

Am ersten Juni schrieb ich an Philip eine Karte zu seinem kommenden Geburtstag und entschuldigte mich, dass ich bei der Feier nicht dabei sein konnte. Ich wusste von Mama, dass man den Geburtstag in Wolfsgarten feiern wollte, da es am selben Tag noch eine große Feier zur Verlobung von Cäcilie mit Don und der von Tiny mit Christoph geben würde.

Cäcilie
Prinzessin von Griechenland

Georg Donatus
Erbgroßherzog von Hessen und bei Rhein

Cäcilie und Don, Ansichtskarte veröffentlicht zur Verlobung, 1930

Sieben Tage später erreichten mich einige große Blumenarrangements von meinen Töchtern und ihren zukünftigen Ehemännern nebst einem Brief von Cäcilie. Sie meinte, man wolle mit den Blumen wenigstens etwas diesen schönen Tag mit mir feiern, wenn ich auch nicht anwesend sein konnte an diesem. Meine Tochter berichtete mir, wie aufgeregt sie alle an diesem besonderen Tag waren, über die vielen Gäste, die zahlreichen Glückwünsche in Form von Telegrammen und Briefen, die sie erreicht hatten und die sie nun alle beantworten mussten. Andrea sei auch nach Darmstadt gekommen, er hatte die letzten Wochen in Marienbad verbracht, war runder und braun gebrannt. Cäcilie unterrichtete mich davon, wie Onkel Ernie und Tante Onor Philip ein schönes Fest ausrichten wollten, er würde ein Fahrrad von ihnen bekommen.

In einem weiteren Schreiben kurz darauf erfuhr ich, wie sehr Philip sein Fahrrad liebte, darauf den ganzen Tag herumfahren wolle. Abends, wenn er gebadet hatte und zu Bett gehen sollte, erfreute er sich an dem Grammophon, welches ich ihm hatte zukommen lassen zu seinem Geburtstag. Alle seine Geschenke seien sehr schön gewesen. Dolla und Tiny schenkten ihm ein schönes Federmesser und Don einen großen, bunten Ball für den Swimmingpool. Cäcilie hatte ihm einen Teppich gekauft, auf dem er im Garten liegen und spielen konnte. Philip sei sehr brav und höre auf Tante

Onor, wenn sie ihm etwas sage.
Ich war sehr froh darüber, dass Cäcilie mir als Einzige von Philips neuntem Geburtstag ausführlich berichtete, so kaufte ich ihr in der Stadt eine Brosche und schickte sie ihr als Dank. Meine Tochter schrieb mir weitere Briefe, aber sie sollten mich fast schon langweilen, da sie mir kaum etwas über die Familie darin berichtete, sondern nur über Belanglosigkeiten wie die eigenen Ausflüge mit Don plauderte. Sie war sicher dazu angehalten worden, nicht nach meinem Zustand oder meinem Befinden tiefergehend zu fragen, aber musste auch verstehen, dass ich mich abgeschottet fühlte, mich nach Neuigkeiten aus dem Familienleben mehr sehnte als nach ausführlichen Erzählungen über Autofahrten in die nähere Umgebung von Darmstadt.
Nach dem Erhalt der Blumenbouquets und der beiden Briefe von Cäcilie musste ich mich einige Tage zurückziehen, weil ich oftmals in Tränen ausbrach, so groß war meine Sehnsucht nach meinen Kindern. Ich wäre so gerne bei der Feierlichkeit anwesend gewesen, ebenso bei Philips Geburtstag. Meine größte Angst war, er könne glauben, seine Mama habe ihn im Stich gelassen.

Am fünfundzwanzigsten Juni besuchte mich mein zukünftiger Schwiegersohn Christoph. Es war ein kurzer, sehr angenehmer Besuch. Ich sagte ihm, ich würde mich sehr freuen, wenn ich wenigstens bei der Hochzeit von ihm und Tiny anwesend sein könnte. Und er meinte voller Überzeugung, dies sei noch eine Weile hin, bis dahin sei ich sicher genesen.
Virginie Simopoulos kam mich auch einige Tage darauf besuchen, was ich sehr nett von ihr fand. Sie machte sich aber große Sorgen um mich, sagte mir offen, ich wirke sehr ruhig, fast schon zu still, introvertiert und noch depressiver. Gleichzeitig verstand sie aber auch meinen Kummer über die Abgeschiedenheit von meinen Lieben, wie sehr es mich verstimmte, nicht mehr an Familienfeiern teilnehmen zu können.
Anfang Juli reiste Mama an und blieb für eine Woche. Aus ihrer Sicht machte ich gute Fortschritte, daher empfahl sie mir auch, in Begleitung einer Krankenschwester im August für einige Zeit nach Braunwald zu gehen. Braunwald ist ein Dorf in der Gemeinde Glarus Süd im Kanton Glarus, zwischen Luzern und Davos gelegen und vor allem bekannt wegen seiner Bergseen und der schönen Natur. Es würde mir guttun, meinte meine Mutter, einige Tage dort zu verbringen. Sie besprach sich mit den Ärzten und diese stimmten zu. Da ich nichts dagegen einzuwenden wusste, es mir gleich war, spielte ich die Hocherfreute, über die Möglichkeit nach Braunwald zu reisen.
Meine Mutter stellte mich vor vollendete Tatsachen, als sie mir auf den Kopf zusagte, Georgie würde nun hauptsächlich mit Philips Belangen be-

auftragt werden. Mein Sohn hatte für einige Zeit bei Mama mit im Kensington-Palast gelebt, aber Tante Beatrice fand, dass der Palast kein angemessener Ort für einen Jungen sei, um unter den Älteren aufzuwachsen, und so pendelte mein Sohn nun zwischen Georgie, Dickie und Mama oder eben den hessischen Verwandten hin und her. Grob gesagt, man reichte meinen Sohn von einem zum anderen, und als sie sich darüber etwas amüsierte, dass er in ein Gästebuch unter seinen Namen ins Adressfeld geschrieben hatte, *of no fixed abode*, also ohne festen Wohnsitz, fand ich das nicht wirklich amüsant, sondern es machte mich eher noch trauriger. Und achtlos fügte Mama hinzu, ich solle mich nicht sorgen, an den wichtigen Feiertagen wie Weihnachten würde man Philip schon bei dem einen oder anderen ein schönes Fest bereiten.

Mein Ehemann hielt sich in Südfrankreich auf, wo er das Leben eines Privatiers führte. Es lag auf der Hand, wie er seine Freiheit genoss und dass unsere Ehe nur noch auf dem Papier bestand. Er mietete sich in Hotels ein und hatte bald ein Appartement an der französischen Riviera, weilte zeitweise in Monaco oder verbrachte seine Zeit auf der Yacht der französischen Schauspielerin Gräfin Andrée Lafayette, die einundzwanzig Jahre jünger war als er. Sie hatte sich einen Namen beim Theater gemacht und bisher in fünf Filmen mitgespielt.

Andrée Lafayette, Andreas Geliebte

Ich musste es einsehen. Mein Ehemann hatte mich schnell ersetzt, genoss sein Leben und seine Familie tangierte ihn nicht mehr wirklich. Er plante sogar, das Haus in St. Cloud ganz aufzugeben, sobald auch Dolla und Margarita einen Ehemann gefunden hatten.

Mama ergriff keine Partei für ihn, aber auch keine für mich. Sie enthielt sich einfach einer Meinung. Auch hier kam wahrscheinlich zum Tragen, dass man zu ihrer Zeit Eheprobleme nicht in die Öffentlichkeit trug, versuchte diese selbst in den Griff zu bekommen. Es war ihr schon fremd, wie Edwina den Begriff einer Ehe definierte, stets fremdging. Und nun saß ihre Tochter vor ihr, deren Ehemann mit einer weitaus jüngeren Frau herumposierte. Kurioserweise konnte Lafayette seine Tochter sein. Mama nannte das eine sehr undelikate Angelegenheit, wobei sie aber anmerkte, es müsse mich sehr schmerzen.

Ich weiß nicht, ob sie mir nicht ins Gesicht sagen konnte, wenn mein Sohn nach mir fragte, was ich sehr hoffte, wenn er wissen wollte, wann ich wieder nach Hause käme, weil sie befürchtete, es könne meinen Zustand verschlimmern. Aber da man mir dies nicht erzählte, wuchs meine Furcht, er habe mich bald schon vergessen, doch ich konnte es nicht aussprechen, denn da wiederum glaubte ich, würde Mama nur sagen, dem sei gewiss nicht so.

Für mich aber zerbrach meine ganze heile Welt, gleich einem Gebäude, welches in sich zusammenfiel, lag mein Leben in Trümmern.

Es erschien mir suspekt, gesunden zu müssen, wenn es kein Zuhause mehr gab, in welches ich zurückkehren konnte. Mein altes, vorheriges Leben existierte nicht mehr. Das zu realisieren war einfach nur niederschmetternd.

Ich hatte bedingt durch das alles oft sehr schlimme Albträume und nicht nur einmal einen jenen, in dem ich glaubte, gerade einzuschlafen. Es ist die Phase, in der man noch nicht tief schläft, aber gerade wegdämmert. Und genau in diesem Moment kam es mir vor, als würde sich jemand auf mich legen, meine Handgelenke umfassen, mich auf das Bett drücken. Dieses Etwas war so schwer, dass ich kaum atmen konnte, es war egal, ob ich auf dem Rücken lag oder auf dem Bauch, es presste mich auf das Laken, ich war machtlos, fürchtete, unter dieser enormen Last erdrückt zu werden. Es nahm mir die Luft, ich konnte nicht schreien, wollte dieser Kreatur ins Gesicht sehen, aber da war nichts – nur die Dunkelheit des Raumes. Es waren nur Sekunden, aber sie kamen mir wie endlose Minuten vor, bis ich mich wieder bewegen konnte, dieses unsichtbare Etwas einfach verschwand, ebenso schnell wie es gekommen war, mich atemlos, voller Panik schweißgebadet zurückließ.

Dabei versuchte ich immer noch meinen Geist gleich einem Buddhisten zu schulen. Ich wollte meine Gedanken klassifizieren, sie zerlegen und ergründen, vom Unterbewusstsein bis zum Bewusstsein. Besonders vor dem Schlafengehen war diese Übung effektiv, wobei man sich das Wort *Suche* einprägt, damit man, wovon ich überzeugt war, beim Aufwachen genau den Gedanken produzierte, mit dem man sich dann befassen wollte.

In den ersten Nächten im Sanatorium saß noch eine Krankenschwester bei mir mit im Zimmer, die mich beobachtete, ab Juli durfte ich die meisten Nächte ohne die Anwesenheit einer verbringen.

Ende Juli nahm ich mir stets etwas Zeit, um Briefe zu schreiben oder meine Gedanken schriftlich festzuhalten. Einmal überkam mich dabei das Verlangen, einen Artikel zu verfassen, den ich mit oberflächlichen und religiösen Phrasen anfüllte, um ihn dann an die *Daily Mail* zu senden. Ich ließ dabei einfach meinen Gedanken freien Lauf. Den Artikel sandte ich ab und hatte ihn vorher auch bereits an eine griechische Tageszeitung verschickt. Leider hatte man dies im Sanatorium erfahren und informierte sofort Mama darüber, wie ich mich selbst zu einer Idiotin machte, indem ich mich selbst bloßstellte, damit verbunden natürlich auch meinen Mann sowie den Rest der Familie.

Meine Mutter reagierte sofort panisch, schrieb an den Herausgeber der Daily Mail und teilte ihm mit, dass ihre Tochter einen Nervenzusammenbruch gehabt habe, man daher bitte, keinen einzigen Artikel, den sie jemals an die Zeitung sandte oder senden sollte, veröffentlichte. Mama war sehr besorgt über meine Eigenmächtigkeit, denn der Artikel war in der griechischen Zeitung erschienen und enthielt auch eine politische Stellungnahme meinerseits. Für meine Mutter sah es so aus, als hätte meine Manie mich dazu getrieben, nun von der Religion zur Politik zu wechseln, mit dem Ziel, die ganze Welt zu konvertieren. Sie musste also Binswanger bitten, jedes geschriebene Wort von mir diskret zu begutachten und, wenn nötig, auch ein Schreiben zu vernichten. Daran hielt er sich, auch wenn ich natürlich bemerkte, dass das eine oder andere Schreiben plötzlich verschwunden war. Diese Zensur, die man mir auferlegte, erzürnte mich sehr, aber es blieb mir nichts anderes übrig, als es hinzunehmen. Ich konnte nichts heimlich absenden, da man die Post von den Patienten entweder in die Stadt zum Postamt brachte, oder die Krankenschwester zugegen war, wenn ich einen Brief dort aufgab.

Tante Anna, die zu dieser Zeit in Stein am Rhein, einer Kleinstadt westlich des Bodensees im Nordosten der Schweiz lebte, kam mich im Juli besuchen. Zu diesem Zeitpunkt beschäftigte ich mich gerade mit der Ausarbeitung einer neuen Verfassung für Griechenland, an der ich jeden Tag von vierzehn bis sechzehn Uhr schrieb. Es entstand so ein Dokument, welches sieben Seiten umfasste, in angemessenem Wortlaut gehalten war und nach

Tante Anna durchaus einen Beweis für die beträchtlichen Gedanken widerspiegelte, die ich mir gemacht hatte. Dies stellte sie auch in Bezug auf die Gesamtgestaltung fest, denn ich erwähnte sogar, wie man den Präsidenten und den Premierminister zu wählen habe, wie die einzelnen Provinzen des Landes verwaltet werden sollten, die Steuer und wie sie zu verwenden sei. Auch die Rolle eines Monarchen oder Präsidenten, der Richter und des Senats ließ ich nicht aus. Am Ende des Dokuments führte ich sogar an, wie man mit der Verfassung umgehen solle, dem Grundgesetz. Tante Anna fand es sehr positiv, dass man das natürliche Ungleichgewicht in der Bevölkerung berücksichtigen musste, wie ich schrieb, auch das natürliche Wachsen der einzelnen Schichten, Anpassungen möglich seien, die Legislative dürfe auch Fehler in der Struktur nicht übersehen. Mein Fazit war, dass ein konstitutioneller Fortschritt aus der praktischen Erfahrung resultieren sollte.
Die Tante las das Dokument wirklich sehr genau, meinte dann in voller Überzeugung, an mir sei eine Politikerin verloren gegangen, aber gleichzeitig wandte sie ein, wie wenig wir Frauen in dieser zu sagen hatten und dies aus ihrer Sicht auch niemals erreichen würden, denn das war reine Männersache. Wenn man bedenkt, dass Frauen seit 1906 in Finnland, aber erst seit 1918 und 1919 in Deutschland und Österreich wählen durften, wobei die Frauen in der Schweiz kein Wahlrecht hatten, lag meine Tante richtig. Wählen war das eine, die Politik aktiv mitbestimmen das andere. Über den Gedanken an eine weibliche Politikerin, die neben den Männern im Parlament saß, mussten wir beide schmunzeln. Das war damals einfach zu abwegig. Dennoch hatten wir Frauen auch ein politisches Interesse und daraus hatte ich nie einen Hehl gemacht, das wusste auch die Tante und fand das beeindruckend.
Ihr Besuch tat mir sehr gut, vor allem da ich nicht mit diesem rechnete.
Nachdem Binswanger *meine Verfassung für Griechenland* intensiv gelesen hatte, bat er mich, ein Exposé über die Seele, Gott und den Geist zu schreiben. Doch meine Ausführungen fand er dahingehend so verwirrend, dass er sie sprichwörtlich als Humbug abtat. Er meinte, ich könne keine klare Linie erkennen lassen, was dafür sprach, wie verwirrt mein Geist sei, wie schwer es mir fiel, meine vielen Gedanken auf den Punkt zu bringen. Binswanger sagte es weder vorwurfsvoll noch allzu kritisierend, aber er wandte ein, daher sei es eben sehr schwer zu verstehen. Und ebenso wie meine zu Papier gebrachten Gedanken irritierten ihn auch oft meine Fragen.
Ich selbst konnte kein Radio hören, weil ich es eben nicht hörte, man musste mir also sagen, worüber gerade gesprochen wurde oder ob Musik gespielt wurde. Mir war aber die Technik durchaus vertraut. So fragte ich Binswanger einmal, was die Wellen einer Übertragung im Radio zwischen dem Transmitter und dem Empfänger zusammenhalte, sodass sie nicht auf

dem Weg von einem zum anderen verloren gingen, sich sprichwörtlich verflüchtigten. Und ich überlegte, wo die Töne und Geräusche hin entschwanden, wenn sie verklungen waren. Der gute Doktor überlegte, doch es dauerte mir zu lange, so beantwortete ich mir meine Fragen selbst, indem ich vermutete, dass es der Äther sei, der die Einigkeit zusammenhielt. Binswangers Gesichtsausdruck gab mir deutlich zu verstehen, wie seltsam er meine Aussage fand.

Meine Schwägerin Sophie besuchte mich am zweiten August. Wir hatten uns nie besonders gut verstanden, es war für sie wohl mehr ein Anstandsbesuch, denn sie wechselte einige Worte mit mir, sprach dann aber offen aus, wie schwierig eine zusammenhängende Unterhaltung mit mir sei, denn ich sprang ihr zu viel in den Themen herum. Das empfand ich keineswegs so, denn sie fragte mich nach meinem Befinden und ich sagte ihr, was mich beschäftigte. Aber mit all dem konnte sie nichts anfangen.
Und am selben Tag kam meine Tiny zu mir ins Sanatorium. Ihr Besuch war für mich wesentlich angenehmer und ich war überglücklich darüber. Wir lachten viel, versuchten nicht über Andrea zu sprechen, aber ich fragte sie nach Philip und sie versicherte mir, es gehe ihm gut. Sophie war ehrlich zu mir, meinte, natürlich frage er nach seiner Mutter, aber sie erklärten ihm alle, ich sei krank und käme zurück, sobald ich gesund sei. Gleichzeitig hatten sie ihm gesagt, es sei nichts Ernstes, damit er nicht eventuell fürchte, mich zu verlieren. Tiny schien sehr ausgeglichen, voller Glück über ihre Verlobung und baldige Hochzeit. Und bevor sie wieder ging, umarmte sie mich, meinte zu mir, sie würde sich sehr freuen, wenn ich bei der Feier anwesend sein könne.
Beim Abendessen bemerkte Binswanger, wie positiv der Besuch Tinys für mich gewesen war, denn er sagte mir, ich wirke nicht so deprimiert und schien abgelenkt von der Grübelei über die Seele und den Geist, was durchaus stimmte.
Man darf nicht denken, dass mir nicht daran gelegen war, meine Kinder wiederzusehen, bei den Hochzeiten dabei zu sein, aber ich wusste um meine Erkrankung, wollte dies aber nicht annehmen. Damit meine ich nicht, dass ich sie leugnete, aber ich empfand meine Gedanken und Äußerungen als normal, da ich nur das aussprach oder niederschrieb, was mich beschäftigte. Der anstehende Urlaub in Braunwald, die Aussicht auf eine gewisse Zeit außerhalb des Sanatoriums führte dazu, dass ich versuchte, mich zusammenzureißen vor den Ärzten, meine Gedanken für mich zu behalten. So wirkte ich auf Binswanger aber zunehmend nachdenklicher, dann wieder zu ausgelassen. Dennoch war ich stets höflich, freundlich und riss mich in Gegenwart der Ärzte und Schwestern am Riemen.

Ich ließ mir ein Gewand in der Stadt schneidern, ähnlich einer Ordenstracht, welches ich von nun an öfter zu tragen gedachte. Der Kragen war hochgeschlossen, Arme und Beine bedeckt und ich hatte es aus rauem Leinen schneidern lassen. Es war grau und dazu trug ich ein kleines Bildnis von Christus, welches ich mit einer liebevollen Widmung von ihm an mich auf der Rückseite versehen ließ.

Am fünfzehnten August reiste ich in Begleitung von einer Krankenschwester namens Lina und einer Kammerfrau namens Frau Hoch nach Braunwald, wo wir in einem Hotel gemeinsam blieben. Ich hatte vor der Abreise darauf bestanden, meine weltlichen Besitztümer, wie ich es nannte, mitzunehmen. Dies umfasste allerdings neben meiner Tracht nur ein großes Fotoalbum und eine Ausgabe von Schurés *Les Grand Initiés*. An anderer Kleidung nahm ich nur das Nötigste zum Wechseln mit. Sonstige Kleidungsstücke wie Oberbekleidung und Kleider ließ ich im Sanatorium zurück.
Unser Hotel lag direkt in den Bergen und man hatte von dort einen wunderbaren Ausblick. Ich schrieb Postkarten an Philip und seine Schwestern, erzählte ihnen von der wundervollen Landschaft. Kurz vor meiner Abreise schrieb ich an meinen Sohn, er könne mir, wenn er wolle, eine Postkarte schreiben und mir mitteilen, was er so mache, worüber ich mich sehr freuen würde.
Ich wusste nicht, dass Philips ehemalige Nanny Nana Bell, die ihm ab und an noch aus Südafrika schrieb, wo sie nun lebte, ihn in einem ihrer Briefe bat, doch an seine Mama zu denken und auch, wenn Ferien seien, mir einige Zeilen zu schreiben. Bisher hatte ich keine Post von ihm erhalten, was ich traurig fand. Aber er war noch ein kleiner Junge und da schreibt man nicht gerne. Ich kannte das aus meiner Kindheit, wie ich manchmal auch keine große Lust verspürte, etwas an Königin Victoria zu schreiben, doch Mama dies mit Nachdruck verlangte.

Unser Aufenthalt in Braunwald war recht angenehm, nur einmal geriet ich mit der Schwester aneinander, da sie mir nicht gestattete, ein Bild von Christus in meinem Zimmer aufzuhängen. Sie diskutierte mit mir darüber, argumentierte, dass es ein Hotelzimmer sei und man es nicht nach eigenem Belieben dekorieren durfte. Das leuchtete mir schon ein, aber sie bat mich auch, nicht bei der Hotelrezeption darum zu bitten. Stattdessen schlug sie mir vor, es doch einfach aufzustellen, was ich natürlich auch tat. Aber dennoch verstimmte es mich. Ich ahnte allerdings auch, dass Lina alles an Binswanger berichtete, was vorfiel in Bezug auf mich. Daher vermied ich jegliche weitere Diskussion mit ihr über die Angelegenheit.
Ich fühlte mich in Braunwald fern des Sanatoriums sehr wohl und merkte,

wie es auch meinen Geist befreite.

Am dreiundzwanzigsten August sagte mir Lina, sie müsse Dr. Wenger schreiben, wie unruhig ich zurzeit auf sie wirke, dass ich sie ständig auf den Beinen halte, weil ich dies oder das wollte, wenn ich doch nur um Kleinigkeiten bat, wie den Kauf eines Buches, und ich sei unberechenbar in meinen Äußerungen, was sie besonders in der Öffentlichkeit nicht annehmbar fand, da ich oft sehr laut sprach. Nach einer Unterhaltung mit Lina meinte ich, dass ich nicht nach Kreuzlingen zurückreisen würde. Der Kammerfrau gegenüber äußerte ich, mein Aufenthalt in dem Sanatorium sei rein freiwilliger Natur, aber ich sei gesund und dort nur gewesen, um einiges in meinem Kopf zu ordnen, zudem hätte ich versucht, unglücklichen Patienten zu helfen, damit sie wieder zu ihren Familien zurück könnten.

Ich hatte einige Kontakte im Sanatorium geknüpft, mir die Probleme von anderen angehört und daher befunden, dass meine ganz und gar nicht der Tragweite dieser entsprachen.

An einem Montag eskalierte die Situation zwischen mir und Schwester Lina. Ich hatte Frau Hoch ein Foto von mir geschenkt und ihr gesagt, ich benötige es nicht länger. Die Kammerfrau freute sich über das Bild, dankte mir, aber Lina meinte, der Doktor wäre nicht einverstanden damit, dass ich die Fotos überhaupt mitgenommen habe, was ich überhaupt nicht verstand. Da ich es leid war, immerzu darauf hingewiesen zu werden, was die Ärzte mir zugestanden und was nicht, mir diese Kontrolle von oben sehr zusetzte, baute ich mich vor Lina auf. Der Doktor, sagte ich ihr, sollte niemals vergessen, dass er eines schönen Tages vor Gottes Thron stehen werde und sich dann für alle seine Taten rechtfertigen müsse. Wenn ihm so viel daran gelegen sei, aus seiner Sicht kranken Menschen zu helfen, so sei es seine Pflicht, zuerst den lieben Gott um Hilfe für sich selbst zu bitten, denn mit seinem gesunden Menschenverstand sei er offensichtlich alleine dazu nicht in der Lage. Sie solle nach Kreuzlingen zurückreisen und dies dem Doktor ausrichten.

Lina wandte sofort ein, dass sie mich niemals alleine in Braunwald mit Frau Hoch ließe. Ich lächelte sie süffisant an, gab ihr einen Kuss auf die Stirn und erwiderte in einem mütterlichen Ton, sie sei eine nette Person und dürfe bei mir bleiben, bis mich der Herr zu sich nähme. Dann gab ich ihr meinen Pass mit den Worten: „Behalten Sie ihn als Erinnerung. Da ist ein schönes Bild von mir drin und ich brauche ihn nicht mehr!"

Ich schrieb an Louise. Sie wollte mich am vierundzwanzigsten September besuchen, aber ich teilte ihr mit, dies sei nicht möglich, da ich noch nicht sagen könne, wo ich mich dann gerade aufhielte. Graf Kuno von Harden-

berg, den Präsidenten der *Gesellschaft für Freie Philosophie* in Darmstadt, bat ich, mich doch einmal in Luzern zu besuchen, wohin ich mich bald begeben würde.
Vor Lina und Frau Hoch gab ich mich höflich, erschien zu den Mahlzeiten, legte mich aber jeden Tag ab elf Uhr morgens hin, ließ meinen Gedanken freien Lauf und stand eben nur auf, um das Essen mit den Damen einzunehmen. Manchmal rang ich mich dazu durch, nach dem Mittagessen oder dem Tee einen kleinen Spaziergang zu machen, aber es laugte mich irgendwie aus und war mir bald zu anstrengend. Eigentlich hatte ich meine regelmäßigen Zeiten, zu denen ich Briefe schrieb, ich nahm zwar meine Schreibsachen mit nach draußen, ging zu einem Liegestuhl und starrte in den Himmel. Mir war nicht nach Schreiben zumute und Lina fand, ich habe stets eine neue Ausrede parat. Dabei täte mir das Schreiben gut. Es nervte mich sehr, wie sie mich immerzu beobachtete, dauernd in meiner Nähe war, vorgab, nur nach dem Rechten sehen zu wollen. Ich war kein Kleinkind mehr, sondern eine erwachsene Frau. Irgendwann bat ich sie sehr höflich, doch bitte nicht andauernd zu stören, wenn ich meinen Gedanken nachhing. Das nahm sie hin, denn sie sah ein, wie sehr mein Geist beschäftigt war.
Ich versuchte ihr den Gefallen zu tun, mit ihr über belanglose Dinge zu plaudern, lachte dann und wann, aber sprach eigentlich nur, wenn es sich absolut nicht vermeiden ließ.
Dann nahm ich mir die Freiheit, an Dr. Wenger zu schreiben, ich würde die volle Verantwortung für meinen Plan übernehmen, das Sanatorium zu verlassen und Mama und Andrea sähen das sicher ebenso. Es wäre auch in ihrem Sinne, wenn ich vorerst nach Luzern ginge. Wenger antwortete schnell. Er machte mir deutlich, ich müsse mich an Binswanger wenden, denn dieser habe eine Verabredung mit meiner Mutter und Andrea getroffen. Der Doktor sei zurzeit in Urlaub und ich hätte zugestimmt, am ersten oder zweiten September wieder nach Kreuzlingen zurückzureisen, dies sei die Bedingung für die Erlaubnis meines Urlaubs in Braunwald gewesen. Ich ärgerte mich sehr über seine Zeilen, denn ich fühlte mich derart fremdbestimmt, dass ich nur noch dagegen rebellieren wollte.
So bat ich Frau Hoch zu einem Gespräch, übereignete ihr all meinen Schmuck, die Kleidung, Bücher und andere Besitzgegenstände, gab ihr Anweisungen, an wen sie dieses oder jenes weitergeben solle und was sie für sich behalten dürfe. Die Sachen befanden sich fast alle in Kreuzlingen, aber ich würde nicht wieder dorthin reisen, was ich auch Lina nochmals mit Nachdruck sagte. Wenger solle sie ruhig mitteilen, sie werde ohne die Prinzessin wieder in Kreuzlingen eintreffen, denn er habe mich freizulassen, ob er es nun will oder nicht, eine höhere Macht habe dies so bestimmt. Und ich fügte mit tiefer Stimme hinzu, ich würde bald auf eine lange und sehr schö-

ne Reise gehen, die sich vor mir eröffnete. Ich freute mich schon eine geraume Zeit darauf. Auch Frau Hoch gegenüber äußerte ich dies. Sie bekam sofort Angst um mich, meinte, ich solle doch an die Hochzeiten meiner Töchter denken, worauf ich ihr antwortete, ich könne bei jeder dieser Feiern anwesend sein, aber niemand würde mich sehen können. Ich sähe dann aber alles und man werde meine Anwesenheit spüren.

Lina und Frau Hoch gaben nach, sie reisten mit mir Ende August nach Luzern, wo wir in einem Hotel Quartier bezogen, aber sie ließen mich dort kaum noch aus den Augen. Ich schrieb in meine Bibel, dass ich mich am achten September auf eine Reise begäbe, Lina entdeckte es beim Durchsuchen meiner Sachen.

Zunehmend wurde mir das alles zu viel, ich wollte einfach nur meine Freiheit zurückhaben, und wenn dies nicht möglich war, musste ich mein Schicksal in die Hände Gottes legen. Also schrieb ich eine große Anzahl Abschiedsbriefe an alle meine Verwandten und Freunde, die mir noch etwas bedeuteten. Einige dieser Briefe wurden von Lina abgefangen, aber den an Dickie konnte ich absenden, wobei ich ihn mit einem Kreuz versah, welches dem vom automatischen Schreiben gleichkam.

Ich schrieb meinem Bruder:

„Ich weiß nicht, wann wir uns wiedersehen werden, daher möchte ich Dir etwas geben, was Dich an mich erinnert, und lege einen Scheck über fünfundzwanzig englische Pfund bei. Mama hat mir berichtet, dass Du Dir, nachdem Du Dich wieder um Edwinas Gesundheit sorgen musstest, Dein Schlüsselbein gebrochen hast beim Polo und die arme Patricia beim Spielen ihren Arm. Ich hoffe, Ihr alle seid auf dem Weg der Genesung nach diesen unglücklichen Zwischenfällen und natürlich wünsche ich auch Edwina nur das Beste. Grüße sie lieb von mir und sage ihr, sie soll gut auf sich achten. Küsse die kleinen Mädchen von mir, auf Wiedersehen, mein lieber Dickie, in ewiger Liebe von Deiner Dich liebenden Schwester, Alice."

Ich bat Frau Hoch nochmals daran zu denken, wie ich meinen Besitz behandelt haben wollte, wem was zu geben sei, dann erfasste mich eine Nervosität und Unruhe, der ich nicht mehr Herr wurde.

An einem Tag fand ich mich auf dem Balkon im zweiten Stock des *Hotel National* in Luzern wieder, wollte hinunterspringen, weil ich keinen anderen Ausweg mehr sah. Lina und Frau Hoch konnten mich überwältigen, zerrten mich in mein Zimmer, wo sie mich auf das Bett legten. Lina bestand darauf, dass ich nun nicht mehr ohne eine Überwachung ihrerseits oder der von Frau Hoch war. Sie informierte Dr. Wenger, der Anfang September sofort zu uns reiste. Gegen meinen Willen brachte man mich zurück nach Kreuzlingen.

Ich war zurück in meinem Zimmer in der Villa Maria, fühlte mich eingekerkert. Da ich morbide war, man befürchtete, ich könne jederzeit wieder versuchen mich umzubringen, stand ich nun unter völliger Überwachung. Dennoch versuchte ich alle meine Angelegenheiten in dieser Welt zu regeln. Ich verkroch mich in mein Bett, erwartete den baldigen Tod. Als mich Dr. Binswanger in meinem Zimmer besuchte, beschimpfte ich ihn sehr harsch und rüde, weil man meine Abschiedsbriefe konfisziert hatte, und unterrichtete ihn davon, dass Christus Weisungen mich durch Ätherwellen erreichten. Ich musste diesen Folge leisten.

Am achtzehnten September ließ ich meinem Ärger in einem Schreiben an ihn freien Lauf:

„*Ich möchte Ihnen meine Haltung gegenüber dem religiös-philosophischen Feld mit den folgenden Worten beschreiben: Es war einmal ein junger Mann, dessen Mutter einen sehr guten Ruf genoss, da sie durch Kräuter Heilung erzielen konnte. Ihr Sohn war ein intelligenter junger Mann, der Arzt werden wollte. Nachdem er sein Medizinstudium abgeschlossen hatte und ein praktizierender Arzt wurde, besuchte ihn seine Mutter und zeigte ihm eine neue Pflanze, die sie entdeckt hatte. Sie sagte ihm, dass diese Pflanze eine neu aufgekommene Krankheit heilen könne, und sie meinte zu ihrem Sohn, er solle daher doch die Heilkraft dieser Pflanze nutzen. Aber er antwortete seiner Mutter, er sehe sofort, dass die Pflanze selbst erkrankt sei und sie sei daher nicht zu gebrauchen. Er wolle sie behalten, pflegen, und sobald die Pflanze gesundet sei, würde er sie gerne verwenden. Aber seine Mutter wandte ein, dass gerade die Erkrankung der Pflanze ihr die Heilkräfte verleihe. Wenn er die Pflanze davon befreite, könne sie nicht mehr heilen. Ferner fügte sie hinzu, was er als Erkrankung ansehe, ist genau das, mit dem sie als Heilerin helfen könne, und in Bezug auf die neue Krankheit könne man diese nicht mit einem Serum oder Instrumenten behandeln.*

*Nun, mein lieber Doktor, ich habe Ihnen diese Geschichte erzählt, weil ich darauf gespannt bin, zu welcher Lösung des Problems sie nach dem Lesen kommen werden. Würden Sie die Pflanze behalten, um sie zu pflegen und genesen zu lassen, oder würden Sie sie einsetzen zum Wohle der Menschheit? Also **Aufwiedersehen** bis zum Nachmittag, Ihre ergebene Alice.*"

Der gute Doktor Binswanger ging natürlich auf mein Schreiben nicht wirklich ein. Stattdessen fragte er mich, ob ich mich als eine Pflanze ansehe, zerbrechlich und verwelkend durch die schlechte Fürsorge meiner Mitmenschen, oder als jemand, der die Fähigkeit hatte, alle Erkrankungen der Menschheit zu heilen. Binswanger verstand mich nicht. Er verstand gar nichts.

Ich befand mich zusehends in einer sehr schlechten Verfassung, in der ich glaubte, bald sterben zu müssen, was ich nicht theatralisch meinte. Denn ich wollte damit nicht die Aufmerksamkeit meiner Mitmenschen forcieren, sondern einfach nur meine Ruhe haben. Mein Umfeld hatte mich in diese Situation gebracht – eben an den Rand des Todes. Es erschien mir alles sinnlos, denn niemand wollte verstehen, stattdessen schämte man sich meiner. Und nur in meiner Stille, in der ich im Grunde genommen jeden Tag meines Lebens verbrachte, fand ich Freiheit, denn dort konnte ich denken, was ich wollte.

Manchmal wurde mir die Last zu groß, ich bekam buchstäblich Todesangst. Obwohl ich wusste, dass ich in einer jenseitigen Welt gut aufgehoben und geborgen sein würde, versetzte mich doch der Gedanke an ein baldiges Ableben, morgens vielleicht nicht mehr aufzuwachen, zurück in eine Angst, die man als Kind kennt. Man denkt an den Tod und der Gedanke, dass alles einfach vorbei ist, man fort ist, erdrückt einen. Man flüchtet sich angstvoll in die Arme einer liebenden Mutter, die einen tröstet, einem zärtlich ins Ohr flüstert, man wird noch lange, lange leben und man lässt sich in ihren Armen wiegen, bis die Angst einen verlässt. Aber nun hatte ich keine liebende Mutter, in deren Arme ich mich flüchten konnte, keinen liebenden Ehemann, keine Kinder – ich war ganz alleine mit dieser Angst.

Am zweiundzwanzigsten September übergab ich Binswanger drei weitere Abschiedsbriefe, einen an meine Mutter, zwei an ehemalige Bedienstete wie Roosie und ich legte Schecks bei. Ich bat den Doktor, diese nach meinem Tod auszuhändigen. Dann bat ich darum, meine Schwester Louise sehen zu dürfen, was mir aber bis zum Winter verweigert wurde. Man vertröstete mich mit der Begründung, ich sei gesundheitlich nicht in der Lage Besuch zu empfangen.

Es ging mir immer schlechter. Ich hatte des Nachts Schweißausbrüche, tagsüber Schwindelanfälle, bekam schwere Herzrhythmusstörungen, wurde kurzatmig, sodass ich bald kaum noch aufstehen konnte. Man verordnete mir morgens *Digitales*-Tropfen und nachmittags *Coramin*, also *Nikethamid*, ein Psychostimulans für die Atem- und Kreislaufstimulation.

Als ich mich etwas besser fühlte, meinte Binswanger, dass diese Panikattacken aufgrund meiner Todesangst zu den Symptomen geführt hatten, daher sei ich auch immer schwächer geworden und habe kaum noch sprechen wollen. Natürlich hatte er nicht gänzlich unrecht, aber ich sprach eigentlich nur noch, wenn es mir wirklich wichtig erschien. Wozu sollte ich etwas ansprechen, wenn es sowieso niemanden interessierte, was mich wirklich beschäftigte?

Im Oktober besuchte mich endlich Louise. Sie versuchte Verständnis zu zeigen, aber es gelang ihr nur schwerlich, denn sie konnte meine Gedankengänge und Aussprüche nicht begreifen, bat mich doch, es nicht immer alles auszusprechen. Gerade in Bezug auf meine intime Beziehung zu Christus fand sie es sehr irritierend. Dennoch war sie sehr besorgt, in welchem gesundheitlichen Zustand ich mich befand. Der Besuch war schön, denn ich fühlte mich Louise immer noch sehr verbunden, aber sie sagte mir auch, es sei besser, wenn ich im Sanatorium bliebe, bis ich völlig genesen sei.

Einige Zeit später kamen auch Margarita und Dolla nach Kreuzlingen, um mich im selben Monat für drei Tage zu besuchen. Ich sagte beiden sofort, dass ich mir im Klaren darüber war, für wie verrückt mich Binswanger und Louise hielten, aber sie stritten es ab. Ich sei nicht verrückt, niemand würde das von mir denken. Ich sei krank und so etwas könne jeden treffen. Dolla witzelte darüber, machte Scherze, was sie in ihren Augen für verrückt hielt, wandte ein, ich würde ja keine Fliegen essen, wie die Figur des Renfield am Ende des Romans *Dracula* von Bram Stoker, wenn dieser in einer Irrenanstalt endet. Ich fand das nicht empörend oder beleidigend, denn wir lachten miteinander und ich freute mich so sehr, meine Töchter bei mir zu haben, da waren mir auch Scherze recht. Beide waren sehr traurig darüber, wie es mir ging. Sie wünschten sich, ich könne wenigstens an einer der bevorstehenden Hochzeiten teilnehmen. Ich versprach ihnen, mir Mühe zu geben, schnell wieder gesund zu werden, aber irgendwie ahnten wir drei, dass dies nur ein Ausspruch war, wie ihn auch ein unheilbar Kranker tat.

Die Mädchen erzählten von Philip, seinem Urlaub in Rumänien, wie sehr er die Zeit dort mit Michael genoss. Auch die Königinmutter Marie, eine Schwester Duckys, die ich mochte, aber oftmals als etwas egozentrisch einschätzte, kümmerte sich sehr um die beiden Jungen und Philip durfte sie sogar *Tante Missy* nennen.

Auch König George II. von Griechenland, der im Exil in Rumänien weilte mit seiner Gattin Elisabeth, nahm sich der beiden Jungen gerne an. Elisabeth und er hatten keine eigenen Kinder, da die Eheleute nicht sehr glücklich miteinander waren.

Kronprinz Michael von Rumänien, links, König George II. von Griechenland und Philip, Rumänien, Sommer 1930

Dolla zeigte mir ein Foto von Philip aus dem Sommerurlaub in Rumänien und ich sagte ihr, ich wünschte mir so sehr, er würde mich einmal in Kreuzlingen besuchen. Sowohl Margarita und sie zögerten mit einer Antwort darauf, dann meinte meine älteste Tochter, er werde mich bald besuchen, aber nicht, wenn es mir so schlecht ginge. Ich solle daran denken, wie es auf Philip wirken könne, mich in einer derart schlechten Verfassung zu sehen. Er habe es schon schwer damit, dass ich nicht mehr bei ihm war, und ich könne ganz sicher sein, dass er oft nach mir fragte. Sie meinten es gut, aber für mich wirkte es so, als wolle man meinen Sohn von mir fernhalten. Ich vermutete, Andrea und meine Mutter trugen daran die Hauptschuld. Und das verletzte mich sehr. Mein Sohn war ein cleverer kleiner Bursche, er würde es sicher verstehen, wenn ich es ihm selbst erklären könnte. Aber so konnte ich nur hoffen, dass er mir bald wieder schrieb.

Die Mädchen und ich sprachen nicht über ihren Vater. Andrea ließ mich im Stich und ich wollte nicht darüber reden, wie enttäuscht ich von meinem Ehemann war. Dolla und Margarita ahnten das sicher beide. Und es war bezeichnend, wie schnell sich Cäcilie und Sophie einen Heiratspartner suchten, als unsere Familie zu zerbrechen begann. Sie versuchten das sinkende Schiff rechtzeitig zu verlassen. Es war niederschmetternd.

Cäcilie schrieb mir, dass sie immer noch in den Hochzeitsvorbereitungen stecke. Tiny habe auch noch einiges vorzubereiten. Sie würden ihre Aussteuer zusammenpacken, hätten noch einige Kleider gekauft sowie die Hochzeitskleider anfertigen lassen. Tinys Kleidung sei fast fertig gepackt. Sie habe Cäcilie einige der neu gekauften Kleider vorgeführt. Besonders ihr Hochzeitskleid sei sehr schön. Es wäre aus Seide genäht worden mit einem sehr hübschen Spitzenbesatz und einem Schleier aus Tüll. Cäcilies Hochzeitskleid sei noch nicht ganz fertig, aber sie sei guten Mutes, dass man es rechtzeitig fertigstellte.

Ich wusste, dass meine Töchter größtenteils von der finanziellen Unterstützung durch unsere Verwandten abhängig waren. Vielleicht war dies auch ein Grund für sie, sich schnell zu verheiraten, um nicht mehr in deren Schuld zu stehen. Ich wusste auch nicht, was aus meiner Boutique in Paris geworden war. Niemand erzählte mir, ob Andrea sie eventuell verkauft hatte.

Anfang Dezember hoffte ich noch im Stillen, zu Tinys Hochzeit reisen zu können. Ich hatte wieder begonnen mehr zu essen, etwas an Gewicht zugelegt, konnte wieder nachts durchschlafen, aber mein Puls war noch zu langsam. So entschied Doktor Binswanger, dass es besser für mich sei, auf die Reise und die Strapazen der Feier zu verzichten. Er befürchtete, ich könne sonst gesundheitlich einen schweren Rückfall erleiden. Schweren Herzens musste ich mich fügen.

Louise kam mich besuchen, bevor sie zur Hochzeit nach Kronberg weiterreiste. Sie blieb dieses Mal bei mir in der Villa Maria, nahm sich dort ein Zimmer und meinte, ich sähe besser aus. Aber ich solle diesen Erfolg nicht gefährden und mich noch schonen. Ich fühlte mich noch nicht wieder ganz fit und fürchtete mich auch etwas vor all den vielen Menschen, die bei so einer Feierlichkeit auflaufen würden. Ein Grund dafür war, dass ich nicht wusste, inwieweit man die Verwandten über meinen Zustand informiert hatte und ich scheute mich davor, schief angeguckt oder gar gemustert zu werden wie eine Aussätzige. So musste ich mir später von der Feier berichten lassen.

Die Hochzeit von Tiny und Christoph von Hessen-Kassel fand am fünfzehnten Dezember des Jahres 1930 auf Schloss Friedrichshof statt. Ganz Kronberg wurde festlich geschmückt, man hatte sogar Bedienstete, die sich eigentlich bereits im Ruhestand befanden, für die Feierlichkeit geordert, die in ihren Livreen bereitstanden.

Andrea reiste aus Paris mit Theodora und einem griechischen Priester an. Theodora, Cäcilie und Philip halfen Sophie, sich für die Hochzeit in ihrem Zimmer im Schloss fertigzumachen. Ihr zukünftiger Schwiegervater lieh Tiny eigens für diesen besonderen Tag die diamantene Tiara der Kaiserin Friedrich. Es war eine würdevolle Abrundung ihres festlichen Auftritts.

Die griechisch-orthodoxe Zeremonie fand im Salon des Schlosses statt, der griechische Priester hatte wohl eine sehr schöne Liturgie ausgearbeitet, Philip durfte Tinys Brautschleier tragen. Nach der Zeremonie wurde Tiny von Andrea, Philip und Mama zur Kirche in Kronberg geleitet, wo noch die Trauung nach protestantischem Ritus folgte.

Louise schrieb mir von allen Einzelheiten der Feier. Tiny habe überglücklich wie ein kleines Mädchen gewirkt, so sehr habe sie ihre eigene Hochzeit begeistert. Jeder habe aber Andrea etwas bedauert, meinte sie, er hätte sich zwar beherrscht, nach außen hin gefasst gewirkt, doch jeder habe nur auf einen tränenreichen Ausbruch seinerseits gewartet. Sie und Mama hatten sich bemüht, ihn bei guter Laune zu halten, und auch die Mädchen hätten sich sehr um ihn bemüht, was sie berührt habe. Schon am Abend nach der Feier sei Andrea wieder mit George, der auch auf der Feier anwesend war, nach Paris zurückgefahren, denn die beiden hätten dort etwas in Bezug auf die Feuerversicherung des Hauses in St. Cloud zu erledigen gehabt.

Christoph und Tiny am Tag ihrer Vermählung, 15. Dezember 1930

Es war für mich sehr unschön, dass man meinen Mann bedauerte. Sicher berührte ihn die Vermählung seiner Tochter, aber keiner dachte dabei an mich. Wie schmerzhaft war es denn für mich, die ich nicht bei der Hochzeit dabei sein konnte? Und dies war auch Andreas Schuld. Er hatte meine Einweisung mitveranlasst und nun war er den Tränen nahe. Wen interessierte denn, wie sehr mein Herz litt? Wie viele Tränen ich vergoss, die man mich von diesem besonderen Tag ausschloß? Es kam mir so vor, wie ein erneutes Exil, welches ich aber nicht verlassen durfte. Um mich herum drehte sich

die familiäre Welt weiter, feierte man Geburtstage, Hochzeiten, Festtage und ich bekam davon erzählt oder man schrieb mir, wie es gewesen war. Aber ich war nicht in persona dabei.
Wenigstens kamen mich Tiny und ihr Ehemann auf ihrer Hochzeitsreise noch vor Weihnachten in Kreuzlingen besuchen. Ich freute mich sehr und ließ mir noch einmal alles von der Feier in jeder noch so winzigen Einzelheit berichten. Am schönsten war es jedoch für mich, mein kleines Mädchen glücklich zu sehen.

Weihnachten nahm ich an den Feierlichkeiten in der Villa Bellevue teil. Ich sah mir mit den anderen Patienten, den Schwestern und den Ärzten das Weihnachtsstück an und blieb bis zehn Uhr abends auf. Ich bat danach noch eine Pflegerin, ob sie nicht noch etwas Zeit mit mir auf meinem Zimmer verbringen könne, da es dort so einsam war und in der Villa Bellevue waren mir zu viele Menschen anwesend. Es war immerhin Weihnachten. Gerade jetzt war meine Sehnsucht nach meiner Familie noch größer. Sie sagte mir freundlich, sie müsse weiterhin anwesend sein, noch Patienten zu Bett bringen, aber sie verstand mich. Es tat ihr sichtlich leid. Also ging ich allein zurück in die Villa Maria, legte mich ins Bett und weinte mich buchstäblich in den Schlaf. Die Feier war sehr schön gewesen, aber ohne meine Familie war es nicht dasselbe.
Am ersten Weihnachtsfeiertag kam Mama nach Kreuzlingen und sie brachte Philip mit. Sie nahmen sich Zimmer im *Hotel Helvetia* in der Nähe der Klinik. Ich hatte mich so sehr nach meinem Sohn gesehnt, dass ich ihn gar nicht mehr loslassen wollte, und ich dankte meiner Mutter, dass sie ihn mitgebracht hatte. Als sie sah, wie wir beide uns in den Armen lagen, musste sie auch fast weinen. Es waren herrliche Tage, in denen ich nicht das Gefühl hatte, Philip würde sich von mir abwenden. Er entschuldigte sich für seine Faulheit in Bezug auf das Briefeschreiben, aber er erzähle lieber alles selbst und schreiben müsse er schon genug in der Schule. Ich verstand das natürlich, denn er war ein Kind.
Philip erzählte mir von Georgie, wie sehr es ihm bei ihm und Nada gefiel, zudem er immer gerne die Geschichten des Onkels von der Marine hörte. Auch mein Bruder Dickie habe so tolle Geschichten zu erzählen, dass er überlege auch einmal zur Marine zu gehen, wenn er groß sei. Darauf erwiderte ich nur, dann wäre er ganz wie sein Großvater und würde die Familientradition aufrechterhalten, worüber sich auch Mama sehr freute.
Dass mein Bruder so etwas wie eine formelle Vormundschaft für Philip übernommen hatte, störte Andrea als sein Vater wohl nicht. Er nahm sich lediglich heraus, dass Philip einige Tage im Sommer mit ihm verbrachte, wenn er Ferien hatte, und ansonsten sollten sich Mama und Georgie küm-

mern.
Mama tat dies gerne, aber war sehr ungehalten darüber, wie anstrengend es sei, Philips Schulsachen in Ordnung zu halten. Dies missfiel auch Georgie, denn mein Sohn hatte keine große Lust, auf seine Schulsachen acht zu geben und verlor wohl auch schon gerne einmal das eine oder andere Buch. Meine Mutter verstand sich aber ansonsten sehr gut mit ihm und er hing an ihr, auch wenn er nun von einem Verwandten zum anderen weitergereicht wurde.
Meine Mutter und ich plauderten noch etwas über die Verwandtschaft, sie erzählte mir, dass Edwina Brook House verkaufen wollte, weil es sie jährlich zwanzigtausend Pfund an Steuern und Unterhalt kostete. Zuerst hatte es Probleme mit dem Testament gegeben, denn das Haus sollte zwar Edwinas Erbe sein, aber auch ihre Tante hatte Ansprüche darauf. Man einigte sich, es zu einem großen Teil an die Firma Gee, Walker and Slater zu verkaufen, die Bau-Firma wollte das Gebäude abreißen und neu gestalten. Edwina wollte sich aber eine Wohnung in dem neuen Haus sichern, ebenso wie ein Mitspracherecht bei der Gestaltung. Aus Sicht meiner Mutter würde dann dort ein Luxusgebäude entstehen, denn ihre Schwiegertochter liebte Eleganz und das Besondere. Dem konnte ich nur zustimmen.

Als ich mit meiner Mutter alleine war, gestand ich ihr, wie sehr ich immer noch befürchtete, bald zu sterben. Die wenige finanzielle Habe, die ich noch besaß, solle sie an Andrea übergeben nach meinem Tod. Mama sah sehr sorgenvoll drein, sie war sich sicher, wenn ich meinem Leben nicht selbst ein Ende setzen würde, dann hätte ich ein langes Leben vor mir, und ich solle nicht so dumm sein, mir das Leben nehmen zu wollen, ich solle an meine Familie denken, vor allem an Philip. Ich gab zurück, ich könne mein Schicksal nicht ändern und die Angst sei nun einmal da. Und sie antwortete wie jede Mutter mit einem Seufzer: *„Ach, Kind."*
Bei allem, was ich aushalten musste in dieser Zeit, war der Besuch meines Sohnes für mich etwas, was mir wieder etwas Mut gab. Doch ich wäre gerne mit ihnen gemeinsam aus Kreuzlingen abgereist.

Ende Januar des Jahres 1931 übergab ich Schwester Lina meine Ausgabe von *Les Grands Initiés*, welche schon recht zerlesen war und von einem weißen Band zusammengehalten wurde. Ich sagte ihr, sie solle es verbrennen. Aber sie reichte es an Doktor Binswanger weiter, der es genau studierte, meine zahlreichen Anstreichungen fand sowie die Anmerkungen mit Bleistift, in denen ich schrieb, Jesus liebe mich und ich sei eine Heilige. Eine dieser Anmerkungen lautete: *„Die heilige Alice wurde fünfmal wiedergeboren, 1. in Christus, 2. in Moses, 3. in Krishna, 4. in Mohammed, 5.*

in Buddha."
Binswanger sprach mich darauf an und ich sagte ihm, ich habe meine Lektionen, in denen ich andere unterweisen wollte, beendet, aber ich wollte meine Übungen weitermachen. Daher könne man mein einst heiß geliebtes Buch verbrennen. Er nahm es an sich, aber ob er es wirklich verbrannte, mag ich bezweifeln, denn für Binswanger war alles, was ich darin so notierte, eher ein Beweis für meine Erkrankung.

Cäcilie heiratete am zweiten Februar des Jahres in Darmstadt Don. Die Menschen säumten die Straßen, jubelten dem Brautpaar zu und das Automobil, in dem Andrea und Cäcilie zur Kirche im Alten Schloss gefahren wurden, konnte kaum vorwärts kommen angesichts der Begeisterung der Bevölkerung. So mussten sie schließlich aussteigen und Andrea führte seine Tochter über den Schlosshof zur Kirche. Auch dabei mussten sie immer wieder stehen bleiben, Hände schütteln, die Menschen riefen Andrea zu: „Hoch, der Herr Papa!" Meiner Mutter erschien dies sehr amüsant, da Hessen nun eine Republik war, aber es war eine sehr nette Geste der Bevölkerung, denn es zeigte, wie sehr man Onkel Ernie und seine Familie immer noch mochte, stolz auf diesen alten Adel war.

Mama kam danach am zehnten Februar nach Kreuzlingen und berichtete mir ausgiebig von der Feier. Cäcilie habe wundervoll ausgesehen in ihrem Hochzeitskleid und es war ein sehr bewegender Tag für alle. Fast fühlte sich meine Mutter an frühere Hochzeiten zurückerinnert, wobei ihr auch meine einfiel. Etwas wehmütig merkte sie an, dass ich damals noch den Zaren zu Gast hatte, aber dies sei leider nun alles vorbei, die meisten meiner Hochzeitsgäste waren von den Wirren der Zeit verschlungen worden. Ich wusste, wie sehr meine Mutter immer noch um Tante Ella, Tante Alix und deren Familie trauerte. Diese Wunde würde nie wirklich heilen. Ebenso wie sie meinen Vater vermisste.

Cäcilie und Andrea auf dem Weg zur Schlosskirche, Darmstadt, 2. Februar 1931

Cäcilie und Don am Tag ihrer Vermählung, Februar 1931

Der Empfang der Gäste zur Hochzeit von Cäcilie und Don, vorne mein Sohn Philip, dahinter Onkel Ernie, dahinter links Mama und Margarita, rechts neben Onkel Ernie Dolla, Darmstadt, Februar 1931

Die Hochzeitsgesellschaft, Darmstadt, Februar 1931

Meine Mutter hatte bei ihrem Besuch aber noch eine weitere Nachricht für mich. Denn erst nun erfuhr ich, dass auch Margarita sich verlobt hatte. Sie würde schon am zwanzigsten April in Langenburg den Erbfürsten Gottfried

zu Hohenlohe-Langenburg heiraten, einen Sohn von Alexandra oder *Sandra*, einer Schwester Tante Duckys. Die Verlobung war am dritten Dezember 1930 feierlich bekannt gegeben worden, aber mich hatte man im Dunkeln darüber gelassen. Ich solle mich nicht aufregen, beschwichtigte mich Mama, aber ich fühlte mich übergangen. Meine Töchter hatten mich in Kreuzlingen besucht und Margarita verlor kein Wort über ihre bevorstehende Verlobung und Heirat. Meine Mädchen verließen so schnell als möglich nun das Nest. Das machte mich noch trauriger. Und als ich meine Mutter nun bedrängte, gestand sie mir, dass auch Dolla bereits einen Heiratskandidaten im Auge hatte. Prinz Berthold von Baden sei sehr an ihr interessiert. Er war der Sohn des Prinzen Maximilian von Baden, des letzten Reichskanzlers des deutschen Kaiserreichs. Und dieser war ein Cousin der verstorbenen Königin Viktoria von Schweden, Louises Schwiegermutter. Die Ehe des Großherzogs Friedrich II. von Baden und seiner Gattin, der Großherzogin Hilda, war leider kinderlos geblieben. Das Hausvermögen wäre nun nach dem Tod des ehemaligen Großherzogs gemäß einem Abfindungsvertrag vom siebten Mai 1919 an die Republik Baden gefallen, weil es nur im ehelichen Mannesstamm des großherzoglichen Hauses vererbbar war. Daher adoptierte der Großherzog am achten August 1927 den Prinzen Berthold gemeinsam mit seiner Frau Hilda. Der Großherzog starb am neunten August 1928 in Badenweiler und Berthold wurde als Markgraf von Baden sein Erbe und Chef des Hauses Baden. Die Mutter des Prinzen war seit dem Jahre 1929 Witwe. Sie war eine gebürtige Prinzessin von Hannover und Herzogin von Braunschweig-Lüneburg, eine Tochter von der Schwester der Mutter von Onkel Nicky, Thyra.
Man kann also sagen, meine Töchter suchten sich allesamt sehr passable Heiratskandidaten aus und ich wünschte auch Dolla alles Gute für ihre Zukunft. Aber ich kam mir dennoch auch etwas überrumpelt vor.

Nachdem meine Mutter abgereist war, ging es mir wieder zusehends schlechter. Ich fühlte mich sehr schwach und die Ärzte wussten nicht, ob diese Schwäche durch meine psychische Erkrankung bedingt war oder physische Ursachen hatte. Einmal wollte ich vom Tisch aufstehen, musste aber sofort von einer Schwester gestützt werden, damit ich mich auf den Beinen halten konnte, stand dann etwa zehn Minuten am Tisch, konnte nicht sprechen. Ich starrte sekundenlang in die Gegend, nahm nicht wirklich etwas wahr und man brachte mich auf mein Zimmer, damit ich mich hinlegen konnte. Im weiteren Verlauf dieser Krise musste ich zwei Gehstöcke benutzen, um überhaupt noch laufen zu können. Zeitweise konnte ich nicht lange gehen, ohne kurzatmig zu werden. Ich fühlte mich kraftlos, als seien meine Beine lahm geworden. Das Gehen strengte mich zusehends so sehr an, dass

ich wieder tagelang nur im Bett liegen konnte.
Als es mir endlich etwas besser ging, sagte ich dem Binswanger, mein Aufenthalt in Kreuzlingen sei eine zu harte Prüfung für mich. Es beeinflusse meinen physischen Zustand zu sehr, meine Kondition schwand zusehends und diese Situation legte sich wie eine schwere Bürde auf mein Unterbewusstsein. Da mich im März Georgina von Rotsmann besuchen wollte, bat ich darum, man möge mir einen zweiwöchigen Urlaub mit ihr außerhalb des Sanatoriums gewähren, damit ich etwas Abstand bekam. Aber Binswanger berief sich sogleich auf die schlechten Erfahrungen bei meinem Aufenthalt in Braunwald und lehnte dies ab. Ich wandte ein, es habe einzig und allein an Schwester Lina gelegen, sie sei einfach nicht in der Lage gewesen, mit mir wirklich auszukommen und sich auf mich einzulassen. Natürlich verweigerte er mir weiterhin einen kurzen Urlaub außerhalb von Kreuzlingen und so musste ich meiner Verärgerung darüber am dreiundzwanzigsten Februar wieder Luft in einem Schreiben an ihn machen:
„Lieber Doktor,
Sie schlugen mir vor, ich solle meine Meinung für Sie schriftlich festhalten. Daher nehme ich diese Gelegenheit nun wahr, um Ihnen nochmals mitzuteilen, wie sehr der Aufenthalt hier meinen Nerven schadet. Ich weiß, dass ich Ihnen nicht wirklich einen wahren Grund für diese Überlastung der Nerven nennen kann. Ich kann nur hoffen, dass Sie meine Bitte nicht nochmals ablehnen, die ich Ihnen hiermit nochmals antrage, denn ich wünsche, dass Sie mir meine Freiheit wiedergeben.
Wenn Sie wissen möchten, wie ich diese dann verwenden werde, kann ich Ihnen mitteilen, dass ich mit dem Fräulein von Rotsmann erst einmal an einen kleinen ruhigen Ort im Tessin fahren werde, wo ich beabsichtige, eine Luft- und Sonnenkur einzunehmen. Ende März werde ich dann mit ihr nach Darmstadt reisen und Anfang April werde ich nochmals eine Kur in Bad Nauheim machen. Meine Mutter und mein kleiner Sohn können mich dort dann besuchen.
In aller Freundschaft, Alice."

Binswanger ignorierte mein Schreiben und für mich wuchs diese Ungewissheit zu einem wirklichen Schreckgespenst heran. Ich wusste nicht, ob ich jemals wieder dem Sanatorium entkommen würde, jemals aus dieser Isoliertheit fliehen könne.
Mein schlimmster Tag war dann auch der fünfundzwanzigste Februar, mein sechsundvierzigster Geburtstag. Bei einem Gespräch mit Binswanger fragte ich ihn ganz offen und direkt, wann ich denn endlich diesen Tempel des Grauens verlassen dürfe, worauf er nicht einging. Daher verlor ich komplett die Beherrschung, verschränkte die Arme, verweigerte jedes weitere Wort

und schnitt Grimassen.

Einige Tage danach, nachdem ich mich komplett allem verweigerte, fast überwiegend nur auf meinem Zimmer war, ging es mir endlich wieder so gut, dass ich mich imstande fühlte, mich auch lange außerhalb meines Raumes aufzuhalten.

Doktor Binswanger erkrankte, und als ich davon erfuhr, ging ich umgehend mit einer Schwester in die Stadt, kaufte ihm einen schönen Strauß Blumen und schrieb ihm einen kleinen Brief. Darin wies ich darauf hin, wie schwer es für mich sei, den offiziellen vom persönlichen Umgang mit ihm zu trennen. Und ich fügte hinzu, ich sei keineswegs mit seinen Methoden als Arzt einverstanden und wolle bald das Sanatorium verlassen.

Meine Launenhaftigkeit nahm zu, je länger ich in Kreuzlingen bleiben musste. Ich bemühte mich dennoch um eine gute Kommunikation mit Binswanger, denn ich hoffte immer noch im Stillen, er würde seine Meinung ändern, mich gehen lassen. Am vierten März nahm ich all meinen Mut zusammen, fragte Binswanger, wie es um meine Rechte bestellt sei. Denn ich könne doch wohl selbst entscheiden, wann ich das Sanatorium verließe, denn ich sei eine freie Person. Man hielte mich hier aber gegen meinen Willen fest, was schon einer Freiheitsberaubung gleichkam. Verantwortlich dafür war in meinen Augen allein der Doktor.

Aber was ich nun bei unserer Unterredung erfuhr, riss mir für einige Minuten den Boden unter den Füßen weg. Binswanger gestand ein, dass er eigentlich gar keine legale rechtliche Legitimität dazu besitze, mich weiterhin in Kreuzlingen festzuhalten. Aber er könne mich weder gehen lassen noch dazu zwingen zu bleiben. Dies liege allein in den Händen meiner Familie. Als seine Worte verklungen waren, erstarrte ich buchstäblich zur Säule! Meine Einweisung sei allein auf Veranlassung meiner Mutter und meines Mannes hin geschehen, und da er mir nun die Wahrheit offenlegte, packte mich innerlich eine sehr große Wut. Sicher, Mama wollte nur mein Bestes, aber Andrea hatte sich meiner entledigen wollen, dessen war ich mir sicher. Statt seiner Frau beizustehen, der er auch vor vielen Jahren einmal Treue bis in den Tod vor Gott schwor, war ich als Ballast entsorgt worden. Ersetzt hatte er mich bereits durch seine neue Gespielin.

Binswanger bot mir an, doch meiner Mutter zu schreiben, was sie dazu meinte, wenn ich Kreuzlingen verlassen wolle, oder ich könne mit ihr auch direkt darüber sprechen, da sie mich im April wieder besuchen käme. Ich schwieg, verbot mir aber jegliche weitere Untersuchung, ließ den Doktor nicht einmal mehr meinen Puls messen.

Auf dem Weg zurück in mein Zimmer realisierte ich alles erst wirklich und musste auch einsehen, dass Mama mit meinem unfreiwilligen und sehr

rüden Abtransport aus Darmstadt auch konform gegangen war. Ich wusste sofort, ich würde ihr das alles niemals vergeben können, ihr das ewig nachtragen, denn ich konnte es einfach nicht begreifen. Meine eigene Mutter hatte mich verraten, mich von meinem kleinen Jungen getrennt ... Und war nicht meine Abschiebung ins Sanatorium der wahre Grund für den Zerfall meiner Familie?
Ich brauchte einige Tage, um den Hass, der in meinem Herzen anschwoll, gegen sie zu verarbeiten und mich wieder unter Kontrolle zu bekommen. Mein Ehemann war mir mittlerweile egal, ich weinte ihm keine Träne nach, da er sich überhaupt nicht mehr um mich kümmerte. Aber wenn ich hörte, wie er als liebender Brautvater bei den Hochzeiten seiner Töchter auftrat, wollte ich am liebsten speien.

Es war nur einige Tage nach dem Gespräch mit Binswanger, dass ich an Herzschmerzen zu leiden begann und mir plötzlich sicher war, ich litte an einer schweren Erkrankung desselben. Daher verlangte ich nach einem Herzspezialisten. Man beorderte Dr. Hämmerli, einen Facharzt aus Zürich nach Kreuzlingen, der mich Mitte März eingehend untersuchte.

Dem Doktor erklärte ich meine Bitte, einen Facharzt konsultieren zu wollen, schriftlich:
„Ich denke, ich schulde Ihnen eine Erklärung über den Zustand meines Herzens. Im Dezember des Jahres 1929 habe ich mein Herz sehr überanstrengt, als ich die Weisheit Gottes erlangen wollte, um die jenseitige Welt zu begreifen. Bevor es sich erholen konnte, versetzte man mir einen schweren Schlag in der brutalen Art und Weise wie ich hierher gebracht wurde. Die Höhenlage Braunwalds war dann ebenso nicht gut für mein Herz, ebenso die vielen Wanderungen die Berge hinab. Als ich in Luzern ankam, fühlte ich mich sehr schwach und krank. In diesem schlechten Zustand musste mein armes Herz erneut einen schweren Schlag ertragen, als man mich wieder hierher verfrachtete. Und die Psychotherapie hat sicherlich, natürlich unbeabsichtigt, meine Gesundheit noch verschlechtert.
Ich vertraue Ihnen dahingehend, dass Sie mich in die Hände des Doktors in Zürich übergeben, damit er mich weiter behandeln kann. Und ich glaube auch, dass die Luftveränderung mir dort sehr guttun wird.
In der stillen Hoffnung, dass Ihnen nun vielleicht die Augen aufgehen werden, verbleibe ich, Ihre untertänigste Alice."

Doktor Hämmerli stellte nach eingehenden Untersuchungen keine schwere Erkrankung meines Herzens fest, er attestierte lediglich eine gewisse Kurzatmigkeit, die er aber auf meine psychische Erkrankung schob. Er bezeich-

nete es als ein zeitweises Hyperventilieren. Binswanger ging auf mein Schreiben wieder mit keinem Wort ein, er hatte den Facharzt kommen lassen und teilte mir mit, dieser habe nichts Gravierendes finden können, ich solle aber meine Spaziergänge wieder aufnehmen. Es würde mich sicher kräftigen.
Ich musste mich zusammenreißen, obwohl ich litt. Binswanger schmetterte aber auch jeden meiner verzweifelten Versuche, dem Sanatorium irgendwie zu entkommen, ab. Aber ich war eine Kämpfernatur, nur schwer zu brechen und wollte mich auch nicht brechen lassen.
Im April benutzte ich die Gehstöcke irgendwann nicht mehr, ließ mich aber noch von Schwester Lina beim Gehen stützen, fühlte mich etwas besser. Doch ich weigerte mich, ohne Linas Hilfe zu gehen.
Ich wusste natürlich nun in meinem tiefsten Innern, wie Mama über jeden meiner Fortschritte oder Rückfälle informiert wurde. Es war leicht zu erahnen, denn da sie über meinen Arrest im Sanatorium oder meine Freiheit entscheiden konnte, lag es auf der Hand. Zudem war sie niemals wirklich überrascht über meinen Zustand, wenn sie mich besuchte. Somit wusste sie darum und ihr Getreuer Binswanger informierte sie ganz genau.
Es war für meine gesamte Situation sicher nicht förderlich gewesen, Mama mitzuteilen, ich sei von Braunwald aus in der Lage gewesen, telepathisch Kontakt zur *Panacea Society* herzustellen. Diese hatte ihr Büro in der 19 Rothsay Road in Bedford in England. Die Gesellschaft war ein Zusammenschluss von religiösen Anhängern der Lehren der Prophetin Joanna Southcott aus Devonshire. Southcott lebte von 1750 bis 1814 und glaubte daran, übernatürliche Kräfte zu besitzen, sie schrieb und diktierte Prophezeiungen in Versen, nannte sich selbst eine *Frau der Apokalypse*, wie man sie in der Offenbarung in der Bibel wiederfindet. So verkaufte sie sogenannte *Siegel des Herrn*, diese sollten den Besitzern einen Platz unter den 144.000 Menschen zusichern, die von Gott einst dazu auserwählt würden, das ewige Leben zu erhalten. Southcott hinterließ nach ihrem Tod eine Holzkiste, die man als *Joanna Southcott's Box* bezeichnete. Darin sollten sich Prophezeiungen befinden. Diese Kiste durfte nur im Falle einer nationalen Krise geöffnet werden und in Anwe‚enheit aller vierundzwanzig Bischöfe der anglikanischen Kirche. Danach sollten diese über einen gewissen Zeitraum die Prophezeiungen studieren können, um sie dann der Öffentlichkeit mitzuteilen. Während des Krim-Krieges und des Ersten Weltkriegs hatte man beim Bischofsamt mehrmals darum gebeten, die Kiste zu öffnen. Im Jahre 1927 hatte der Forscher Harry Price, der sich auch mit Übersinnlichem befasste, behauptet, die Kiste zu besitzen und sie unter den Augen eines Bischofs geöffnet zu haben. Er behauptete, es habe sich unter anderem nur ein Lotterielos, eine Pistole und nichtssagende Notizen darin befunden,

was aber von den Anhängern Southcotts angezweifelt wurde. Man unterstellte ihm, nicht die echte Kiste zu besitzen.
Mabel Barltrop, die Witwe eines Geistlichen, aus Bedford sah sich selbst als *Tochter Gottes* an, sie nannte sich nach dem Tod ihres Gatten Octavia und meinte, sie wäre die einzige Friedensbringerin nach den Prophezeiungen Southcotts. Sie und zwölf weitere Menschen, die sich als Apostel titulierten, gründeten die *Panacea Society* im Jahre 1919, die zuerst die *Gemeinschaft des Heiligen Geistes* war, sich dann aber umbenannte. Die Gesellschaft setzte sich zum Ziel, durch Anzeigen und Aufrufe in Zeitungen sowie einer Petition die anglikanische Kirche dazu zu drängen, die Kiste Southcotts zu öffnen. Man glaubte daran, dass die Kiste sich an einem sicheren Ort gut versteckt irgendwo in England befand. Immerhin hatten die Petition rund einhunderttausend Menschen unterschrieben, aber dennoch tat die Kirche nichts.
Natürlich interessierten mich auch Southcotts Prophezeiungen.
Meine Mutter konnte es einfach nicht verstehen. Ich verschreckte sie eher damit ihr offenzulegen, ich beherrsche sogar die Auto-Suggestion und könne damit meinen eigenen Tod herbeiführen. Meine Mission wurde durch die Festsetzung im Sanatorium zunichte gemacht und das sah Mama ein, aber spielte mir ihr Verständnis nur vor. Es war für sie ein Schock, als ich mich ihr als eine Anhängerin, wenn auch nicht aktive, der *Panacea Society* offenbarte.
Für mich lag es auf der Hand, dass nur meine Fähigkeit zur Auto-Suggestion meinen Körper dahingehend beeinflussen konnte, meine Lähmung der Beine und meine Herzprobleme in den Griff zu bekommen. Doktor Hämmerli hatte aus meiner Sicht völlig versagt.
Als ich die Auto-Suggestion zu meiner Heilung einsetzte, erfasste mein Unterbewusstsein gleichzeitig ein Widerstand gegen sämtliche Methoden Binswangers, was meine Nerven sehr belastete, daher konnte ich weder gehen noch aufstehen und wollte nicht mehr weiterleben. Er blockierte meine Entwicklung. So musste ich die Auto-Suggestion verstärken, um dagegen anzukämpfen, verlor aber so jegliches Vertrauen in meinen Arzt. Doch nur so fand ich wieder Ruhe und die Hoffnung kehrte zurück.

Im April kamen Mama und Philip kurz nach Kreuzlingen. Sie befanden sich auf der Durchreise zu Margaritas Hochzeit. Die ersten zwei Tage verstand ich mich gut mit meiner Mutter, freute mich über die Anwesenheit meines Sohnes, dann aber übermannte mich der innere Zorn und ich machte Mama schwere Vorwürfe, weil ich den gewaltvollen Abtransport meinerseits aus Darmstadt nicht verwinden konnte. Sie war für mich die Drahtzieherin eines üblen Komplotts gegen mich gewesen, hatte meine Familie entzweit, mir den Sohn genommen und nun war ich hier eingekerkert in Kreuzlingen, während sie an allen Feierlichkeiten, insbesondere den überaus kostbaren Vermählungen meiner Töchter, teilnehmen konnte. Mein Wortlaut war in etwa dieser und natürlich gefiel es ihr überhaupt nicht, dass man ihr das an den Kopf warf. Sie wirkte sehr reserviert, rechtfertigte sich aber nicht. Diese sonst so überaus redefreudige Frau schwieg für einen Moment, dann lenkte sie einfach auf ein anderes Thema um, aber es breitete sich eine gewisse spürbare Kälte zwischen uns aus. Ich konnte und wollte es ihr nicht vergeben. Sie hatte mich zu tief verletzt.

So hörte ich ihr nur noch sehr halbherzig zu, als sie mir mitteilte, Cäcilie sei schwanger und würde im Oktober ein Baby zur Welt bringen. Mama freue sich so sehr über ihr erstes Urenkelkind. Ich quittierte es mit einem emotionslosen: „*Schön, schön.*" Es war mein erstes Enkelkind, aber ich wusste nicht einmal, ob ich es jemals zu Gesicht bekam. Daher ließ es mich kalt, denn eine angehende Großmutter sollte eigentlich ihrer Tochter zur Seite stehen, an den Vorbereitungen für die Ankunft des Babys beteiligt werden, aber auch das würde mir verwehrt bleiben.

Meine Mutter erzählte mir von Andrea. Er habe nun das Haus in St. Cloud aufgegeben, er hielt sich entweder bei seinem Bruder George auf, lebte bei ihm in der 7 Rue Adolphe Yvon in Paris, residierte im *Travellers Club*, einem renommierten Londoner Club, oder bei seiner Geliebten in Monaco und Cannes. Ihn habe stets bewegt, dass unserem ehemaligen Zuhause Mon Repos die Beschlagnahme durch die griechische Regierung drohte. Nun kam es aber durch die Veröffentlichung von Andreas Memoiren zu einem Umdenken in Griechenland, denn Passagen daraus waren auch von der griechischen Presse aufgegriffen worden. Vor allem viele antivenizelistische fanden ihren Weg in die Öffentlichkeit. So äußerte sich die griechische Regierung dahingehend, dass man die Villa weiterhin durch den Hausmeister Blower verwalten ließe, sie aber nicht beschlagnahmen würde. Mein Ehemann betrachtete sie immer noch als unser Eigentum und in Griechenland sprach man sich nun nicht mehr wirklich dagegen aus. Dennoch war das eigentlich eher uninteressant für mich. Wir würden nicht zurückkehren können, und da unsere Familie zerbrochen war, die Töchter sich verheirateten, ich festsaß in Kreuzlingen, mein Ehemann sich anderweitig vergnügte, spielte es doch keine Rolle mehr.

Am zwanzigsten April des Jahres 1931 fand die Hochzeit von Margarita und dem Erbprinzen Gottfried zu Hohenlohe-Langenburg auf Schloss Langenburg in Langenburg in Baden-Württemberg statt.

Margarita und Gottfried am Tag der Heirat, 20. April 1931, Schloss Langenburg

Die Hochzeitsgesellschaft auf Schloss Langenburg, 20. April 1931 – neben dem Brautpaar links sitzen Andrea, Mama, Louise, Sophie und Cäcilie, rechts neben Gottfried sein Vater Fürst Ernst II. zu Hohenlohe-Langenburg, davor seine Mutter, Sandra, neben ihr rechts die Königin Marie von Rumänien, Tante Ducky und Baby Bee, vorne links sitzend Philip

Mama mit dem Fürsten Ernst II. zu Hohenlohe-Langenburg, 1931

Nach den Hochzeitsfeierlichkeiten kamen Andrea und Sophie nach Kreuzlingen, um mich zu besuchen. Mein Ehemann hatte ein ganzes Jahr gebraucht, sich endlich dazu durchzuringen, mir einen Besuch abzustatten. Es sollte auch sein einziger bei mir bleiben. Wir verkehrten höflich miteinander, aber hatten uns eigentlich nicht mehr viel zu sagen, denn ich fühlte mich auch von ihm verraten. Da er mir gegenüber meinte, er lebe zu weit weg, um mich ständig zu besuchen, wandte ich nur kurz ein, dass andere dies auch schafften. Statt mich in meiner Lage zu bedauern, zu realisieren, was auch er mir angetan hatte, konnte er sich nur dazu durchringen, sich selbst zu bedauern, denn es traf ihn angeblich doch alles sehr. Es lag mir auf der Zunge ihn anzuschreien, ihm ins Gesicht zu schlagen, da ich doch diejenige von uns war, der man die Freiheit genommen hatte. Er konnte doch überall hingehen, seine neu gewonnene Freiheit genießen, da ich nicht mehr wie ein Klotz an seinem Bein klebte. Aber es wäre Tiny gegenüber sehr unschön gewesen, wenn ich einen Streit mit ihm vom Zaun gebrochen hätte. Sie erzählte mir von ihrem Eheleben. Und Dolla würde den Prinzen Berthold am siebzehnten August in Konstanz heiraten. Dazu konnte ich ihr nur alles Gute wünschen. Für Weiteres fehlten mir die Worte.

Ich hatte inzwischen überlegt, wie ich aus Kreuzlingen entkommen könnte, denn dies war der einzige Wunsch, von dem ich beseelt war. Bei einem Spaziergang in die Stadt beobachtete Schwester Lina aufmerksam, wie ich einen Brief in den Postkasten nahe des Hotels Helvetia warf. Sie wollte in einem sehr einschmeichelnden Tonfall wissen, an wen der Brief gerichtet war, aber ich beantwortete ihre Frage nicht, sondern begann über das Wetter zu plaudern.

Mein Schreiben war an Erskine gerichtet, den englischen Generalkonsul in Zürich. Ich berichtete ihm darüber, wie man mich gegen meinen Willen in Kreuzlingen festhielt. Aber gegen das ausgeklügelte Netzwerk meines guten Doktors Binswanger kam ich nicht an, denn Erskine nahm nach Erhalt des Briefes Kontakt zu dem Doktor auf, informierte ihn über meine Zeilen und dieser gab es an Mama weiter. Sie nahm es höflich zur Kenntnis, bat aber um Diskretion sowie die Vernichtung des Schriftstücks.

Am dreiundzwanzigsten Mai schrieb ich nochmals an Binswanger, erklärte ihm, ich habe mich über meine Rechte bezüglich meiner Freiheit kundiggemacht. Dabei sei ich der Meinung, die Verfügung, die er vonseiten meiner Mutter akzeptierte, sei haltlos und er sei nicht in der Lage, eine korrekte Diagnose bezüglich meines psychischen Zustands zu treffen. Ich hatte das Recht, über mich selbst zu entscheiden und Binswangers Sanatorium war keine geschlossene Anstalt. Er agierte lediglich auf Geheiß meiner Mutter, was nicht rechtens war, denn ich war kein kleines Kind, sondern eine erwachsene Frau.

Meine Zeilen regten ihn durchaus zum Nachdenken an, wie er mir aufrichtig gestand, aber dadurch, dass ich dem Schreiben hinzufügte, er habe sicher an die *Panacea Society* in Bedford ein Telegramm gesendet, um mich dort zu diskreditieren, denn diese veranstalte demnächst organisiert von den Aposteln eine Konferenz über die neue Wissenschaft der Seele und die Kunst des Heilens, bei der man ausdrücklich auf meiner Anwesenheit bestehe. Es war natürlich eine reine Behauptung meinerseits, aber ich musste jedes erdenkliche Mittel nutzen, um ihn davon zu überzeugen, mich doch endlich gehen zu lassen.

Nach Pfingsten konfrontierte mich Binswanger mit meinem Brief an Erskine. Doch ich ließ mich nicht beirren, denn es war mein Recht, diesen anzuschreiben und um seine Hilfe zu bitten. Ich sah es nicht ein, noch länger in Kreuzlingen zu bleiben. Wenn es wirklich nötig sei, so sagte ich ihm, würde ich natürlich bleiben, aber er entgegnete nur, er bestünde dann auf einer Krankenschwester, die Tag und Nacht an meiner Seite wäre. Er versuchte es mit einem seiner psychologischen Tricks bei mir, indem er versuchte mir zu suggerieren, dass ich die Vertrauensbasis, die wir in unseren Gesprächen miteinander aufgebaut hatten, zerstörte und ich mich ihm gegenüber nicht loyal verhielte. Wir sprachen völlig höflich miteinander, daher fragte ich ihn, ob er nicht einmal die Tatsache überdenken könne, dass ich eventuell gar nicht wirklich krank sei, er mich aber in einen Zustand versetzen wolle, den man als *irre* bezeichnete. Mit anderen Worten: Er trieb mich in den Wahnsinn und ich war eigentlich gesund. Vielleicht eine Person mit etwas anderen Ansichten als andere Menschen, aber dennoch völlig gesund vom Geiste her. Ich endete mit den Worten, dass ich niemals etwas gegen ihn persönlich hatte, denn seine Methoden seien durchaus fortschrittlich.

Auch diese Unterredung mit ihm brachte mich nicht voran. Daher nahm ich die Malerei wieder auf, um mich abzulenken und in den Farben und Formen meiner Wut einen Ausdruck zu verleihen. Seltsamerweise machte sich nie jemand die Mühe, meine Bilder zu analysieren.

Schwester Lina gegenüber äußerte ich ebenfalls, ich sei nicht krank, die Ärzte würden mich dazu erklären und einsperren, weil ihnen meine Ideen nicht gefielen. Ich fühlte mich stets von den Menschen unverstanden, was Lina durchaus akzeptierte, aber sie ging nicht konform damit, als ich den Grafen Zeppelin anführte, den man auch aufgrund seiner Ideen für verrückt hielt, bis seine Erfindungen Erfolg hatten. Obwohl man ihm kein Zutrauen schenkte, belehrte er doch alle Zweifler eines Besseren und bei mir war das ebenso. Irgendwann würden die Menschen nicht mehr über mich lachen, mich verhöhnen oder man mich für verrückt halten. Lena sah mich sehr nachdenklich an, hörte mir zu, da ich wehmütig hinzufügte, wenn ich nicht eine schwere Grippe oder eine andere Krankheit bekäme, würden wir noch in dreißig Jahren gemeinsam mit ergrauten Haaren durch den Park spazieren. Dann könnten wir ein Foto von uns machen lassen und es dem Doktor schenken, was ihn sicher freute. Die Hauptsache war eben nur, seinen Humor niemals zu verlieren. Darüber musste Lina auch lachen, aber sie fing sich schnell wieder, versicherte mir, ich wäre nicht mehr in Kreuzlingen in dreißig Jahren.

Doktor Binswanger wandte sich wegen meines Schreibens an Erskine nochmals an Mama und so machte mir meine Mutter kurz darauf in einem Brief ihrerseits deutlich, dass weder sie noch Andrea der festen Überzeugung seien, ich wäre vollständig genesen. Die Nachwirkungen meiner Studien hätten ihre Spuren hinterlassen. In ihren Augen sei ich noch nicht in der Lage, ein freies und unabhängiges Leben zu bestreiten.

Meine Mutter überzeugte auch meinen Bruder Georgie von dieser Tatsache und so schrieb er mir einen ähnlich gearteten Brief.

Ferner sah Mama auch keinen wirklichen Sinn darin, wenn ich einen Ortswechsel vornähme, um mich woanders weiterbehandeln zu lassen. Eher sah sie darin eine Gefahr für meine Genesung. Sie glaubte auch, meine ständigen Bestrebungen, meine Freiheit zurückzuerlangen, führten in naher Zukunft eher dazu, dass ich etwas völlig Sinnloses tat oder mich gegen Binswanger stellte. Ihre größte Furcht aber wäre eine Unterbringung meinerseits in einer geschlossenen Anstalt, daher solle man mich ruhig weiter an irgendwelche Autoritäten schreiben lassen, was eh zu nichts führen würde.

Im Juni war das Verlöbnis von Dolla und Berthold nun offiziell. Sie und ihr zukünftiger Ehemann kamen mich besuchen, ebenso wie Cäcilie und Don. Es war schön, Cäcilie zu sehen, die sich sehr auf ihr Kind freute, aber dennoch waren beide Besuche für mich sehr ermüdend. Ich nahm nur noch in Erzählungen an ihrem Leben teil, was mich nicht wirklich erfüllte. So veränderte sich auch meine Stimmung bald darauf. Es ergab für mich keinen wirklichen Sinn mehr, den Kontakt zu meiner Familie, zu Verwandten noch intensiv aufrechtzuerhalten. Besonders der Hass gegen meine Mutter, *meine Gefängniswärterin*, wie ich sie nun für mich selbst nannte, war bald so groß, dass ich einen Brief von ihr zerriss, ohne ihn überhaupt zu lesen. Gleichzeitig setzte ich Binswanger in Kenntnis davon, wie unwichtig mir die Besuche meiner Mutter mittlerweile erschienen, daher würde ich gänzlich darauf verzichten. Ich wollte sie schlichtweg nicht mehr sehen, denn sie verstand mich nicht mehr. Sie war mir fremd geworden und ich sah zu jenem Zeitpunkt auch keine Möglichkeit, ihr noch entgegenzukommen oder versöhnlich zu sein. Die Pein, die sie mir bereitete, war größer als alles, was ich je an Schmerzen empfunden hatte. So brach ich mit ihr.

Georgina von Rotsmann besuchte mich auch wieder, aber da sie mit der Meinung des Doktors über meinen geistigen Zustand konform ging, gerieten wir in einen Streit, bei dem ich sie wortführend bat zu gehen und niemals wiederzukommen. Wie sehr ich nun meinerseits die arme Georgina damit verletzte, war mir durchaus bewusst, denn sie war mir stets eine gute Freundin und sehr zugetan gewesen. Binswanger sah sie gehen, sprach kurz mit ihr. Dann meinte er, ich solle doch meine Entscheidung nochmals überdenken, denn die Hofdame sei sehr geknickt. Aber ich blieb stur. Wer gegen mich war, brauchte sich bei mir nicht mehr blicken zu lassen.

Auch weiterhin ließ ich nichts unversucht, endlich meine Freiheit zurückzuerhalten. So griff ich Binswanger verbal an, unterstellte ihm, er könne sich nicht wirklich ein Urteil über meinen Zustand bilden, wenn er mich nur fünf Minuten am Tag bei einem kurzen Gespräch sah. Ich verlangte, in ein anderes Sanatorium zu gehen, wo man fortschrittlicher war, mein Gehirn vielleicht durchleuchten konnte oder es eben mit anderen Methoden versuchte. Erneut bat ich um meine Entlassung, gestand voller Selbstsicherheit, ich könne schon für mich sorgen, denn ich sei eine sehr gute Näherin, nähte auch eigene Kleidung für mich oder könnte meine Dienste als Übersetzerin

anbieten.
Der gute Doktor sah sich zusehends in die Enge getrieben und merkte an, er empfand meinen Aufenthalt zurzeit nicht wirklich als heilsam für mich. Dennoch berichtete er weiter an Mama, wie es mir ging, diagnostizierte eine leichte Verwirrtheit meinerseits und die religiösen Ideen seien dominanter geworden, es gäbe bei mir sogar Zustände von religiöser Ekstase. Schwester Lina musste nun in einem Raum neben meinem schlafen. Nicht einmal in der Nacht ließen sie mich in Ruhe, denn sie kam in schöner Regelmäßigkeit in mein Zimmer, um nach mir zu sehen. Wobei ich ihr versuchte klarzumachen, dass dies mir kaum möglich sei, wenn sie immerzu hereinkam, sich über mich beugte, mir in den Nacken atmete. Sie befolgte aber nur die Anweisungen meines Kerkermeisters Binswanger. Daher konnte man ihr nur schlecht einen Vorwurf machen.

Mein Verhältnis zum Doktorchen war auch nicht mehr wirklich herzlich, wie zu Beginn meines Aufenthalts in Kreuzlingen. Bei einer Sitzung nervten mich seine Fragen so sehr, dass ich einfach aufsprang und ihm eine Ohrfeige verpasste. Und im August begann ich mich ihm gegenüber immer ablehnender, exzentrisch und übertrieben unhöflich zu verhalten. Ich dachte, wenn ich so richtig widerlich zu ihm wäre, ließe er mich vielleicht gehen, weil er meine Eskapaden nicht mehr ertrug. Es war abermals eine stille Hoffnung von mir, doch er ertrug mein Verhalten mit einer bewundernswert stoischen Gelassenheit.

Am siebzehnten August heiratete Dolla in Konstanz den Markgrafen Berthold von Baden. Louise schrieb mir über die Hochzeit. Andrea war stets nach den anderen Hochzeiten umgehend wieder zurück nach Paris gefahren, diesmal blieb er aber mit Sophie und Christoph in Wolfsgarten, um auch einige Tage mit Mama, Louise und Philip zu verbringen. Tiny gab sich wohl alle Mühe, ihn zum Lachen zu bringen, und Louise meinte, sie habe ihn eine lange Zeit nicht so fröhlich und ausgelassen erlebt. Es kümmerte mich nicht mehr, wenn er lachen konnte, da mir das Lachen vergangen war. Mein Mann amüsierte sich und ich verpasste auch die vierte Hochzeit meiner Mädchen.

Es war mir auch kein großer Trost, als Dolla und Berthold mich besuchten. Sie befanden sich auf der Durchreise nach Capri, wo sie in der *Villa San Michele*, die der ehemalige Leibarzt der Königin Viktoria von Schweden in Anacapri errichten ließ, ihre Flitterwochen verbringen wollten. Munthe hatte ihnen die Villa freundlicherweise überlassen.

In meiner ablehnenden Haltung gegenüber meiner Familie wollte ich die beiden eigentlich nicht sehen. So fing ich Dolla vor meiner Zimmertür ab, gab mich freundlich und herzlich, doch sagte ihr, sie könne ihren Mantel anbehalten, denn ich wünschte sie nur kurz zu sehen. Nach zwei Minuten schickte ich sie fort.

Dolla und Berthold am Tag ihrer Hochzeit, Konstanz, 17. August 1931 – links stehen Christoph und Tiny, daneben Gottfried, Margarita und Andrea, rechts neben dem Brautpaar stehen Cäcilie und Don, vorne sitzend Philip

Der August wechselte in den September über und mein Zustand verschlechterte sich immer mehr. Ich sagte zu Lina, es sei doch sehr praktisch, dass mich alle für verrückt hielten, denn so konnte ich meine Studien unauffällig weiterverfolgen.
Bald darauf begann ich nur noch barfuß zu laufen, betete sogar, bevor ich meinen Tee trank. Mein Gemurmel wirkte leicht verstörend auf die anderen Patienten, da ich die Sprachen untereinander mischte, es wie einen Singsang herunterleierte. Ich gab vor, dass mich Elektrizität fasziniere, blieb lange neben einer Lampe stehen, um sie andauern an- und auszuschalten. Dann fragte ich jedes Mal einen vorbeikommenden Doktor, ob er mich nun für verrückt hielte oder ob ich noch seltsamere Dinge tun sollte, um ihn davon zu überzeugen. Im Grunde genommen gab ich ihnen nur das, wonach sie verlangten.
Ich versteckte Lebensmittel, die ich vom Esstisch klaute, in meinem Zimmer, zerschnitt Fotos und Briefe, ließ die Schnipsel einfach achtlos zu Boden fallen oder legte sie in Päckchen ab, die ich mitten ins Zimmer stellte.
Margarita reiste nach Kreuzlingen und kam am siebzehnten September in die Villa Maria. Ich war gerade auf dem Balkon, als die Schwester mir

sagte, meine Tochter sei da, und so sprang ich auf, hastete zur Treppe, fing Margarita dort ab. Ich gab ihr einige Küsse auf die Wangen, fragte, wie es ihr ginge. Doch als sie ansetzte, mir mehr zu erzählen, schob ich sie sanft fort, bat sie mit Nachdruck zu gehen. Meine Tochter rannte in Tränen schluchzend die Stufen hinab, verließ die Villa. Ich wartete kurz, bis sie fort war, nahm dann ein Bad und ließ dort *meinen Tränen* freien Lauf.
Am Abend ging ich zum Essen in den Speisesaal, hatte mir sogar eine Blume an mein Kleid gesteckt und tat so, als sei nichts gewesen.
Binswanger kontaktierte Mama und beide entschieden, dass Besuche von der Familie für mich momentan eher nicht förderlich seien, zudem auch von meiner Seite eher unerwünscht.
Mitte Oktober fühlte ich mich besser und besuchte ein Konzert, welches im Sanatorium für die Patienten, die Ärzte und das Personal stattfand. Auch an den gemeinsamen Mahlzeiten nahm ich wieder teil.
Ich schrieb an meine Mutter, ich wünsche von nun an in der Schweiz nur noch unter dem Namen *Mrs. Alice Battenberg* zu agieren, denn es müsse für sie offensichtlich sein, ebenso für die ganze Familie, dass ich mein bisheriges Leben so nicht weiterführen könne. Ich selbst hatte das so für mich entschieden, um endgültig mit diesem abzuschließen. Ferner verlangte ich nach dem Grafen Hardenberg, denn er solle mich besuchen, um die Formalia in meinem Namen zu regeln. Ansonsten drohte ich damit, die Kantonsbehörde über meinen Fall zu informieren, da man dort sicher nicht erfreut sein würde zu erfahren, wie man mich in dem Sanatorium gegen meinen Willen festhielt.
Mama war dem Ganzen gar nicht so abgeneigt, denn sie mochte den Grafen, fand ihn zwar manchmal etwas bizarr in seinen Ansichten der modernen Kunst, aber glaubte, er könne bei einem Besuch sicher hilfreich darin sein, mich davon zu überzeugen, noch etwas in Kreuzlingen zu bleiben. Er könne es mit dem Aspekt begründen, dass auch das Klima in der Schweiz sehr gut für meine Gesundheit sei. Damit hoffte sie, meinen Freiheitsdrang zu unterbinden.
Hardenberg war nicht nur Onkel Ernies Hofmarschall, vielmehr war er auch in Keyserlings *Schule der Weisheit* involviert. In Darmstadt war der Graf als etwas verschroben angesehen, denn er war sehr traditionell. Er zog unter anderem eine schöne Kutsche gezogen von Pferden einem Automobil vor.
Ohne zu zögern erklärte er sich sofort bereit, die Kontrolle über meine Finanzen zu übernehmen, ebenso die noch entstehenden Ausgaben für meinen weiteren Aufenthalt in Kreuzlingen zu decken, indem er meine Schwägerin Edwina um Hilfe bat. Sie hatte keinerlei Problem damit, ihr Geld in meine Heilung zu investieren.
Ich schrieb einige Male mit Hardenberg, denn ich verstand mich gut mit

ihm und war auch damit einverstanden, wenn er das Finanzielle für mich regelte.
Einmal fasste ich mir ein Herz und schrieb an Onkel Ernie, um ihn um Hilfe zu bitten. Dabei führte ich an, wie man ihn oftmals als verrückt bezeichnete, als er die Räume im Schloss gänzlich modern umgestaltete. Und nun würde man mich dafür kritisieren, dass ich die Idee vertrat, mit Gottes Königreich die Vermittlung zu übernehmen, damit alle Klassen, alle Nationen und die fünf Religionen vereinigt würden. Ich wollte von ihm verteidigt werden, aber er meldete sich nicht und kam mich auch nicht besuchen, was ich ihm nur schwerlich verzieh.

Am fünfundzwanzigsten Oktober des Jahres 1931 gebar Cäcilie in Darmstadt den kleinen Erbprinzen Ludwig Ernst Andreas. Mama schickte mir ein Foto von meiner Tochter und dem Baby, aber ich konnte es nicht wirklich ansehen, zerriss es voller Wut und hinterher brach ich in Tränen aus. Mein erstes Enkelkind würde mich wahrscheinlich nie zu Gesicht bekommen.

Cäcilie mit dem kleinen Ludwig, Darmstadt, Oktober 1931

Mama mit ihrem ersten Urenkel Ludwig im Taufkleid, 1931

Man kann nicht in die Zukunft sehen. Hätte ich es damals gekonnt und ahnen können, was meiner Tochter und ihrer Familie einmal widerfahren sollte, so hätte ich das Foto sicher niemals zerrissen. Aber in meiner Zeit in Kreuzlingen beschäftigten mich andere Dinge und ich wollte vor allem nur endlich das Sanatorium verlassen. Alles andere tangierte mich nur peripher.

Ende November besuchte mich ein indianischer Prinz mit seiner Frau. Sie hatten von mir gehört, wussten mich im Sanatorium und entschieden sich spontan zu einem Besuch, was mich sehr freute. Wir tranken gemeinsam Tee. Dann überreichte er mir einen flachen Stein, der heilende Kräfte innehaben sollte. Mehrmals strich ich mit meiner Hand darüber, versuchte die Energie zu ergründen, die dem Material innewohnte. Es war für mich ein schönes Geschenk, welches ich nun oft bei mir trug, denn ich glaubte an seine Energie.

Louise wollte mich auch gerne wieder besuchen, aber ich wollte sie nicht sehen. Ich sagte Binswanger, er solle ihr ausrichten, es sei zu früh dafür, ein Besuch würde sie nur sehr traurig machen. Der Doktor meinte, er würde ihr schonend beibringen, ich habe sehr viele Interessen und verbringe viel Zeit mit den anderen Patienten. Daher sei ich genug beschäftigt und ein Besuch in naher Zukunft, damit ich dann Gesellschaft hatte, sei angebrachter.

Binswanger nahm Kontakt mit Andrea auf. Er wollte nun meinen Ehemann darüber informieren, dass ich mich in einem körperlich zufriedenstellenden Zustand befand, aber mich immer noch meinen religiösen Ideen hingab. In der Gesellschaft anderer zeige ich ein stets korrektes Verhalten, aber in meinem Zimmer würden sich meine zeitweise Verwirrtheit und die Schwere meiner Erkrankung durchaus widerspiegeln. Ferner meinte er, es sei das Beste, wenn sich der Graf Hardenberg um die gesamten Familienbelange in Bezug auf mich kümmerte.

Andrea antwortete ihm umgehend aus Paris, meine Briefe, von denen Binswanger einen abgefangen hatte und an ihn weiterleitete, zeigten deutlich auf, dass sich meine religiösen Wirrungen nicht veränderten oder gar besserten. Im Gegenteil, glaubte mein Ehemann, er nehme wahr, dass meine Ideen und Fantasien sich zu einer Art Grundlage kristallisiert hatten, auf der der Rest meines Geistes basieren würde.

Der Doktor berichtete mir nur kurz, er habe meinem Ehemann geschrieben und dieser glaube auch nicht, ich sei bereits geheilt oder gar auf dem Wege einer Heilung.

Im Dezember begann ich mich wieder sehr für die Arbeit der Heilsarmee zu interessieren, da ich schon früher auch öfter Pakete mit Spenden für diese gepackt hatte. Auch in diesen Paketen sah ich eine Möglichkeit, um Hilfe zu bitten, und legte einem ein Schreiben bei, in dem ich ein Taxi orderte, welches mich aus Kreuzlingen am dreizehnten Dezember quasi abfangen sollte, wenn ich den Gottesdienst in einer protestantischen Kirche besuchte. Natürlich fand man das Schreiben, gab es Binswanger und man untersagte mir sofort den Besuch des Gottesdiensts. Allerdings nahm ich die Nachricht des Doktors gelassen auf. Dennoch sagte ich Schwester Lina, sie könne sicher sein, dass ich nichts unversucht ließe, um dem Sanatorium zu entkommen, bis ich es endlich geschafft hätte.

Dolla reiste zu mir nach Kreuzlingen und dieses Mal verlief der Besuch erfreulicher, denn ich begegnete ihr sehr herzlich. Ich wollte keines meiner Kinder verstoßen, aber es schmerzte mich so sehr, dass auch sie sich überhaupt nicht für mich einsetzten, sondern mich meinem Schicksal überließen. Statt meinen Kummer mit mir zu teilen, plauderten sie alle nur über ihre eigenen Belange.

Meine Tochter lebte nun mit Berthold in Salem nahe des Bodensees. Das Schloss, welches sie bewohnten, war eine ehemalige Abtei der Zisterzienser, ursprünglich einmal im Jahre 1134 erbaut, dann immer wieder neu- erbaut, umgestaltet und erweitert. Prinz Max von Baden gründete dort im Jahre 1920 auch die renommierte Schule *Schloss Salem*, wobei ihm der Reformpädagoge Kurt Hahn zur Seite stand. Hahn galt als Begründer der sogenannten *Erlebnispädagogik*, das heißt, man legte in dem Internat Wert darauf, dass jeder Jugendliche seine persönliche Leidenschaft fände und ohne dies sei keine gute Erziehung möglich. Durch ein Angebot an sozialen Diensten sowie der Hilfe zur eigenen inneren Talentsuche sollte sich jeder Jugendliche entfalten können. Man bot dort unter anderem Zeltlager an oder Übernachtungen im Freien mit Wanderungen. Sehr positiv war auch, wie man Jugendliche aus reichen oder angesehenen Familien, die dort untergebracht waren, von dem Gefühl einer gewissen Privilegiertheit gegenüber anderen Jugendlichen entheben wollte, Wettkämpfe veranstaltete, die aber eher das Ziel hatten, den Schülern den Sieg wie auch die Niederlage schmackhaft zu machen, damit sie auch damit umzugehen lernten. Aber über allem stand die freie Entfaltung der Jugendlichen mit der Förderung der Selbsthingabe für eine Sache. Es war schon eine sehr gute Schule und Dolla erzählte sehr begeistert davon, da sie meinte, es sei sicher auch einmal etwas für Philip.

Vom Bodensee war es für Dolla gewissermaßen ein *Katzensprung* nach Kreuzlingen. Ich unterhielt mich bei ihrem Besuch lange mit meiner Tochter, zeigte ihr meine Handarbeiten, denn ich hatte begonnen, nebenbei etwas zu weben, und wir redeten auch über die Familie. Ich vertraute Dolla nach ihrem Besuch wieder, meinte, es gäbe dadurch vielleicht doch noch eine Chance für mich, das Sanatorium zu verlassen, wenn sie mir helfen würde. Ich sprach ihr gegenüber meinen Wunsch offen aus, aber sie ging nur knapp darauf ein, stellte fest, ich würde durchaus genesen auf sie wirken. Aber bei manchen meiner Äußerungen spüre sie eine gewisse Naivität oder sogar Kindlichkeit durchscheinen, die sie eher irritiere. Dennoch erklärte ich ihr, warum ich dieses oder jenes versucht hatte, um endlich wieder freizukommen, und ich würde es nun in aller Heimlichkeit planen, mir einen Sekretär suchen, der für mich alles organisierte, besonders eben in Bezug auf Schreiben, weil es mein Herz doch zu sehr anstrengte, immerzu aufs Neue enttäuscht zu werden. Ich gestand ein, dass ich jedes Mal ahnte, dass der Doktor meine Nachrichten, die ich Paketen beigelegt hatte, sowie Notizen, Briefe mithilfe seiner Handlanger fand oder man ihm diese zustellte. Es machte mir oftmals Freude mich gehenzulassen, die Verrückte zu spielen, nur um zu sehen, ob Binswanger in der Lage wäre, den Unterschied zwischen einer gespielten Hysterie oder dem Versuch einer bemühten Disziplin zu erken-

nen.
Und dann fragte ich Dolla, ob es nicht möglich wäre, dass ich wenigstens an Weihnachten nach Salem kommen könne. Zu meinem Erstaunen verstand mich Dolla, versprach mir, sich darum zu kümmern, um mir meinen Wunsch zu erfüllen. Als sie wieder abreiste, war unser Abschied so liebevoll wie früher.

Dolla hielt Wort, schrieb an Binswanger, fragte, ob es möglich wäre, dass ich für zwei Tage nach Salem reisen dürfte, damit man Weihnachten gemeinsam feiern könne. Da der Doktor erkrankt war, antwortete ihr jedoch Doktor Wenger. Dieser blieb aber hart. Er antwortete ihr, ich benähme mich zwar in Gesellschaft auch völlig normal und wirke gesund, was man für die Zukunft als ein gutes Zeichen ansehen könne, aber aus medizinischer Sicht ergab sich in der steten Beobachtung meinerseits eine völlig andere Einschätzung meines gesundheitlichen Zustands. Er war der festen Überzeugung, meine geistige Aktivität sei immer noch von komplexen Ideen und Empfindungen dominiert, die absolut nichts mit einer geistigen Gesundheit zu tun hatten. Auch wenn ich mich in der Gesellschaft anderer Menschen völlig normal verhalte, so sei meine Einstellung gegenüber den Menschen und dem Leben an sich nicht normal. Der pathologische Kern habe ein verschwommenes System entwickelt. Der Inhalt desselben sei sicherlich diktiert durch meine ehrliche Großzügigkeit, die ich in mir habe, aber die Details und Manifestationen ließen keinen kritischen Sinn vermuten, was dazu führe, dass man vom Sanatorium aus alles tun würde, um mich daran zu hindern, meine Projekte oder gar ihre Verwirklichung zu verhindern. Man könne Dolla einige meiner Schriften zukommen lassen, damit sie sich von dem Gesagten selbst ein Bild machen könne.
Da ich durch eine Vorhersehung von meiner angeblichen Mission überzeugt sei, wäre ich auch der Meinung, heilende Kräfte zu haben sowie eine *magnetische Stärke*. Die Ärzte hätten festgestellt, dass meine unnatürlichen Ideen sich stets erweiterten, ich diese um jeden Preis verwirklichen und vor allem veröffentlichen wollte. Die Grundlage meines Freiheitsdranges sei allein der Tatsache geschuldet, die Projekte anderen Menschen näher zu bringen, sie also unter den Menschen zu verbreiten. Der mit diesen Ideen verbundene sehr starke Wille meinerseits entbinde mich keinesfalls davon, sehr geflissen meine Mission zu verfolgen. Wenger unterstellte, ich würde nur aus eben diesem Grund meiner Tochter gegenüber sehr zugänglich sein, um sie sprichwörtlich einzuwickeln und mein Ziel, die Entlassung zu erreichen.
In einem kurzen Urlaub läge ein zu großes Risiko für mich und die Menschen, die mich begleiten mussten. Und dafür wollte er nicht die Verant-

wortung übernehmen. Dennoch solle Dolla mich ruhig weiterhin besuchen, vor allem da ich erst vor kurzer Zeit sämtliche Besuche von Verwandten strikt ablehnte.

Er stellte mich also als jemanden hin, der sein eigenes Kind nur benutzen wollte, was nicht der Fall war. Sicher, ich hoffte auf ihre Hilfe, aber ausnutzen wollte ich sie niemals. Die Absage Wengers für einen kurzen Aufenthalt in Salem teilte sie mir sehr vorsichtig mit, wies aber auf einiges hin, was dieser ihr geschrieben hatte. Dadurch wusste ich, wie sehr ich ihr vertrauen konnte.

Ich habe zu keiner Zeit bezweifelt, dass es meine Kinder sicher alles belastete, aber ich konnte es selbst nicht ändern. Meine schier aussichtslose Situation ließ mich nur auf die Hilfe anderer hoffen. Dahingehend wollte ich aber auch nichts unversucht lassen. Zumal man doch gerade an Weihnachten gerne mit der Familie zusammen ist.

So versuchte ich im Dezember nochmals Binswanger von meiner Entlassung zu überzeugen, wandte ein, er würde nur meinen Körper heilen, aber nicht meinen Geist. Doch ich scheiterte. Er verstand überhaupt nichts, als ich meinte, ich brauche Philosophen um mich, mit denen ich mich endlich austauschen konnte. Sie verstünden meine Ideen sicher am besten. Mein Herz litt darunter, spirituell überhaupt nicht gedanklich aktiv sein zu können, es würde nur kränker und kränker, obwohl es nicht medizinisch krank sei. Er nickte, hörte zu, aber er hörte mir nicht wirklich zu. Alle meine Einwände prallten an ihm ab, ließen ihn völlig unberührt.

Am zwanzigsten Dezember verschlechterte sich mein Zustand wieder. Ich vertrat vor Binswanger die Theorie, dass ich wahrscheinlich einen Geburtshelfer benötigte, aber eben für meine Gedanken, damit diese hervorgebracht würden, wie man eben ein Baby auf die Welt bringt. Er sagte nur, ich solle viel ruhen, was mich sehr ärgerte. Diese Grundidee meiner Theorie stammte von Sokrates und war nicht etwa, wie er vielleicht vermutete, meinem aus seiner Sicht *kranken* Geist entsprungen. Sokrates hatte sich selbst als eine Art Hebamme für seine Studenten gesehen. Die antiken Philosophen glaubten bei entscheidenden Fragen nicht an Argumente, sondern an eine Initiierung. Ein Argument führte dazu, dass eine Partei sich der Meinung einer anderen anschließen würde. Sokrates aber favorisierte die Theorie, eine Idee gewissermaßen in seinen Studenten einzupflanzen, damit diese wachsen könne, bis sie eben genug entwickelt sei, um hervorgebracht zu werden.

Der gute Doktor Binswanger schien davon aber nichts zu wissen. Stattdessen ließ er einen Doktor Sträuli zu mir kommen, der mich untersuchte, mein Herz für leicht vergrößert befand. Ich bat diesen, mir doch lieber einen

indianischen Medizinmann vorbeizuschicken, aber er glaubte nicht an solche Heiler, verordnete mir absolute Ruhe.
Aber ich hielt mich nicht an seine Weisung, sondern machte mich für den angekündigten Besuch von Dolla und Berthold bereit, aß mit ihnen gemeinsam zu Mittag, befahl Schwester Lina meine Sachen zusammenzupacken, denn ich wollte einfach mit ihnen abreisen. Als sich beide nun anschickten, mich wieder zu verlassen, zog ich mir einen Mantel an, setzte mir einen Hut auf, sagte, ich würde mit ihnen gehen, hakte mich bei beiden ein und war standhaft. Ich flehte Dolla an mich mitzunehmen, denn wenn sie mich jetzt nicht mitnähmen, so würde ich niemals mehr aus Kreuzlingen wegkommen. Man schickte nach zwei Pflegern und Schwester Lina, die mich von Dolla und Berthold fortzogen. Ich wehrte mich zuerst heftig, musste dann aber einsehen, dass jeglicher Widerstand zwecklos war. Aus lauter Verzweiflung begann ich zu weinen, schrie, sie sollen mich mitnehmen, aber Berthold wiederholte immer nur, er könne gegen den Rat der Ärzte nichts tun. So sackte ich zusammen, musste mich auf einen Stuhl fallenlassen, verabschiedete mich dennoch sehr freundlich von Dolla und ihrem Ehemann, wobei mir die Tränen in den Augen meiner Tochter und Bertholds Niedergeschlagenheit nicht entgingen.
Ich war so erschöpft, als sie fort waren, rang nach Luft und musste mich auf ein Chaiselongue in meinem Zimmer legen. Dann erklärte ich Lina, wenn alle nun glaubten, ich sei durchgedreht, könne ich ihnen dies auch beweisen, indem ich nichts mehr äße, mich nicht waschen würde und auch den Schlaf verweigerte. Es interessierte mich doch sehr, was man dann aufböte, um mich zu alldem zu zwingen. Schwester Lina seufzte nur, aber es war meine Entscheidung.

In mir war trotz der letzten Enttäuschung immer noch ein kleines, loderndes Fünkchen Hoffnung. Daher verkündete ich Binswanger, ich wolle lernen, wie man alles Schlechte oder gar Teuflische in etwas Gutes transformieren könne. Leicht verwirrt wollte er von mir wissen, warum, und ich lachte laut auf, klatschte in die Hände und gab mich überschwänglich, als sei er ein kleines Dummerle. Ich wollte selbst ein Sanatorium eröffnen, damit ich dort Kriminelle heilen könne. Genaugenommen sei sein Haus eines erster Klasse, aber seine medizinischen Methoden seien grob bewertet nur mittelmäßiger Natur.
Es tat mir gut, ihn ohne Umschweife zu beleidigen und es reizte mich sehr, herauszufinden, wann auch ihm einmal der sprichwörtliche Kragen platzte. Leider war er die Ruhe selbst.

Heiligabend untersuchten mich gleich drei Ärzte. Sie alle kamen zu dem

Schluss, dass meine körperliche Kondition sich sehr stark verschlechtert habe, denn ich war immerzu müde, stets sehr blass. Ich sagte ihnen, mein Herz fühle sich sehr schwach an, meine Arme seien immer sehr schwer, auch die Beine und ich leide oft an einem Blutstau der Venen, was stimmte. Man diagnostizierte eine leichte Erweiterung der rechten Seite meines Herzens. Mein physischer Kollaps stand eigentlich der nicht wirklich gravierenden Beeinträchtigung meines Herzens kontrovers gegenüber. Ich bekam Medikamente verordnet, sollte mehr ruhen. Aber sie bezogen keine Stellung zu meiner psychotherapeutischen Behandlung.

Nach Weihnachten schrieb ich einige Briefe an Verwandte und Freunde, dankte ihnen für ihre Weihnachtsgrüße. Doktor Wenger ging zusehends davon aus, dass ich immer manischer wurde, mich mehr in meine Ideen und Theorien verrannte und diese auch weiterhin in Pakete an die Heilsarmee legte.

Ich ruhte nicht in dem Maße, wie die Ärzte es mir verordnet hatten. Dolla und Berthold kamen wieder nach Kreuzlingen. Der erste Besuch war schön, bei dem zweiten war ich so ausgelaugt und müde, dass es für beide Seiten nicht angenehm war. Dolla teilte mir die freudige Botschaft mit, sie erwarte ein Kind, doch ich war zu erschöpft, um ihre Freude darüber zu teilen, was sie augenscheinlich sehr verletzte. Aber sie nahm es hin, denn sie wusste, wie sehr mir der Aufenthalt in Kreuzlingen mehr und mehr zusetzte.

Und Doktor Wenger war nun der festen Überzeugung, ich arbeite darauf hin, im Sanatorium zu bleiben, um meine Mission richtig auszuarbeiten. Wie das gute Doktorchen sich doch noch irren sollte!

Anfang des Jahres 1932 hielt ich mich an die Anweisung des Doktors Hämmerli, morgens im Bett zu bleiben. Ich fühlte mich oft verwirrt und war meist sehr müde, was sich über den ganzen Tag hinziehen konnte. Schwester Lina meinte, ich hätte zurzeit eine regelrechte Leidensmiene, was sie aber keineswegs abwertend feststellte. Ich glaube, sie fühlte oftmals schon mit mir, aber hatte eben ihre Pflicht im Auge. Sie durfte die einzelnen Schicksale und die Probleme der Patienten nicht zu nah an sich selbst heranlassen.

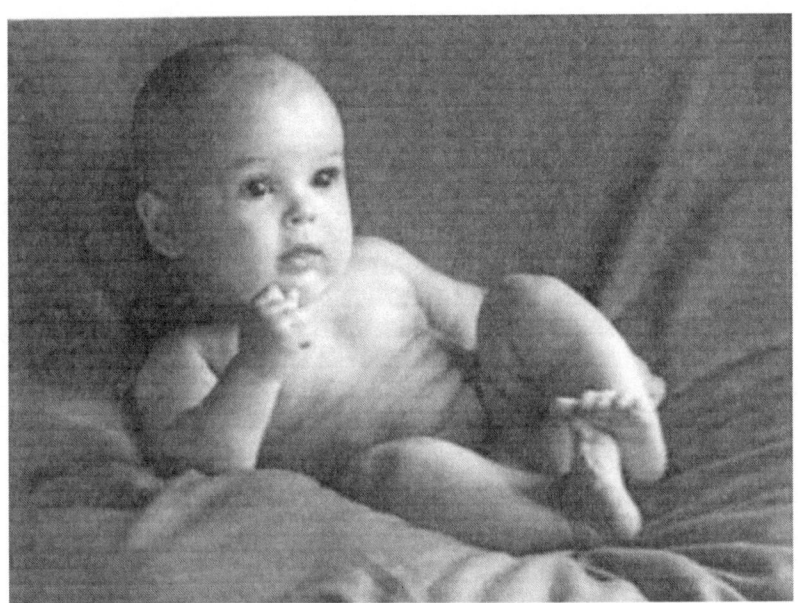

Cäcilie schickte mir ein Foto des kleinen Ludwig Andreas

Er war zweifelsohne ein hübsches Baby, aber es ärgerte mich so sehr, dass ich ihn nicht in Person sehen durfte, daher nahm ich das Foto, zerriss es in Anwesenheit von Schwester Lina, freute mich fast diebisch, als der Riss mitten durch seinen Kopf ging, was sie mehr als befremdlich fand. Ich wollte mich ihr aber nicht erklären, denn sie konnte mich nicht verstehen.
Als Mutter und Großmutter völlig abgeschieden von der Familie leben zu müssen, nur ab und an versorgt zu werden mit kleinen Bröckchen über das Leben, welches sie alle führten, machte mich buchstäblich nicht satt. Und ich fühlte mich nicht nur ausgeschlossen, sondern gänzlich abgeschrieben.
Doktor Binswanger griff mein Interesse an dem Grafen Zeppelin wieder auf, gab mir ein Buch über ihn, welches er eigens für mich besorgt hatte. Ich dankte ihm herzlich dafür, zeigte mich sehr überschwänglich, als ich den Einband mehrmals küsste. Sogleich nahm ich es mit auf mein Zimmer, blätterte es durch und fand ein Kapitel, was für sich sprach. Ich zeigte Schwester Lina die Überschrift *Kandidat für das Irrenhaus* und nickte ihr vielsagend zu. Lina ließ ihren Blick auf den Worten ruhen, sah auf, als ich zu weinen begann. Sie versuchte mich zu trösten, aber es war sinnlos. Für meine innere Trauer, die mittlerweile fest in mir verwurzelt war, gab es keinen Trost. Ein sanftes Streicheln des Rückens oder ein paar gut gemeinte Worte halfen da nicht mehr.

Mein Herz machte mir in den letzten Tagen sehr zu schaffen. Doktor Hämmerli vermutete, dass die Verzweiflung über meinen langen Aufenthalt im Sanatorium meinen Willen und meinen Körper zusehends mehr schwächte. Die Wechselbäder der Gefühle von Erregung und Depression schlugen sich auf mein Herz nieder, verursachten mehr und mehr gesundheitliche Probleme. Ich litt buchstäblich an Körper und Geist.
Während einer Massage am neunzehnten Januar erlitt ich einen Anfall von Herzschwäche, mein Puls sank ab, mein Teint und meine Lippen verfärbten sich leicht bläulich, ich rang nach Luft. Man verschrieb mir umgehend einige starke Medikamente, doch ich hatte am selben Tag nochmals einen Anfall, was mich sehr beunruhigte, denn jedes Mal befürchtete ich zu ersticken. Doktor Hämmerli sagte, mein Zustand sei sehr ernst und ich sollte für einige Tage das Bett nicht verlassen, nur ruhen.
Ich erholte mich zwar wieder, aber wirklich gesund fühlte ich mich nicht. Mein Körper litt immer noch unter der Situation.

Mama schrieb mir, dass am dreizehnten Januar meine Schwägerin Sophie, Tinos Witwe, verstorben war. Sophie war einige Jahre bereits krank gewesen, was wohl mehr auf ihre Psyche zurückzuführen war, seit wir wieder ins Exil gehen mussten. Dazu kam die Affäre ihres Mannes und seit dem Jahre 1930 war es ihr zusehends schlechter gegangen. Nach einem Aufenthalt in einem Krankenhaus in Frankfurt am Main erholte sie sich zuerst im Dezember wieder, reiste nach England, Bayern und Venedig. Aber im September des Jahres 1931 musste sie erneut ins Krankenhaus, unterzog sich einer Operation, nach der die Ärzte Krebs bei ihr diagnostizierten. Sie gaben meiner Schwägerin nur noch wenige Wochen. Kurz nach Neujahr konnte sie kaum noch essen, verfiel zusehends und verbrachte ihre letzte Zeit im Krankenhaus, wo sie schließlich verstarb. Ihre Kinder waren oft an ihrer Seite. Man brachte ihren Leichnam zuerst zum Schloss Friedrichshof und dann wurde sie nach Florenz überführt, wo man sie in der russischen Kirche neben ihrem Ehemann und ihrer Schwiegermutter beisetzte.
Sophie hatte sicher auch sehr darunter gelitten, dass die Ehe ihrer Tochter Helen nicht sehr glücklich verlief. So wurde diese im Jahre 1928 vom Kronprinzen Carol von Rumänien geschieden, da er ein Leben mit seiner Geliebten führen wollte. Auch ihr Sohn, der Ex-König George II. und seine Gattin Elisabeth waren nicht glücklich miteinander. Elisabeth machte sich vor allem dadurch unbeliebt, dass sie die Geliebte ihre Bruders Carol akzeptierte. Und sie flüchtete sich in Affären, blieb in Bukarest bei ihrer Familie, während ihr Gatte überwiegend in England lebte oder bei seiner Mutter Sophie in Florenz.
Aspasia und ihre Tochter Alexandra, die Tochter von Sophies Sohn Ale-

xander, standen meiner Schwägerin auch sehr nahe, die den frühen Tod ihres Sohnes auch nie wirklich verwinden konnte.
Sophies andere Kinder Paul, Irene und Katherine waren noch nicht verheiratet.
Ich hatte zu meiner Schwägerin nie ein wirklich gutes oder gar inniges Verhältnis gehabt. Doch es tat mir natürlich sehr leid, dass sie mit nur einundfünfzig Jahren an Krebs sterben musste.

Ende Januar besuchte mich Graf Hardenberg zweimal kurz nacheinander. Es freute mich, dass wenigstens er sich die Mühe machte, nach Kreuzlingen zu kommen. Wir unterhielten uns sehr ausgiebig über die Familie und das Leben in Darmstadt.
Am dreißigsten Januar reiste Theodora wieder an. Sie war mir in der letzten Zeit wirklich die Treueste. Dolla war sehr besorgt über meine Herzprobleme, die Anfälle. Aber sie konnte mir nicht helfen, das Sanatorium zu verlassen. Ich wusste, sie hatte es wirklich versucht.
Dann teilte sie mir mit, sie sei schwanger und das Baby solle im Sommer zur Welt kommen. Wobei sie hinzufügte, sie würde mich wirklich gerne dabei haben. Es klang überzeugend und traurig. Ich gab offen zu, wie sehr es mich für sie freute, aber wie sehr es mich auch gleichzeitig schmerzte, denn ich wusste nicht, wann ich das Kind einmal sehen würde, und es war dann schon mein zweites Enkelkind. So wollte ich das Thema wechseln, fragte nach Philip. Dolla sagte, es ginge ihm gut und mein Bruder Georgie würde nun für ihn so etwas wie eine Vormundschaft bis zu seinem sechzehnten Lebensjahr übernehmen, womit auch Andrea einverstanden sei. Mich brauchte man anscheinend nicht dazu befragen. Aber bei allem erschien mir Georgie als sehr geeignet dafür.
Seit dem Jahr 1922 war mein Bruder *Lieutenant Commander* der britischen Marine und im Jahre 1926 zum Kommandanten aufgestiegen. Er wollte sich aber vom aktiven Dienst zurückziehen, erklärte Dolla, da er sich mehr seiner Familie widmen wollte. Das würde aber erst offiziell zum neunten Dezember des Jahres möglich sein. Er war seit seinem zwölften Lebensjahr in der britischen Marine tätig und das waren immerhin schon achtundzwanzig Jahre. Ich fragte Dolla frei heraus, ob er es wegen Philip tat, und sie antwortete, es spiele sicher als Grund mit hinein, aber ich solle nicht denken, er gäbe seine Karriere deswegen auf. Sie sprach es nur kurz an, aber man munkelte, Nada habe außereheliche Affären mit Frauen, doch es sei nur ein Gerücht. Ich nahm es mit einem breiten Grinsen hin, stellte fest, dass mich in dieser Familie gar nichts mehr wunderte, worüber auch Dolla lachen musste.
Bei unserem Abschied nahm mich meine Tochter in den Arm, flüsterte mir

ins Ohr, ich solle stark, sein und es wäre schön, mich trotz allem auch einmal fröhlich zu sehen.

Ich spielte immer noch mit dem Gedanken, das Sanatorium so bald als möglich zu verlassen. Kurzerhand sandte ich ein Telegramm an meine Schwester Louise nach Schweden, fragte an, ob sie mich nach Lugano begleitete, wenn ich die Erlaubnis bekäme dorthin zu reisen. Aber ich erhielt keine Antwort.

Am zweiten Februar des Jahres 1932 wurde mein Ehemann fünfzig Jahre alt und ich entwickelte plötzlich eine gewisse Feierlaune, obwohl wir beide keinen wirklichen Kontakt mehr miteinander hatten. Es drängte mich, ihn einzuladen, um den Tag mit ihm zu verbringen. So stellte ich die Möbel in meinem Zimmer um, machte mich zurecht, aber ich wusste, er würde auch an diesem Tag nicht zu mir kommen.

In der zweiten Februarwoche begann ich wieder die Tageszeitungen zu lesen, nachdem ich eine Weile nichts von den Nachrichten aus der Welt wissen wollte. Ich stellte ein Bild fertig und Binswanger und ich kamen überein, dass es durchaus in die moderne Kunst passte. Dazu stellte ich ihm gegenüber fest, dass eigentlich jeder, der sich der modernen Kunst widmete, etwas verrückt sein musste, um so etwas zu malen, wobei ich mir selbst an den Kopf tippte. Er besah das Bild einige Zeit, gab zu, dass einige Künstler, die er kannte, durchaus auch aus seiner Sicht etwas wirr zu sein schienen. Aber es sei doch beeindruckend, wie viele Menschen dann vorgaben aus so einem Bild etwas zu erkennen, eben eine gewisse Absicht des Malers. Wir waren uns darin einig, dass wir dies betreffend einige Werke auch nicht verstanden.

Mama wollte mich eigentlich zu meinem Geburtstag am fünfundzwanzigsten Februar besuchen, aber kam erst verspätet aus Malta zurück, wo sie einen Teil des Winters bei Dickie verbracht hatte. Mein Bruder war seit dem Jahre 1931 bei der Mittelmeerflotte, er diente als Chefsignaloffizier an Bord der *HMS Resolution*. Dickie machte eine glänzende Karriere bei der britischen Marine, er war sehr eng mit dem Prinzen Edward von Wales befreundet und mit ihm auch bereits in Australien gewesen. Der Prinz lebte in *Fort Belvedere*, einem Landhaus auf Shrubs Hill im Windsor Great Park nahe der Ortschaft Sunningdale in der Grafschaft Berkshire. Es war einmal der Landsitz Königs Edward VIII. von England gewesen, König George hatte seinem Sohn im Jahre 1929 den Landsitz geschenkt. Edward war ein Lebemann durch und durch, was seine Eltern sehr störte, denn sie fürchteten, er würde sich aufgrund seiner zahlreichen Affären einmal als König ruinieren. Es gab kein Hofzeremoniell auf dem Landsitz, weil der Prinz dies nicht schätzte, daher gingen die Freunde dort gerne ein und aus. Auch Dickie und Edwina gehörten zu dem Freundeskreis. Aber die Liebschaften Edwards, wie unter anderem zu der amerikanischen Schauspielerin Mildred Harris, gefährdeten seinen guten Ruf.

Dickie, der selbst unter den Affären seiner Gattin litt, schien die Eskapaden seines Freundes stillschweigend hinzunehmen, denn die Freundschaft hatte für ihn auch gesellschaftliche Vorzüge.

Mama liebte Malta und ich war nicht böse auf sie, als sie nicht zu meinem Geburtstag kam, denn eigentlich wollte ich sie auch gar nicht wirklich sehen. Ich sah sie als Hauptverantwortliche für meine Situation und sie wusste sicher auch selbst, dass sie eine *Persona non grata* bei mir war, also schlichtweg unerwünscht.

Sie besuchte aber Dolla in Salem, und da sie nur etwa einviertel Stunden mit dem Automobil von ihr bis nach Kreuzlingen brauchte, kam sie dennoch für zwei kurze Besuche zu mir. Mama hatte vollstes Verständnis für mein Herzleiden, befand mich für sehr blass und schwächlich, räumte aber sogleich ein, dass ich in diesem Zustand das Sanatorium nicht verlassen könne, denn ich müsse erst wieder körperlich mehr Kraft haben. Da ich mich auch wirklich nicht körperlich in der Lage fühlte, einen längeren Besuch vonseiten meiner Mutter zu ertragen, war ich froh, als sie wieder abfuhr. Dennoch versicherte sie mir, sie würde alles dafür tun, um mir im Sommer einen kleinen Urlaub außerhalb des Sanatoriums zu ermöglichen.

So bemühte sie sich aber vorerst bei Binswanger, einen erneuten Besuch des Grafen Hardenberg zu arrangieren, weil ich ihn sehr schätzte. Es verärgerte mich aber umso mehr, denn ich fühlte mich so abhängig von ihrem Wohlwollen wie ein unmündiges Kleinkind. Ihrem Gutdünken völlig ausgeliefert, musste ich stets hoffen, dass sie endlich akzeptierte, wie sehr es mich danach verlangte, endlich aus dem Sanatorium entkommen zu können. Doch sie zeigte sich hart, brachte mir nicht einmal meinen Sohn mit. Ich sagte Binswanger, ihre Besuche würden mich zu sehr auslaugen, was er einsah. Ihre bloße Anwesenheit war schon eine Qual für mich und ich hätte nie gedacht, dass man einen Menschen, zu dem man einst aufsah, dem man vollstes Vertrauen schenkte, sprich die eigene Mutter so verachten konnte, wie ich es in dieser Zeit tat. Und da sie mir dann noch schrieb, sie hoffe, ihr Fortbleiben würde das Verhältnis zwischen uns wieder stärken, ich könne vielleicht sogar wieder Vertrauen zu ihr aufbauen, war wie ein Schlag ins Gesicht für mich.

Ende April merkte ich gegenüber Binswanger an, wie schwer es mir schon am ersten Tag gefallen sei, in Kreuzlingen zu bleiben. Nur Menschen ohne eigenen Willen könnten das ertragen. Ich fand es sogar befremdlich, dass einige Patienten offen zugaben, es störe sie nicht, wenn man ihnen den Schlüssel zu ihrem Zimmer wegnahm. Ich weinte darüber, dass ich nun bald schon zwei Jahre in diesem Sanatorium zubringen musste.

Der Sommer brachte auch keine große Veränderung für mich. Mein Gesundheitszustand schwankte. Manchmal war ich zu müde, um morgens überhaupt noch aufzustehen, an anderen Tagen ließ ich mich von der Schwester nur noch in einem Rollstuhl herumfahren.
Doktor Binswanger glaubte aber, mein Zustand sei mehr psychisch bedingt als physisch.

Im Juli erdreistete sich sogar der Scharlatan Wilmanns, bei mir aufzutauchen, und ich zeigte mich überaus frostig, ignorierte seine Anwesenheit völlig, verweigerte jegliche Kommunikation mit diesem Barbaren. So verließ er mich glücklicherweise recht schnell wieder. Wäre ich nicht so kraftlos gewesen, ich hätte ihm sicher die eine oder andere Ohrfeige verpasst.
Am siebten Juli kam ein neuer Arzt ins Sanatorium, den ich nur als Doktor Kr. bezeichnen möchte. Bei unserem ersten Gespräch fragte ich ihn, ob er während des Ersten Weltkriegs in einem Hospital gearbeitet hatte, was er sogleich verneinte. Ich fand es bedauerlich, dass er sich nicht um die Soldaten verdingt machte, aber er sah darin kein Manko.
Dann erklärte ich ihm, ich würde gerade versuchen die Prinzipien des französischen Apothekers und Autoren Émile Coué mit denen von Freud zu verbinden, denn Ersterer war der Begründer der modernen, bewussten Autosuggestion. In Coués *Buch Die Selbstbemeisterung durch bewusste Autosuggestion* stellte er zum einen die beiden Grundgedanken auf, dass jeder Gedanke, der in uns ist, bestrebt ist, wirklich zu werden und nicht unser Wille, sondern unsere Einbildungskraft, die Fähigkeit, sich etwas glauben zu machen, ist die bedeutsamste Eigenschaft in uns.
So sagte er seinen Patienten auch stets, er habe keine Heilkraft, die liege in ihnen selbst. Coué hatte eine einfache Übung kreiert, bei der man sich lebenslang nach dem Aufwachen und vor dem Einschlafen etwa zwanzigmal halblaut den Satz vorsagen solle: „Es geht mir mit jedem Tag in jeder Hinsicht immer besser und besser!"
Man sollte es halblaut sagen, damit der Satz über den Gehörsinn im Unterbewusstsein verankert wird. Nun könnte man argumentieren, dadurch, dass ich nicht hören konnte, sei diese Übung für mich sinnlos gewesen, aber ich sprach und wusste ja, was ich sagte.
Ich wollte so auch meine Fähigkeiten verbessern, eine Parallele zwischen dem Körper und Geist schaffen, damit der Geist diverse Gedanken wie der

Magen etwa verdaute, sich Ideen entwickelten, wie eine Mutter fühlte, wenn ein Kind in ihr heranreifte.
Der Doktor fand das interessant, aber ihm fehlte offensichtlich der Zugang zu meinen Ausführungen, daher beschwerte ich mich über Doktor Binswanger. Er würde zu viel arbeiten, habe zu viele Patienten und schrieb zu viel. Daher habe er auch nicht genug Zeit, um wirklich intensiv auf einen einzelnen Patienten eingehen zu können. Und er sei bloß hier, weil er das Sanatorium von seinem Vater geerbt habe.
Doktor Kr. wandte ein, Binswanger habe seinen Beruf erlernt, studiert und habe viel Erfahrung. Ich gab zurück, ich hätte niemals gesagt, er sei ein schlechter Arzt, aber er bezweifelte, dass ich geistig vollkommen in Ordnung sei. Und allein diese Tatsache kreidete ich ihm an. Vielleicht wäre es besser, wenn er nur noch an der Universität als Professor arbeitete, dort Seminare gäbe.
Die erste Unterhaltung mit dem neuen Doktor dauerte nahezu fünf Stunden, was mich nicht im Geringsten störte, denn ich wusste, er wollte mich komplett ergründen. Aber ich war auch sehr erfreut über ein zweites Gespräch nur zwei Tage später, bei dem er mich fragte, ob mich unsere erste, doch sehr lange Unterhaltung nicht zu sehr angestrengt habe. Sogleich beteuerte ich, wie sehr mich das Gespräch mental erfrischt habe. Und so nahm ich mir die Freiheit, ihn in meine Gedankenwelt einzuführen. Ich war mittlerweile keine Verfechterin der Theorie mehr, dass ich allein die Braut Jesu sei. Denn ich hatte erkannt, wie jede Frau diesen Status erreichen könne, nur durch körperliche und geistige Selbsterziehung. Dennoch kann auch eine Frau in eben dieser Position weltlich bleiben sowie auch einmal ein Kleid mit einem weiten, tiefen, vielleicht sogar für die Blicke anderer Männer verführerisch wirkenden Ausschnitt tragen.
Der Doktor wollte wissen, was mit einem Mann sei, der eben auch diese Selbsterziehung durchlaufe. Ich informierte ihn darüber, dass Gott und Jesus beide bisexuelle Wesen seien, der Mann werde dann zu dem Bräutigam des weiblichen Teils Gottes oder Jesus. Christus wurde ein Mann durch Gott.
Nun hinterfragte er, warum Gott dann nicht als eine Frau auf die Erde gekommen sei. Auch dafür lieferte ich nach kurzem Nachdenken eine plausible Antwort, indem ich einwandte, die christliche Religion würde das übersehen, aber die indianische beziehe dies ein. Aufgrund dieser Antwort meinte der Doktor, ich bezöge alles Religiöse auf eine gewisse sexuelle Thematik. Er warf das Wort *Eifersucht* in den Raum und ich entgegnete, er spreche damit sicher auf eine Eifersucht seitens Doktor Binswangers auf mich an, weil ich eben über dem allen stand.
Unser Gespräch dauerte dieses Mal rund fünfzig Minuten, nach denen ich

den Doktor bat, alles, was wir besprochen hatten, für sich zu behalten, bis er eine göttliche Inspiration erhalte. Diese göttliche Einmischung könne er auch während eines Urlaubs erhalten, wenn er mit sich selbst spräche. Sein Gesichtsausdruck verriet mir, dass er nicht verstand, was ich damit meinte, aber ich hatte genug gesagt und beließ es dabei. Wenn es so weit sei, schloss ich, würde er es erkennen, die Wahrheit meiner Worte nicht mehr anzweifeln.

Am vierzehnten Juli gebar Dolla im Schloss Salem die kleine Margarita, die als zweiten Vornamen meinen erhielt, was ich sehr schön fand, auch wenn ich mein zweites Enkelkind nicht in die Arme schließen konnte.

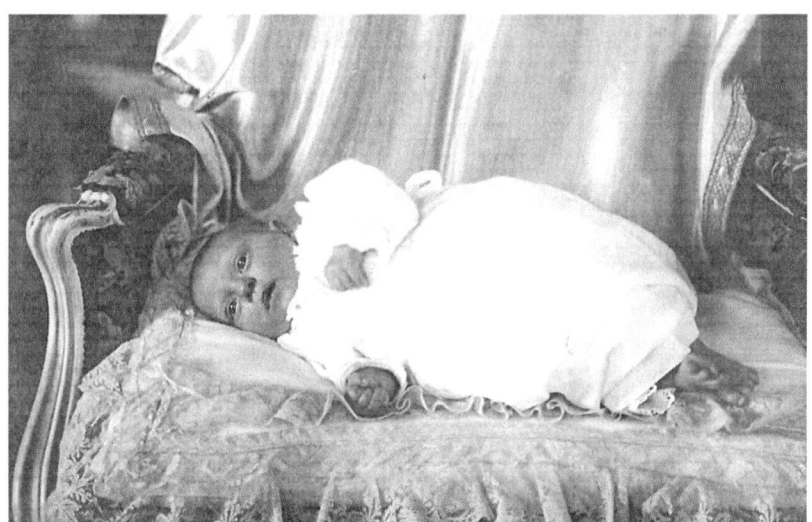

Margarita von Baden, mein zweites Enkelkind, Sommer 1932

Zur Taufe der kleinen Margarita, Schloss Salem, 1932, von links nach rechts: Mama, Dolla und das Baby, Großherzoginwitwe Hilda von Baden, Herzogin Thyra zu Braunschweig und Lüneburg, die Großmutter von Dollas Ehemann, dem Markgrafen Berthold von Baden

Am achtzehnten Juli traf sich Doktor Kr. erneut mit mir zu einer Sitzung. Er begann sogleich damit, dass er sich Gott nicht als ein menschliches Wesen vorstellen könne, daher schließe er auch eine Bisexualität desselben vollkommen aus. Dies, so betonte er, sei aber seine alleinige Meinung sowie sein eigener Glaube. Ich hörte es mir an, dachte kurz darüber nach und meinte, es gäbe aber bestimmte Menschen auf diesem Planeten, die seine Meinung ändern, ihn gewissermaßen *erleuchten* könnten. Es lag mir stets fern, andere Religionen nicht zu akzeptieren oder gar zu tolerieren, ebenso auch zu respektieren. Und ich war sicher die Letzte, die jemandem meine Ansicht aufzwingen wollte. Mit meinem Glauben ging ich nicht *hausieren*, denn ich war immer der festen Überzeugung, ein jeder Mensch würde früher oder später, meist natürlich durch ein besonderes Erlebnis zu Gott oder generell zum Glauben finden. Daher sah ich auch keine Missionarin in mir, sondern wollte einfach den Menschen meine Meinung darbringen. Ob man sich dann darauf einließ, stand jedem frei. Ich verlangte aber, dass man sie eben so respektvoll aufnahm, wie ich die Meinung eines anderen Menschen. Leider war dies meist nicht der Fall und so fand ich die Art und Weise, wie der Doktor seine Feststellung an mich richtete, in einem doch eher ungläubigen, abwertenden Tonfall, eher impertinent. Daher überließ ich ihm den

Rest der Konversation, schwieg und nickte nur ab und an. Ich war keineswegs verletzt über seine Offenheit, aber spürte keine große Lust darüber zu diskutieren. Es gab mittlerweile leider Tage, an denen ich schlichtweg des Ganzen müde war, mich nicht immerzu erklären wollte.

Am nächsten Tag sagte ich dann auch Doktor Binswanger, dass mir der neue Doktor zu analytisch vorging. Zwar wirkte er von einem gewissen jugendlichen Eifer beseelt, aber es war mir zu anstrengend. Dennoch machte ich deutlich, wie sehr es mich beeindruckte, da er offen zugab, keine Ahnung von Astronomie und Astrologie zu haben, als ich darüber sprechen wollte. Es imponierte mir schon immer, wenn jemand bereit war einzugestehen, dass man zu gewissen Themen einfach selbst keinen Zugang fand.

Binswanger wertete die Gespräche der Sitzungen mit Doktor Kr. aus. Danach glaubte er, ich käme entweder endlich zu einer wirklichen mentalen Stabilität oder ich gab dies nur vor, damit ich die Ärzte davon überzeugen konnte, mich endlich zu entlassen. Er zeigte sich skeptisch. Das löste bei mir wieder eine unterschwellige Wut und Empörung aus, die ich so leicht nicht verdauen konnte.

Am siebenundzwanzigsten Juli reichte es mir endgültig. Ich musste etwas unternehmen, und da alle meine bisherigen Versuche nicht von Erfolg gekrönt gewesen waren, entschied ich mich dafür, dieses Mal ganz anders vorzugehen. Als Schwester Lina nun an diesem Mittag ihr Essen einnahm, sah ich allein auf meinem Zimmer die Chance gekommen. Kurzerhand sprang ich aus dem Fenster des Raumes in der Villa Maria in ein Blumenbeet und lief so schnell ich konnte zum Bahnhof.

Als man jedoch bemerkte, dass ich geflüchtet war, informierte man das gesamte Sanatorium sowie die Behörden an allen Grenzen zu Kreuzlingen, über die ich hätte fliehen können. Ich kam bis zu einem wartenden Zug, hatte nur etwas Wäsche in einer Tasche dabei und Schuhe. Unglücklicherweise fanden sie mich, zerrten mich aus dem Zug, brachten mich wieder in das Sanatorium. Doktor Binswanger war nun unmissverständlich bewusst, dass man meinen Freiheitsdrang nicht brechen konnte. Zudem beggenete ich ihm in sehr guter Laune, begrüßte ihn freundlich, in dem ich ein *„Da bin ich wieder, Doktorchen!"* ausrief.

Kein Arrest, kein Ausschluss von Aktivitäten, kein Verbot eines Urlaubs würden mich je daran hindern, nicht wieder einen Fluchtversuch zu wagen. Und ich bin mir sicher, dass dies Binswanger imponierte, aber zugleich auch irritierte. Ich war wie ein ungehorsames Kind, welches immer wieder aufbegehrt, eine kleine Rebellin, die sich aber nicht erziehen lässt. Im Englischen nennt man diese Kinder *Hussy*, im Deutschen eine *Göre*. Versehen mit einem starken Willen lassen sie sich nicht brechen. Keines meiner Kinder war so geartet, aber ich hatte von Verwandten gehört, die solche Züge während ihrer Jugend zeigten. Vielleicht so wie Tante Ducky, die dies aber erst als junge, verheiratete Frau auslebte, als sie mit Onkel Ernie zusammenlebte.

Professor Wilmanns reiste erneut an. Ich war ihm gegenüber zurückhaltend, wollte nicht wirklich mit ihm sprechen, sagte nur, ich wolle keine Prinzessin mehr sein, sondern lieber als Künstlerin leben. Dann überwältigte es mich, ihm aber endlich einmal dafür zu gratulieren, wie er mich kidnappte und nach Kreuzlingen brachte, wobei er aber nicht meine Hand ergriff, als ich ihm seine anerkennend schütteln wollte. Ferner machte ich sehr deutlich, ich würde auch hier im Sanatorium weiterhin versuchen zu fliehen, wenn sich mir eine Möglichkeit dazu bot. Aber ich würde ansonsten hier bleiben, denn in einem anderen Sanatorium hatte ich vielleicht nicht so viele Freiheiten.

Generell wollte ich aber lieber mit Binswanger sprechen, der sich gerade für einige Tage in Urlaub befand. Dieser war bei seiner Rückkehr nicht mehr zufrieden mit der Situation, befand, man müsse sich nach einer anderen Unterbringung für mich umsehen. Es erschien ihm mehr und mehr absurd, mich in Kreuzlingen festzuhalten, wenn es doch eigentlich keinen wirklichen Sinn mehr ergab, denn man konnte mich ja nicht nur noch überwachen. Dies war zudem auch nicht der Grundgedanke seines Hauses.

Mama und Andrea befanden sich noch in Salem aufgrund der Tauffeierlichkeiten für die kleine Margarita. Beide wurden von Binswanger informiert über die derzeitige Situation. Sie stimmten beide zu, dass für mich ein anderes Sanatorium gefunden werden sollte. Natürlich war ich auch dem nicht abgeneigt, als Mama mir dies offerierte. Ich hatte Kreuzlingen so satt. Jeder andere Ort war mir tausendmal lieber.

Mein Sohn verbrachte einige Zeit der Sommerferien bei Dolla. Da sie mich besuchen wollte, entschied sie sich dafür ihn mitzubringen. Aber mir ging es an diesem Tag nicht gut. Ich war müde und wir redeten daher auch nicht lange.

Philip schien gut mit der Situation auszukommen, oder sagen wir einmal, er hatte sich damit arrangieren müssen. Ich rang mich dazu durch, ihn zu fragen, wie es ihm ging, ob er traurig sei, sich allein fühlte, seit wir beide getrennt waren. Er war elf Jahre alt, aber schon sehr clever für sein Alter. Ohne zu zögern, sagte er zu mir, dass es nun einmal so sei. Wir würden alle getrennte Wege gehen. Ich sei krank, sein Vater in Frankreich, seine Schwestern verheiratet und er musste damit leben. So war das eben.

In jenem Moment wirkte er so tapfer, dass ich ihn einfach an mich drücken musste, was er auch bereitwillig hinnahm, sogar erwiderte. Dann sprang er aber sofort auf ein anderes Thema über, erzählte mir von dem neuen *Brook House*, welches Edwina und die Gesellschaft hatten bauen lassen. Dort, wo einmal der prächtige Bau aus Marmor stand, war nun ein sehr luxuriöses Appartementhaus gebaut worden. In den beiden obersten Etagen lebten Dickie und Edwina mit den Töchtern, wenn sie in London weilten, und es gab auch großzügige Gästezimmer. Es war die erste sogenannte *Penthouse*-Wohnung in der Stadt. Das Gebäude überragte die Bäume des Hyde Parks bei Weitem, in der Nacht wurde es mit Flutlicht angestrahlt. Edwina hatte die Räume in einem sehr modernen Stil der dreißiger Jahre einrichten lassen, insgesamt hatte ihre Wohnung dreißig Zimmer. Fünf davon besaßen bewegliche Trennwände und konnten in einen Tanzsaal oder ein Kino mit rund hundertfünfzig Plätzen umgewandelt werden. Dickie liebte aber wohl besonders den Privatlift im Haus, welches der schnellste Non-Stop-Lift Londons war.

Mein Sohn berichtete alles in den kleinsten Details mit Händen und Füßen, so sehr beeindruckte ihn der Luxus. Und Dolla fügte hinzu, Edwina lade oftmals fünfhundert Gäste zu Parties in die Wohnung dort ein, wobei mittlerweile auch der bekannte Autor George Bernard Shaw zu den Gästen gehörte.

Mir war das zu viel, darauf legte ich keinen Wert, aber dennoch hörte ich meinem Sohn aufmerksam zu, ebenso auch Dolla, da sie mir von der kleinen Margarita berichtete, wie sie sich entwickelte. Berthold habe sich zwar einen Jungen gewünscht, wandte sie ein, aber sie habe noch viel Zeit, einem das Leben zu schenken.

Dolla konnte mich auch darüber informieren, dass Dickie und Edwina zweiunddreißig Kisten mit unserem Besitz aus Mon Repos abtransportieren lassen konnten, da Dickie zurzeit in Malta stationiert war. Meine Schwester Louise schaltete sich ein und ließ die Kisten in Etappen mit einem Dampfer nach Stockholm bringen. Edward, der Prinz von Wales, war auf einer dieser Reisen zur Villa dabei, begeisterte sich für ein schönes Fernglas aus Andreas Besitz, welches Dickie ihm für fünfundzwanzig Pfund verkaufte. Dieses Geld übergab er dann an Andrea und dieser zeigte sich erfreut darüber, dass der Prinz an dem Fernglas noch Gefallen fand. Er wusste wohl auch damit nichts mehr anzufangen, erklärte Dolla. Die Blowers kümmerten sich immer noch als Hausverwalter um die Villa, doch Andrea wollte mit seinen Anwälten versuchen, seinen Besitzanspruch durchzusetzen. Dickie unterstützte ihn dabei, denn mein Ehemann war wohl eher verhalten darin, deren Briefe zu beantworten.

Es war für mich eigentlich nicht mehr wirklich relevant, was aus der Villa wurde. Venizelos trat in diesem Jahr von seinem Amt als Premierminister zurück, da er der schlechten Wirtschaftslage in Griechenland aufgrund der

Weltwirtschaftskrise nicht mehr Herr wurde, und die royalistischen Strömungen wuchsen zunehmend an, was ich in der Zeitung las. Dennoch nahm ich es nur noch als eine Art Randnotiz auf, denn ich hatte andere Probleme. Mama kam im Sommer sprichwörtlich auf einen Tee vorbei und ich zeigte mich freundlich. Sie sah ein, dass ich nach den fast zweieinhalb Jahren meines Aufenthalts in Kreuzlingen die Nase voll hatte, obwohl ich Doktor Binswanger gegenüber nicht ablehnend war. Mir missfiel aber die ganze Situation so sehr, dass ich Mama gestand, ein weiterer Winter im Sanatorium würde meinem Herzen ganz sicher nicht guttun. Meine Mutter wollte sich darum kümmern, sie befand aber weiterhin keineswegs meinen psychischen Zustand als gut, sprach offen aus, ich sei für die Freiheit, ein eigenständiges Leben noch nicht bereit.

Doktor Binswanger empfahl das sehr luxuriöse Sanatorium von Doktor Oscar Forel am Genfer See. Das *Les Rives de Prangins* lag nahe bei Nyon im Kanton Waadt an der Grenze zu Frankreich und er hatte dort schon einige seiner Patienten hingeschickt. Forel war ein anerkannter Schweizer Psychiater. Auch Zelda Fitzgerald, die schizophrene Gattin des bekannten Autoren F. Scott Fitzgerald, war dort Patientin gewesen, bevor sie in eine amerikanische psychiatrische Klinik wechselte. F. Scott Fitzgerald war im Jahre 1925 mit dem Roman *Der große Gatsby* bekannt geworden.

Ein Aufenthalt in dem Sanatorium von Doktor Forel kostete etwa ebenso viel wie der jetzige in Bellevue und Edwina erklärte sich auch hierfür wieder sofort bereit, die gesamten anfallenden Kosten zu übernehmen. Daher wollte man meine Verlegung dorthin recht schnell in die Tat umsetzen.

Doktor Forel kam also nach Kreuzlingen, um mich gewissermaßen in Augenschein zu nehmen. Aber eigentlich wollte ich nicht wirklich in ein anderes Sanatorium wechseln, sondern selbst bestimmen können, wohin ich ging. Daher präsentierte ich mich ihm gegenüber verstockt, sprach offen aus, dass ich nicht weiter bei ihm in Behandlung sein wollte, sondern schlug Alternativen vor, bei denen ich meinen zukünftigen Aufenthaltsort frei wählte. Unter diesen Alternativen befand sich aber keinesfalls ein Sanatorium.

Am ersten August reiste daher Mama an, sprach mit mir, war nun sicher, dass mir auch kein Wechsel helfen würde, da ich immer noch auf einer freien Wahl bestand, sie in mir aber immer noch keine gesunde Frau sah. Vor allem nicht in psychischer Hinsicht. Zudem fühlte ich mich auch wieder schlecht, lag fast nur noch im Bett, litt wieder an Atemnot und man schickte wieder nach Doktor Sträuli, der mich untersuchen sollte.

Mama war der festen Überzeugung, ich würde die Klinik Forels ablehnen, weil Binswanger sie für gut befand. Wenn er meinen Wechsel dorthin befürwortete, war dies für mich nur ein klares Zeichen dafür, dass er nicht in

der Lage war mir zu helfen. Daher schob er mich ab. Und so konfrontierte mich meine Mutter mit dieser Tatsache, die ich auch nicht abstritt. Ich stellte klar, ich wolle nicht von einem Ort zu einem anderen weitergereicht werden, wie es ihnen gerade beliebte, sondern endlich selbst entscheiden können.
Professor Wilmanns war absolut gegen meine Verlegung, denn er meinte, in Bellevue bekäme ich die beste Behandlung. Eine andere Institution wäre keine Option. Er befürchtete sogar, ich hätte in Forels Sanatorium noch mehr Möglichkeiten einfach zu fliehen, doch seine Meinung tangierte mich nicht. Und meine Mutter teilte seine Befürchtungen auch in keiner Weise, wie sie mir versicherte. Dennoch befürwortete sie einen Wechsel der Umgebung, denn dadurch könne sich meine Moral wieder festigen, ich bekäme neue Hoffnung und sie vertraute zwar Binswanger voll und ganz, doch so konnte es nicht weitergehen. Sie war immer noch meine Mutter, konnte meinen Wunsch nicht so einfach ignorieren. Aber ein freies, unbestimmtes Leben sah sie in weiter Ferne für mich. Doch mein labiler physischer Zustand überwog für sie. Sie sah mich unter der Einschränkung meiner Freiheit leiden und das ertrug sie nicht.
Mein Widerstand blieb, ich ließ mich, wie erwähnt, nicht brechen. Mama kontaktierte also die Königin Elena von Italien, die älteste Schwester von Tante Anna, der Witwe von Onkel Franzjos. Diese empfahl ihr das *Sanatorium Martinsbrunn* in Meran im Süden von Tirol. Dieses war sehr bekannt für den freien Umgang mit den Patienten und man hatte sich dort auch auf Herzprobleme spezialisiert, die nicht selten mit einer psychischen Erkrankung einhergehen konnten. Weitaus wichtiger war aber, dass man dort keine Patienten aufnahm, die einer schlimmen Form des Wahnsinns anheimgefallen waren. Diese brauchten geschlossene Abteilungen und sehr viel mehr Fürsorge.
Doktor Norbert von Kaan war Neurologe, leitete seit dem Jahre 1891 Martinsbrunn als Kuranstalt und hatte nur sieben Jahre später dem Objekt ein Sanatorium angeschlossen.
Ich freute mich sehr darauf, nach Meran zu gehen. Daher bemühte ich mich, wieder mehr zu gehen, gönnte mir dennoch auch lange Ruhephasen, gab mich ruhig und freundlich. Mein Puls war normal, ich brauchte keine Medikamente mehr.

Am dreiundzwanzigsten September reiste ich in Begleitung von Schwester Lina nach Meran. Binswanger entließ mich mit einem Dokument für Doktor von Kaan, in dem stand, mein Zustand habe sich sowohl psychisch als auch physisch *verbessert*. Als *geheilt* entließ er mich nicht.
Ich musste Mama dankbar sein, denn Schwester Lina äußerte den Verdacht,

dass meine Mutter sich richtig entschieden hatte, gegen den Willen und die Vorschläge der Ärzte zu handeln. Wenn sie Professor Wilmanns Rat gefolgt wäre, hätte ich wahrscheinlich den Rest meines Lebens in Bellevue verbringen können. Darin lag sicher etwas Wahres, da stimmte ich Lina zu.

Das Sanatorium Martinsbrunn in Meran, Tirol, zur Zeit meines Aufenthalts dort, 1932

Ich konnte nicht in Worte fassen, wie unendlich erleichtert ich darüber war, endlich fort von Kreuzlingen zu sein. Es gefiel mir auf Anhieb in Martinsbrunn.
Louise schrieb mir und ich antwortete ihr im Oktober, wie wohl ich mich fühlte. Sie war sehr froh darüber. Auch Mama schien zufrieden mit ihrer Entscheidung, wenngleich sie es immer noch etwas als ein kleines Risiko betrachtete, denn sie meinte immer noch, Binswanger genösse so einen guten Ruf in der Fachwelt, da wäre ein Aufenthalt bei ihm sicher besser gewesen. Dennoch gestand sie aber ein, ein medizinischer Laie zu sein, aber eben rein auf ihr Herz gehört zu haben, zu meinem Wohl, dem ihrer Tochter. Vielleicht fürchtete sie sich aber auch vor einem schweren Rückfall meinerseits und haderte daher noch etwas mit ihrer Entscheidung.

Mit meinem Wechsel in das Sanatorium nach Meran begann aber auch gleichzeitig eine schwerwiegende Entscheidung in mir zu reifen. Ich entschloss mich dazu, nun absolut und ohne jeden Kompromiss mit meiner Familie zu brechen, denn sie hatten mich alle betrogen. Auf mich allein gestellt, würde ich mein Leben nun so gestalten, wie es mir gefiele und nur

noch mit Mama einen relativ lockeren Kontakt halten. Es fiel mir nicht leicht, aber ich sah keine andere Möglichkeit mehr, denn ich fühlte mich so verraten von allen. Niemand würde sich zu mir herablassen müssen, um mich zu besuchen oder es als Bürde empfinden, mit mir Zeit zu verbringen, mir zuzuhören, weil es sie alle nicht interessierte. Für sie war ich die Verrückte.
Mit meiner Entscheidung ging dann aber auch ein gewisses Nomadendasein einher, da ich mich eben bei keinem anderen in der Familie mehr melden wollte.
Ich war den unsichtbaren Fesseln entkommen, die Mama mir auferlegte, und würde mich nie wieder von jemanden bevormunden lassen. Philip tat mir leid, denn er war noch ein Kind, aber man hatte ihn nur bei einer Handvoll Gelegenheiten mit nach Kreuzlingen gebracht und es war anscheinend auch niemandem daran gelegen gewesen, dass er mir öfter einmal schrieb. Daher hatte ich ihm auch in diesem Jahr keine Karte mehr zu seinem Geburtstag geschickt. Ich stellte den schriftlichen Kontakt mit meinen Töchtern, Verwandten und ihm ein. Es war sicher auch ein Stück weit ein Fehler, doch ich konnte so nicht mehr weiterleben. Mama, seine Geschwister, Dickie, Georgie und all die anderen würden sich schon gut um ihn kümmern, so wie sie es die letzten Jahre seit meinem Aufenthalt in Kreuzlingen taten. Wir hatten uns alle entfremdet, das war die bittere Realität.

Zum Ende des Jahres 1932 war ich immer noch in dem Sanatorium in Meran, denn es gefiel mir wirklich ausgezeichnet dort. Mama war wieder auf dem Weg zu Dickie nach Malta und entschied sich Anfang Dezember dafür, mir einen Besuch abzustatten. Sie zeigte sich sehr überrascht, wie gut es mir ging, welche Freiheiten ich dort genießen konnte. Ich lebte recht bescheiden, hatte keine Kammerfrau, die nach mir sah, mir half, ich kümmerte mich selbst um meine Kleidung. Schwester Lina war schon lange wieder nach Kreuzlingen abgereist. Unser Abschied war höflich gewesen, wenn man es so sagen möchte, mehr nicht. Ich denke, sie war sehr erleichtert, mich los zu sein.
Meine Mutter war mit der Pye-Crust angereist und wir unterhielten uns alle sehr gut, ich fragte nach Nona, nach meinen Kindern. Cäcilie war erneut schwanger, erwartete im Frühjahr des nächsten Jahres ihr zweites Kind, auch Dolla würde dann im Sommer ihr zweites Kind zur Welt bringen und Tiny schon im Januar. Über diese Schwangerschaft hatte mich bisher niemand unterrichtet. Es freute mich, wenn die Familie wuchs, aber ich nahm es so hin. Sophie meldete sich nicht mehr bei mir, daher hielt ich auch keinen Kontakt zu ihr aufrecht.
Mittlerweile hatte ich im Sanatorium auch Freundschaft geschlossen mit

einer Dame aus Schweden namens Fräulein Heilskov, die sich sofort bereit erklärte für mich als Sekretärin tätig zu sein. Vor allem aber liebte sie philosophische Diskussionen wie ich, war überaus interessiert an der Thematik. Sie arbeitete in dem Sanatorium als Masseurin und Psychotherapeutin, war schon seit neun Jahren dort angestellt. Fräulein Heilskov war mittleren Alters, Doktor von Kaan sagte über sie, dass er sie vor allem für ihre Freundlichkeit und ihre Ehrlichkeit schätzte. Und sie wurde mir schnell zu einer wirklichen lieben Freundin, weil sie sich auf die Dinge einließ, die ich ansprach, sie durchaus mit Begeisterung aufnahm, selbst auch sehr interessante Themen zum Gespräch machte. Sie erzählte mir, wie sie viele Jahre in einer großen Irrenanstalt in Amerika gearbeitet hatte. Man bildete sich dort dahingehend aus, auch mit wirklich schweren Fällen umzugehen, Menschen, die in den Wahnsinn abgeglitten waren, und sie musste lernen, mit schwerwiegenden Stimmungswechseln umzugehen. Waren die Patienten erst freundlich, so konnte dies schnell umschwenken und sie wurden dann auch körperlich aggressiv. Ich bewunderte sie für diese schwere Aufgabe, verstand aber, dass sie davon irgendwann Abstand brauchte, denn es war sicher für einen selbst auch überaus belastend, sowohl körperlich als eben auch geistig.

Natürlich lernte Mama auch das Fräulein kennen, war angetan von ihr, meinte, es sei positiv, wenn ich Anschluss gefunden hätte. Aber da ich ihr offenlegte, dass ich nicht vorhatte, zu meiner Familie zurückzukehren oder die Bande wieder aufzunehmen, die uns zusammenhielten, wirkte sie sehr geschockt. Ich sagte ihr auf den Kopf zu, wie sehr es mich immer noch verletzte, von ihr nach Kreuzlingen verbannt worden zu sein, und Andrea hatte dies abgesegnet, was mich ebenso sehr schmerzte.

Meine Mutter konnte zuerst nichts darauf erwidern, wie ich öfter anmerkte, ein sehr seltener Fall bei ihr, denn sie war sonst immer sehr kommunikativ. Dann meinte sie, sie wisse, ich brauche Ruhe, müsse meine körperliche und geistige Stärke zurückgewinnen, aber mit allen zu brechen, sei ein sehr harter Schritt, den ich gut überdenken solle. Die Auswirkungen seien fatal, denn ich habe doch als ein wichtiger Teil zur Familie gehört, alle seien sich stets sehr verbunden gewesen. Die Mädchen waren alle verheiratet, fügte sie an, aber Philip war in einem Alter, in dem er seine Mutter doch brauchte. Für Mama war meine Entscheidung damit gleichgestellt mit der Ablehnung meiner Rolle als Mutter. Ich würde aus ihrer Sicht meine Kinder, vor allem meinen Sohn verleugnen. Und dies sollte ich nicht tun, um sie vielleicht dadurch zu verletzen oder sie für ihre Entscheidung mich nach Kreuzlingen bringen zu lassen, zu bestrafen.

Meine Mutter kämpfte sichtlich mit den Tränen, aber für mich waren es eben nur *Krokodilstränen*, denen ich kein Gewicht beimessen konnte. Die

Pye-Crust hielt sich aus allem heraus, schwieg, aber schien ebenfalls fassungslos. Ich gab meiner Mutter nur den Satz mit auf den Weg, dass sie von mir hören werde, mehr nicht.

Mama hatte immer noch eine gewisse, sagen wir mal, Verfügungsgewalt über mich, denn sie fragte bei Doktor von Kaan an, ob man mir eine gewisse Freiheit unter Überwachung zugestehen könne. Sie mochte den Doktor, denn er genoss einen sehr guten Ruf und zudem hielt er meinen momentanen Zustand für durchaus positiv. Das hatte er mir auch bereits mitgeteilt.

So zog ich kurz darauf mit Fräulein Heilskov in eine nette kleine Pension in Meran. Der Doktor besuchte uns dort, stellte fest, wie sehr ich aufblühte, diese neu gewonnene Freiheit sehr zu schätzen wusste. Er wies mich daraufhin, dass es sich um eine Probezeit handelte, ich sollte ihn nicht enttäuschen.

Daher gestattete er mir, am zweiten Januar des Jahres 1933 mit dem Fräulein Meran zu verlassen. Wir reisten gemeinsam nach *Nervi*, einem kleinen beschaulichen Badeort an der Italienischen Riviera zwischen Genua und Portofino. Wir mieteten uns in einem Chalet ein, welches zu einem Hotel gehörte und den Namen *Villino Etter* trug. Das Häuschen lag in der Straße *Via della Marina*, etwas oberhalb in den Bergen. Man hatte von dort aus einen wundervollen Blick auf das Meer.

Nervi ist ein Stadtteil Genuas. In dem Kurort gibt es einen wunderschönen Touristenhafen, drei Parks, in denen sich die Kurgäste tummeln können. Durch die umliegenden Berge wie den *Monte Fasce*, der wie die anderen direkt hinter dem Meer aufsteigt, bietet Nervi immer ein sehr angenehmes Klima. Im Winter kann es dort mitunter auch zehn Grad Celsius wärmer sein als im übrigen Genua.

Da ich mich darum kümmerte, das Häuschen für das Fräulein und mich wohnlich zu gestalten, fand ich keine Zeit, meinen philosophischen Studien weiterhin nachzugehen, was ich aber auch nicht bedauerte. Die Heilskov war mir eine sehr angenehme Gesellschaft und ich genoss jeden Augenblick meines doch recht freien Lebens, denn ihre Anwesenheit störte mich keineswegs, so wie es bei Schwester Lina gewesen war. Sie gab mir zu keiner Zeit das Gefühl, psychisch krank zu sein, sondern nahm mich rein als Menschen an.

Sophie gebar am zehnten Januar eine kleine Tochter, die den Namen Christina erhielt. Ich erfuhr es von Mama, die mich im Februar auf ihrer Rückreise von Malta besuchte. Leider hatte ich mir eine schwere Erkältung eingefangen, lag im Bett und war sehr müde, aber meine Mutter wollte dennoch wenigstens kurz mit mir reden. Als sie ihren Besuch ankündigte, bat ich das Fräulein sie darauf hinzuweisen, dass ich nicht allzu lange ihre Gesellschaft genießen wollte, weil ich mich dazu einfach nicht in der Lage fühlte. Daher wirkte Mama leicht reserviert, stellte aber dennoch fest, ich hätte zugenommen. Ich machte ihr ohne Umschweife klar, wie sehr mich ihr Besuch ermüdete, denn eigentlich wollte ich niemanden aus meiner Familie mehr sehen, aber wenn sie schon käme, hörte ich mir gerne auch Neuigkeiten aus der Familie an. Sie sollte allen meine Grüße übermitteln, auch einen Glückwunsch an Tiny und Christoph zu ihrem Baby, dennoch wären familiäre Besuche auch eine Störung meines durchorganisierten täglichen Lebens. Meinem Herzen ging es so weit gut, erklärte ich ihr, aber ich wolle es auch nicht überanstrengen, nahm mir viel Zeit, legte Ruhepausen ein. Kontakt zu anderen Menschen als zu dem Fräulein suchte ich nicht, denn selbst Fußgänger nervten mich schon, wenn sie uns passierten, auch mal zu einem kurzen, unverfänglichen Plausch ansetzten. Da ich jeden Tag nur einen kleinen Spaziergang mit dem Fräulein machte, setzte ich eben Gewicht an, aber ich war mehr damit beschäftigt uns das Häuschen gemütlich einzurichten.

Mama ging davon aus, ich würde etwa bis zum Mai noch in Nervi bleiben, daher plante sie eine Reise zu meiner Schwester Louise nach Schweden, wobei sie vorher noch einen Abstecher nach Darmstadt machen wollte. Ich sollte ihre Pläne durchkreuzen, was sie sehr beunruhigte.

Fräulein Heilskov musste mich im Februar leider verlassen, da sie wieder im Sanatorium gebraucht wurde, und da der Doktor von Kaan kein Problem darin sah, nahm ich mein Leben selbst wieder in die Hand. Ich suchte mir eine neue Sekretärin, eine Schweizerin namens Fräulein Nussbaum. Wir verstanden uns zuerst sehr gut, aber sie teilte meine philosophischen Ansichten nicht, denn sie zeigte dafür einfach kein Interesse. Es langweilte sie. Vor allem verstand sie meine Ambitionen dahingehend nicht, als ich Kontakt zum Herausgeber der Zeitschrift *Die weiße Fahne* aufnahm. Diese Zeitschrift wurde seit dem Jahre 1924 von dem Deutschen Karl-Otto Schmidt, einem bedeutenden Autor für Naturheilkunde, Lebenshilfe, positives Denken, Reinkarnation, Lebenshilfe und Spiritualität herausgegeben. Sie stand für die *Neugeist-Bewegung*, einen Vorläufer der Esoterik, und in der Zeitschrift fanden sich auch Anzeigen für Yoga-Kurse, die sich mittlerweile auch großer Beliebtheit erfreuten.

Für die Nussbaum war die Zeitschrift, die ich gerne las, irgendein mystisch angehauchtes Blättchen, was meine Mutter ebenso sehen sollte. Nun wollte ich mich aber mit dem Schmidt treffen.

So teilte ich dem dänischen Konsulat in Genua mit, ich würde Nervi am achtzehnten März verlassen, um nach Basel zu reisen, aber einen kurzen Aufenthalt in Turin einlegen. Dort wollte ich mich von der Nussbaum trennen, aber sie verließ mich bereits davor schon in Nervi. Sie brauchte es nicht zu begründen, denn es lag für mich auf der Hand, warum sie ging. Ich hatte ihr einen Brief an *Die weiße Fahne* diktiert, diesen von Villingen im Schwarzwald aus versenden lassen, wobei ich noch einen selbst verfassten Artikel beilegte, um dessen Veröffentlichung ich bat. Ferner wies ich daraufhin, dass ich eine begeisterte Leserin der Zeitschrift sei, mich mit dem Herausgeber gerne am zweiundzwanzigsten März in Basel treffen wolle.

Ich nahm mir die Freiheit, Mama von meinen Plänen zu berichten, was diese in sprichwörtliche Alarmbereitschaft versetzte, denn sie befürchtete, ich könne mich mit eben diesem Artikel bei Veröffentlichung zum Gespött machen und dies würde dann auch auf die Familie zurückfallen. Sie schaltete den Grafen Hardenberg ein, der sich gerade in der Schweiz aufhielt, bat ihn nach mir zu sehen. Ich hatte ihr in einem kurzen Schreiben mitgeteilt, dass ich auf ihn warten könne, aber eben nicht allzu lange. Meine Mutter forderte den Grafen sogar auf, doch bitte nach Basel zu reisen, um festzustellen, ob man dort schon ein Treffen für mich arrangiert hatte.

Ich war durchaus bereit, den Grafen zu sehen, mit ihm gemeinsam nach Basel zu fahren, aber es ärgerte mich, wie sehr sie wieder um meinen geistigen Zustand besorgt war. Sie hatte Angst, ich würde erneut geistig völlig abschweifen, danach wieder in eine Apathie fallen. Mama war dadurch zu angespannt, um Louise zu besuchen, und erdreistete sich gar, dass dänische Konsulat darum zu bitten, mir Reisegeld zu verweigern. Man hätte mir dies dort bereitwillig ausgelegt, bis es danach von dem Grafen beglichen wurde, aber meine Mutter war der festen Überzeugung, ich würde mit der Veröffentlichung eines Artikel in dieser Zeitschrift einen kompletten Idioten aus mir machen, wie sie es ausdrückte, und sie ging sogar noch weiter, indem sie äußerte, es würde sie zutiefst erschüttern, wenn ich aufgrund meiner Eskapaden wieder in das Sanatorium zurückkehren müsse.

Da der Graf nicht rechtzeitig in Nervi eintraf, reiste ich alleine nach Basel. Er machte mich dort ausfindig, zeigte sich sehr erleichtert, als niemand von der Zeitschrift sich blicken ließ. Sogleich erinnerte ich mich aber daran, dass einer der Publizisten etwas entfernt von Bonn in der Eifel lebte. So reiste der Graf mit mir bis nach Mainz, wo er mich dann endlich davon überzeugen konnte, dass diese Person seit einem Jahr nicht mehr dort lebte. Er zeigte sich aber sehr beeindruckt von meinem starken Willen, jemanden zu treffen, der an dem Erscheinen der Zeitschrift beteiligt war. Während unserer Reise machte er mir aber keinen Vorwurf oder kritisierte mein Vorhaben. Dennoch laugte es ihn aus, mich begleiten zu müssen, meine spontanen Entscheidungen zu akzeptieren. Ich war ebenfalls müde von der Reiserei.

Mama kam nach Mainz, traf dort den Grafen, der mich in der Zwischenzeit in einer Pension bei Bad Kreuznach untergebracht hatte. Bad Kreuznach

war mir als Kurort meiner Familie vertraut und der Graf kümmerte sich sogar um die Anstellung einer Krankenschwester, die nach mir sah. Meine Mutter und er konsultierten einen Arzt, der mich untersuchte und sich regelmäßig über meinen Gesundheitszustand vergewissern sollte. Man hatte ihn in meine Erkrankungen, sowohl psychisch als auch physisch, eingeweiht.
Für kurze Zeit überfiel mich die ungute Panik, Mama könne wieder auf einer Einweisung in das Sanatorium bestehen, aber sie wollte nun endlich nach Schweden reisen, hoffte, meine Krise sei vorüber. Zudem befanden sich Onkel Ernie und der Graf in der Nähe, sie könnten jederzeit mit dem Automobil in etwa zwei Stunden bei mir sein.
Ich entschied mich dafür, erst mal in Bad Kreuznach zu bleiben, verordnete mir selbst Kurbäder, was Mama sehr begrüßte, denn es war aus ihrer Sicht wohltuend für Körper und Geist. Ihre Aussage, mein Gehirn würde nicht richtig funktionieren, fand ich aber schon wieder fast impertinent.

Am vierzehnten April brachte Cäcilie in Darmstadt ihren zweiten Sohn, den kleinen Alexander zur Welt.

Ludwig und sein kleiner Bruder Alexander, Darmstadt, im Mai 1931

Es war meine Mutter, die mich stets über Familienereignisse auf dem Laufenden hielt, und sie war es auch, die mir Fotos zusandte. Ich weiß nicht, inwieweit sie der Familie meine Entscheidung mitgeteilt hatte, dass ich jeglichen weiteren Kontakt verweigerte, aber ich gehe davon aus, sie gab dies weiter, denn niemand von ihnen meldete sich bei mir. Dabei waren sie in greifbarer Nähe für mich. Aber mein Entschluss stand fest und ich wollte diesen auch nicht zurücknehmen.

Mama sah sich in der Pflicht, den Doktor Binswanger über meinen momentanen Zustand zu informieren. Sie berichtete ihm von meinem Fortschritt, aber auch von meinem kleinen Rückfall. Der Doktor antwortete ihr umgehend, er sei immer noch an einer Weiterbehandlung meinerseits interessiert. Wenn meine menschliche Besorgnis, wie er es ausdrückte, nicht solche ungesunden Formen angenommen hätte, so wäre ich durchaus eine sehr außergewöhnlich freundliche Frau und hervorragende spirituelle Persönlichkeit. Er wandte aber ein, ich habe mich besser geführt, als er zu Beginn der Behandlung befürchtete. Und dies war ein Zugeständnis seinerseits, wie falsch er meinen Fall einschätzte.

Da Mama auch wissen wollte, ob meine Erkrankung bedrohliche Züge, auch für mich, annehmen könnte, gab er ihr unmissverständlich zu verstehen, sie würde zwar immer wieder durchbrechen, aber die Rückfälle wären bald nicht mehr von solcher Intensität und sie kämen auch nicht mehr so häufig zurück. Für ihn war es weitaus beunruhigender, dass ich an die falschen Personen geriete, die mich dann eventuell finanziell ausnehmen würden. So etwas könne meine Mutter mittels einer ganz legalen Entmündigung verhindern, die er wohl auch ihr gegenüber einmal angesprochen hatte. Die Schwierigkeit sei nur, eine Behörde zu finden, die diese ausstellte.

Er empfahl Mama aber, jeder Person, die man für meine Belange einstellen wollte, im Vorfeld zu sagen, dass ich psychisch krank sei. Damit einhergehend musste man diese Personen auch vorher sehr genau in Augenschein nehmen. Auch wenn ich jemanden einstellte, also ohne Rücksprache mit Mama oder dem Grafen Hardenberg, sollte man ein Auge auf diese Person haben, denn ich brauchte dahingehend Hilfe und Unterstützung. Sollte ich mich also an einem Ort dauerhaft niederlassen, war es wichtig, eine sehr vertrauensvolle Person zu finden, die auch die Familie über alles informierte, was ich tat oder beabsichtigte zu tun. Dann hätte man auch Gewissheit, wenn ich wieder dabei sei, geistig abzubauen oder eben einen schweren Rückfall zu erleiden.

Meine Mutter gab mir dies in groben Zügen in einem Schreiben zu verstehen und leitete auch die Diagnose von Doktor Binswanger weiter, dass ich keineswegs vollständig geheilt sei. Meine Freiheit basierte einzig und allein auf meinem Verhalten in der Zukunft, aber meine Angst, wieder in ein

Sanatorium eingewiesen zu werden, solle man mir nehmen, ebenso die Furcht, die damit verbunden war, wieder völlig meiner Freiheit beraubt zu werden. Dies sei für meinen weiteren Genesungsprozess nicht förderlich. Ich solle es im Hinterkopf behalten, um dadurch die Heilung zu fördern. Es war wie bei einem kleinen Kind, welches sich nicht benahm. Man drohte mir quasi bei Ungehorsam mit einer erneuten Freiheitsberaubung. Ganz klar sagte der Doktor nur eines damit – das Damoklesschwert einer eventuellen Einweisung in ein Sanatorium würde mich gewissermaßen *zähmen*.
Ich befand mich auf dem Weg der Genesung, das lag unumstritten auf der Hand. Dennoch würde ich die aus Sicht meiner Familie leicht exzentrische Person bleiben, die ich nun einmal war, und ich beschritt auch weiterhin den unkonventionellen Weg, den ich eingeschlagen hatte. Meine Familie war einfach *zu* besorgt um mich.
Es tröstete mich daher nur wenig, als Mama mir sagte, sie gehe niemals konform mit einer erneuten Einweisung in ein Sanatorium.

Dolla wurde am dritten Juli zum zweiten Mal Mutter. Ihr kleiner Sohn erhielt den Namen Maximilian nach seinem Großvater, dem Prinzen Max von Baden.

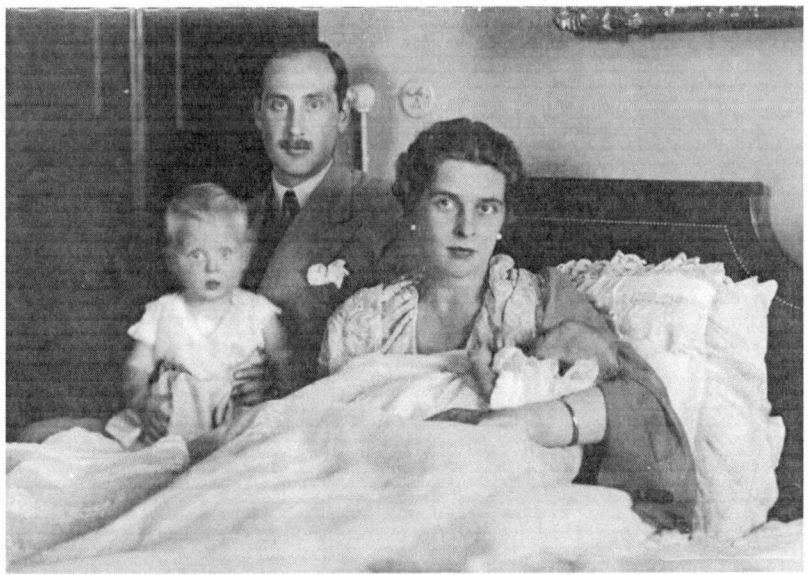

Berthold, die kleine Margarita, Dolla und das Baby Maximilian, Baden, Juli 1933

Die Ehen meiner Töchter mussten unbestritten sehr glücklich sein, da Kinder immer ein Zeichen der Liebe zwischen zwei Menschen sind, und dies stimmte mich wenigstens etwas versöhnlich. Dennoch betrübte es mich, dass ich bei der Taufe des kleinen Max nicht anwesend war. Zwar hatte ich mit allen gebrochen, aber nun fühlte es sich eher so an, als sei ich eben doch auch eine unerwünschte Person, denn Dolla hätte mich wenigstens einladen können. So empfand ich es damals. Auch wenn ich abgelehnt hätte zu kommen, es hätte mich dennoch gefreut.

Zur Taufe des kleinen Max in Baden, 1933, von links nach rechts, Cäcilie, hinter ihr stehend Sophie, Dolla mit dem Baby, hinter ihr Berthold, Andrea in der Mitte, daneben Gottfried zu Hohenlohe-Langenburg, vor ihm die Großherzoginwitwe Hilda von Baden, neben ihr sitzt Margarita

Meine Tochter Margarita war zu diesem Zeitpunkt auch schwanger. Ihr erstes Kind sollte im Dezember das Licht der Welt erblicken.
Die Fotos, die mir Mama zusandte, behielt ich, aber sie waren nur ein Trostpflaster für mich.

Im Sommer beschloss ich, nach Köln zu gehen, ließ mich dort für kurze Zeit im *Excelsior Hotel* nieder. Ich sah mich nach einer längerfristigen Unterkunft um und stieß dabei auf das Inserat einer Frau Reuter, die in der *Bachemer Straße 26* in ihrer Pension einige Räume zu vermieten hatte. Die Dame war die Gattin eines reichen Aktionärs der *Bols-Likör*-Firma, der sich

zumeist auf Jagdausflügen befand. Sie hatte eine elfjährige Tochter namens Almuth.
Ich begab mich direkt in einem Taxi zu der Adresse der Familie Reuter. Es erschien mir am sinnvollsten, direkt dort vorstellig zu werden, denn ein Anruf wäre aufgrund meiner Taubheit verständlicherweise völlig sinnlos gewesen. Zudem hoffte ich natürlich, man würde mir aufgrund meines Status einen Vorzug als potenzielle Mieterin gewähren. Ich erschien also nun bei Frau Reuter in meinem Habit und diese zeigte sich etwas irritiert über meinen Auftritt in der silber-grauen Tracht einer Nonne. Erst nachdem ich ihr meinen doch sehr gewichtigen dänischen Pass zeigte, glaubte sie, eine waschechte griechische Prinzessin vor sich zu sehen.
Ich mietete drei Zimmer an. Einen Raum nutzte ich als großes Wohnzimmer, eines als Schlafzimmer und ein ehemaliges Gästezimmer sollte als Zimmer für eine Gesellschafterin genutzt werden, die auch mit Frau Reuters Hilfe schnell fand. Es handelte sich um ein junges, gebildetes Fräulein, welches ich als meine Schülerin bezeichnete. Ich unterrichte sie in der Hausarbeit, wofür sie einen kleinen monatlichen Lohn bezog. Dafür leistete sie mir Gesellschaft und stand bei Bedarf auch Frau Reuter als Haushaltshilfe zur Verfügung.
Almuth, Frau Reuters Tochter, war in einem Alter mit meinem Sohn Philip, was ich ihr auch sofort sagte. Das Mädchen half mir kurz nach meiner Ankunft meine Koffer auszupacken, wobei es sich aber nur um wenige Habe handelte. Sie war so überrascht, in dieser echte seidene Schuhe zu sehen, dass sie kaum aus dem Staunen herauskam. Es war etwas an Almuth, was mich vielleicht an meinen Sohn erinnerte und ich schloss sofort Freundschaft mit dem Mädchen. Mein Auftreten in dem Habit, meine Taubheit, trotz der ich mein Leben meisterte, machte sie sehr neugierig. Allem voran stand natürlich die Tatsache, dass ich eine echte Prinzessin war. Sie fragte viel, ich scheute mich nicht, ihren Wissensdurst zu stillen, auch wenn Frau Reuter sich für ihre, aus ihrer Sicht, vorlaute Tochter nicht nur einmal bei mir entschuldigte. Ich sah das aber keineswegs so, sondern freute mich sehr über Almuth Wissbegierde, ihre Zuneigung für mich.
Frau Reuter und ich einigten uns auf eine monatliche Miete, aber da sie die erste nicht erhielt, wurde sie etwas unruhig und ich kontaktierte den Grafen Hardenberg, der umgehend alles beglich, ihr versicherte, er würde auch für alles Weitere, was finanziell anfiel, aufkommen. Er wurde direkt bei Frau Reuter vorstellig, was diese ebenfalls beeindruckte.
Der Graf besuchte mich in der folgenden Zeit ab und an, um nach mir zu sehen. Wir zogen uns dann in mein Wohnzimmer zurück, er berichtete mir von der Familie, erkundigte sich nach meinem Befinden, doch jedes Mal, wenn er ging, wirkte er irgendwie geknickt. Es schien mir so, als sei die ihm

von Mama auferlegte Pflicht, sich um mich zu kümmern, zu viel für ihn, oder vielleicht verstand er meine selbst gewählte Einsamkeit auch nicht wirklich. Aber ich fühlte mich bei den Reuters sehr wohl.

Meine Erkrankung blieb ein Tabu, das sprach ich nicht an. Manchmal zeigte sich besonders Almuth verwundert darüber, dass ich nachmittags lange auf der Terrasse saß, einfach in den Himmel starrte, meinen Gedanken nachhing. Als Frau Reuter, die sich sorgte, ich wäre zu einsam, sich erkundigte, was ich dort beobachtete, erklärte ich ihr, ich hätte oft Visionen und diese drehten sich zumeist um die *Heilige Barbara*. Ich meinte damit aber keineswegs die *Barbara von Nikomedien*, die im dritten Jahrhundert als christliche Jungfrau und Märtyrerin in die Geschichte einging. Diese hatte sich der Überlieferung zufolge geweigert ihren christlichen Glauben und ihre jungfräuliche Hingabe an Gott aufzugeben, wofür ihr Vater sie enthaupten ließ.

Ich meinte die Schwester Barbara, Tante Ellas treue Gefährtin, die ihr bis in den Tod gefolgt war. Ihre selbstlose Hingabe an meine Tante beeindruckte mich auch nun noch, so viele Jahre nach dem Tod der beiden. Und Tante Ella stand für mich in einer sehr besonderen Position. Vielleicht hielt ich ihr Ideal zu hoch, aber wie sie ihr eigenes Leben aufgab, um es in den Dienst der Bedürftigen zu stellen, war einfach nur ein Sinnbild für eine äußerst beeindruckende Frau.

Frau Reuter lud mich oft zum Tee ein, dann redeten wir über vergangene Zeiten und sie war sichtlich interessiert an meiner Familie, denn ihrer Meinung nach hatte der alte Adel doch noch einen gewissen Charme. Zudem konnte ich mit allerlei lustigen Anekdoten aus dem privaten Leben meiner Familie aufwarten.

Almuth saß manchmal auf meinem Schoß, gesellte sich gerne zu uns. Ihr gefielen vor allem die Geschichten über meine Kindheit, weil auch die Königin Victoria dabei eine große Rolle spielte. Oftmals merkte sie an, es sei seltsam, wie lange ich für mein Stück Kuchen brauchte, denn ich aß die Süßigkeit sehr langsam, genoss es. So brauchte ich oft eine Stunde, bis es aufgegessen war.

Wenn sie auf meinem Schoß saß, umarmte ich Almuth oft sehr liebevoll, sagte, es erinnere mich an meinen Sohn und wie er immer auf meinem Schoß gesessen hatte, was das Mädchen oft traurig stimmte. Aber sie wagte mich nie zu fragen, was geschehen war.

Ich weiß nicht, ob der Graf Frau Reuter etwas über meine Erkrankung erzählte. Wir schnitten, wie gesagt, dieses Thema nie an. Sie sorgte sich eben nur, weil ich so einsam war, aber dennoch zufrieden wirkte. Mit ihrem Gatten hatte ich keinen tiefergehenden Kontakt. Wir sahen uns kurz, wenn er nach Hause kam, begrüßten einander und das war es auch.

Für mich war die Zeit bei den Reuters eine sehr angenehme, denn ich konnte tun und lassen, was ich wollte. Die meisten meiner Tage verbrachte ich aber in aller Stille, konzentrierte mich nur auf mich selbst oder wies das Fräulein in die Hausarbeit ein. Mehr brauchte ich nicht und es genügte mir so.
Irgendwann, Anfang September, fand ich es Zeit für einen erneuten Wechsel meiner Bleibe und verließ die Reuters, was vor allem Almuth sichtlich betroffen machte. Es tat mir leid, aber ich versicherte ihr und ihrer Mutter, es habe mir sehr gut bei ihnen gefallen, doch ich musste weiterziehen, um mich selbst zu finden.
So zog ich in eine kleine Wohnung nach Brück, außerhalb der Stadt Köln.

Im Januar des Jahres 1933 war Adolf Hitler als Reichskanzler mit seiner Partei, der NSDAP, an die Macht gekommen. Ich hatte das politische Ränkespiel nur beiläufig verfolgt, da ich mich mehr auf mich selbst konzentrierte.
Mama hatte mir von einem großen Fackelumzug in Darmstadt geschrieben und dieses kommentiert, indem sie meinte, der Staatsstreich sei auch in der Stadt sehr populär und gefeiert worden. Ich möchte nicht näher auf die Ereignisse eingehen, die zu Hitlers Machtergreifung führten, denn sie dürften jedem geschichtlich interessierten Menschen hinlänglich bekannt sein. Und die Auswirkungen, die Hitlers Regierungszeit auf Deutschland und die Welt haben würde, konnte damals noch niemand erahnen. Mir waren die Nazis aber von Anfang an suspekt und ich ging mit der neuen Regierung keineswegs konform.

Mein Sohn Philip hatte sich mittlerweile in der *Cheam-School* einen Namen gemacht. Allen Widrigkeiten seines jungen Lebens zum Trotz, war er zum Schulsprecher avanciert und sein Schulleiter überaus beeindruckt von ihm. Schon im ersten Jahr an der Schule hatte er einen Preis in Mathematik gewonnen, einen für Französisch im zweiten. Er war ausgezeichnet in seinen sportlichen Leistungen, hatte viele Trophäen und Preise gewonnen. Im Hürdenlauf, Hochsprung, Schwimmen und Tauchen konnte er sehr gute Leistungen vorweisen, hatte beim Fußballspielen als erfolgreicher Torhüter brilliert und mit seinen elf Jahren war er nun auch in das erste Cricket-Team der Schule aufgenommen worden. Normalerweise stand ihm an der Schule also alles offen, bis er sie mit dem üblichen Alter von dreizehn Jahre verließ, um auf eine andere weiterführende zu wechseln. Aber meine Tochter Dolla, ihr Ehemann und meine beiden Brüder entschieden, dass er im Sommer des Jahres 1933 Cheam verlassen sollte. Es war eine Entscheidung der Familie, mein Sohn wurde dazu nicht befragt. Später sollte er sagen, man habe ihn dazu genötigt, die Schule ein Jahr früher zu verlassen, denn er fühlte sich dort sehr wohl.

Dolla wollte sich mehr um ihren kleinen Bruder kümmern und diese Chance bot sich ihr, wenn er das Internat in Salem besuchte. Es war eine etwas seltsame Entscheidung, denn nach Hitlers Ernennung zum Reichskanzler wurde die Schule in Salem sprichwörtlich nazifiziert.

Als Prinz Max von Baden das Internat im Jahre 1920 gründete, was ich bereits erwähnte, ging es ihm darum, dort zukünftige Soldaten heranzuziehen, die aber auch gleichzeitig dem Frieden mit Liebe verschrieben waren, wie er es ausdrückte. Die Schüler sollten zu Männern werden, die weise ihre Entscheidungen trafen, starken Willens waren und so später als Soldaten die Konsequenzen ihres Handelns abschätzen lernten. Gleichzeitig sollten sie aber auch Visionen für eine bessere Welt haben.

Der erste Schulleiter Kurt Hahn unterstützte den Prinzen in seinem Bestreben und eigentlich waren die grundsätzlichen Ansichten Hahns nicht verkehrt, aber die Nazis konnten sich diese zu eigen machen, denn es entsprach ganz und gar ihrer propagierten Ideologie.

Philip hatte Hahn das erste Mal kennengelernt, als er im Sommer des Jahres 1932 die Ferien bei Dolla und Berthold verbrachte.

Die Schule hatte im Jahre 1920 mit zwanzig Schülern begonnen, sowohl Jungen als auch Mädchen. Ein Hauptaugenmerk sollte aber stets auf der Ausbildung von Jungen liegen, im Jahre 1933 waren es bereits vierhundertzwanzig Schüler und die Schule gehörte zu den führenden und namhaften in Europa.

Das Leben in dem Internat war für die Schüler sehr streng und durchorganisiert. Vor dem Frühstück mussten sie vierhundert Meter auf den Zehenspitzen laufen, zu jedem Essen gab es nur Milch zu trinken, am Morgen zwischen den Unterrichtsstunden fanden jeweils einmal für fünfundvierzig Minuten Sporteinheiten statt, nach dem Mittagessen gab es eine Ruhepause von ebenfalls fünfundvierzig Minuten. Aber dabei mussten die Kinder auf dem Boden liegen, flach auf dem Rücken, während ein Erwachsener ihnen laut vorlas. Bei den diversen Wettbewerben im sportlichen Bereich musste jedes Kind quasi gegen sich selbst antreten, also versuchen, die eigene Bestleistung noch zu übertreffen.

Hahn fand, dass besonders der Hochsprung jungen Menschen half, ihr Stottern zu überwinden sowie sehr intellektuelle und sehr sensitive Schüler geradezu herausforderte. Er gab an, dass achtzig Prozent der Schüler, die das Internat verließen, in der Lage seien, die eineinhalb Meter-Marke zu überspringen.

An Samstagnachmittagen durften die Kinder unter Anleitung von Lehrern die Natur erkunden, selbst etwas im Schulgarten anbauen oder sich in Artis-

tik üben. Zweimal pro Woche mussten Pflichten wahrgenommen werden, wie zum Beispiel die Pflege des Schulgartens.
Auch Feldspiele gab es in Salem, aber es durfte nur an zwei Nachmittagen pro Woche gespielt werden, es wurde nur Hockey angeboten und es gab keinen Trainer. An anderen Nachmittagen durfte nicht gespielt werden. Hahn tolerierte keine Leidenschaft für diese Art von Spielen, es sollte nur der körperlichen Ertüchtigung dienen.
Im ersten Semester an der Schule trugen die Schüler noch ihre eigene Kleidung, erst im zweiten erhielten sie ihre Uniform, die aus grauen Shorts und Shirts bestand.
Hahn war zuerst ein glühender Anhänger Hitlers gewesen, stand hinter dessen patriotischer Aggressivität, aber er unterschätzte auch gleichzeitig die Ambitionen desselben. Kurt Hahn war ein Sohn des jüdischen Großindustriellen Oskar Hahn und damit hatte er schon einmal in Hitlers Weltsicht keinen guten Standpunkt.
In der Nacht vom neunten auf den zehnten August des Jahres 1932 drangen in dem oberschlesischen Dorf *Potempa* fünf uniformierte SA-Leute in die Wohnung des Arbeiters und Kommunisten Konrad Pietrzuch ein und prügelten ihn in Anwesenheit seiner Mutter zu Tode. Auf dieses Verbrechen stand eigentlich die Todesstrafe, aber durch Intervention und Druck der Nazis wandelte man die Strafe in eine lebenslange Haft um, Hitler verteidigte den Mord öffentlich, rechtfertigte ihn sogar. Dies verärgerte Hahn so sehr, dass er sich gegen Hitler stellte. Er schrieb daraufhin Briefe an die ehemaligen Schüler des Schlosses Salem, verlangte von ihnen entweder die Bewegung der Nationalsozialisten abzulehnen oder gar den Kontakt zur Schule abzubrechen. Kurz darauf kam Hitler an die Macht, man verhaftete Hahn unter den Augen seiner Schüler, inhaftierte ihn für fünf Tage. Der britische Premierminister Ramsay MacDonald und der Prinz Berthold von Baden schalteten sich ein, intervenierten über den Minister des deutschen Auswärtigen Amtes und so wurde Hahn zwar wieder freigelassen, im Juli aber aus dem Schuldienst entlassen und so emigrierte er nach Schottland, wo er einen Ableger der Schule in Salem gründen wollte.
Es ist vielleicht bezeichnend, dass man nur einen Monat nach Hahns Emigration nach Schottland das erste Konzentrationslager in Dachau eröffnete.
Nach Hahns unfreiwilliger Entlassung nahmen viele Eltern ihre Kinder vom Internat, so holte sich mein Schwiegersohn Berthold Rat bei Hitler, wie es mit der Schule weitergehen solle. Dieser fragte ihn aber ganz offen, warum man sich als Aristokraten nicht endlich seiner Hofjuden entledigte.
Eines von Hitlers Zielen war stets ein Bündnis mit England und daher, fand Berthold, wäre es gerade von Vorteil, wenn Philip als Engländer auf das deutsche Internat wechselte. Die Badener Familie war nicht so euphorisch

für die Nationalsozialisten wie die anderen Zweige der Verwandtschaft, aber dennoch wollte man die Schule um jeden Preis erhalten. Es gab viele Schüler aus England in Salem, aber Philip war ein Prinz, das hatte eine ganz andere Bedeutung für Hitler. So sah dieser auch davon ab, die Naziideologie auf die Schule zu übertragen, weil ihn der Vater eines Schülers, General von Brauchitsch, eindringlich davor warnte. Englische Eltern würden ihre Kinder nicht mehr nach Salem schicken, wenn es eine öffentliche Bildungsstätte im Rahmen des Nationalsozialismus würde.

Da ich alle Verbindungen zu meiner Familie abgebrochen hatte, sah Dolla es wohl als ihre Pflicht an, Philip in ihrer Nähe zu haben, seine Schulbildung zu überwachen und so konnten sie und ihr Ehemann die Brücke für Hitler zur englischen Elite aufrechterhalten. Zudem hätte Philip so einen festen Wohnort, würde nicht immer von Mama zu Dickie oder Georgie und ihren Familien wechseln. Dies fand ich durchaus positiv, aber mir missfiel der Gedanke, dass man meinen Sohn gewissermaßen missbrauchte, um sich mit Hitler gutzustellen und die Schule dadurch zu erhalten.

Philip begann sein erstes Semester im Internat in Spetzgart am nördlichen Ufer des Bodensees, wo sich die Schule für Erstsemester befand. Viele Schüler waren von der Schule genommen worden, die Mehrheit der Lehrer hatte sich zu ihrer eigenen Sicherheit von Hahn abgewandt und distanziert. Als Hitler im Oktober 1933 den Austritt Deutschlands aus dem Völkerbund veranlasste, änderte sich in Salem bald die Anzahl der Schüler, deren Eltern Mitglieder in der NSDAP waren, und bald liefen diese dann auch nicht in der Schuluniform, sondern in der der Hitler-Jugend durch das Internat. Der Nazi-Kommissar, der die Schule beaufsichtige, gehörte als Offizier der SA an und nahm Veränderungen am Schulleben vor. Er zog die Jungen, die im *Jungvolk* waren, den anderen vor, ließ *Wehrsport* als Unterrichtsfach einführen und gerade bei den sportlichen Aktivitäten herrschte bald ein mehr militärischer Drill. Dies gefiel den meisten Schülern, die eben nicht Mitglied waren, überhaupt nicht. Der SA-Offizier musste auch dafür Sorge tragen, dass zu einem gewissen Anteil die Ideologie der Nazis in den Unterricht einfloß und ferner bestand er darauf, Hitler-Reden mit den Schülern gemeinsam im Radio anzuhören.

Dolla ließ Philip erst einmal im Internat wohnen, dann zog er zu ihr und ihrer Familie. Von Mama erfuhr ich, dass es meinem Sohn an der Schule nicht sehr gut gefiel, er vermisste die Cheam-School und sprach auch nur wenig Deutsch, sodass er bald recht isoliert war. Nur Martin Flavin, der Sohn des *Pulitzer-Preis*-Gewinners und namhaften amerikanischen Autors, war ihm ein Freund. Ansonsten hatte er nur Dolla und ihre Familie.

Mein Sohn war zudem dadurch unangenehm aufgefallen, weil er sich über den *Hitler-Gruß* und das gleichzeitige Zusammenschlagen der Hacken

lustig machte. In der anderen Schule hatten die Schüler mit derselben Handbewegung auf sich aufmerksam gemacht, wenn sie zur Toilette mussten.
Ich verstand Dollas Ambitionen, aber es war für meinen Sohn eigentlich keine gute Lösung und ich fand ihn auch zu jung dafür, um mit dieser Nazi-Propaganda tagtäglich konfrontiert zu werden. Die Behandlung Hahns, der SA-Offizier an der Schule – die Gegebenheiten fanden keineswegs meine Zustimmung. Und ich wollte nicht, dass mein Sohn in seinen sehr guten schulischen Leistungen abfiel, weil er sich in Salem nicht wohlfühlte. Es verärgerte mich aber auch, dass sein Vater so gar keinen Anteil an dem Ganzen nahm, sich völlig aus allem heraushielt und dafür lieber seine Zeit an den Spieltischen in Monaco oder in den Armen seiner Geliebten verbrachte.

Philip im Jahre 1933

Ich hätte mich an Dolla wenden können, aber sie wäre sicher nicht begeistert über meine Einmischung gewesen, da ich seit zweieinhalb Jahren auch kein Wort ergriffen hatte, was die Erziehung oder den Aufenthalt meines Sohnes betraf. Dabei war es keineswegs so, dass ich die Rolle einer Mutter freiwillig ablegte. Es blieb mir einfach keine andere Wahl.

In Brück genoss ich weiterhin mein sehr ruhiges Leben. Durch einen Zufall lernte ich die Dilmits kennen, freundete mich mit ihnen an. Herr Dilmit war Deutsch-Russe. Er schrieb Bücher über politische Ökonomie und hielt auch Vorträge über dieses Thema. Seine Gattin war ebenfalls Autorin, rezensierte auch Bücher für diverse deutsche Zeitungen. Sie stammte ursprünglich aus Kaukasien. Im Jahre 1927 war das Ehepaar kurzzeitig in einem russischen Gefängnis inhaftiert gewesen, dann aus Russland geflohen. Herr Dilmit hatte auch ein Theaterstück über die Festnahme und den Aufenthalt im Gefängnis geschrieben. Sie waren nicht reich, kamen aber ganz gut durchs Leben. Beide zeigten sich sehr interessiert an meinem Vorhaben, ein Buch über ein religiöses Thema zu schreiben und wollten mir dabei helfen.

Als ich Mama von ihnen erzählte, konnte sie ihre Neugier nicht im Zaum halten. Da sie stets wissen wollte, mit wem ich meine Zeit verbrachte, auch weil Doktor Binswanger ihr diese Aufsicht empfohlen hatte, kam sie am neunten September nach Köln, um mich und die Dilmits zu treffen. Wir verabredeten uns im Haus des Paares, wo ich öfter Zeit verbrachte und an diesem Nachmittag zum Tee auf Mama wartete. Wir waren zuerst beide alleine und sie fand, ich sähe sehr gut aus, wirke entspannt. Ich sagte Mama, es gefiel mir auch sehr gut in meiner kleinen Wohnung in Brück, was mehr ein Dorf sei im Vergleich mit Köln, von Feldern und Wald umgeben. Dann gestand ich ihr, wie froh ich war, endlich Menschen gefunden zu haben, die mir helfen wollten, weil sie sich auch für meine Mission interessierten. Wenn ich mit ihnen darüber sprach, machten sie sich Notizen, hielten es dann in einer verständlichen und ausgearbeiteten Weise fest. Dies nahm meine Mutter mit einem sehr skeptischen Gesichtsausdruck auf. In ihr war noch immer die Furcht fest verwurzelt, ich könne etwas veröffentlichen, was mich und sie sowie die gesamte Familie diskreditieren konnte.

Als sie nun den Dilmits begegnete, fand sie sie sehr freundlich, war überrascht, wie sehr sie sich für meinen Geist und meine Originalität begeisterten, und machten dennoch sofort klar, dass sie um meine Erkrankung wussten, denn ich hatte so viel Vertrauen zu ihnen, dass ich sie durchaus in groben Zügen darin einweihte, bevor wir unsere Freundschaft vertieften. Ich ging niemals locker und leichtfertig mit meinem Zutrauen zu anderen Menschen um, seit meiner Krankheit erst recht nicht. Mamas Befürchtungen, man könne mich ausnutzen, waren also völlig absurd.

Ich traf mich etwa drei- oder viermal die Woche mit den Dilmits und genoss jedes dieser Treffen. Meine Mutter schien sehr erleichtert, vor allem, als die beiden ihr sagten, ihre Freundschaft sei keineswegs finanzieller Natur. Sie waren von mir darüber informiert worden, dass der Graf Hardenberg meine Finanzen für mich regelte. Aus meiner Sicht kümmerten sich die Dilmits so gerne um mich, weil es ihrer Eitelkeit etwas schmeichelte, eine Prinzessin zu umsorgen, und sie wollten mir unbedingt bei meiner Genesung eine Stütze sein. Auch wollten sie sehr gerne meine Verwandtschaft kennenlernen, waren daher über Mamas Besuch hocherfreut. Was auch der Tatsache geschuldet war, welche verwandtschaftlichen Beziehungen nach Russland bestanden hatten. Auch Frau Dilmit war angetan von Tante Ellas Arbeit, ebenso wie ihr Mann stand sie durchaus loyal zur Monarchie. Und Mama als die Schwester der Zarin Alexandra und Tante Ellas war für das Paar eine ganz besondere Person, was sie sie auch in ihrer vielleicht etwas übertriebenen Herzlichkeit spüren ließen.

Mama gestand mir zu, frei zu sein, unabhängig, wenn auch mit Einschränkungen, denn ich brauchte die finanzielle Unterstützung der Familie, aber ansonsten war sie froh, mich glücklich zu sehen.

Da sie sofort Vertrauen zu den Dilmits hatte, bat sie das Paar um einen Gefallen, den ihr beide natürlich sofort erfüllten. Meine monatliche finanzielle Unterstützung lag bei 110 englischen Pfund, die Edwina an den Grafen Hardenberg sandte. Herr Dilmit erklärte sich umgehend bereit, das Geld auf seinem Konto in Köln entgegenzunehmen und für mich zu verwalten, damit der Graf von seiner Verpflichtung entbunden würde. Ohne zu zögern nahm Dilmit die Verantwortung an, damit nun auch gegenüber Edwinas Sekretärin, Miss Underhill, für die angemessene Verwendung des Betrages verpflichtet zu sein, ihr Rechenschaft darüber abzulegen, wann und wofür es ausgegeben wurde. Es machte mich gegenüber den Dilmits sehr dankbar.

Bevor Mama wieder abfuhr, versicherten ihr die Dilmits, dass das geplante Buch ein wirklich lesenswertes werden würde, sie investierten viel Zeit und Mühe in dieses und sie brauchte sich nicht sorgen, es könne eine Ansammlung von wirren Gedankengängen werden, denn das Paar war von meinen Überlegungen durchaus sehr angetan, weil ich mir Wissen aneignete über die Jahre und nicht einfach etwas erzählte.

So blieb ich in Brück, verbrachte meine Zeit mit den Dilmits und arbeitete mit ihnen weiterhin an dem Buch.

Don, der kleine Ludwig, Cäcilie und Baby Alexander, Ende des Jahres 1933

Am dritten Dezember brachte meine Tochter Margarita ein kleines Mädchen zur Welt. Leider verstarb die Kleine noch am selben Tag. Es verlangte mich danach, meiner Tochter ein paar Zeilen zu schreiben, um den Schmerz über den Verlust ihrer Tochter mit ihr zu teilen, aber dann verwarf ich die Idee. Sie fand es sicher seltsam, sich nur dann zu melden, wenn es einen Trauerfall gab.
Ich erfuhr es über Mama, die mir auch immer wieder Fotos der Familie zukommen ließ. Viele offizielle Aufnahmen durch die Hoffotografen wurden immer noch als Ansichtskarten veröffentlicht, die die Bevölkerung erwerben konnte. Ein Teil des Erlöses ging zumeist an karitative Einrichtungen. So erreichten mich unter den privaten Fotos auch oftmals die offiziell publizierten Postkarten.

Ende Februar des Jahres 1934 reiste ich mit den Dilmits für einige Tage nach Aachen. Graf Hardenberg wurde von ihnen stets noch pflichtbewusst über jeden Ortswechsel informiert, was er dann an meine Mutter weitergeben konnte. Es ging mir weiterhin gut.
Meine Mutter schrieb mir sporadisch Briefe. In einem teilte sie mir Sophies zweite Schwangerschaft mit. Das Geburtsdatum sollte Mitte Juli sein.

Philip war nicht wirklich glücklich in Salem und Mama zeigte sich dahingehend völlig offen dies mir gegenüber einzugestehen.

Philip, mit Dolla und der kleinen Margarita in einem Kinderwagen, die von einer Schülerin des Internats in Salem begutachtet wird, im Juli 1934

Kurt Hahn, der nun in Schottland lebte, hatte zu Beginn des Jahres 1934 seinen Plan verwirklicht, einen Ableger der Schule in Salem dort zu gründen. Die *British Salem School* in *Gordonstoun* in der Nähe der Stadt Elgin im Verwaltungsbezirk Morayshire, ist in einem Gebäude aus dem siebzehnten Jahrhundert untergebracht, welches *Gordonstoun House* genannt wird. Es ging Hahn zuerst nicht um die Einrichtung einer Elite-Schule, sie sollte vielmehr zuerst als Zuflucht für Flüchtlingskinder und für aus Deutschland geflüchtete Lehrer eine Unterkunft bieten. Seit sich das Nazi-Regime festigte, flüchteten besonders jüdische Mitmenschen aus dem Land. Wer über ein gutes finanzielles Vermögen verfügte, ergriff sprichwörtlich rechtzeitig die Flucht. Seit dem April des Jahres 1933 war es zu einem ersten Boykott jüdischer Geschäfte, initiiert durch die NSDAP, gekommen, am siebten April trat das Gesetz zur Wiederherstellung des Berufsbeamtentums in Kraft. Durch den Arierparagrafen konnten so am elften April jüdische Beamte entlassen werden, Arbeiter und Angestellte mussten ihnen ab dem vierten Mai folgen, ebenso wie jüdische Honorarprofessoren, Privatdozenten und Notare. Die Krankenkassen schlossen die jüdischen Ärzte aus, diese durften nicht mehr für sie arbeiten. Man begrenzte die Anzahl von Schülern

und Studenten jüdischer Herkunft an den Schulen und Hochschulen mit einem unsinnigen *Gesetz gegen die Überfüllung* derselben und so ging es stetig weiter. Ein ums andere Gesetz folgte, beschränkte das Leben der jüdischen Mitbürger mehr und mehr. Dies entging auch Hahn nicht.
Daher war die Eröffnung von *Gordonstoun*, wie die Schule im Kurzen genannt wurde, ein durchaus positives Zeichen seinerseits. Es gab damals in England noch zwei weitere Schulen, die sich diesem Beispiel Hahns anschlossen. Die Schule war international und ich begrüßte es, als Dolla sich dafür entschied, Philip aus Salem herauszunehmen und noch im Sommer nach Schottland zu schicken.
Mama bestand aber darauf, dass man Andrea als seinen Vater zu dieser Entscheidung befragen müsse. Im Juli verbrachte Philip einige Tage in Wolfsgarten. Mama, Cäcilie und ihre Familie, Margarita und ihr Gatte Gottfried, *Friedel*, waren ebenfalls anwesend. Sie erwarteten Andreas Ankunft, der auf dem Weg nach Marienbad zur Kur einen Stopp in Darmstadt einlegen wollte, aber nicht erschien. Sein Desinteresse hinsichtlich der Zukunft seines Sohnes war nur allzu offensichtlich. Meist erschien er zu spät, wenn es um ebensolche Dinge ging, oder meldete sich nur, wenn ihm danach war. Mama hatte dieses bereits angemerkt und sie verstand seine Beweggründe dahingehend auch nicht wirklich.
Nun mussten alle Pläne für einen Schulwechsel erst einmal verschoben werden, bis sich Andrea nach einigen Wochen endlich bequemte, nach Wolfsgarten zu kommen. Er blieb jedoch nur kurz, da er sich eben nur auf der Durchreise nach Marienbad befand. Ohne weitere Fragen zu stellen, war mein Ehemann sofort einverstanden, dass Philip zum Herbst auf die Schule nach Schottland wechselte.
Dolla rechtfertigte vor meiner Mutter und ihm ihre Entscheidung, Philip nicht mehr auf dem Internat in Salem zu belassen, dass es das Beste für ihren Bruder sei und auch für sie und ihre Familie. Daraus schlussfolgerte ich, ihr war die Verantwortung neben ihrer eigenen Familie auch noch für den Bruder zu sorgen, schlichtweg zu viel. So schob sie ihn eben ab.
Als mein Sohn im Herbst nun nach Schottland reiste, wurde er in Gordonstoun gut aufgenommen. Die Schule hatte seit ihrer Eröffnung im Mai erst siebenundzwanzig Schüler, wobei es sich nur um Jungen handelte. Hahn plante, jedes neue Schuljahr dreißig weitere aufzunehmen und die Nachfrage um einen Platz an der Schule stieg stetig an.
Der Tagesablauf in dem Internat ähnelte dem in Salem. Es gab nur wenig Freizeit für die Schüler, das Hauptgewicht lag auf den körperlichen Aktivitäten. Die Jungen mussten um sechs Uhr dreißig am Morgen aufstehen, eine kalte Dusche nehmen und dann laufen gehen. Von zehn Uhr dreißig bis elf Uhr fünfzehn gab es eine Pause zwischen dem Unterricht, in der die Schüler

wieder laufen gingen, Hochsprung, Hürdenlauf oder Speerwerfen üben mussten. Diese Aktivitäten fanden vier oder fünfmal die Woche statt.
Nach dem Mittagessen, um ein Uhr dreißig, war wieder eine Pause, in der die Schüler wie in Salem sich auf den Boden legen mussten, und ein älterer Schüler oder Lehrer las ihnen laut vor. Spiele durften nur an zwei Nachmittagen in der Woche gespielt werden, an allen anderen war dies verboten. Die anderen Nachmittage gab es Unterricht im Segeln, denn das Meer lag in der Nähe, oder in Kunst, Musik, Gartenarbeit, ebenso wie in gemeinsamen Arbeiten, wie dem Bau eines Projektes.
Um sechzehn Uhr dreißig durften sie sich mit heißkalten Duschen waschen, dann gab es Tee und Unterrichtsvorbereitung oder Zeit für die Hausaufgaben. Nach dem Abendessen um sechs Uhr dreißig, bei dem niemals Fleisch serviert wurde, durften die Jungen Tennis spielen. Es waren aber seltsame Matches, an denen auch der Schulleiter Hahn oft teilnahm. Er mochte es nicht zu verlieren, daher wurden die Schüler von den Lehrern dazu aufgefordert, nicht gegen ihn zu gewinnen.
Um einundzwanzig Uhr fünfzehn gab es eine Viertelstunde Ruhezeit, danach mussten die Jungen schlafen.
In den Schränken der Schüler waren Zettel angebracht, auf denen sie für jeden Tag der Woche ihre Aktivitäten abhaken konnten. Dies begann beim Zähneputzen und endete beim Seilklettern und den kalten Duschen. Es gab Bestrafungen, wenn man beispielsweise außerhalb der Essenszeiten etwas zu sich nahm oder an den Fingernägeln kaute.
Wie in Salem erhielten die Jungen auch erst nach dem ersten Semester eine Schuluniform, wenn sie sich positiv in den Schulalltag einfügten.
Hahn belohnte die Schüler mit bunten Bändern, die am Arm getragen wurden. Je gefügiger man war, umso größer die Belohnung, dadurch konnte man unter anderem zum Verwalter der Fahrräder aufsteigen oder Aufseher für den Waschraum werden. Ebenso suchte sich Hahn aus diesen Jungen Helfer aus und auch solche, die dann anderen Jungen Anweisungen geben durften.
Mein Sohn sollte in seiner Zeit an der Schule alle Stationen von einem Aufseher für den Schlafsaal, einem *Dormitory Captain* bis zu einem sogenannten *Guardian*, Wächter, über andere Schüler durchlaufen.
Für die Ferien wurde vereinbart, dass Philip wieder zu Nada und Georgie reisen sollte, um diese mit ihnen zu verbringen.
Ich befürchtete zuerst, der strenge Schulalltag in Gordonstoun würde sich negativ auf meinen Sohn auswirken, aber, wie mir Mama berichtete, lebte er sich schnell dort ein.

Meine Mutter hielt weiterhin Kontakt zu Doktor Binswanger und traf sich mit ihm im Juli des Jahres 1934 zum Tee in Kreuzlingen. Sie teilte ihm mit, ich lebe nun in einer selbst gewählten Privatheit, wie sie es nannte. Es störte mich sehr, als sie ihm aber auch von dem kleinen Vorfall erzählte, als ich meiner Kammerfrau eine Ohrfeige verpasst hatte. Es war für mich eigentlich nichts wirklich Bedeutendes gewesen, denn ich hatte mich mehrfach bei der jungen Frau dafür entschuldigt. Sie hatte eine Erkältung und ich riet ihr ein kaltes Bad zu nehmen, damit sie diese überwand. In unserer Familie handhabte man dies so. Die junge Frau weigerte sich aber und ich fand dies sehr gedankenlos, denn sie fühlte sich sehr elend. Ich hatte sie sogar von allen Pflichten entbunden, da sie nun aber herumzeterte wie eine Mimose, gab ich ihr eine Ohrfeige. Angeblich traf ich sie so schlimm, dass sie zu einem Facharzt für die Ohren gehen musste. Dabei schob ich dies eher auf eine bei ihr beginnende Mittelohrenentzündung, nicht auf meinen Schlag. Mama stellte es hin, als hätte ich sie verprügelt.

Manchmal warf ich Dinge auf den Boden, weil mich das Unverständnis oder die Behandlung durch andere wütend machte, denn auch meine Kammerfrau sah in mir eine Verrückte, ebenso wie meine Familie. Dabei hatte Tante Ducky niemand für irre gehalten, als sie das feine Porzellan im Neuen Palais aus Wut über Onkel Ernie damals an der Wand zertrümmerte.

Onkel Ernie im Park von Schloß Wolfsgarten in Darmstadt mit dem kleinen Ludwig, Sommer 1934

Mama ereiferte sich auch immer noch über mein Vorhaben, ein Buch zu schreiben, fand es störend, wie ich das Thema ständig darauf brachte, wenn wir uns sahen. Für sie sollte ich eher nach meinen Kindern fragen, mich für die Familie interessieren, aber da sie mir diese Dinge von selbst erzählte, hakte ich nicht von selbst nach.

Wie sollte ich mich fühlen, wenn meine Mutter mich besuchte, mir sofort auf den Kopf zusagte, ich sähe alt aus? Sie hatte schon öfter in diversen Situationen kein wirkliches Taktgefühl bewiesen, was ich auf ihr fortgeschrittenes Alter schob. Nach dem Familientreffen in Wolfsgarten schrieb sie mir, Margarita sei wirklich fett geworden. Meine Tochter hatte ein Kind verloren. Da war es nur normal, wenn sie sich etwas Kummerspeck anfutterte. Ich fand Mamas Bemerkung mehr als respektlos.

Wenn die Situation eskalierte, ich zu einem Wutanfall neigte, waren stets die Dilmits in der Lage mich wieder zu beruhigen. Sie informierten aber auch den Grafen Hardenberg dann darüber, der es Mama mitteilte. Meinen Aufenthalt in Kreuzlingen erwähnte ich aber nie vor dem Paar oder erzählte ausführlich, was mir dort widerfahren war. Sie fragten mich auch nie danach, weil sie sicher ahnten, wie sehr mich diese Episode meines Lebens schmerzte. Ich wusste, dass ich noch nicht völlig geheilt war, aber war mit meinem Leben nun sehr zufrieden. Mir war dennoch bewusst, dass ich sicher für alle Zeiten die Verrückte in der Familie sein würde.

Sophie brachte am vierundzwanzigsten Juli des Jahres 1934 die kleine Prinzessin Dorothea zur Welt. Ich nahm es zur Kenntnis, mehr nicht.

Mein Ehemann hatte sich, seit wir Griechenland zum zweiten Mal verließen, darum bemüht, Mon Repos als seinen Besitz anerkennen zu lassen. Seit mein Bruder Dickie aber im Mittelmeer stationiert war, übergab er quasi den damit verbundenen Papierkram und Ballast eines Rechtsstreits an eben diesen. Dickie ärgerte sich mehrfach darüber, dass Andrea alle beinah in den Wahnsinn trieb, indem er Briefe von seinen Anwälten kaum zur Kenntnis nahm oder gar nicht darauf antwortete. Der Hausmeister Blower, der sich um unsere Villa kümmerte, sowie die Anwälte standen überwiegend in Kontakt mit Dickie und so gab er meist die Anweisungen oder traf sich mit diesen und dem Hausmeister. Mein Bruder reiste zudem ab und an nach Paris, um meinen Gatten über den Stand der Dinge zu informieren. Im Jahre 1934 gewann Andrea mit einer Klage gegen den griechischen Staat und Mon Repos kehrte in seinen Besitz zurück. Doch Andrea sollte diesen Sieg bald bereuen, denn die Villa entwickelte sich, wie man so sagte, mehr zu einem *Groschengrab*, als zu einem wirklich einträglichen Besitz. Die

Instandhaltungskosten waren einfach zu hoch, keiner von uns nutzte das Gebäude, daher entschied sich mein Ehemann, es an den Ex-König George II. von Griechenland zu verkaufen. Andrea investierte den Erlös in eine Rentenversicherung.
Mein Mann haderte wohl immer noch sehr mit dem Exil, wie ich erfuhr. Manchmal verärgerten seine öffentlichen Auftritte die griechische Regierung. Im Mai 1932 hatte Andrea sich veranlasst gesehen, die bösen Herabsetzungen, die Venizelos über die Königsfamilie vor dem Parlament fallen ließ, in der griechischen Presse entsprechend zu kommentieren. Dabei holte er weit aus, sagte, die Familie wandere durch verschiedene Länder, lebe in Armut, da Venizelos uns alle unseres Heimatlandes und der Nationalität beraubt habe. Venizelos habe dies zu einem Zeitpunkt getan, als die Griechen selbst in Armut leben mussten und es dem Volk schlecht ging, wobei er immer ein reicher Mann gewesen sei. Die Königsfamilie sei aus einem tristen und unglücklichen Griechenland vertrieben worden und dieser Zustand wäre auch Venizelos anzulasten gewesen. Ferner merkte er an, dass die Minister, die man 1922 erschoss, nationale Helden seien, die von Venizelos hingerichtet worden seien. Das Blut dieser Menschen klebte allein an seinen Händen.
Eleftheron Vema, der britische Minister in Athen, bezog daraufhin Stellung zu dem Angriff Andreas gegen Venizelos. Er fand es einerseits wichtig, dass jeder Grieche dies las, weil er damit auch ein Stück der Geschichte der letzten zehn Jahre des Landes verstünde, aber er wandte auch ein, wenn Andrea seine eigenen Worte nochmals in Ruhe und mit etwas Abstand lesen würde, dann müsse ihm sofort klar sein, warum er und seine Familie nicht in Griechenland leben durften. Solange Mitglieder des ehemaligen Königshauses darauf bestünden, eine politische Stellung zu beziehen, könnten sie nicht nach Griechenland zurückkehren. Nur wenn sie die Partei von Venizelos akzeptierten, bereit waren unparteiisch zu sein, könnten sie wieder dort leben. Aber man müsse sich genaugenommen still verhalten.
Es liegt auf der Hand, wie sehr dies meinen Mann kränkte, denn er sah keineswegs ein, seine Meinung für sich zu behalten.
Ansonsten führte er ein sehr angenehmes Leben, beschwerte sich aber manchmal bei Dickie, mit dem er in gutem Kontakt stand, wie angenehm, doch auch langweilig seine Sommer in Monte Carlo seien. Dmitri, einer der Mörder Rasputins und Tante Ellas ehemaliger Ziehsohn
sowie Andreas Neffe, leistete meinem Mann dort oft Gesellschaft, was Andrea sehr begrüßte. Dmitri war seit dem Jahre 1926 verheiratet mit Audrey Emery, einer Dame aus Ohio in den USA. Die Ehe war aber wohl nicht besonders glücklich, denn sie hielt nur elf Jahre.
Im Herbst reiste mein Mann zumeist nach Paris zurück, wo er sich mit sei-

nem Bruder George vergnügte, Weihnachten verbrachte er stets mit Onkel Ernie, Tante Onor und Philip in Darmstadt. Dann nahm er in Monaco wieder sein, wie er es nannte, *fröhliches Paradeleben* auf.
Manchmal wechselte er auch in den Sommern zwischen Cannes und Monaco mit seiner Geliebten hin und her. Er lernte so sehr bedeutende Persönlichkeiten kennen wie Gilbert Beale, der für *Carter's Tested Seeds* arbeitete. Die Firma für Blumensamen war damit bekannt geworden, dass man Bilder der Blumen, wie sie nach dem Wachsen aussehen würden, auf die Samentütchen druckte. Es war eine innovative Idee, die die Geschäftsführer der Firma sehr reich machte. Beale war auch verantwortlich für den Rasen auf den Tennisplätzen in Wimbledon. Golfplätze waren die Spezialität von Beale und seinen Brüdern, die mit ihm gemeinsam in der Firma arbeiteten. Sie hatten die ersten Golfplätze in Russland, Ägypten und auch einen für den Kaiser designt.
Mein Mann war ein gern gesehener Gast auf Beales Yacht, mit der sie dann im Süden Frankreichs an der Küste herumfuhren. Beale war überzeugter Junggeselle und so tummelten sich auch stets die hübschesten Damen bei diesen Fahrten auf der Yacht.
Mein Ehemann genoss dieses freie Leben, war aber selbst nicht als Schürzenjäger verschrien, doch ihn zog natürlich die Gastfreundschaft der Reichen sehr an. Dies konnte ich ihm nicht verübeln, manchmal tauchte Andrea dann auf einem Foto in einem Klatschmagazin neben Beale oder einer anderen einflussreichen Person in Cannes, Monaco oder Monte Carlo auf.

Im Jahre 1934 kam es zu einem großen Skandal in unserer Familie, dem am ersten Oktober in den USA ein Gerichtsstreit um das Sorgerecht für die kleine Gloria Vanderbilt folgte, der weltweit durch die Presse ging und sehr großes Aufsehen erregte. Gloria Morgan Vanderbilt war eine enge Freundin Nadas und ihre zehnjährige Tochter, genannt *little Gloria*, war gerade fünfzehn Monate alt, als ihr Vater starb. Die Familie war sehr reich und so erbte das kleine Mädchen einen Treuhandfond im Wert von fünf Millionen Dollar. Da sie noch nicht volljährig war, verwaltete ihre Mutter das Geld für sie, und diese nutzte das Geld vor allem, um sich und ihrer Tochter ein mehr als angenehmes Leben zu bieten. So reisten die beiden in Begleitung von Glorias Schwester Thelma oft nach Paris, zogen von einem exklusiven Hotel ins nächste und sie genossen sprichwörtlich den Luxus, den ihnen das Geld möglich machte. Dies missfiel der Schwägerin von Gloria sehr. Gertrude Vanderbilt Whitney war eine sehr bekannte Künstlerin, fertigte Skulpturen an und war die Begründerin des *Whitney Museums of American Art* in New York. Sie fand den Lebensstil, dem die kleine Gloria durch ihre Mutter ausgesetzt war, überhaupt nicht kindgerecht und strebte daher einen Prozess um das Sorgerecht für das Mädchen an.

Schon kurz nach Beginn des Prozesses berichtete die *Daily News* in New York über ein Kindermädchen, welches aussagte, dass ihre Arbeitgeberin, Glorias Mutter, eine cocktailsüchtige, oftmals wild herumtanzende Frau sei, die süchtig nach Sexspielzeugen sei und die Geliebte von Friedel von Hohenlohe-Langenburg, Margaritas Ehemann. Weiter behauptete das Kindermädchen, Nada und Glorias Mutter hätten im Jahre 1931 in einem Hotel ihre lesbischen Neigungen mehr als intensiv miteinander ausgelebt, was auch vor dem Kind nicht verborgen blieb.

Der Anwalt von Glorias Mutter bestand nun darauf, dass Nada in die Staaten reiste, um zu den Vorwürfen Stellung zu nehmen und diese zu entkräften, denn meine Schwägerin hatte ganz und gar keine lesbische Affäre mit ihrer Freundin gehabt. Die englische Presse berücksichtigte Nadas Zugehörigkeit zur englischen Königsfamilie aus Taktgründen und nannte ihren Namen nicht mehr in den Berichten über den Prozess. Aber dennoch schwappte die Anschuldigung buchstäblich über den Atlantik und so wurde Nada auf dem Flughafen in Croydon von Reportern sehr übel attackiert, als sie in die USA fliegen wollte. Die arme Nada brach dort in Tränen aus, sagte, es seien alles üble Lügen und sie sei sich nicht sicher, ob es sinnvoll wäre, in die Staaten zu fliegen. Aber sie würde ihrer Freundin auch bis zu einem eventuell bitteren Ende zur Seite stehen. König George V. und seine Gattin Mary schalteten sich ein, überzeugten Nada davon, nicht in dem Prozess auszusagen und in England zu bleiben.

Margarita und Friedel aber reisten in die USA, denn sie sahen es als ihre Pflicht an, als Zeugen auszusagen, da die kleine Gloria und ihre Mutter den Sommer bei ihnen verbracht hatten.

In dem sechs Wochen dauernden Prozess beschuldigte man Friedel sogar, mit Glorias Mutter im Bett gelegen zu haben, wobei sie pornografische Bücher betrachtet und sich in seidenen Pyjamas gegenseitig nähergekommen sein sollten. Es ging sogar so weit, dass man schlussfolgerte, das Kind habe dies auch alles mitansehen müssen. Dies war absolut infam und ich konnte verstehen, wie verletzend es für Nada und ihre Familie wie auch für Margarita und ihre war.

Bei ihrer Ankunft in den USA wirkte Margaritas Anwesenheit auf die wartenden Reporter entwaffnend, denn sie trauten sich nicht mehr, Friedel mit den Vorwürfen zu konfrontieren. Dazu muss man sagen, dass Friedel von 1927 bis zum Jahre 1928 mit Glorias Mutter verlobt gewesen war. Sie war seit dem Jahre 1925 Witwe und in der Familie sah man sie nicht als gute Partie an, weil sie bereits auch die kleine Tochter hatte. Daher löste Friedel die Verlobung.

Margarita und ihr Ehemann taten ihr Bestes, um beim Prozess Nada in ein gutes Licht zu rücken, zumal man meiner Tochter unterstellte, sie täte dies nur aus dem Grund, weil Nada ihre Tante war. Doch auch Friedel bezog Position für Nada und für Glorias Mutter. Er sagte aus, seine Ex-Verlobte habe nie übermäßig viel Alkohol zu sich genommen und sie sei niemals eine Person, die sich sexuellen Obsessionen hingab. Leider hatten ihre Bemühungen keinen Erfolg in Bezug auf *little Gloria*. Am einundzwanzigsten November übertrug das Gericht das Sorgerecht für das Mädchen auf ihre Tante. Glorias Mutter durfte ihr Kind nur noch an den Wochenenden in New York besuchen, sie verlor die Verwaltung über den Fond und sämtliche Rechte als Mutter. Zwei Jahre später versuchte Gloria den Fall wieder vor Gericht zu bringen, wodurch sie aber nur erreichte, etwas mehr Zeit mit ihrer Tochter verbringen zu dürfen. Sie erhielt eine jährliche Unterstützung aus dem Fond ihrer Tochter von einundzwanzigtausend Dollar, aber als das Mädchen volljährig wurde, stellte sie diese Zahlung dann ein, spendete das Geld für Blinde und hungernde Kinder, denn sie forderte ihre Mutter dazu auf, arbeiten zu gehen, um sich ihren Lebensunterhalt zu verdienen. Zweifelsohne hatte der erste Prozess Mutter und Tochter bereits entzweit und Gloria sollte gegenüber ihrer Freundin Nada nicht nur einmal bemerken, es habe sie gebrochen und ihrem Kind entfremdet.

Die Wogen glätteten sich nach dem Skandal wieder. Edwina hatte sich bereits im Jahre 1932 durch einen Prozess in England in Szene gesetzt, als zum einen ihre Affäre mit dem Amerikaner Laddie Sandford Ende der Zwanzigerjahre bekannt wurde und nun das Klatschblatt *The People* ihr eine mit dem Entertainer Paul Robeson unterstellte. Es war bekannt, dass sie keine Affäre ausließ, mein Bruder Dickie ging sogar bald so weit zu sagen, es wäre mittlerweile für sie beide wie ein Spiel, wer wen wann und wo ins Bett kriegen würde. Denn auch er nahm öfter mal die eine oder andere Gelegenheit wahr, sich auf einen Flirt und mehr einzulassen. Edwina gewann den Prozess gegen das Klatschblatt. Man entschuldigte sich öffentlich in einem Statement bei ihr, aber die königliche Familie scheute sich seitdem sie noch einzuladen. Meine stets gefasste und sehr selbstbewusste Schwägerin kommentierte es mit den Worten, es kümmere sie nicht die Bohne.
Mir kam bei den Skandalen nur eines in den Sinn: ... und mich nannten sie die Verrückte!

Es hatte mich sehr gestört, als ich hörte, was sich in der Schule in Salem für Veränderungen ergeben hatten, nachdem dort auch die Nazi-Ideologie an Einfluss gewann. Ich war zugegeben erleichtert, als Philip nach Schottland auf das Internat wechselte. Aber als ich nun erfuhr, dass er Weihnachten bei

Sophie und ihrem Ehemann Christoph verbringen sollte, war ich darüber nicht wirklich erfreut. Waren Margarita und Friedel eher distanziert gegenüber dem Regime, so war besonders Christoph ihm sehr zugetan. Er hatte seine Anstellung bei einer Versicherung gekündigt, sich um einen Posten als *Erster Sekretär* beim *Preußischen Staatsministerium* beworben und war sofort eingestellt worden. Mein Schwiegersohn trat in die Partei ein, ebenso wie Tiny, und Christoph avancierte recht schnell zum Direktor von Görings *Forschungsamt der Luftwaffe* in Berlin, dem Nachrichtendienst im Reichsluftfahrtministerium. Dieses wurde später bekannt, als man unter anderem die Anrufe Mussolinis an seine Geliebte abhörte.

Christoph stieg bald zum *Kommandanten der Luftreserven* auf, wurde *Oberführer* in der SS, ihm unterstand eine Kompanie von hundertsechzig Mann. Mit dieser Kompanie sorgte er dafür, dass bei Nazi-Aufmärschen alles ruhig blieb.

Sophie zeigte sich überaus begeistert vom *Horst-Wessel-Lied*, liebte die Aufmärsche, wie sie Mama schrieb, und teilte dies mit ihrer Schwiegermutter Mossy. Diese ließ nicht nur eine große Flagge mit einem Hakenkreuz vom Dach des Schlosses in Kronberg wehen, sondern lud Hitler sogar zum Tee ein.

Ich stand dem Ganzen sehr skeptisch gegenüber. Und mir missfiel es sehr, wenn Philip sich mit derart fanatischen Regimetreuen umgeben musste, egal ob es meine Tochter war oder nicht. Sie verschlossen aus meiner Sicht ihre Augen vor der Wahrheit, denn schon in der ersten Zeit zeichnete sich deutlich ab, wie man mit Regimegegnern und jüdischen Mitbürgern umging und in der Zukunft verfahren würde, was mich erschreckte. Es lag mir fern, da irgendeine Begeisterung für die ideologisch geprägten Lieder oder die Aufmärsche zu empfinden wie Tiny. Vielmehr machte es mir Angst, wie meine Tochter sich verhielt, denn eigentlich hatte ich sie nicht zu einem Menschen erzogen, der Ungerechtigkeit unterstützte. Wobei dieses Wort nur einen kleinen Teil der Gräuel erfassen kann, die noch kommen würden. Es entfernte mich sehr von meiner Tochter und ihrer Familie.

Anfang des Jahres 1935 lebte ich immer noch in der kleinen Wohnung in Brück. Mama wollte mich im Februar auf ihrer Reise nach Malta besuchen, aber sie konnte es dann doch nicht einrichten. Erst nach ihrer Rückkehr und einem kurzen Aufenthalt in Wolfsgarten kam sie am sechsundzwanzigsten Mai nach Brück. Sie sagte mir sogleich, dass Margarita wieder schwanger sei und sie alle hofften, dass dieses Mal alles gut ginge. Das Baby sollte im Juli geboren werden. Es freute mich für meine Tochter, wieder in guter Hoffnung zu sein. Natürlich wünschte ich ihr ein gesundes Kind. Dies lag auf der Hand, doch das Treffen mit meiner Mutter verlief eher schlecht. Ich

war am fünfundzwanzigsten Februar fünfzig Jahre alt geworden, aber nur die Dilmits hatten diesen besonderen Tag mit mir gefeiert. Von Mama war nur eine Karte mit Glückwünschen eingetroffen, niemand sonst hatte mir gratuliert. Zwar hatte ich jeglichen Kontakt mit der Familie abgebrochen, aber wenigstens an so einem Tag konnte man sich bequemen, mir ein paar nette Worte zukommen zu lassen. Das sagte ich ihr auch. Vor allem von Philip hätte ich mir einige Zeilen gewünscht. Sie schob es darauf, dass er sehr eingespannt in der Schule sei, eben ein Junge, und sie hielte ihn schon oft genug zum Schreiben an. Mama ereiferte sich darüber, wie anstrengend es auch für sie sei, sich immerzu für die Sommerferien um eine Unterkunft für ihn zu bemühen. Er hatte einen Koffer mit Kleidung bei ihr, den sie ihm dann mitgab, sie sorgte dafür, dass er sich bei Menschen bedankte, wenn diese ihm etwas schenkten, gab ihm sogar vor, was er schreiben sollte, aber nun Vorwürfe von mir zu bekommen, bei allem, was sie tat, fand sie dann doch sehr anmaßend. Ich hatte selbst darauf bestanden, mit allen zu brechen, und dann durfte ich mich auch nicht beschweren. Zudem war sie immer noch skeptisch in Bezug auf die Absichten der Dilmits, mit denen sie auch kurz sprach. Danach meinte sie zu mir, die Unterhaltung sei zufriedenstellend verlaufen, aber sie fühle, dass ich ihre Anwesenheit nicht schätzte. Sie schob es auf meinen mentalen Zustand, den sie als sehr schlecht beurteilte. Dem war nicht so, aber ich hörte ihr zu, bat sie dann zu gehen.
In ihren Augen würde ich immer krank sein und daher fand ich besser ihr mitzuteilen, sie brauche auch vorerst nicht wiederkommen. Sie könne mir schreiben, was mir genüge.

Im Sommer fuhr ich mit Herrn Dilmit für einen kurzen Urlaub nach Böhmen. Ich schrieb meiner Mutter, es ginge mir gut und behielt dies auch bei, aber hielt meine Zeilen auf das Nötigste beschränkt.
Sie ihrerseits antwortete mir umfassender, erkundigte sich stets zuerst über meine Gesundheit. So erhielt ich von ihr die Nachricht, dass Margarita am fünfundzwanzigsten Juni einem gesunden Knaben das Leben geschenkt hatte, der den Namen Kraft Alexander erhielt. Es war schön, dass meine Tochter nun den Tod ihres ersten Kindes überwinden konnte, indem sie all ihre Liebe dem kleinen Jungen schenkte. Und ihr Friedel freute sich auch sehr über die Geburt eines Sohnes und Erben.
Mama legte mir kein Foto des neuen Erdenbürgers ihrem Brief bei, dafür aber eines von Dolla und ihrer Familie. Ich freute mich sehr darüber, aber es war nur ein Foto. Beim Betrachten fragte ich mich, was Dolla und Berthold sowie meine anderen Töchter ihren Kindern erzählten, wenn diese nach ihrer Großmutter Alice fragten. Sie bekamen sicher zu hören, dass ich krank sei und sie nicht sehen könne.

Dolla und Berthold mit Margarita und Maximilian, 1935

Am sechsten Juli des Jahres 1935 ließen sich der Ex-König George II. von Griechenland und seine Gattin Elisabeth aufgrund sogenannter unüberbrückbarer Differenzen scheiden. Elisabeth blieb in Rumänien, während George nach England reiste, dort in das *Brown's Hotel* in London zog. Ihre Ehe war kinderlos geblieben, Elisabeth hatte mehr Zeit an Spieltischen verbracht als an der Seite ihres Gatten, sie war sehr rundlich geworden, behielt sich aber dennoch eine gewisse Attraktivität und hatte unter anderem eine Affäre mit Georges Freund und Finanzverwalter, dem Bankier Alexander Scanavi begonnen. Dieser fungierte allerdings offiziell bis zur Scheidung als ihr Kammerherr.

George vertrieb sich nun seinerseits die Zeit, indem er sich anglophil gab, Kontakt zu Mitgliedern des englischen Königshauses suchte und sich selbst auch eine Geliebte nahm. Die Dame hieß Joyce Britten-Jones, aber die Affäre wurde so gut es ging geheimgehalten.

In Griechenland stand nun die politische Situation unter einem Wandel. Im Januar hatte mein Ehemann ein Interview gegeben, welches auch in einer griechischen Zeitung veröffentlicht wurde. Obwohl Andrea ein eher nomadenhaftes Leben führte, seine Freiheit dabei genoss, blieb er auch weiterhin seinem Heimatland verbunden und, wie ich es bereits schilderte, konnte seine politischen Ansichten nicht für sich behalten. Er sagte in diesem Interview, dass man sich in Griechenland nach der Monarchie, als einer stabilen Regierungsform zurücksehne. Es lag auf der Hand, dass das griechische Volk gewissermaßen müde von den vielen Regierungswechseln war, denn von 1924 bis zum Jahre 1935 hatte es dreiundzwanzig Wechsel gegeben. Darunter waren eine Diktatur und dreizehn Staatsstreiche. Das Land befand sich sprichwörtlich in einem Chaos, sowohl politisch als auch wirtschaftlich.

Andrea behauptete in seinem Interview, er habe Hunderte von Briefen und Telegrammen erhalten, in denen Griechen das republikanische System degradierten, eine Änderung forderten. Mein Mann ließ sich dazu hinreißen zu sagen, wenn die griechische Königsfamilie nach Griechenland zurückkehrte, würde man dies nicht als Rächer tun, sondern als Symbol der Liebe für die Menschen, die die Wiedereinsetzung der Monarchie wollten. Man würde heimkehren als Erneuerer der Monarchie von Griechenland, nicht als Eindringlinge. Die königliche Familie würde keine Wut gegen irgendjemanden hegen, obwohl man so gegen sie agierte.

Das Interview erschien in einer Zeitung in Griechenland, die bedauerlicherweise von einem Mann namens Polychronopoulos herausgegeben wurde. Sein Vater war für ein misslungenes Attentat auf Venizelos im Jahre 1933 verurteilt worden. Daher nahm man das Interview vonseiten der Regierung mit sehr gemischten Gefühlen auf.

Mein Mann sollte aber mit seinen Äußerungen nicht Unrecht behalten, denn der politische Umsturz lag in Griechenland bald in greifbarer Nähe.

In Bezug auf unseren Sohn zeigte Andrea nur dann ein größeres Interesse, wenn schwerwiegendere Entscheidungen, wie zum Beispiel die seiner weiteren schulischen Laufbahn getroffen werden mussten. Mein Ehemann reiste dann nach London zu Mama, um darüber mit ihr zu sprechen. So besuchte er sie auch im Oktober im Kensington Palast, um ihr zu sagen, er habe sich überlegt, dass Philip noch das laufende Schuljahr in Gordonstoun beendete. Danach sollte er zur britischen Marine gehen, dort eine Ausbildung machen und für einige Jahre dienen. Für Mama war dies natürlich eine sehr gute Entscheidung, denn Philip zeigte zum einen sehr großes Interesse an Dickies und Georgies Berichten von der Marine und er liebte auch das Segeln, wie man es im Internat in Schottland unterrichtete. So hatte der Marineoffizier Lewty nicht nur einmal das hervorragende Engagement von Philip gelobt, welches er auch im Unterricht zeigte. Dieser sollte meinen Sohn nun auf die Marineschule vorbereiten.

Andrea im Jahre 1935

Zugegeben war es wie Wasser auf Mamas Mühlen, denn so würde ihr Enkel auch in die Fußstapfen seines Großvaters treten. Hätte man mich dazu befragt, ich wäre demgegenüber auch sehr positiv eingestellt gewesen. Es war schon eine lange Tradition in der Familie, sich für die britische Marine zu verpflichten und sich dort zu beweisen. Daher erschien es mir auch für Philip eine sehr gute Wahl.

Im März des Jahres 1935 versuchte Venizelos in Thessaloniki einen republikanischen Putsch gegen die Royalisten, um die Restauration der Monarchie zu verhindern. Dieses schlecht vorbereitete und ohne Vorausschau durchgeführte Unternehmen geriet zu einem Debakel und wurde durch den amtierenden Kriegsminister und General Georgios Kondylos erfolgreich niedergeschlagen. Es war ein letzter verzweifelter Versuch Venizelos seine Machtposition wieder zu festigen. Kondylis stand zuerst viele Jahre auf der Seite der Venizelisten, war dann aber zum Lager der Royalisten übergewechselt und erklärte nun öffentlich, dass die Republik versagt habe. Er befürwortete die Wiedereinsetzung der Monarchie. Im Oktober verlangten hochrangige Offiziere vom Ministerpräsidenten Panalgis Tsaldaris entweder zurückzutreten oder die Monarchie wieder einzusetzen. Tsaldaris trat zurück und wurde durch Kondylos ersetzt, der nun offen die Rückkehr König Georges II. nach Griechenland forderte. Vom zehnten Oktober bis zum dreißigsten November war Kondylos nun nicht nur Ministerpräsident, sondern auch Regent in Griechenland, bis man den König wieder einsetzen würde.

Nach seinem erfolglosen Putschversuch setzte sich Venizelos ins Exil nach Frankreich ab, wo er ein Jahr später verstarb. Andere führende Republikaner, die an dem Aufstand beteiligt gewesen waren, flohen ebenfalls ins Ausland, ihre Unterstützer wurden aus der Armee entfernt. Eigentlich erreichte Venizelos mit dem Putschversuch genau das Gegenteil dessen, was er erreichen wollte, denn nun triumphierten die Royalisten.

Der General Ioannis Metaxas, ein Verwandter von Andreas ehemaligem Flügeladjutanten, war in verschiedenen Funktionen in den Regierungen tätig gewesen. Nun arbeitete er eng mit Kondylis zusammen und proklamierte mit ihm im Oktober 1935 die Monarchie. Man informierte den Ex-König in England, lud ihn wieder nach Griechenland ein, und als im November ein Volkentscheid mit achtundneunzig Pro-Stimmen ein eindeutiges Ergebnis für die Restauration der Monarchie aufzeigte, stand der Rückkehr des Königs nach Griechenland nichts mehr im Wege.

Andrea traf seinen Neffen in London, als er Mama besuchte. Doch George hatte sehr gemischte Gefühle. Der britische Botschafter hatte eingewandt, dass er zwar die Wiedereinsetzung der Monarchie begrüßte, aber George sollte sich von dem Gedanken lossagen, Andrea oder Nikolaus wieder ins Land zu holen. Der Ex-König selbst sah dies vollkommen ein, ebenso wie seine Onkel, die sofort darauf verzichteten, als *alte Generation* wieder in Griechenland eine Rolle zu spielen. Sie verzichteten darauf, sich jemals wieder in Athen niederzulassen.

Man muss an dieser Stelle aber auch ein wenig Fürsprache für Venizelos ergreifen. Da nach dem Debakel in Kleinasien Griechenland territoriale Expansionen erst einmal zurückstellen musste, weil diese indiskutabel geworden waren, konzentrierten sich die Energien der Regierung nun auf wirtschaftliche Aspekte. Die griechischen Straßen waren die schlechtesten in ganz Europa, die Felder wurden von den Bauern immer noch nach fast mittelalterlichen Methoden bestellt, es gab keinen Dünger, keine Maschinen. Kleine Betriebe machten einen Großteil der rückständigen griechischen Industrie aus, auch Kinderarbeit war dort an der Tagesordnung. So schufteten Zehnjährige oftmals zwischen zwölf und vierzehn Stunden am Tag. Venizelos versuchte die Beziehungen zur Türkei zu verbessern sowie auch den Wiederaufbau im eigenen Land. Seine *Liberale Partei* startete eine umfassende Landreform, durch die Griechenland zu einer Nation von Kleinbauern wurde, er ermunterte ausländische Geldgeber, in den öffentlichen Sektor und die Industrie zu investieren. Er versprach seinen Wählern, in nur vier Jahren, vom Jahre 1928 an, Griechenland völlig umzugestalten und aus der korrupten, trägen und mit zu viel Personal besetzten Bürokratie den Motor eines modernen Staates zu formen. Aber leider beendete die weltweite Depression die ökonomische Gesundung des Landes. Seine Bestrebungen, Griechenland am Goldstandard zu orientieren, trieb die Wirtschaft in die Rezession, und als er die Währung abwerten musste, verlor er an Glaubwürdigkeit unter seinen Wählern. Überall im Land kam es zu Aufständen. Auf der Peloponnes randalierten Bauern aus Protest gegen mangelnde staatliche Unterstützung, sie rissen sogar Eisenbahnschienen heraus und steckten öffentliche Gebäude in Brand. In ganz Griechenland gab es Unruhen in der Industrie. Man beantwortete dies aus Athen stets mit harter Hand, verhängte das Kriegsrecht und setzte die Armee ein. Von Kalamata bis nach Kavala brodelte es im ganzen Land. Die Menschen forderten eine neue Verfassung und eine neue Regierung. Venizelos blieb keine andere Wahl als zurückzutreten.

Am fünften November veröffentlichte George eine Proklamation, in der er sich öffentlich dafür aussprach, nach Griechenland zurückzukehren. So reiste er von London nach Paris, wo er Andrea traf. Er stellte nochmals klar, dass sowohl mein Ehemann als auch sein Bruder Nikolaus zwar in naher Zukunft nach Griechenland reisen dürften, aber sie sollten sich dort nicht lange aufhalten und vor allem aus allen politischen Fragen heraushalten.
So betrat George am fünfundzwanzigsten November wieder als König George II. griechische Erde. Seine Regentschaft sollte allerdings keine leichte werden, denn Metaxas und Kondylos wollten einen König, den sie kontrollieren konnten. Es war Volkes Wille gewesen, den König wieder ins Land zu holen, aber beide strebten eigentlich eine Diktatur an und George konnte nur eingeschränkt das Land regieren. Andreas Neffe war sicherlich kein überzeugter Demokrat, er hegte eher starke Zweifel an der Eignung jener Politiker, mit denen er nun aber zusammenarbeiten musste.
Schon kurz nach Georges Rückkehr kam es zu einem Streit mit Kondylos,

da der König eine Amnestie für Andrea plante. Das Urteil des Gerichts, welches meinen Mann für immer aus Griechenland verbannte, wollte der König für null und nichtig erklären lassen. Da Kondylos dies ablehnte, ersetzte ihn George kurzerhand durch einen neuen Premierminister namens Konstantinos Demertzis.
Im Januar des Jahres 1936 fanden Parlamentswahlen in Griechenland statt, bei denen die Venizelisten und Anti-Venizelisten etwa eine gleiche Stimmenanzahl erringen konnten, die Kommunisten erreichten fünfzehn Prozent. Sie waren damit das sogenannte *Zünglein an der Waage*. Es kam so keine große Koalition zustande, das Militär duldete keine Regierung mit kommunistischer Beteiligung. In dieser Patt-Situation wurde Metaxas zum Verteidigungsminister ernannt. Als Demertzis am zwölften April 1936 nach einem Herzinfarkt starb, erhob der König ihn auch zum Regierungschef und Außenminister.
Kondylis war bereits am einunddreißigsten Januar gestorben.
Metaxas konnte nun zu einer sehr wichtigen Person neben dem König avancieren. So stattete ihn der König mit sehr weitreichenden, legislativen Befugnissen aus, ein Parlamentsausschuss diente zur Kontrolle. Dies brachte aber nur eine provisorische Stabilisierung der politischen Lage.

Für meinen Ehemann war die Amnestie, die der König im Januar des Jahres 1936 durchsetzen konnte, mehr als positiv. Damit durfte er wieder nach Griechenland reisen, wenn auch nicht für immer dort leben. Darauf legte er aber keinen großen Wert. Andrea ließ sich nicht lange bitten, Mitte Mai fuhr er auf der Yacht *Davida* des australischen Bankiers David E. Townsend nach Athen. Townsend gehörte zum Freundeskreis von Beale, daher stellte er Andrea die Yacht gerne zur Verfügung.
In Halandri, einem Dorf bei Athen, nahm mein Mann an einem Treffen der Royalisten teil. Er ließ es sich bei seinem Besuch nicht nehmen, an die royalistische Organisation *Konstitutionelle Jugend* zu schreiben, um ihnen zu ihrem Erfolg, also der Restauration der Monarchie und ihrer Geduld und Hartnäckigkeit im Bezug auf diese zu danken. Die griechische Presse fand seine Lobesworte sehr unangebracht, man sagte, seine Anwesenheit schade eher dem Ansehen der gerade wieder erstarkenden Monarchie. Er würde Absichten verfolgen, die bereits seinen Bruder Tino zweimal den Thron gekostet hatten.
Mein Gatte ließ sich davon natürlich nicht beirren. Er reiste von Griechenland aus wieder nach Cannes, verbrachte dort den Sommer und im Herbst war er wieder in Athen. Bei diesem Besuch erklärte ihn der König öffentlich zu seinem Flügeladjutanten und er wohnte mit ihm im Palast. Ich denke, mein Ehemann konnte sich aber nur so weit aus dem sprichwörtlichen

Fenster lehnen, weil Ioannis Metaxas dies duldete, da Andrea seinem Verwandten Menelaos viele Jahre auch freundschaftlich verbunden gewesen war.

König George V. von England verstarb am zwanzigsten Januar des Jahres 1938 in *Sandringham House* in Norfolk. Schon seit einiger Zeit war es dem König gesundheitlich sehr schlecht gegangen. Nach einem schweren Sturz vom Pferd litt er seit den Zwanzigerjahren an Hüftproblemen, dazu kamen eine chronische Entzündung des Rippenfells sowie eine chronische Lungenerkrankung. George war seit vielen Jahren ein passionierter Kettenraucher. Im November 1928 musste ihm sogar der rechte Lungenflügel aufgrund einer infektiösen Vergiftung entfernt werden. Nach einer folgenden dreimonatigen Kur ging es ihm etwas besser, aber seit dem Frühjahr 1935 verschlechterte sich sein Bronchialsystem immer mehr und nach einer Erkältung war er ab Mitte Januar 1936 nicht mehr fähig gewesen das Bett zu verlassen.

Das einzig Paradoxe an seinem Tod war die Tatsache, dass sein Leibarzt, Lord Dawson, das bevorstehende Ableben seines Patienten, auch auf Wunsch der Königin Mary, beschleunigte. Im Zuge einer aktiven Sterbehilfe injizierte er ihm eine Mischung aus Kokain und Morphium in die Halsschlagader. Dawson begründete dies damit, dass er dem Monarchen einen lang gezogenen und erniedrigenden Todeskampf ersparen wollte, welchen er als würdelos empfand. Dies wäre auch für die anderen Anwesenden im Sterbezimmer unerträglich gewesen. Ferner hoffte Dawson, damit den Eintritt des Todes zu beschleunigen, damit man das Ableben des Königs noch in der Morgenausgabe der *Times* als wichtigster Zeitung des Landes verkünden könne. Der Leibarzt befürchtete, dass bei einem späteren Todeseintritt die Öffentlichkeit dies aus einer nicht so gewichtigen Zeitung erfahren würde.

Man setzte den König in der *St. George's Chapel* in Windsor bei. Sein Sohn Edward, der für seine Eltern aufgrund seines lockeren Lebensstils stets Anlass zur Sorge bereitete, wurde im Januar nun zum neuen König Edward VIII. von England ausgerufen. Doch schon am ersten Tag seiner Regentschaft brach er das königliche Protokoll, indem er von einem Fenster des *St. James's-Palastes* aus die öffentliche Proklamation seines Herrschaftsantritts in Begleitung seiner Freundin verfolgte.

Edward zeigte besonders großes Interesse an der sozialen Frage und beim Besuch einer Kohlemine in Südwales äußerte er sich öffentlich sehr empört darüber, wie schlecht die Situation der Arbeiter dort sei und man müsse etwas dagegen tun. Besonders die konservative Regierung befürchtete nun, der König werde sein Amt nicht als neutraler konstitutioneller Monarch ausführen, seine Ansichten waren dem konservativen britischen Establishment zu rigoros. Zudem war er aufgrund des Trauerjahres noch nicht zum König gekrönt worden. Als Edward sich dann auch noch in seinem Sommerurlaub an der kroatischen Adriaküste mit seiner neuen Geliebten, der zweimal geschiedenen Amerikanerin Wallis Warfield, besser bekannt als *Wallis Simpson*, öffentlich zeigte, berichtete zuerst nur die ausländische Presse sehr ausführlich darüber. In England selbst übte sich die Presse noch in Diskretion, aber ein öffentlicher Skandal schien vorprogrammiert.

Ich lebte weiterhin mein sehr ruhiges, abgeschiedenes Leben abseits meiner Familie, hielt nur lose den Kontakt zu Mama aufrecht, weigerte mich aber weiterhin, sie persönlich zu sehen. Mama akzeptierte dies, wenngleich es ihr, was man aus ihren Briefen herauslesen konnte, sichtlich schwerfiel.
Familiäre Ereignisse nahm ich eher nebenbei wahr. Margarita bekam am zehnten Juni des Jahres 1936 die kleine Beatrix, Cecilie am zwanzigsten September die kleine Johanna. Meine Mutter ließ mir wieder einige Bilder zukommen.

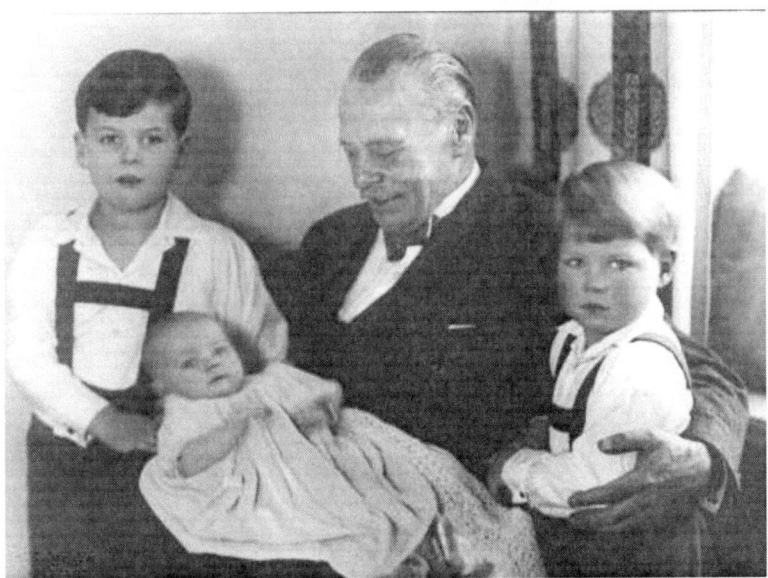

Onkel Ernie mit Ludwig, links, Alexander und der kleinen Prinzessin Johanna, Darmstadt, September 1936

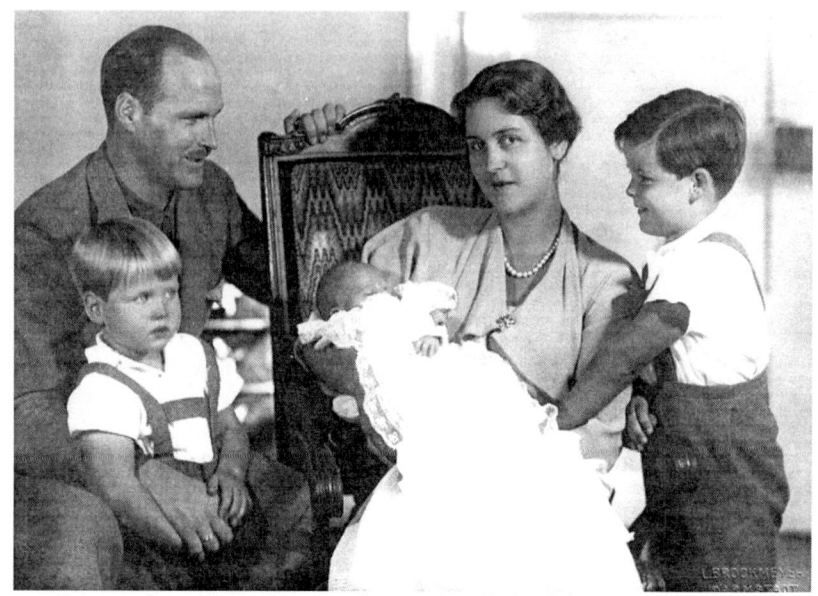

Don, rechts, Alexander, Cäcilie mit dem Baby Johanna und Ludwig, Darmstadt, 1936

Cäcilie mit Ludwig, links und Alexander, Darmstadt, 1936

Alexander, 1936

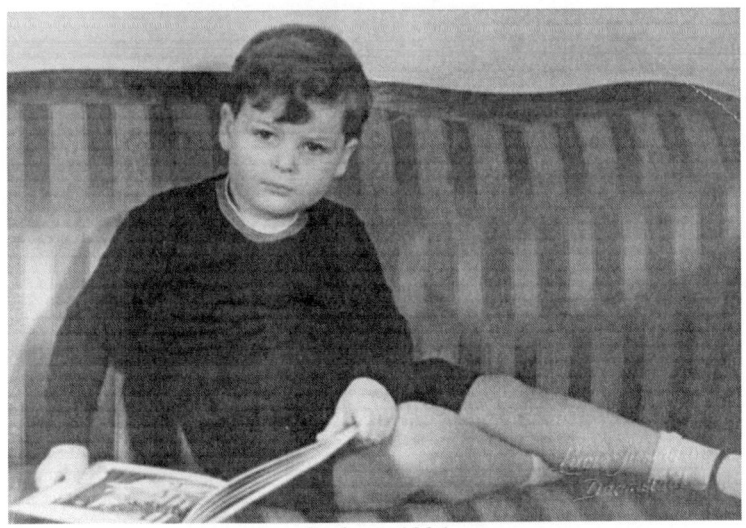

Ludwig, 1936

Cäcilies Söhne waren zwei hübsche kleine Buben. Und nun hatte sie auch noch ein kleines Mädchen. Ich freute mich über jedes meiner Enkelkinder, kannte sie aber nicht wirklich, sondern nur von den Erzählungen Mamas her und von den Fotos. Man könnte meinen, ich stellte mir vielleicht auch einmal vor, wie es wäre mit ihnen zu spielen, ihnen eine richtige Großmutter zu sein, aber dies tat ich nicht. Den Abstand von der Familie hatte ich selbst gewählt, sie hatten mich enttäuscht und darunter litt nun eben auch das Verhältnis zu meinen Enkeln. Für den kleinen Ludwig und Alexander sollte das Schicksal aber verhindern, dass ich ihnen jemals eine Großmutter hätte sein können, geschweige denn, wir uns überhaupt einmal richtig oder tiefergehend kennenlernten. Im Nachhinein bedauerte ich dies immer sehr, aber musste es akzeptieren. Es waren nun einmal die Gegebenheiten.

Im Juli 1936 hatte sich die ganze Familie in Hemmelmark getroffen, um mit Tante Irene ihren siebzigsten Geburtstag zu feiern.

Die Geburtstagsgesellschaft in Hemmelmark, 1936, von links nach rechts: vorne sitzend mit Hund Mama, hinter ihr stehend Louise, Prinz Ludwig von Hessen, Cäcilie, Don, Tiny, Tante Onor, Prinz Eitel Friedrich von Preußen, ein Sohn Kaiser Wilhelms II. von Preußen, Marie Melita zu Hohenlohe-Langenburg, verheiratete Herzogin zu Schleswig-Holstein-Sonderburg-Glücksburg, Margaritas Schwägerin, Lori von Oetzen, Hermine von Haxthausen und ihre Tochter, Freundinnen von Tante Irene, vorne in der Mitte Tante Irene mit dem kleinen Alexander auf dem Schoß, neben ihr rechts Onkel Ernie mit Ludwig

Nach der Feier fragte Mama, ob sie mich besuchen dürfe, und ich stimmte zu. Sie kam direkt aus Hemmelmark im August nach Bürk, brachte aber Tante Onor mit, weil sie eine moralische Unterstützung brauchte, wie sie es ausdrückte. Wir fuhren in die Stadt und tranken in einem Café gemeinsam Tee. Es war ein nettes und freundliches Treffen. Ich hatte meine Tante Onor auch eine lange Zeit nicht gesehen. Natürlich hätte ich auch ansprechen können, dass es mich doch sehr verletzte, wie sie und Onkel Ernie sich meiner entzogen hatten in den letzten zweieinhalb Jahren, aber sie war eine alte Dame und es lag mir fern, den durchaus angenehmen Nachmittag zu ruinieren.

Nach unserem Treffen kontaktierte meine Mutter wieder die Dilmits, die ihr bestätigten, dass ich noch Höhen und Tiefen hatte, aber abgesehen von meiner Erkrankung, die hin und wieder durchschimmerte, war ich aus ihrer Sicht immer noch eine sehr gebildete und interessante Persönlichkeit, mit der sie gerne Zeit verbrachten.

Tante Louise, die mit Mama im Kensington-Palast wohnte und mittlerweile stolze achtundachtzig Lenze zählte, unterstütze meine Mutter in ihrer Geduld mit mir. Sie ließ mir liebe Grüße ausrichten, war aber aufgrund ihres Alters nicht mehr in der Lage, noch viele Briefe zu schreiben oder gar zu reisen. Die Tante lebte sehr zurückgezogen, verbrachte ihre Tage in Gesellschaft von ihrer Schwester, Tante Beatrice oder eben mit Mama. Sie nahm aber immer noch regen Anteil an allen familiären Belangen. Es war ihr daher auch ein tiefes Bedürfnis, meiner Mutter zu versichern, dass sie eines Tages für eben diese Geduld mit mir belohnt werden würde, wir wieder zueinanderfänden.

Tante Onor mit dem kleinen Alexander, links, und Ludwig, rechts, 1936

Ich war Ende August mit Herrn Dilmit nach Kärnten in Österreich gereist, was mir sehr guttat. Wir fuhren auch weiter zum Plattensee und wohnten in einem Hotel nahe Budapest. Zu jenem Zeitpunkt befand sich meine Schwester Louise in ihren Sommerferien und reiste unter dem Namen *Gräfin Gripsholm*. Es hatte sie danach verlangt, Herrn Dilmit auch einmal kennenzulernen und so hatten die beiden einen Treffpunkt am ersten September vereinbart. Da meine Schwester wusste, dass ich sie nicht sehen wollte, arbeitete sie mit Herrn Dilmit einen Plan aus, um ihn im Zentrum der Stadt

Budapest zu treffen. Er rief sie an, wenn man sich so begegnen könnte, ohne dass ich darin involviert wäre. Louise befürchtete, ein Treffen von uns beiden könne mich verärgern und sie im Umkehrschluss traurig machen, zudem Probleme für Herrn Dilmit mit sich bringen.
Es ergab sich für meine Schwester, meinen Begleiter einmal kurz zu sprechen und er beanstandete lediglich, was ich selbst natürlich wusste. Ich war eine sehr spontane Person geworden, es hielt mich nie lange an einem Ort und diese Unruhe, die auch innerlich bedingt war, bedeutete ein großes Problem für Herrn Dilmit, der gerne in Ruhe an einem Ort verblieb.
Aber beide Dilmits hatten mir oft genug versichert, dass sie jeglichen Dank ablehnten, denn sie hatten keine Kinder und daher schenkten sie mir nun einmal alle Aufmerksamkeit, weil sie sich zu meiner Persönlichkeit sehr hingezogen fühlten. Daher lehnte Herr Dilmit es auch ab, als Louise sich mehrmals bei ihm für seine Hilfe und Unterstützung bedankte.

Gegen Ende des Jahres entschied ich mich dafür, mich von den Dilmits zu trennen. Dies geschah aber keineswegs, weil wir vielleicht einen Streit hatten oder ich ihre Gesellschaft nicht mehr schätzte. Aber ich brauchte Abstand, eine neue Veränderung und brach daher auch den Kontakt zu ihnen gänzlich ab. Es verletzte sie sicher sehr, aber es musste im Rahmen meines Genesungsprozesses einfach so geschehen.
Frau Dilmit hatte auf einer Reise nach Italien einen Architekten kennengelernt. Er zeigte mir den Prospekt eines Anwesens, welches diesem gehörte, wie ich annahm, und sich in Breibach bei Kürten im Bergischen Land befand. Dieses liegt etwa fünfzig Kilometer östlich von Köln. Da sich Frau Dilmit sehr gut mit dem Architekten verstanden hatte, sie wusste, wie sehr ich Veränderungen schätzte, empfahl sie mir, eben dieses Anwesen doch einmal zu besuchen. Dem kam ich umgehend nach, musste aber feststellen, dass es dem Bruder des Architekten, Reinhold Markwitz, gehörte. Man hieß mich dort sehr herzlich willkommen, was sicher auch meinem Status, dem einer griechischen Prinzessin geschuldet war. Reinhold Markwitz hatte eine sehr nette Gattin namens Hedwig und auch seine Schwester Berta, die ebenfalls anwesend war, verstand sich sofort mit mir. Markwitz war Anwalt, überzeugtes Mitglied der *Sozialdemokratischen Partei* und hatte ein Jahr zuvor seinem Beruf abgeschworen, da er seine Notarkanzlei in Duisburg aufgeben musste, weil sein Partner jüdischer Herkunft war. Es gefiel mir, wie er alles aufgab, weil er nicht länger mit diesem zusammenarbeiten durfte. Und natürlich beeindruckte es mich, dass er, seine Frau und die Schwester sich nicht der NSDAP anschlossen.
Im November zog ich nach Breibach um. Dort bewohnte ich eine kleine Wohnung in einem Bauernhaus, welches zu einer Pension umgebaut wor-

den war. Es war eine ländliche Idylle, denn es gab einen großen Kamin mit offenem Feuer, vor dem man sitzen konnte, man servierte selbst gefangene Forellen aus eigener Zucht, Weine von einem eigenen Weinberg und hausgemachte Waffeln mit Sahne zum Tee. Die Pension wurde von der Familie Markwitz geleitet, es war ein schlichtes Haus, aber konnte neben mir achtundzwanzig Gäste beherbergen. Ich wollte dort unter dem Namen *Gräfin Hohenstein* leben, diesen auch in einem vorläufigen Ausweis verwenden, aber sowohl Onkel Ernie als auch der Graf Hardenberg waren dagegen, da es den Familiennamen bereits gab. So empfahl er mir den Namen Prinzessin, Gräfin oder Mrs. von Battenberg. Dies ließ mir der Graf über Herrn Markwitz im Januar des Jahres 1937 ausrichten. So blieb ich bei der *Prinzessin von Battenberg*.

Im November 1936, während meines Umzugs nach Breibach, hatte ich erfahren, dass König George II. von Griechenland die Gebeine seines Vaters, der Mutter und der Großmutter in ihr Heimatland überführen ließ, um sie alle in Tatoi beisetzen zu lassen. So wurden ihre sterblichen Überreste von der russischen Kapelle in Florenz nach Griechenland zurückgebracht und dann im Rahmen eines großen Familientreffens sowie entsprechenden Feierlichkeiten, die sechs Tage dauerten, auf dem Grundstück von Tatoi beigesetzt. Das Volk begrüßte die Entscheidung des Königs, die Menschen verfolgten das Geschehen, sie säumten die Wege, um den Verstorbenen die letzte Ehre zu erweisen. Es war für meinen Sohn Philip das erste Mal, dass er wieder griechischen Boden betrat, aber diesmal als junger Mann, der sich nicht mehr daran erinnern konnte, wie es einmal in Mon Repos gewesen war. Als wir ins Exil gehen mussten, war er ein Baby gewesen und nun war er sehr beeindruckt von der Zeremonie, dem Land und den Menschen. Philip war fünfzehn Jahre alt, man hatte ihm eigens für die Reise nach Griechenland und die Teilnahme an der Zeremonie von der Schule freigestellt.
Zu jenem Zeitpunkt war es durchaus im Gespräch, dass mein Sohn einmal König von Griechenland werden könnte. George II. hatte keine Kinder, die Onkel waren alle zu alt, um noch zu regieren, und Georges Brüder Peter und Paul waren noch unverheiratet.
Bei dem Familientreffen schlug der König Philip auch vor, das College der griechischen Marine zu besuchen, aber mein Sohn sagte ihm deutlich, England sei sein Zuhause. Mein Ehemann war zudem von der Idee nicht sehr angetan, denn er ging fest davon aus, dass man Philip im Falle einer erneuten politischen Krise dort wieder rauswerfen würde. Womit Andrea nicht ganz Unrecht hatte, denn er selbst war aus der griechischen Armee unfreiwillig ausgeschieden und das ganze dreimal.
So nahm Philip nach der Rückkehr aus Griechenland an der Aufnahmeprü-

fung für einen Eintritt in die britische Marine teil und wurde dort aufgenommen. Allerdings hatte mein Ehemann nun beschlossen, er solle die Schule in Gordonstoun erst zu Ende machen, nach seinem Abschluss dort zur Marine gehen.

Langsam fühlte ich mich besser und fand mich sogar in der Lage, nach Weihnachten des Jahres 1936 an Cäcilie zu schreiben. Meine Tochter hatte mir ganz unverhofft Fotos ihrer Kinder zugesandt sowie eines von Philip, für welche ich ihr herzlich dankte. Ich bat meine Tochter, ihm alles Liebe von mir auszurichten. Mein Sohn hatte sich sehr verändert in seinem Aussehen.

Meine Tochter schrieb mir auch, er habe die Weihnachtsferien mit Helen und Michael in der Villa Sparta in Florenz verbracht. Michaels Vater Carol war am sechsten Juni des Jahres 1930 aus dem Exil in Paris nach Rumänien zurückgekehrt und hatte auf seinen Thronansprüchen beharrt. Da sein Sohn noch minderjährig war, trat er als König Carol II. die Regentschaft an. Carol hatte sich von seiner Geliebten losgesagt, um König werden zu können, aber da die Ehe zwischen Helen und ihm seit dem Jahre 1928 geschieden war, lebte Michael mit seiner Mutter zumeist außerhalb des Landes. Philip und Michael verband seit ihrer Kindheit eine tiefe Freundschaft und so fand ich es gut, dass die beiden den Kontakt zueinander hielten.

Mama ereiferte sich darüber, dass König Edward VIII. am elften Dezember abgedankt hatte. Seine Affäre mit Wallis Simpson war inzwischen öffentlich geworden und er bestrebt sie zu ehelichen. Die konservative Regierung, die Angehörigen der sogenannten *Dominions*, wie Irland und die anglikanische Kirche setzten den König unter Druck, denn es war offiziell nicht möglich, dass ein britischer Souverän als Oberhaupt der anglikanischen Kirche eine geschiedene Frau heiraten konnte. Edward unternahm einige Versuche, eine morganatische Ehe zu erzwingen und weiterhin König zu bleiben, aber diese wurden alle abgeschmettert. So dankte er schließlich ab, durfte nur noch den Titel eines Herzogs von Windsor tragen, der ihm von seinem Bruder verliehen wurde, nachdem dieser dann zum neuen König George VI. ernannt wurde. Er verweigerte aber gleichzeitig Wallis die Anrede einer *königlichen Hoheit* und die Königinmutter Mary wollte Edward und Wallis nicht mehr empfangen. Das Paar musste auch damit verbunden ins Exil gehen, wobei die dann die USA und Frankreich wählten, England durften sie fortan nur noch auf eine ausdrückliche Einladung des Königs hin besuchen. Am dritten Juni des Jahres 1937 heirateten Wallis und Edward und niemand zweifelte daran, dass beide nicht glücklich miteinander waren.

Für meine Mutter war dies aber abzusehen gewesen, wie auch für die meisten Angehörigen des britischen Königshauses. Schon Edwards Vater hatte sich gesorgt, ob sein Sohn jemals zum König taugen würde. Dennoch war es ungewöhnlich, dass ein englischer Regent aus Liebe abdankte und ein Skandal.

In Breibach hatte ich mich für eine erste Zeit zurückgezogen und war meist für mich geblieben. Oftmals saß ich in dem großen Gesellschaftsraum der Pension, in dem sich auch der Kamin befand, und half auf dem Boden sitzend Kartoffeln für das Mittag- oder Abendessen zu schälen. Dabei lernte ich Käthe Lindlar kennen, die sich in Breibach von einer Erkrankung erholte. Man sagte ihr zuerst, ich würde nicht gerne angesprochen werden, aber dann sah ich, wie Käthe ein Buch von Rabindranath Tagore, dem indischen Philosophen, las. Er hatte im Jahre 1921 Darmstadt besucht und ich kam nicht umhin, Käthe in ein Gespräch über ihn und das Buch zu verwickeln, was sie durchaus zu begrüßen schien. Wir kamen dabei auch auf die Erziehung von Mädchen zu sprechen, die Theorien von Montessori und Fröbel. Käthe schien aber vor allem an meiner weltpolitischen Sicht interessiert zu sein, ließ sich viele Zusammenhänge erklären, darunter besonders die in Bezug auf Griechenland. Natürlich kam sie nicht umhin, mir zu sagen, es sei für sie eine außerordentliche Gabe, dass ich nicht hören konnte, aber dennoch wie eine Hörende agierte, vor allem meine Gestik fand sie faszinierend.

Ich fragte sie nicht nach ihrer Krankheit, denn sie schnitt es auch selbst nie an. Daher erwähnte ich meine auch nicht in vollem Umfang, sondern stellte es als eine körperliche und seelische Erschöpfung dar, was ihr vollkommen genügte. Sie war mir eine sehr angenehme Gesellschafterin, weil man sich ausgezeichnet mit ihr unterhalten konnte.

Auch Herr Markwitz fand viele meiner Ideen sehr positiv, die sich aber auf ganz andere Themen bezogen als noch vor ein paar Wochen. So schlug ich ihm vor, an den Bäumen rund um das Gebäude doch kleine Holzschilder zu befestigen, auf denen die Namen dieser standen, damit auch Kinder dies beim Spazierengehen lernen konnten. Er nahm es sich vor, sollte es aber zu Lebzeiten nicht mehr verwirklichen.

Wenn die Kinder der Gäste draußen spielten, war ich stets emsig dabei, eventuell zerbrochenes Glas oder Brennnesseln zu entfernen, damit sie sich nicht daran verletzten. Ihre Eltern dankten es mir sehr.

Wenn Reinhold Markwitz sich an seinen Schreibtisch setzte, um sich an etwas Literarischem zu versuchen, bestärkte ich ihn darin. Dann sagte ich, er, Reinhold, solle daran denken, dass es wichtig sei, was er zu sagen habe, auch wenn wir in Zeiten lebten, in denen die Menschheit es vielleicht nicht hören wollte. Seine Moral war tief verwurzelt, er hatte sehr menschliche Ansichten, was in der Zeit des Nazi-Regimes in Deutschland eher selten

geworden war. Man musste sich das Menschliche bewahren und daher war er auch jederzeit bereit, anderen zu helfen, die eben in diesen Zeiten vom Schicksal gebeutelt wurden. Dabei ging er sogar so weit, auch Schutz in seinem Heim anzubieten. Ihm war die propagierte Ideologie der Nazis ebenso wie mir ein Gräuel. Aus seiner Sicht kam es einer Verkündung gleich, mit der der Führer den Hass auf die Juden, Behinderte und angebliche Feinde seines Regimes schürte. Wir beide verstanden nicht, wie man so ein Regime unterstützen oder auch nur tolerieren konnte.
Durch Reinhold fand ich zu mir selbst zurück. Es verlangte mich sogar wieder danach, mit der Welt um mich herum auszukommen, doch ich wollte weder meine Unabhängigkeit noch meine verinnerlichten Ansichten aufgeben. Aber ich beschloss, diese für mich zu behalten, denn nur so konnte ich wieder am Leben teilhaben. Es lag zweifelsohne auf der Hand, dass ich etwas schaffte, was vielen Patienten eines Sanatoriums eben nicht vergönnt war – ich heilte mich selbst. Mit kleinen Schritten würde ich mir mein Leben zurückholen, mein selbst gewähltes Exil aufgeben. Dennoch gestünde ich niemals ein, es wäre auch mit der Hilfe von Ärzten, Psychiatern so weit gekommen. Es war allein mein Verdienst. Und im Zuge meiner Gesundung setzte ich mich selbst an meinen Schreibtisch, verfasste einige Zeilen an Philip, teilte ihm mit, wie stolz ich auf ihn sei und wie sehr ich ihn vermisste.
Ich erhielt kurz darauf einen Brief von Tinys Ehemann Christoph, dass sie am sechsundzwanzigsten März dem kleinen Prinzen Karl das Leben geschenkt hatte, was ich umgehend mit einem Glückwunsch an die beiden beantwortete.

Meine Mutter besuchte mich im April des Jahres 1937 in Breibach und war überaus angetan von meiner wiedererlangten geistigen Frische. Wir trafen uns in Mamas Hotel, aßen gemeinsam zu Mittag. Dann machten wir einen Spaziergang zusammen, unterhielten uns miteinander, aber es war vertrauter als noch vor ein paar Wochen. Sie wollte auch gerne einmal Reinhold Markwitz kennenlernen und fand alle Familienmitglieder *reizend*, wie sie es ausdrückte. Meine Mutter war am fünften April dreiundsiebzig Jahre alt geworden, für sie waren die *neuen Zeiten* in Deutschland auch nur schwer zu begreifen. Sie nannte es *„so viele Sorgen, immer eine auf der anderen"*. Dies bezog sich aber auf alles, mit dem sie sich in ihrem Alter noch konfrontiert sah, wie meine Erkrankung, Todesfälle in der Familie und das Nazi-Regime. Im Bezug auf Letzteres war sie daher ebenso begeistert von Reinholds Einstellung, diesem nicht wie ein sprichwörtlicher *treudoofer Hund* zu folgen.
Mama war glücklich über meine Genesung, sie versicherte mir immerzu,

wie erleichtert sie sei und wie gut mir Breibach getan habe. Ich weiß nicht, ob sie dies Doktor Binswanger mitteilte, ihn immer noch über meinen Zustand auf dem Laufenden hielt. Aber es interessierte mich auch nicht mehr wirklich. Zumindest konnte sie nicht an sich halten, der Familie zu berichten, wie sehr sich mein gesundheitlicher Zustand gebessert habe.
Philip verbrachte die Osterferien bei Don und Cäcilie. Da sie nun wussten, wie ich mich wieder um Kontakt mit der Familie bemühte, luden sie mich kurzerhand zum Essen ein. Wir trafen uns in einem Restaurant in Bonn, sie brachten Philip mit. Wir hatten uns alle so lange nicht gesehen, dass es ein wunderbares Zusammensein wurde. Mein Sohn besuchte mich zuletzt vor fünf Jahren und ich wusste, dass andere eine gewisse Mutterrolle für ihn eingenommen hatten, aber dennoch bemühte er sich herzlich zu mir zu sein. Ich erwartete auch nichts anderes. Mir war bewusst, wie abgeschoben er sich gefühlt haben musste, und wir konnten die verlorenen Jahre nicht wieder zurückholen. Für ihn war ich zu einer Fremden geworden, einem Schatten einer Mutter, die zwar existierte, aber nicht greifbar gewesen war. Wir mussten uns erst langsam wieder einander annähern und ich wünschte mir sehr, dass dies möglich wäre, auch in Bezug auf meine anderen Kinder, ihre Familien.
Philip ließ bei unserem Zusammensein nur wenig darüber fallen, wie schmerzlich dies alles auch für ihn gewesen sein musste. Der Tod von seiner Nanny Emily Roose am neunten August des Jahres 1933 in Südafrika war komplett an mir vorübergegangen. Roosie hatte immerhin fünfundzwanzig Jahre in Diensten meiner Familie gestanden. Sie hatte noch lange Zeit brieflich Kontakt mit meinem Sohn gehalten und er gestand mir, wie sehr er es bedauerte, ihr nicht öfter geschrieben zu haben. Man könnte meinen, ich hätte in diesem Moment protestiert, denn bei mir hatte er sich auch kaum gemeldet, aber ich wollte nicht so reagieren. Er konnte nichts für all das. Der arme Junge war von einem Verwandten zum anderen weitergereicht worden und sein Vater war ihm auch kein wirklicher Vater.
Meine Mutter erwähnte einmal kurz, dass Andrea oft sehr viel trank in den letzten Jahren, aber erst vor Kurzem habe er ihr gesagt, er würde dies nun einschränken und nur noch ein Glas Wein zu sich nehmen statt mehrerer. Seine selbst gewählte Freiheit schien ihm auch nicht wirklich zu bekommen.
Am fünfzehnten April reiste ich mit Reinholds Schwester Berta für einige Tage in die Schweiz.

Mama berichtete mir von den Krönungsfeierlichkeiten in England, die am zwölften Mai in der Westminster Abbey stattfanden. Entgegen der eigentlichen Tradition nahm die Mutter des Königs, Mary, daran teil, um morali-

sche Unterstützung für ihren Sohn zu zeigen. George VI. war seit dem Jahre 1923 verheiratet mit der schottischen Adeligen Lady Elizabeth Bowes-Lyon. Das Paar hatte zwei Mädchen, Elizabeth, die gerade elf Jahre alt war, und Margaret Rose, fast sechs Jahre alt.
König George VI. von England war auch offiziell Kaiser von Indien, aber er lehnte eine kostspielige Kaiserkrönung dort ab, da es nur den indischen Staatshaushalt belastet hätte.

Im Juni lud mich Dolla auf Schloss Kirchberg, ein zweiter badischer Stammsitz am Bodensee, ein. Es liegt auf einem Berg und gleich gegenüber von Kreuzlingen. Bis nach Salem waren es nur zwanzig Minuten mit dem Automobil. Zum ersten Mal dachte ich an Philips Geburtstag, sandte ihm eine Glückwunschkarte an seine Schule in Schottland und bedauerte in meinen Zeilen, dass er nicht bei mir sein konnte.
Auf Schloss Kirchberg lernte ich auch Dollas Kinder zum ersten Mal persönlich kennen. Meine Tochter hatte am sechzehnten März ihr drittes Kind, den kleinen Ludwig zur Welt gebracht. Die beiden älteren Kinder, Margarita, nun fast fünf Jahre alt, und Maximilian, der bald vier wurde, nahmen meine Anwesenheit sehr positiv auf, denn ich versuchte mich viel mit ihnen zu beschäftigen. Ich war ihnen als ihre Großmutter nicht vertraut, aber sie waren noch klein und mit der Zeit würden sie mich schon kennenlernen.
Es waren wirklich herrliche Tage und ich war Dolla sehr dankbar für ihre Einladung, was ich auch immerzu betonte.
Für den Juli lud mich Margarita nach Langenburg ein, ich erfuhr von Cäcilie, dass sie wieder guter Hoffnung war, das Baby sollte im Dezember zur Welt kommen. Nur von Tinys Seite ergab sich vorerst kein Kontakt. Sie war am sechsundzwanzigsten März Mutter des kleinen Karl geworden. Ich ging davon aus, dass Tiny einfach noch etwas Zeit brauchte, um wirklich von meiner Genesung überzeugt zu sein.

Berthold, auf seinem Schoß Ludwig, daneben in der Mitte Margarita und Maximilian, rechts Dolla, 1937

Cäcilie und ihr Ehemann Don waren am ersten Mai des Jahres in die NSDAP eingetreten. Als sie mir dies sagte, war ich darüber alles andere als begeistert. Meine Tochter kam im Juli nach Salem und ich reiste von Kirchberg aus an, um mich mit ihr zu treffen. Ich wünschte mir sehr, ihre Kinder bald kennenzulernen, worüber sie sich freute, und sagte, wir würden das in naher Zukunft arrangieren. Es stelle keinerlei Problem dar. Aber da ich ihr meinen Plan offenlegte, bald einen Orden für Nonnen in Griechenland gründen zu wollen, so wie es einst Tante Ella tat, wirkte sie sehr skeptisch. Und da sich Andrea wieder oft in Griechenland befand, fuhr ich fort, würden wir uns vielleicht auch wieder annähern. Cäcilie fand das völlig unrealistisch und nannte meine Hoffnungen eine reine Illusion.

Sie war auch nicht wirklich überzeugt davon, dass ich in irgendeiner Art und Weise mein altes Leben wieder aufnehmen konnte. Ich bat sie, Virginie Simopoulos, die wir alle auch oft *Popoulo* genannt hatten, zu kontaktieren, damit sie aus Athen zu mir käme, um wieder als Hofdame für mich zu arbeiten. Cäcilie lehnte dies sofort ab. Dies lag doch alles hinter mir, gab sie zu bedenken, und Virginie hatte sicher nun schon eine andere Stelle gefunden.

Ich gestand meiner Tochter, wie gut mir Kirchberg gefiel, aber es sei doch sehr einsam dort und ich fand nicht wirklich Menschen, mit denen ich mich, abgesehen von Dolla und ihrer Familie, unterhalten konnte. Da ich die meisten Menschen als nicht wirklich intelligent bezeichnete, fand Cäcilie das doch sehr hochnäsig. Aber dennoch kamen wir gut miteinander aus. Es waren kleine Meinungsverschiedenheiten, denen wir beide nicht wirklich großen Belang schenkten.

Für mich war dies alles schon etwas Besonderes, nicht nur mit der Familie viel Zeit zu verbringen, sondern auch andere Menschen um mich herum anzunehmen, ihre Gesellschaft zu ertragen, ohne dass es mich ermüdete, wie noch vor einigen Wochen.

Cäcilie begleitete mich auch nach Langenburg zu Margarita. Auch meine andere Tochter zeigte sich wenig begeistert von meinem Plan, in Griechenland ein Konvent zu gründen, zudem ich dafür viel Geld brauchen würde. Sie pflichtete ihrer Schwester auch darin bei, dass Andrea und ich nicht mehr ein gemeinsames Leben wie ein Ehepaar führen könnten. Margarita meinte, es sei so viel Zeit vergangen, man habe sich entfremdet und er führe doch nun ein ganz anderes Leben. Ich sollte bedenken, wie wenig Interesse er an meiner Person in den letzten Jahren gezeigt habe. Daher lag es für meine Töchter nur auf der Hand, dass unsere Ehe nur noch auf dem Papier bestand.

Sicher hatte ich vielleicht noch ein gewisses Idealbild von meinem Ehemann, trotz allem hatten wir uns einmal geliebt. Ich hatte ihm stets zur Seite gestanden, er mich im Stich gelassen. Aber ich musste mir eingestehen, wie sehr ich ihn immer noch liebte. Und meine Mädchen wollten mir nur eine sehr schwere Enttäuschung ersparen. Beide waren der festen Überzeugung, dass eine neue Aufgabe mir guttäte, aber dabei hatten sie nicht die Gründung eines orthodoxen Konvents im Auge.

Ich hatte wieder begonnen, die Handarbeit aufzunehmen, nähte, stickte und strickte. So hatte ich Cäcilie eine Bettjacke gestrickt und Dolla ein schickes Sommerkleid genäht.

Meinen Enkelkindern gegenüber war ich sicherlich etwas zurückhaltend und ich sah schon nach kurzer Zeit ein, dass ich die Kinder zwar alle auf eine Art und Weise gern hatte, aber sagte Cäcilie, sie seien zwar alle sehr lieb und niedlich, doch ich zöge die Gesellschaft meiner eigenen Kinder vor. Ich denke, es schmerzte sie, denn ich hatte ihre Kinder bisher nicht persönlich kennengelernt. Vielleicht lag es aber auch daran, dass ich mich unwohl fühlte, wenn meine Enkelkinder bei mir waren, denn ich konnte nicht so mit ihnen umgehen, wie ich es gerne gewollt hätte. Erwachsene waren mir einfach eine bessere Gesellschaft. Es mag an meiner Erkrankung gelegen haben und auf meinem Weg zur vollständigen Gesundung festigte sich diese Meinung in mir.

Da ich noch nicht wieder völlig genesen war, oftmals immer noch etwas abgeschlagen, reiste ich nach Berlin, wo ich mich kurz mit Tiny traf. Mein Hauptanliegen war aber, einen Zahnarzt und einen Spezialisten aufzusuchen, weil ich von Zeit zu Zeit Nierenschmerzen hatte. Ich freute mich, Tiny zu sehen, aber wir sahen uns nur kurz, denn meine Gesundheit stand für mich an erster Stelle.

Der Spezialist für Nierenprobleme diagnostizierte eine träge Leber, wodurch sich Gase bildeten, die mir auf das Herz drückten und zu kleinen Herzattacken führten. Da er mir eine Kur empfahl, begab ich mich umgehend von Berlin aus in die *Kuranstalt Hohenlohe* in Bad Mergentheim an der Tauber im fränkischen Nordosten Baden-Württembergs.

Die Kuranstalt Hohenlohe um 1937

Neben der Kuranstalt fungierte das Gebäude auch als Hotel und ich nahm mir dort ein Zimmer sowie in der Pension *Haus Olga* in der Nähe. Als ich am fünfundzwanzigsten Juli dort ankam, fühlte ich mich noch abgeschlagener als vorher. Ich hatte die Besuche bei meinen Töchtern sehr genossen, aber es war eben auch sehr anstrengend für mich gewesen. So hoffte ich, die Kur würde sich positiv auf den Zustand meines Herzens auswirken, aber ich gönnte mir einige Tage strenge Bettruhe, bevor ich mit der Kur begann.

Mama stand wieder in Kontakt mit Doktor Binswanger, der zu jenem Zeitpunkt immer noch davon ausging, dass ich noch nicht wieder völlig genesen sei und weiterhin genauestens in meinem Verhalten überwacht werden müsste. Sie war sehr optimistisch, das wusste ich, denn sie ging ihrerseits davon aus, ich wäre so gut wie genesen. Der Doktor aber fand es zwar gut, wie sehr mich momentan mehr pädagogische Themen ansprachen als religiöse, aber er zeigte sich auch sehr skeptisch über meine Entscheidung, einen Konvent in Griechenland zu gründen. Ich hatte meiner Mutter gegenüber nur einmal kurz erwähnt, ich wollte eventuell beim *Bund*, einer Schweizer Tageszeitung, als Korrespondentin tätig werden. Es hatte mich einfach danach verlangt, mir eine Aufgabe zu suchen, und es war auch nur eine Idee gewesen, aber dann sah ich mich nicht wirklich in der Lage immerzu schreiben zu müssen. Daher verwarf ich die Idee auch schnell wieder, worüber ich sie auch gleich informierte. Sie sollte nicht schon wieder befürchten müssen, ich würde mich lächerlich machen wollen und die gesamte Familie dazu.

Dolla hatte mir angeboten, den Winter über bei ihr in Karlsruhe zu verbringen, und Mama wollte sich dafür eine Bestätigung von Doktor Binswanger holen, ob dies zu befürworten sei oder nicht. Die Kammerfrau Elise Frauchiger hatte ihr aus Langenburg mitgeteilt, dass meine Töchter mich als geheilt ansahen und ich nun ein normales Leben führen könne. Zwar beruhigte dies meine Mutter sehr, aber dennoch glaubte sie Binswanger, der ihr dazu riet, mich weiterhin eben genauestens zu überwachen, anzuleiten, denn ein sogenanntes *normales Leben* sei für mich nicht mehr möglich.

Ich ahnte dies, als meine Mutter im August nach Mergentheim kam, um mich zu besuchen, denn ich entnahm es ihren Anspielungen auf meinen Gesundheitszustand. Sie argumentierte, ich würde nun bei meiner Kur sehen, wie sehr ich noch Ruhe und Fürsorge brauchte. Dass Binswanger durch sie sprach, lag für mich auf der Hand. Sie wollte einfach nicht wahrhaben, wie viel besser es mir mittlerweile ging.

Mama blieb zehn Tage bei mir. Sie begleitete mich sogar zu den heißen Bädern. Diese konnte man an warmen Quellen nehmen. Während die Kurgäste im Wasser badeten oder es durchschritten, spielte zweimal am Tag eine Band. Der Preis war gerechtfertigt und es war nicht zu *fashionable*, wie Mama es nannte, also zu extravagant. Mir gefiel es außerordentlich gut, sie machte mit, aber schritt nur durch das Wasser. In ihrem Alter, so meinte sie, sei es nicht mehr ansprechend für andere, wenn sie sich im Badekleid zeigte.

An zwei Tagen machten wir gemeinsam mit einem Automobil Ausflüge in die umliegende Gegend, wobei wir uns fahren ließen. Einmal besuchten wir Rothenburg ob der Tauber, aßen dort in einem netten Restaurant.

Meine Kur genoss ich sehr. Zweimal am Tag bekam ich warme Umschläge auf meinem Zimmer, um elf Uhr dreißig nahm ich mein Frühstück im Gemeinschaftsraum ein, ebenso das Mittagessen um ein Uhr. Mein Abendessen zog ich vor, allein auf meinem Zimmer serviert zu bekommen. Neben den ganzen Anwendungen hatte ich eigentlich nur von sechzehn bis achtzehn Uhr wirkliche Freizeit.

Meine Mutter stellte ebenfalls fest, dass ich durch die Kur wie ausgewechselt wirkte, mich für fast jedes Thema, welches sie anschnitt, begeistern konnte. Bei ihrer Abreise wünschte sie mir alles Gute und freute sich auf ein Wiedersehen.

Ich blieb noch eine Weile in Mergentheim und reiste erst Mitte September zurück nach Breibach.

Cäcilie sandte mir Fotos von ihren Kindern und auch während meiner Kur hielt ich den schriftlichen Kontakt zu meinen Töchtern aufrecht.

Cäcilie mit der kleinen Johanna und Alexander, Darmstadt, Sommer 1937

Alexander, links, und Ludwig im Park von Wolfsgarten, Sommer 1937

Mama war nach ihrem Besuch bei mir in Mergentheim nach Wolfsgarten gereist, denn Tante Onor hatte sie darüber informiert, wie schlecht es Onkel Ernie in der letzten Zeit gesundheitlich ging. Mein Onkel war neunundsechzig Jahre alt, seit Beginn des Jahres kränkelte er aber immer wieder, hatte sich von einer schweren Grippe nicht mehr wirklich erholt. Er litt an einer chronischen Lungenentzündung und musste sich einer Röntgentherapie unterziehen. Meine Mutter hatte bereits im Sommer einige Zeit bei ihm verbracht, um ihn gemeinsam mit Tante Onor wieder aufzupäppeln, aber er spürte wohl, dass er nicht mehr lange leben würde. So kamen nach und nach alle Verwandten zu ihm nach Darmstadt, um ihn zu unterstützen, ihm beizustehen.

Sein Sohn Lu hatte bei einem Skiurlaub in Bayern Margaret Geddes, genannt *Peg*, kennengelernt. Sie war eine Tochter des ersten Barons Geddes, Auckland Campbell Geddes, vierundzwanzig Jahre alt und Lu verlobte sich mit ihr im Frühjahr des Jahres 1937. Für unsere hessische Seite der Familie war es nie etwas Besonderes gewesen, eine englische Braut zu wählen.

Lu war Kulturattachée ehrenhalber in der englischen Botschaft in London, die von dem deutschen Botschafter Joachim von Ribbentrop geleitet wurde. Ribbentrop, Politiker, Mitglied der NSDAP und Reichsminister des Auswärtigen Amtes, verstand wie alle Nazis nicht, in welcher tiefen Beziehung die englische Königsfamilie mit dem hessischen Haus verbunden war. Man zeigte sich zunehmend eher erstaunt darüber, wenn hessischer Adel, wobei einige Mitglieder der Familie sich der NSDAP angeschlossen hatten, an Feierlichkeiten des englischen Königshauses teilnahmen, egal ob es sich um öffentliche Veranstaltungen handelte oder um private Treffen. Es war wohl mehr ein Unverständnis, weil der englische Adel die Verwandtschaft trotz ihrer Parteizugehörigkeit im Großen und Ganzen akzeptierte.

Dickie und Edwina hatten König George VI. und die Königin Elizabeth zu einem festlichen Abendessen ins Brook House eingeladen, um im Rahmen dieses Zusammenseins Lu in London willkommen zu heißen. Der König und seine Gattin kamen der Einladung gerne pflichtgemäß nach, aber Ribbentrop hatte auch Berlin die Anweisung erhalten, Lu eine Teilnahme an diesem Essen zu verbieten. Niemand verstand diesen sprichwörtlichen *Schlag ins Gesicht*. Es war für Lu mehr als peinlich aus so einem Grund absagen zu müssen.

Gegen die Heirat mit Peg konnte aber niemand etwas einwenden und so plante man die Hochzeit für den dreiundzwanzigsten Oktober des Jahres in London.

Onkel Ernie sprach sich dafür aus, dass die Hochzeit stattfinden sollte, ganz gleich, was kommen würde. Aus gesundheitlichen Gründen war er sich nicht sicher, ob er teilnehmen konnte, aber auch im Falle seines Todes sollte man keine Rücksicht nehmen. Für ihn zählte das Glück seines Sohnes.

Peg und Lu, Darmstadt 1937

Im September reisten auch Dickie und Edwina mit ihrer ältesten Tochter Patricia für eine Woche nach Darmstadt, um Onkel Ernie zu besuchen, Philip und Andrea blieben für drei Tage. Mein Sohn war nun sechzehn Jahre alt. Mama schrieb mir, wie groß er geworden sei und was für ein ansehnlicher junger Mann. Andrea dagegen sei stark ergraut und er werde zunehmend schwerhörig. Doch meine Mutter fand die Sorge um ihren Bruder natürlich belastender, zumal sie sich daran erinnerte, wie er als kleiner Junge nach dem Tod seiner Schwester und seiner Mutter gefragt hatte, warum sie nicht alle zusammen sterben könnten. Sie hoffte, er würde sich erholen und sei vielleicht doch in der Lage, der Hochzeit beizuwohnen.
Jeden Nachmittag schleppte sich Onkel Ernie förmlich in Tante Onors Zimmer, wo er mit ihr gemeinsam Theaterstücke anhörte, die im Radio gesendet wurden. Man plante, ihn noch zu einer Kur nach Baden-Baden zu schicken, damit er seine Kräfte zurückerlangen könne, aber er verfiel zuse-

hends mehr und mehr. Lu und Peg versprachen ihm nach Darmstadt zu kommen, aber Anfang Oktober fiel er ins Koma. Am neunten Oktober verstarb mein Onkel in Wolfsgarten.
Mama war inzwischen wieder nach England gereist, aber sie kehrte umgehend nach Darmstadt zurück, um die Beerdigung mit der Familie zu organisieren. Es war für sie ein sehr großer Schock, dass ihr Bruder so früh verstorben war, und sie konnte es einfach nicht begreifen. Aber ihre Angst, es könne mich auch sehr treffen, war ebenso groß, und so teilte sie mir Onkel Ernies Ableben nicht mit. Ich las es aber in einer Tageszeitung. Wenngleich sie es alle nicht erwarteten, so machte ich mich schnell auf den Weg nach Darmstadt, bezog dort ein Zimmer in einer Gaststätte. Da ich nicht wusste, wie meine Familie auf meine Anwesenheit reagieren würde, schrieb ich dem Grafen Hardenberg, ob ich wohl zur Beerdigung meines Onkels erscheinen dürfe. Er lud mich umgehend nach Wolfsgarten ein.
Man kann wohl sagen, was man will, aber die Trauer um einen geliebten Menschen vereint die meisten oftmals wieder.
Aufgrund der Trauer und der Beerdigung verlegten Lu und Peg ihre Hochzeit auf den zwanzigsten November, kamen aber mit der Vermählung Onkel Ernies letztem Wunsch nach.
Am zwölften Oktober wurde der Sarg auf einer von Pferden gezogenen Lafette, geschmückt mit der Flagge des Hauses Hessen und dem mit Federn verzierten Hut seiner Galauniform darauf, durch die Straßen von Darmstadt zum Mausoleum auf der Rosenhöhe geleitet, wo man meinen Onkel neben seiner Tochter Ella beisetzte. Es war ein Staatsbegräbnis und die Straßen waren gesäumt von der trauernden Bevölkerung, die ihrem Großherzog die letzte Ehre erweisen wollte. Mich störte nur die Anwesenheit von Soldaten, die dem vorbeiziehenden Sarg mit dem Hitler-Gruß salutierten. Sogar Hitler hatte eine Beileidsbekundung geschickt.
Mein Onkel hatte sich nicht mit den Nazis arrangiert, er war nicht in die Partei eingetreten und das Schicksal von Kurt Hahn war ihm unter anderem eine Mahnung gewesen. Aber die Nebenlinie unseres Hauses, das Haus Hessen-Kassel, war völlig überzeugt von dem Regime und die Mitglieder des Hauses waren sehr engagiert darin gewesen, vor Hitlers Wahl Stimmen für ihn und die Partei zu sammeln, neue Mitglieder für die Partei anzuwerben. Prinz Philipp von Hessen-Kassel war über seinen Cousin, den Prinzen August Wilhelm von Preußen, den vierten Sohn des Kaisers Wilhelm II., genannt *Auwi*, zur NSDAP gekommen. Und auch Tinys Ehemann Christoph engagierte sich für die Partei.
So fand ich es mehr als unpassend auf der Beerdigung meines Onkels, dass die Präsenz von Nazis, deren Uniformen in so einem Kontrast zu dem anwesenden alten Adel standen, der nicht mit dem Regime buchstäblich mit-

lief.
Für mich hatte die Beisetzung aber auch einen besonderen Stellenwert, denn zum ersten Mal nach fünf Jahren sah ich meine Schwester Louise wieder und meinen Bruder Georgie hatte ich ganze sieben Jahre nicht mehr gesehen.
Philip konnte aufgrund der Schule nicht anwesend sein, was ihm jeder nachsah. Und ich hatte im Stillen gehofft, Andrea ebenfalls wiederzusehen, aber er kam auch nicht. Mein Mann reiste mit seinem Neffen, dem König George II., als sein offizieller Flügeladjutant gerade nach England. Am achtundzwanzigsten Oktober wollte man sich zu einem Abendessen mit Sir Sydney Waterlow, einem britischen Diplomaten und Botschafter Griechenlands, in der britischen Botschaft in Athen treffen, wobei auch Andreas Bruder Nikolaus, der Kronprinz Paul, ein Bruder von George, anwesend sein sollten. Daher holten Andrea und der König Nikolaus Paul aus England ab.
Mein Ehemann war im Folgenden auch noch zu einem Mittagessen, welches der französische Präsident Lebrun in Paris gab, sowie anderen offiziellen Terminen an der Seite des Königs eingeladen. Danach würden Andrea und George wieder nach London reisen, ab dem siebten November dort Termine wahrnehmen, den Monat über dort bleiben.
Obwohl dies alles meine Hoffnungen auf eine Versöhnung mit meinem Gatten zunichtemachte, beeindruckte mich doch die Tatsache, wie er nun in einer guten Position im Gefolge des griechischen Königs sprichwörtlich durch die Lande zog.

Ich blieb eine Woche in Wolfsgarten, es gab niemanden, der mich mied oder mir meine Anwesenheit ankreidete. Tante Onor war sehr gerührt, dass ich erschienen war, und dankte mir dafür. Daher versprach ich ihr, sie bald wieder zu besuchen, ebenso wie Cäcilie und den Rest der Familie. Mama hoffte, Philip habe vielleicht noch keine genauen Pläne für die Weihnachtsferien. Sie schlug vor, man könne sich in Wolfsgarten treffen und wollte ihm dies auch vorschlagen. Natürlich begrüßte ich ihren Vorschlag.
In den Tagen in Wolfsgarten lernte ich auch endlich Cäcilies Kinder kennen. Die beiden Buben waren sehr aufgeweckte kleine Jungen und Johanna einfach nur niedlich. Das Mädchen wirkte mit seinen großen blauen Augen, dem flachsblonden Haar wie ein Püppchen.
Wenn wir auch alle den Verlust von Onkel Ernie betrauerten, so freuten sich doch alle auch auf die bevorstehende Hochzeit. Mama meinte, vielleicht würde es die Trauer der letzten Zeit etwas überdecken.
Ich verabschiedete mich von allen, wünschte Cäcilie, Don und Tante Onor eine gute Reise nach London. Die beiden Jungen freuten sich auf die erste

große Reise und waren begeistert, dass man dorthin fliegen würde. Meine Enkelin Johanna würde nicht mitreisen, sie war noch zu klein und bliebe in Darmstadt bei einem Kindermädchen. Ich hatte etwas Bedenken bei dem Flug, denn Cäcilie war dann im achten Monat schwanger, aber sie zerstreute meine Sorgen mit einem Lächeln, denn es ginge ihr doch gut und es sei schon ihr viertes Kind. Sie machte noch einen Witz darüber, dass sie sowieso Schwarz tragen werde, denn ein bisschen hatte sie doch Angst vor dem Fliegen.
Wie alle Menschen erfreute sich auch meine Familie an jeder technischen Neuerung. Man nutzte gerne die Eisenbahn, auch Automobile waren mittlerweile nicht mehr wegzudenken und die Fliegerei war nun noch als moderne Errungenschaft hinzugekommen. Die Sicherheitsvorkehrungen auf den Flügen entsprachen natürlich noch nicht denen in den späteren Jahren, aber für meinen Sohn Philip war es zum Beispiel seit dem Jahre 1935 normal, auch mit dem Flugzeug zu reisen. Nur einmal hatte er auf einem Flug ein beunruhigendes Klopfen wahrgenommen, aber man muss dazu sagen, die Maschinen waren damals noch nicht für Massen ausgelegt. Es waren kleine Flugzeuge und es passten nur wenige Fluggäste hinein. Bei Turbulenzen konnte es schon einmal haarig werden. Gerade im Herbst des Jahres 1937 war es oftmals sehr stürmisch, was auch Mama sofort anmerkte, als sie von dem geplanten Flug der hessischen Verwandtschaft erfuhr.

Ich fuhr zurück nach Breibach.
Cäcilie schrieb am zwölften November an Dickie, bat ihn, doch eine witzige Rede auszuarbeiten für die Hochzeitsfeier, bei der er ruhig etwas über die hessische Verwandtschaft herziehen sollte, erklären, wer sie waren, und sagen, sie seien eigens für die Hochzeit für eine Woche nach London gekommen. Er sollte es ein bisschen neckisch so hinstellen, dass die Hessen aus einem kleinen sprichwörtlichen *Kaff* in die Weltstadt London kamen, quasi *Landmäuse* treffen auf *Stadtmäuse*. Mein Bruder war sehr redegewandt, er zeigte sich sofort damit einverstanden.
Cäcilie war ihm auch sehr dankbar dafür, dass sie und ihre Familie bei ihm und Edwina in Brook House unterkommen könnten, sie hoffte, man sei ihnen nicht im Weg.
Tante Onor sollte bei Mama im Kensington-Palast wohnen, worauf meine Mutter sich sehr freute, denn im Anschluss an die Feier wollte sie sich viel Zeit für meine Tante nehmen.
Am Mittag des sechzehnten November, um etwa dreizehn Uhr, flogen Cäcilie, Don, Ludwig, Alexander, die als Träger von Pegs Schleier fungieren sollten, Tante Onor, Baron Joachim von Riedesel, ein Freund der Familie der Trauzeuge von Lu war, und die Kinderfrau Aline Hahn vom Flughafen

in Frankfurt am Main ab. Sie wurden von einem anderen Passagier namens Arthur Martens begleitet, der in München die Maschine bestiegen hatte, wo sie ursprünglich gestartet war. Martens war ein bekannter Segelflugpionier und Ingenieur.

Das Flugzeug war eine dreimotorige *Junker 52* der belgischen Sabena-Fluggesellschaft und bei ihrem Start war sonniges Wetter. Die Junker sollte auf dem Flughafen Steene bei Ostende in Belgien einen kurzen Stop machen, zwei weitere Passagiere aufnehmen, dann zum Flughafen nach Croydon bei London fliegen, wo zwei Automobile, arrangiert von Dickie, die Hochzeitsgäste in Empfang nehmen und in die Stadt bringen sollten. Lu und Peg wollten ebenfalls zum Flughafen fahren, alle bei ihrer Ankunft begrüßen.

Um sechzehn Uhr etwa sollte die Maschine landen und die beiden warteten auf die Landung der Junker. Als diese nicht am Himmel erschien, fragte Lu beim Büro der Fluggesellschaft nach und man sagte ihm, es gäbe eine kleine Verspätung. Ein Flugzeug der *Imperial Airways* startete, beide sahen der Maschine nach, wie sie sich in den mittlerweile leicht nebligen Himmel erhob. Einige Minuten vergingen, dann kam ein Angestellter der Fluggesellschaft zu Lu, tippte ihm auf die Schulter. Er sollte mit ihm ins Büro kommen. Dort erzählte er ihm und Peg, was passiert war.

Auf dem Flug war um etwa vierzehn Uhr über Ostende Nebel von der Nordsee her aufgezogen, aber der Pilot, Antoine Lambotte, war ein fähiger Mann, er kannte sich auf dem Flughafen dort gut aus, hatte viele Jahre Erfahrung im Fliegen. Auch die beiden anderen Mitglieder der Crew, der Mechaniker Ivo Lansmans und der Funker Maurits Courtois waren ebenso erfahren.

Als der Pilot nur noch etwa sechs Meter weit gucken konnte, feuerte man vom Flughafen aus Raketen ab, um ihm den Weg zur Landebahn zu weisen. Aber der Pilot konnte sie nicht sehen. Also flog er Kreise, um die Landebahn zu finden. Dann ereignete sich die Katastrophe. Die Maschine berührte mit einer Tragfläche den fünfundsechzig Meter hohen Schornstein der Ziegelei *Briqueteries Nationales*. Die Tragfläche wurde abgerissen, ebenso wie einer der Motoren, beides krachte durch das Dach der Fabrik. Hundertundsechzig km/h war die Maschine schnell, sie drehte sich einmal um sich selber und stürzte brennend etwa fünfundvierzig Meter entfernt der Fabrik auf ein Feld. Dort ging sie sofort in Flammen auf. Die Arbeiter stürmten auf das Feld, wollten helfen, aber das Feuer wütete zu stark. Man musste hilflos mit ansehen, wie die Maschine und ihre Insassen ein Opfer der Flammen wurden. Erst als man es vollständig gelöscht hatte, war es möglich, die Toten zu bergen, die fast bis zur Unkenntlichkeit verbrannt waren. Den Piloten zu identifizieren war leicht, aber bei Don konnte man dies nur, weil er sein Portemonnaie bei sich getragen hatte. Weitaus schmerzlicher, wenn man das in diesem Fall überhaupt sagen kann, war die Tatsache, dass man in dem Wrack den Kopf eines Babys fand. Ein herbeigerufener Arzt, der später auch die Leichen untersuchte, sagte aus, es sei ein Sohn gewesen. Meine Tochter sei wahrscheinlich während des Fluges in die Wehen gekommen oder beim Absturz durch den Schock. Dies war nicht mehr festzustellen und spielte keine wirkliche Rolle mehr. Man fand auch einige Juwelen in den Trümmern.

Die Leichen verbrachte man in Särgen zum lokalen Hospital in Ostende, wo man sie in Halle 8 in einer Reihe aufbahrte, so etwas wie eine kleine Kapelle einrichtete.

Die Absturzstelle der Junker 52, 16. November 1937

Lu und Peg hörten nun die Nachricht vom Absturz, mein Neffe fiel in Ohnmacht, als er mit der schockierenden Tatsache konfrontiert wurde, dass fast seine gesamte Familie bei dem Unfall ums Leben gekommen war.

Man sagte ihm kurz darauf, dass der Pilot wohl versucht habe, buchstäblich *blind* zu landen. Ferner hatte ein Angestellter der Fluggesellschaft nicht reagiert. Er hätte dem Piloten nur sagen müssen, dieser solle lieber weiterfliegen bis nach Croydon. Die Raketen, die man abfeuerte, konnten keinen

Erfolg bringen, denn nur die erste funktionierte. Die zweite explodierte zu früh und die dritte wurde viel zu spät abgefeuert.
Von Cäcilie und ihrer Familie war nun nur noch die kleine Johanna geblieben, die der schreckliche Unfall zur Waisen machte.
Der Vater der Braut, Sir Auckland Geddes, bat die Presse, auf die Familie Rücksicht zu nehmen, und man überlegte sich, die Hochzeit am nächsten Tag in aller Stille abzuhalten. So heirateten Lu und Peg in der *St. Peter's Church* am Eaton Square in London ohne jeglichen Aufwand, die Braut trug ein schwarzes Kostüm und einen schwarzen Schleier. Dickie übernahm kurzerhand die Funktion des Trauzeugen für Lu.
Nur einen Tag später reisten sie mit einem Schiff von Dover nach Ostende, wurden dort von dem Gouverneur der Provinz West-Flandern, Henri Baels, empfangen, in einem Automobil der deutschen Botschaft zu einem Hotel gebracht. Dann machten sie sich auf den schweren Weg in das Hospital, wo Nonnen die Särge mit Blumen geschmückt hatten. Mehrere bedeutende Persönlichkeiten waren inzwischen bei den Särgen gewesen, legten Kränze und Beileidsbekundungen ab.
Auch die Absturzstelle und das Wrack besuchten die beiden. Im Justizpalast in Brügge identifizierten Lu und Peg die gefundenen Juwelen aus dem Familienbesitz. Einiges davon hatte Peg bei ihrer Hochzeit tragen sollen. Der durchaus bedeutende Schmuck war auf drei Millionen Francs versichert.
Doch die Hochzeitsreise, die das Paar geplant hatte, war nun in eine Trauerreise umgewandelt worden, die für beide eine große Bürde war.
Für die gesamte Familie war es ein Schock, den man nicht in Worte fassen kann. Mein Sohn Philip wurde an der Schule darüber informiert und war nicht mehr fähig, am Unterricht teilzunehmen, und auch Louise konnte es nicht fassen. In nur einem Monat war ein großer Teil der Familie verstorben, wobei die letzteren Mitglieder einen schrecklichen Tod gefunden hatten. Mama, Dickie, Georgie und ihre Familien – niemand konnte wirklich damit umgehen. Für mich war der Verlust meines Kindes sehr schlimm, da wir uns gerade wieder einander genähert hatten. Und ich musste an die armen Jungen denken. Niemand möchte sich ausmalen, was in diesen letzten Minuten während des Absturzes geschehen ist, was sie alle dachten, ob sie schrien, weinten, die Jungen sich an ihre Oma, die Mutter klammerten … und es tat mir auch für die anderen im Flugzeug leid. Jeder von ihnen hatte eine Familie.
Lu zögerte schon während dieser ganzen Tragödie nicht, sich mit Peg dafür zu entscheiden, seine Nichte Johanna umgehend zu adoptieren, wenn sie wieder in Darmstadt sein würden.

Am achtzehnten November, einem Donnerstag, brachte man die Särge zum

Bahnhof. Die Prinzessin Joséphine-Charlotte und ihr Bruder Prinz Baudouin, damals beide zehn und sieben Jahre alt, hatten gemeinsam mit ihrem Vater, König Leopold III. von Belgien, Kränze gebracht, die beiden Kinder legten Blumensträuße auf die Särge des kleinen Alexander und seines Bruders Ludwig. Albert, der jüngste Prinz, war erst drei Jahre alt und daher nicht anwesend, aber für die beiden Kinder des Königs war es eine sehr mutige Aufgabe und sie hatten beide Tränen in den Augen. Am neunundzwanzigsten August des Jahres 1935 hatten sie ihre Mutter durch einen schlimmen Unfall verloren. Die hübsche Königin Astrid war mit ihrem Ehemann in einem Automobil in Küssnacht am Rigi in der Schweiz unterwegs gewesen, als Leopold die Kontrolle über den Wagen verlor. Sie rasten eine steile Uferböschung hinab, Astrid wurde aus dem Automobil hinausgeschleudert, prallte gegen einen Baum. Sie starb in den Armen ihres Gatten an ihren schweren Kopfverletzungen. Astrid, die im Volk sehr beliebt gewesen war, wurde nur dreißig Jahre alt und es hieß, der König verbiete den Kindern über die Mutter zu sprechen. Er bewahrte sogar ihren blutverschmierten Rock aus der Unfallnacht auf. Aber dadurch, dass eben nun ihre beiden Kinder vor den Särgen meiner Familie weinten, zeigte uns allen den größten Respekt und war wirklich bewundernswert.
Die sterblichen Überreste der Crewmitglieder der Junker wurden nach Brüssel gebracht, damit ihre Familien sie bestatten konnten, die anderen mit dem Zug nach Darmstadt. Riedesels Verwandte wollten ihn am zweiundzwanzigsten November auf dem Familienfriedhof in Sickendorf beisetzen lassen.
Als die Särge von Cäcilie, ihrer Familie, Tante Onor und der Kinderfrau Aline Hahn um vier Uhr nachts auf dem Hauptbahnhof in Darmstadt eintrafen, bahrte man sie zuerst im Fürstensaal desselbigen auf. Ich war von Berlin aus in Begleitung von Sophie angereist, die sich dort in einem Hospital ihre Mandeln hatte entfernen lassen. Für einige Tage nach der Operation leistete ich ihr Gesellschaft, aber nun ließ sie es sich nicht nehmen, mit mir nach Darmstadt zu reisen, denn so sagte sie, Genesung hin oder her, aber ihre Schwester sei verstorben.
Zu dieser späten Stunden standen wir nun dort auf dem Hauptbahnhof in Darmstadt, nahmen die sterblichen Überreste in Empfang. Auch die Schwester von Tante Onor war unter anderem anwesend, *Dohna*, meine Töchter Margarita mit Friedel, Dolla und auch Tinys Ehemann Christoph sowie die Verwandten der Kinderfrau, Riedesels und Martens.
Der Zug aus Belgien hatte eine Stunde Verspätung, Peg und Lu hatten die Särge, die sich in einem Sonderwagen befanden, begleitet, wurden vom Grafen Hardenberg begrüßt. Pegs Vater hatte die beiden begleitet, weil er es als seine Verpflichtung ansah, seinem Schwiegersohn in dieser schweren

Zeit beizustehen. Berthold, Dollas Ehemann, war dem Zug vorher zugestiegen, um die Anreisenden zu begleiten.
Da Don und Cäcilie Mitglieder in der NSDAP waren, fanden sich auch Angehörige des Fliegersturms ein, um die Ehrenwache bei den Särgen im Fürstensaal abzuhalten.
Der Pfarrer Monnard-Egelsbach hielt eine kurze Andacht, dann wurden die Särge geschmückt. Auf einen jeden unserer Familie legte man die Hausflagge des Hauses Hessen, bei Don auch einen Stahlhelm und ein Fliegerschwert, denn er war Leutnant der Reserve der Luftwaffe gewesen. Die Kameraden vom Fliegersturm legten einen besonderen Kranz nieder, zwei von ihnen übernahmen die Ehrenwache.
Riedesels und Hahns Särge ließen die Familien noch in der Nacht abholen. Es war eine sehr bedrückende Szenerie in dieser Nacht, in der meine Tochter, ihre Familie und Tante Onor nun in den Särgen lagen, obwohl sie zu einer fröhlichen Feier aufgebrochen waren.
Ich musste an die kleine Johanna denken. Sie war gerade einmal vierzehn Monate alt und würde ihre Mutter, ihren Vater, ihre kleinen Brüder und die Oma nun niemals wirklich mehr kennenlernen.

Die aufgebahrten Särge im Fürstensaal des Hautbahnhofs in Darmstadt mit der Ehrenwache des Fliegersturms, November 1937

Peg und Lu, in der Mitte, daneben rechts, Tinys Ehemann Christoph vor dem Fürstensaal,November 1937

Die Überführung der Toten vom Hauptbahnhof zum Mauseoleum auf der Rosenhöhe erfolgte am dreiundzwanzigsten November. Andrea war mit Philip aus London angereist, ebenso wie Dickie, der auch für den König George VI. von England und seine Gattin anwesend war. Mama, Tante Irene und meine drei Töchter mit ihren Ehemännern fanden sich ein, Kaiser Wilhelm II. von Preußen wurde durch seine Tochter, die Herzogin Viktoria Luise von Braunschweig-Lüneburg und ihrem Gatten Ernst August vertreten und auch der Reichsmarschall Hermann Göring kam zur feierlichen Beisetzung. Daneben waren natürlich auch viele andere Verwandte zugegen. Hitler kondolierte mit einem Schreiben.

Ich hatte meinen Ehemann seit dem April des Jahres 1931 nicht mehr gesehen, Dickie seit dem Jahre 1929. Margarita meinte zu mir, es sei doch mehr als traurig, dass nur der Tod uns alle nun wieder vereinte.

Den einzigen Fehltritt beging mein Ehemann, als er Tinys Schwiegervater begrüßte. Fischy, Landgraf Friedrich Karl von Hessen-Kassel, und er hatten eine besondere Form der Begrüßung entwickelt, bei der sie sich mit den Rücken aneinander lehnten, sich dann jeder tief nach vorne verbeugten. Andrea ließ es sich nicht nehmen, dies nun auch an diesem doch sehr tragischen Tag zu tun, was Fischy sichtlich unpassend fand, ebenso wie die anderen Trauergäste. Es war umso verwunderlicher, da Cäcilie eindeutig das Lieblingskind meines Gatten gewesen war, und er schien es gut verstecken zu können, wie ihr Tod ihn überwältigte.

Ich verhielt mich meinem Ehemann gegenüber nicht anders als sonst, versuchte die Tatsache zu überspielen, dass wir uns so viele Jahre nicht gesehen hatten. Doch ich war naiv gewesen, daran zu glauben, wir könnten wieder als ein Ehepaar neu beginnen, unser Leben wieder Seite an Seite aufnehmen. Andrea begegnete mir höflich, unterhielt sich mit mir oberflächlich und das war es auch. So musste ich schweren Herzens einsehen, dass unsere Ehe am Ende war.

Der Tod meiner Tochter traf mich auch sehr tief, ich weinte viel um sie, Mama teilte mit mir diesen Schmerz. Sie bestärkte mich aber auch darin, nicht mehr an meinem Ehemann zu hängen, ihn endgültig loszulassen, denn es würde keinen Sinn machen, sich an alte Zeiten zu klammern. Wir versuchten alle uns in unserer Trauer beizustehen. Meine Mutter wandte sogar ein, sie habe befürchtet, der Schmerz könne mich zerbrechen, Cäcilies Tod mich wieder in eine tiefe psychische Krise stürzen, aber da dem nicht so war, witzelte sie, würde ich zwar immer einen *kleinen Knick im Kopf* haben aus ihrer Sicht, aber dennoch mein Leben wieder neu beginnen können. Dafür sei es noch nicht zu spät. Und bei all dem Kummer musste man sich nun den Lebenden zuwenden. Keiner der Familie, weder Tante Onor noch Cäcilie oder Don hätten gewollt, dass wir uns in unserem Schmerz vergruben. Dann fügte sie hinzu, es sei zwar hart, so etwas zu sagen, aber es sei gut, dass sie alle zusammen gestorben waren. Auf eine gewisse Art und Weise hatte meine Mutter recht damit.

Der Trauerzug vom Hauptbahnhof zur Rosenhöhe, vorne rechts schreiten Ludwig und Prinz Philipp von Hessen-Kassel hinter den Särgen, die von Pferden auf Lafetten gezogen wurden, 23. November 1937

Auf der Rosenhöhe zur Beisetzung im Mausoleum, in der Mitte in Schwarz stehen links die Kaisertochter, Herzogin Viktoria Luise von Braunschweig-Lüneburg, ihre Tochter Friederike Luise, rechts der Herzog Ernst August von Braunschweig-Lüneburg, 23. November 1937

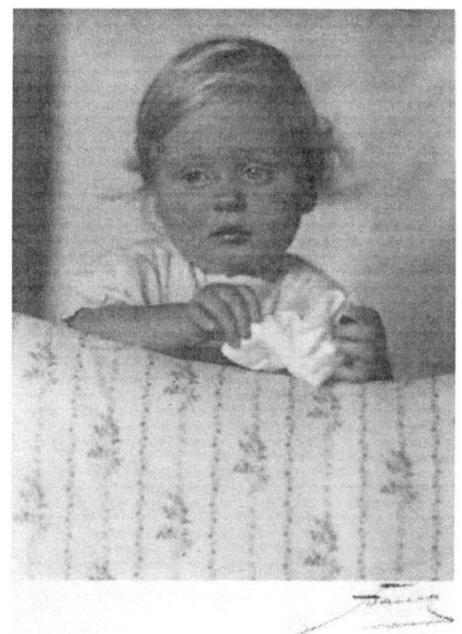

Das kleine Prinzesschen Johanna, Darmstadt, im Winter 1937

Ich blieb noch einige Zeit in Darmstadt, auch, um Georgina von Rotsmann Gesellschaft zu leisten. Sie war Tante Onors ehemalige Hofdame gewesen, aber nach Onkel Ernies Tod entlassen worden, weil sie auch bereits sechsundsechzig Jahre alt war. Während meiner Zeit in Kreuzlingen hatte ich sie abgewiesen, doch nun ging sie darauf nicht mehr ein, wir vergaßen es einfach. Es waren andere Tage gewesen, dunklere, obgleich diese unsere dunklen Tage nun auf dem Verlust basierten, uns dennoch wieder näherbrachten. Georgina, die so viele Jahre ihres Lebens der Familie meines Onkels gewidmet hatte, stand unter Schock. Zumeist saßen wir nur schweigend da, ich hielt ihre Hand und musste mit ansehen, wie ihr immerzu unablässig die Tränen über die Wangen rannen. Sie war sich nicht wirklich sicher, ob sie ihren Ruhestand irgendwie würde genießen können, denn, so seufzte sie, nun konnte sie Tante Onor nicht einmal mehr besuchen. Und sie versicherte mir, sie habe Cäcilie sehr geschätzt, denn sie sei so eine liebenswürdige Person gewesen. Es bliebe nun das kleine Prinzesschen. Johanna sei die Erinnerung an ihre Eltern und den Bruder.

Man kann ohne Zweifel sagen, dass der plötzliche Tod Cäcilies und ihrer Familie für mich ein heilsamer Schock war, denn es sollte mich komplett ändern. Ich verließ mein Schneckenhaus endgültig, wollte mich wieder mit Menschen umgeben, die mein vorheriges Leben und meine Familie nicht kannten. Aber dennoch sollte auch meine Familie weiterhin eine Rolle in meinem neuen Leben spielen, denn ich war froh, wieder mit allen vereint zu sein. Manchmal geht es nicht mit der Verwandtschaft und manchmal nicht ohne diese. Es ist bedauerlich, aber es ist eine Tatsache im Leben eines jeden Menschen.

Meinen Ehemann ließ ich gehen, ich machte ihm keine Szene, wollte nicht mit ihm darüber streiten. Ein jeder von uns ging nach der Beerdigung seines Weges, er fuhr zurück nach Frankreich. Aber nach diesem ersten Treffen nach all den Jahren bauten wir so etwas wie eine freundschaftliche Verbindung auf. Wenn wir uns in den folgenden Jahren wieder begegneten, war es so, wie einen alten Freund zu treffen.

Mein Mann reiste erst nach Paris, dann nach Monaco, wo er den Winter und Weihnachten verbringen wollte. Neujahr plante er in Rom mit Verwandten zu feiern. Philip musste zurück nach Schottland, aber wollte Weihnachten in England bleiben. Sein Vater wies ihn jedoch darauf hin, dass seine ausdrückliche Teilnahme an der Hochzeit des Kronprinzen Paul von Griechenland, einem Bruder des Königs, und der Prinzessin Friederike Luise von Hannover, Herzogin von Braunschweig-Lüneburg am achten Januar in Athen erwünscht sei. Auch Margarita und Dolla waren eingeladen, sie würden zum ersten Mal nach vielen Jahren wieder in ihr Geburtsland reisen.

Ich entschloss mich kurzerhand, meine Schwester Louise in Schweden zu besuchen, was sie sehr freute, und wir trösteten uns über den Verlust gegenseitig, waren uns in der Zeit der Trauer sehr nah.
Meine Schwester hatte immer noch ein ausgezeichnetes Verhältnis zu ihren Stiefkindern. Der älteste Sohn Gustav Adolf hatte im Jahre 1932 in Coburg die Prinzessin Sybille von Sachsen-Coburg und Gotha geheiratet. Sie hatten zwei kleine Töchter und lebten in Stockholm. Sigvard, der Zweitälteste, hatte 1934 morganatisch geheiratet und dadurch zwar alle seine royalen Privilegien verloren, aber Louise sagte mir, er sei sehr glücklich mit seiner Gattin Erika in London. Ingrid, die einst so sehr das Erbe ihrer Mutter aufrechterhalten wollte, war seit 1935 mit dem Kronprinzen Frederick von Dänemark verheiratet, Bertil lebte mit der Engländerin Lilian Craig in wilder Ehe und der Jüngste, Carl Johan, war noch unverheiratet.
Louise reiste gerne und besuchte ihre Stiefkinder regelmäßig, an der Seite ihres Gatten war sie auch bereits in Afrika gewesen und im Mittleren Osten. Meine Schwester, stets frei heraus, hatte sich auch nicht davor gescheut, vor einiger Zeit die öffentliche Aussage zu treffen, dass Frauen den Männern intellektuell gleichgestellt sein könnten, wenn man ihnen nur die nötige Erziehung und Ausbildung zukommen ließ. Dann seien sie in der Lage, ebenso wie Männer in allen Berufen, auch in der Politik und der Geschäftswelt zu bestehen.
Nach dem Tod ihrer Schwiegermutter war sie so gesehen die erste Frau des Landes in Schweden und musste daher sehr viele karitative Aufgaben übernehmen und auch stets viele Organisationen leiten. So war sie unter anderem Schirmherrin des *Schwedischen Roten Kreuzes*. Sie liebte all diese Pflichten und es war ihr nicht zu anstrengend. Ich bewunderte sie für ihr Engagement und ihre Energie.

Am fünfzehnten Dezember reiste ich weiter nach Berlin zu Sophie, die sich aufgrund von Christophs Arbeit dort oft aufhalten musste. Ich blieb eine Woche, dann verbrachte ich Weihnachten mit Georgina von Rotsmann. Sie lebte im Neuen Palais in Darmstadt, es war nun so gesehen ihre Altersresidenz. Auf der Rosenhöhe besuchte ich das Grab von Cäcilie sowie die Gräber ihrer Familie, von Tante Onor und von Onkel Ernie.
Dickie sandte mir zu Weihnachten etwas Geld. Ich dankte ihm dafür, aber spendete es, wie es mir bald zu einer lieben Gewohnheit werden sollte, wenn ich finanzielle Unterstützung von anderen erhielt. Ich benötigte nichts für mich selbst, daher sah ich nicht ein, das Geld für irgendwelchen Unsinn auszugeben. Dickies finanzielle Unterstützung für mich gab ich in diesem Jahr weiter an die Kindermädchen, die Cäcilie beschäftigt hatte, auch an die Familie von Aline Hahn. Sie sollten es als Erinnerung an meine Tochter

sehen.
Zum Neujahrsfest besuchte ich Dolla und ihre Familie in Salem.

Mein Bruder Dickie beantwortete kurz darauf einen Brief, den ich ihm bereits in Schweden schrieb. Meine Zeilen hatten ihn sehr beeindruckt, denn sie zeigten ihm eine politische Weitsicht auf, die er durchaus für logisch hielt. Es ging mir einfach darum festzustellen, dass es schwierig sei, eine starke zentrale Regierung für Deutschland einzig und allein in Berlin einzurichten, daher versuchte man, ein parlamentarisches System für die einzelnen Staaten zur propagieren. Doch nur mit Garnisonskräften ließe sich dieses in einer stabilen Ordnung halten. Wenn man nun aber dem gespaltenen Deutschland vor einem militaristischen geeinten Deutschland den Vorrang gäbe, um den Frieden in Europa und der Welt zu erhalten, so sollte es für die Alliierten ein großes Anliegen sein, im Geheimen und vorsichtig parlamentarische Tendenzen in jedem einzelnen Staat zu fördern. Aber insgesamt wäre das Ideal ein geeintes Deutschland mit allen europäischen Staaten in einer *Europäischen Förderation* mit einer gemeinsamen Währung und ohne jegliche Zollgrenzen.

Eigentlich war ich nach langen Gesprächen mit Reinhold Markwitz zu diesen Überlegungen gelangt. Meine Gedanken waren sicher visionär im Bezug auf das, was vor uns lag. Denn am dreizehnten März des Jahres 1938 erfolgte der Anschluss Österreichs ans Deutsche Reich, am sechzehnten März 1939 wurden die sudetendeutschen Gebiete in der Tschechoslowakei als das *Protektorat Böhmen und Mähren* als formale Verwaltungseinheit unter die Verwaltung deutscher Herrschaft gestellt. Das Gebiet wurde auch offiziell als *Reichsgau Sudetenland* bezeichnet.

Man kann also sagen, ich war durchaus in manchen Situationen eine Frau mit politischer Weitsicht. Allerdings hatte ich mir erhofft, dass mein Bruder Dickie meine Idee aufgreifen und weitergeben würde, denn er genoss großen Einfluss auch in politischen Belangen des Landes aufgrund seiner guten Beziehung zum englischen Königshaus. Aber er bezog dazu keine Stellung.

Anfang des Jahres 1938 war ich wieder in Breibach, wo Reinholds Schwester mir sagte, sie sei in die USA eingeladen worden. Ich überlegte, mit ihr zu reisen, schrieb an den griechischen Minister in Berlin, bat ihn um ein Visa. Doch Mama, Andrea und meine Töchter waren entschieden dagegen, denn sie meinten, so eine Reise wäre zu anstrengend für mich. Ich könnte zu einem späteren Zeitpunkt an so etwas denken.

Kurze Zeit darauf erkrankte ich schwer. Es begann mit hohem Fieber, einer Erkältung, die ich zuerst nur als Grippe deutete, aber dann musste ich mich ins Krankenhaus nach Köln begeben. Ich hatte eine Lungenentzündung, bekam so hohes Fieber, dass ich tagelang im Delirium lag. Mein Zustand verschlechterte sich derart rapide, dass Reinhold Markwitz meine Töchter informieren musste. Sie kamen alle ins Hospital nach Köln, saßen an meinem Bett und rechneten mit dem Schlimmsten. Durch das hohe Fieber kann ich mich nicht wirklich an diese Tage erinnern, erst als ich mich langsam erholte, nahm ich wahr, wie sie sich alle drei abwechselten, mich zu umsorgen. Natürlich war ich meinen Mädchen dafür sehr dankbar.

Mama sorgte sich in diesen Tagen sehr um mich, musste sich aber auch leider um meinen Bruder Georgie kümmern. Er war aus unerfindlichen Gründen vor einiger Zeit gestürzt, wobei er sich den Oberschenkel brach. Georgie war bei einem befreundeten Paar zu einem Essen in ihrem Appartement in Brook House eingeladen gewesen, und als er die Wohnung verließ, sich noch einmal kurz zu dem Paar umdrehte, fiel er hin.

Der Knochen wollte nicht mehr richtig zusammenwachsen, also litt er wochenlang unter sehr starken Schmerzen. Meine Mutter half Nada ihren Mann zu pflegen, aber für Mama war es unbegreiflich, wie ein so starker und gesunder Mann wie Georgie so leiden musste. Hinzu kamen die Sorgen um meinen Gesundheitszustand und die Trauer, die immer noch auf uns allen lastete.

Nachdem sich bei Georgie auch Ende Januar keine wirkliche Besserung einstellen wollte, musste er sich vielen Röntgen- und anderen Untersuchungen unterziehen. Nach diesen teilte man ihm mit, dass er an Knochenkrebs litt. Die Krankheit war schon zu weit fortgeschritten, man machte meinem Bruder keine großen Hoffnungen mehr, war nur noch in der Lage, seine Schmerzen etwas zu lindern. Mama verbrachte Stunden an seinem Bett, während sie meine Töchter instruierte, sich um mich zu kümmern. Aber ich befand mich bald auf dem Weg der Besserung.

Meinem Bruder dagegen konnte kein Arzt der Welt mehr helfen, als der Krebs seinen ganzen Körper befiel, sich ausbreitete und die Pflege Mama und Nada überforderte. Im Februar entschlossen sich beide schweren Herzens, ihn in ein Pflegeheim zu bringen, wo man sich sehr gut um ihn kümmern würde. Mein Bruder war sechsundvierzig Jahre alt, seine Tochter Tatjana besuchte ihn so oft es ging, ebenso sein Sohn David.

Philip, um den sich Georgie so viele Jahre lang kümmerte, war fassungslos, als er nun auch noch seinen Onkel verlieren sollte. Und auch für mich war es nicht wirklich greifbar, warum mein Bruder nun an so einer schweren Krankheit litt. Ich konnte ihn aber nicht besuchen, da ich noch zu schwach war. Daher bat ich meine Mutter ihm zu schreiben, wie sehr ich mit ihm fühlte. Mehr konnte ich vorerst nicht tun.

Am neunten Januar des Jahres 1938 heirateten Kronprinz Paul von Griechenland und Prinzessin Friederike von Hannover in Athen. Im Jahre 1934 hatte Hitler in seinem Bestreben die deutschen und englischen Königshäuser zu verbinden, die Eltern der Braut gebeten, die damals siebzehnjährige mit dem Prinzen Edward von Wales zu verheiraten, was diese aber ablehnten. Sie zeigten sich eher erschüttert über diese Möglichkeit, denn Edwards weitreichendes und unstetes Liebesleben war in der Familie hinreichend bekannt. Die intelligente Friederike hatte Paul dann während ihres Studiums in Florenz kennengelernt. Daneben nahm sie noch ein Studium in England auf. Paul war sechzehn Jahre älter als die Prinzessin, aber dennoch nahm sie seinen Antrag, den er ihr bei den *Olympischen Spielen* im Jahre 1936 in Berlin machte, an. Am achtundzwanzigsten September 1937 gab man die Verlobung offiziell bekannt. König George VI. von England gab im Dezember seine Zustimmung zur Heirat. Diese Formalia musste geregelt werden, da Friederike über ihre Mutter, die Kaisertochter, eine Nachfahrin von Queen Victoria war.

Zu der Hochzeit traf sich die Verwandtschaft in Griechenland, auch Andrea und Philip reisten an. Der Bruder meines Mannes, Nikolaus, beschwerte sich bei der Feierlichkeit noch, dass er sich eigens für diese eine neue Uniform habe schneidern lassen müssen. Der Bemerkung des sechsundsechzigjährigen Prinzen maß niemand eine große Bedeutung zu, man ignorierte es höflich. Doch im Nachhinein, bemerkte mein Gatte, habe sein Bruder nicht lange an dem neuen Kleidungsstück Freude haben können, denn Nikolaus wurde kurz darauf krank und starb am achten Februar in seiner Villa in Psychiko bei Athen nach einem Herzinfarkt. Seine letzten Worte zu seiner Ehefrau waren, dass er froh sei, in Griechenland, seinem geliebten Heimatland, zu sterben. Man setzte ihn in Tatoi bei.

Seine Witwe, meine Schwägerin Elena, entschloss sich, nun in Athen zu bleiben. Ihre Töchter Olga, Marina und Elizabeth waren alle bereits verheiratet. Olga hatte den Prinzen Paul von Jugoslawien geehelicht, Marina den Prinzen George, Duke of Kent, einen Bruder des englischen Königs und Elizabeth den Grafen Carl Theodor von Törring-Jettenbach. Meine Schwägerin musste ihr Leben nun auf ihre Kinder und Enkelkinder konzentrieren.

Der Tod von Nikolaus war schwer zu ertragen für Andrea, mir tat es leid, aber ich hatte keinen wirklichen Kontakt mehr zu ihm oder Elena gehabt, mit der ich mich auch nie wirklich gut verstanden hatte. Daher berührte es mich auch nicht tiefergehend.

Mir lag viel mehr die Sorge um meinen Bruder auf der Seele, nachdem ich mich endlich wieder besser fühlte. Auch um meine Mutter sorgte ich mich, denn sie schrieb mir, dass sie bald nicht mehr wisse, wie sie noch mit all diesen vielen schrecklichen Dingen, die in der letzten Zeit geschahen, umgehen sollte. Ich reiste zu Mama nach London, um mit ihr am fünften April ihren fünfundsiebzigsten Geburtstag zu feiern. Niemandem war aber wirklich nach einer Feier zumute, auch wenn wir alle vier Kinder, inklusive meines schwerkranken Bruders, bei ihr waren.

Georgie starb nur drei Tage nach Mamas Geburtstag am achten April des Jahres 1938. Zu seiner Beerdigung auf seinem Anwesen in Lynden Manor am dreizehnten April erschien auch König George VI., da mein Bruder einen wirklich großen Freundeskreis besessen hatte, schickte auch die bekannte Schauspielerin Marlene Dietrich ihm einen Trauerkranz.

Meine Mutter, die sich die ganzen letzten Wochen so tapfer gehalten hatte, sollte wenige Tage nach der Beerdigung an ihrem Schreibtisch sitzen, wollte Kondolenzbriefe beantworten und brach in Tränen aus. Sie begann zu zittern, wurde von Weinkrämpfen geschüttelt. Niemals vorher in meinem Leben hatte ich sie so gebrochen, so erdrückt von all der Trauer gesehen. Stets hatte sie sich beherrscht gezeigt, versucht, jeden Schicksalsschlag zu überwinden, sich dem Leben tapfer zu stellen, aber nun war sie mit ihren Kräften am Ende. Der Tod meines Bruders traf sie nun als ein letzter großer Schlag, von dem sie sich nur sehr langsam erholen sollte.

In all diesem Schmerz teilte mir Margarita mit, dass sie im November ihr drittes Kind erwartete. Ein Leben geht, ein neues wird geboren, sagte Mama.

Ich hatte meinen Bruder sehr lieb gehabt, obwohl wir uns viele Jahre nicht mehr gesehen und keinen Kontakt mehr gehabt hatten.

Zum einen war ich ihm sehr dankbar, dass er sich um meinen Sohn kümmerte, als ich dazu nicht in der Lage gewesen war. Und nun erfuhr ich von meiner Mutter, dass er noch in der Zeit bei der britischen Marine Geld in eine Firma, namens P.G. Marr & Co. investierte, was sich aber als Fehlinvestition erwies. Damals bat er Edwina, ihm mit Geld auszuhelfen, bevor es zu einem finanziellen Desaster für ihn und seine Familie wurde. Noch vor seinem Tod gab er ihr einen Scheck über die geliehenen fünftausend Pfund, den sie aber aus Taktgründen nie einlöste.

Nach Georgies Ableben sagte Dickie sofort zu, sich um Philips weitere Belange zu kümmern. Dies hieß auch, sich der finanziellen Dinge anzunehmen, den täglichen Ausgaben. Der Anwalt unserer Familie Ernst Rehder verwaltete diese hauptsächlich, aber Dickie entschied nun, wie man sie einsetzte, um Philip eine gute Ausbildung zu ermöglichen.

Dolla hatte ebenfalls ein Semester in Gordonstoun finanziert, indem sie Geld aus ihrem Fond dafür verwendete, für den Georgie als Treuhänder fungierte. Dieser sogenannte *Baden-Fond* diente dann auch dazu, die Kosten für eine Segeltour an der Westküste in Schottland zu decken, an der Philip gerne teilnehmen wollte.

Andrea erklärte sich bereit, unserem Sohn eine kleine finanzielle monatliche

Unterstützung zukommen zu lassen, wenn er in die britische Marine eintreten würde. Ich bekam von meinem Ehemann keinerlei Geld, lebte zu einem großen Teil auf Edwinas Kosten, die meinen Lebensunterhalt finanzierte.

Im April des Jahres 1938 befand ich mich an einem Scheideweg, denn ich wusste nicht, wie ich meinen Plan für ein Konvent in Griechenland verwirklichen konnte. So entschied ich mich dafür, erst einmal in der Nähe meiner Mutter zu bleiben, zog es aber vor, allein und inkognito in einem Londoner Hotel zu leben, damit ich dort meine Studien bezüglich sozialer und karitativer Arbeit ausarbeiten konnte. Ich brauchte auch etwas Abstand von diesem endlosen Herumreisen unter den Verwandten, meinen Töchtern und ihren Familien, damit ich mein Ziel, welches ich mir in Breibach steckte, in naher Zukunft realisierte. Und ich wollte mich auch wieder in andere Themen vertiefen, die mich interessierten.

Es sah so aus, als würden die Markwitzes ihr Anwesen aufgeben müssen, da sie auch jüdische Gäste aufgenommen hatten. Daher ging ich nicht zu ihnen zurück, was ich im Nachhinein bedauern sollte, denn sie blieben in Breibach.

Und um keinen Preis der Welt wollte ich bei meinen Töchtern leben, ihnen vielleicht zur Last fallen. Ich brauchte meine Unabhängigkeit, war froh darüber, diese wiedererlangt zu haben.

Mama fand, ich solle auch an mich denken, nicht nur an meine Studien und meinen Plan mit der Gründung eines orthodoxen Konvents. Es sollte auf dem Beispiel von Tante Ella fußen, aber ich musste noch die Alternativen sondieren, wie man so sagt.

Meine Mutter war keineswegs ablehnend gegenüber dem Ganzen, sie hatte ihre Schwester für deren Bereitschaft, sich für andere aufzuopfern ebenso geschätzt, aber Tante Ella war eine starke und vor allem gesunde Frau gewesen. Vielleicht beunruhigte es meine Mutter, dass ich unter der vielen Last, die ich mir mit so einer Arbeit und Verantwortung aufbürdete, zusammenbrechen, einen schweren Rückfall erleiden könnte. Aber ich brauchte eine Aufgabe und es würde mich auch seelisch stärken, sagte ich ihr.

Im Mai zog ich um in den *Ladies International Club* am Prince's Square in London. Bei dieser Vereinigung ging es darum, dass sich Frauen jeder Nationalität regelmäßig trafen, um sich gemeinsam über Kultur, Kunst, Geschichte, Sprachen und auch kulinarische Dinge auszutauschen. Es wurden dort auch monatlich Ausflüge und Aktivitäten angeboten.

Eine Freundin, Miss Collins, war so freundlich, mir kurz darauf einige Adressen und Telefonnummern von Institutionen und Pflegeheimen zu geben, an die ich mich bezüglich einer helfenden Tätigkeit wenden konnte. Ich besuchte diese dann allerdings inkognito.

Großfürstin Xenia von Russland, eine Schwester von Onkel Nicky, lebte nach dem Tod ihres Gatten im Jahre 1933 zuerst in *Frogmore Cottage* im Park von Windsor, im März 1937 war sie umgezogen in das *Wilderness House* auf dem Grundstück des Hampton Court Palace im Südwesten Londons. Xenia hatte guten Kontakt zu ihren Kindern und Enkeln, ihr Enkelsohn Alexander, Sohn ihres Sohnes Nikita, lebte zeitweise bei ihr. Er war damals gerade acht Jahre alt.

Ich kannte Xenia von früher und besuchte sie, weil sie nun einmal in meiner Nähe lebte. Wir unterhielten uns viel über die alten Zeiten, auch war ich sofort bereit, ihr in der Küche zu helfen. Xenia hatte eine Hofdame, Mutter Martha, die mir von einem Altersheim für russisch-orthodoxe Geistliche berichtete. Es hieß *Reed House* und befand sich in Plaxtol, bei Sevenoaks in der Grafschaft Kent.

Nach einem Besuch des Altersheimes erschien es mir eine gute Sache zu sein, meine Hilfe dort anzubieten und so nahm ich im Juni die Arbeit dort auf. Bis zum Ende des Jahres 1938 sollte ich in dieser Arbeit aufgehen, denn es erfüllte mich sehr.

Ich unterrichtete die Familie Markwitz von meiner neuen Tätigkeit. Sie sollten wissen, dass es mir gut ging.

Reed House gehörte einer dänischen Gräfin, die ihr Eigenheim kurzerhand in ein Erholungsheim für arme Russen umwandelte. Das Haus war zwar klein, es konnten nur jeweils fünf Personen aufgenommen werden, aber viele waren alt und blieben länger. Daher war es für diese auch so etwas wie ein Altersruhesitz. Die ehemaligen Geistlichen besaßen nicht viel und so benötigten sie dringend Unterstützung. Manchmal gab es nur wenig zu tun, was die Pflege betraf, aber das störte mich nicht. Ich wohnte nun dort, schenkte den Menschen liebe Worte, unterhielt mich mit ihnen und war vollkommen zufrieden. Ein Gehalt bezog ich für meine Arbeit nicht, aber darauf legte ich auch keinen Wert. Es war mir ein Anliegen, den Menschen zu helfen. Ich wohnte allerdings kostenlos bei der Gräfin, wurde quasi von dem Essen, welches gereicht wurde, mitverpflegt, doch spendete ich auch oft etwas von dem Geld, welches ich monatlich von Edwina bekam.

Es war mir nicht wichtig, mich nur noch auf meine Familie zu konzentrieren, denn ich wollte eher asketisch leben, mit wenig auskommen und anderen helfen. Meinen Töchtern und ihren Familien, Philip ging es gut, da wurde ich nicht gebraucht. Und ich muss zugeben, dass nur die reine Beaufsichtigung der Enkelkinder, meine Zeit ausschließlich diesen zu widmen, mich nicht ausgefüllt hätte.

Meinen Aufenthalt in London sah ich aber nur von temporärer Dauer an. Mein eigentliches Ziel war es, wieder nach Griechenland zurückzukehren. So nahm ich Kontakt zu Andreas ehemaligem Flügeladjutanten Menelaos

Metaxas in Athen auf, der mich im Juni besuchte, großes Interesse an meinem Plan, ein Konvent zu gründen, zeigte. Wir führten sehr interessante Gespräche und er versprach mir seine volle Unterstützung.

Mama äußerte sehr große Bedenken, als ich mich aus einem Impuls heraus dazu entschloss, meine Schwester Louise und ihren Gatten treffen zu wollen, die sich beide auf einer offiziellen Reise in den USA befanden. Sie riet mir von der Reise ab, wandte ein, Louise und ihr Ehemann seien terminlich sehr eingespannt. Da bliebe doch keine Zeit für mich. Damit hatte sie nicht ganz Unrecht, meine manchmal sehr spontanen Entscheidungen, einen neuen Weg zu beschreiten, wieder etwas zu verändern, die Umgebung zu wechseln, fand sie eher anstrengend. Sie redete mir dann meist gut zu, damit ich es überdachte, versuchte auf mich einzuwirken. Für die Reise in die USA konnte sie mich durchaus überzeugen, aber nicht für meinen geplanten Umzug nach Griechenland.

Lu und Peg ließen mir über Mama Fotos der kleinen Johanna zukommen, worüber ich mich sehr freute.

Johanna beim Spielen in Wolfsgarten, Sommer 1938

Das kleine Engelchen Johanna am Fenster in Wolfsgarten, 1938

Peg und Lu mit Johanna, 1938

Mein Neffe und seine Frau liebten das kleine Mädchen sehr und nahmen es wie ihr eigenes Kind an. Peg schrieb, dass die Kleine ein wahrer Sonnenschein sei. Ich fand, ebenso wie Mama, dass sie die Augen ihrer Mutter geerbt hatte, und sie erinnerte mich an Cäcilie. Es tat gut zu wissen, dass noch ein Teil von ihr auf dieser Welt geblieben war.

Ende des Sommers zog ich kurzfristig in das Appartement von Dickie und Edwina in Brook House, um die Ankunft Philips für die Sommerferien zu erwarten. Ich verbrachte einige Zeit mit meinem Sohn, wobei man anmerken muss, dass ich zwar seine Mutter war, aber der Bruch zwischen uns war nicht mehr vollständig zu überwinden. Wir unterhielten uns über die Schule, seine Zukunftspläne, er interessierte sich für meine, aber er war nun ein junger Mann, der sich damit abfinden musste, dass seine Mutter nicht richtig greifbar für ihn gewesen war. Ich hoffte inständig, unser Verhältnis könne sich bessern, wir wieder einen tieferen Zugang zueinander finden, aber es war sehr schwierig. Vielleicht war er auch etwas befangen, da er um meine Erkrankung wusste. Obwohl ich mich ihm mütterlich sehr verbunden fühlte, war unser Verhältnis belastet. Ich konnte nicht mehr wirklich zu ihm durchdringen und würde dennoch weiter versuchen, meine lange Abwesenheit wiedergutzumachen.

Ich blieb noch einige Zeit in London, im November reiste ich zum Jahrestag der Beisetzung meiner Tochter, ihrer Familie und Tante Onors nach Deutschland, besuchte die Gräber auf der Rosenhöhe. Man hatte diese mit Begonien begrünt, die aber nun nicht mehr blühten.
Deutschland fand ich in diesen Tagen so verändert vor, dass ich mich nicht mehr wirklich dort heimisch fühlen konnte, wo ich einst als Kind und Jugendliche viel Zeit verbracht hatte.
Der Hass gegen die jüdische Bevölkerung war in der Nacht vom neunten auf den zehnten November eskaliert, in der sogenannten *Reichskristallnacht* Synagogen und jüdische Geschäfte mit äußerster Brutalität zerstört worden, die Menschen unwürdig geschlagen, getreten, bespuckt und man kann nicht in Worte fassen, welches Ausmaß die Unmenschlichkeit angenommen hatte. Es waren noch Spuren zu sehen, zerstörte Geschäfte, die Synagoge …
Ich konnte es nicht begreifen. Der Hass, den die Nazis propagierten, war grauenvoll, man wollte sich einfach abwenden. Und es schmerzte bitterlich, dass sich auch Mitglieder meiner Familie diesem Regime als Mitläufer darboten, es unterstützen. Man kann niemals sagen, man akzeptiere nur einen Teil eines Regimes, wenn man sich einer Partei anschließt, die ihre Ziele mit menschenverachtenden Methoden durchsetzt, dann akzeptiert man das alles. Und natürlich wusste man um Konzentrationslager. Schon seit

langer Zeit drangen die Meldungen von der Unterdrückung der jüdischen Bevölkerung, den neuen Gesetzen, die ihre Welt immer mehr einengten, zur ganzen Welt durch. Aber niemand wollte es hören.

Menschen zu sehen, die man mit dem *Judenstern*, den sie auf ihrer Kleidung tragen mussten, sah, bewirkten bei mir eher Scham. Ich schämte mich dafür, wie man sie degradierte. Und Bänke, die nur für *Arier* gedacht waren, mit kleinen Schildern versehen, die darauf hinwiesen, Verbotsschilder für Parks, Grünanlagen – nein, ich ertrug das alles nicht. Das war nicht mehr das Deutschland, welches ich als Kind geliebt hatte. Es war nur noch abstoßend. Daher wollte ich auch nicht lange in Darmstadt bleiben.

Doch am fünfzehnten November verstarb der Graf Hardenberg mit siebenundsechzig Jahren und so entschloss ich mich, ihm noch zu gedenken, denn er war mir ein treuer Freund gewesen.

Meine Tochter Margarita gebar am vierundzwanzigsten November einen kleinen Prinzen, der den Namen Georg Andreas erhielt. Ich stattete ihr keinen Besuch ab, gratulierte ihr brieflich und entschloss mich, nach Griechenland zu reisen. Zum ersten Mal seit dem Jahre 1922 würde ich das Land wieder betreten.

Mein Leben in der Nähe meiner Mutter kam mir eher wie das eines Landstreichers vor, denn ich pendelte von einem Ort zum anderen, kam nicht zur Ruhe, was mich zuerst auch nicht störte. Doch ich war von dem Wunsch beseelt, meinem Sohn wieder näherzukommen. Philip war Grieche von Geburt her. Ich wollte ihm eine Anlaufstelle bieten, wo er nach dem Ende der Schule seinen Platz finden konnte, um sein Heimatland kennen und lieben zu lernen. Der zweite Grund war die Tatsache, dass in Griechenland Bedarf für karitative Arbeit bestand, denn unter der Regierung hatte man diese vernachlässigt.

Schon im November traf ich in Athen ein, fand eine kleine Wohnung und mietete mich in der *8 Rue Coumbari* ein. Es war die Straße, in der sich auch das bekannte *Benaki-Museum* befindet. Das Museum ist das größte private Museum in Griechenland und das einzige, welches die Besucher durch alle Epochen der griechischen Kultur und Geschichte führt. Dort finden sich Werke der griechischen Kunst aus vorgeschichtlicher Zeit bis zur Gegenwart, ebenso wie eine umfangreiche Sammlung an asiatischer Kunst.

Am achten Dezember schrieb ich an meinen Sohn:

„Ich habe eine kleine Wohnung nur für Dich und mich. Zwei Schlafzimmer, jedes mit einem eigenen Badezimmer und zwei Aufenthaltsräumen, einer kleinen Küche und einer Speisekammer. Ich habe einige Möbel gefunden, die an verschiedenen Stellen aufbewahrt wurden, aus unseren alten Zimmern im Palast holen lassen. Diese Möbel hatte ich seit 1917 nicht mehr

gesehen. Es war eine schöne Überraschung und die Familie gibt mir hier einige Möbel, um die Einrichtung zu komplettieren. Dickie erzählte mir, Du habest eventuell im Frühjahr für längere Zeit Ferien, also würde ich mich freuen, mit Dir hier in der Wohnung zu leben."

Meine Schwester Louise hatte mir Tafelsilber aus Mon Repos schicken lassen, welches sie in Schweden aufbewahrte. Aber Philip meldete sich nicht. Er bezog keine Stellung zu meinem Angebot mit mir zu leben.
Vielleicht hatte Dickie auch Einwände dagegen, denn er war nun so etwas wie Philips Vormund. All die Jahre war mein Sohn von einem Verwandten zum nächsten gereist, wobei Mama zumeist anfragte, bei wem er wann und wie lange die Ferien verbringen könnte. Zumeist war er bei Theodora und Berthold in Salem, wo Berthold ihm auch das Fahren eines Automobils beibrachte, oder sie gingen Fliegenfischen auf Forellen. In London war er meist bei Mama im Kensington-Palast oder eben bei Dickie und Edwina in Adsdean und im Brook House. Wobei Adsdean einiges mehr zu bieten hatte. Ohne Zweifel lebten Dickie und seine Gattin ein ganz anderes, opulenteres Leben als wir anderen. Gerade in Adsdean gab es viele Annehmlichkeiten, wie einen Poloplatz, drei Tennisplätze, einen Golfplatz und über drei Quadratkilometer an Jagdgrund. Bei meinem Bruder hatte Dickie einen ruhigen Menschen vor sich, der in ihm seinen eigenen Sohn sah, auch gerne seine freie Zeit genoss. Die unstete Edwina, stets auf der Suche nach Vergnügungen, stand dazu in einem auffälligen Gegensatz.
Dickie war viel auf See, seine Gattin langweilte sich dann, die beiden Töchter waren sich meist selbst überlassen mit den Kindermädchen und so boten ihnen auch Philips Besuche an den Wochenenden oder in den Ferien eine sehr willkommene Abwechslung.
Eigentlich hatte Philip durchaus mit dem Gedanken gespielt, Pilot bei der Armee zu werden, aber Dickies Einfluss, seine Erzählungen von der britischen Marine ließen meinen Sohn seinen Entschluss überdenken. Wenn man bedenkt, was in den folgenden Jahren auf uns zukam in militärischer Hinsicht, war es sehr positiv, dass Philip zur Marine ging. Ansonsten wäre sicher sein Leben als Pilot in Gefahr gewesen.
Ich wusste, Dickie wollte meinem Sohn helfen, die Aufnahmeprüfung am Naval College in Darthmouth zu bestehen, und so lernte er fleißig mit ihm. Auch brachte er ihn bei einem Trainer der Marine und seiner Ehefrau unter, die in Cheltenham lebten, damit er dort weiterlernte. Für Freizeitvergnügen bekam er nur wenig Taschengeld, aber mein Sohn war ein fleißiger Schüler und er wollte unbedingt die Prüfung schaffen. Philip strengte sich an. Dickie schrieb mir, er müsse viel lernen, wobei er nur an den Samstagabenden ins Kino ging oder zwischendurch einmal Schallplatten oder Radio

hörte mit der Tochter des Trainers.
Mein Sohn war schlichtweg zu sehr eingebunden, um sich überhaupt mit einem Umzug nach Griechenland zu befassen. Die Prüfung am Naval College bestand er schließlich, erreichte den sechzehnten Platz von vierundvierzig Kandidaten.
Im Sommer des Jahres 1938 war er von Aspasia und Alexandra, mit denen er sich sehr gut verstand, eingeladen worden, mit ihnen nach Venedig zu reisen. Er musste noch die Schule in Gordonstoun zu Ende machen, aber war nun siebzehn Jahre alt, groß gewachsen, athletisch und sogar Kapitän des Cricket-Teams der Schule, Helfer für die Spiele. Im Herbst wurde er auch Kapitän des Hockey-Teams und machte sich als Spieler einen guten Namen, sodass sich Kurt Hahn, der Schulleiter, sehr begeistert von ihm zeigte.
Wohl oder übel musste ich einsehen, dass seine Heimat England war. Ich war stolz auf meinen Sohn, aber hatte dennoch gehofft, er würde sich vielleicht dazu durchringen, einige Tage bei mir in Athen zu verbringen.

Zu Weihnachten des Jahres 1938 reiste ich zu Mama nach England. Dort erhielt ich Hahns Schulreport über Philip. Unter anderem würde er im Ostersemester zu einem *Head Boy*, also *Wächter*, über die jüngeren Schüler ernannt werden, denn man schätzte ihn sehr. Hahn schrieb, Philip sei überaus vertrauensvoll und man respektierte ihn sehr. Für ihn sei es stets wichtig, das höchste Ziel zu erreichen, er sei ein geborener, besonnener Anführer und Vorbild für andere Schüler. Auch sein Schulleiter war der Meinung, dass eine Karriere als Offizier, bei der er sein Pflichtbewusstsein beweisen konnte, die beste Entscheidung für seine berufliche Laufbahn sei. Im nächsten Jahr würde mein Sohn die Schule beenden und Mama redete mir gut zu, es sei die beste Lösung für alle, wenn er zur britischen Marine ginge. Ein Leben an meiner Seite in Griechenland, bei dem, was ich vorhatte, sei doch da eher nicht förderlich. In England standen ihm alle Türen offen.

Philip in Gordonstoun, Sommer 1938

Andreas Bruder Christo und seine Gattin Françoise wurden am siebten Januar 1939 Eltern des kleinen Prinzen Michael. Seit zehn Jahren waren sie verheiratet, doch ihr Kinderwunsch hatte sich bisher nicht erfüllt. Christo war bereits fast einundsechzig Jahre alt, dennoch freute er sich sehr über den Nachwuchs, fühlte sich dieser Verantwortung noch gewachsen.

Mein neues eigenständiges Leben begann ich offiziell am einundzwanzigsten Januar des Jahres 1939 in Athen. Eigentlich war es kein guter Zeitpunkt, um dorthin zurückzukehren, denn Griechenland wurde von einer Diktatur unter dem General Metaxas beherrscht, König George II. war eigentlich mehr eine Marionette, die sich diesem Regime unterordnete und es durchaus befürwortete.

Seit dem vierten August 1936 hatte man die *Dritte griechische Kultur* ausgerufen. Im Zuge dieser unterzeichnete Metaxas Dekrete, die das Parlament auflösten, andere politische Parteien verboten, die Verfassung außer Kraft setzten. Politische Opportunisten wurden inhaftiert, es herrschte eine strenge Zensur. Man setzte Bücher auf den Index, wie unter anderem Werke von Plato, die sich mit der Demokratie beschäftigten. Die für ein totalitäres

System typischen Phänomene, wie ein faschistischer Gruß, eine nationale Jugendbewegung und ein sehr wachsamer, vor allem aber sehr brutaler Geheimdienst, waren Normalität geworden. Doch Metaxas hatte keine Massenpartei hinter sich, wie die Nationalsozialisten in Deutschland oder die Faschisten in Italien. So war sein Machtpotenzial eher klein und stets an seine unstete Beziehung zum König geknüpft. Dadurch entglitt ihm vor allem oftmals die Kontrolle über die urbane Bevölkerung, denn die Gesetzesreformen Venizelos, zu der auch die Landreform gehörte, hatte die soziale Unzufriedenheit niemals beseitigen können. Daher versuchte man dies mit Gewalt in den Griff zu bekommen, was für eine gewisse Zeit auch Erfolg zeigte.

Obwohl man ökonomisch und militärisch Verbindungen zu Deutschland pflegte, auch zu Zeiten des Nazi-Regimes, war der König doch eher in seinen Ambitionen England zugetan.

Die Jugendbewegung war in Griechenland sehr populär, obwohl sie von politischen Elementen geprägt wurde, die man als germanisch bezeichnen kann. Es gab Wettkämpfe, Uniformen, Paraden und spezielle Flaggen für die einzelnen Jugendgruppen, aber gleichzeitig war die Organisation derselben nicht so straff wie in der Hitler-Jugend in Deutschland. Nicht nur einmal wurden Skandale öffentlich, wenn Jugendliche von Aufsehern sexuell genötigt wurden oder es zu gewaltsamen Ausschreitungen während der Wettkämpfe unter den Gegnern kam.

Das Volk hatte die Rückkehr des Königs befürwortet, doch nun sah man selbst in anderen Ländern wie England ein, dass seine Popularität mehr und mehr schwand. Wenn er oder der Kronprinz und Familienmitglieder an Theatervorstellungen teilnahmen oder ins Kino gingen, herrschte zumeist eisiges Schweigen.

König George II. selbst hatte sich dazu hinreißen lassen, bei einer Versammlung der Jugendbewegung den faschistischen Gruß der Jugendlichen zu erwidern. Der Kronprinz hatte noch versucht, dem Ganzen die Schwere zu nehmen, indem er die Hand eines Jungen ergriff, der gerade zu dem Gruß ansetzte und diese schüttelte.

Mama, Dickie und vor allem Louise waren daher sehr skeptisch über meine Entscheidung, wieder in Griechenland leben zu wollen. Meine Schwester sah ein, dass ich mein eigenes, unabhängiges Leben führen musste, nach all dem, was ich durchgemacht hatte, aber sie hoffte, es würde sich nicht als eine Enttäuschung entpuppen für mich.

Andrea dagegen begrüßte meinen Umzug nach Griechenland, als Mama ihn darüber informierte. Er bezeichnete es als eine gute Sache.

Ich legte keinen Wert darauf, mein Leben mit den anderen Mitgliedern der Königsfamilie zu teilen, mir genügte meine kleine Wohnung völlig. So schrieb ich im März an die Familie Markwitz, dass ich auch keine große Lust verspürte, mich wieder irgendwelchen Protokollen bei Hofe anzupassen. Ich freute mich sehr, dass die Familie mich unterstützte, Reinhold mir alles Gute für mein neues Leben wünschte, und so gestand ich ihm auch meine Dankbarkeit. Er und seine Familie hatten mich in Breibach so herzlich aufgenommen, waren mir eine große Stütze gewesen und nun war mir besonders Reinhold noch als treuer Freund geblieben, nachdem der Graf Hardenberg verstorben war. Ich versprach, den Kontakt nicht abreißen zu lassen, denn Reinhold sah ein, dass ich meinen weltlichen Verpflichtungen nachkommen musste, wie ich es mir erträumte. Ansonsten würde meine Seele verhungern und verdursten, schrieb ich.

Das schönste Geschenk aber machte mir Philip, als er entgegen der Bedenken des Schulleiters Hahn und Dickies zu mir nach Griechenland kommen wollte. Ich organisierte den Kapitän Nicky Merlin von der griechischen Marine, damit er sich auch um Philip kümmerte, ihn bei Ausflügen und zu Besuchen der Theater, Museen sowie anderen Aktivitäten begleitete. Mein Sohn sollte überall hingehen, wonach ihm eben verlangte. Merlin würde ein *väterliches Auge* auf ihn haben, beruhigte ich meinen Bruder, sodass der Aufenthalt für Philip etwas Besonderes sein würde. Ich bat Dickie ferner, mir ein Buch zukommen zu lassen, welches sich unter den Sachen aus Mon Repos befand. Darin war ein Code festgelegt, mit dem ich in schwierigen Zeiten geheim mit Dickie kommuniziert hatte. Mein Bruder konnte dies dann nutzen, um während Philips Aufenthalt bei mir entweder mit ihm oder mir zu schreiben. Das politische System in Griechenland bedurfte einfach dieser Entscheidung, denn ich fürchtete, man würde Briefe zensieren oder gar nicht erst weiterleiten.

Im April, nachdem er die Schule in Gordonstoun beendet hatte, kam mein Sohn zu mir und ich kann nicht beschreiben, wie sehr ich mich darüber freute. Wir hatten eine sehr schöne Zeit zusammen, Merlin erwies sich als exzellente Wahl, denn er unternahm viel mit Philip. Zur königlichen Familie pflegte ich weniger Kontakt, es lag mir nichts daran. Meinem Sohn wieder näherzukommen, war mein größtes Ziel. Wir näherten uns zwar nur Schritt für Schritt wieder einander an, dennoch konnte ich es nicht genug wertschätzen, wie er ohne zu zögern nun nach Griechenland gekommen war.

Ein Leben mit mir war aber nicht möglich und das sah ich ein, denn er musste im Mai zurück nach England, wo er in Dartmouth am Naval College als Kadett seine Ausbildung bei der britischen Marine aufnahm. Auch der englische König befürwortete Philips Ausbildung, aber man ging davon aus, dass es ausreichte, wenn er den Dienstgrad eines stellvertretenden Leutnants erreichte. Philip hatte dennoch einen gewissen Vorteil, denn er brauchte aufgrund seiner Vorbildung im Internat nicht das normale Training für Kadetten durchlaufen, bei dem man zwei Semester in Dartmouth am College verbringt und zwei auf einem Kreuzer, einem Trainingsschiff.

Im Juni wollte ich Mama und Philip in England besuchen, als mich eine schreckliche Nachricht aus Darmstadt erreichte. Die kleine Johanna hatte eine leichte Grippe gehabt, von der sie sich eigentlich schon fast erholte. Doch auf dem Weg der Genesung kam es zu einem schweren Rückfall. Die Zweijährige wurde immer schwächer, konnte bald ihren Kopf nicht mehr heben und nur noch liegen. Lu und Peg waren in großer Sorge um ihren Schützling.

Ich befand mich gerade auf der Reise, hatte Paris von Marseille aus am sechsten Juni erreicht und Mimi, meine Schwägerin, fing mich ab, überbrachte mir die Nachricht, dass meine Enkelin schwer krank sei. Sie wusste aber nichts Genaueres und so änderte ich meine Reisepläne, machte mich auf den Weg zu Margarita und Friedel, die mich in Frankfurt am Main in Empfang nahmen und mit mir zum Neuen Palais nach Darmstadt fuhren.

Johanna befand sich mittlerweile im *Alice-Hospital*, welches meine Großmutter, die Großherzogin Alice, einst gründete.

Das kleine Mädchen hatte eine Meningitis, aber es litt nicht an hohem Fieber, ihr Herz war stark. Doch die Ärzte machten uns dennoch keine Hoffnung mehr.

Es war nicht zu beschreiben, die Kleine so daliegen zu sehen, schlafend überwiegend, doch ab und an wanderten ihre blauen Äuglein von einem zum anderen, schien sie fast wie ein kleines Prinzesschen aus dem Märchen mit den blonden Löckchen, dem lieben Gesichtchen. Sie zeigte weder Anzeichen von Unruhe noch irgendeiner Qual. Johanna sah aus wie Cäcilie als kleines Kind und es war so schrecklich dazusitzen, die kleine Hand zu halten und ihr nicht helfen zu können. Ich hatte das Gefühl, meine Tochter noch einmal zu verlieren.

Für Peg und Lu war es ein unendlicher Schmerz, da sie den kleinen Engel gehen lassen mussten. Erst in ihren letzten vierundzwanzig Stunden verlor Johanna das Bewusstsein. Am vierzehnten Juni starb sie in Pegs Armen. Niemals werde ich vergessen, wie sie das Kindlein an sich drückte, Tränen rannen über ihre Wangen, da sie ihr immer wieder über das Haar strich, ihr ins Ohr flüsterte, wie sehr sie sie liebte.

Johanna wurde neben ihren Eltern, den Brüdern und Großeltern auf der Rosenhöhe in aller Stille beigesetzt.

Es traf mich so sehr, das kleine Mädchen gehen zu lassen, dass ich erst einmal Ruhe brauchte, denn ich hatte Herzschmerzen und war völlig erschöpft von der Reise, der Trauer.

Johanna vor ihrer Erkrankung in Wolfsgarten, 1939

Es war mir alles genommen worden, was von Cäcilie geblieben war, und Margarita, die es selbst nicht begreifen konnte, wollte mich trösten, indem sie sagte, Johanna sei nun wieder bei ihrer Familie, aber es war ein Ausspruch, der keinen wirklichen Trost brachte. Margarita wusste das, aber auch ihr fehlten ansonsten die Worte.

Ich entschloss mich, nach Breibach zu fahren, dort einige Tage bei der Familie Markwitz zu bleiben, um mich zu erholen. Sie sollte mir auch wieder eine Stütze sein, verstanden meinen Kummer. Dennoch war es eine tiefe Trauer, die man nur sehr langsam verwindet, wenn man es überhaupt so nennen kann.

Für Peg und Lu bedeutete Johannas Tod einen so schweren Schlag, dass sie beide niemals eigene Kinder bekommen wollten. Man hatte ihnen das Liebste genommen auf der Welt. Peg meinte, sie glaube nicht daran, ein eigenes Kind würde jemals diese entsetzliche Lücke füllen können. So entschied sie sich dagegen. Auch Lu überwand den Tod Johannas nie wirklich.

Meinen Mann traf Johannas Tod ebenso hart. Er hatte den Tod Cäcilies nicht wirklich verwunden, haderte mit dem Schicksal, weil es ihm gerade diese Tochter nahm, mit der er sich immer so nahestand, und nun auch noch ihr kleines Mädchen. Mama schrieb mir, wie sehr sie litt, einfach nicht verstehen konnte, warum die Kleine sterben musste. Niemand konnte es verstehen, da war mein Mann nicht der einzige Mensch auf Erden, der um sie trauerte.

Etwa einen Monat nach Johannas Tod begegnete Philip zum ersten Mal der Prinzessin Elizabeth, der Tochter des Königs George VI. von England. Sie war dreizehn Jahre alt. Die Familie des Königs kannte meinen Sohn gut, denn er war schon als kleines Kind zum Tee bei der Königsmutter Mary im Buckingham Palast mit eingeladen gewesen. Über die letzten Jahre waren sich Philip und Elizabeth schon öfter bei Familientreffen begegnet, wie zur Krönung ihres Vaters im Jahre 1937. Die Abdankung Edwards hatte die kleine Prinzessin aber in eine sehr besondere Position gebracht, denn sie stand nun in der unmittelbaren Nachfolge ihres Vaters. Vor Kurzem war in einem Klatschblättchen sogar die Vermutung aufgestellt worden, mein Sohn könne als ein potenzieller Heiratskandidat für Elizabeth angesehen werden, aber das war nur ein Gerücht. Sowohl Philip als auch die noch kindliche Prinzessin hatten natürlich noch keinen Gedanken an so etwas verschwendet und sie bekamen auch erst am zweiundzwanzigsten Juli 1939 die Chance sich näher kennenzulernen. Dickie durfte die königliche Familie auf ihrer Reise zum Naval College in Dartmouth auf der königlichen Yacht begleiten und nahm Philip mit. Sie aßen gemeinsam mit der Königsfamilie zu Abend. Am nächsten Tag lud man meinen Bruder und meinen Sohn zum Tee ein, wonach Dickie bemerkte, dass besonders die beiden Prinzessinnen sehr angetan von Philip gewesen seien.

Es war allerdings nun mein Bruder Dickie, dem auffiel, wie hervorragend sich Philip eben mit Elizabeth verstand, und so merkte er an, vielleicht sei mein Sohn doch einmal der passende Ehemann für die kleine Prinzessin. Sie war aber noch ein Kind. Von Tante Alix` und Onkel Nickys Liebesgeschichte her war es aber gar nicht so abwegig, dass man durchaus schon recht früh im Leben eine Verbindung zueinander finden konnte.

Königsmutter Mary mit ihren Enkeltöchtern, rechts Elizabeth, links Margaret Rose, 1939

Als die königliche Familie in Dartmouth weilte, grassierte gerade eine Epidemie von Mumps und Windpocken unter den Schülern des Colleges. Damit sich die königlichen Prinzessinnen nicht ansteckten, brachte man sie im Haus des Leiters des Colleges unter. Freddy Dalrymple-Hamilton war ein alter Freund der Königin und sein Sohn North, damals gerade siebzehn Jahre alt, sollte die Prinzessinnen unterhalten. Der junge Mann fühlte sich derart überfordert damit, seine Eisenbahn aufbauen zu müssen und alles an Spielzeug hervorzuholen, was auch der neunjährigen Margaret Rose Freude bereiten würde, dass er sich überaus erleichtert zeigte, als Philip seine Hilfe anbot. Mein Sohn hatte sich zum Glück nicht bei den anderen Schülern angesteckt und Dickie redete ihm gut zu, diese Aufgabe mit zu übernehmen. Aber meinen Sohn schien es nicht zu stören. So berichtete die Gouvernante der Mädchen, Miss Crawford, die sie *Crawfie* nannten, Dickie später, dass Philip den Raum, in dem sie mit der Eisenbahn spielten, gleich einem großen, stolzen Wikinger betreten habe, mit seinen blauen Augen und dem blondem Haar habe er einen sehr imposanten Eindruck auf sie gemacht. Sie fand ihn nur etwas zu lässig in seinem Verhalten, denn immerhin saßen königliche Prinzessinnen vor ihm auf dem Boden und er fragte Elizabeth einfach gerade heraus, wie es ihr ginge, setzte sich zu den Mädchen. Ohne zu zögern spielte er mit ihnen, aber verlor schnell die Lust an dem Spiel. Man servierte ihnen Ingwer-Gebäck und Limonade. Nach einer Weile erhob sich Philip, fragte die Mädchen, ob sie nicht Lust hatten lieber hinauszugehen, auf dem Tennisplatz zu spielen, wobei er ihnen zeigte, wie man über die Netze sprang. Crawfie war davon nicht angetan, denn derart wilde Spiele waren nichts für kleine Mädchen aus ihrer Sicht und für Prinzessinnen schon gar nicht. Aber ihr fiel auf, wie Elizabeth, die jeder nur *Lilibet* rief, Philip gar nicht mehr aus den Augen lassen wollte, sich begeistert über sein sportliches Talent zeigte. Er war sehr höflich zu ihr, aber schenkte ihr auch keine übermäßige Aufmerksamkeit. Margaret Rose dagegen musste sich von Philip einige Scherze gefallen lassen, mit denen sie nicht umzugehen wusste, als er sie unter anderem unvermittelt zu kitzeln begann.

Lilibet war ein eher schüchternes Mädchen, was sie von ihrem Vater geerbt hatte. Sie war etwas zu klein für ihr Alter und die Tatsache, dass man sie stets in dieselben Kleider wie ihre Schwester steckte, ließ sie doch eher noch kindlich wirken.

Am Abend lud man Philip zum Dank wieder zum Abendessen auf die königliche Yacht ein, aber Lilibet musste schon zu Bett gehen, was sie sehr bedauerte. Dies lag aber nur am Zeitplan von Crawfie.

Schon am nächsten Tag aber freute sich Lilibet, wieder Zeit mit meinem Sohn zu verbringen, als er mit anderen angehenden Kadetten-Kapitänen zum Tee kam. Dickie bemerkte, wie Lilibet besonders Philip die Speisen offerierte, ihm staunend dabei zusah, wie er einen großen Teller Shrimps vertilgte und danach noch ein Bananenspliteis herunterbekam.

Dem König fiel Philip aber vor allem dadurch auf, dass er etwas zurückblieb mit seinem Boot, als die königliche Familie ablegte. Alle anderen Kadetten waren bereits fortgerudert, aber Philip war der Letzte und ruderte wie ein Wilder hinter ihnen her. Lilibet sah ihm dabei durch ein Fernglas zu, reichte es ihrem Vater und wies ihn auf meinen Sohn hin. Dem König entfuhr nur die Bemerkung, der junge Hitzkopf solle zusehen, mit seinen Kameraden Schritt zu halten. Doch er quittierte es mit einem Lachen.

Dickie ließ es sich nicht nehmen, mir mitzuteilen, mein Sohn habe aber so oder so einen sehr guten Eindruck bei der königlichen Familie hinterlassen.

Im Juli befand ich mich in London bei Mama im Kensington-Palast. Philip kam nach dem Ende des Semesters am sechzehnten Juli zu uns. Wir ver-

brachten einige Zeit zusammen, statteten auch Edwina und Dickie in Adsdean an einem Wochenende einen kurzen Besuch ab. Mama genoss die Zeit mit mir sichtlich. Sie gestand mir, sie würde mich sehr vermissen, wenn ich wieder abreiste.
Am elften August reiste ich mit Philip für drei Tage nach Paris, dann mit dem Zug nach Italien und auf dem Schiff *Cairo City* nach Griechenland.
Wir waren noch nicht lange wieder in Athen, als Hitler am einunddreissigsten August ohne eine formelle Kriegserklärung durch die Wehrmacht Polen angreifen ließ. Man rechtfertigte die Invasion mit einem angeblichen Angriff von polnischen Widerstandskämpfern, die sich als SS-Männer verkleidet hatten, auf den Radiosender *Gleiwitz*. Diese verkündeten über den Sender eine Kriegserklärung Polens an das Deutsche Reich. Im Folgenden marschierten fast drei Millionen deutsche Soldaten auf, um Polen zu überfallen. Dabei hatten sie vierhunderttausend Pferde und rund zweihunderttausend Fahrzeuge zur Verfügung. Zuerst ließ Hitler 1,5 Millionen Mann mit Platzpatronen an die Grenze zu Polen vorrücken, damit der Eindruck entstand, sie zögen ins Manöver, aber nur kurz darauf luden sie ihre Gewehre mit scharfer Munition. Dies geschah alleine auf Hitlers Befehl.
Der erste September des Jahres 1939 war der offizielle Beginn des *Zweiten Weltkriegs*, der jedoch im Nachhinein weitaus verheerendere Folgen haben sollte als der vorherige Weltkrieg. Ich möchte nicht auf die genauen und expliziten militärischen Ereignisse eingehen, die jedem hinlänglich bekannt sein dürften. Man kann aber nicht abstreiten, dass es für die Mehrheit der Menschen absehbar war, welch groteske Ziele Hitler verfolgte. Doch wie sehr er die Menschheit in Unglück stürzen sollte, konnte zu jenem Zeitpunkt niemand erahnen.
Am dritten September erklärten England und Frankreich nach einem Ultimatum Deutschland den Krieg und so ging es weiter. Eine Schreckensmeldung jagte in diesen Tagen förmlich die nächste.
Der Ausbruch des Krieges stellte für uns ein ganz anderes Dilemma dar. Ich hatte mit meinem Sohn eine schöne Zeit in Griechenland verbringen wollen. Nun standen wir aber vor der Frage, ob er doch nach England zurückkehren solle, um seine Ausbildung am Naval College fortzusetzen, denn er sah das Land als seine Heimat an. Griechenland, die Menschen, ihre Sprache und die Kultur waren interessant für ihn während eines Urlaubs, aber es war ihm auch alles zu fremd, um in diesem Land zu leben. Ich fand es aber dennoch wichtiger, dass er sich bei mir endlich wirklich zu Hause fühlen sollte, daher erschien mir das auch bedeutsamer als eine Karriere in der britischen Marine. Ich verstand, dass die in Griechenland zu klein war, zu unbedeutend, aber dennoch näherte ich mich endlich wieder meinem Sohn an.
Philip sagte mir, er sei bereit, auf englischer Seite im Krieg zu kämpfen,

wenn er es müsse. Er könnte keine Rücksicht darauf nehmen, dass seine Schwestern alle mit Deutschen verheiratet seien und in Deutschland lebten. Zudem hatte mein Sohn zu jenem Zeitpunkt durchaus eine Chance, irgendwann einmal den griechischen Thron zu besteigen.
König George II. selbst hatte keine Kinder. Sein Bruder Paul, der Kronprinz und seine Gattin Friederike Luise, die man in Griechenland *Frederika* und wir in der Familie *Freddie* nannten, hatte nur eine Tochter, Sophia, geboren am zweiten November 1938.
Peter, der Sohn von Andreas Bruder George, schied aus der Thronfolge aus, weil er am neunten September die geschiedene Russin Irina Alexandrowna Ovtchinnikowa in einem dänischen Konsulatin Madras in Ostindien ehelichte, ohne den griechischen König oder seine Eltern darüber zu informieren. Die königliche Familie erfuhr von der Heirat erst später aus der Presse. George brach sofort den Kontakt zu seinem Sohn ab, wollte ihn nie mehr wiedersehen. Seine Mutter Mimi aber schickte ihrem Sohn regelmäßig Geld und hielt den Kontakt zu ihm aufrecht, obwohl seine Ehefrau Irina niemals ein Mitglied des Königshauses werden könnte und auch Griechenland nicht betreten durfte. So verzichtete auch Peter darauf, der überwiegend mit seiner Schwester in Frankreich aufgewachsen war und zwischen 1912 und 1935 nur einige wenige Male mit seiner Mutter griechischen Boden für kurze Besuche betreten hatte.
Peters morganatische Heirat und sein damit verbundener Verzicht auf den royalen Titel und den Thron war so gesehen positiv aus meiner Sicht, weil es eben meinen Sohn, nach seinem Vater Andrea, ins Gespräch für eine eventuelle Thronfolge brachte, daher sollte Philip meiner Meinung nach auch eine Verbindung zu Griechenland aufbauen. Ich nehme hier voraus, dass sich meine Hoffnungen durch zwei Ereignisse zerstreuen sollten. Zum einen schaltete sich der König in Griechenland ein, riet Philip, nach England zurückzugehen, um seine Ausbildung bei der britischen Marine zu vollenden, was auch Dickies Wunsch entsprach, und dieser war nun einmal sein Vormund. Ferner sollte die Kronprinzessin am zweiten Juni 1940 dann einem Sohn, dem Prinzen Konstantin das Leben schenken.
Meine Mutter reagierte aber völlig anders als erwartet, denn sie wollte Philip lieber in Griechenland wissen, wo sie ihn in Sicherheit wusste. In England würde man ihn auch im Kriegsgeschehen einsetzen und damit ging sie zuerst keineswegs konform. Nach einer Unterredung mit Dickie verstand sie dann aber, dass mein Sohn eigentlich nach England gehörte. Doch sie betete darum, man möge ihn nicht so schnell auf einem Schiff einsetzen, welches in Kriegshandlungen verwickelt war. Er erschien ihr auch noch viel zu jung, um die Gräuel einer Schlacht miterleben zu müssen.
Schweren Herzens ließ ich meinen Sohn am einundzwanzigsten September

wieder in Richtung England abreisen, damit er im nächsten Semester wieder in Dartmouth seine Ausbildung fortsetzte. Ich blieb alleine zurück, vermisste seine Anwesenheit schmerzlich und fühlte mich von der Familie isoliert. Der Beginn des Zweiten Weltkriegs stellte mich und meine Verwandten vor das Problem, wie man die Beziehungen wenigstens noch schriftlich aufrechterhalten konnte. Und Verwandte kämpften wieder auf der gegnerischen Seite der Front.

Mein Cousin Victor zu Erbach-Schönberg, ein Sohn von Tante Marie Karoline, war zu meinem großen Glück Diplomat und seit dem Jahre 1936 Gesandter der deutschen Botschafter in Athen und konnte so für mich den Kontakt zu meinen Töchtern in Deutschland aufrechterhalten. Er sollte diesen Posten bis zum Jahre 1941 innehaben.

Ende Oktober kamen Christo und Andrea im Rahmen ihres einmal jährlich stattfindenden Besuchs nach Athen. Sie wohnten im Palast. Ich bot meinem Ehemann natürlich an, bei mir mit in der Wohnung zu leben, aber er lehnte es aufgrund der Größe derselben ab. Kurz darauf mietete er sich aber selbst ein kleines Appartement und ich denke, er wollte einfach nicht mehr mit mir unter einem Dach leben. Dennoch trafen wir uns öfter in den drei Wochen seines Aufenthalts. Wir begegneten einander freundschaftlich, aber berührten kein heikles Thema. Wenn wir uns trafen, plauderten wir über die Familie, mein Vorhaben in Bezug auf die Gründung eines Konvents, aber gingen weder auf meine Erkrankung oder Ähnliches ein. Es waren also mehr oberflächliche Gespräche.

Als er abreiste, verabschiedeten wir uns höflich, er wünschte mir alles Gute. Ich sollte meinen Mann danach nicht mehr wiedersehen.

Meine Tochter Tiny brachte am achtzehnten November des Jahres 1939 den kleinen Prinzen Rainer zur Welt. Ich gratulierte ihr zur Geburt, sandte Glückwünsche und überlegte, ob ich im Winter zu Weihnachten in die neutrale Schweiz reisen sollte, um für meine Enkelkinder ein paar Dinge mitzunehmen. Sie sollten alle Pakete bekommen mit besonderem Essen, wollener Kleidung und Winterstiefeln. In der Schweiz hätte ich Dolla treffen können, die es mitnähme, aber ich verwarf den Gedanken wieder, bat meine Mutter, einen kleinen Fond dafür einzurichten. Aus diesem sollte sie dann alles finanzieren, meinen Enkeln zukommen lassen. Meine finanziellen Mittel waren sehr begrenzt, aber ich wollte auch nur etwas geben, um meinen Töchtern zu zeigen, dass ich an sie und ihre Kinder dachte. Mama versprach mir, dies alles in meinem Namen zu regeln.

Für sie brachte der Krieg zwei Nachteile mit sich, die ihr in ihrer Witwenschaft die Zeit vertrieben hatten, wenn man es so nennen möchte. Sie fühlte sich für die Verwandtschaft verantwortlich, regelte vieles all die Jahre, reiste gerne, um einen jeden so oft wie möglich zu besuchen. Nun aber waren die Kinder aus früheren Tagen erwachsen, brauchten nicht mehr umsorgt werden, England war im Krieg mit Deutschland und Mama konnte nicht mehr reisen. Sie war abgeschnitten von den Enkeln, ihren Töchtern, Louise und mir. Meine Mutter fühlte sich nicht mehr gebraucht. So kümmerte sie sich zwar um die letzten drei noch lebenden Kinder von Königin Victoria, aber diese waren auch schon alle in hohem Alter. Tante Louise war stolze einundneunzig Jahre alt, lebte ebenso wie Tante Beatrice, die man mit ihren zweiundachtzig Jahren immer noch Baby nannte, im Kensington-Palast in Mamas Nähe. Onkel Arthur wohnte in *Bagshot Park*, einer Residenz in Windlesham in der Grafschaft Surrey etwas südlich von Windsor. Mama meinte, er sei mit seinen neunundachtzig Jahren noch recht gut beisammen, aber kahl wie ein Ei. Ihn konnte sie oft besuchen, machte nun diese Betreuungen zu ihrer Lebensaufgabe.

Jede noch so kleine Nachricht, die aus der Familie zu ihr durchdrang, sog sie gierig auf, konnte aber noch für einige Monate während des Krieges sowohl mit mir als auch mit Louise schreiben, da auch Schweden wie Griechenland vorerst neutral blieb. Es war bald nicht mehr möglich, dass wir uns alle direkt schrieben, so nutzten wir aber auch Louise, um die Familienbande schriftlich aufrechtzuerhalten. Die Verwandten aus Deutschland, England, Griechenland und anderen Ländern schrieben an Louise. Für diese war es aber auch nicht so einfach, die Nachrichten weiterzuleiten. Meine Schwester musste jeden Brief mit der Hand nochmals selbst kopieren und ihn dann mit ihrem eigenen Absender versehen, an die jeweilige Person schicken. Wir waren ihr für die Hilfe sehr dankbar, auch wenn es sie viel Zeit und Mühe kostete. Dies war besonders in Bezug auf unsere Mutter an der Tagesordnung. Denn, wie ich es bereits erwähnte, liebte Mama Konversationen und auch Diskussionen. Sie schwieg eigentlich nur, wenn sie husten musste. Obwohl Dickie einmal zu mir meinte, sie habe auch dies über die Jahre perfektioniert und könne mittlerweile auch während des Hustens weiterreden. Mama war eine passionierte Raucherin, bei leicht hitzigen Diskussionen mit ihr nutzte sie auch die Zigarette in damenhafter Manier zum Argumentieren, Gestikulieren und manch einer mokierte sich dann über Asche, die über den Tisch von ihrem Sitzplatz aus verteilt wurde. Ihr Arzt hatte ihr erst vor Kurzem geraten, das Rauchen aufgrund ihres Hustens etwas zu reduzieren. Also schnitt Mama die Zigaretten eben durch und rauchte nur noch halbe, was aber eigentlich nichts an ihrem Konsum an sich änderte. Sie besaß noch immer ein silbernes Zigarettenetui aus dem Hause *Fabergé*, welches ihre Schwester Alix ihr einst schenkte, auf dem ihr Name eingraviert war.

Meine Mutter mochte das Telefonieren nicht. Der Apparat war an einem

Ende des Kensington-Palasts und sie blieb körperlich in Form, weil sie bei jedem Klingeln sofort zu diesem rannte, denn zuerst klärte sie niemand darüber auf, dass ein Gespräch erst bei Annahme des Anrufes etwas kostete. Sie wollte aber sowohl für sich als auch für den Anrufer die Kosten gering halten. Doch sie konnte Gesprächen nur schlecht folgen, weil die Qualität nicht wirklich gut war, manchmal raschelte es in der Leitung oder knisterte, Gespräche brachen ab, und wenn sie dann gerade in einen Redeschwall geraten war, ärgerte sie dies sehr.
Philip sagte mir, sie höre auch nur ungern die Nachrichten der BBC im Radio, denn wenn die Sprecher die Namen deutscher Städte falsch betonten, korrigierte sie dies lautstark, obwohl man sie nicht hören konnte im Radio. Ihre eigene Interpretation der Geschehnisse auf der Welt, versehen mit bissigen Kommentaren, waren die besseren Nachrichten für jeden, der ihr zuhören wollte.
Als Tante Louise am dritten Dezember starb, traf dies meine Mutter sehr, denn die Tante hatte sich immer sehr gefreut, wenn Mama sie jeden Tag besuchte. Sie wurde nach einem feierlichen Gedenkgottesdienst in der St. George's Chapel in Windsor auf dem *Royal Burial Ground* in Frogmore beigesetzt. Nach dem Begräbnis sprach König George VI. mit Mama über Philips Zukunft. Der König wollte Philip auf dem Kampfschiff *Ramillies* einsetzen, welches im Mittelmeer und östlich davon seinen Dienst im Krieg versehen sollte. Es handelte sich aber um eine reine Eskorttätigkeit für die Kriegsschiffe, die direkt an den Kämpfen beteiligt waren. Mein Bruder Dickie teilte mir dies schriftlich mit und ich gab es weiter an Andrea. Es war nicht leicht, sich damit einverstanden zu zeigen, dass der eigene Sohn im Krieg seinen Dienst versehen musste, aber es gehörte nun einmal zu seinen Aufgaben bei einer Laufbahn in der britischen Marine. Andrea gab sein Einverständnis und ich akzeptierte die Order des Königs ebenso.
Philip gewann im Dezember den sogenannten *King's Dirk*, einen Dolch, der an den jeweils besten Kadetten oder Fähnrich des Naval Colleges in Dartmouth verliehen wurde. Er war der beste von allen Kadetten und sehr stolz auf seine Auszeichnung. Ferner erhielt er dafür auch noch den begehrten *Eardley-Howard-Crockett-Preis*, der im Andenken an den ehemaligen Leutnant verliehen wurde. Bei dem letzteren Preis musste sich Philip gegen Kadetten behaupten, die bereits seit ihrem dreizehnten Lebensjahr das College besuchten.
Am ersten Januar des Jahres 1940 sollte er seinen Dienst auf der *Ramillies* antreten. Dickie hatte sich bereits im Vorfeld dafür eingesetzt, dass Philip auf diesem Schiff eingesetzt würde, denn er nahm Kontakt zu seinem ehemaligen Flotten-Kommandanten H. T. Baillie Grohman auf. Philip würde als *Midshipman*, dem untersten Rang eines Seeoffiziers, auf dem doch

schon in die Jahre gekommenen Schiff Konvois von Schiffen begleiten, wobei es hauptsächlich um Truppentransporte aus Australien und Neuseeland ging, die man in Ägypten einsetzte. Mein Sohn zeigte sich wohl etwas frustriert darüber, obwohl es Dickies Intention war, ihn möglichst aus dem direkten Kriegsgeschehen herauszuhalten. Aber Philip hatte eben zuerst erfahren, dass er im Mittelmeer an der Seite seines Onkels und Cousin sein würde, nun fand er wohl seinen Einsatz nicht mehr so spektakulär.

Mein Sohn war sicher von dem Drang geprägt, der viele junge Männer beherrscht, die in den Krieg ziehen. Sie wollen an vorderster Front sein, wissen aber gar nicht, was dies bedeuten kann.

Mein Bruder wollte seinen Neffen aus der Schusslinie haben, aber er ahnte auch, dass Philip auf dem Schiff dann so etwas wie der *Captain's doggie* sein könne, also ein Hündchen des Kapitäns, der diesem dann auch mal den Kakao kochen musste.

Dennoch war sein Einsatz nichts Ungewöhnliches in unserer Familie. Dickie versah bereits seit den ersten Kriegstagen seinen Dienst auf der *Kelly* und Georgies Sohn David auf der *Kandahar*. Beide Schiffe waren im Mittelmeer stationiert, die *Kandahar* gehörte zu Dickies Flotte und war einer von fünf Zerstörern.

In Deutschland war Lu auch in der Armee, er diente bald darauf an der polnischen Front, Tinys Ehemann war bei der Luftwaffe.

Mama fühlte sich in London nicht mehr wirklich sicher, nachdem sich England im Krieg befand, weil man gerade die Hauptstadt als ein potenzielles Ziel der deutschen Luftwaffe ansah. So pendelte sie nun zumeist zwischen dem Kensington-Palast und Broadlands, welches Edwina nach dem Tod ihres Vaters am dritten Juli des Jahres 1939 geerbt hatte. Dort auf dem Land fühlte sie sich wie viele andere sicherer. Zudem konnte sich Mama dort um ihre beiden Enkeltöchter Patricia, mittlerweile fünfzehn Jahre alt, und Pamela, zehn Jahre alt, kümmern.

Mit ihr reiste die unerschütterliche Hofdame, die Pye-Crust, die die Einzige war, so Mama, die ihr Haar wirklich bändigen konnte, um es zu frisieren.

Ich hatte gehofft, dass Dickie vielleicht an Weihnachten im Mittelmeer seinen Dienst versehen würde, aber er ließ sich beurlauben, um das Fest mit seiner Familie und Mama in Broadlands zu verbringen. Auch Philip würde mit ihnen feiern.

Also war ich zum Weihnachtsfest des Jahres allein in meiner Wohnung, denn auch die Popoulo, meine ehemalige Hofdame, die ich wieder eingestellt hatte, war bei ihrer Familie, was ich ihr nicht vorwerfen konnte. Aber es war ein sehr einsames Fest für mich.

Kriegszeiten, 1940 bis 1945

Andreas Bruder Christo starb am einundzwanzigsten Januar des Jahres 1940 in Paris. Sein kleiner Sohn Michael war gerade ein Jahr alt geworden und nun Halbwaise. Nachdem Christo und Andrea im Oktober des letzten Jahres in Athen angekommen waren, hatte Christo über leichte Atemprobleme geklagt. Niemand hatte dem wirklich eine große Bedeutung beigemessen und er selbst machte auch keinen Wirbel darum, aber es entpuppte sich als ein Abszess, welcher kurz darauf aufbrach. Er bekam Anfang Januar sehr hohes Fieber und starb schließlich an einer Sepsis.
Als Mitglied der königlichen Familie bestand König George II. von Griechenland auf einem Begräbnis in Tatoi. Man setzte Christo also in einem feierlichen Akt bei, aber man spürte, dass die Menschen nicht wirklich eine große Sympathie für den König empfanden, denn sie standen nicht schweigend in Trauer da, sondern unterhielten sich, einige lachten – es war eine recht groteske Überführung der sterblichen Überreste nach Tatoi.
Der amerikanische Botschafter Lincoln MacVeagh nutzte dies, um seinen Standpunkt gegenüber dem König öffentlich deutlich zu machen. Denn wie auch schon bei Tinos und Nikolaus` Beisetzungen nutzte der König öffentliche Ressourcen, um einem Prinzen ein feierliches Begräbnis zu ermöglichen, der eigentlich nicht mehr wirklich etwas mit seinem Heimatland zu tun gehabt hatte, abgesehen von den kurzen Besuchen der letzten Zeit. MacVeagh kreidete die Verschwendung von öffentlichen Geldern an, die so eine Beisetzung kostete, und merkte an, dass die Bevölkerung in Athen zahlreich erschienen sei, aber man habe deutlich eine Form von Trauer vermisst. So spekulierte der Botschafter, da der König noch zwei Onkel hatte, die auch irgendwann sterben würden, sowie eine ganze Menge Cousins, könnten die Menschen dann bei der nächsten Beisetzung durchaus in den Straßen tanzend gesehen werden.
Dennoch sprach er mir gegenüber Respekt aus, denn ich war zu einer Zeit wieder in dieses Land gekommen, da die Sympathie zwischen König, königlicher Familie und Bevölkerung zusehends schwand. Christo selbst hatte mir gegenüber bei unserem letzten Gespräch aber erwähnt, er befürchte, irgendwann wieder aus Griechenland verbannt zu werden, was er aber mit seinem feinen Humor nahm. Mich tangierte dies nicht, da ich andere Probleme hatte und zudem auch nicht wirklich großen Kontakt zur königlichen Familie. Ich legte auch keinen Wert darauf. Beim Begräbnis von Christo

war ich nicht zugegen.
Mein Problem war eher, dass ich kaum noch Geld hatte, um mich mit Essen zu versorgen. Ich musste Dickie und Edwina um Hilfe bitten, die natürlich sofort meine jährliche Unterhaltszahlung auf fünfhundertzweiundfünfzig englische Pfund heraufsetzten. Doch bald mussten sie durch die politischen Veränderungen in Griechenland zusehen, wie man mir dieses Geld noch zukommen lassen konnte. Denn am ersten April des Jahres 1941 besetzte Deutschland Griechenland und ich lebte damit dann in besetztem Feindesland. Edwina ließ sofort ein neues Dokument aufsetzen, welches mir notariell beglaubigte, für sieben Jahre eine monatliche finanzielle Zuwendung auf das englische Bankkonto von König George II. von Griechenland zu erhalten. Der König zahlte mir dieses Geld dann in griechischen Drachmen aus. Ich war Edwina und meinem Bruder wieder einmal überaus dankbar für ihre Hilfe. Beide rechneten sicher nie damit, dass ich irgendwann in der Lage wäre, etwas von dem Geld, mit welchem sie mich schon seit geraumer Zeit unterstützten, zurückzuzahlen.
Edwina war auch nicht untätig in Kriegszeiten, sie hatte einen Teil von Broadlands in ein Hospital für verwundete Soldaten umwandeln lassen.
Meine Schwester Louise engagierte sich bereits kurz nach Beginn des Krieges, indem sie einen Hilfsfond gründete, den sie *Winterlicht* nannte. Dabei ging es darum, Karbidlampen und Kerzen zu sammeln, damit besonders die ländliche Bevölkerung, die damals in Schweden noch oftmals ohne Elektrizität lebte, zu versorgen. Benzin und Paraffin wurden bald knapp, da man es für die Truppen benötigte. Schweden war zwar neutral, aber dennoch waren diese in Bereitschaft.
Meine Schwester warb auch im Radio für ihr Geschenk-Komitee. Der genaue Name war das *Geschenk-Komitee der Kronprinzessin für die Verteidigung der Neutralität*, welches für die Soldaten warme Kleidung sammelte. Es war bald so erfolgreich, dass die Hausfrauen und adeligen Damen in Schweden eifrig strickten und die Soldaten und andere Militärangehörige waren bald völlig überwältigt von den Massen an Strümpfen, wollenen Unterhosen, Mützen und Schals, die sie erhielten. Die Männer fühlten sich durch die vielen eintreffenden Pakete bald so ermuntert, um mehr zu bitten, sie schrieben ihre Wünsche direkt an meine Schwester. Diese kam so gut es ging jedem dieser Wünsche nach, wobei sich ein Soldat auch einmal ein Akkordeon wünschte, um die anderen Kameraden bei Laune zu halten. Er bekam es natürlich umgehend zugesandt.
Seit dem Winter des Jahres 1939 organisierte Louise auch das sogenannte *Nähen im Palast*. Das schwedische Rote Kreuz, dessen Schirmherrin sie war, sammelte Kissen und Decken für evakuierte Schulkinder und man fragte bei Louise an, ob diese Dinge im Palast in Stockholm lagern dürften.

Kurzerhand ließ meine Schwester ein Appartement freiräumen, arrangierte Nähgruppen im Palast. Mithilfe der Firma Singer wurden Nähmaschinen bereitgestellt und bald nähten vierzig Frauen eifrig Kleidung für die Kinder, die man in Schweden verteilte, aber auch in andere Länder wie England schickte. Im Weiteren fertigte man auch Kleidung für Erwachsene an.
Louise war immer sehr gut im Nähen gewesen, obwohl sie Linkshänderin war. Man hatte versucht, sie als Kind zum Schreiben mit der rechten Hand zu zwingen, aber dann war ihre Schrift sehr unleserlich und so hatte sie sich alles mit der linken antrainiert.
Und als sei dies nicht schon alles genug, kümmerte sie sich dann auch noch um die Flüchtlingshilfe, denn vierzigtausend finnische Kinder suchten Schutz in Schweden und so ließ sie zuerst ein Heim für viele dieser Kinder einrichten. Natürlich wurde sie bei allem von der königlichen Familie unterstützt, aber ich möchte sagen, das Herz aller dieser Hilfen war meine Schwester.
Sie organisierte Kinderschwestern für die ersten achtzehn Kinder, die in das Heim einzogen, einen Leiter des Heimes und ging jeden Tag unermüdlich dorthin, um nach dem Rechten zu sehen. Bald riefen die Kinder schon nach ihr, wobei sie sie stets mit *Kronprinsessa* ansprachen, aber sie sollte mehrere dieser Kinder in ihr Herz schließen. Nach dem Krieg zeigten sich viele dieser Kinder erkenntlich, indem sie meine Schwester in Helsinki zu einer großen Feier einluden.
Ich bewunderte Louise für ihr Engagement sehr. Auch meine Mutter war überaus begeistert, wie ihre Tochter sich allen Aufgaben mit ihrer ganzen Energie stellte.

Anfang August reiste ich für einige Tage nach Tarasp in der Schweiz. Lu und Peg hatten mir das Schloss freundlicherweise zur Verfügung gestellt und ich hoffte, ich könne mich mit meinen Töchtern treffen. Aber Friedel und Margarita hielten sich in Böhmen auf, wo sie ihren Urlaub mit Tennisspielen verbrachten, Tiny musste sich um ihre Schwiegermutter kümmern, denn Mossys Ehemann Friedrich Karl war am achtundzwanzigsten Mai des Jahres verstorben. Und Dolla sorgte sich um ihren Gatten Berthold, der in Gießen in einem Krankenhaus lag.
Berthold war im Westfeldzug gegen Frankreich eingesetzt worden, am siebten Juni überwältigten er und seine Männer einen Posten mit Maschinengewehren, bei dem sie zwanzig gegnerische Soldaten gefangennahmen. Dabei wurde Berthold jedoch so schwer am Bein verletzt, dass man zuerst befürchtete, es müsse ihm amputiert werden. Man schickte ihn nach Deutschland zurück, wo die Ärzte in Gießen versuchten sein Bein zu retten. Es sollte ihnen gelingen, aber mein Schwiegersohn würde Zeit seines Le-

bens hinken. Dennoch galt er als *kriegsversehrt*, brauchte nicht mehr zurück an die Front. Angesichts der Tatsache, dass er an der Front auch hätte sterben können, fand Dolla sein Schicksal, mit dem lahmen Bein leben, zu müssen zwar schlimm, aber sie musste nicht mehr tagtäglich um sein Leben bangen.
Mit dem Waffenstillstand von Compiègne vom zweiundzwanzigsten Juni 1940 fiel Frankreich und wurde von Deutschland besetzt.
Mein Bruder Dickie hatte nun große Sorge um seine beiden Töchter, denn Patricia und Pamela hatten einen jüdischen Ur-Großvater, den verstorbenen Sir Ernest Cassel, Edwinas Großvater. Dickie befürchtete, dass die Deutschen auch England relativ schnell einnehmen könnten, denn Frankreich war schnell gefallen. Daher wollte er seine Töchter nicht unter denen sehen, die man, wie er es sagte, *ins Gas schickte*, wenn die Deutschen in England landeten. So schickte er seine Töchter vorsichtshalber in die USA zu Freunden, wo sie in Sicherheit waren. Die englische Regierung organisierte damals diese Reisen für Kinder. Damit war meine Mutter aber einer weiteren Aufgabe beraubt, denn sie hatte sich sehr gerne um beide Mädchen gekümmert, aber verstand auch Dickies Sorge. Man muss dazu sagen, dass unter anderem englische Journalisten, die sich bereits vor dem Krieg in Deutschland aufhielten, von Deportationen berichteten, und man wusste, was Hitler mit der jüdischen Bevölkerung vorhatte. Auch in den USA und anderen Ländern verbreitete sich dies, doch niemand schritt ein. Daher halte ich es für abwegig, wenn Menschen behaupten, sie haben von all dem nichts gewusst.

Von Andrea erfuhr ich über Louise, der er einen Brief schrieb. Er war in Monaco gewesen und saß an der Riviera fest, als Frankreich fiel. Er lebte auf der Yacht *Davida* mit seiner Geliebten, doch man beschlagnahmte das Radio und so drangen Nachrichten nur spärlich zu ihm durch. Mein Ehemann sah aber auch keinen Sinn darin, nach Griechenland zurückzukehren, denn er könne dort eh nicht von großem Nutzen sein, er sei alt und George, der König, schien ihm ein fähiger Mann zu sein. So blieb Andrea vorerst in Monaco.
Da ich meine Töchter in der Schweiz nicht sehen konnte, reiste ich wieder nach Griechenland zurück.

Hitler machte für die Niederlage der Mittelmächte im Ersten Weltkrieg zumindest teilweise die Verwicklungen auf dem Balkan verantwortlich und so bestand für ihn auch kein Grund Griechenland zu besetzen. Er bereitete die Invasion Russlands vor, daher wollte er auch keine deutschen Truppen auf einen riskanten Nebenschauplatz leiten. Das *Dritte Reich* dominierte

den Handel, so hielt es das südöstliche Europa in einer festen Umklammerung. Dem wollte man nicht noch die Lasten einer militärischen Besatzung hinzufügen.
Doch nun, im Spätsommer des Jahres 1940, hatten die Rumänen eingewilligt, dass deutsche Soldaten als sogenannte *Berater* getarnt auf die wirtschaftlich wichtigen Ölfelder bei *Ploieşti*, einer Großstadt etwa sechzig Kilometer von Bukarest, vorrückten.
Mussolini, oder der *Duce*, befürchtete, der deutsche Einfluss könne sich nun weiter nach Südosteuropa ausdehnen, so beschloss er, nach Griechenland vorzudringen. Das ebenfalls faschistisch orientierte Italien war ein Bündnispartner von Deutschland, dennoch wollte sich ein jeder seine Macht sichern.
Am fünfzehnten August torpedierte ein italienisches U-Boot einen griechischen Leichten Kreuzer, wobei neun Seeleute starben.
Die Darstellung der italienischen Unabhängigkeit führte aber nun dazu, dass Griechenland seine Truppen im *Pindos-Gebirge* gegen die Italiener aufbot. Der *Pindos* erstreckt sich über mehr als hundertundfünfzig Kilometer und scheidet die griechische Landschaft Epirus im Westen von Makedonien und Thessalien im Osten. Die italienischen Truppen wurden zurück nach Albanien gedrängt.
Hitler konnte nun aber auf keinen Fall eine Niederlage seines Verbündeten zulassen, so entschied er sich, Mussolini zu Hilfe zu kommen. Im Dezember gab er den Befehl zum Unternehmen *Marita* – dem Vorrücken deutscher Truppen über die bulgarische Grenze zum Angriff auf Griechenland.

Der drohende Angriff ließ bei König George II. keine Illusionen aufkommen. Die deutschen Truppen waren stark, man würde ihnen nicht viel entgegenzusetzen haben. Metaxas war alt, zudem krank, und so versuchte er verzweifelt, Berlin zu der Einsicht zu bringen, dass die Griechen den Konflikt mit Italien niemals gewollt hatten, und er versicherte, Griechenland würde in dem großen internationalen Konflikt neutral bleiben. Seine stille Hoffnung war, Hitler würde auf Italien positiv einwirken, damit es die Feindseligkeiten in Albanien beendete. Auch Metaxas politische Rivalen unterstützten ihn in seinem Bestreben, denn sie sprachen sich auch sofort für Neutralität Griechenlands aus. Vor allem die griechischen Generäle wollten Feindseligkeiten mit Deutschland vermeiden. Der König sah sich gezwungen, in den Wochen vor der Invasion einige aufgrund ihrer Haltung, die von einem absoluten *Schwarzsehen* geprägt war, zu entlassen.
Griechenland litt unter enormen sozialen und ökonomischen Belastungen, die Menschen forderten eine fundamentale Neuordnung des politischen Systems. Eine Besatzung wäre noch eine zusätzliche Belastung gewesen,

daher wollte man diese um jeden Preis verhindern.

Am achtundzwanzigsten Oktober ließ Metaxas noch ein Ultimatum verstreichen, indem die Italiener die Stationierung von Truppen in Griechenland forderten. Die italienischen Truppen griffen nun an, doch der König mobilisierte die griechische Armee, welche sich standhaft zeigte. So besetzte Griechenland die südliche Hälfte von Albanien, damals ein Protektorat Italiens.

England versprach König George II. ihn zu unterstützen, man würde ihm sowohl auf See, an Land und in der Luft zu Hilfe kommen. Es wurde ein *Britisches Expeditionskorps* nach Griechenland entsandt, eine *schnelle Eingreiftruppe* des britischen Heeres. Dies war keine explizite Vorgehensweise für Griechenland, sondern man setzte diese Truppeneinheiten auch bereits in Frankreich ein und sie waren schon seit dem Ersten Weltkrieg gebräuchlich. In Verbindung mit unseren griechischen Truppen waren sie so durchaus effektiv, aber Mussolini konnte eine Niederlage nicht akzeptieren und sah sich gezwungen, Hitler auch einmal einen spektakulären Sieg zu bieten. Zudem ging Mussolini davon aus, es handele sich bei Griechenland um einen eher leicht zu schlagenden Gegner.

Mama hörte die Nachrichten aus Griechenland, bekam schreckliche Angst um mich, denn ich war nun so allein in diesem Land, wie sie fand. Und dass Griechenland nun in einen Krieg mit Italien verwickelt war, beunruhigte sie sehr.

König George II. ließ sich in dieser Zeit kaum noch in der Öffentlichkeit sehen. Seine Zurückgezogenheit missfiel dem englischen Premierminister Winston Churchill sehr, er leitete die Angelegenheiten des Krieges aus London auch für Griechenland. Kurzerhand bat er Henry Hopkinson, der beim Auswärtigen Amt arbeitete, ob man nicht die Geliebte des Königs Joyce Britten-Jones nach Athen fliegen könne, damit sie dem König etwas mehr den Rücken stärkte.

Die anderen Mitglieder der Königsfamilie schotteten sich auch eher ab. Kronprinz Paul war der Einzige, der sich beim Militär engagierte, seine Gattin Freddie war sehr unpopulär aufgrund ihrer deutschen Herkunft. Sie widmete sich hauptsächlich ihren Kindern und lebte in der Villa Psychiko außerhalb von Athen.

Am vierzehnten Dezember starb die griechische Minnie, meine Schwägerin, in Athen. Andreas Schwester wurde vierundsechzig Jahre alt. Nachdem die Bolschewiken im Jahre 1919 ihren Mann Georg Michailowitsch ermordet hatten, heiratete sie am sechzehnten Dezember des Jahres 1922 den griechischen General Perikles Ioannides in Wiesbaden. Beide hatten sich kennengelernt, als Minnie im Jahre 1920 aus dem Exil nach Griechenland zurück-

kehrte. Ioannides kommandierte den Zerstörer, auf dem Minnie reiste. Ihre beiden Töchter Xenia und Nina waren verheiratet und lebten in den USA. Ich hatte mich mit Minnie nicht sehr gut verstanden, außerdem war sie meist im Ausland gewesen, lebte nur kurzzeitig in Griechenland.
Andrea konnte zu ihrer Beerdigung nicht anreisen und ich weiß auch nicht, wann er von ihrem Tod erfuhr. Es war nur ein kleines Begräbnis.

Mich erreichte über Louise ein längeres Schreiben von Mama, in welchem sie mir mitteilte, was meinem Sohn in den letzten Monaten widerfahren war. Anfang des Jahres war er auf der *HMAS Hobart*, einem sogenannten *Her Majesty`s Australian Ship*, welches zur australischen Marine gehörte, nach Colombo, der Hauptstadt von Sri Lanka gereist. Dort ging er am zweiundzwanzigsten Februar an Bord der *Ramillies*. Am fünfzehnten März erreichten sie Sydney. Das Schiff wurde dort generalüberholt, mit Munition bestückt und Verkabelungen überprüft. Um sich die Liegezeit des Schiffes zu vertreiben, machte er sich auf den Weg ins Inland und erreichte nach über sechshundert Kilometern eine Schafzucht, wo er für vier Tage als *jackaroo*, Aufseher, arbeitete. Danach fuhr er auf dem Schiff weiter nach Aden im Jemen. Als sie am ersten April den Äquator passierten, veranstaltete man auf dem Schiff die *Äquatortaufe* oder auch unter Marineangehörigen als *Zertifikat von König Neptun* bezeichnet. Philip war unter denjenigen, die eingeseift und dann auf dem Achterdeck unter Wasser getaucht wurden. Man tunkte sie förmlich kopfüber in ein Fass mit Wasser. Als Wiedergutmachung fertigte man dann aber aus der Takelage einen Swimmingpool an, reichte Zitronenlimonade zum Bad.
Nach Eintreffen der *Ramillies* im Hafen von Aden, beorderte man meinen Sohn auf den *County-Class Cruiser Kent*. Die *Kent* gehörte zu einer Klasse von *Schweren Kreuzern*, die man im Krieg einsetzte. Es war das Flaggschiff der britischen *China Station*, die neben der *East Indies Station* existierte. Die dazugehörigen Schiffe fuhren hauptsächlich an der chinesischen Küste, im Indischen Ozean und allen Flüssen, die sich dort in der Nähe befanden.
Philip wollte nicht gerne das Schiff wechseln, aber er musste der Order folgen, obwohl er sich gerade auf der *Ramillies* eingelebt hatte, sich mit allen dort gut verstand. Die *Kent* war zwar komfortabler, aber die Mannschaft versah bereits seit rund zweieinhalb Jahren ihren Dienst und das neue royale Crewmitglied wurde zuerst nicht besonders willkommen geheißen. Man befürchtete nun Komplikationen auf der Reise, weil man eventuell Rücksicht auf ihn nehmen musste, ihn anders behandeln sollte. Aber dies war nicht der Fall, Philip gewann schnell das Vertrauen seiner Kameraden, wie er Mama schrieb, weil er eben eine Frohnatur war. Sein Humor kam gut an bei den anderen.

Auf ihrer Route ging es weiter zum Chagos-Archipel im Indischen Ozean, dann nach Bombay. Von dort aus begleiteten sie acht Bataillone von britischen Truppen auf Schiffen um das *Kap der Guten Hoffnung* nach Durban in Südafrika. Philip genoss die Gastlichkeit der Menschen dort und empfand diesen Teil der Reise als den angenehmsten. Sie blieben dort für einige Wochen.

Von Durban reiste er auf der Kent zurück nach Colombo und für eine kurze Zeit hoffte er, dass sich der Weg des Schiffes mit dem eines feindlichen Piratenschiffes kreuzen könnte, aber dem war nicht so. Stattdessen gerieten sie in einen heftigen Sturm, bei dem die Stewards, die allesamt aus dem Staat Goa in Indien stammten, Mühe hatten die Teller, Tassen und anderes Geschirr sowie Butter, Lebensmittel auf den Tischen zu halten. Es war wohl eine besondere humoristische Einlage, als alles bei dem Sturm auf dem Deck landete.

Im August verließ er die *Kent,* kurz nachdem sie den Hafen von Colombo erreichten. In den Hügeln von Kandy nahm er an einem buddhistischen Festival teil, verbrachte ein Wochenende auf einer Tee-Plantage und dann fünf Wochen in der Nähe des Hafens, wobei er oft Ausflüge unternahm, um die Umgebung kennenzulernen.

Als Nächstes versetzte man meinen Sohn auf das Schwesterschiff der *Kent,* die *Shropshire,* die als Geleitschiff eines Konvois von Schiffen im Roten Meer unterwegs war und dann weiter an die afrikanische Ostküste sowie Durban fuhr.

Ich freute mich sehr, dass mein Sohn so viel von der Welt sah, aber nachdem Griechenland sich nun im Krieg mit Italien befand, konnte die Admiralität nicht mehr dafür garantieren, Philip aus Kampfhandlungen herauszuhalten. Es fiel mir schwer dies einzusehen, aber es gehörte nun einmal zu seinen Pflichten bei der Marine. Dennoch hoffte ich, er würde nicht in Kriegshandlungen dabei sein müssen.

Mitte Dezember erfuhr Philip, dass sich für ihn die Möglichkeit ergab, auf dem neuen modernen Kriegsschiff *Valiant* zu dienen. Das Schiff gehörte zur Mittelmeerflotte. Nachdem er Neujahr in Port Said, der Hafenstadt im Nordosten Ägyptens verbracht hatte, nahm er den Zug nach Alexandria, wo er auf die *Valiant* wechselte. Es war nun das vierte Schiff, auf welchem er nach nur elf Monaten bei der britischen Marine seinen Dienst versah. Aber mein Sohn musste nicht mehr lange auf einen Einsatz im Krieg warten. Nur drei Tage nach dem Ablegen, in der Dämmerung, vereinigten sich Schiffe der Schlachtflotte und auch die *Valiant* war im Einsatz, um Bardia, eine Hafenstadt an der Ost-Küste von Libyen zu bombardieren.

Er schrieb es wieder an Mama, die sich durch seinen Bericht nun noch mehr

um ihn sorgte. Denn sie fuhren mit dem Schiff weiter nach Sizilien, wo Philip mit ansehen musste, wie der englische Zerstörer *Southampton* schwer getroffen in Rauch aufging, die *Gallant* lief auf eine Mine und zerbarst innerhalb von Sekunden. Zwei Torpedobomber, Militärflugzeuge mit Bomben bestückt, attackierten die *Valiant*, aber durch einen schnellen Kurswechsel konnte man diesen entkommen. Die Torpedos trafen Teile des Hafens.
Nur wenig später tauchten sechzehn deutsche Sturzkampfflugzeuge am Himmel auf, zerstörten die *Illustrious*, auf der Feuer ausbrach, bevor sie sank. Dann griffen die *Stukas* die Valiant an, aber zum Glück schlugen die abgefeuerten Bomben unweit des Schiffes ein.
Ich denke, meiner Mutter standen beim Lesen von Philips Zeilen buchstäblich die Haare zu Berge und dies konnte sicher auch die Pye-Crust nicht wieder glätten.

Mitte Januar des Jahres 1941 durfte Philip sich eine Auszeit vom Dienst nehmen und ich war überglücklich, meinen Sohn gesund und munter wiederzusehen. Er blieb für einige Zeit bei mir und besuchte dann auch Verwandte und Freunde in Athen. Obwohl ich mir sehr viele Gedanken machte, ob ich ihn stets so gesund wiedersehen würde, bemerkte ich doch, wie engagiert er für die Marine war. Mit seinen neunzehn Jahren faszinierte ihn das Leben auf See, ebenso wie meinen Vater und meine Brüder. Das Kriegsgeschehen nahm er locker wie jeder andere junge Mensch, der sich für sein Land einsetzen möchte, aber das Negative wie den möglichen eigenen Tod komplett ausblendet. Er verstand meine Besorgnis und tat das, was alle Kinder mit ihren Eltern machen – sie versichern ihnen, dass nichts passieren wird.
Philip erhielt das Angebot von König George, bei ihm für eine Weile in Tatoi zu leben, wohin er sich aus Sicherheitsgründen zurückgezogen hatte. Dennoch kam er fast jeden Tag in den Palast, um mit den anderen Mitgliedern der königlichen Familie ein Essen einzunehmen.
Mein Sohn blieb für fünf Wochen in Athen.
Am neunundzwanzigsten Januar starb Ioannis Metaxas. Mein Sohn nahm an seinem Begräbnis teil. Es wurde gemunkelt, dass Metaxas durch das Fehlen eines britischen Arztes gestorben sei, der ihn hauptsächlich betreut hatte. Dies führte zu Spekulationen, ob der Diktator nicht vorsätzlich aus politischen Motiven durch Einfluss ausländischer Geheimdienste verstorben sei. Damit hatte man angeblich verhindern wollen, dass er sich vielleicht doch noch auf Hitlers Seite stellen konnte. Dies wurde aber nie bewiesen und Metaxas war zwar Deutschland gegenüber durchaus freundlich eingestellt gewesen, konnte aber nie Hitler als Person und dessen Antisemitismus et-

was abgewinnen. Unter anderem wies er noch vor seinem Tod den griechischen Botschafter Ragavis in Berlin an, keine Verhandlungen mit Hitler zu führen, denn er meinte, es sei besser zu sterben, als sich diesem unterzuordnen.
Aus meiner Sicht war Metaxas☐ Ableben nicht ungewöhnlich. Er stand zwar kurz vor seinem siebzigsten Geburtstag, war aber schon längere Zeit krank gewesen.
König George II. beauftragte am neunundzwanzigsten Januar den ehemaligen *Minister für Hygiene und staatliche Fürsorge*, Alexandros Koryzis, mit der Bildung einer neuen Regierung als Nachfolger von Metaxas. Gleichzeitig machte er ihn zum Außen- und Kriegsminister.

Philip verbrachte in Athen auch viel Zeit mit Alexandra, Aspasias Tochter, aber die Zuneigung für ihn war von ihrer Seite aus größer als seine für sie. Sie lebte eigentlich mit ihrer Mutter in Alexandria, kam aber oft zu Besuch nach Griechenland.
Im Januar kam der britische Abgeordnete Henry Channon, genannt *Chips*, nach Griechenland. Er war in den USA geboren worden, aber in England auch zu einem Autor avanciert.
Der König gab ihm einen Brief an meine Mutter, den er ihr übergeben solle, wenn er wieder in England wäre. Darin bestätigte der König die finanzielle Regelung meines Unterhalts durch Edwina auf sein englisches Bankkonto und er wies daraufhin, dass ich in sehr einfachen Verhältnissen lebte.
Zu jener Zeit traf ich mich auf Wunsch des Königs einmal in der Woche am Sonntag mit ihm, denn ich hatte damit begonnen, mich um die bedürftigen Familien von Soldaten zu kümmern, die ich mit dem Lebensnotwendigsten versorgte, wofür ich Spenden sammelte, aber auch auf meine eigenen finanziellen Mittel zurückgriff.
Chips zeigte sich sehr interessiert an meinem Leben, er bewunderte die leicht überfüllten Räumlichkeiten meiner kleinen Wohnung, in der ich antike Möbel beherbergte, ebenso wie viele alte Fotografien meiner Familie, die sich an den Wänden häuften. Wenn mein Sohn zu Gast war, ließ ich große Essen zubereiten. Als Dessert gab es immer ein Kompott von Orangen. Alexandra war auch öfter eingeladen, sie traute sich nicht, mir zu gestehen, dass sie dieses Kompott nicht mochte, aß es höflich. Leider war mir von ihrer Mutter gesagt worden, sie liebe es, und daher bekam sie es auch bei mir serviert.
Meine karitative Arbeit beanspruchte mich sehr, weswegen ich auch oft in einer Villa in der Nähe einiger bedürftiger Familien lebte, um schneller bei ihnen zu sein. Dreimal in der Woche war ich aber in meiner Wohnung anzutreffen, wo mich auch die Popoulo bei meiner Hilfe unterstützte und mir im

Bezug auf die Reinigung meiner Wohnung den Rücken freihielt.
Nachdem sich Chips mit meiner Schwägerin Elena unterhalten hatte, Philip kennenlernte, war er der festen Überzeugung, mein Sohn sei der perfekte Heiratskandidat für Lilibet. Dies wäre auch der Grund für seine Karriere bei der britischen Marine. Aber er wandte ein, dass so eine Heirat auch schwierig sei, denn beide seien zu sehr miteinander verwandt. Genaugenommen waren Lilibet und Philip Cousin und Cousine zweiten Grades als Nachkommen des dänischen Königs Christian IX. und Cousin und Cousine dritten Grades durch Königin Victoria.
Elena fand dies Idee einer solchen Verheiratung zu abwegig. Aber ich muss gestehen, ich war dem durchaus nicht abgeneigt. Eine Ehe mit dem englischen Königshaus war durchaus erstrebenswert.
Chips traf sich mit allen Mitgliedern der königlichen Familie. Er erzählte mir auch, dass Andrea die Yacht *Davida* mittlerweile mithilfe seiner Geliebten Andrée gekauft hatte, aber immer noch sehr abgeschnitten von allem in Monaco lebte.

Im März musste Philip wieder zurück auf die *Valiant*. Sie würden nun britische Truppen in einem Konvoi von Schiffen von Alexandria nach Kreta und Piräus geleiten, um die griechischen Soldaten gegen eine erwartete Landung der Deutschen zu unterstützen. Der einzige Feind, der dies verhindern konnte, war die italienische Marine, aber die englische war besser ausgestattet, was unter anderem den Radar betraf und den Kriegseinsatz bei Nacht.

Am sechsten April des Jahres 1941 drangen deutsche Truppen nach Jugoslawien vor, dort begannen die ersten Invasionen, um die italienischen zu unterstützen. Ihr nächstes Ziel war die Besetzung Griechenlands.
Der Oberst Petinis war noch am zwölften März an den deutschen Konsul in Saloniki herangetreten. Er bat diesen, bei der Beendigung der Feindseligkeiten in Albanien behilflich zu sein. Der Konsul leitete dieses an seinen Vorgesetzten weiter, glaubte aber nicht daran, dass Petinis allein gehandelt habe, sondern mithilfe des Generals Georgios Tsolakoglou, der ein enger Mitarbeiter einer der vom König entlassenen Generäle gewesen war.
Mit dem Angriff der Wehrmacht auf Griechenland nun war dieser General Kommandant des III. Armeekorps der griechischen Armee in Westmakedonien. Seine Truppe saß fest zwischen den Italienern an der albanischen Front im Nordwesten und den Deutschen, die rasch vom Nordosten vorrückten. Bereits am zwanzigsten April war ihre Lage dort aussichtslos. Die *Leibstandarte SS Adolf Hitler* war unter Leitung des Generalfeldmarschalls Wilhelm List über den nur schwach verteidigten Metsovo-Pass nach Süden vorgedrungen. Man zog die griechischen Truppen zur Verteidigung zu-

sammen, aber am Morgen des zwanzigsten April, der auch gleichzeitig ironischerweise noch Hitlers Geburtstag war, nahm Lists Truppe die wichtige Stadt Ioannina im Norden Griechenlands ein. Das Ganze ging so schnell vonstatten, dass die britischen Hilfstruppen, die weiterhin Meldungen an die griechische Militärführung in der Region schickten, stets nur noch die Antwort des deutschen Heeres bekamen.
Der General Tsolakoglou kapitulierte am einundzwanzigsten April aus eigener Initiative. Seine Kommunikation mit dem Generalstab in Athen war immerzu unterbrochen worden, dennoch hatte er gehofft, die Frontlinie zu den Italienern halten zu können, wenn er sich mit List einigte. Und List war dem durchaus nicht abgeneigt gewesen. Er war der Ansicht, dass man die italienischen Truppen nicht weiter nach Süden über die griechische Grenze vorrücken lassen dürfe. Selbst Einheiten der Leibstandarte zeigten sich überaus beeindruckt von der Standhaftigkeit und Tapferkeit der griechischen Armee und blockierten sogar den Vormarsch der Italiener, indem sie am Grenzübergang Ponte Berati in Albanien zwischen griechischen und italienischen Einheiten Stellung bezogen.
Für Mussolini war dies aber ein herber Rückschlag, denn er hatte sich verzweifelt bemüht, die griechischen Truppen vor der Ankunft der Wehrmacht zu besiegen.

In Athen überschlugen sich derweil die Ereignisse. König George II. weigerte sich hartnäckig zu kapitulieren. Premierminister Alexandros Koryzis lehnte am sechsten April eine Forderung des Deutschen Reiches ab, die englischen Truppen des Landes zu verweisen und musste mit Schrecken hinnehmen, wie nur innerhalb von zehn Tagen der gesamte griechische Widerstand, den man militärisch aufbot, zerbrach.
In einer Krisensitzung forderte er am achtzehnten April den König auf, sich zu ergeben. Es entstanden Meinungsverschiedenheiten über die weitere Politik. Koryzis ging daraufhin abends nach Hause, erschoss sich in Gegenwart seiner Ehefrau. Zuerst gab man die offizielle Meldung heraus, er sei einem Herzinfarkt erlegen, aber die diente nur dazu, um eine Massenpanik zu verhindern. Sein Nachfolger Emmanouil Tsouderos übte sein Amt nur zwei Tage aus.
Es kam zu gehäuften Luftalarmen in dieser Zeit, da man die Bevölkerung vor Luftangriffen durch die deutschen Truppen warnen musste.
Der König sah ein, dass, wenn er in Griechenland bliebe, er bald zu einem Spielball der Nazis werden würde, so entschied er sich ins Exil zu gehen. Tsouderos folgte dem König und bald auch andere Mitglieder der Königsfamilie. Am dreiundzwanzigsten April, dem Namenstag des Königs, flüchtete dieser mit dem Premierminister und dem Kronprinzen Paul zuerst nach

Kreta, doch nachdem die Insel im Mai durch deutsche Truppen aus der Luft angegriffen wurde, entschied er sich nach Ägypten zu gehen. Mit Unterstützung des ägyptischen Königs Farouk landete er am Ende wieder in England. Dort sollte er den sehr wahren Ausspruch tun, dass ein griechischer König vor allem immer einen gepackten Koffer greifbar haben musste.
Nach der Abreise des Königs verließen auch Aspasia und ihre Tochter Alexandra das Land in Richtung Alexandria, Freddie ging ohne ihren Ehemann, aber mit den beiden Kindern nach Südafrika, wo im Mai 1942 ihr drittes Kind Irene geboren wurde. Der Kronprinz folgte seiner Frau über Umwege nach Südafrika. Und auch Prinzessin Katherine, die Schwester des Kronprinzen, reiste ihnen bald nach.
Ellen, die Witwe von Nikolaus, weigerte sich das Land zu verlassen, denn ihr Ehemann war in Tatoi begraben. Sie wollte in Athen bleiben und war so die Einzige aus der königlichen Familie, die mit mir den Krieg über dort ausharrte.
Ich wollte nicht mit der Familie gehen, da ich fand, man würde mich in Griechenland eher brauchen und gerade in den für uns anbrechenden Zeiten wäre meine karitative Arbeit wichtig.
Meine Mutter erzählte mir später, sie erfuhr von der Königsmutter Mary, dass ich noch in Griechenland sei und Ellen dort habe. Mama verstand, wie nützlich ich mich wieder fühlte, seit ich mich für die Armen engagierte.

Das Auswärtige Amt in London befürchtete zuerst, die Mitglieder der griechischen Königsfamilie könnten den Wunsch äußern, alle in England im Exil zu leben. König George VI. sprach sich absolut dagegen aus. Er akzeptierte die Einreise des Königs und seiner Schwägerin Ellen, aber er wünschte keine Anwesenheit von Kindern des Kronprinzen oder anderen Mitgliedern der Familie in London. So zogen die anderen Familienmitglieder dann das Exil in Südafrika dem in England vor.
Ich war nun abgeschnitten von meiner Familie, da man meinen Cousin Victor, den deutschen Botschafter, nach dem Eintreffen der deutschen Truppen in Griechenland im April nach Berlin zurückbeorderte.
Aber ich konnte noch Kontakt zu meiner Schwester Louise in Schweden halten.

Mussolini verärgerte die griechische Kapitulation so sehr, dass er den deutschen Militärattaché in Rom wissen ließ, er hielte einen Waffenstillstand nur dann ein, wenn die Griechen auch mit den Italienern darüber verhandelten. Er vermutete, was auch eintraf, Griechenland würde sonst später behaupten, Italien habe es nicht besiegt. Als Mussolini dann auch noch gewahr wurde, dass List nicht nur einen Waffenstillstand, sondern eben die

Kapitulation mit Griechenland ausgehandelt hatte, geriet er in Rage. Der deutsche Attaché Enno von Rintelen sagte nach einem Gespräch mit dem Duce, dieser erklärte, er wäre auch alleine mit den Griechen fertig geworden. Und wenn fünfhunderttausend Soldaten nicht gereicht hätten, würde er eine Million eingesetzt haben. Es sei für ihn nicht zu dulden, wie die Deutschen allein durch ihren Angriff die griechische Kapitulation erzwungen haben sollten. Der Attaché beruhigte Mussolini, indem er ihm versicherte, es sei von deutscher Seite und sowohl auch von griechischer so nicht beabsichtigt gewesen.

Mit einem gewissen Widerstreben entschied sich Hitler dazu, dem Duce ein weiteres Mal unter die Arme zu greifen. Am dreiundzwanzigsten April wurde im Beisein der Italiener eine zweite Kapitulationserklärung unterzeichnet. Damit wurden sowohl List als auch die anderen Wehrmachtsoffiziere, die die Bedingungen der Kapitulation mit dem General Tsolakoglou ausgehandelt hatten, öffentlich gedemütigt. Mussolini ließ es sich nicht nehmen im Rahmen der Propaganda die vereinbarte öffentliche Bekanntgabe der Kapitulation vorwegzunehmen und ließ die Nachricht bereits morgens schon über den italienischen Rundfunk melden. Die Nachricht wurde von ihm so dargestellt, dass die Griechen dem Befehlshaber der italienischen elften Armee die Kapitulation angeboten hätten und diese sei in völliger Übereinstimmung mit den verbündeten Deutschen ausgearbeitet worden. Der Generalfeldmarschall Keitel machte den Unmut der deutschen Wehrmacht über den Bündnispartner Italien publik, denn aus seiner Sicht wollten die alles wie kleine Kinder verschlingen.

Mussolini hatte die Invasion begonnen, aber kein konkretes Kriegsziel vor Augen gehabt. Sein Außenminister teilte den Deutschen mit, er würde wahrscheinlich letztlich nur auf einer Annexion von Gebieten in Nordgriechenland bestehen und die Ionischen Inseln einfordern. Allerdings bestanden die erwähnten Gebiete aus armen Bergdörfern, die nur auf Maultieren und im Winter über verschneite Pässe zu erreichen waren. Dies hatten die italienischen Soldaten zu ihrer eigenen Ernüchterung bereits feststellen müssen. Daher ergab es weder strategisch noch politisch einen Sinn. Der italienische Militärattaché selbst hielt die Forderungen seines Landes für mehr als schlecht durchdacht. Er befürchtete dadurch sogar eher einen Sympathieverlust bei den deutschen Verbündeten. Daher drängte er Mussolini, die Besetzung auch über den Seeweg zu forcieren, um vor allem den deutschen Truppen damit zuvorzukommen.

Bei den zweiten Kapitulationsverhandlungen in Saloniki konkretisierte Felix Benzler, der als Bevollmächtigter des Auswärtigen Amtes dem Oberkommando Lists zugeteilt war, dass man die Forderungen von italienischen Gebietsansprüchen auf die Zeit nach dem Krieg vertagen würde. Vorerst

habe die italienische Delegation die Aufgabe, bei der Bildung einer neuen griechischen Regierung zu helfen, die den Achsenmächten während des Krieges bei der Verwaltung des Landes helfen sollte. Sein italienischer Kollege Filippo Anfuso wollte in das Kapitulationsprotokoll eine Klausel über künftige Gebietsbereinigungen aufnehmen. Benzler protestierte, dass man damit den General Tsolakoglou buchstäblich verschrecken würde. So merkte Anfuso an, angesichts der totalen Niederlage Griechenlands würde er eine schlichte und einfache Besetzung wie bei Polen vorziehen. Aber für Deutschland waren Polen und Griechenland zwei völlig unterschiedliche Fälle. Denn Griechenland war strategisch eher unwichtig und für Hitler galten die Griechen nicht als *rassisch minderwertig*, wenn man diesen Terminus gebrauchen möchte. Selbst der Führer zeigte sich beeindruckt vom Kampfesgeist der griechischen Armee. Auch Deutschland hatte keine langfristigen Pläne für Griechenland, er entschied, dass ein griechisches Marionettenregime Deutschland am wenigsten Kraft und Ressourcen kosten würde, zumal er zu jenem Zeitpunkt die Invasion der Sowjetunion anstrebte. So ließen die Deutschen einen Tag nach Unterzeichnung der zweiten Kapitulationserklärung offiziell ankündigen, dass man eine Regierung unter dem General Tsolakoglou bilden werde. Und dieser erklärte sich am sechsundzwanzigsten April bereit, dem *Führer des deutschen Volkes* zu dienen. Ferner versicherte er den Deutschen, dass sich alle hochrangigen Generäle der griechischen Armee als Unterstützer für eine vom ihm geführte Regierung engagieren würden. Sein Angebot war für Hitler sehr willkommen, denn Athen war noch nicht gefallen und auf der Peloponnes kämpften sich zu jener Zeit noch die griechischen und die britischen Hilfstruppen voran. Die offizielle Regierung bot Hitler aber keine andere Option, denn König George II. hielt sich noch auf Kreta auf und die einflussreichsten Politiker in Athen warteten erst mal ab, bevor sie sich auf eine Stellungnahme einigten. In so einem Moment wollte niemand von ihnen auf die politische Bühne zurückkehren.
Tsolakoglous Karriere war vor dem Krieg nicht besonders verlaufen, dennoch respektabel, aber er wusste nicht um die Verantwortung, die er nun übernahm. So gehörten seinem ersten Kabinett auch nur sechs weitere, ebenso unerfahrene Generäle an. Dies galt auch für die zivilen Mitglieder, wobei der Medizinprofessor Konstantinos Logothetopoulos nur den Vorteil besaß, dass er mit einer Nichte Lists verheiratet war, was ihn anscheinend für sein Amt qualifizierte. Ein Geschäftsmann pflegte Verbindungen zu deutschen Firmen.
Der Erzbischof Chrysanthos von Athen weigerte sich, der neuen Regierung die Treue zu schwören. Viele andere potenzielle Kandidaten für das Kabinett waren von der Furcht getrieben, Deutschland werde sich bald aus Grie-

chenland zurückziehen und dann wäre man den Italienern quasi hilflos ausgeliefert. Benzler musste einsehen, wie groß der Hass gegen Italien war.
Nur eine Woche später drohten die Kabinettsmitglieder mit dem Rücktritt, wenn die Italiener die Macht in Griechenland übernehmen würden. Tsolakoglou führte gar an, man befürchte eine Herrschaft von Tyrannen und den völligen Zusammenbruch von Recht und Ordnung im Land.
Deutschland konnte aber Griechenland den Italienern nicht überlassen, denn dann konnte dies als moralische und politische Niederlage der Deutschen angesehen werden. Man wollte das Land daher mit einem Minimum an deutscher Truppenpräsenz halten, wenn keine italienischen Besatzer kämen. Auch die öffentliche Meinung über die Deutschen war in Griechenland in Gefahr, wenn man es einfach so an Italien übergab.
Aber Hitler, der die deutschen Truppen nach Norden verlegen wollte, machte am dreizehnten Mai bekannt, dass man Griechenland den Italienern überließe, um nicht zwischen Griechenland und Italien vermitteln zu müssen. Für ihn zählte nur das Verhältnis zwischen Deutschland und Italien, nicht, ob die italienischen Besatzungstruppen mit einer griechischen Regierung auskämen oder scheiterten bei diesem Unterfangen.
Tsolakoglou hatte es nicht geschafft, Deutschland und Italien gewissermaßen in der Frage um Griechenland zu entzweien, daher legte er gemäß seiner Pflicht dem deutschen und italienischen Bevollmächtigten die Nominierungen für die Ministerämter vor. Die Achsenmächte, allen voran England, versagten Griechenland eine diplomatische Anerkennung. Damit besaßen wir kein Außenministerium mehr. Als im Juni die Italiener die Deutschen in vielen Teilen des Landes als Besatzungsmacht ablösten, verlor die neue Regierung unter der griechischen Bevölkerung ihr Ansehen zusehends.
Die Achsenmächte wollten Tsolakoglou durch jemand Fähigeren ersetzt sehen, denn die Verwaltung des Landes sollte gemäß ihren Wünschen erfolgen, was eine stete Kontrolle bedeutete. Doch die zukünftigen Ereignisse machten schnell deutlich, dass die Regierung viel zu schwach war, um dieser Aufgabe gerecht zu werden.
Der General sollte aber die Glaubwürdigkeit seiner Regierung in Gefahr sehen, als Hitlers Verbündeter Bulgarien kurz darauf die fruchtbaren Regionen in Ostmakedonien und Westthrakien besetzte. Die Besetzung durch die von den Griechen verhassten Bulgaren verletzte das Nationalgefühl der Bevölkerung. Aber die Bulgaren gingen noch weiter und in einer spektakulären und mit großer Brutalität vorangetriebenen *ethnischen Säuberung* vertrieben sie über hunderttausend Griechen, ermunterten aber gleichzeitig Bulgaren in diesen Gebieten zur Ansiedlung. Die Griechen flohen aus dieser bulgarisch besetzten Zone nach Westen.
Den Rest Griechenlands teilte man in Gebiete unter italienischer und deut-

scher Kontrolle auf, wobei die Deutschen die weniger strategisch wichtigen Gebiete wie Kreta, Piräus, Saloniki, das makedonische Hinterland, den Grenzstreifen zur Türkei, die Inseln Lemnos, Lesbos und Chios für sich beanspruchten, dabei aber Italien die Vorherrschaft auf dem restlichen griechischen Festland, den Ionischen Inseln und den Kykladen überließen. Zum Entsetzen der dort ansässigen Bevölkerung lösten die Italiener die Deutschen quasi über Nacht in diesen Gebieten ab. Die Ionischen Inseln und Samos ließen sie durch einen zivilen Gouverneur verwalten, den sie einsetzten, dies hatte zuerst den Anschein, als wollten sie wie die Bulgaren die Inseln annektieren, aber es handelt es sich um eine rein formelle Annexion und man ließ beide Regionen an Athen angebunden.

Die neue griechische Regierung war *unfrei* in ihren Entscheidungen, wenn man es so ausdrücken möchte. Die Deutschen hatten einen Bevollmächtigten für die Besatzung eingesetzt, Günther Altenburg, und die Italiener taten es ihnen gleich, indem sie Pellegrino Ghigi zum Bevollmächtigten bestimmten. Die Ernennung oder Entlassung griechischer Beamter lag nun unter anderem in ihren Händen.

Beide Bevollmächtigte sahen sich bald mit hohen Besatzungskosten konfrontiert, sie mussten sich aber auch der Interessen der deutschen und italienischen Streitkräfte im Land annehmen. Eine Trennung zwischen dem zivilen und militärischen Bereich der Verwaltung war nicht möglich, daher begannen die zivilen Behörden bald zu protestieren.

Auch beim Militär herrschte keine Einigkeit. Der Kommandeur der italienischen elften Armee besaß die hochste militarische Befehlsgewalt in der italienischen Besatzungszone und der deutsche Kommandeur der zwölften Armee war verantwortlich für das Gebiet um Saloniki, wobei die sogenannte *Festung Kreta* getrennt verwaltet wurde. In diesem Chaos stritten die Deutschen mit den Italienern, Diplomaten mit Generälen und die Griechen konnten nur versuchen, alle gegeneinander auszuspielen, um der Situation wieder Herr zu werden.

Ghigi und Altenburg strebten nach einer Sicherung von Recht und Ordnung, die Militärs beschäftigte in erster Linie die Versorgung der Soldaten. So erwartete uns bald eine Welle von militärischen Requirierungen in einem großen Stil, Plünderungen und dies löste besonders in den Dörfern Angst und Schrecken aus, die Wirtschaft brach noch mehr ein.

Es waren alle diese Faktoren, die zu einer Katastrophe führen sollten – der schlimmsten Hungersnot im besetzten Europa außerhalb der Konzentrationslager.

Die deutschen Soldaten waren bei ihrer Ankunft in Griechenland erschöpft und ausgehungert. War die Besatzung noch ohne allzu große Gewaltanwendung vonstatten gegangen, so beschlagnahmten die Soldaten nun Lebensmittel und eben das, was sie benötigten. Sie lebten buchstäblich aus dem Land. Verpflegung hatten sie nicht mitgebracht, es gab auch keine Messen, in denen sie essen konnten, und so gingen sie einfach in die Restaurants. Man brachte sie in Privathäusern unter, um zu verhindern, dass sie bei einer Unterbringung in Lagern bombardiert werden könnten, also als Angriffsziele dienten. Diese Privathäuser wurden schon beim Betreten geplündert.

Auf Marktplätzen hielten die Soldaten Passanten an, forderten die Herausgabe von Uhren und Schmuck. Büros von Beamten wurden komplett ausgeräumt. Was man verwenden konnte, wurde requiriert, Möbel als Feuerholz verwendet.

Nach den vielen Siegen der deutschen Truppen in Europa fühlten sich die Soldaten unbesiegbar und nutzten dies natürlich schamlos aus.

Natürlich gab es auch Kritik an diesem Verhalten der Truppen, was Altenburg am fünfundzwanzigsten Mai nach Berlin meldete. Er befürchtete bald eine nahezu katastrophale Versorgungssituation im Land, forderte, man solle Lebensmittel ins Land bringen lassen, statt sie aus diesem zu rauben. Die Abwehr unterstützte seinen Bericht, indem sie wenig anerkennend publik machte, wie die Wehrmacht alle Lebens- und Transportmittel konfiszierte, die Briten aber bei ihrem Rückzug Essensvorräte an die Griechen verteilt hatten und die Italiener sogar Pasta und Öl ausgaben.

Doch Verpflegungsreserven der deutschen Truppen, die man eigentlich dem Land wieder hätte zurückgeben müssen, existierten anscheinend nicht oder wurden von diesen einbehalten.

Aber auch die Versorgungsoffiziere requirierten in großem Stil. Schon drei Wochen nach der Besatzung ließen sie von Chios 25000 Orangen, 4500 Zitronen und 100000 Zigaretten abtransportieren. Die *Pierre Luigi*, ein Dampfschiff, welches im Juni in Piräus auslief, hatte Hunderte Ladungen Baumwolle an Bord, Jute und Leder für Schuhsohlen, konfisziert aus griechischen Lagerhäusern, die man für das Oberkommando der Wehrmacht nach Norden verschiffte. Letzteres führte dann auch dazu, dass man besonders in den Dörfern bald viele Menschen ohne Schuhe herumlaufen sah, wenn das eine Paar, welches sie besessen hatten, kaputt war. Manche wickelten sich auch nur Lappen um die Füße.

Die Offiziere konfiszierten auch alle Vorräte an Rosinen, Feigen, Reis und Olivenöl, zwangen die griechische Bevölkerung, Waren gegen wertlose Geldscheine zu verkaufen. Diese Geldscheine wurden lokal ausgegeben, aber es gab bald nichts mehr für sie zu erwerben.

Man kann dennoch eine gewisse Form der Planung hinter all den Schikanen vermuten, denn Geschäftsleute von Firmen wie Krupp und der I.G. Farben hatten Erfahrungen auf dem Balkan und wurden nun dem Wirtschaftsstab des Oberkommandos der Wehrmacht als Mitarbeiter gestellt. H. Heine, ein Sonderführer, bemühte sich vor Ausbruch des Chaos, der Firma Krupp den Zugang zu den Chromvorkommen auf dem Balkan zu sichern und konnte sich nun in den Büros der griechischen Bergbaukonzerne mehrere lang laufende Pachtverträge zu sehr guten und vorteilhaften Konditionen sichern. Die Firma Krupp brauchte nur noch die Verträge aufzusetzen. Vom ersten bis zum zehnten Mai schaffte Heine es so, dass die gesamte griechische Bergbauproduktion an Schwefelkies, Eisen-, Chrom-, Nickelerz, Magnesit, Braunstein und Gold auf eine lange Zeit für Deutschland gesichert war.

Man zwang die Firma Shell indirekt, ihre griechische Produktionsstätte an Deutschland zu verkaufen, indem man dem Unternehmen drohte, ihm Sabotage vorzuwerfen und ansonsten den Besitz zu konfiszieren. Die Munitionsfabrik Bodosakis, die Werft Vasileiadis, Textilfabriken sowie Stromunternehmen wurden bald von Angehörigen des deutschen Wirtschaftsstabes geleitet.

Man konfiszierte in Nordgriechenland gelagerte Bestände an Tabak, Leder, Baumwollstoff und Seidenkokons für den Transport nach Norden ins Deutsche Reich oder kaufte diese zu Vorkriegspreisen auf. Die Menschen wurden gnadenlos betrogen. In der Silbermine Lavrion schüchterten die Deutschen den französischen Geschäftsführer derart ein, dass er schnell den Vertrag mit ihnen unterzeichnete aus Angst vor den Italienern.

Dem Deutschen Reich brachte die Besatzung Griechenlands ungeheure wirtschaftliche Vorteile. Die Italiener versuchten natürlich auch, die griechischen Unternehmer auf ihre Seite zu bringen. So reiste Mussolinis ehemaliger Finanzminister Giuseppe Graf Volpi am achten Mai nach Athen, versuchte mit seinem Gefolge die griechischen Industriellen davon zu überzeugen, doch lieber mit den Italienern Geschäfte zu machen. Er schickte seine Mitarbeiter auch direkt nach der Ankunft zur griechischen Nationalbank in Athen, um Aktienanteile an Elektrizitätswerken einzufordern, aber da hatte Walter Deters vom Wirtschaftsstab der Wehrmacht, ein ehemaliger Angestellter der bekannten Firma Rheinmetall-Borsig, bereits seine Ansprüche auf Beteiligungen der Bank an großen Industriekonzernen im Land geltend gemacht.

Ende Mai geriet die Zusammenarbeit der Italiener und Deutschen aufgrund der Plünderungen der letzteren in einen Konflikt. Der italienische Außenminister Galeazzo Ciano sah die Italiener als die eigentlichen Eroberer Griechenlands an und empfand daher das Verhalten der Deutschen als nicht annehmbar, vielmehr gefährdete es aus seiner Sicht die guten Beziehungen zwischen Rom und Berlin. So machten die Deutschen ein kleines Zugeständnis und gestatteten einer italienischen Firma, Anteile an der Nickelmine in Lokris zu kaufen. Mit dieser hatten die Italiener allerdings vor dem

Krieg bereits einen exklusiven Vertrag gehabt.
Man teilte dann auch die griechischen Ledervorräte untereinander auf, überließ den Italienern Baumwolle, Harz und andere für deren Kriegsanstrengungen wichtigen Güter, die über die Adria nach Italien verschifft wurden.
Als Italien nun aber auch forderte, man müsse die Kontrolle über die Stadt Saloniki erhalten, gingen die Deutschen nicht darauf ein. Dies hatte den Grund, dass sich in der Nähe der Stadt Minen befanden, deren Chromerträge bis zu dreißig Prozent des Bedarfs im deutschen Reich decken würden und die Täler waren sehr fruchtbar. Man baute dort Tabak, Baumwolle und Weizen an.
Deutschland stellte die wirtschaftlichen Vorteile für sich ganz klar über die politischen und schon bald zeigten sich die Folgen in einem verheerenden Anstieg der Arbeitslosigkeit, dem Einbruch der Industrie, denn Fabriken mussten aus Mangel an Rohstoffen schließen oder besaßen keine Anlagen oder Lagerbestände mehr, weil diese aus dem Land geschafft worden waren.
Aufgrund der kriegsbedingten Störungen verringerte sich die Ernte von Getreidesorten im Jahre 1941 um fünfzehn und sogar um dreißig Prozent in manchen Regionen als vor dem Krieg. Man hätte damit durchaus die Bevölkerung auf einem niedrigen Niveau versorgen können, wenn der Staat es durchgesetzt hätte, die Ernte einzuziehen, zu rationieren und zu verteilen. Die Erträge aus den Regionen mit einem Ernteüberschuss hätten dazu aber in die wichtigsten Mangelgebiete, was vor allem bald Athen und Piräus betraf, gebracht werden müssen. Die Regierung unter Tsolakoglou war damit aber aufgrund der Besatzung völlig überfordert.
Venizelos Landreform hatte ein zusätzliches Problem geschaffen, denn in Griechenland wurde das Getreide nicht mehr auf großen, gut zu erreichenden und ebenso leicht zu kontrollierenden Höfen produziert. Griechenland war eine Nation von Kleinbauern geworden, Tausende kleiner Landwirte bauten nun das Getreide an, jeder vermarktete natürlich nur einen kleinen Teil seines Ertrages, um selbst auch etwas davon zu haben. Der Staat hatte vor dem Krieg, basierend auf der Freiwilligkeit der Bauern, Getreide aufgekauft, um so die Preise für landwirtschaftliche Erzeugnisse zu stabilisieren. Wenn die Bauern kein Getreide an den Staat verkaufen wollten, bedeutete dies hohe Kosten für diesen und man wollte die Bauern nicht zwingen. Das Preissystem des Staates musste für die Bauern stabil sein, erst dann verkauften sie das Getreide an eine Sammelstelle. Doch dazu musste der Staat ihnen auch mehr Geld dafür bieten, als sie auf dem freien Markt dafür erhalten würden. Die aber nun herrschende Inflation brachte den Bauern einen besseren Preis auf dem freien Markt. So verkauften sie es lieber privat. Die Staatsbediensteten waren außerstande, noch Getreide aufzukaufen.

Die Wehrmacht und die Italiener beanspruchten aber Getreide für ihre Truppen, errichteten Straßensperren, überwachten die Lagerhäuser und requirierten. Das wiederum verunsicherte die Bauern, ihr Getreide überhaupt noch auf den Markt zu bringen. Sie scheuten sich auch davor preiszugeben, was sie erwirtschaftet hatten. Da man die Lasttiere konfiszierte, erschwerte sich der Transport aus den ländlichen Gebieten in die Städte. Überall wurde gehortet, das Geld war nichts mehr wert, obwohl die Besatzungsbehörden immer mehr drucken ließen. Auch andere Produzenten und Einzelhändler wollten nicht mehr auf dem freien Markt anbieten.
Die Behörden setzten im Juni zwar einen Preis für Weizen fest, aber die Bauern kannten diesen nicht oder ignorierten ihn auch, um für das Doppelte oder eben mehr an die Versorgungsoffiziere des Militärs zu verkaufen und an Händler, die durch das Land reisten. Natürlich gab es Dekrete, in denen man ihnen Strafen androhte, wenn sie nicht bestimmte Mengen an die staatlichen Vermarktungsstellen lieferten oder ihre Erträge auf dem Schwarzmarkt anboten, doch darum scherte sich niemand.
Die griechische Regierung versuchte nun ihrerseits, demobilisierte Offiziere durch das Land zu schicken, damit diese bei den Bauern Getreide aufkauften. Doch auch dies schlug fehl, denn diese Offiziere machten dann gemeinsame Sache mit den Bauern, weil sie befürchteten, man würde das aufgekaufte Getreide nicht der Bevölkerung zukommen lassen, sondern den Besatzern und dies zum Beispiel an deutsche Truppen in Afrika verschiffen. Diese Art des Widerstands sabotierte die Regierung.
Bald weigerten sich auch Hirten, ihre Milch für einen zu geringen Preis den Behörden zu überlassen. Sie sahen die Milch als ihr Eigentum an, was auch nach ihren Wünschen verteilt werden sollte.
Durch all dies blieb die Ernte der Regierung entzogen. In Makedonien, einer der wichtigsten Regionen für die Getreideproduktion, griffen die Bauern zu ihren Gewehren, als die Behörden die Ernten einforderte. Die dort ansässige griechische Gendarmerie schützte sie und wurde von ihnen finanziell beteiligt, wenn man die Ernte auf dem Schwarzmarkt verkaufte.
Von der Regierung entsendete Lastwagen, die rund um Saloniki die Ernte einsammeln sollten, mussten leer zurückkehren. Da es auf diesen Fahrten zu Krawallen kam, verbot der Generalgouverneur von Makedonien bald Beamten, die Kinder hatten, mitzufahren. Nur etwa ein Viertel des erwirtschafteten Getreides konnte die Regierung beschaffen.
Dann scheiterte man am Transport und an der Verteilung, weil das griechische Versorgungsministerium zwar Gemüse und Obst einlagern konnte, aber unfähig war, es in die Städte bringen zu lassen. Die italienischen Kommandanten vor Ort unterbanden alle Bemühungen, um die Produktion in ihrer jeweiligen Region zu halten. Die Deutschen wollten auch keine

überschüssigen Erträge aus ihren Regionen in die italienischen bringen lassen. So fiel zwar die Ernte von Olivenöl in jenem Jahr sehr gut in Kreta und Mytilini aus, aber in Athen kam kaum etwas davon an. Der traditionelle Weizenüberschuss wurde nicht wie üblich von Makedonien aus nach Süden geschafft. Die einzelnen Regionen und Provinzen in Griechenland waren zusehends isoliert. Es gab keine logische Beziehung mehr zur geografischen, wirtschaftlichen und demografischen Situation des Landes. Die Italiener versuchten in Athen so lange wie möglich große Brotrationen zu stellen, denn sie wollten keinen schlechten Eindruck bei der Bevölkerung hinterlassen, aber dennoch sank die Brotration im Juni dann schnell von dreihundert Gramm täglich auf unter zweihundert Gramm. Nur kurze Zeit später gab es oftmals gar kein Brot mehr oder man konnte nur noch an jedem zweiten Tag etwas bekommen. Die Qualität stand bald auch völlig außer Frage. Es sollte zusehends noch schlimmer werden, denn im Herbst wurden die Rationen noch kleiner, ab Mitte November war es nur noch alle drei Wochen möglich, Brotrationen von nicht einmal mehr hundert Gramm am Tag zu erhalten. Wir schlitterten buchstäblich direkt in eine Katastrophe hinein.

Im Juli zog ich aus meiner kleinen Wohnung aus und in das Haus, welches Andreas Bruder George gehörte. Es war ein dreistöckiges Gebäude in der *Academy Road* im Zentrum von Athen. Aufgrund der schlechten Versorgungslage musste ich schon zu diesem Zeitpunkt heizen, dennoch war es kalt in dem Gebäude. Ich war durchaus in der Lage, enthaltsam in Bezug auf Nahrungsmittel zu leben, verringerte meine finanziellen Ausgaben und machte mir keine Sorgen darum, ob ich eventuell bald nichts mehr zu essen haben könnte. Der sogenannte *Athens Club*, dem mein Mann angehörte, ließ mir Mahlzeiten schicken und meine Schwester schaffte es sogar, mir eines ihrer von mir stets geschätzten Pakete mit Lebensmitteln zukommen zu lassen. Mir war aber bewusst, dass für mich bald eine Zeit kommen würde, in der ich mir Geld leihen musste. Durch das Exil des Königs und die Besatzung Griechenlands kam ich nicht mehr an meine Zuwendungen in England. Diese lagen auf dem Konto des Königs.

Auch Nachrichten erreichten mich bald nur noch sehr spärlich, dann gar nicht mehr. Ich erfuhr noch von Louise, dass das Schiff, auf dem sich Dickie befunden hatte, die *HMS Kelly,* am dreiundzwanzigsten Mai bei der Schlacht um Kreta gesunken war. Das Schiff war der Flottillenführer der Zerstörer der K-Klasse der britischen Marine und sehr bekannt. Dies lag besonders daran, dass mein Bruder eben ihr Kommandant war. Unter seinem Kommando hatte sich die *Kelly* bereits bewiesen, doch nun wurde sie von der deutschen Luftwaffe gemeinsam mit ihrem Schwesterschiff, der

Kashmir, versenkt. Allein auf der *Kelly* ließen neunundneunzig Crewmitglieder ihr Leben. Zuerst hatte es in Meldungen geheißen, dass auch mein Bruder unter den Toten sei, was Edwina fast zusammenbrechen ließ. Die Gouvernante von ihren Töchtern Patricia und Pamela holte die beiden aus dem Unterricht, war so töricht, den Mädchen zu sagen, ihr Vater werde vermisst, was die beiden fast einen ganzen Tag lang in große Angst um Dickie versetzte, bis sich herausstellte, dass diese Meldung, wie auch die seines Todes, nur auf deutscher Propaganda beruhte. Mein Bruder überlebte wie durch ein Wunder und kehrte erst mal nach England zurück, wo vor allem meine Mutter sich sehr erleichtert zeigte. Georgies Tod hatte sie sehr geschmerzt und im Radio zu hören, auch Dickie könne tot sein, hatte sie in eine wahre Panik versetzt.

Ich war natürlich auch sehr dankbar dafür, dass mir der Krieg nicht den Bruder nahm. Und vor allem freute ich mich über Louise Zeilen und ihr Paket. Ich antwortete ihr umgehend, erwähnte aber auch, dass ich Dolle geschrieben hatte. Meiner Tochter teilte ich mit, es gehe mir gut und ich würde mich in den harten Zeiten, in denen sich Griechenland befand, noch mehr um die Bedürftigen kümmern, denn es sei meine Lebensaufgabe.

Da die Behörden nicht mehr in der Lage waren, die Versorgung der Bevölkerung zu gewährleisten, organisierte man Suppenküchen und andere private Initiativen, die die Menschen in den Städten mit Lebensmitteln versorgten. In Athen und anderen Städten unterstützten bald wohltätige und kirchliche Einrichtungen Flüchtlinge, obdachlose Veteranen und Arbeitslose. In Volos, einer Hafenstadt, hängten reiche Hausfrauen Listen von Personen aus, die bereit waren, ein Kind aus einem armen Viertel aufzunehmen und zu ernähren. In Saloniki lebten die griechischen Soldaten, ebenso wie die Bevölkerung, in unbeschreiblichem Elend, zahllose Kriegsversehrte bettelten auf den Straßen. Hier eröffneten französischen Nonnen eine Suppenküche, um den Menschen zu helfen.

Doch die vielen Freiwilligen zeigten nur die Inkompetenz der griechischen Regierung auf, sie konnten aber kein konzentriertes öffentliches Handeln bieten. Zumeist hatten sie keine finanziellen Mittel, um im großen Stil Nahrungsmittel aufzukaufen. Sie hatten auch keine Macht, etwas mit Gewalt einzufordern.

In einem Bericht des griechischen Roten Kreuzes hieß es bald, dass keine Organisation der öffentlichen Hilfe oder Wohlfahrt es schaffen könne, all jene zu retten, die Hunger litten.

Und in den Suppenküchen in Athen bekam nur weniger als ein Viertel der Bedürftigen nur etwas zu essen. Zudem enthielten diese Portionen nur sehr wenig Fett und Nährstoffe.

Der Schwarzmarkt war keine Hilfe, denn auch hier konnten arme Familien sich die völlig überzogenen Preise nicht leisten, meist hatten sie auch nichts, was sie verkaufen oder tauschen konnten. Selbst der Völkerbund sagte aus, dass nach allen Quellen und Informationen unter Berücksichtigung des Schwarzmarkts die tägliche Kalorienaufnahme nur bei etwa einem Drittel der erforderlichen Menge lag. Doch ein großer Teil der arbeitenden Menschen in Athen bekam nicht einmal so viel am Tag zu essen.
Die beiden Generalbevollmächtigen Ghigi und Altenburg empfanden die Ausplünderungspolitik als äußerst verwerflich, denn es könnte sich ein Unruheherd in Griechenland bilden, außerdem verstieß es aus ihrer Sicht absolut gegen moralische Grundsätze. Altenburg appellierte an Berlin, Griechenland gehöre zu dem von Deutschland beherrschtem Raum in Europa, daher müsse man das Land auch in die Wirtschaftsplanung mit einbeziehen. Erst im Juli konnte er Hitler auf das Problem hinweisen, doch da lag die deutsche Invasion in der Sowjetunion gerade einen Monat zurück und man hatte sprichwörtlich andere Sorgen. Den Ereignissen in Griechenland schenkte Hitler daher kaum Aufmerksamkeit. Das Reichsministerium für Ernährung und Landwirtschaft in Berlin sprach sich gegen eine Hilfe für Griechenland aus, Hitler gab nur sehr vage Befehle für die von deutschen Truppen besetzten Gebiete und das Außenministerium gab an, Italien habe sich um die Versorgungslage kümmern wollen. Das Land produzierte selbst keine Überschüsse und war zunehmend von Nahrungsmittelimporten aus Deutschland abhängig, daher verurteilte man die griechische Bevölkerung einfach zum Hungertod.

Ich engagierte mich mittlerweile in einer von mir mitorganisierten Suppenküche in Athen, welche dann die größte der Stadt werden sollte. Verhungernde Kinder, deren Anblick einem fast das Herz brach, bekamen eine Suppe aus getrockneten Bohnen oder mit Kichererbsen. Dazu etwas Petersilie, Zwiebeln und Öl, aber diese Zutaten mussten wir genauestens abmessen und kontrollieren. Die Vorräte mussten gut eingeteilt werden, zudem gut beaufsichtigt, denn Hunger führt leider auch zur völligen Verzweiflung, in der man auch dem Diebstahl von Essen nicht abgeneigt war. Die Suppe wurde in großen Kesseln über einem Feuer gekocht. Wenn die Kinder gegessen hatten, noch etwas übrigblieb, öffneten wir die Türen, ließen die anderen Menschen hinein, die draußen warteten.
Für die Deutschen stellte ich keine Gefahr dar, war für sie uninteressant und konnte so meiner Arbeit nachgehen. Man hatte weder politisch noch persönlich Interesse an mir. Ich gab alles, was ich konnte, um den Menschen zu helfen, wobei ich nicht als *Prinzessin* angesprochen werden wollte, lieber *Schwester* vorzog.

Kurz nach der Besatzung durch die Deutschen ließ mir die Popoulo ausrichten, ein deutscher General wünsche mich zu sprechen. Ich erwartete ihn in meinem neuen Zuhause, meine Hofdame kündigte mir sein Eintreffen an, sodass ich mich ihm etwas hochherrschaftlich präsentierte. Ich wollte mich vor dem Deutschen nicht noch unterwürfig zeigen. Er wollte mir die Hand geben, doch ich erhob mich von meinem Stuhl, verschränkte die Arme hinter dem Rücken. Dann fragte er, ob er etwas für mich tun könne, und sofort entgegnete ich, er solle seine Truppen aus meinem Heimatland abziehen. Darauf konnte er nichts erwidern, verabschiedete sich hastig. Später erfuhr ich von Ellen, dass sie ihn ebenso brüsk abgewiesen hatte. Wir waren keine deutschen Prinzessinnen, die sich diesem Regime wie folgsame Hündchen darboten, sondern griechische, die man auch durch die Besatzung nicht fügsam machen konnte. Allerdings erfuhr ich später, Ellen habe durchaus die eine oder andere generöse Unterstützung durch die Deutschen angenommen, was mich sehr ärgerte.

Onkel Willy verstarb am vierten Juni des Jahres 1941 an einer Lungenembolie in seinem Exil in Haus Doorn in den Niederlanden. Man verbot Trauerfeiern zu seinen Ehren im Deutschen Reich. Ferner erlaubten die NS-Machthaber nur einem kleinen Kreis von Personen, an seiner Beisetzung in Doorn teilzunehmen. Dabei handelte es sich um die engsten Familienmitglieder und einige ehemalige Offiziere. Diese durften in die Niederlande reisen. Onkel Willy selbst hatte eine Beisetzung im kleinen Kreis gewünscht, Trauerreden, Kränze und Fahnen verboten, Letzteres, um zu vermeiden, dass eventuell Hakenkreuzfahnen darunter wären. Dennoch nahmen an der Trauerfeier Abordnungen der alten Armee und der neuen Wehrmacht teil. Man ließ drei Hände voll Potsdamer Erde auf seinen Sarg streuen. Eine Umbettung seiner Gebeine, so verfügte es Onkel Willy, solle nur dann geschehen, wenn in Deutschland die Monarchie wiederhergestellt sei.
Ich erfuhr dies über Umwege von Mama, die mir auch mitteilte, seine zweite Gattin Hermine würde nun nach Schloss Saabor in Niederschlesien zurückkehren, welches sie von ihrem ersten Ehemann, dem Prinzen Johann Georg von Schönaich-Carolath nach seinem Ableben im Jahre 1920 geerbt hatte.
Von Tante Irene erwähnte Mama nichts. Daher wusste ich auch nicht, ob sie zu der Beisetzung nach Doorn gereist war. Ihr Sohn Waldemar konnte nicht in die Wehrmacht, da er Bluter war. Daher lebte er mit seiner Gattin in Bayern, ihr anderer Sohn Sigismund war schon lange in Costa Rica mit seiner Familie. Sie führte sicher nun ein sehr einsames Leben auf Hemmelmark.

Italienische und deutsche Diplomaten stellten zum Ende des Sommers einen Plan auf, wie Griechenland bis Ende Juni 1942 Monat für Monat versorgt werden sollte. Doch es stand weiterhin kein Getreide für den Export aus dem Deutschen Reich zur Verfügung, wie man es sich erhoffte. Nun willigten aber die Deutschen ein, zehntausend Tonnen Getreide aus anderen besetzten Gebieten zu liefern, aber nur, wenn die Italiener die gleiche Menge beisteuerten. In den letzten drei Monaten des Jahres 1941 sollten weitere rund vierzigtausend Tonnen eintreffen, dann nochmals fünfzehntausend Tonnen im Januar und Februar 1942. Man wollte diese Lieferungen nicht aus dem Deutschen Reich ermöglichen, sondern von Griechenlands Nachbarn. Bulgarien galt als potenzieller Lieferant, denn es schickte in jener Zeit nichts an Deutschland. Doch das Land war noch ein unabhängiger Staat, den Griechen gegenüber nicht freundlich gesinnt. Zudem plünderte man gerade Gebiete in Nordgriechenland. So wandte sich Bulgarien an Berlin, machte deutlich, dass man keine Nahrungsmittel übrig habe.

Leider interessierte im Oktober die kritische Versorgungslage in Griechenland niemanden mehr in Berlin. Das Reichsministerium für Ernährung sah vielmehr die Versorgung Deutschlands gefährdet, wenn man nun noch Nahrungsmittel nach Griechenland schickte. Der Außenminister Joachim von Ribbentrop sagte vielmehr, dass es keine dringenden politischen Gründe dafür gebe, warum man sich auf Kosten des Deutschen Reiches um das Land kümmern sollte. Es war dann der Reichsmarschall Hermann Göring, der der Behörde für den Vierteljahresplan einen buchstäblichen Dämpfer versetzte und diesen zum Scheitern verurteilte. Denn sofern man überhaupt Nahrungsmittel an Länder im besetzten Europa schicken würde, so Göring, hätten Belgien, die Niederlande und Norwegen absoluten Vorrang vor Griechenland.

Zur selben Zeit teilte das Oberkommando der Wehrmacht Berlin mit, dass die Bahnlinie von Saloniki nach Athen so schwer beschädigt sei, dass die Züge sehr lange Verspätungen hatten und so auch nicht für Getreidetransporte aus dem Süden genutzt werden konnten.

Vom fünfzehnten August bis zum dreißigsten September organisierten die Italiener schließlich die Lieferung von 93 000 Doppelzentnern Getreide auf die Ionischen Inseln, nach Epirus und auf die Kykladen. Die griechische Regierung hatte um hunderttausend Doppelzentner gebeten, daher erreichten die Italiener diese Vorgabe fast, doch die Deutschen lieferten nun etwa die Hälfte, begründeten dies damit, dass Griechenland in der italienischen Einflusssphäre liege, sich also Italien um die Versorgung kümmern müsse. Italien sah aber einen Teil der Forderung erfüllt, Athen und Piräus lagen in der deutschen Besatzungszone.

Die Wehrmacht hatte noch zugesagt, alle nach dem ersten September beschlagnahmten Vorräte wieder freizugeben, aber dies dann doch verweigert. Als der Winter nahte, musste der Generalbevollmächtigte Gigi im November einsehen, dass Deutschland nicht weiterhin die griechische Wirtschaft ausbeuten könnte. Er plädierte dafür, man möge Italien die Kontrolle über alle Teile der Verwaltung geben, womit es dann auch die generelle Verantwortung für die Versorgung mit Lebensmitteln übernähme, Berater in die griechischen Ministerien entsenden werde und so eine Regierung bilden könne, die auch wirklich fruchtbare Maßnahmen ergreife. Doch die Deutschen beanspruchten nur die Vorteile des Sieges für sich, die Verantwortung für die Versorgung überließen sie den Italienern. Die wirtschaftliche Situation interessierte sie schlichtweg nicht.

Im Hungerwinter von 1941/42 lag die Versorgung mit Nahrungsmitteln im Deutschen Reich praktisch auf Vorkriegsniveau, während in Griechenland die Menschen elendiglich verhungerten.

Allein ein Fünftel der griechischen Bevölkerung lebte vor dem Krieg in Athen und der angrenzenden Haftenstadt Piräus, seither war diese Zahl noch angewachsen. Dies lag auch an den rund hunderttausend Veteranen, die nach Hause zurückkehrt waren. Flüchtlinge aus anderen Teilen Griechenlands und Soldaten der Achsenmächte strömten in die Städte, wobei dort die Versorgungslage immer schlechter wurde.

Allein im Juni standen bereits oftmals Warteschlangen von dreihundert bis vierhundert Menschen vor den Geschäften, die entweder keine Waren mehr anbieten konnten, da diese konfisziert worden waren von den Deutschen oder einen Großteil für den eigenen Bedarf horteten. Die Inflation bot auch keinen Anreiz mehr, diese noch anzubieten. Für Zigaretten brachten die Menschen Stühle mit, um nicht so lange in den Schlangen stehen zu müssen.

Bald gab es gar keine Transportmittel mehr für Zivilisten, was auch die Nahrungsmittelversorgung betraf. Wenn man von Athen auf die Peloponnes reisen wollte, musste man eine Genehmigung bei den Carabinieri beantragen, die Reise musste mehrere Tage im Voraus gebucht werden. Mit dem Zug dauerte es etwa sechsunddreißig Stunden bis nach Saloniki, eine Überfahrt von Piräus nach Chios dauerte zwanzig Tage, war aber so teuer, dass sie sich noch kaum jemand leisten konnte. Selbst für Straßenbahnfahrten innerhalb Athens stand man schon im Sommer über eine Stunde an, denn das Benzin war knapp, die Behörden strichen Linien ganz oder schränkten den Fahrplan rigoros ein. Ich hörte von Menschen, die lieber zu Fuß liefen, als sich in die Bahnen *wie die Sardinen in Büchsen* zu quetschen. Es dauerte nicht lange und der gesamte Nahverkehr brach völlig zusammen und die Einwohner Athens mussten laufen.

Es gab natürlich auch Privilegierte, für die das Leben dennoch einen gewissen Charme bot. In den deutschen Kolonien, die sich bildeten, als viele vor den alliierten Bombardements aus dem Deutschen Reich nach Griechenland flohen, nahm man alles geduldig hin, konnte sich aber noch Essen in den Restaurants leisten. Ich wusste auch von einer Amerikanerin, die sich noch den Luxus von drei Motorrädern gönnte.

Für alle anderen sah es nicht so rosig aus, denn seit dem sehr heißen Sommer gingen die Rationen stetig zurück. Im Mai musste bereits auch Reis, Olivenöl und Zucker rationiert werden, im Juni schränkte man die Zuteilungen von Fleisch, Reis und Zucker noch mehr ein, im Juli gab es nur noch eine kleine Ration Zucker und Fleisch. Im August und September galt Fleisch als eine nicht mehr zu erreichende Delikatesse, denn man bekam außer Brot und einer winzigen Menge Reis gar nichts mehr.

Während des Winters gab es sehr spärliche Zuteilungen von Olivenöl, Rosinen und Zucker – das war alles.

Am Rande Athens hatten sich Elendsviertel gebildet, in denen die Flüchtlinge lebten, die nach der Katastrophe in Kleinasien im Jahre 1920 dort eine Zuflucht fanden. Zwar hatte man zwischen den Kriegen Baracken errichtet, um die vielen Tausenden von Flüchtlingen aufnehmen zu können, aber sie lebten in den erbärmlichsten Verhältnissen, denn sie hatten zumeist keinen oder kaum persönlichen Besitz. Viele lebten in Hütten aus Blech oder auch aus Pappkarton, letztere konnte man logischerweise nicht beheizen. Die Sauberkeit war ein anderes Problem, denn meist lebten vier bis fünf Menschen in nur einem Raum, sie nutzten offenen Kloaken neben den schmutzigen Gassen. Vor dem Krieg konnten sich viele der Menschen noch als Straßenhändler, Hausangestellte oder in den Fabriken für einen geringen Lohn verdingen, aber nun waren Tausende durch die Besatzung ohne Arbeit. In ihrer Not begannen viele zu betteln. Manche verdingten sich als Träger an den Kais im Hafen, auch Kinder trugen schwere Taschen und Koffer auf ihren Rücken, um dafür sehr kärglich entlohnt zu werden.

Straßenhändler boten im Elendsviertel schmutzige kleine Kuchen aus Johannisbrotkernmehl an, einige schrumpelige Feigen oder anderes faules Obst, manche wollten ihre Reste an Streichhölzern, Zigaretten und Altkleider veräußern.

Auf dem Straßenpflaster lagen die Bettler, über den Schächten der Metro Menschen allen Alters, die sich etwas Wärme von dort erhofften. Das Rote Kreuz schätzte, dass mehr als die Hälfte der arbeitsfähigen Bevölkerung in Athen keine Arbeit mehr hatte.

Etwa zwei Drittel dieser armen Familien waren bei lokalen Suppenküchen der Stadt gemeldet, dort gab es aber nur zwei- oder dreimal die Woche etwas zu essen und dann überließen Frauen ihr Essen meist auch noch den Kindern.

So sah ich Menschen, die in der Umgebung der Stadt Gräser und Unkraut sammelten, dieses kochten, es ohne Öl aßen, wenn es Brennstoff gab. Aber dieses Essen hatte natürlich gar keinen Nährwert. Ein Arzt sagte mir, ein Mensch brauche monatlich fünf Kilogramm an Kohlenhydraten. Unter den gegebenen Umständen war dies nicht möglich.

Es war schrecklich mitanzusehen, wie Kinder Abfalleimer durchwühlten, um Essensreste zu finden oder sie warteten vor den Lieferanteneingängen der großen Hotels, dass man ihnen etwas gab. Auch in der Nähe von Restaurants hofften sie auf das Mitleid der Menschen.

Die deutschen Offiziere machten sich bald einen Spaß daraus, diese Straßenkinder zu quälen. Einige warfen Essensbröckchen von ihren Balkonen, lachten darüber, wie die Kinder sich um die Bröckchen dann stritten. Manche von ihnen aßen ganz gemütlich im Vorbeigehen Oliven, warteten ab, bis sich eine Schar Kinder um sie sammelte, spuckten dann einen Kern in weitem Bogen in die Menge. Wenn ein Kind den Kern fand, lutschte es ihn ab.

Wenn man das herrische Verhalten der Offiziere kritisierte, lachten sie einen aus. Einer gab barsch zurück, in Polen würden jeden Tag sechshundert Menschen sterben, dies hier sei gar nichts dagegen.

Bald wurden die Menschen krank, denn durch den Hunger bildeten sich Ödeme oder viele steckten sich mit Tuberkulose an. Die geschwächten Körper hatten dem nichts mehr entgegenzusetzen.

Mit dem einsetzenden harten Winter fielen die Temperaturen nachts unter den Gefrierpunkt, es fiel Schnee, der bald die Straßen bedeckte. Kohle und Holz wurden bald so teuer, dass die Menschen nicht mehr heizen konnten, viele starben in kurzer Zeit an einer Erkältung oder Grippe.

Durch den Vitaminmangel bildeten sich Beulen und Furunkel an den Händen und den Füßen, die auf das Gesicht und den Körper übergingen, wenn sie nicht behandelt wurden, wie in den meisten Fällen. Bald zeigte etwa die Hälfte aller Familien in den Elendsvierteln diese Symptome. Und im letzten Stadium des Hungerns brachen Menschen einfach auf den Straßen zusammen. Manche lagen in Hauseingängen, andere leblos ausgemergelt mit starrem Blick an Hauswänden. In den Elendsvierteln konnten die Menschen ihre Toten nicht mehr begraben, sie ließen diese in den Hütten liegen, kauerten meist selbst vor derselben, während drinnen die Kinder vor Hunger weinten, denen sie nicht mehr helfen konnten, weil sie zu schwach waren.

Meist hatten diese armen Menschen bereits all ihre Habe verkauft, um sich noch ein bisschen Essen beschaffen zu können. Und es gab auch sehr viele, die den Weg in die Suppenküchen vor Schwäche gar nicht mehr schafften.

Hungernde Kinder in der Panepistemiou Road in Athen im Hungerwinter 1941/42

In dieser Zeit wurden viele Todesfälle gar nicht mehr bei den Behörden gemeldet. Viele Menschen luden ihre toten Angehörigen nachts einfach so auf den Friedhöfen ab, weil sie dann deren Lebensmittelkarten behalten konnten. Oder sie vergruben sie einfach irgendwo, kennzeichneten die Gräber gar nicht erst. So mussten die Bediensteten der Gemeinden oftmals Hunderte anonymer Toter einsammeln, die dann aber auch nicht in den offiziellen Statistiken auftauchen konnten. Für den Großraum Athen und Piräus schätzte man für das Jahr ab Oktober 1941 eine Zahl von etwa 49 188 Todesfällen gegenüber 14 566 im Vorjahr. Diese Zahl sollte bis zum April des Jahres 1942 auf etwa fünfhunderttausend Tote ansteigen. Die einsetzende Kälteperiode von November 1941 bis zum April 1942 ließ die Sterblichkeit um fast das Dreifache ansteigen. Krankenhäuser in Athen und die verschiedenen Bezirke von Piräus meldeten sogar das fünf- bis siebenfache an Todesfällen. Das Gesundheitsministerium schätzte ein Drittel bis die Hälfte aller Todesfälle als eine Ursache des Hungers ein.

Die Hungersnot schuf Tausende von Witwen und Waisen, Kinder, die auch oftmals dann sich selbst überlassen waren.

Es war schlimm, wenn die Toten kein anständiges Begräbnis mehr erhalten konnten, weil ihre Angehörigen einen Transport zum Friedhof einfach nicht mehr organisierten, sei es aus Geldmangel oder eben, weil das Benzin fehl-

te. Die Böden waren während des Winters steinhart gefroren, man kam nicht einmal richtig in die Erde mit dem Spaten. Rund um Athen hoben die Menschen ohne Einverständnis der Kirche Gräber aus, obwohl dies für orthodoxe Griechen bedeutete, dass die Seelen der Toten keinen Frieden fänden. Aberglaube war durchaus relevant, man fürchtete sogar, die Verstorbenen kämen als Vampire oder als herumwandelnde Untote zurück.
Wer es sich leisten konnte, Benzin erwarb, schnallte den Verstorbenen mit der Bahre einfach hinten an die Stoßstange eines Automobils, fuhr die Leiche dann wie Holz zum Friedhof.
Viele Tote lagen in den Straßen herum, bis Bedienstete der Stadt sie mit Karren einsammelten. Man warf sie auf die Berge von Leichen, kippte sie beim Friedhof ab. Es gab auch bald Schlangen von Menschen vor den Friedhöfen, die ihre Verstorbenen dort beerdigen wollten, aber es gab keinen Platz mehr. Reiche leisteten sich Einzelgräber, Arme verscharrte man bald in Massengräbern. Die Totengräber erhielten Sonderrationen vom Bürgermeister, um die Arbeit überhaupt noch ausführen zu können, denn sie waren selbst unterernährt.
Manchmal erbarmte sich ein Priester, segnete die Toten buchstäblich *en masse* auf den Friedhöfen.
Eine lokale Zeitung berichtete bald darüber, aber man konnte dieses Leid nicht beenden. Sie versicherte ihren Lesern aber, dass die Toten nie ausgegraben wurden, um sie zu plündern, weil sie nichts mehr besaßen.
Ich traf oft auf Menschen, die verrückt wurden angesichts der Situation. Manche weinten nur noch, andere kauerten murmelnd in den Straßen oder liefen herum, sprachen Passanten in unverständlicher Weise an.
Am schlimmsten war der Anblick der vielen Leichen. Nicht nur einmal sah ich kleine Kinder, die sich noch aneinanderklammerten, obwohl eines von ihnen bereits verhungert war. Doch die Menschen gewöhnten sich bald an diesen Anblick, waren von ihrem eigenen Selbsterhaltungstrieb beseelt.
In der volkstümlichen Vorstellungskraft war das Leben in einem persönlichen Kampf mit *Charon* verstrickt. Er war die Personifizierung des Todes und dieses Motiv der mündlichen Überlieferung in Griechenland tauchte bald wieder allerorts auf. Straßenhändler redeten den Menschen ein, das Kauen von Rosinen könnte sie vor *Charon* bewahren und so kauten viele geradezu zwanghaft welche, um nicht sterben zu müssen. Ich lernte sogar einen Jungen kennen, der Ohrringe trug, weil er glaubte, er könne so *Charon* täuschen, der ihn nun für ein Mädchen hielt.
Die Menschen wurden zusehends streitsüchtiger. Wenn jemand das Gerücht verkündete, es gäbe in einem Geschäft Waren, dann eilten viele dorthin, prügelten sich um den besten Platz oder sie begannen Rangeleien in den Suppenküchen.

Im Dezember hieß es in Saloniki, die Briten würden im Frühjahr kommen und die Hungersnot beenden, aber da dies nur ein Gerücht war, entmutigte es die Menschen dann umso mehr.

Doch auch in der deutschen Kolonie mussten die Menschen bald von Nahrungsmittelresten der Wehrmacht und Abfall leben, Fleisch und Gemüse bekamen auch sie nicht mehr. Der Leiter der Sicherheitspolizei Hans Dörhage hatte im Herbst noch Frau und Kinder zu sich nach Athen geholt. Als bekannt wurde, dass er seine Familie mit Rationen versorgte, die offizieller Natur waren, degradierte man ihn, schickte ihn im März 1942 dann zurück nach Deutschland mit seiner Familie und ich denke, er war sehr froh darüber, Griechenland wieder zu verlassen.

Hungernde Menschen drängen sich um eine Suppenküche, Athen, Winter 1941/42

Ich verlor in diesem Winter sechsundzwanzig Kilogramm an Gewicht, hungerte ebenso wie die Menschen, um die ich mich als Schwester kümmerte.
Im Dezember konnte ich an Philip schreiben, nachdem ich einen Weg gefunden hatte, den Brief an Louise zu senden. Ich teilte ihm mit, dass es mir auch in diesen schweren Zeiten gut ging, ich voller Hoffnung sei und auf Spaziergängen durch die Stadt durchaus nach einem geeigneten Haus Ausschau hielt, in dem er und ich später leben konnten. Ich war müde davon, immerzu in kleinen Wohnungen zu leben, wollte ein richtiges Haus mein Eigen nennen. Das Haus von George war sehr kalt in diesen Tagen und die Zentralheizung funktionierte natürlich nicht. Im Obergeschoss gab es einen Raum mit einem Kamin, den ich benutzte, um mich in der Wärme umzukleiden, zu essen oder auszuruhen. Inzwischen kam Ellen oft zu mir, aß mit

mir gemeinsam, engagierte sich mittlerweile auch in den Suppenküchen. Da wir beide die einzigen verbliebenen Mitglieder der griechischen Königsfamilie in Athen waren, rauften wir uns zusammen und es entstand durchaus eine Freundschaft.

Da es kein Benzin gab, konnte ich nicht herumreisen und helfen, sondern nur vor Ort aktiv sein. Ich schrieb Philip, er solle sich nicht sorgen um mich, es würde schon alles gut werden.

Neben der Arbeit in der Suppenküche kümmerte ich mich noch um zwei Waisenhäuser und schaffte es sogar, Besuche von Krankenschwestern in den Armenvierteln zu organisieren. Doch ich wollte noch mehr tun. Ich hatte schließlich meine Kontakte nach England und Schweden und wollte mich bemühen, dort Hilfslieferungen zu erhalten.

Durch eine sehr gute Lobbyarbeit griechischer Organisationen wusste man in den USA über die schlimme Hungersnot in Griechenland Bescheid. Die Öffentlichkeit dort zeigte sich äußerst empört über die Zustände. Man hoffte zuerst, Griechenland könne sich an die Türkei wenden, um Hilfslieferungen zu erhalten, da diese definitionsgemäß nicht in der Blockadezone lag, aber dies hätte zu einem Bruch der Blockade geführt. Auch wenn die Briten dies anregten, weil sie sich selbst weigerten, etwas nach Griechenland zu schicken, war so eine Hilfslieferung mit Getreide aus der Türkei ein reines Wunschdenken. Die sogenannte *Greek War Relief Association* in den USA stellte finanzielle Mittel zur Verfügung, die man über London in die Türkei leitete. Aufgrund von bürokratischen Problemen konnte erst im Oktober 1941 ein türkisches Schiff, die *SS Kurtuluş*, deren Name unter anderem Erlösung bedeutete, nach Piräus reisen, wo dann das Internationale Rote Kreuz die Nahrungsmittel in Empfang nehmen und verteilen konnte. Vom Oktober 1941 bis zum Januar des Jahres 1942 brachte das Schiff noch fünfmal Hilfslieferungen, dann wurde es leider versenkt. So kamen zwar 6735 Tonnen an Gütern ins Land, aber es war dennoch zu wenig, um an der Lage in Athen etwas zu ändern.

Zwar war die türkische Regierung bereit, bis zu fünfzigtausend Tonnen Getreide zu liefern, aber man konnte dies nicht auftreiben. Die Militärbehörden gingen gegen Verkäufe mit harter Hand vor und so scheiterte diese Versorgung größtenteils. Da konnten die britischen Staatsbediensteten noch sehr darauf beharren, dass es laut dem Völkerrecht die Pflicht einer Besatzungsmacht sei, für die ausreichende Versorgung der zivilen Bevölkerung in dem besetzten Land zu sorgen.

Sogar der Vatikan schaltete sich ein und stellte fest, die Deutschen seien durchaus bereit, Hilfslieferungen nach Griechenland zuzulassen. Ferner garantierten sie auch, man würde der griechischen Bevölkerung diese dann zukommen lassen, aber sie wollten nicht selbst dafür aufkommen.

Onkel Arthur verstarb am sechzehnten Januar des Jahres 1942 in Bagshot Park. Mama hatte ihn stets noch besucht und sah zwar ein, dass er mit einundneunzig Jahren ein hohes Alter erreichte, aber dennoch gab es nun nur noch Tante Beatrice, mit der sie Zeit verbringen konnte.
Als sich die Wetterlage im Frühjahr 1942 etwas besserte, begannen auch die ersten Gemüsesorten wieder zu wachsen und man konnte auf einiges zurückgreifen. Bald brachten schwedische Schiffe Mehl, denn die schwedische Regierung bekam die Genehmigung, die Verteilung durch Mitarbeiter des Internationalen Roten Kreuzes aus Schweden überwachen zu lassen. Ein Schiff des *Türkischen Halbmonds*, dem Pendant zum Roten Kreuz, lieferte Nahrungsmittel für die Suppenküchen. Diese Hilfslieferungen wurden auch aus den USA bezahlt, denn die *Greek War Relief Association* gehörte zum *Vanderbilt Komitee*. Dieses Komitee wurde von Harold Vanderbilt geleitet, der zwanzig Millionen Drachmen an den Generalkonsul übergab. Dieser verwaltete das Geld und zahlte es gemäß den Vorgaben des Komitees aus. Fünfzehn Millionen Drachmen waren gedacht für griechisch stämmige Amerikaner, die ihrer herkömmlichen Arbeit nicht mehr nachkommen konnten und arbeitslos waren, und fünf Millionen Drachmen standen einem *ausführenden Komitee* zur Verfügung, mit dem man die Hilfslieferungen nach Griechenland über die Türkei finanzierte. Das Geld stammte dabei aber nicht nur von Vanderbilt, sondern auch von seinen zahlreichen Unterstützern.
Auch Norman Davis, der Vorsitzende des amerikanischen Roten Kreuzes, war mir eine große Hilfe, denn ich kannte ihn gut. Er setzte sich sehr für die Hilfslieferungen von Mehl durch die Türkei ein. So erhielten Ellen und ich ab Beginn des Jahres 1942 Nahrungsmittel vom amerikanischen Roten Kreuz zugeteilt. Griechische Landbesitzer ließen uns auch bald Lebensmittel zukommen, als sie von unserer karitativen Arbeit erfuhren. Es war nicht viel, aber wir konnten den Menschen in Athen wieder etwas helfen und jede noch so kleine Hilfe zählte in dieser Zeit. Doch es musste noch mehr von außerhalb Griechenlands kommen.

Im Mai des Jahres 1942 war es mir möglich, ein Visum von den Deutschen ausgestellt zu bekommen, damit ich meine Schwester Louise in Schweden besuchen konnte. Auf meiner Reise traf ich meine beiden Töchter Margarita und Dolla in Berlin. Wir verbrachten drei Tage zusammen, in denen ich erfuhr, dass man in Deutschland ohne Probleme an Lebensmittel wie Butter, Eier, Milch und andere Dinge kommen konnte. Ich schrieb Philip umgehend, wie ich die Tage mit seinen Schwestern genossen hatte, von ihren Familien erfuhr und an ein Leben, in dem es noch fast alles zu kaufen gab, gar nicht mehr gewöhnt war.

Von Berlin aus flog ich weiter nach Schweden und kam am dreiundzwanzigsten Mai dort an. Es gab ein großes Wiedersehen mit meiner Louise, die sich sehr um mich sorgte, aber beruhigt war, mich guter Dinge zu sehen und engagiert wie immer. Natürlich ließ sie es sich nicht nehmen, mich bei unseren gemeinsamen Essen zu verwöhnen, aber ich war gar nicht mehr daran gewöhnt, so viel zu mir zu nehmen. Zudem war es mir auch nicht wirklich wichtig. Ich hatte Griechenland nicht verlassen, um mich selbst wieder aufzupäppeln, all dem Chaos dort zu entkommen, sondern wollte Hilfe organisieren. Dies war allein das Ziel meiner Reise, nicht mein eigenes Wohlbefinden.

Ein Mitarbeiter des griechischen Roten Kreuzes hörte im Radio in England einen Bericht vom Präsidenten desselben, Doktor Alexander Cawadias. Der Doktor war von 1914 bis zum Jahre 1924 der Leibarzt Königs Georges II. gewesen. Er arbeitete nun im *Evangelismos Hospital* in Athen und berichtete über die Zustände im Land. Der Mitarbeiter kontaktierte mich in Schweden, als er hörte, dass ich mich dort aufhielt. Ich bekam von ihm eine Liste mit medizinischen Dingen, die dringend benötigt wurden, zugestellt. Diese schickte ich an die griechische Botschaft in London und der britische Minister in Stockholm bat um eine schnelle Weiterleitung, wobei er auf mich verwies. Man wollte dafür Sorge tragen, all dies schnellstens an Doktor Cawadias in Athen zu senden.

In Ulriksdal nahm ich mir die Zeit und schrieb an meinen Bruder Dickie, der mittlerweile zum *Chief of Combined Operations* im seit dem Juli des Jahres 1940 bestehenden *Combined Operations Headquarters* oder kurz *COHQ*, aufgestiegen. Dieses teilstreitkräfteübergreifende Hauptquartier der britischen Streitkräfte war für die Kommando-Kriegsführung zuständig. Man entwickelte dort verschiedene technische Innovationen und die Spezialeinheiten waren auch unter diesem Hauptquartier zusammengefasst. Mein Bruder befand sich nach dem Unglück mit der *Kelly* vorerst nicht mehr auf See.

In meinem Schreiben beglückwünschte ich ihn zu seiner Beförderung und natürlich schrieb ich ihm, wie froh ich sei, dass er das Unglück heil und unversehrt überlebt hatte. Aber die Beförderung habe vor allem er verdient, da er sich stets so für die britische Marine engagiert habe. Ich erinnerte ihn an Papa, der sicher auch sehr stolz auf ihn gewesen wäre und in dessen Fußstapfen er wandelte. Aus meiner Sicht leitete ihn der gute Geist unseres Vaters in seinem Handeln. Er sollte sich nicht um mich sorgen, denn es sei alles in Ordnung. Mama sagte immer, Dickie sei wie ich, wir beide wurden von unseren glücklichen Charakteren geleitet, die uns auch vor Bösem bewahrten.

Dickie sollte wissen, dass ich auch in Griechenland gut versorgt sei, mir mehr Sorgen um die Menschen machte, denen es nicht so ging. Es war schon eine immense Aufgabe, mittlerweile etwa siebzehntausend Kinder von einem bis zum sechsten Lebensjahr zu ernähren, denn die Umstände waren alles andere als einfach. Ich war stets bemüht, Spenden aufzutreiben, Nahrungsmittel und eine Zuflucht für die leider ständig anwachsende Anzahl von Waisenkindern. Der Hauptgrund meiner Reise nach Schweden war es, eben diese Spenden zu erhalten, und ich wollte so schnell wie möglich nach Athen zurückreisen.

Philip hatte mir auch über Louise geschrieben und ich beantwortete seine Zeilen. Dickie hatte mich darüber informiert, dass mein Sohn auf einem englischen Schiff seinen Dienst versah, ich wusste aber nicht mehr darüber. Irgendwie war ich davon ausgegangen, er sei auf einem griechischen Schiff, denn ich hatte gehört, man habe sechs neue Schiffe für die griechische Marine bereitgestellt, sowohl griechische als auch britische Offiziere auf diese beordert. Daher war ich etwas verwirrt darüber, weil er sich nun auf einem englischen Schiff befand, aber Nachrichten erreichten einen nur sehr spärlich in diesen Tagen und die meisten Meldungen waren nicht wahr oder entpuppten sich als Halbwahrheiten.
Natürlich schrieb ich in meinen Briefen nichts Politisches. Auch nicht, was ich von meinen Töchtern gehört hatte. Es waren keine besonders relevanten Informationen, ich hatte Angst, man könnte den Brief zensieren und mir dann eine Einreise nach Griechenland verweigern.
Im September machte ich mich auf die Rückreise nach Athen, traf unterwegs noch Sophie in Berlin. Sie sorgte sich sehr um ihren Ehemann. Christoph war mittlerweile beim *Jagdgeschwader 53* eingesetzt. Seine Missionen führten ihn nach Tunesien und Sizilien, aber auch nach Malta. Ich konnte mir durchaus vorstellen, wie schwer es für Tiny alleine mit den vier Kindern war.

Wieder zurück in Athen kümmerte ich mich zuerst um Ellen, stattete ihr einige längere Besuche in der Villa Psychiko ab. Der Gatte ihrer Tochter Marina, George, der Duke von Kent, war am fünfundzwanzigsten August bei Dunbeath in Schottland. Das Wasserflugzeug, in dem er sich und dreizehn andere Besatzungsmitglieder befanden, war auf dem Weg nach Island gewesen, doch kollidierte auf dem Weg mit einem Berg. Alle Insassen starben. George war gerade neununddreißig Jahre alt, er und Marina hatten drei Kinder. Der kleine Prinz Michael von Kent war erst im Juli des Jahres 1942 zur Welt gekommen. Ellen war am Boden zerstört über die Tragödie, die ihrer Tochter und den Enkeln widerfahren war. Meine Schwägerin versuchte sich tapfer zu zeigen, aber sie war sehr froh über meine Besuche.

Glücklicherweise wurde der Herbst des Jahres 1942 deutlich angenehmer als der des letzten. Es war recht warm und Helen, die Ex-Frau von König Carol II. von Rumänien, schickte mir Lebensmittelpakete. Sie hatte vor sechs Monaten schon damit begonnen, aber zuerst erreichten mich diese nicht regelmäßig.
König Carol II. hatte am sechsten September des Jahres 1940 zugunsten seines Sohnes Michael abgedankt, da auch in Rumänien ein Militärregime unter der Leitung des Diktators Ion Antonescu an der Macht war. Das Land war ein Verbündeter des Deutschen Reichs.
Der ehemalige König lebte mit seiner Geliebten im Exil in Mexiko, später heirateten sie im Jahre 1947 in Rio de Janeiro.
Sein Sohn regierte als König Michael I., aber er hatte unter dem Diktator Antonescu einen schweren Stand. Helen lebte bei ihrem Sohn in Rumänien und hatte auch wieder den Titel einer Königsmutter inne, aber weder ihr Sohn noch sie besaßen politischen Einfluss. Ich weiß nicht, wie es ihr gelang, mir die Pakete zukommen zu lassen, ich war ihr mehr als dankbar für ihre Hilfe, teilte mir die Rationen aber sehr ein.

Durch die schwedische Kriegshilfe, die *Swedish Relief Commission*, erhielten Ellen und ich bald eine monatliche Ration von sieben Litern Benzin zugeteilt. So konnten wir in unseren eigenen Automobilen auch aus Athen herausfahren, um unsere karitative Arbeit weiterzuführen, was sehr hilfreich war. Wir beide hofften sehr, man würde diese Zuteilung aufrechterhalten können, denn es gab so viel Elend.
Hier muss ich leider anmerken, dass unsere Zuteilungen an Benzin zwar zwischen Stockholm und London zum Gespräch führten, aber im Frühjahr des Jahres 1943 diesen einfach nicht mehr nachkam, auch nicht mehr die Sprache darauf brachte.

Weiterhin lag meine Hauptaufgabe bei den Suppenküchen, aber im Jahre 1943 begann ich auch damit, zwei Waisenhäuser einzurichten, in denen auch Jungen und Mädchen Zuflucht fanden, die durch die Straßen streunten. Ein Heim war für Jungen, ein anderes für die Mädchen und auf meinen Fahrten las ich Kinder auf, die ziellos und vom Hunger geschwächt herumirrten. Manche Eltern hatten ihre Kinder schlichtweg sich selbst überlassen, indem sie sie fortschickten, wenn man keine Lebensmittel mehr für sie übrig hatte. Dies war auch ein Problem bei Familien mit mehreren Kindern. Man versuchte die Kleinsten noch durchzubringen, aber die älteren wurden fortgeschickt.
Ich organisierte auch in anderen Armenvierteln außerhalb Athens bald Krankenschwestern, die in den jeweiligen Bezirken Kranke zu Hause be-

suchten und pflegten.

Am fünften April wurde meine Mutter achtzig Jahre alt, aber ich konnte nicht mit ihr feiern und schrieb ihr, hoffend, der Brief würde sie über Louise erreichen. Ich erfuhr später, dass viele Gäste bei ihr gewesen waren, eben die Menschen, die in ihrer Nähe lebten. Dickie und Edwina schenkten ihr eine silberne Schale, in die die Faksimile-Unterschriften aller Familienmitglieder eingraviert waren, worüber meine Mutter sich sehr freute.

Der Sommer des Jahres 1943 war sehr lang und sehr heiß. Mein stetes Engagement forderte leider irgendwann seinen Tribut. Ich sah zwar nicht mehr buchstäblich wie eine *ausgemergelte Krähe* aus, aber hatte die verlorenen sechsundzwanzig Kilo nicht wieder zugenommen, war einfach müde und erschöpft. So entschied ich mich dafür, für einige Zeit nach Kephissa zu reisen, dort außerhalb des Ortes auf dem Land zu leben. Freunde von mir besaßen einen kleinen Bauernhof, auf dem ich mit Produkten aus der Ernte versorgt wurde, ihnen etwas bei der Arbeit half und dennoch zur Ruhe kam. Ich nahm mir auch wieder die Zeit, meinem Sohn zu schreiben. Er sollte stets wissen, dass ich in meiner Arbeit aufging und wohlauf war.

Als die Alliierten, britische und amerikanische Truppen, am neunten und zehnten Juli des Jahres 1943 auf Sizilien eintrafen, von dort ihre Invasion auf das italienische Festland ausdehnen konnten, wurde unter anderem auch Tinys Ehemann Christoph nach Deutschland zurückbeordert. Er und sein Geschwader hielten sich in Castelgandolfo auf, wohin sie auf ihrem Rückzug abgedrängt worden waren. Doch Christoph sollte nicht wieder nach Hause zurückkehren. Am siebten Oktober kollidierte seine *Siebel 104* mit einem Berg im Apennin bei Forli, er und sein Kopilot starben bei dem Absturz. Man fand ihre Leichen erst zwei Tage später, begrub sie nahe des Berges. Meine arme Tochter Tiny war zu diesem Zeitpunkt wieder schwanger und natürlich kurz vor dem Zusammenbruch, denn sie hatte immer um das Leben ihres Gatten gebangt, seit er in Italien stationiert war. Für die arme Mossy, ihre Schwiegermutter, war es der dritte Sohn, den sie verlor. Zwei ihrer Söhne waren im Ersten Weltkrieg gefallen, nun nahm ihr dieser Krieg auch wieder einen Sohn. Doch der Kummer war für Mossy und ihre Familie noch nicht vorbei, denn am neunundzwanzigsten Januar des Jahres 1944 wurde die Ehefrau ihres Sohnes Wolfgang, Prinzessin Alexandra, die Schwester von Dollas Ehemann, bei einem Luftangriff auf Frankfurt am Main getötet. Es waren sehr schwere Zeiten.
Mama schrieb mir nach Christophs Tod, sie fühle mit Tiny, den Enkeln, mit Mossy und es sei nun das siebte Opfer eines Flugzeugabsturzes in unserer

Familie. Sie wusste, dass Mossy Christoph von all ihren Kindern immer besonders gemocht hatte. Obwohl ich so etwas nicht ganz verstand, denn ich liebte jedes meiner Kinder ebenso wie das andere. Ich hatte nie eines bevorzugt oder mehr liebgehabt als das andere.

In Griechenland gab es natürlich auch Widerstand gegen die Besatzungsmächte. Bereits am siebenundzwanzigsten Dezember des Jahres 1941 hatte sich die *Nationale Befreiungsfront*, kurz *EAM,* gegründet, ihr Zentralkomitee beschloss im Dezember des Jahres die *Gründung der griechischen Volksbefreiungsarmee*, kurz *ELAS*. Sie war der militärische Arm der EAM. Das Kommando über die ELAS hatte der kommunistische Widerstandskämpfer Aris Velouchiotis. Eigentlich hieß er Athanasios Klaras und hatte als Feldwebel in der griechischen Armee an der albanischen Front gegen die Italiener gekämpft. Nach dem Überfall Deutschlands auf die Sowjetunion am zweiundzwanzigsten Juni des Jahres 1941, dem sogenannten Unternehmen Barbarossa, sah Klaras endlich die Chance gekommen, den Partisanenkrieg gegen die Besatzer in Griechenland aufzunehmen. Die Kommunistische Partei schickte ihn nach Zentralgriechenland. Er überprüfte dort die Gegebenheiten für einen Widerstand gegen die deutschen Truppen und im Januar 1942 kommandierte ihn die Parteiführung in die Berge ab. Hier begann er mit dem Aufbau der Partisanenstreitkräfte. Unter seinem Pseudonym traten er und die Partisanen am siebten Juni 1942 im Dorf Domnista in Zentralgriechenland in Aktion. Bald wurde er in der ELAS immer bekannter und aufgrund seiner Erfolge bald als König der Berge bezeichnet. In den Bergen war er weitgehend unabhängig von den Beschlüssen der Parteiführung. Er rekrutierte auch Partisanen aus herumziehenden Banditengruppen, befreite damit gleichzeitig die dortige Bevölkerung von den Überfällen dieser Gruppen.

Klaras sollte später mit dem Linksliberalen Stefanos Safiris die ELAS anführen.

Eine der bedeutendsten Operationen von Klaras Widerstandsbewegung war die in Kooperation mit der sozialistischen *EDES* und britischen Spezialeinheiten durchgeführte Sprengung der Gorgopotamos-Brücke, ein Eisenbahnviadukt südlich von Lamia im November 1942. Diese Aktion behinderte für mehrere Tage den Nachschub deutscher Truppen in Nordafrika.

Die EDES war die *Nationale Republikanische Griechische Liga*. Sie war nicht kommunistisch orientiert und wurde am neunten September 1941 von dem ehemaligen Offizier Napoleon Zervas gegründet. Allein die EDES wuchs bis zum Frühjahr 1943 auf dreitausend Mann an, wobei sie von britischen Truppen unterstützt wurde. Den Briten gelang es sogar, zeitweise die Operationen der ELAS und EDES mittels eines Hauptquartiers zu koordinieren.

Dennoch zogen natürlich erfolgreiche Aktionen der Partisanen sogenannte Vergeltungsmaßnahmen vonseiten der Deutschen durch die SS nach sich. Ich kann hier nicht auf all die schlimmen Gräueltaten eingehen, die die SS im Rahmen dieser Vergeltungsmaßnahmen verübte, daher möchte ich nur einige nennen, die die Menschen in Griechenland sehr erschütterten. Die ELAS hatte unter anderem Mitte Oktober 1943 achtzig deutsche Soldaten bei Kalavryta festgenommen. Kalavryta ist eine Kleinstadt im Norden der Halbinsel Peloponnes. In dieser Region waren die Partisanen besonders stark vertreten, obwohl die oftmals sehr konservative Bevölkerung ihnen gegenüber eher distanziert gegenüberstand. Angeblich wollte man die deutschen Soldaten gegen griechische Geiseln, die sich in deutscher Hand befanden, austauschen, aber bald begannen deutsche Truppen auf die Region vorzurücken. Daher wurden die deutschen Gefangenen am siebten Dezember von den Partisanen erschossen. Nur einen Tag später fanden die Deutschen die Leichen und nun erging ein Befehl zu einer fast beispiellosen Sühneaktion. Unter dem Kommando des Generalmajors Karl von Le Suire begann die 117. Gebirgsjäger-Division am folgenden Tag mit der Zerstörung der Stadt und weiteren fünfundzwanzig Dörfern. Man zündete die Häuser an, sprengte Gebäude und vertrieb die verängstigte Bevölkerung in die Berge. Es ist nur ein Gebäude gewesen im Vergleich mit den Menschen, die alles aufgrund der Willkür und Brutalität der Deutschen verloren, aber man zerstörte auch ein griechisches Nationalheiligtum, das Kloster Agía Lávra.

Am dreizehnten Dezember befahl man Frauen und Kindern zu einer Dorfschule zu gehen, sperrte sie dort ein und nahm alle Männer im Alter von fünfzehn bis fünfundsechzig Jahren fest. Sie wurden aus dem Ort geführt, dort mit Maschinengewehren hingerichtet. Etwa sechshundertfünfundneunzig Männer mussten ihr Leben lassen, nur dreizehn überlebten, weil die Deutschen sie für tot hielten. Kalavryta, die Stadt, die einst zweitausend Einwohner gehabt hatte, wurde in Schutt und Asche gelegt.

Beim *Massaker von Kefalonia* auf der gleichnamigen Insel erschossen deutsche Truppen auch fünftausendzweihundert Soldaten der italienischen Division Acqui, die sich am einundzwanzigsten und zweiundzwanzigsten September 1943 eigentlich ergeben hatten. Italien war seit der Invasion der Alliierten machtlos und am achten September hatte man den Waffenstillstand von Cassibile bei Syrakus unterzeichnet. Die italienischen Truppen erhielten seitdem kaum noch Nachrichten oder Befehle aus Rom, die deutsche Wehrmacht sollte daher diese Truppen entwaffnen sowie die gesamte italienische Armee, die sich im Land befand, und deren bisherige Besatzungsgebiete unter ihre Kontrolle bringen. Obwohl sich der General

Gandin, dem die Division unterstand, dafür entschied, zwar in den Deutschen Feinde zu sehen, aber sich dennoch ruhig zu verhalten, eskalierte die Situation und es kam zu den Erschießungen.
Die Deutschen führten sich auf wie die Barbaren. Man sollte nach dem Krieg erfahren, dass dies auch andere Länder betraf, die sie besetzt hatten. Griechenland war nicht alleine ihrer Tyrannei ausgesetzt. Allein bei den Vergeltungsaktionen oder in den Partisanenkriegen wurden zwischen siebzig- und achtzigtausend Griechen durch die deutschen, italienischen und bulgarischen Truppen getötet, wobei diese Zahl auch viele Zivilisten betraf und die meisten Toten buchstäblich auf das Konto der Wehrmacht gingen. Ganze Ortschaften wurden ausgelöscht, sogar Kinder erschossen, um Anschläge von Partisanen zu rächen, wobei man für zwei ermordete deutsche Soldaten in Klissoura in West-Mazedonien im April 1944 zweiundsiebzig Kinder und einhundertachtundsiebzig Erwachsene hinrichtete. An diesem Massaker war auch die bulgarische Miliz mitbeteiligt. Andernorts sperrten man die Zivilisten in Gebäude ein und zündete diese an. Es war eine Terrorherrschaft, die ihresgleichen suchte. Man kann es nicht in Worten beschreiben.

Ein anderes Manko der Wehrmacht war ihr tief verwurzelter Antisemitismus. Systematisch verfolgte Hitler die Ausrottung jüdischer Menschen und davon blieb leider auch Griechenland nicht verschont.
In Saloniki hatten die Deutschen schon in den ersten Wochen nach der Besatzung jüdische Zeitungsredaktionen schließen lassen. Man stachelte die örtlichen Antisemiten auf, sodass sich bald judenfeindliche Parolen in Cafés, Tavernen und Läden breitmachten. Allerorten fanden sich Plakate, die sich eindeutig gegen die jüdische Bevölkerung richteten. Metaxas ließ in den Dreißigerjahren die antisemitische Bewegung *EEE*, oder *Griechische Nationalunion*, auflösen, doch die Deutschen belebten sie schnell wieder, wobei die SS dafür hauptverantwortlich war. Um für deutsche Familien Platz zu schaffen, vertrieb man die jüdischen aus ihren Häusern. Man enteignete sie schlichtweg. Rabbiner wurden öffentlich von SS-Schergen auf den Straßen gedemütigt, in den folgenden Monaten viele Juden einfach so verhaftet und als Kommunisten erschossen. Auch in der Presse verbreitete man antijüdische Hetzkampagnen.
Die erste öffentliche Aktion gegen die jüdische Gemeinde in Saloniki fand erst im Juli 1942 statt, nachdem der Wehrmachtskommandeur von Nordgriechenland, Generalleutnant Curt von Krenzki in der Zeitung ankündigte, man werde die jüdische Bevölkerung der Stadt für zivile Arbeiten heranziehen. Alle männlichen Juden mussten sich am elften Juli zur Registrierung auf dem Eleftherias-Platz einfinden, um sich Arbeitskarten abzuholen. Aber

diese Aktion zielte allein auf die Demütigung der Männer ab, die umgeben von bewaffneten Soldaten von Sonnenaufgang an stundenlang in der Hitze stehen mussten. Zehntausend Männer drängten sich innerhalb der Soldaten, während sich nichtjüdische Mitbürger auf dem Platz einfanden, um sich das Ganze anzusehen. Es war ein Samstag, *Shabbat*, doch man nahm ihnen die Hüte ab, um sie auch noch religiös zu verletzen. Als die Ersten durch die Hitze zusammenbrachen, traten die deutschen Soldaten auf sie ein, schlugen sie oder übergossen sie immerzu mit kaltem Wasser, verhöhnten sie, wobei die Umstehenden bald mit einfielen. Manche Juden mussten Leibesübungen machen, bis sie ebenfalls erschöpft zusammensackten. Bald fotografierten die ersten Wehrmachtsangehörigen das Schauspiel, belustigten sich am Leid der Menschen, griechische Anwohner traten auf ihre Balkone, um ebenfalls zuzusehen. Viele klatschten Beifall.

Erst am Abend ließ man die Männer frei, sie waren körperlich ausgelaugt, viele verletzt und die meisten völlig verstört über die Tortur. Doch kaum hatten sie sich etwas erholt, erging der Befehl, dass sie sich für Bauarbeiten auf Straßen und Flughäfen melden sollten, die man in Makedonien für die Wehrmacht baute. Es gab nur einhundert Gramm Brot am Tag und etwas Kohlsuppe, das war die einzige Verpflegung, viele Arbeiter erkrankten bald an der Ruhr, sie litten an geschwollenen Füßen, Malaria oder bekamen einen Sonnenstich, weil die Arbeitszeiten natürlich viel zu lang waren. Doch nicht einmal ständige Schläge schafften es, die Männer zu einer wirklich produktiven Arbeit zu bewegen, weil die Bedingungen einfach so grausam waren.

Die deutsche Armee zeigte sich aber durchaus offen dafür, als jüdische Gemeindevorsteher anboten, die Männer freizukaufen. Nach mehrwöchigen Verhandlungen konnte man so etwa siebentausend Arbeiter für eine viel zu hohe Summe freikaufen, die aber nur durch Zuschüsse aus jüdischen Gemeinden außerhalb der Stadt aufgebracht werden konnte.

Im Dezember des Jahres 1942 nahmen die Deutschen dann den Abriss des großen jüdischen Friedhofs im Osten der Stadt in Angriff, wobei man uralte Grabsteine für den Bau von Straßen und Befestigungsanlagen verwendete. Jüdische Familien versuchten verzweifelt, dies zu verhindern, gruben nach den Überresten von Angehörigen, doch alles war vergebens. Der Friedhof sah bald aus, als wäre er schwer bombardiert worden, denn überall waren nur noch Stein-, Schutt- und Erdhaufen vorzufinden.

Saloniki gehörte zur deutschen Besatzungszone, Athen zur italienischen. Eine große Anzahl von Juden floh aus Saloniki nach Athen. Ebenso kamen bald jüdischen Familien aus Nordgriechenland in die Hauptstadt, weil sie hofften, dort sicher zu sein. Schon im Jahre 1941 schüchterten die Deutschen jüdische Menschen in Mazedonien ein, indem sie publik machten, dass jeder Jude, den sie fanden, sofort nach Auschwitz deportiert würde. Man gründete das sogenannte *Rosenberg-Komitee*, welches von der *Gestapo* organisiert sich mit dem Problem der jüdischen Griechen auseinandersetzen sollte. Es wurde Druck auf die italienischen Behörden in Athen ausgeübt, weil diese im Jahre 1942 damit beginnen sollten, die Juden aus ihrer Besatzungszone zu deportieren. Damit hatte man jedoch vorerst keinen Erfolg. Der SS-Obersturmbannführer Adolf Eichmann sah aber nicht ein, noch länger zu warten und wollte die deutsche Zone so schnell wie möglich *judenfrei* machen. So entsandte er seinen Mitarbeiter Dieter Wisliceny nach Saloniki und übertrug ihm die Organisation. Dieser teilte Eichmann mit, man werde innerhalb von acht Wochen alle Juden aus der Stadt, immerhin fünfzigtausend Menschen, deportiert haben.

Wisliceny war im Laufe des Jahres 1942 bereits von Eichmann damit beauftragt worden, die Deportation von slowakischen Juden nach Auschwitz zu organisieren, wobei er mögliche Probleme mit den dortigen Behörden im Vorfeld regeln sollte. Diese Juden waren unter den Ersten, die man dann in Auschwitz vergaste. Später wandte Wisliceny ein, er habe damals nicht gewusst, welches Schicksal die Menschen dort erwartete, erst nach einem Besuch bei Eichmann im Juni jenes Jahres davon erfahren. Die sogenannte *Endlösung*, verfügt von Heinrich Himmler, fußte auf dem Befehl des Führers, alle Juden zu vernichten.

Saloniki stand für den Beginn der systematischen Verfolgung jüdischer Mitmenschen in Griechenland. Über die Rabbiner wies man die Menschen an, bestimmte Viertel der Stadt zu verlassen, sodass etwa sechstausend Familien zu Beginn des Jahres 1943 die Schlüssel zu ihren Wohnungen abgeben mussten, man Ghettos einrichtete, in denen sie nun leben mussten, bevor man sie nach Polen deportieren konnte. Ab dem fünfzehnten Februar gab es für sie eine Ausgangssperre und nur zehn Tage später mussten sie den gelben Stern mit der Aufschrift *Evraios, Jude,* tragen. Sie durften nicht mehr mit Nichtjuden sprechen, man übertrug das gesamte Arsenal der antisemitischen NS-Gesetzgebung auf die jüdische Gemeinde der Stadt, um sie vom Rest zu isolieren.

Anfang März sprach Wisliceny mit dem Oberrabiner Zvi Koretz und sagte ihm, Eichmann fordere die Deportation der gesamten jüdischen Gemeinde. Koretz bat ihn, seinen Einfluss geltend zu machen, flehte ihn an, die Juden stattdessen in Griechenland zur Arbeit einzusetzen, denn er wusste um die Schwierigkeiten, die die Deutschen hatten, wenn sie Zivilisten aus der restlichen griechischen Bevölkerung dafür heranziehen wollten. Aber weder Wisliceny noch Eichmann hatten wirtschaftliche Aspekte im Blick, sondern nur die ideologischen. Bald traf eine deutsche Polizeieinheit aus Belgrad in Saloniki ein und die ersten Eisenbahntransporte Richtung Norden wurden

organisiert. Am fünfzehnten März verließ der erste Transport mit jüdischen Menschen die Stadt. Dieser umfasste zweitausendsechshundert Juden.
Koretz sprach noch einmal beim amtierenden Ministerpräsidenten Ioannis Rallis vor, der im April sein Amt angetreten hatte. Wisliceny untersagte Koretz, die Kontaktaufnahme zu griechischen Politikern und, als er von dem Gespräch erfuhr, stellte der den Oberrabbiner kurzerhand unter Hausarrest.
Zwar zeigte sich die griechische Regierung durchaus besorgt, war aber machtlos gegen die Besatzer.
Die Ghettos waren natürlich keine angenehme Wohngegend, wenn man es so ironisch sehen möchte, es war dort schmutzig, die Menschen durften nicht einmal Koffer mitnehmen, sie litten schnell an Typhus aufgrund der schlechten sanitären Bedingungen. Am Haupttor des *Baron-Hirsch-Viertels*, wie man das Ghetto in Saloniki nannte, waren Männer mit Maschinengewehren postiert. Zuerst lebten etwa zweitausend Menschen in diesem Ghetto, doch bald stieg ihre Zahl auf acht- bis zehntausend an. Soldaten, griechische und deutsche Polizisten und jüdische Lagerwachen, die sich dadurch Vorteile erhofften, kontrollierten und drangsalierten die Menschen tagtäglich. Man schlug wahllos auf die Juden ein oder traktierte sie mit Befehlen, die man ihnen ins Gesicht schrie.
Bevor man deportiert wurde, musste man im Büro des Ghettos vorstellig werden und das gesamte Bargeld und Gold in polnische Zloty wechseln lassen. Die Beamten erklärten den Menschen, sie würden nach Polen geschickt, um dort eine jüdische Stadt zu gründen. Auch gab man ihnen wertlose Quittungen, die sie bei ihrer Ankunft dort dann angeblich in Bargeld umwechseln lassen konnten. Doch nach dem Krieg wurde bekannt, dass das Geld dieser Menschen auf ein Konto bei der Griechischen Nationalbank floss, welches von der Gestapo verwaltet wurde.
Von März bis Anfang Juni des Jahres 1943 deportierte man die meisten Juden aus Saloniki, der letzte Transport nach Auschwitz fuhr Ende August ab. Die meisten dieser armen Menschen wurden sofort nach ihrer Ankunft vergast.
Ich möchte nicht darauf eingehen, was die Griechen wussten oder was nicht. Man erfuhr es meist auf Umwegen und für die Menschen war es auch ersichtlich. Kein Lokführer kann sagen, er habe weder das Ziel der Reise gekannt oder nicht ahnen können, was den Juden, die sich in den Güterwaggons drängten, für ein Schicksal bevorstand.
Die Deutschen bereicherten sich an leerstehenden Häusern und Wohnungen der Menschen, den jüdischen Fabriken und Läden, die sie gewinnbringend verkaufen konnten. In Saloniki betraf das immerhin rund zweitausend gewerbliche Objekte.

Synagogen sprengte man einfach in die Luft oder wandelte sie zu Pferdeställen um. Auch jüdische Grabsteine dienten oft Hausbesitzern, um den Weg zu ihrem Heim zu *verschönern*.

Die Italiener standen der deutschen Judenpolitik ablehnend gegenüber, doch mit der Kapitulation Italiens im September des Jahres 1943 waren jüdische Mitmenschen in der italienischen Besatzungszone auch nicht mehr sicher. Man verfuhr ebenso wie in der deutschen Zone und ließ dabei keine Zeit verstreichen. Hatten die Juden sich in Athen und überhaupt unter italienischer Besatzung erst noch relativ sicher gefühlt, so war dies nun vorbei und sie ebenso buchstäblich zu *Freiwild* erklärt worden. Es war menschenverachtend und beschämend wie man die Menschen behandelte.

Man muss an dieser Stelle den Italienern zugute halten, dass Guelfo Zamboni, der italienische Konsul in Saloniki, bemüht war, vielen Juden bei der Flucht nach Süden zu helfen, solange der General Geloso als auch der Generalbevollmächtigte Ghigi das Ansinnen ihrer deutschen Kollegen noch abwiesen, mit den Juden in der italienischen Zone ebenso zu verfahren, wie in der deutschen. Es lag in der Natur der Italiener, einfach mehr Barmherzigkeit an den Tag zu legen, ganz gleich, ob die Deutschen dies versuchten, mit Eigennutz oder gar Bestechung zu rechtfertigen.

Nikos Kilessopoulis war der stellvertretende Bürgermeister der Katerini, die in einiger Entfernung zu Thessaloniki liegt. Er befand sich eines abends noch mit anderen Offiziellen aus den umliegenden Ortschaften im Gemeindegebäude, als ein Telegramm eintraf, welches vonseiten der SS den Befehl gab, alle lokal dort ansässigen Juden zu verhaften. Sofort machte er sich auf den Weg, alarmierte die jüdischen Mitbürger, lief von Haus zu Haus, riet ihnen, sich in die Berge zu flüchten. Dreißig jüdische Menschen versteckten sich dort. Wer aber die harten Lebensbedingungen in den Dörfern dort nicht aushalten konnte, kam kurz darauf zurück und wurde später deportiert. Aber die meisten dieser Menschen überlebten in ihren Verstecken bei den Bewohnern der Bergdörfer.

Am zweiundzwanzigsten September des Jahres 1943 wurde der SS General Jürgen Stroop zum Oberhaupt der Polizei von Griechenland ernannt. Stroop hatte sich einen Namen gemacht, weil er nur fünf Monate zuvor das Warschauer Ghetto hatten räumen lassen. Seine Aufgabe war die Registrierung der jüdischen Menschen und ihre Deportation. Er gab sofort eine erste Order heraus, die besagte, dass jeder Christ, der einen Juden versteckte, umgehend erschossen werde.

In Ioannina, der Hauptstadt der Region Epirus, registrierte man eintausendneunhundert Juden innerhalb kürzester Zeit. Nur fünf von ihnen entkamen der Deportation. Die griechische Bevölkerung war machtlos,

doch es wurde erwähnt, wie bewegt die Griechen waren, als man die jüdischen Mitbürger fortbrachte. Doch sie fürchteten sich vor der Gewalt der Deutschen, die sie ereilen könnte, wenn sie einschritten.
Stroop rief in Athen umgehend den Erzbischof Damaskinos zu sich, forderte ihn auf, ihm bei der Deportation der Juden der Stadt behilflich zu sein. Der Erzbischof verließ das Büro Stoops voller Wut, wies sogleich die Vorsteher und Priester der griechisch-orthodoxen Gemeinden an, jüdische Mitbürger zu verstecken, sie um keinen Preis an die Deutschen zu übergeben. Es gab auch noch viele italienische Soldaten in der Stadt, die sich für die Juden einsetzten, dadurch konnten viele Leben gerettet werden. Damaskinos informierte auch den Polizeichef von Athen, Angelos Evert, der für achtzehntausendfünfhundert jüdische Mitmenschen falsche Papiere organisierte. Viele konnten mit diesen Papieren dann fliehen.
Wisliceny, der sich ebenfalls nun in Athen aufhielt, wandte sich an den Oberrabbiner von Athen, Elias Barzilai. Er gab ihm drei Tage Zeit, damit er ihm sämtliche Adressen und andere wichtige Informationen über die jüdische Gemeinde aushändigte. Der Oberrabbiner wusste aber von den Deportationen in Saloniki, zudem stand er in Kontakt mit dem Roten Kreuz in Genf, welches ihm mitteilte, dass von den bisher deportierten Menschen jegliche Spur fehlte. Das waren für Barzilai natürlich sehr beunruhigende Nachrichten. Der Oberrabbiner entwickelte einen sehr genau durchdachten Plan, um seine Gemeinde zu warnen.
Nach einem Bericht der Deutschen standen an einem Sonntagmorgen kurz darauf mehrere Männer vor der Tür des Hauses des Oberrabbiners, die er verwirrt für deutsche Agenten hielt. Diese forderten ihn auf, rasch alles zusammenzupacken und man brachte ihn, seine Frau und seine Tochter versteckt in einem Postlaster aus Athen in die Berge Zentralgriechenlands. Man sagte, jüdische Widerstandskämpfer hatten zusammen mit EAM/ELAS seine Entführung beschlossen, er hielte sich nun in Händen der ELAS auf. Ein EAM-Mitglied, namens Kostas Vidalis, zerstreute seine Bedenken, was nach seiner Flucht mit den jüdischen Mitgliedern seiner Gemeinde geschehen könnte.
Barzilai sagte nach dem Krieg, es sei seine Idee gewesen, wie Moses zu fliehen, um die Gemeinde zu warnen. Er und seine Familie überlebten in den Bergen. Es rettete vielen Juden das Leben, denn als der Rabbiner fort war, flüchteten jüdische Menschen umgehend in die Berge, tauchten in der Stadt unter oder bereiteten schnell ihre Flucht vor. Dies widersprach natürlich Stroops Plänen.
Am dritten Oktober befahl er daher allen Juden unter Androhung der Erschießung, sich innerhalb von fünf Tagen registrieren zu lassen. Danach sollten sie sich alle zwei Tage bei den örtlichen Behörden melden. Doch als

vier Juden diese Frist verstreichen ließen, wurden sie von den Deutschen bis zum siebzehnten Oktober verlängert. Es lebten damals etwa achttausend Juden in Athen, Stroop registrierte aber nur eintausendzweihundert von ihnen.
Ein weiteres Problem lag darin, dass die jüdischen Menschen nicht zentriert in der Stadt, wie in Saloniki lebten, sondern verteilt auf Dörfer und kleine Inseln. Ministerpräsident Rallis beschwerte sich am siebten Oktober schon in einem ausführlichen Memorandum bei Altenburg. Er machte auch seinem Unmut über geplante Deportationen Luft.
Die Deutschen wollten aber vermeiden, dass es zu einem Fiasko wie in Dänemark kam. Dort hatte Eichmann die Deportationen gegen den energischen Widerspruch von dänischer Seite durchführen lassen. Ihm stand dafür keine mächtige deutsche Polizeipräsenz zur Verfügung, was vielen Juden die Flucht ins Ausland ermöglichte, aber nun waren die Beziehungen zur dänischen Regierung abgekühlt. Daher empfahl das Auswärtige Amt, in Griechenland behutsamer vorzugehen. Man musste also buchstäblich einsehen, dass eine Deportation der aus Sicht der Deutschen wenigen Juden, die sich hatten registrieren lassen, nicht *zufriedenstellend* sei. Somit entschloss man sich im Winter des Jahres 1943 dafür, den Besitz von Juden zu erheben, die sich eben einer Registrierung entzogen hatten, wobei man in Häuser und Wohnungen einbrach und diese einfach ausräumte.
Es bleibt nur zu vermuten, ob Wisliceny in den Augen Eichmanns versagte, oder ob ihm selbst Zweifel kamen, wie er nach dem Krieg stets betonte. Aber im Januar des Jahrs 1944 rief ihn Eichmann zurück nach Berlin, versetzte ihn auf einen anderen Posten.
Eichmann hatte immer noch die Deportation der Juden im Auge, setzte Ende Februar nun den SS-Hauptsturmführer Anton Burger ein, betreute ihn mit der Aufgabe, die Juden aus den Gemeinden zu deportieren, die bislang verschont geblieben waren. Diese doch sehr komplexe logistische Aufgabe konnte nur in Zusammenarbeit von SS und Wehrmacht vonstattengehen. So suchte Burger am Morgen des dreiundzwanzigsten März des Jahres 1944 die Synagoge in der Melidoni-Straße auf, wo die Registrierungen stattfanden. Doch an diesem Morgen ließ er den anwesenden Männern mittels eines Dolmetschers erklären, man würde sie aufgrund ihrer englandfreundlichen Haltung nach Deutschland deportieren und sie könnten erst nach dem Ende des Krieges zurückkehren. Die Nachricht schockierte die Menschen, die sich kurz darauf SS-Männern mit Maschinenpistolen gegenübersahen. Man ließ die Türen der Synagoge schließen, die SS-Männer postierten sich davor. Zwanzig jüdische Jungen bekamen Armbinden und die Anweisung, Frauen und Kinder zusammenzutreiben, sie sofort ins Gemeindezentrum zu bringen. Vielleicht klingt es verwunderlich, weshalb die Menschen sich

noch registrieren ließen, denn viele waren bereits geflüchtet, aber es lag wohl schlichtweg an der Tatsache, dass sie nicht ahnten oder wussten, was auf sie zukommen würde. Manche waren aus persönlichen Gründen auch nicht geflohen.
An diesem Morgen traten nun viele Männer freiwillig aus der Synagoge heraus, damit man sie nicht von ihren Familien trennte. Juden, die sich versteckt hatten, wurden von der griechischen Polizei und SS aufgespürt. Mittags fanden sich so siebenhundert bis tausend Menschen in der Synagoge ein, die man mit vorgehaltener Waffe bedrohte. Dann, am frühen Nachmittag, mussten die jüdischen Menschen die Synagoge verlassen und auf wartende Lastwagen steigen. Die Straßen wurden von den SS-Männern mit den Maschinengewehren bewacht, es fanden sich auch Gaffer aus der griechischen Bevölkerung ein. Man brachte die Menschen ins fünf Kilometer entfernte Konzentrationslager *Chaidari*. Es war am dritten September des Jahres 1943 von der italienischen Besatzungsmacht als zentrales Gefängnis und Gefangenenlager eingerichtet worden. Nach der Kapitulation Italiens übergab man es an die Deutschen, am zwanzigsten Oktober wurde es der SS und dem für Griechenland zuständigen *Befehlshaber der Sicherheitspolizei und des Sicherheitsdienstes*, kurz *SD*, Walter Blume, unterstellt. *Chaidari* war ein Gefangenenlager, in dem Zwangsarbeit und psychischer Terror in Form von Folter an der Tagesordnung waren. Nun wurde es auch zu einem Aufenthaltsort für die Juden aus Athen. Zehn Tage, nachdem man sie gefangen nahm, wurden alle diese Menschen in einen Zug nach Auschwitz gepfercht und dort ermordet oder an der Rampe vom berüchtigten Doktor Mengele für seine Forschungen selektiert, was für sie zumeist auch einem Todesurteil gleichkam. Erwähnenswert ist auch, dass eben diese Menschen erst in der zweiten Aprilwoche des Jahres 1944 in Auschwitz eintrafen, also auch noch eine wahrhaft grauenvolle lange Reise auszustehen hatten. Diese Tatsachen erfuhr man aber erst nach dem Krieg.

Das Schicksal der Juden in Athen teilten auch die jüdischen Menschen in anderen Gemeinden, wie in Ioannina, wo man im März des Jahres 1944 dann eintausendsiebenhundert Juden der uralten Gemeinde zuerst ins Lager nach Larissa brachte, dann nach Auschwitz. Auf Korfu, Kreta und den Dodekanes-Inseln setzte sich die Gräuel-Propaganda fort, auf den Inseln musste man dann für den Abtransport auch die deutsche Marine mit einbinden.

Jüdische Mitmenschen zu verstecken war zu jener Zeit ein durchaus riskantes Unterfangen, denn nicht jedes Versteck war wirklich sicher, man musste genau aufpassen, wem man was oder wann erzählte, und das eigene Leben war damit auch in Gefahr. Doch ich konnte das alles nicht mit ansehen. Ich lebte mit der Popoulo in Georges Haus ein eigentlich ruhiges und beschauliches Leben trotz des Krieges. Dann und wann fanden sich andere Helfer aus dem Freundeskreis bei mir ein, die mir unter die Arme griffen, aber im Vergleich mit dem, was andere Menschen in Kriegszeiten durchleben mussten, war ich so gesehen ohne jegliche Sorgen. Mein Leben war von der karitativen Arbeit bestimmt, ich lebte sehr gerne spartanisch, auch was das Essen betraf, und verspürte nie Langeweile.

Die jüdische Familie Cohen war mir bekannt. Haimaki Cohen war ein Immobilienentwickler und ehemaliges Mitglied des Parlaments gewesen. Im Jahre 1912 hatten die Cohens Andreas Vater, Tino, Andrea und mich für einige Monate aufgenommen, als es eine Flut in Saloniki gab. Sie besaßen damals ein wunderschönes Anwesen in Trikala, einer Stadt in der fruchtbaren thessalischen Ebene. Es war einige Monate vor dem Attentat auf meinen Schwiegervater gewesen. Dieser ließ Haimaki Cohen aus Dankbarkeit für seine Gastfreundschaft damals einen griechischen Orden überreichen, aber Cohen hielt seine Hilfe für selbstverständlich und lehnte die Auszeichnung dankend ab. Damals versprach ihm mein Schwiegervater, dass, wenn immer er einmal Hilfe benötigen sollte, er nur darum bitten sollte. In den folgenden Jahren besuchte Cohen oft Athen, wobei wir ihn auch öfter trafen. Er war ein gern gesehener Gast der königlichen Familie.
Als die Deutschen und Italiener nun Griechenland besetzten, zog Cohen mit seiner Familie nach Athen, verstarb aber Anfang des Jahres 1943. Zurück blieben seine Witwe Rachel, die ursprünglich aus England stammte, seine Tochter Tilde und die vier Söhne Elie, Alfred, genannt *Freddy*, Jacques und Michel. Zuerst versteckten sich die Cohens bei drei älteren Damen, die Protestantinnen waren und allesamt zu einer Familie namens Chrisaki gehörten. Sie lebten außerhalb Athens auf einem Bauernhof. Die Cohens hatten seit dem September des Jahres 1943 dort Unterschlupf gefunden. Zuerst glaubten sie, ihr Versteck sei sicher, aber nach nur drei Wochen hörte Jacques, dass sich andere Menschen über ihre Zuflucht unterhielten. Er befürchtete, man könne ihr Versteck entdecken.
Freddy war das Oberhaupt der Familie Cohen und Anwalt gewesen. Daher versuchte er auch schnell eine neue Unterkunft zu finden. Er erinnerte sich an das Angebot des verstorbenen Königs und suchte den Kontakt zu mir, denn er wusste, dass ich in Athen lebte. Dafür konnte er natürlich nicht selbst erscheinen. So wandte er sich an eine bekannte Person der Gesellschaft, Madame Nelly Eliasco, mit der ich von Zeit zu Zeit Tee trank. Freddy bat sie, mit mir zu sprechen, was sie auch umgehend tat. Zuerst zögerte ich aufgrund des Risikos, aber nicht, weil ich sie abweisen und ihrem Schicksal überlassen wollte. Es war mehr aus dem Grund, weil ich um die

Popoulo besorgt war und um Ellen. Man hätte nicht nur mich dafür bestraft, vielleicht auch mit dem Leben, aber ebenso eventuell auch die Menschen, mit denen ich mich umgab. Die Willkür der Deutschen war mir nur allzu vertraut mittlerweile durch die Geschehnisse in Griechenland.
Also sagte ich der Madame, ich könnte die Cohens nicht aufnehmen. Nach einer kurzen Bedenkzeit plante ich, die Familie selbst zu kontaktieren, denn dann wäre auch die Madame nicht eingeweiht.
Doch es kam anders. Freddy und seine Schwester gingen an einem Tag nahe meines Hauses spazieren und trafen dort auf Madame Sophoulis, die Gattin des ehemaligen Premierministers. Sie erzählten ihr von ihrem Schicksal, ihrer Hoffnung fliehen zu können, und versuchten belanglos das anzusprechen, was eben jedem Griechen über die Verfolgung der Juden bekannt war. In jenem Moment trat gerade Madame Sophoulis□ beste Freundin aus meiner Türe, Madame Delgianni, die mich besucht hatte und sich verabschiedete. Schnell überlegte ich mir, Madame Delgianni als mein Sprachrohr zu benutzen, um mit den Cohens Kontakt aufzunehmen. Nur eine Stunde später hatte ich so Rachel Cohen und ihre Tochter Tilde offeriert bei mir zu wohnen.
Am folgenden Abend, dem fünfzehnten Oktober, schlüpften sie beide im Schatten der Dunkelheit durch die Hintertür in mein Haus. Ich überließ ihnen zwei Räume im ersten Stock, wo sie auch eine kleine Küche nutzen konnten.
Schon bald bat ich sie nachmittags zu mir hinunter, wir sprachen viel über Religion, besonders das Judentum, und auch meine philosophischen Studien fanden ihr Interesse.
Nur die Popoulo wusste wirklich Bescheid, aber sie hieß es gut, sagte mir immerzu, dass ich sehr großen Mut bewiese und es ihr gleich sei, wenn man uns entdeckte, denn wir würden Menschenleben retten. Sie war eine sehr bodenständige Frau, aber auch eine wirklich treue Seele. Den anderen Bediensteten und einigen Helfern im Rahmen meines karitativen Engagements erklärte ich, dass Frau Cohen eine ehemalige Gouvernante aus der Schweiz sei, die meine Töchter sehr geschätzt hatten und die nun aus Deutschland zu mir geflüchtet war. Niemand stellte Fragen, alle akzeptierten meine Erklärung.
Einen Monat später nahm ich auch Michel, den jüngsten der vier Brüder auf.
Es tat mir nur leid, dass die Cohens nicht vor die Tür treten durften, sie mussten stets im Haus bleiben. Doch ich versuchte ihnen ihren Aufenthalt bei mir so angenehm wie möglich zu machen und lehnte stets den Dank von ihnen ab. Es war, wie schon Haimaki Cohen einst meinte, eben selbstverständlich für mich.

Die anderen Söhne von Rachel konnten über die Ägäis fliehen. Sie erreichten die türkische Küste, machten sich auf den Weg nach Ägypten, wo sie vorerst blieben und sich den alliierten Truppen anschlossen.
Natürlich wurden die Deutschen dann und wann auch einmal skeptisch, denn mein Haus lag direkt dem gegenüber des Erzbischofs Damaskinos, zudem patrouillierten dort ständig deutsche Wachen. Manchmal kamen Männer der Gestapo zu mir, sie wollten mich ausfragen, aber ich konnte mich auf meine Taubheit berufen, gab vor, ihre Fragen nicht zu verstehen, zeigte mich auch schnell erbost über die Störung. Nicht nur einmal zogen sie von dannen, und bevor sie sich umdrehten, um wegzugehen, flüsterten sie sich zu, dass ich eine alte, verwirrte Frau sei und Ähnliches. Ich musste mir buchstäblich das Schmunzeln verkneifen. Die Popoulo stellte fest, dass es mit der Zeit für mich auch irgendwie belustigend war, die Männer so zu veräppeln.

Bei der Familie Cohen in Trikala, 1912 – vorne links steht mein Schwiegervater, König George I. von Griechenland, rechts auf der Treppe steht Andrea, hinter ihm Haimaki Cohen und links neben Andrea stehe ich

Trikala, 1912 – vorne links auf der Treppe stehen Tilde und ihr Bruder Michel Cohen, vorne mein Schwiegervater, auf der Treppe rechts Andrea, neben ihm Rachel Cohen und im Hintergrund ist Haimaki Cohen zu sehen

Die älteren Söhne Rachels nahmen die Strapazen der Flucht auf sich, weil sie ihre Mutter, die Schwester und den jüngeren Bruder in Sicherheit bei mir wussten. Ich hatte auch diese im Hintergrund für sie organisiert.

Rachel und ihre beiden Kinder lebten dreizehn Monate in meinem Haus, bis es für sie sicher war, aus Griechenland zu fliehen.

Jacques wollte sich Jahre später bei mir für die Hilfe bedanken, aber ich sagte ihm nur, es sei meine Pflicht gewesen. Keiner von ihnen wurde deportiert und ist damit jenem schlimmen Schicksal entgangen, welches so viele jüdische Menschen in dieser Zeit erleiden mussten. Ich erzählte auch nie meiner Familie, was ich getan hatte, denn ich sah es wie einst Tante Alix, die immer meinte, man solle keinen Wirbel um etwas machen und schon gar nicht um ihre Person. Es ging mir nur darum, etwas gegen das Unrecht zu tun, denn dies ist etwas, was ich absolut nicht mochte und ich verabscheute es, wenn die Menschlichkeit verloren ging. Also behielt ich meine Hilfe für die Cohens für mich und auch die Popoulo verstand meine Einstellung demgegenüber.

Ende Januar des Jahres 1944 besuchte ich meine Tochter Tiny in Kronberg im Taunus und wollte bei ihr sein, wenn sie ihr Baby bekam. Es hatte mich aber drei Monate Wartezeit gekostet, die Erlaubnis zu erhalten, nach Deutschland reisen zu dürfen. Ich musste von Athen aus nach Rumänien fliegen, nahm dort den Zug nach Bukarest und fuhr erst nach Wien, dann weiter nach Deutschland. Die Reise war sehr umständlich, aber ich wollte unbedingt zu meiner Tochter.

In Kronberg war die Kapelle, in der Tinys Schwiegervater und seine beiden ältesten Söhne ruhten, von einer Brandbombe getroffen worden. Sophie hatte für eine Zeit in Berlin gelebt, als ihr Ehemann dort arbeitete, und war dann nach Schloss Friedrichshof zu ihrer Schwiegermutter nach Kronberg zurückgezogen. Auch um ihr in der Trauerzeit nach dem Tod ihres Ehemannes beizustehen. Sie lebte nun mit ihren vier Kindern bei Mossy, die sich sehr betroffen darüber zeigte, dass die letzte Ruhestätte ihres Mannes und ihrer beiden Söhne Schaden genommen hatte. Zudem verstand sie nicht, warum man Christoph in Italien begrub, es nicht möglich gewesen war, seine sterblichen Überreste irgendwie nach Deutschland zu bringen. Sie war so gramgebeugt, sie sah nicht ein, dass der Krieg so etwas unmöglich machte.

Tiny versorgte aber nicht nur ihre eigenen Kinder, sondern auch die ihres Schwagers Prinz Philipp von Hessen, der seit dem September des Jahres 1943 im Konzentrationslager in Flossenbürg, Bayern, interniert war. Seine Gattin Mafalda, Tochter des italienischen Königs Victor Emmanuel III., befand sich im Konzentrationslager Buchenwald. Sie hatte sich in Rom aufgehalten, bis man vermutete, dass ihr Vater am Sturz Mussolinis beteiligt sein könnte. Man ließ sie dann von der Gestapo verhaften, unter Hausarrest stellen und nach Deutschland bringen, wo sie nun in Buchenwald festgehalten wurde. Aufgrund der sogenannten *Sippenhaft* saß Philipp in Flossenbürg und alle Anstrengungen, die die Familie unternahm, ihn oder seine Frau freizubekommen, wurden abgeschmettert.

So waren die vier Kinder von Philipp und Mafalda nun in der Obhut von Tiny und Mossy, wobei die jüngste Tochter gerade erst drei Jahre alt war. Philipp sollte nach Ende des Krieges erst freikommen, seine Gattin jedoch starb im August 1944 in Buchenwald, als die Munitionsfabrik, in der sie dort arbeiten musste, bombardiert wurde. Vierhundert Insassen wurden getötet, Mafalda in Trümmern verschüttet und am Arm verletzt. Musste diesen amputieren, sie verlor so viel Blut, dass sie kurz darauf verstarb.

Meine Tochter war in gewisser Weise völlig überlastet. Einerseits trauerte sie selbst um ihren Ehemann, andererseits musste sie sich vor den Kindern zusammenreißen und auch der Schwiegermutter eine Stütze sein. Tiny war

sehr blass und wirkte erschöpft, obwohl sie ein Kind erwartete.
Die kleine Clarissa, die als zweiten Vornamen meinen erhielt, wurde am sechsten Februar geboren. Sie war gesund und munter.
Dennoch verstand ich, wie sehr meine Tochter litt. Man kann das Leid eines anderen Menschen teilen, aber nicht wirklich verstehen. Unser Kummer über den Verlust von Cäcilie und ihrer Familie, dann der Tod der kleinen Johanna brachten uns zusammen, wir versuchten es alle zu tragen, aber vielleicht wird es irgendwann einfach zu schwer, wenn der Kummer immer mehr zunimmt. In den drei Wochen, die ich mit Tiny verbrachte, versuchte ich ihr zu helfen, aber es war eine sehr schwere Bürde, wenn nicht nur ihre Kinder nach dem Vater fragten, sondern auch die von Mafalda und Philipp nach ihren Eltern.
Cäcilies Tod war für mich sehr schmerzlich gewesen, aber manchmal glaubte ich, ich hatte nie genug um sie getrauert. Es war eine andere Zeit gewesen, in der ich mich selbst gerade wiederfand und dann nahm mir das Schicksal die Tochter ... Doch es lag mir fern, mich in meinem Schmerz zu vergraben, wie Mossy es immerzu wieder hervorzuholen. Das hätte Cäcilie auch nicht gewollt. Jedenfalls hoffte ich das irgendwie tief in meinem Inneren.
Bei meinem Aufenthalt in Kronberg erfuhr ich auch, dass Margarita wieder schwanger war und die Geburt bald bevorstand. Leider gab es kein Automobil, mit dem ich zu ihr hätte fahren können, und mit den Zügen, die nicht mehr so verfügbar waren wie vor dem Krieg, würde es sehr lange dauern und umständlich werden Langenburg zu erreichen.
Ich hielt mich noch einige Tage in Deutschland auf.
Am siebten April brachte Margarita Zwillinge zur Welt, die kleinen Prinzen Rupprecht und Albrecht. Im selben Monat reiste ich zurück nach Griechenland und sollte für eine lange Zeit dann nichts mehr von meinen Töchtern hören, als die deutsche Besatzung im Oktober des Jahres 1944 endete.

Mein Verhältnis zu Ellen hatte sich sehr gebessert, seit wir die beiden einzigen Mitglieder der griechischen Königsfamilie waren, die sich noch in Griechenland befanden. Jede von uns war zwar auf ihre eigene Art und Weise karitativ engagiert, aber dennoch hatten wir nur uns beide. Wir trafen einander regelmäßig und seit ich ihr Beistand leistete, nach dem Tod von Marinas Ehemann, war unser Band enger geworden. Ich erzählte ihr auch, wenn ich Neuigkeiten von der Familie erfuhr, und sie freute sich, wenn ich unter anderem auch Philip von ihr Grüße ausrichten ließ. Ebenso ließ sie es mich wissen, wenn sie etwas Neues erfuhr. In dieser Hinsicht waren wir durchaus auch auf die jeweils andere angewiesen.
Es war gut, dass sich die Differenzen zwischen uns gelegt hatten. Als ich

nach meiner Heirat mit Andrea nach Griechenland kam, war Ellen mir gegenüber oft sehr hochnäsig gewesen, was daran lag, dass sie auf mich herabsah. Ich war in ihren Augen nur ein Abkömmling aus einem Hause, welches sich auf einer morganatischen Ehe begründete. Meine Schwägerin war aber eine geborene russische Großfürstin und beharrte auch später noch oft auf ihrer Herkunft.

So hatte sie König George V. beleidigt, als sie darauf bestand, man möge sie auf der Einladung zur Hochzeit ihrer Tochter doch bitte mit dem Titel einer *Kaiserlichen und Königlichen Hoheit* ansprechen und auch so vorstellen. Im Jahre 1941 sprach sich auch König George IV. nach den leidvollen Erfahrungen seines Vaters mit Ellen dafür aus, dass sie von allen Mitgliedern der griechischen Königsfamilie die Einzige sei, die man in England nicht mehr willkommen heißen würde.

Ellen war leider auch mit einem sprichwörtlichen losen Mundwerk gesegnet, denn sie nahm sich gerne heraus, über andere Verwandte zu urteilen, dies auch weiterzuerzählen. In den Dreißigerjahren konnte sie es sich nicht nehmen lassen, vor anderen Verwandten über meine Erkrankung zu spekulieren, erfand auch gerne das eine oder andere dazu, um es spannender zu gestalten. Ich wusste darum und es kränkte mich sehr, als jemand ihr von meiner Heilung berichtete, sie darauf lapidar erwiderte, man werde sehen, ob ich wieder ganz gesund sei.

Ein jeder wusste, dass sie Deutschland gegenüber im Grunde genommen freundlich eingestellt war. Ich will damit nicht sagen, dass sie die Besatzung, die Verfolgung der Juden oder die schwere Hungerkrise befürworte, und den Krieg schon gar nicht, aber sie hing irgendwie in den alten Zeiten fest, in denen der Kaiser und Preußen noch etwas bedeuteten. Vielleicht kränkte es sie aber auch, was aus Russland geworden war, denn mit dem Untergang des Zarenreichs hatte sie auch ihre Identität ein Stück weit verloren. Das verstand ich natürlich, aber ich verabscheute üble Nachrede, übertriebenen Standesdünkel und bevorzugte den Umgang mit Menschen, die mir gegenüber offen und ehrlich waren.

Im Oktober des Jahres 1944 kam Harold Macmillan, 1st Earl of Stockton, nach Athen gereist, um mit der griechischen Regierung über eine Neuordnung derselben zu sprechen. Macmillan war ein britischer Politiker, seinem Vater gehörte der gleichnamige bekannte Verlag, den er nach dessen Tod im Jahre 1936 übernommen hatte. Dickie bat ihn, auf seiner Reise nach mir und Ellen zu sehen. So besuchte er zunächst Ellen in Psychiko. Sie lebte in ihrer Villa mit jedem erdenklichem Komfort, präsentierte ihm auch ohne Umschweife ihr Radiogerät, welches man nicht konfisziert hatte. Ihrem Gast ließ sie den besten Tee servieren, den sie besaß. Ellen verfügte über vier Bedienstete, einen alten Butler und zwei Kammerzofen. Macmillan war von ihrer Eleganz beeindruckt, sie erinnerte ihn sogleich an eine *Grande Dame* der Edwardianischen Ära. Mit gewissem Stolz trug sie ihre Juwelen, die sie ansonsten in einer wertvollen, reich verzierten Holzschatulle mit sich führte, wenn sie reiste. Weitere Stücke von großem Wert verblieben ansonsten in derselben, aber sie erwähnte gerne, was sie besaß. Dies geschah nicht in einer angeberischen Art und Weise, aber sie hing sehr an diesen Stücken und erwähnte es gerne. Sie liebte einfach kostbaren Schmuck.

Wenn sie an der Zeremonie in der russisch-orthodoxen Kirche teilnahm, saß sie auf einem der besonders verzierten Stühle, die einem Thron ähnelten.

Ellen machte einen großen nachhaltigen Eindruck auf Macmillan. Er blieb zwar nur eine halbe Stunde, unterhielt sich aber in dieser kurzen Zeit sehr angeregt mit ihr, wobei sie deutlich machte, wie wichtig ihr Religion sei, welches Gewicht dies für sie habe, aber erwähnte, *ich* würde Religion nicht wirklich verstehen, sei eine träumerische Philosophin, die versuchte, sie zu ergründen, aber daran kläglich scheiterte.

Nach dem Besuch bei Ellen kam Macmillan zu mir und befand sofort, ich würde in heruntergekommenen Verhältnissen leben, die eher ärmlich wirkten. Auf den ersten Blick hielt er mich für ungepflegt, untersetzt und bezeichnete mich als den *Hausfrauen-Typ*, der eigentlich mit meiner royalen Herkunft nicht konform ging. Ebenso verschreckte ihn auch gleich mein Charakter, sodass er fast anzweifelte, wir hätten den gleichen Status. Der Kontrast von Ellens fast palastartigem Zuhause zu meinem alten Haus und der Wohnung, die ich darin mein eigentliches Refugium nannte, war für ihn ein sehr starker Gegensatz.

Weitaus schlimmer aber wog die Tatsache, dass er mir eine gewisse Intelligenz gänzlich absprach, meinte, ich sei übernervös und ungeschickt. Ich wirkte einfach schlichtweg *plump* auf ihn. Dennoch erkannte er mir an, wie ich mich in karitativen Dingen engagierte, dass ich in Griechenland geblieben war und mich vor allem um hungernde Kinder kümmerte, dabei meine Kontakte zum schwedischen und schweizerischen Roten Kreuz nutzte. Ihm imponierte nur, wie ich nichts anprangerte an meinem Leben, und da er mich bat zu sagen, wenn mir etwas fehle, ich etwas dringend benötigte, wies ich nur daraufhin, dass die Populo und ich vielleicht über einige Nahrungsmittel sehr erfreut wären. Er ließ sich aber von Virginie die Vorräte zeigen. Wir hatten Brot – das war alles. Es gab in unseren Vorräten keinen Zucker, Tee, Kaffee, Reis oder Essen in Konserven. Sein Blick verriet mir, er dachte vielleicht für einen Moment, die Populo und ich würden uns beide gemeinsam in den existenziellen Abgrund reißen, oder ich, die auf ihn verwirrt wirkende, etwas dümmliche Hausfrau habe nicht genug Intelligenz, um die Vorratshaltung zu organisieren, das Personal richtig anzuleiten. Ich merke hier an, dass Virginie niemals Personal für mich war, sondern eine Freundin.

Macmillan versprach uns beim Abschied, er werde Nahrungsmittel aus Armeebeständen organisieren, dann verließ er uns mit der einschlägigen Meinung, Ellen sei die beeindruckendere Person von uns beiden. Leider erfuhr ich über Umwege, was er über mich dachte. Er sprach mit dem Major Gerald Green darüber. Green war der Militärassistent des Generals Scobie und sollte mir bald nach seiner Ankunft in Athen, die zeitgleich mit Macmillans einherging, ein guter Freund und Vertrauter werden. Der Major hatte mich bereits kennengelernt, hörte sich nun an, was Macmillan über mich sagte und verteidigte mich sofort.

Letzterer tat mir Unrecht. Er hatte einen großen Schnurrbart, der einen Teil seiner Oberlippe bedeckte, und er öffnete seinen Mund kaum, um zu sprechen. Ich war aber auf das Lippenlesen angewiesen, konnte daher nur schwer verstehen, was er sagte. Genaugenommen hätte ich ihn ohne die Hilfe der Popoulo gar nicht verstanden. Seine Bemerkungen über mich fand Green sehr ungalant und eher flegelhaft, denn immerhin hatte ich die Armut der Menschen zur Zeit der Besatzung geteilt, wie er aus zuverlässigen Quellen hörte, mich nicht geschont, war nicht reich und dennoch generöser als Ellen, wie er fand. Meine Kleider waren alt, sahen auch manchmal etwas abgetragen aus, aber das war mir egal. Green meinte, Macmillan besäße einfach kein Feingefühl.

Einige Zeit darauf besuchte mich Jean Charles-Roux, ein französischer Diplomat, der nun ein Amt bei der ältesten katholischen Kirche in London, der St. Etheldra`s Place in Holborn, innehatte. Er traf mich in Georges Haus und es war gut, jemandem zu begegnen, der mir Neuigkeiten aus dem Rest der Welt überbringen konnte. Zuerst stellte er fest, dass sowohl ich als auch Ellen, die er auch aufsuchte, bestens über politische Vorgänge informiert waren. Ellen jedoch hatte mir gegenüber den Vorteil, dass sie durch die Revolution in Russland noch mehr Kontakte zu Personen in der Politik aufrecht hielt, öfter Botschafter empfing. Man ging zuerst zu ihr, dann eventuell noch zu mir.

Charles-Roux zeigte sich beeindruckt darüber, dass ich genau wusste, wem man zurzeit in Griechenland noch trauen konnte, und meine Sicht auf die griechische Politik war sehr objektiv. Mein Scharfsinn, was einzelne Politiker betraf, imponierte ihm sehr. Ich wusste, dass Ellen oftmals von Botschaftern eingeladen wurde, was mich keineswegs störte, bis mir Charles-Roux offenbarte, sie sagte stets jedem, der nach Athen kam sofort, ich sei taub und würde es nicht schätzen eingeladen zu werden, was nicht der Wahrheit entsprach. Ich war durchaus in der Lage, Gesprächen zu folgen und mich einzubringen, war auch gerne in Gesellschaft. Aber ich brauchte dies nicht immerzu. Es war unschön von Ellen, meine Taubheit vorzuschieben, damit ich nicht eingeladen wurde. Aber natürlich sagte ich dies Charles-Roux nicht.

Mittlerweile war es mir möglich, über die griechische Botschaft in London mit Mama zu schreiben. In einem Brief unterrichtete ich sie von meiner Absicht, erst einmal in Griechenland zu bleiben, und ich strebte keine anderen Pläne an, bis der Krieg vorüber wäre.
Am vierzehnten November dankte ich in einem Schreiben Dickie dafür, dass er den Besuch Macmillans angeregt hatte und mir damit verbunden auch den Zugang zu Nahrungsmitteln möglich machte. In der letzten Woche, bevor die deutsche Besatzung endete, konnte ich nur noch Brot und Butter essen, was ich mit meinen Bediensteten teilte. Vor allem Virginie geriet völlig aus dem sprichwörtlichen *Häuschen*, als die erste Ration von Lebensmitteln aus Armeebeständen bei uns eintraf, denn in diesem Paket befand sich auch Corned Beef. Endlich konnten wir seit Monaten einmal wieder Fleisch essen. Die arme Popoulo fing beim ersten Bissen an zu weinen.
General Scobie lud mich im November ein, mit ihm an Bord der Orion den Film *In which we serve* anzuschauen. Der Film mit dem beliebten britischen Schauspieler Noël Pierce Coward basierte auf Dickies Erlebnissen auf der *Kelly* und dem Untergang des Schiffes. Es war eine große Ehre für meinen Bruder, dass man nach seinem Bericht den Film gedreht hatte.

Am sechsundzwanzigsten Oktober des Jahres 1944 starb Tante Beatrice in *Brantridge Park* in Balcombe, in der Grafschaft West Sussex, wohin sie sich während des Krieges zurückzog, als London von den Deutschen bombardiert wurde. Alice, die Countess of Athlone, lebte in ihren letzten Monaten an ihrer Seite.
Tante Beatrice war das letzte noch lebende Kind von Königin Victoria gewesen und ihr Verlust schmerzte besonders Mama sehr, denn sie und die Tante hatten sich immer sehr nahegestanden.
Meine Mutter hatte sich auch aus dem Kensington Palast zurückgezogen, als mit dem Beginn der Landung der Alliierten in der Normandie am sechsten Juni 1944 die Bombardements auf London zunahmen. Schüsse und Bombeneineinschläge in der Nähe des Palastes ließen diesen oftmals so in seinen Grundmauern erbeben, dass Mama voller Angst war. Sie versuchte, die Pye-Crust zu beruhigen und den Koch, die bei ihr lebten, aber hatte dennoch viele schlaflose Nächte durchgestanden, wobei die Tage auch nicht besser waren. Meine Mutter bewahrte stets Haltung, aber dem König und

der Königin fiel bei einem Besuch Ende Juni auf, wie unerträglich die Situation für sie und die Bediensteten war. So baten sie Mama, nebst Hofdame und Koch nach Windsor zu ziehen, wo sie mit ihren Töchtern die Wochenenden verbrachten.

Meine Mutter wollte niemandem zur Last fallen, aber sagte schließlich zu. Und es sollte eine sehr schöne Erfahrung werden, denn sie fühlte sich an früher erinnert, als sie noch ein Kind war und Königin Victoria sie dorthin einlud. Sie zog in die Räume ein, die gegenüber dem sogenannten *Tapestry Room* lagen, in dem sie einst geboren worden war. Ihre Tage konnte sie völlig frei gestalten, nahm die Mahlzeiten aber mit Lilibet ein, wenn deren Eltern nicht anwesend waren. Margaret Rose aß dann gemeinsam mit ihrer Nanny, da sie erst vierzehn Jahre alt war, Lilibet aber bereits neunzehn. Die beiden Mädchen machten einen großen Eindruck auf Mama, denn sie waren völlig natürlich und überaus freundlich zu ihr. Ihr schottisches Kindermädchen Marion Crawford, Crawfie, hatte mit beiden stets auch unkonventionelle Ausflüge unternommen, wobei sie einmal mit der Londoner Untergrundbahn fuhren und in der Stadt einmal im Britischen Museum Tee tranken. Sie waren sogar in einem Doppeldeckerbus gefahren, denn Crawfie wollte, dass sie auch eine Welt jenseits des Palastes kennenlernten.

Mama unternahm nun mit Lilibet oft Spaziergänge im Park des Schlosses. Aber was meine Mutter besonders betonte, waren die Konversationen bei Tisch, wenn Lilibet und ihre Mutter sich ebenso lautstark unterhalten konnten, wie Mama es immer geliebt hatte. Es hatte für sie das Flair unserer Konversationen bei Tisch, als wir alle noch Kinder waren und Papa über Mamas Redefluss nur seufzte.

Manchmal musste meine Mutter wohl weinen, wenn sie an all die lieben Menschen dachte, die nicht mehr an ihrer Seite waren und mit denen sie in Windsor so gerne zusammengewesen war, wie Onkel Nicky und ihre Schwester Alix. Es war dann an Lilibet, sie zu trösten. Und Mama war erstaunt, wie gerne das Mädchen dies tat.

Mein Sohn war auch oft zu Gast in Windsor, wenn er Landurlaub bekam. Meine Mutter glaubte, es würde sich zwischen beiden bereits zarte Bande spinnen, denn Lilibet hatte ein Foto von ihm in einer fertig gepackten Reisetasche platziert, die bereitstand, falls es zu einem Luftangriff kommen würde. Sie schrieb sich auch Briefe mit Philip und besonders mein Bruder Dickie befürwortete schon seit einiger Zeit eine Verbindung mit Lilibet.

Die Mutter des Königs, Mary, hatte Philip bereits auf ihrer *Strickliste*, wobei sie ihn vor einigen anderen gerne mit Schals und warmen Socken bedachte, die sie ihm dann schicken ließ.

Für den König war mein Sohn aber keine wirklich gute Partie, in dem Sinne, dass Lilibet sich nicht in den erstbesten Mann verlieben sollte, der ihr über den Weg lief. Er verstand ihre Begeisterung für meinen Sohn nicht wirklich. Doch Lilibet gewann vorerst wenigstens eine kleine Schlacht gegen ihren Vater, als sie darauf bestand, auch etwas zu den Kriegsanstrengungen beitragen zu dürfen. Im Jahre 1944 trat sie in die *Territoriale Hilfstruppe*, im Englischen *Auxiliary Territorial Service*, ein, bekam den Titel eines *Subalternoffiziers* verliehen und ließ sich zur KFZ-Mechanikerin ausbilden. Damit war es ihr möglich, wenigstens zeitweise das Schloss zu verlassen.

Nach dem Ende der deutschen Besatzung war die politische Situation in Griechenland alles andere als stabil. Die griechischen Kommunisten gewannen immer mehr an Stärke und es drohte ein Bürgerkrieg. Die in Athen anwesenden Abgesandten aus England wollten sich für die Restauration der Monarchie und die Rückkehr des Königs einsetzen. Aus diesem Grund war ihr Ansinnen, die *Griechische Nationale Armee* zu demorailisieren. Die EAM und deren militärischer Arm, die ELAS, hätten in Anbetracht der geringen britischen Truppenstärke von Oktober bis Dezember 1944 die Macht an sich reißen können, aber ein solches militärisches Unterfangen von Seiten der ELAS erfolgte vorerst nicht. Die Partisanenverbände sollten nach dem Willen der Briten eine Zivilregierung ermöglichen. Doch über die Modalitäten der Waffenniederlegung kam es zu einem Konflikt, der anlässlich einer von der EAM organisierten Massendemonstration am dritten Dezember zu einer blutigen Auseinandersetzung führte. Dieser Konflikt gipfelte in den später als *Schlacht von Athen* oder griechisch *Dekemvriana* betitelten Kämpfen in Athen, Piräus und den Vororten und der Umgebung. Die bewaffneten Auseinandersetzungen fanden zwischen der linksgerichteten Widerstandsorganisation EAM und deren militärischem Arm ELAS auf der einen und der griechischen Regierung, unter anderem unter dem General Plastiras, sowie britischen Truppen auf der anderen Seite statt. Am dritten Dezember kam es auch noch zu einem Generalstreik. Auf den Straßen Athens versammelten sich die kampfbereiten, bewaffneten Männer, sie wollten sich keiner Order der Regierung mehr fügen und schon nach kurzer Zeit kam es zu Schusswechseln. Von einem Moment auf den anderen brach förmlich das Chaos in den Straßen aus. Zwanzig Männer wurden getötet, verängstigte Menschen rannten zwischen den Kämpfenden hin und her. Man warf eine Bombe in das Haus des Premierministers. Der Ausnahmezustand wurde ausgerufen, eine Ausgangssperre ab neunzehn Uhr verhängt. Bis zum elften Januar des Jahres 1945 sollten die britischen Truppen gegen den *1. ELAS Armeekorps* kämpfen, was sich vor allem auf das Zentrum von Athen bezog. Andernorts eskalierte die Situation ebenso.
Ich befand mich bei Ausbruch der Kämpfe noch in den Straßen Athens, war

auf dem Weg zu Ellen. Doch britische Soldaten wiesen mich an, sofort nach Hause zu gehen und so rannte ich so schnell ich konnte. Allerdings sah ich die Leute um mich herum zusammenzucken, kopflos durch die Straßen und Gassen eilen – ich hörte die Schüsse nicht, blieb auch eigentlich sehr gelassen, denn es war nicht weit bis zu Georges Haus.
So warteten die Popoulo und ich in der Villa ab, was da kommen würde. Sie sagte mir, dies sei nun der erste Moment, wo sie mich um meine Taubheit beneide, denn selbst durch die geschlossenen Fenster konnte man die Schüsse, die Kampfesrufe der Männer und die Schreie der verängstigten Menschen hören.
Am fünften Dezember kam der Außenminister zu mir, übergab mir zwei Telegramme. Eines war von König George II., eines vom griechischen Minister in Paris. In beiden teilte man mir mit, dass mein Ehemann am dritten Dezember verstorben war.
Ich schrieb umgehend an Mama, wie einsam ich mich derer Tage in Athen fühlte, denn bei all den Kämpfen konnte ich nicht zu Ellen, sie über Andreas Tod informieren oder meinen Kummer mit ihr teilen. Ebenso war es mir nicht möglich, meinen Mädchen Worte des Trostes zu senden, aber ich schrieb über Dickie an Philip. Er befand sich zur Zeit an Bord der *HMS Whelp* im Mittelmeer und das Schiff war auf dem Weg in den Fernen Osten. Es würde meinem Bruder zufallen, Philip eine Nachricht telegrafisch zukommen zu lassen, die ihn vom Tod seines Vaters unterrichtete, die ich verfasste. In dieser drückte ich aus, wie geschockt ich gewesen sei, als ich von Andreas Ableben erfuhr, und ich sendete ihm all meine Liebe, umarmte ihn in der gemeinsamen Trauer.
Andrea und ich hatten seit dem Jahre 1939 nicht mehr miteinander geredet, uns nicht geschrieben. Jeder war seines Weges gegangen. Ich wusste, dass er im Juni des Jahres 1943 von Monte Carlo nach Portugal reisen wollte, um sich dort für eine Weile niederzulassen, aber man verweigerte ihm das nötige Reisevisum.
Seine Geliebte hatte ich nie gehasst, denn ich versicherte jedem, sie sei seine Freundin, die voller Liebe nun für ihn da sei, und nun hatte sie ihn auch bis zu seinem Ende begleitet. Andrea war jemand, der nicht gut allein sein konnte, aber ich war eben nicht mehr die geeignete Partnerin für ihn gewesen, die ihn auf seinem Lebensweg begleitete. Ich hegte keinen Groll mehr ihm gegenüber, hatte damit abgeschlossen. Wir hatten uns entfremdet, das kam nun einmal vor.
Ich erfuhr später von seiner Geliebten, dass Andrea am ersten Dezember nach Nizza zu einer Party bei einem amerikanischen General geladen gewesen war. Der General lebte eigentlich in Marseille, wo ihn mein Ehemann wohl auch öfter besuchte. Seit dem November des Jahres 1944 lebte Andrea

mit seiner Geliebten überwiegend im Hotel Metropole in Monte Carlo und nur noch zeitweise auf der Yacht.
Auf der Party habe er sehr ausgelassen und fröhlich gewirkt, sei aber bald sehr müde gewesen. Daher übernachtete er in Nizza. Am zweiten Dezember reiste er zurück ins Hotel Metropole nach Monte Carlo, sagte seiner Geliebten, er sei etwas erschöpft, zog sich früh abends seinen Pyjama an und ging schlafen. Dies beunruhigte Andrée etwas, denn normalerweise blieb er wohl gerne sehr lange auf.
Um vier Uhr früh am dritten Dezember erwachte er schweißgebadet, klagte über Herzschmerzen. Eine Minute später war er tot. Die Obduktion ergab, dass er an Arteriosklerose gelitten hatte und deswegen einem Herzversagen erlag. Andrea wurde zweiundsechzig Jahre alt.
Man hätte mich in dieser Zeit fragen können, wie es als Witwe sei, aber ich konnte dies nicht in Worte fassen, denn eigentlich war ich schon viele Jahre so etwas wie eine gewesen. Mein Ehemann existierte nur noch als ein grauer Schatten, den ich dann und wann traf.
Mama war Andreas Geliebter gegenüber immer sehr skeptisch gewesen, denn sie sah in ihr eine dieser Frauen, die den Mann förmlich aussaugen. Er war aus ihrer Sicht immer fauler und apathischer geworden, sein finanzieller Status von der Geliebten ausgenutzt worden, um ein gutes Leben an seiner Seite zu führen. Man hatte Mama gesagt, Andrée sei durchaus eine sehr selbstlose Person, die Andrea wirklich liebte, aber meine Mutter meinte, sie nutzte ihn nur aus, wie solche Frauen es eben tun. In einer Sache konnte sie vielleicht recht haben, denn Beale hatte im Jahre 1940 seine Yacht *Davida* der britischen Marine übergeben, Andrea und Andrée lebten jedoch weiterhin auf dem Schiff, pendelten zwischen Cannes und Monte Carlo. Eigentliche Besitzer des Schiffes war die Familie Townsend, von denen Andrea die Yacht dann kaufte, doch im Jahre 1942 an die Société Maritime in der Schweiz weiterverkaufte. Die *Davida* blieb aber weiterhin in Frankreich. Nun mutmaßte Mama, Andrea habe vielleicht Geld gebraucht, was durchaus im Bereich des Möglichen lag, aber ob seine Geliebte der Grund dafür war, konnte man eben nur vermuten.
Bis zum Jahre 1931 war mein Mann finanziell gut abgesichert, denn er bekam dreitausendfünfhundert englische Pfund im Jahr aus einem Darlehen aus griechischem Gold bei der National Westminster Bank, doch mit der Wirtschaftskrise war dieses Einkommen für ihn weggebrochen. Daher musste er dann auf Geld zurückgreifen, welches König George II. ihm aus dem Kauf von Mon Repos zahlte, was man wie eine Rente, eine monatliche finanzielle Unterstützung ansehen kann. Daneben ließ ihm der König noch jeden Monat fünfzig englische Pfund zukommen, um ihm zu helfen. Doch Andrea liebte das Spielen, vergnügte sich gerne an den Roulettetischen, war

auch eine Zeit lang dem Alkohol nicht abgeneigt gewesen und die Arteriosklerose hatte man, so Andrée, wohl schon vor einiger Zeit diagnostiziert, aber mein Ehemann hatte es schlichtweg ignoriert, seiner Geliebten nur gesagt, sie müsse sich nicht sorgen, es sei nicht so dramatisch. Er versuchte etwas ruhiger zu leben, aber litt wohl dennoch auch an Herzrhythmusstörungen.
Man setzte meinen Mann in der russisch-orthodoxen Kirche in Nizza bei, wo man seinen Sarg mit der griechischen Flagge bedeckte. Doch sobald als möglich sollte er in Griechenland seine letzte Ruhestätte finden, in Tatoi neben seinen Eltern und Geschwistern.
Ich versuchte die Trauer um den Tod meines Mannes zu verstecken, trug es in mir und litt zeitweise dennoch so, als wären wir noch jeden Tag zusammen gewesen. Aber das Leben ging weiter und ich verstand mich in diesem Kummer selbst oft nicht, denn mein Ehemann hatte mich fallenlassen, durch seine Geliebte ersetzt und da sollte ich eigentlich nicht wirklich voller Trauer sein. Doch vor langer Zeit hatte ich ihn einmal sehr geliebt, wir waren glücklich gewesen ...

Die Kämpfe in Athen gingen weiter. Drei Tage nach Andreas Tod musste Ellen bei mir einziehen und zuerst war ich darüber nicht sehr erfreut. Major Green kam zu mir und teilte mit, dass Ellen bei mir sicherer wäre, denn Georges Haus lag mittlerweile in einem Bereich, der unter dem Schutz der britischen Truppen stand. Natürlich sagte ich ihm gegenüber sofort zu, denn ich wollte nicht unhöflich erscheinen. Nun musste Green nur noch meine Schwägerin davon überzeugen, dass sie in der Villa in Psychiko nicht mehr sicher war. Ellen zeigte sich zuerst wenig einsichtig, sie machte Green klar, sie habe sogar während der deutschen Besatzung einige Zeit im Palast gelebt, also würde sie das nun auch überstehen. Aber der Major musste sie davon überzeugen, dass ihr Leben durchaus in Gefahr sein könne im Zuge der kämpferischen Auseinandersetzungen. Sein bestes Argument war dabei seine eigene Verwundung, denn auf dem Weg zu Ellens Villa hatte eine Handgranate sein Automobil getroffen. Es war noch fahrtüchtig, aber er leicht am Kopf verletzt und, was weitaus schlimmer war, ein Querschläger einer Kugel tötete seinen Fahrer. Ellen gab nach. Sie ließ sich von Green zu meinem Haus bringen, wirkte aber nicht wirklich glücklich mit dem Umzug. Dies mag zu einem großen Teil daran gelegen haben, dass wir beide eigentlich gerne unabhängig voneinander lebten, und zum anderen war meine bescheidene Bleibe kein Vergleich mit ihrer Villa.
Am einundzwanzigsten Dezember schrieb ich an meine Mutter, musste aber einen Bleistift verwenden, denn mir war die Tinte ausgegangen. Ich unterrichtete sie davon, dass Ellen nun bei mir lebte, wir uns aber unter dem

Schutz von britischen Truppen wussten und wohlauf waren. Wir erhielten unsere Lebensmittel von eben diesen Soldaten, wodurch wir gut versorgt wurden, was vor allem Fleisch betraf. In Bezug auf die Versorgung ging es uns nun wesentlich besser.
Es gab keinen Strom mehr, wir mussten eine Petroleumlampe verwenden und Ellen hatte die Räume im ersten Stock neben meinen, sodass wir das Licht tauschen konnten. Die Bediensteten, meine ebenso wie Ellens, lebten im Erdgeschoss und hatten dort eine eigene Lampe. Man musste also das Tageslicht so gut es ging ausnutzen, was im Winter kein leichtes Unterfangen war. Tagtäglich kam aber Besuch und abends saßen wir meist zusammen, spielten Karten oder unterhielten uns, um uns von den Kämpfen draußen abzulenken. Manchmal war an Schlaf nicht zu denken, was für Ellen eine Tragödie war, für mich jedoch verständlicherweise nicht, denn ich bekam von Gewehrsalven, Granaten und Geschrei nichts mit.
Ich bat meine Mutter, meine Mädchen zu grüßen und ihnen auszurichten, dass alles in Ordnung sei bei uns. Da wir nicht zur Kirche gehen konnten, sandte man uns einen Priester ins Haus, der mit uns gemeinsam eine Trauermesse für Andrea abhielt, auch einigen alten Freunden meines Mannes war es möglich gewesen daran teilzunehmen.

Major Green wurde bald zu einem Dauergast bei uns, er organisierte sogar eine stabile Lampe, die wir mitten in einem Raum aufstellen konnten. Da er, wie er sagte, uns beide Prinzessinnen nun vereint hatte, brauchte er nur noch in ein Haus zu kommen, was er aber mit Freuden tat. Die Populo meinte, dass wir alle zwar durch die Ausgangssperre gute dreiundzwanzig Stunden am Tag das Haus nicht mehr verlassen konnten, aber dennoch kamen wir alle gut mit der Situation zurecht. Trotzdem ließ sie es sich nicht nehmen, darauf hinzuweisen, wie wenig Nahrung wir für uns selbst beanspruchten und das meiste den Bediensteten zuwiesen. Sie sagte ihm, wir seien zu stolz, um um mehr Lebensmittel zu bitten. Ich verstand ihr Ansinnen, fand es aber nicht gut, so viel von ihm zu verlangen. Doch Green zögerte nicht und brachte uns bald darauf größere Rationen ins Haus.
Es gab kaum noch Holz und so verbrannten wir die Pappe der Kartons, in denen wir die Lebensmittel erhielten, im Kamin. Zumeist fand uns Green im Raum mit dem Kamin vor, wo wir beieinander saßen, aber einmal war nur Ellen anwesend. Ich hatte trotz der Ausgangssperre das Haus verlassen. Als ich nun wieder den Raum betrat, saß Green zuerst auf einem Stuhl, von dem er sogleich aufsprang, mich erbost fragte, wo ich gewesen sei. Ellen zuckte unwillkürlich zusammen, denn sie schien die Lautstärke seiner Stimme zu erschrecken. Green war voller Sorge um mich, aber ich nahm ganz ruhig auf einem Stuhl Platz, meinte nur, es sei viele Jahre her, dass ein

Mann so mit mir gesprochen habe.
Ich musste mein Geheimnis lüften, doch Ellen war schneller, erklärte ihm, ich rauche wie ein Schlot. Zudem hob ich jedes bisschen Schokolade auf, welche man uns ebenso wie Zigaretten zukommen ließ, damit ich draußen eine Runde machen und den griechischen Polizisten, die von den Kommunisten attackiert wurden, eine Freude bereiten konnte. Sie waren jedes Mal sehr erfreut über die süße Köstlichkeit, einige rauchten mit mir auch gerne die eine oder andere Zigarette. Wenn ich ausging, verstaute ich alles in einem alten Kinderwagen, damit die sich bekämpfenden Parteien dachten, ich führe ein Baby spazieren, und mich in Ruhe ließen. Den Polizisten schenkte ich die Zigaretten, die Schokolade gab ich ihnen eigentlich für ihre Kinder, aber tolerierte es auch, wenn einer sich vielleicht ein kleines Stückchen gönnte.
Green wandte aber nun ein, ich könne bei solchen Aktionen durchaus erschossen werden, es sei einfach zu gefährlich. Darauf entgegnete ich, man sagt, man würde den Schuss, der einen tötet, nicht hören und ich sei taub. Warum sollte ich mich also sorgen? Ich würde es eh nicht mitbekommen. Ferner fügte ich hinzu, ich sähe es als meine Pflicht an, den Menschen zu helfen, dafür wäre ich geboren worden.
Meine Worte beeindruckten ihn so sehr, dass wir von diesem Moment an die besten Freunde wurden.

Eine Aufnahme von mir in Kriegszeiten

Der Bürgerkrieg zog sich, wie ich es bereits anmerkte, bis ins neue Jahr 1945 hin.

Am Weihnachtsfeiertag kamen der englische Premierminister Winston Churchill und Robert Anthony Eden, 1st Earl of Avon, der britische Außenminister nach Athen. Sie reisten auf dem britischen Leichten Kreuzer, der *HMS Ajax* an und der Besuch war quasi unerwartet, denn sie hatten diesen nicht angekündigt. Es gab viele offizielle Treffen. General Scobie traf den Anführer der kommunistischen Partei. Dieser präsentierte ihm seine Konditionen für einen eventuellen Waffenstillstand. Auch der Erzbischof Damaskinos traf Churchill an Bord des Schiffes. Es fand gerade eine kleine Party statt und die Anwesenden hatten sich dafür verkleidet, daher hielt die Crew des Schiffes den Erzbischof für einen Partygast in Verkleidung, als er in seinem Ordonat erschien.

Churchill wollte sich für einen raschen Frieden in Griechenland einsetzen, plante eine Konferenz mit allen griechischen Fraktionen, die in die Kämpfe verwickelt waren. Doch am ersten Weihnachtsfeiertag, dem Tag der Konferenz, erschienen die Abgesandten der ELAS nicht. Die Briten hatten ganz klar im Sinn, dass man einen Friedensschluss ausarbeitete, so weiter Massaker unter den sich bekämpfenden Parteien verhinderte und König George II. wieder als König einsetzte. Angesichts der Situation konnte die Konferenz nur im Schein von Petroleumlampen stattfinden, wobei man im Hintergrund die Schüsse der Kämpfer hörte.

Ende des Jahres 1944 setzte man den Erzbischof Damaskinos als Außenminister ein. Am dritten Januar 1945 wurde ein neues Kabinett vereidigt. Der General Plastiras wurde neuer Premierminister. Zwei Tage später zogen sich die Truppen der ELAS aus den umkämpften Gebieten in Athen und Piräus zurück, den Briten gelang es, den Frieden wiederherzustellen.

Churchills Eingriff und der Aufmarsch der britischen Schutzmacht bewogen die kommunistische Führung zum Nachgeben. Am zwölften Februar kam es zu einem Waffenstillstand zwischen der EAM und der griechischen Regierung unter dem Ministerpräsidenten Plastiras, den man im Athener Küstenvorort Varkiza unterzeichnete. Man vereinbarte auch eine Entwaffnung der ELAS, eine Amnestie für alle politischen Gefangenen und Straftaten sowie das Abhalten freier Wahlen im Jahr 1945.

Die ELAS gab im Verlauf nur teilweise die Waffen ab. Daher kam es dennoch zu erneuten einzelnen Auseinandersetzungen zwischen der rechtsgerichteten griechischen Regierung, die vorerst von England und später auch von den USA unterstützt wurde, und den linksgerichteten kommunistischen Widerstandsbewegungen, die von Albanien, Bulgarien, Jugoslawien und der Sowjetunion unterstützt wurden. Trotz einer Vereinbarung im Abkommen von Varkiza wurden linksgerichtete Personen, vor allem Kommunisten,

weiterhin von der griechischen Regierung verfolgt. Auch die vereinbarten Wahlen wurden von der EAM boykottiert. Die politischen Spannungen zwischen dem linken und rechten politischen Lager wuchsen stets weiter und es drohte ein Bürgerkrieg.
Dennoch hofften wir, nun nach Churchills Eingreifen und dem Waffenstillstand, wenigstens auf einen vorübergehenden Frieden und es kehrte tatsächlich vorerst eine gewisse Ruhe ein.
Ellen und ich wohnten auch zu Beginn des Jahres 1945 noch unter einem Dach, bis sie sich am einundzwanzigsten Januar dazu entschloss, wieder in die Villa Psychiko zurückzukehren. Während ich ihre Anwesenheit inzwischen gelernt hatte zu genießen, mich an sie gewöhnte und eigentlich davon ausging, wir hätten angesichts der Umstände eine relativ entspannte Zeit zusammen, so sah sie dies etwas anders. Zwar war sie mir dankbar dafür, in meinem Haus eine Zuflucht gefunden zu haben, aber sie wollte sich wieder auf die Dinge konzentrieren, die ihr wichtig waren, und das war ihr wohl bei mir nicht möglich gewesen. Aus ihrer Sicht war der vergangene Monat ein Albtraum gewesen, sie dankte Gott dafür, dass man Athen befreit hatte und lobte den General Scobie immerzu. Sie war eben gezwungenermaßen zu mir gezogen, akzeptierte die Situation, aber ihre Villa bot mehr Komfort, sie brauchte auf niemanden Rücksicht nehmen und konnte alle Entscheidungen alleine treffen. Ich war nie davon ausgegangen, dass wir sehr gute Freundinnen geworden waren mittlerweile, aber wir verstanden uns gut. Letzteres war vielleicht ein bisschen eine Fehleinschätzung meinerseits.
War ich ihr beim Tode ihres Schwiegersohnes eine große Stütze gewesen, so sah sie Andreas Ableben eher nüchtern, denn er war in den Armen seiner Geliebten gestorben und wir waren eigentlich schon lange kein Ehepaar mehr. Sie hatte natürlich durchaus recht damit, aber dennoch erwartete ich etwas mehr Unterstützung ihrerseits.
Wenn man es ebenso nüchtern betrachten möchte, konnte ich nun mein Leben auch wieder freier gestalten, da sie ausgezogen war, und konzentrierte mich sofort wieder auf meine Arbeit als Krankenschwester und die karitative Hilfe. Endlich war es mir auch wieder möglich, die Krankenschwestern in die Armenviertel zu schicken.
Eines der Waisenhäuser, welches ich einrichtete, war leider ausgebombt worden. Nun kamen jeden Tag elf Jungen aus diesem zu mir zu Besuch. Ihnen schlossen sich bald dreißig Flüchtlinge an, die ich auch gerne zeitweise bei mir aufnahm. Es machte mir große Freude, denn ich sah Ellen in ihrer Villa sitzen, die zwar auch Besuch von höhergestellten Persönlichkeiten bekam, aber bei mir war mehr Leben im Haus. Ich meine damit, ein nett gedeckter Tisch zum Tee mit feinem Geschirr, dazu eine gepflegte Konversation haben durchaus ihre Vorzüge, doch ich hörte Geschichten von Men-

schen, die im Krieg viel erlebten, spielte mit den Jungen und gab das, was ich konnte. Das Leid all dieser wog schlimmer als mein Verlust des Ehemannes, der mich abgelegt hatte wie einen alten, von Motten zerfressenen Mantel und ich war dankbar für die Gesellschaft dieser Menschen.
Philip schrieb mir einen Brief und ich konnte es mir nicht nehmen lassen, ihm in einer Antwort mitzuteilen, wie sehr ich mit ihm fühlte, weil er seinen Vater verloren hatte. Ich erwähnte, wie traurig es war, dass wir alle nicht zusammen sein konnten, um von ihm gemeinsam Abschied zu nehmen und vielleicht ging ich zu weit, als ich anmerkte, er wisse, welches tiefe Band der Liebe mich und seinen Vater vereinte. Es musste für ihn seltsam erscheinen, dass aus meiner Sicht dieses Gefühl noch vorhanden war für Andrea. Zudem war es aber, wie ich noch hinzufügte, sehr schön, wie sich alle an ihn erinnerten, jeder nur Gutes über ihn zu sagen wusste. Ich wollte meinem Sohn auch zu verstehen geben, dass ich verstand, wo seine Pflichten nun lagen, dies war eben nicht in Griechenland. Da ich aber sehr lange in diesem Land gelebt hatte, fühlte ich mich ihm eben mehr verbunden und wurde hier gebraucht, was mich sehr erfüllte.

Da sich mein sechzigster Geburtstag näherte, entschied ich mich nach England zu reisen, um diesen mit meiner Mutter zu feiern. Am ersten Februar des Jahres 1945 traf ich in London ein, reiste gleich weiter zu Marina, der verwitweten Duchess of Kent, die in *Coppins*, einem Landhaus im Dorf Iver in der Grafschaft Buckinghamshire lebte. Marina und ihre Kinder lebten ein recht beschauliches Leben, sie stand in engem Kontakt mit der britischen Königsfamilie, übernahm viele offizielle Verpflichtungen. So war sie Präsidentin des *Wimbledon All England Lawn Tennis and Croquet Club* und auch Präsidentin der *Royal National Lifeboat Institution*, einer Seenot-Lebensrettungsgesellschaft. Im Krieg engagierte sich unter dem Pseudonym *Sister Kay* als Krankenschwester.
Marina war sehr gastfreundlich und froh darüber, etwas von ihrer Mutter Ellen über mich zu erfahren. Den Kummer über den Verlust ihres Ehemanns kompensierte sie durch die vielen Verpflichtungen, die sie wahrnahm, dennoch spürte man, wie sehr es sie getroffen hatte. Zudem ihre Kinder erst neun, acht und zwei Jahre alt waren.
Am dreiundzwanzigsten Februar besuchte mich die Königsmutter Mary bei Marina. Sie hörte sich gespannt meine Ausführungen über die Lage in Griechenland an sowie die Neuigkeiten, die ich in den letzten Monaten von den Verwandten erfahren hatte. Die Mutter des Königs war siebenundsiebzig Jahre alt, dennoch eine oftmals etwas anstrengende Person, da sie sehr auf ihren Status pochte, manchmal etwas hochnäsig wirkte. Sie stellte fest, ich sei alt geworden und war damit uncharmant wie eh und je. Dennoch unter-

hielten wir uns lange, sie fragte viel und schien unser Gespräch durchaus zu genießen.
Hierbei möchte ich eine kleine Anekdote anführen, aus der hervorgeht, was Mary für eine Frau war. Im Jahre 1934 sollte ein Passagierdampfer der berühmten *Cunard Line* eigentlich auf den Namen *Victoria* getauft werden. Auf die Bitte an den König George V., Marys Ehemann, das bis dahin nur als Nummer 534 bezeichnete Schiff auf den Namen *Britanniens größter Königin* zu taufen, antwortete Mary sofort, sie fühle sich überaus geehrt und der Reederei blieb so nichts anderes übrig, als dies stillschweigend hinzunehmen. Daher taufte Mary dann auch das Schiff auf den Namen *RMS Queen Mary*.

Dickie und Edwina hatten mir angeboten nach Broadlands zu kommen, daher traf ich mich dort auch für einige Zeit mit meiner Mutter, blieb dort aber nicht, sondern pendelte zwischen Coppins und Broadlands.
Am fünfundzwanzigsten Februar feierten wir in Broadlands gemeinsam meinen sechzigsten Geburtstag.
Ich hatte Mama seit dem Jahre 1939 nicht mehr gesehen und in der Zwischenzeit hatte sie eben die Tanten und den Onkel verloren, um die sie sich stets kümmerte. So betrauerte sie zwar immer noch deren Verlust, konzentrierte sich aber nun auf ihre Hofdame, die Pye-Crust, die jetzt auf einem Ohr taub war und daher ständig an Schwindelanfällen litt, was ihr Leben sehr beeinträchtigte. Meine Mutter und ihre Hofdame hatten eigentlich kein Verhältnis mehr wie eine adelige Dame und ihre Bedienstete, es war vielmehr eine freundschaftliche Symbiose entstanden, die die beiden vereinte. Und so war es für meine Mutter mehr als selbstverständlich, dass die Pye-Crust dort lebte, wo Mama gerade wohnte. Zu jener Zeit war das Schloss in Windsor, was ich bereits erwähnte, und wo beide sich sehr wohlfühlten, seit man den Kensington-Palast bombardiert hatte. Das Gebäude war seitdem schwer beschädigt und nicht bewohnbar.
Mama meinte, es sei jemandem aus der hessischen Familie nicht möglich, sich *nicht* unter die verschiedenen Adeligen zu mischen. Dies unterstrich sie mit einem Schmunzeln, denn, so setzte sie hinzu, man würde uns immer überall gerne aufnehmen. Aber als wir über den Krieg sprachen, befiel sie auch eine gewisse Wehmut, denn sie dachte an ihren Vater, der so ein gutherziger Mann gewesen war. Sie war froh darüber, dass er das Naziregime nicht mehr in Deutschland, und vor allem in Hessen, erleben musste, denn er hätte es nicht verstanden, wie man die Charaktere der Menschen durch Propaganda derart vergiften konnte. Eine ganze Nation habe sich von Hitler blenden lassen, dies sei ihr absolut unverständlich.
Bei meinem Besuch erklärte ich Mama, ich würde weiterhin in Griechen-

land bleiben, und sie meinte, ich könne bei meinem karitativen Engagement meine Energie am besten einsetzen. Es freute mich sehr, wie sie mein Organisationstalent befürwortete, gleichzeitig auch sehr lobte. Dennoch sollte ich mir nicht zu viel vornehmen, denn ich hatte auch sehr schwere Zeiten dort durchgemacht.

Meinen Plan, ein Konvent zu gründen, der immer noch in mir schlummerte, quittierte sie diesmal mit einem Lächeln, ließ augenzwinkernd fallen, sie sei gespannt, denn sie habe noch nie in ihrem Leben eine rauchende und fluchende Nonne erlebt. Ich wusste, sie meinte es nicht böse, vielmehr verstanden wir beide uns sehr gut. Trotz ihrer zweiundachtzig Jahre hatte sie noch einen scharfen Blick auf alles, auch in politischen Dingen, aber dennoch etwas von ihrer Anpassungsfähigkeit verloren, wenn es um einen Meinungsaustausch ging. Man konnte sie jederzeit an einen Ort verpflanzen, darin unterschied sie sich von den meisten älteren Menschen, doch sie begann oftmals stets die gegenteilige Meinung von etwas zu entwickeln, gab dies auch sofort zu verstehen. Ihre Toleranz schwand ein wenig, wenn man es so nennen möchte. Daher gerieten wir leicht aneinander, wenn ich zu scharf in meinen Worten war, sie korrigierte oder kritisierte und ich fasste mir dennoch schnell ein Herz, hielt inne, berücksichtigte ihr Alter. Dann ließ ich sie einfach reden, denn das tat sie immer noch mit großer Freude und ohne Punkt und Komma. Darin war sie ganz die alte Mama, die ich kannte. Dickie und Edwina sahen dies ebenso. Es war etwas, was ihr Freude machte. Warum sollte man sie auf ihre alten Tage noch zurechtweisen?

Mama, Zweite von rechts, neben Edwina, Dickie und seine älteste Tochter Patricia beim Stapellauf der HMS Indefatigable, 1945

Ich reiste kurz nach meinem Geburtstag erst mal wieder nach Athen zurück. Im April des Jahres 1945 war der Krieg für Deutschland verloren. Man möge mir an dieser Stelle verzeihen, dass ich nicht darauf eingehe, wie er endete, denn jeder weiß um den Selbstmord des Führers. Für mich bedeutete das Ende des Krieges, dass ich endlich wieder den Kontakt zu meinen Töchtern aufnehmen konnte. Tiny hielt sich weiterhin bei ihrer Mutter in Schloss Friedrichshof in Kronberg auf, war emsig bemüht, die neun Kinder, die sie zu versorgen hatte, alle satt zu bekommen. Es war für sie recht anstrengend, in dieser Zeit allen gerecht zu werden.

In Darmstadt lag buchstäblich alles in Schutt und Asche, wie mir Peg berichtete, auch viele Gebäude unserer Familie waren von Bomben getroffen worden und teilweise schwer beschädigt. Lu und Peg waren für eine lange Zeit des Krieges in die Schweiz nach Tarasp geflohen, nun nach Wolfsgarten zurückgekehrt. Sie versuchten ihr Leben in Darmstadt neu zu ordnen, nahmen viele alte Freunde, Bedienstete und Verwandte auf, die ausgebombt worden waren. Tiny entschied sich ebenfalls, dorthin mit den Kindern zu flüchten, die sie auf der Fahrt in einem Bauernwagen unter Stroh versteckte. Es war wohl eine sehr unbequeme Reise, aber es gab keine andere Möglichkeit. Sie hoffte, Peg und Lu könnten ihr mit den Kindern helfen, denn sie fühlte sich oftmals überfordert, und als sie kurz nach ihrer Ankunft erfuhr, dass ihre Schwägerin Mafalda in Buchenwald verstorben war, brach sie fast zusammen, denn sie musste es Mafaldas Kindern schonend beibringen. Nach dem ihr eigener Ehemann im Krieg gefallen war, gestand sie sich ein, sie habe lange Zeit die Augen verschlossen vor dem Regime, nun sei sie buchstäblich geläutert. Es habe ihr die Augen geöffnet und sie verachte diese Kriminellen, womit sie zweifelsfrei die Nazis meinte, die den Kindern nun auch noch die Mutter genommen hatten. Sie betete darum, dass ihr Schwager Philipp wenigstens gesund aus dem Konzentrationslager heimkommen würde. Ihre schlimmste Befürchtung zu ihren eigenen fünf Kindern, dann auch noch vier Vollwaisen aufziehen zu müssen, sollte zum Glück nicht eintreffen. Philipp sollte aber erst im Jahre 1947 mit seinen Kindern wieder vereint sein. Als die Alliierten im April 1945 Deutschland besetzten, brachte man ihn von Flossenbürg nach Dachau. Zehn Tage später schickte man ihn mit hundertundvierzig anderen prominenten Gefangenen, wie dem österreichischen Politiker Kurt Schuschnigg, in das Hotel *Bachmann* in Tirol in Österreich. Am dreißigsten April befreite ihn zwar dort die Wehrmacht, die die ehemaligen Gefangenen in ihre Obhut übernehmen wollte, aber Anfang Mai nahmen ihn US-Soldaten in Niederdorf fest, über die italienischen Dolomiten gelangte er nach Capri. Da er eine Zeit lang Gouverneur von Hessen-Nassau gewesen war, ließ man ihn dort festsetzen durch die Alliierten. Er musste sich vielen Verhören unterziehen, wechselte

von einer Untersuchungshaft in die nächste. Tiny erhielt stets nur kurze Nachrichten von ihm und brachte es auch nicht übers Herz, ihm von Mafaldas Tod zu berichten, weswegen er dies erst nach seiner Rückkehr 1947 erfuhr.
Tante Irene lebte mittlerweile in Schlesien bei Freunden und war dort recht zufrieden. Sie hatte sich einige Monate vor Ende des Krieges dorthin begeben. Ihr Sohn Waldemar war mit seiner Frau von seinem Anwesen in Bayern geflohen, als es hieß, dass die Russen dort ankommen würden. Sie erreichten Tutzing, wo Waldemar sich in eine Klinik begeben musste, um aufgrund seiner Hämophilie eine Bluttransfusion zu erhalten. Man konnte ihm noch einmal etwas zur Verfügung stellen, doch am nächsten Tag, dem ersten Mai, erreichte die US-Armee den Ort, konfiszierte alle medizinischen Gerätschaften und Medikamente der Klinik, um damit Menschen aus dem Konzentrationslager Dachau zu helfen. Man beschlagnahmte auch die Blutkonserven und die Ärzte und Schwestern mussten sich zuerst um die ehemaligen Lagerinsassen kümmern. Dies war natürlich auch auf eine gewisse Art und Weise verständlich, aber so bekam mein Cousin keine Bluttransfusion mehr. Der arme Waldemar starb im Beisein seiner Gattin Calixte am zweiten Mai 1945.
Als man Tante Irene die Nachricht von seinem Tod überbrachte, brach sie zusammen. Ich erfuhr es über Mama, die mir mitteilte, wie sehr der Verlust ihre Schwester traf.
Auch Margarita und Dolla schrieben mir. Beide hatten sich mit ihren Familien in den letzten Monaten nicht innerhalb von Kämpfen befunden, es ging allen gut. In Salem war die Versorgung recht gut gewesen, denn man konnte auch während des Krieges Gemüse anbauen. Meine Tochter Theodora musste mir aber offenbaren, wie sehr ihr dies alles zugesetzt habe, sie sei oftmals sehr traurig und niedergeschlagen.
Ich muss gestehen, ich verspürte vorerst keine große Lust, wieder nach Deutschland zu reisen, denn bei allem, was ich gesehen hatte, wie die Deutschen sich auch in Griechenland verhielten, fühlte ich nur eine große Abscheu gegenüber dem Land. Nun kehrte der Frieden in der Welt langsam wieder ein, ich sehnte mich natürlich nach den Verwandten in Deutschland und England, aber brauchte einige Zeit. Es war eine Art der Vergebung gegenüber den Menschen in Deutschland, die sich blenden ließen all die Jahre, einem größenwahnsinnigen Führer vertrauten, ohne jemals etwas infrage zu stellen, was man ihnen einbläute. Und ein Teil meiner Familie schloss sich diesem machthungrigen Irren an, wenn ich ihn einmal so bezeichnen darf, der Deutschland letztendlich ins Unglück *führte*. Er fügte aber nicht nur seinen Mitläufern im Endeffekt Leid zu, wenn die Männer im Krieg fielen oder Häuser zerstört wurden, vielmehr ließ er unschuldige

Menschen, die nicht in sein Konzept des rassenreinen Ariers passten, gnadenlos ausmerzen und vernichten, was weitaus schlimmer war. Tiny jammerte, dass sie sich um neun Kinder kümmern musste, dabei waren es viele jüdische Kinder gewesen, die man ins Gas schickte. Von den Behinderten, Andersdenkenden und Sinti und Roma möchte ich gar nicht erst anfangen. Nein, ich würde verzeihen, aber musste erstmal das alles sacken lassen, Abstand haben.

Im Jahre 1945 musste ich nochmals nach England reisen, um Andreas Nachlass zu regeln. Der Notar, Monsieur Zagoréos, war zeitweise auch als Offizier in der griechischen Marine tätig und zurzeit in Alexandria stationiert. Er konnte mir nur mitteilen, dass Andreas Geliebte im Testament meines Mannes nicht bedacht wurde, aber weitere Informationen musste er mir vorerst schuldig bleiben. Eine Eröffnung des Testaments sei gerade nicht möglich.

Ich musste mich also noch etwas gedulden, aber entschied schon einmal, dass Andrée das Automobil meines Mannes erhalten sollte. Damit kam ich auch um die Zahlung der angefallenen Kosten in einer Garage herum, doch bot ihr auch an, sich persönliche Gegenstände von ihm als Erinnerung auszusuchen.

In London mietete ich mich nun im *Claridge`s Hotel* in Mayfair ein. Ich traf mich mit Ex-König George II., der inzwischen wieder in London lebte, traf auch Mimi und Andreas Bruder George, der nicht mehr sprechen konnte. Er litt leider an einer Krebserkrankung der Stimmbänder und man musste ihm diese entfernen. *Big George* war auf dem Wege der Genesung, aber seine Stimme hatte er für immer verloren. Peter, der Sohn der beiden, heiratete im Jahre 1941 seine Geliebte, aber George verzichtete weiterhin auf einen Kontakt mit ihm. Die Affäre und morganatische Eheschließung war er einfach nicht bereit zu verzeihen.

Eugénie, die Tochter von Mimi und George, heiratete im Jahre 1939 den polnischen Aristokraten Prinzen Dominik Radziwill, die beiden hatten zwei Kinder, Tatjana und Jerzy. Dominik diente während des Krieges in der polnischen Armee, sein Vater war im Zuge der Besetzung Polens durch die Sowjetunion in den Gulag deportiert worden und dort am sechsten April 1945 verstorben. Mimi war froh, dass ihrem Schwiegersohn nichts geschehen war, wandte aber ein, die Ehe zwischen ihrer Tochter und Dominik sei nicht besonders glücklich.

Ich besprach mich während meines Aufenthalts mit den Verwandten und wir kamen überein, man sollte Andreas Testament zum griechischen Konsul in London schicken, wo es dann in seinem Beisein eröffnet werden könnte. Aber dann bekam ich die Nachricht, das Testament befände sich in einem

Banktresor in Athen. Also reiste ich umgehend zurück nach Griechenland, wo ich das Testament endlich eröffnen ließ. Andrea hinterließ sieben Zehntel seines Besitzes Philip und ein Zehntel sollte an die Mädchen gehen. In Griechenland war kein Geld von seiner Seite aus mehr vorhanden, denn er hatte dieses für Uniformen ausgegeben, die er im Jahre 1935 nach der Wiedereinsetzung des Königs schneidern ließ.

Mein Ehemann und ich erbten aus Deutschland noch insgesamt sechzigtausend Mark. Es handelte sich um Geld, welches eigentlich der kleinen Johanna nach dem Tod ihrer Eltern und Brüder im Jahre 1937 zustand. Aber nach ihrem frühen Ableben nur zwei Jahre später wurde uns, ihren Großeltern mütterlicherseits, nun dieses Geld zugesprochen. Kurzerhand verfügte ich, man solle die Summe an meine drei Töchter verteilen.

Auch in Frankreich war noch etwas Geld vorhanden. Doch die Summe schmälerte sich, nachdem Schulden meines Mannes beglichen werden und die Bestattungskosten bezahlt werden mussten. Den Rest dieser Summe hinterlegte ich für Philip bei der griechischen Botschaft in Paris, aber teilte ihm später mit, es sei nicht sehr viel. Er könne es eher als Taschengeld zusätzlich zu seinem Gehalt bei der britischen Marine betrachten.

Und dann musste ich leider noch feststellen, dass mein verstorbener Ehemann noch größere Schulden nicht beglichen hatte. Um die erste Rate einer Überziehung seines Kontos bei der National Westminster Bank zahlen zu können, verkaufte ich das Silber aus Mon Repos, wobei ich nur ein Service mit Monogramm für Philip zurückbehielt. Ich hatte es genauestens ausgerechnet und schrieb meinem Sohn, er habe so wenigstens etwas Schönes für einen Haushalt, wenn er keine reiche Frau heiraten sollte, oder er konnte das Service auch in der Kapitänsmesse nutzen.

Es war mir nicht möglich, alle Schulden meines Mannes sofort zu begleichen, und es sollte sich leider bis zum Jahre 1947 hinziehen. Ernst Rehder, der Anwalt unsere Familie, legte mir dar, dass noch zwölftausendfünfhundert Pfund an einen Herrn Khalifa Boubli zu zahlen seien, denn dieser zahlte Andrea einst diese Summe gegen Schecks der National Westminster Bank aus. Auch der Witwe eines Alexandre Ponisowsky schuldete mein Ehemann viertausend Pfund aus dem gleichen Grund. Ferner musste Rehder noch die Ansprüche von Mrs. Townsend zurückweisen, indem er ihr die *Yacht Davida* anbot und das Silber, welches sich auf derselben befand. Ida S. Townsend, die in der Villa Meuniére in Prophète nahe der Stadt Marseille lebte, forderte innerhalb der nächsten Monate siebzehntausendfünfhundert Pfund von mir, die Andrea ihr angeblich noch schuldete. Für das Silber, welches sie in Andreas Obhut übergab, wollte sie noch einmal fünfundzwanzigtausend Pfund. Rehder fand diese Forderungen sehr übertrieben. Aber es kam leider dennoch im Jahre 1947 dann zu einem Prozess, zwei

Jahre später erhielt sie die Yacht zurück und sollte sich dann erst damit zufriedengeben.
Die anderen Forderungen sollten im Oktober des Jahres 1947 vor Gericht kommen, aber man verzichtete darauf, als eine gütliche Einigung in Aussicht stand. Dabei konnte ich auf die Unterstützung von Dickie zählen, der sich mit Rehder zusammensetzte, die Forderungen nach ihrer Priorität durchging. Auch Edwinas Schwager, Sir Harold Wernher, ein tüchtiger Geschäftsmann, bot sich an, den größten Teil der Schulden zu übernehmen, damit sich die Kläger damit zufriedengäben. Ich war allen sehr dankbar für ihre Hilfe, vor allem in finanzieller Hinsicht, denn ich hatte niemals damit gerechnet, nach Andreas Tod mit so vielen Schulden seinerseits behelligt zu werden. Er hatte wohl buchstäblich auf *großem Fuß* gelebt die letzten Jahre und keinen Gedanken daran verschwendet, wie er seine Schulden einmal wieder begleichen konnte. So hatte ich viel Ärger, der wirklich an meinen Nerven zehrte.
Dennoch reiste ich im März 1945 in den Süden Frankreichs, flog nach Nizza und verbrachte die Osterwoche dort. Ich besuchte auch die Kapelle der russischen Kirche, in der sich Andreas Sarg befand, und nahm so von meinem Ehemann Abschied. Bei meiner Abreise aus Nizza nahm ich auch einige Papiere von Andrea mit, die sich noch in Andrées Besitz befanden.

Mit dem offiziellen Ende des Zweiten Weltkriegs in Europa am achten Mai 1945 war es ab dem Sommer auch wieder möglich, mehr zu verreisen. Im August verbrachte ich nach vielen Jahren erstmals einen Sommerurlaub mit Mama, Louise und Gustav auf *Schloss Sofiero* im südschwedischen Schonen nahe Helsingborg.

Philips Zukunft in Bezug auf eine Heirat beschäftigte mich eigentlich bisher nur peripher, da ich davon ausging, er würde schon die richtige Partnerin von selbst finden. Bei meinen Töchtern war ich in diesem Punkt engagierter gewesen, musste dann doch einsehen, dass sie alle sich schon selbst einen geeigneten Heiratskandidaten aussuchten.
Philip und Lilibet führten bereits seit einiger Zeit eine briefliche Freundschaft, wie ich bereits anmerkte, aber es war mehr so wie sich Cousin und Cousine eben schreiben. Lilibet war wohl mehr beeindruckt von ihm, als er zuerst von ihr.
Alexandra, Aspasias Tochter, hatte Philip in Alexandria einmal überrascht, als er gerade einen Brief an Lilibet schrieb, aber sie meinte, er würde damit eher die Absicht hegen, Einladungen bei der königlichen Familie zu erhaschen, wenn er sich mit der Königstochter gut stellte. Doch ich denke, mein Sohn wollte zuerst nur höflich sein, fühlte sich vielleicht auch geschmei-

chelt, weil die jüngere Lilibet ihn so vergötterte. Die Briefe waren allerdings nicht der Grund, weshalb man ihn öfter nach Windsor einlud, wenn er sich auf Heimaturlaub während des Krieges befand. Im Oktober des Jahres 1941 war er zum ersten Mal vom König eingeladen worden und begeisterte diesen mit seinen Erzählungen von der See, seinen Abenteuern im Mittelmeer und nach seinem Aufenthalt in Windsor schrieb der König an Mama, Philip habe eine Woche bei ihnen verbracht, sei ein sehr charmanter junger Mann und er sei stolz, ihn in der britischen Marine zu wissen. Lilibet war da gerade fünfzehn Jahre alt, Philip hatte aber, wie man so sagt, völlig freies Spiel. Es gab keinen Mitstreiter um sie und die junge Prinzessin himmelte ihn an.
Dennoch hatte mein Sohn bereits einen sprichwörtlichen *Korb* von einer jungen Dame namens Corbina Wright erhalten, was ich über Dickie erfuhr. Und danach hatte er seinen ersten richtigen *Crush*, wie man es im Englischen nennt, verschenkte sein Herz zum ersten Mal wirklich. Gegen Ende des Jahres 1939 war er Osla Benning begegnet, einer Kanadierin, die in England lebte. Osla teilte sich eine kleine Wohnung mit Sarah Norton, einem Patenkind von Dickie, welche Philip bereits aus Kindertagen kannte. Osla hatte noch keinen Freund. Mein Bruder meinte nun zu seiner Patentochter, dass sie doch einmal Ausschau nach einem Mädchen für ihn halten könne, denn er war nur selten an Land, sodass er meist auch nicht viel Zeit hatte, jemanden kennenzulernen. Also beschloss Sarah, Osla und Philip zusammenzubringen. In einem Nachtclub begegneten sich die beiden zum ersten Mal, wurden schnell Freunde.
Osla war nur drei Monate jünger als Philip und als Kind mit ihrer Mutter nach England gezogen, da diese sich von ihrem Ehemann scheiden ließ. Ihre in der Londoner Gesellschaft bekannte, sehr glamouröse Mutter verheiratete sich noch dreimal, übergab ihre Tochter in die Hände eines Kindermädchens. An einem Tag musste sie Französisch sprechen, weil es vornehm klang, am anderen Deutsch und so lernte sie nur wenig Englisch, beherrschte es auch mit acht Jahren nicht wirklich. Man schickte das Mädchen von einem Internat auf das nächste, irgendwann beendete sie eines in Österreich, reiste im August 1939 zurück nach England. Dort avancierte sie schnell zu einem sehr begehrten Partygast und fasste schnell Fuß in der Gesellschaft. Sie teilte wohl Philips oftmals sehr seltsamen Humor. So ergingen sich beide einmal in einer Schlacht mit Juckpulver.
Oslas einziger Makel waren ihre etwas dicklichen Beine, was sie selbst sehr störte. Einer ihrer Stiefväter, der Polo-Ponys hielt, umwickelte die Beine der Pferde mit Bandagen, damit sie nicht anschwollen, und tat dies wohl auch sehr oft bei Osla, als sie noch jünger war.
Osla arbeitete in der Flugzeugfabrik von Hawker-Siddeley in Slough in der

Grafschaft Berkshire und zog kurz darauf zu Sarah und ihrem Vater, Lord Grantley, in ein nahe gelegenes Landhaus. Der Lord war ein bekannter Regisseur, Produzent und in der britischen Gesellschaft ein beliebter Erzähler von allerlei Anekdoten aus der Welt der Prominenten. Auch Sarah arbeitete in der Fabrik und abends machte man es sich in dem Landhaus gemütlich, wobei Philip schnell zu einem gern gesehenen Gast wurde, der auf ein paar Drinks hereinschaute. Dem Lord imponierte sehr, was mein Sohn für einen Intellekt hatte. Zudem wollte er zwar viel über die Arbeit von Grantley wissen, fragte aber nicht nach den Stars, sondern war eher an den technischen Entwicklungen der Filmindustrie begeistert.
Bald verbrachte Philip mehr Zeit mit Osla, was Sarah oftmals ausschloß, wenn sie in Bars zum Tanzen gingen, sich in einem Restaurant oder Café trafen. Mein Sohn machte Osla oft Geschenke wie eine Brosche mit einem Motiv der Marine, welches in Juwelen eingefasst war. Dennoch hielten sie zwar Händchen, küssten sich auf die Wange, aber weiter ging man nicht. So waren beide nicht erzogen. Osla fiel eher dadurch auf, dass sie noch sehr unbefangen war, einmal in einem Club tanzte sie mit einem anderen Jungen, beschwerte sich dann lautstark darüber, dass dieser seine *Kerze* in der Hose trug, was sehr störend beim Tanzen sei. Damals, während des Krieges, kam es oft zu Stromausfällen in London und die sehr naive Osla glaubte, ein jeder wollte eben auf diesen vorbereitet sein. Meinem Sohn gefiel dies aber wohl. Mein Sohn war weltlicher orientiert, aber ein Gentleman. Selbst wenn er und Osla nebeneinander auf ihrem Bett lagen, sich unterhielten, wobei sie ein Kissen zwischen sie beide platziert hatte, nahm er es nicht fort oder unternahm Anstrengungen weiter zu gehen. Laut Sarah war ihre Freundin aber wohl sehr verliebt in ihn, und wenn er auf See war, schrieben sie sich Briefe, damit sie wusste, wo er sich gerade befand.
Im Sommer des Jahres 1941 arbeitete Osla in Bletchley Park als Übersetzerin für die Marineabteilung. Ihre Freundin, Lady Margaret Boyle, lud Philip und sie zu sich nach *Kelburn Castle* in Ayrshire im Südwesten Schottlands ein. Dort hinterließ mein Sohn einen überaus guten Eindruck, als er allen, inklusive Margarets Neffen aus *Alice im Wunderland* vorlas und auch nicht damit aufhörte, als fast alle schon schliefen.
Vielleicht fühlten sich Osla und er auch verbunden, weil sie beide eigentlich keine richtigen Wurzeln in England hatten, und für sie war er die erste große Liebe.
In London verbrachte Philip auch viel Zeit in Dickies und Edwinas Haus in der *Chester Street*, wohin sie während des Krieges kurzfristig gezogen waren, und nächtigte dort auf einem Feldbett im Esszimmer. Wenn er nicht mit Osla ausging, war er mit seinem Cousin David, dem Sohn von meinem verstorbenen Bruder Georgie, unterwegs. An einem Abend im März des

Jahres 1942 liehen sie sich Dickies teuren *Vauxhall* und fuhren damit in die Stadt. Auf der Rückfahrt, als London verdunkelt war, aufgrund der stets drohenden Bombenangriffe, fuhren sie um vier Uhr dreißig morgens gegen eine Ampelanlage, stiegen aus dem demolierten Wagen, trafen nach einem Fußmarsch wieder in der Chester Street ein. Ihre Gesichter waren voller Schrammen und Blut. Dickie nahm es gelassen, meinte nur zu Philip und David, dass sie, nachdem sie auf See so vielen Gefahren hatten trotzen müssen, nun ihre ersten Schrammen ironischerweise während der Verdunkelung erhielten.

Mein Sohn war während des Krieges oft eingesetzt. Nachdem er sein Examen zum Unterleutnant wieder sehr gut bestanden hatte, war er im Juni 1942 auf dem Zerstörer *Wallace* in Rosyth am Fifth of Forth an Schottlands Ostküste stationiert, wo der Zerstörer Handelsschiffe auf einer zweieinhalb Tage dauernden Reise von Rosyth nach Sheerness begleitete. Eine Gefahr waren dabei nicht nur die deutschen Bomber, sondern auch der Nebel, wobei einmal ein Schiff die Wallace rammte, der Kesselraum geflutet wurde und Philip versuchte, drei dort eingeschlossene Männer zu retten. Einer der Heizer starb leider, die beiden anderen erlitten schwerste Verbrennungen. Aufgrund dieser selbstlosen Tat ernannte man meinen Sohn kurz darauf zum Leutnant. Und schon im Oktober wurde er auf Empfehlung seines Kapitäns zum ersten Leutnant befördert. Damit stand er an zweiter Stelle, was das Kommando auf dem Schiff betraf. Mit seinen einundzwanzig Jahren war er einer der Jüngsten, der jemals dieses Kommando bei der britischen Marine innehatte.

Im Juni des Jahres 1943 begleitete die *Wallace* einen Konvoi von Schiffen über den Atlantik, dann setzte man das Schiff als Unterstützung für die Invasion der Alliierten in Sizilien ein. In Malta traf Philip dann auf Dickie, der den korrekten Ablauf der Invasion in seiner Position als *Chief of Combined Operations* mitüberwacht hatte. Mein Bruder sollte dann als *Supreme Allied Commander* nach Südostasien versetzt werden. Seine Karriere verlief ebenso positiv wie die aller Männer in unserer Familie, deren Herz für die britische Marine schlug.

Weihnachten des Jahres 1943 sollte Philip mit David in Windsor verbringen. Vor dem Fest waren sie eingeladen, sich eine alljährlich stattfindende Pantomimeaufführung mit Lilibet und ihrer Schwester in den Hauptrollen anzusehen. Man spielte *Aladdin*. Das Kindermädchen Crawfie wusste, wie sehr Lilibet in Philip verliebt war, denn diese hatte ihr es gestanden und daher war die Prinzessin sehr aufgeregt, dass er zu der Aufführung erscheinen würde. Aber leider bekam Philip eine Grippe und musste sich in das *Claridge's Hotel* in London zurückziehen. Es gab jedes Jahr drei Aufführungen vor Verwandten und Freunden und glücklicherweise konnte Philip an der dritten am achtzehnten Dezember als Zuschauer anwesend sein. Er saß neben dem König, der Königin und Marina in der ersten Reihe. Crawfie fiel auf, wie gereift Philip wirkte, wie erwachsen nach all den Erlebnissen während des Krieges auf See. Zudem entging wohl niemandem, wie Lilibet sich angesichts seiner Anwesenheit in ihrer Darbietung fast verausgabte, sich über jeden seiner Lacher freute und es genoss, wenn er stets applaudierte, den Schauspielern Nettigkeiten und aufmunternde Worte zurief.

Über die Weihnachtsfeiertage verbrachte Lilibet viel Zeit mit ihm, sie hörten Schallplatten auf dem Grammophon, sahen sich einen Film an und genossen die Dinnerpartys. Ein besonderer Abend war stets der erste Weihnachtsfeiertag, wenn es ein großes Essen für alle Familienangehörigen und Bediensteten gab, man danach Scharade spielte. Danach zogen sich Margaret, Lilibet, Philip und David zurück, entfernten den Teppich im großen Salon und tanzten bis ein Uhr nachts zu den Schallplatten, die sie auf dem Grammophon abspielten. Sogar Philip sagte später, es sei eine der besten Nächte gewesen, die er jemals erlebt habe.

Es war ein gewisser Wendepunkt für meinen Sohn, denn in seinem Dankesschreiben an die Königin Elizabeth merkte er an, dass er nun nicht mehr nur Broadlands ein Zuhause nenne, sondern auch Windsor und Coppins, wo Marina mit ihren Kindern lebte. Er bedankte sich für die schöne gemeinsame Zeit an Weihnachten.

Im Juli 1944 war er wieder in Windsor zu Gast und gestand der Königin, wie gerne er mit ihrer Familie zusammen sei, denn gerade die familiäre Atmosphäre genieße er sehr und er fühle sich bei ihnen sehr willkommen. Gleichzeitig merkte er an, er könne nicht seine ganze Dankbarkeit in Worten ausdrücken, aber er freue sich auf ein baldiges Wiedersehen.

Da die Königin um seine Kindheit wusste, war sie sehr gerührt über seine Zeilen und natürlich erwähnte sie es auch vor ihrem Ehemann und vor Dickie.

Zudem ergriff mein Sohn eine gewisse Eigeninitiative, als er vor dem griechischen König George II. sagte, er könne sich durchaus vorstellen, einmal Lilibet zu heiraten, wenn dies möglich wäre. Während aber der König George VI. noch immer zögerte, seine Gattin seine Meinung teilte, sprach sich die Mutter des Königs, Mary, völlig offen für Philip als eine sehr gute Partie aus.

König George VI. und seine Gattin hielten Philip zuerst für einen undisziplinierten, ungebildeten, rauen und ungesitteten jungen Mann, was ich nicht wirklich verstehen kann, denn mein Sohn hatte sich niemals vor einem von beiden so verhalten. Sie änderten aber nach seinen Besuchen bei ihnen ihre Meinung über ihn. Vor allem der König fand Gefallen daran, dass Philip sich auch gerne draußen aufhielt, die Natur mochte, absolut offen und ehrlich war und einen guten Humor besaß. Dennoch fand er es nicht gut, wenn seine Tochter eben die erste große Liebe heiratete, da sich dies oftmals bei jungen Mädchen auch nur als eine reine Schwärmerei erweisen konnte. Der König und die Königin fanden ihre Tochter auch noch zu jung, um einen Gedanken an eine eventuelle baldige Heirat zu verschwenden und so wandte sich George VI. an den griechischen König, bat ihn, Philip dies auszurichten, damit er nicht vielleicht mit einer Heiratsabsicht an seine Tochter herantreten würde.

Zu seiner Mutter Mary meinte der König, Lilibet solle erst mal mehr Männer in ihrem Alter treffen, wobei die Königin Elizabeth stets einige angesehene Junggesellen der englischen Aristokratie vor dem Krieg nach Balmoral und Sandringham eingeladen hatte, was aber bloß in harmlosen Flirts endete, über die ihre Töchter im Nachhinein scherzten. Manchmal waren drei oder vier dieser Männer anwesend gewesen, aber es blieb eben alles nur harmlos.

Es lag auch auf der Hand, dass sowohl der König wie auch seine Gattin viel Wert auf einen durch und durch britischen Ehemann für ihre Tochter Lilibet legten. Philip war aber ein griechischer Prinz von Geburt an.

Mein armer Sohn konzentrierte sich also wieder auf Osla als Freundin. Es tat mir sehr leid für ihn, dass man einer Verbindung mit Lilibet im englischen Königshaus nicht positiv gegenüberstand, denn ich war nun einmal eine ganz normale Mutter, die sich für ihren Sohn eine gute Partie erträumte. Eine englische Prinzessin und angehende Königin zu ehelichen wäre natürlich aus meiner Sicht wunderbar gewesen für Philip, doch diese Hoffnung musste ich aufgeben. Aber wenn ich hörte, wie verliebt Lilibet in ihn war, mein Sohn auch etwas für sie empfand, so ärgerte es mich sehr, dass man dies ignorierte, denn eine Heirat aus Liebe war doch sehr erstrebenswert. Es war das Beste, was einem passieren konnte, wenn man es so ausdrücken möchte, und wir lebten doch nicht mehr in Zeiten, wo junge Mädchen zu einer Ehe gezwungen werden mussten, in der sie dann unglücklich waren.

Mama war überaus angetan von einer eventuellen Heirat zwischen Philip und Lilibet und ich hatte dies auch bei meinem Besuch in England mit ihr angesprochen. Ein Aspekt, der der Eheschließung aber im Wege stand, war vor allem Philips Nationalität. Er musste ein britischer Staatsbürger werden, um die Prinzessin ehelichen zu können. Dickie sprach dies als Erstes an und meinte, es wäre für König George VI. sicher auch ein Grund, sein Einverständnis nicht zu geben.

Marina, die sich ein bisschen als Philips Protegé sah, wenn er in England weilte, fand, er würde sehr gut zu Lilibet passen und sie war durchaus be-

reit, die Möglichkeit einer Eheschließung mit dieser voranzutreiben, dennoch fand ich es besser, wenn man die jungen Leute selbst entscheiden ließ. Ich wollte meinen Sohn nicht bedrängen, merkte aber in Briefen an ihn an, dass ich von seinen Besuchen in Windsor hörte, die er in der Gesellschaft zweier sehr hübscher junger Damen verbracht hatte.
Am siebzehnten April des Jahres 1944 musste er seinen Dienst auf dem Zerstörer *Whelp* antreten. Das Schiff fuhr in der siebenundzwanzigsten Zerstörer-Flotte mit. Bevor es einsatzbereit war, besuchte Philip Mama, die aber nur diskret das Thema Heirat anschnitt. Wenn Philip über Lilibet sprach, merkte sie aber, dass er durchaus Gefühle für sie hegte, wenngleich zu dieser Zeit auch noch Osla eine Rolle in seinem Leben spielte. Während des Krieges konnte die Familie natürlich Ehepläne für ihn schmieden, aber es war eben Krieg und er musste seinen Dienst versehen. Da war es nicht möglich, konkreter zu werden.
Mein Sohn musste auch bezüglich der Änderung seiner Staatsbürgerschaft handeln, denn wenn er die britische nicht bald annahm, würde er seine Karriere in der britischen Marine nicht fortsetzen können. Er sah dies ein, denn es war ihm wichtig, weiterhin in der Royal Navy zu dienen.
Wenn er Urlaub hatte, sah er Osla noch von Zeit zu Zeit. Sie lebte mittlerweile in einer kleinen Wohnung mit ihrer Freundin Sylvia Heywood, wo er Parties mit ihnen feierte, dann auf dem Sofa schlief. Aber im Frühjahr des Jahres 1944 begann sich Osla auch von ihm zu entfernen und Hals über Kopf verlobte sie sich mit einem jungen Diplomaten namens Guy Millard, der später Botschafter in Italien werden sollte. Philip erfuhr über Sarah davon und es musste ihn sehr verletzt haben. Vielleicht öffnete es ihm aber auch die Augen bezüglich Osla, denn aus der Verlobung resultierte keine Eheschließung. Sie löste diese bald wieder, heiratete im Jahre 1946 einen anderen Diplomaten namens John Henniker-Major, den sie in der Konferenzabteilung des Außenministeriums kennenlernte, als sie dort arbeitete. Dennoch wurde mein Sohn ein Jahr später Pate ihres erstgeborenen Sohnes und hielt weiterhin freundschaftlich Kontakt mit ihr.
Dickie sah nun die Möglichkeit, bei König George VI. seinen Neffen nochmals als potenziellen Heiratskandidaten für Lilibet ins rechte Licht zu rücken, besprach mit ihm auch die Möglichkeit eines Wechsels der Staatsbürgerschaft. Der König wandte ein, er fände es durchaus positiv, einen Mann an der Seite seiner Tochter zu sehen, denn in der britischen Königsfamilie gab es nur ihn, seinen Bruder Henry, den Duke of Gloucester und nach dem Ableben seines Bruders George, dem Duke of Kent, keinen weiteren Mann, der ihm selbst vielleicht auch beratend aus der Familie einmal eine Stütze sein konnte.
Dickie sprach auch mit dem griechischen König George II. und dieser

merkte an, man solle es nicht forcieren. Obwohl er für Philip Lilibet als die beste Partie ansah, die er machen konnte. Dennoch bat er sich in dieser Angelegenheit Diskretion aus.

Als Philip auf der *Whelp* im Frühjahr 1945 in Australien weilte, machte es schnell die Runde unter der Crew, dass zwischen ihm und der Königstochter mehr als eine Freundschaft bestand, denn sie bekamen mit, wie viele Briefe zwischen den beiden hin- und hergingen.
Im August des Jahres 1945 eskortierte Philip auf der *Whelp* das Flaggschiff der Flottille *Duke of York* bei der beabsichtigten Invasion Japans, als die erste Atombombe auf Hiroshima vonseiten der Amerikaner abgeworfen wurde. Nur drei Tage später erreichten sie die durch die Amerikaner besetzte Insel Guam, östlich der Philippinen. An diesem neunten August warf man die zweite Atombombe über Nagasaki ab. Die *Whelp* war danach eines der ersten alliierten Schiffe, das zurück in japanische Gewässer fuhr, wobei man die *Missouri*, ein Flaggschiff der USA eskortierte. Am zweiten September liefen sie in der Bucht von Tokyo ein. Ich hatte, nachdem ich von den Abwürfen der Atombomben hörte, große Angst um meinen Sohn, aber er schrieb mir, er sei niemals in Gefahr gewesen, doch er habe gesehen, welche zerstörerische Kraft die Bomben hatten, und das habe ihn doch mehr als bewegt. Aber er war anwesend, als die Japaner vor den USA kapitulierten.

Dickie und König George II. von Griechenland baten mich, einen Brief an König George IV. von England zu schreiben, in dem ich ihm dafür danken sollte, dass er Philip dabei unterstützen würde, die britische Staatsbürgerschaft anzunehmen, was ich auch bereitwillig tat. Am dreizehnten März sah ich den König in London kurz zum Tee und er meinte, er nehme die Angelegenheit nun in seine Hände. Er habe nur gezögert, weil der griechische König ihn darum bat. Daher versicherte ich ihm, auch George II. stünde dem Ganzen sehr positiv gegenüber, denn es sei eben auch sehr bedeutsam für die weitere Karriere meines Sohnes in der britischen Marine.
Im Juli verbrachte ich einige Tage auf Broadlands und fand meinen Bruder Dickie sehr enthusiastisch vor, da er davon schwärmte, Philip zu einem *Prinzgemahl* machen zu wollen. Die Ehemänner einer englischen Königin tragen nicht den Titel eines Königs oder werden gar zu einem gekrönt, sie sind lediglich *Prince Consort*.
Am vierundzwanzigsten Juli war ich zum Tee beim König und der Königin im Buckingham-Palast geladen, wobei auch Louise und Mama anwesend waren. Wir schnitten das Thema einer eventuellen Verheiratung von Lilibet und Philip nicht an, aber sprachen über die Annahme der britischen Staatsbürgerschaft für meinen Sohn und der König versicherte mir wieder, er

würde sich darum schnellstens kümmern. Ich befürchtete, ebenso wie Mama und Louise, die Karriere Philips könne ins Stocken geraten, wenn dies nicht bald vollzogen würde. Aber nichts geschah.
Mein Sohn befand sich Ende des Jahres 1945 im Fernen Osten. Die *Whelp* sollte dort auf Kriegsgefangene warten und diese dann nach England zurückbringen. Er kehrte erst am siebzehnten Januar des Jahres 1946 nach Portsmouth zurück.

Eine royale Eheschließung und die Erfüllung eines Traumes, 1946-1960

Als Philip sich im Januar des Jahres 1946 wieder in Portsmouth befand, übertrug man ihm zuerst die wenig aufregende Aufgabe, die Außerbetriebnahme der *Whelp* zu überwachen. Dann versetzte man ihn auf die *HMS Glendower*, ein Trainingsschiff der britischen Marine, welches in Pwllheli in Nordwales stationiert war. Dort übernahm er die Funktion eines Ausbilders. Bis zum Herbst des Jahres war er mit dieser Aufgabe betraut, dann erst versetzte man ihn auf die *HMS Royal Arthur*. Das Schiff stand in Diensten der Schule für Unteroffiziere der Marine in Corsham, Wiltshire, nahe Bath. Er referierte an dieser Schule über den Seekrieg, Moral und aktuelle Angelegenheiten der britischen Marine, aber war nicht sehr glücklich mit dieser Position. Meinem Sohn entging nicht, was ich befürchtet hatte – seine Karriere war aufgrund seiner griechischen Staatsangehörigkeit dabei zu stagnieren. Philip gestand mir in einem Brief, wie wenig es ihn erfüllte, er sich in Kriegszeiten mehr gefordert gefühlt habe. Es fiel ihm schwer, sich an einen Dienst in der britischen Marine in Friedenszeiten zu gewöhnen, was er auch der Königin Elizabeth schrieb. Sicher war er froh, dass der Krieg vorbei war, aber dennoch fühlte er sich nun irgendwie gelangweilt, sah für sich keine Zukunft in der Aufgabe, mit der er betraut worden war.

Seine freie Zeit verbrachte er oft in London, wo er mit seinem Sportwagen zum Buckingham-Palast fuhr und aus Crawfies Sicht stets sehr hastig Lilibet sehen wollte, die dann immer sofort die Schallplatte aus dem Musical *Oklahoma* auflegte. Der Titel hieß *People will say we`re in love* und es war für die Gouvernante der Prinzessinnen nur allzu offensichtlich, was sich da zu entwickeln begann.

Wenn er Lilibet nicht besuchte, leistete er Mama Gesellschaft, die mit der Pye-Crust wieder im Kensington-Palast lebte, oder blieb bei Dickie und Edwina in der Chester Street. Dort entging Edwina nicht, dass Philip ein gerahmtes Foto von Lilibet in seiner Tasche bei sich trug, welches er auch neben seinem Schlafplatz, dem Feldbett, platzierte. Für meinen Bruder Dickie war dies buchstäblich *Wasser auf seine Mühlen*, denn er stellte mit Wohlwollen fest, wie sich etwas zwischen seinem Neffen und der Prinzessin entwickelte.

Im Buckingham-Palast war mein Sohn aber nie allein mit Lilibet, dies hätte damals schon alleine der Anstand verboten. So nahmen Margaret, Lilibet und Philip meist zusammen ein Essen ein, was aus Fisch, einigen Süßigkeiten und Orangeade bestand. Crawfie ließ sich von Zeit zu Zeit blicken und ihr fiel sehr positiv auf, dass Philip nicht rauchte. Eigentlich hatte er sich in der Marine das Rauchen erst angewöhnt, rauchte manchmal eine ganze Schachtel am Tag, doch er wusste dies bei seinen Besuchen im Palast geschickt zu verbergen. Crawfie fand es auch gut, dass er bei gesellschaftlichen Anlässen nur wenig Alkohol trank, was durchaus für einen Mann der Marine, einen Seemann, wie sie es nannte, eher unüblich war. Nach dem Essen spielte Philip auf eine etwas kindliche Art mit den beiden Prinzessinnen im Korridor Ball oder sie jagten sich gegenseitig über den Flur. Keinem im Palast entging, wie sehr sich Philip um Lilibet bemühte, was der eigentliche Grund seines Besuches war oder vielmehr wer. Er hatte ihr aber gegenüber noch keine Gefühle offenbart, was Lilibet wohl sehr traurig machte.

Meine Tochter Sophie verlobte sich im Januar 1946 mit dem Prinzen Georg Wilhelm von Hannover. Er war der älteste Sohn der Herzogin Viktoria Luise zu Braunschweig-Lüneburg, Prinzessin von Hannover und ihrem Gatten, dem Herzog Ernst August, auch Prinz Ernst August III. von Hannover. Georg war der neue Rektor der Schule in Salem, wo Sophie ihn kennenlernte. Kurt Hahn hielt sehr viel von dem Prinzen. Während des Krieges hatte man die Schule geschlossen, doch nun nahm sie ihren Betrieb wieder auf.
Obwohl Tiny bereits Witwe war, fünf Kinder hatte, verliebte er sich in sie und befürchtete nur, sie würden ein sehr großes Haus brauchen aufgrund der Kinderschar. Peg war eigentlich die Drahtzieherin einer Verbindung zwischen Tiny und Georg gewesen, wie sie mir gestand, denn sie fand, meine Tochter brauche wieder einen Mann an ihrer Seite und Georg war gut situiert. Daher freute sie sich sehr, dass beide sich verlobten. Die Hochzeit sollte im April stattfinden.

Am einunddreißigsten März des Jahres 1946 fanden Parlamentswahlen in Athen statt, die von den Kommunisten boykottiert wurden. Das konservative Wahlbündnis *Inomeni Parataxis Ethnikofronon*, *Vereintes Bündnis der Nationalgesinnten*, erhielt über fünfundfünfzig Prozent der Stimmen im griechischen Parlament. So bildete Konstantin Tsaraldis, der Vorsitzende der Volkspartei, eine konservative Regierung. Die Führung des Bündnisses lag nun in seinen Händen und Tsaraldis war ein absoluter Befürworter der Monarchie. Am achtzehnten April wurde Tsaraldis neuer Ministerpräsident von Griechenland, gleichzeitig übernahm er auch die Leitung des Außenministeriums.

Die kommunistisch kontrollierten Rebellen jedoch organisierten in den folgenden Wochen und Monaten immer wieder bewaffnete Angriffe auf staatliche Einrichtungen wie Polizeistationen, Militäreinrichtungen und Infrastruktureinrichtungen. Es handelte sich aber nicht mehr um spontane Angriffe von lokalen Organisationen, sondern um geplante der *Demokratischen Armee Griechenlands*, kurz *DSE*, einer militärischen, stark von Kommunisten beeinflussten bewaffneten Widerstandsorganisation. Man kann diese im Jahre 1946 gegründete Partei als Nachfolgerin der ELAS ansehen und sie gehörte als Organisation zur *Kommunistischen Partei Griechenlands*. Die Partei versuchte mit der griechischen Regierung zu verhandeln, aber man kam zu keiner Einigung. Zudem zeigten die Übergriffe durch die DSE meist kaum militärische Erfolge, da man diese erfolgreich niederschlagen konnte. Doch ihr Kampf wurde effektiver, Griechenland befand sich bald in einem Bürgerkrieg. Im gesamten Land, mit Schwerpunkt Nordwest-Makedonien, Epirus, Zentral- und Mittelgriechenland wurden Polizeistationen, Armeeposten, Infrastruktureinrichtungen sowie politische Gegner angegriffen, beziehungsweise bekämpft. Man wollte um jeden Preis die griechische Regierung schwächen. Bald erhielt die DSE Unterstützung durch die *Kominform*, das *Kommunistische Informationsbüro*, ein überstaatliches Bündnis verschiedener kommunistischer Parteien, welches von der *KPdSU*, der *Kommunistischen Partei der Sowjetunion*, unter Josef Stalin geleitet wurde. Dadurch kam bald logistische Unterstützung der DSE aus Albanien und Jugoslawien. Bald beherrschte man ganze Landstriche in Nordwest-Makedonien, Epirus und Zentralgriechenland. Sowohl Albanien als auch Jugoslawien boten den Rebellen einen Ausbildungs- und Rückzugsraum im Rahmen des Bündnisses. Die Regierungen beider Staaten billigten dies einvernehmlich, das war natürlich im Kampf gegen die Rebellen ein sehr großer Nachteil für die griechische Regierung.
Ziel der Rebellen war es, eine große Stadt unter ihre Kontrolle zu bringen, um dort eine provisorische Regierung einzusetzen.
Die griechische Regierung fand Unterstützung durch England, welche sowohl aktiv militärisch als auch waffentechnisch erfolgte, aber nicht durch das Eingreifen britischer Truppen. Im Jahre 1946 versuchte man mithilfe von Einheiten der Nationalgarde und Polizeikräften noch Herr der Lage zu werden.
In Athen blieben wir von den Kämpfen unbehelligt, dennoch war es schlimm, dass sich die Situation auch nach dem Krieg nicht endlich beruhigen wollte.

Anfang April gingen Philip und Lilibet zum ersten Mal gemeinsam aus. Sie besuchten eine Party im Aldwych Theater im West End in London. Es war

auch das erste Mal, dass die Öffentlichkeit sie zusammen sah, was in der Presse natürlich gleich zu Spekulationen führte.
Mein Sohn schien nun wirklich eine Heirat mit der königlichen Prinzessin anzustreben.

Sophie heiratete am dreiundzwanzigsten April in Salem Georg und Philip erschien zur Hochzeit. Er kam völlig überraschend dort in einem kanadischen Armeetruck an, doch Tiny war ihm überaus dankbar für sein Erscheinen. Ich hatte ein Hochzeitsgeschenk an die beiden geschickt, ebenso wie Louise.

Vor der Hochzeit wollte man für Tiny die Juwelen unserer hessischen Familie aus Schloss Friedrichshof abholen, aber sie waren bedauerlicherweise gestohlen worden. Die sollte als *Hesse Crown Jewelry Heist*, also als *Raub der hessischen Kronjuwelen* in die Annalen eingehen und vor allem in der Presse große Aufmerksamkeit finden. Unter diesen Schmuckstücken aus Familienbesitz befanden sich vor allem die Kronjuwelen Mossys, die sie von ihrer Mutter, der Kaiserin Friedrich, geerbt hatte. Zu jener Zeit lag der Wert der Schmuckstücke bei etwa 2,5 Millionen US-Dollar. Da aber die Werte für Silber und Gold unter anderem stets variieren und steigen, kann man den genauen Wert weitaus höher beziffern.

Im Oktober des Jahres 1944 hatten Mossys Söhne, die Prinzen Richard und Wolfgang, beschlossen, den besonderen Schmuck der Familie zu verstecken, um diesen als Sicherheit nach dem Krieg nutzen zu können. Da man nicht wusste, ob Geld dann noch irgendeinen Wert hätte, so konnte man in Bezug auf Schmuck jederzeit sicher sein. Sie benutzten eine hölzerne Kiste, die mit Blei und Zink versiegelt wurde. Die Kiste vergruben sie im Keller des Schlosses. Dann betonierten sie die Stelle zu, wobei sie versuchten, etwas mehr an Fläche zu bedecken, damit es nicht auffiel. Zu den vergrabenen Schmuckstücken gehörten unter anderem mehrere Diamanten, Edelsteine, Armbänder, Ringe, Halsbänder, Tiaras, rare Münzen, Goldstücke, Silber und viele andere familiäre Erbstücke.

Die beiden Prinzen hofften, die Kiste sei durch das Einbetonieren im Keller vor den Bombenangriffen geschützt, die im Laufe des Krieges in und um Frankfurt am Main zunahmen. Zudem war der Teil des Schlosses, unter dem sich der Keller befand, unbewohnt.

Im Jahre 1944 aber nutzten die amerikanischen Streitkräfte das Schloss als ein Offizierskasino und im Jahre 1945 mehrten sich die Vermutungen unter den Soldaten der US-Truppen, dass sich in einem Schloss von Adeligen auch Schätze der Familie befinden mussten. Das Schloss in Kronberg war da bereits schon von der Familie komplett verlassen worden, man hatte sie auf Landhäuser verwiesen oder eben nach Schloss Friedrichshof, wie Mossy

und Tiny mit den Kindern.
Der weibliche Hauptmann Kathleen Nash entdeckte im Keller nun den noch recht frischen Beton. Sie informierte den Oberst Jack Durant und den Major David Watson. Gemeinsam begannen nun alle drei sich durch den Zement hindurchzuarbeiten und entdeckten bald darauf die Kiste. Da es schwierig war, den Schmuck an den Wachen vorbeizuschmuggeln, brachen sie über die Hälfte der Diamanten und anderen Steine aus den Schmuckstücken, verstauten sie in ihren Uniformen. Diese sollten später verkauft werden. Einen großen Teil an Gold und Silber veräußerten sie aber zügig in Irland und in die Schweiz. So reisten sie zu Juwelieren in Bern, Basel und Zürich. Ihr Geschäft war natürlich sehr lukrativ. Sie scheuten sich auch nicht davor, silberne Schalen und anderes aus dem privaten Besitz der Familie anzubieten.
Tiny sollte nun vor allem die Kronjuwelen, wie es Tradition war, zu ihrer Hochzeit tragen. Aber als man im Februar des Jahres 1946 den Schmuck aus Kronberg holen wollte, bemerkte man den Diebstahl. Sie mussten ihn als gestohlen melden, wobei sich Mossy sofort an einen Offizier der US-Militärpolizei wandte. Man leitete sofort Ermittlungen ein, kam recht schnell auf Nash, Durant und Watson, welche den Diebstahl gestanden, unter Arrest gestellt wurden. Die Militärpolizei stellte zweihundertundsiebzig Schmuckstücke im Wert von etwas mehr als einer Million US-Dollar sicher, was unter anderem vierundfünfzig lose Rubine betraf, einen Saphir, der rund einhundertundsechzehn Karat hatte, ein Platinarmband mit über vierhundert Diamanten sowie eine Platinhalskette mit einem Uhrenset, verziert mit über sechshundert Diamanten. Leider war durch die grobe Behandlung, das Herausbrechen der Steine der meiste Schmuck nun im Wert stark gesunken. Viele Stücke waren schwer beschädigt worden.
Den Rest der Schmuckstücke konnte man nie wiederfinden, sie blieben für immer verschollen.
Die Diebe mussten sich einem Prozess in Frankfurt am Main stellen. Sie alle waren ihren Kameraden schon aufgefallen, weil sie sich plötzlich mehr leisten konnten, als von ihrem Gehalt bei der Armee möglich gewesen wäre. Nash hatte zudem im Februar 1946 die Order bekommen in die USA zurückzugehen, wie auch ihre beiden Kameraden. So hielt sie sich bei Prozessbeginn in Kalifornien auf, Watson war aus der Armee ausgeschieden, lebte in Texas und Durant, hatte gleich nach seiner Rückkehr nach Washington versucht, die nächsten Schmuckstücke zu veräußern. Es stellte sich nun die Frage, ob man quasi über den Atlantik den Prozess führen sollte.
Durant und Nash heirateten im Ende Mai 1946. Mittlerweile hatte man das *United States Army Criminal Investigation Command*, kurz *CID* genannt, eingeschaltet, da der Raub nun durch die weltweite Presse ging, die Diebe

sich bald alle wieder als Händler mit den Schmuckstücken engagierten. Sie deponierten sogar einige Stücke bei Familienmitgliedern und zogen diese in den Fall mit hinein.

Durant und Nash wurden am Tag ihrer Hochzeit von der CID verhaftet, Watson als er sich nach Europa absetzen wollte. Man fing ihn am Frankfurter Flughafen ab.

Man verurteilte alle drei zu einem Ausscheiden aus dem militärischen Dienst, wobei sie unehrenhaft entlassen wurden, also keinen Anspruch mehr auf ihr Gehalt oder eine Pension hatten. Watson bekam drei Jahre in einem Staatsgefängnis in den USA, Nash fünf Jahre und Durant fünfzehn Jahre, nachdem er Freunde und Verwandte eben mit in den Handel einbezog.

Erst im Jahre 1951 erhielt die Familie die gefundenen Schmuckstücke zurück, das Schloss Kronberg diente noch bis zum Jahre 1953 als Offizierskasino, aber man brachte die Familienmitglieder kurz nach dem Ende des Prozesses in einem exklusiven Hotel in der Nähe unter.

Tiny mit ihrem Gatten Georg Wilhelm in der Mitte, links neben dem Brautpaar steht Georgs Vater Prinz Ernst August II. von Hannover, rechts neben Georg dessen Mutter Prinzessin Viktoria Luise von Hannover, die anderen drei Männer sind Georgs Brüder, Erbprinz Ernst August im Hintergrund, ganz rechts Christian und ganz links Welf Heinrich, Salem, 23. April 1946

Nach Tinys Hochzeit reiste Philip mit einem Freund namens Michael Parker, den er bei der britischen Marine kennenlernte, nach Monte Carlo, um von Andrée einige Besitztümer seines Vaters abzuholen. Die Comtesse de la Bigne verabredete sich mit den beiden im *Café de Paris*, welches zu jener

Zeit als ein Café der *belle epoque* galt. Philip und sein Freund bestellten sich ihre ersten Cocktails, während sie warteten, und als sie erschien, meinte mein Sohn, es sei wie in einem Film gewesen, wenn die begehrenswerte Hauptdarstellerin sich ihren Weg scheinbar auf den Zuschauer zu bahnt. Es war eindeutig ihr Parkett, auf dem sie sich gekonnt bewegte. Mein Sohn schrieb mir später, sie sei eine durchaus elegante Erscheinung in ihrer Kleidung, aber auch in der Art, wie sie sich bewegte und gab. Sie begegnete den beiden überaus freundlich und Philip verstand sich auf Anhieb gut mir ihr. Was er über das Verhältnis seines Vaters mit Andrée dachte, hat er mir nie erzählt, und ich wollte ihn auch nie damit konfrontieren, denn er liebte seinen Vater sehr.

Andrée übergab ihm einige Bücher aus Andreas Besitz, Fotos und Kleidungsstücke, von denen viele abgetragen und von Motten befallen waren, aber mein Sohn trug sie dennoch auf. Einen Rasierpinsel aus Elfenbein wollte er selbst weiterhin nutzen, einen goldenen Siegelring trug er dann als Erinnerung an seinen Vater.

Am neunundzwanzigsten Mai war er wieder in London und wurde von der Presse fotografiert, als er mit Lilibet an der Hochzeit ihrer neuen Hofdame Jean Gibbs mit Andrew Elphinstone, Lilibets Cousin, teilnahm. Man fragte sich in der englischen Presse daraufhin, wer der Unbekannte an der Seite der Prinzessin gewesen sei, denn in der Öffentlichkeit war mein Sohn bis dato noch nicht in Erscheinung getreten. Da die Presse leider zumeist zu Spekulationen neigte, versuchten Philip und Lilibet nicht so oft zusammen gesehen zu werden, wenn sie in London gemeinsam ausgingen. Auf Partys versuchten sie daher auch nicht miteinander zu tanzen, damit nicht am nächsten Tag Vermutungen über Lilibets Begleitung in den Klatschblättern zu lesen waren. Auch wollte mein Sohn sein Privatleben nicht an die Öffentlichkeit gezerrt sehen, wenn man ihm buchstäblich Tag und Nacht nachstellte, um alles über ihn in Erfahrung zu bringen.

Im Juni entschuldigte sich Philip in einem Brief an die Königin Elizabeth dafür, dass er so oft im Buckingham-Palast zugegen sei, sich dort quasi selbst einlud. Dennoch, merkte er an, habe er jedes Mal eine wundervolle Zeit dort.

In diesem Sommer lud ihn die Königin ein, mit der Familie drei Wochen in Balmoral zu verbringen, um dort Auerhähne zu jagen. Der König zeigte sich sehr angetan davon, wie gerne mein Sohn mit ihm jagen ging und auch Streifzüge durch die Natur sehr genoss. Nach diesem Urlaub schrieb mir Philip, er habe nun genug Zeit gehabt, mit Lilibet über eine eventuelle Zukunft zu sprechen, was sie sehr begeistert aufnahm. Auch sie hatte sich ernsthaft Gedanken gemacht. Mein Sohn fasste sich ein Herz, hielt um ihre Hand an. Lilibet, außer sich vor Glück, nahm an, danach sagten sie es ihren

Eltern.
Er schrieb der Königin, er habe all die guten Dinge, die ihm in der letzten Zeit widerfahren seien, nicht wirklich verdient. Im Krieg hatte er nicht sein Leben lassen müssen, er habe den Sieg miterlebt und daher habe er nun die Chance, sesshaft zu werden, sich selbst zu finden. Er sei verliebt von Kopf bis Fuß, uneingeschränkt, wogegen all der Ärger in der Welt nur noch klein wirke. Sein Leben habe nun einen Sinn. In den letzten Wochen habe er erkannt, was ihm wirklich wichtig sei, und obwohl er zuerst unzufrieden gewesen sei mit allem nach Ende des Krieges, sich nutzlos fühlte, habe die Freundlichkeit der königlichen Familie, die Großzügigkeit und Gastfreundlichkeit ihm seinen Glauben an stabile Werte zurückgegeben, seine Sicht auf die Welt heller gemacht. Es gäbe nur die eine Sache, einen Umstand, der ihm mehr bedeute als alles andere auf dieser Welt.
Mein Sohn war verliebt und ich war so glücklich darüber, wie es ihn erfüllte. Da Lilibet aber noch keine einundzwanzig Jahre alt war, brauchte man das Einverständnis des Königs, was auf einem alten Gesetz, dem sogenannten Royal Marriages Act aus dem Jahre 1772 beruhte. George VI. war mit einer Heirat seiner Tochter und Philips einverstanden, aber bat sich noch eine Wartezeit aus, da die königliche Familie im nächsten Jahr eine offizielle Reise nach Südafrika machen würde. Bei der Rückkehr von dieser würde Lilibet einundzwanzig Jahre alt werden. Man munkelte im engeren Familienkreis, der König habe auch noch die sprichwörtlichen kalten Füße, da er eigentlich einer zu frühen Heirat seiner ältesten Tochter gegenüber abgeneigt war. Wenn Lilibet sich verheiratete, verlor er auch zeitgleich seine liebste Begleiterin für Jagdausflüge, Spaziergänge und das Reiten. Aus seiner Sicht eben für alles, was ihm wichtig war. Er war der festen Überzeugung, sie habe auf der Reise nach Südafrika noch sehr viele Gelegenheiten, auch andere junge Männer, also potenzielle Heiratskandidaten kennenzulernen. Am Ende der Reise würde man sehen, ob sich ihre Gefühle für Philip nicht abgekühlt hatten.
Mein Sohn hatte leider auch Gegner bei Hofe. Seine beiden Freunde, Lord Eldon und *Bobbety* Cranborne, die zeitgleich mit Philip in Balmoral weilten, waren wie man so sagt *Höflinge* und standen in der Gunst des Königs. Sie adaptierten stets die Meinung von George VI. sowie auch der jüngere Bruder der Königin, David Bowes-Lyon, der für seine Intrigen und Unhöflichkeit bekannt war. Obwohl er homosexuell war, ausschweifende Wochenendpartys gab, auf denen sich jeder Gast als Mann verkleiden musste, hatte er eine Ehefrau und wurde von der Königin stets bevorzugt. Es war abzusehen, dass er nichts unversucht ließ, um seine Schwester gegen die Ehe aufzubringen. Ein Grund für die Ablehnung war Philips Erscheinungsbild. Mein Sohn kleidete sich stets einfach, kam auch zu den Jagden nicht in

einer teuren Jagdbekleidung, sondern zeigte sich in Flanellhosen mit einem geborgten Gewehr. Ein sehr indiskreter Lakai machte öffentlich, dass Philip in seinem gewöhnlichen Marinekoffer keine Ersatzschuhe mitbrachte, keinen Pyjama oder Hausschuhe. Seine Schuhe, die er tagtäglich trug, mussten sogar zu einem lokalen Schuster gebracht werden, da sie unterwärts einige Löcher aufwiesen. Man kritisierte sein unkoordiniertes Schießen auf den Jagden, obwohl er sich redlich bemühte und schnell dazulernte. Der König bot sich ihm als Lehrer an, was mein Sohn sehr begrüßte.

Dennoch hielt man Philip für einen ungehobelten jungen Mann und eben nicht für einen britischen Gentleman. Man schob es auf seine Schulbildung, die leider nicht auf einem Elite-College erfolgt war, was ich nebensächlich fand. Wir hatten ihm die beste Bildung ermöglicht, er ging seinen Weg in der britischen Marine und nur, weil er zur Bescheidenheit erzogen worden war, sollte er nicht in das Bild dieser *Hofschranzen* passen? Man mag mir vorwerfen, ich nähme die Position ein, die jede Mutter in diesem Fall einnehmen würde, indem ich meinen Sohn in eine rein positive Sicht rückte. Dem war aber nicht so. Ich war stolz auf ihn, aber empfand Standesdünkel schon immer als abschreckend. Diese Welt bei Hofe lebte von Gerüchten, das Personal tuschelte und man konnte es doch nie jemandem recht machen. Philip besaß aber eine Natürlichkeit, die eben diesen Menschen oft fehlte, die sich in des Königs Gunst sahen. Sie lächelten den König an, redeten ihm nach dem Mund, aber hinter seinem Rücken zerrissen sie sich sicher ebenso die Mäuler über dieses und jenes. Ein jeder Hof lebte von einer Welt des schönen Scheins, ein jeder wollte sich nur ins rechte Licht rücken, was mir mehr als verhasst war. Wenn mich jemand nicht mochte, schätzte ich es mehr, wenn man mir dies auch direkt ins Gesicht sagte, statt mir das Gegenteil vorgaukeln zu wollen. Und so hatte ich auch meine Kinder erzogen. Bei Philip war es mir nur einige Jahre möglich gewesen. Aber ein bodenständiger Ehemann war doch mehr wert als ein Heuchler, der nur seinen Vorteil aus jeder Situation zu gewinnen versuchte. Mein Sohn verstellte sich nicht und das war absolut lobenswert. Es machte ihn aus meiner Sicht mehr zu einem Gentleman als all die anderen. Er hatte das Herz Lilibets gewonnen, das war das Wichtigste.

Mama, die oftmals Zeit mit Lilibet in Windsor verbrachte, sagte mir, die Prinzessin sei eine sehr stille junge Frau gewesen und nun wie ausgewechselt. Da sie einmal Königin werden würde, so Mama, war dies sehr von Vorteil. Und auch meine Mutter sah in dieser Wandlung Philip als Hauptverantwortlichen, denn er habe Lilibet aus ihrem Schneckenhaus geholt.

Königin Elizabeth mochte keine Konfrontationen, Streit war ihr ein Übel, und da sie nichts ansprach, fand sie zuerst keinen Zugang zu meinem Sohn. Sie meinte, er würde den englischen Humor nicht teilen, indem er nicht das

Lächerliche in manch einer Situation sofort erkannte, denn er sei nun einmal brüsk und mehr deutsch in seinem nüchternen Humor. Zudem habe er ihr zwar die netten Briefe geschrieben, sich aber nie in charmanter Art und Weise um sie bemüht. Ihre Vorwürfe fand ich kleinkariert. Wenn sie privat über Philip sprach, nannte sie ihn den *Hunnen*, was zwar seinem sehr deutschen Aussehen geschuldet war, aber sie störte sich wie die meisten Verwandten der königlichen Familie an der einzigen Tatsache, dass er eben *deutsch* wirkte. Nach dem Krieg hätte ich das noch einigermaßen verstanden, doch sich darüber zu ereifern, vor allem darüber, wie sehr sich Philip zwar um Lilibet bemühte, aber nicht um ihre Mutter, war doch nun wirklich eher belustigend. Er wollte dem König nicht die Frau ausspannen, sondern die Tochter heiraten. Selbst meine Mutter fand das Verhalten der Königin nicht wirklich *royal*, wie sie mit einem schelmischen Augenzwinkern anmerkte.

Mein Bruder Dickie hatte sich sehr dafür eingesetzt, dass Philip einmal Lilibet heiratete. Nun musste aber noch geklärt werden, wann Philip die britische Staatsbürgerschaft annehmen konnte. Es verzögerte sich einmal dadurch, dass mein Sohn während des Krieges auf See war, und Dickie ebenso in seinem Dienst in der britischen Marine aufging. Mein Bruder war von 1943 bis 1946 Oberbefehlshaber der Alliierten Streitkräfte in Südostasien, zeichnete sich im Burmafeldzug aus. In Anerkennung seiner Leistung zeichnete ihn der König im Jahre 1946 mit dem Titel eines *Viscount Mountbatten of Burma* aus, einem britischen Adelstitel zwischen einem Baron und Earl. Verbunden mit dem Titel erhielt mein Bruder nun auch einen Sitz im Parlament, dem *House of Lords*. Ferner wurde er in diesem Jahr auch als einziger britischer Admiral des Zweiten Weltkriegs in den *Hosenbandorden* aufgenommen. Nachdem er Kommandeur eines Kreuzgeschwaders im Mittelmeer gewesen war, zeichnete sich ein neuer, weitaus bedeutender Posten für ihn ab, denn der König zog ihn aufgrund seiner Fähigkeiten in Betracht, als *Vizekönig von Indien* die britische Kolonie in die Unabhängigkeit zu entlassen. Eine derartige Aufgabe wäre für Dickie natürlich eine weitere Krönung seiner Karriere gewesen, doch diese und die vorherigen Aufgaben, ließen ihm keine Zeit, sich mehr um Philip zu kümmern.
Erwähnenswert ist, dass mein Bruder der erste und einzige Offizier war, der einen Rang in allen drei Streitkräften innehatte. Als Chef des Stabes für kombinierte Operationen stand er auch im Dienst aller drei Waffengattungen. In Südostasien hatte er so nicht nur in diesen, sondern auch allen Alliierten gedient. Mit dem Ende des Krieges war er Oberster Befehlshaber mit direkter Kommandogewalt über hundertachtundzwanzig Millionen Menschen. Er war mit der Verpflegung betraut, musste sich um die Gesund-

heitsversorgung kümmern, Recht und Ordnung aufrechterhalten und für die Informationen durch Zeitungen und Rundfunk sorgen. Ebenso musste er auch über politisches Geschick entscheiden, fragte sich aber oft, wie die Geschichte einmal seine Entscheidungen beurteilen würde. Mama sagte ihm, er solle sich nicht darum kümmern, was die Leute sagten. Er sollte nicht arbeiten, um populär zu sein und sich niemals darum scheren, was die Zeitungen über ihn schrieben. Von Bedeutung sei lediglich, ob seine Entscheidungen dem Urteil der Geschichte standhielten, und es sei wichtig, dass seine Kinder und Enkelkinder einmal sagen würden, er habe richtig gehandelt.

Mit seinen nun sechsundvierzig Jahren hatte er also alles erreicht, was man erreichen konnte. Dennoch lag seine alte Liebe auf See, er wäre gerne wieder zu seinem alten Rang als Kapitän zurückgekehrt, aber die Admiralität entschied, er solle Admiral bleiben. Sogar zu einem Konteradmiral wollte man ihn befördern. Dickie wollte aber eigentlich unserem Vater eine letzte Ehre erweisen. Er wollte ins Mittelmeer, das 1. Kreuzgeschwader befehligen und dann wie unser Vater im Jahre 1905 Konteradmiral werden. Papa befehligte einst das 2. Kreuzgeschwader, aber Dickie strebte die Position eines Befehlshabers im Mittelmeer an, eben jene Stelle, die man unserem Vater im Jahre 1919 verwehrte. Erst danach wollte er wie Papa in die Admiralität einziehen und sich zum Posten des Ersten Seelords emporarbeiten. Mein Bruder hatte seinen beruflichen Werdegang klar vor Augen, aber man gestattete ihm nicht die Annalen der Familie Battenberg-Mountbatten wiederherzustellen, was ihn sehr ärgerte.

So vertrieb sich die Dickie die Zeit, besuchte einen technischen Kurs für höhere Offiziere in Portsmouth, um sich wieder in den Marinedienst einzugewöhnen. Seine bisherige Tätigkeit war zumeist eher am Schreibtisch gewesen.

Ich fand es sehr positiv, von welchem Ehrgeiz er besessen war im Bezug auf seine Karriere, mich beeindruckten seine klaren Ziele, vor allem, weil er Papas Ruf reinwaschen wollte. Wie Dickie hatte auch mein Vater alles für die britische Marine gegeben und war dann dennoch buchstäblich eiskalt abserviert worden.

Nun aber rief man meinen Bruder in die *Downing Street 10* zu Premierminister Clement Attlee, weil man wusste, wie Dickies Ansichten über Burma waren und vor allem über das Fehlverhalten des dortigen Gouverneurs. Doch dieses Mal ging es um Indien. Sir Stafford Cripps, ein Experte für dieses Gebiet, war ebenfalls anwesend. Kurz zuvor war dieser in Delhi gewesen, hatte fast eine Einigung über die Machtübernahme erzielt. Mein Bruder wusste dies, erfasste sofort die Situation, ahnte, man wollte den amtierenden Vizekönig von Indien, Archibald Wavell, ablösen und durch ihn ersetzen. Mein Bruder hielt viel von Wavell, der ein sehr ruhiger Mensch war, aber da er keine Erfolge erzielte, wollte man ihn nicht mehr in diesem Amt sehen.

Dickie fasste sich ein Herz, stellte Bedingungen. Er wollte seinen eigenen Stab zusammenstellen, der sehr groß werden würde, weil er auch auf Wavells Leuten bestand. Jeder müsse einen eigenen Wagen bekommen, es solle den Ehefrauen erlaubt sein mitzureisen und er verlangte das absolute Vorschlagsrecht für Auszeichnungen und Orden, würde kein Dreinreden dulden, forderte seine eigene Maschine, eine York, mitzunehmen und setzte eigentlich alles daran, sich Attlee und Cripps als einen nicht geeigneten Kandidaten für den Posten darzustellen. Vielmehr *wollte* er sich mit seinen Forderungen unbeliebt machen. Doch Dickie war noch nicht fertig. Er stellte noch eine weitere harte Bedingung, indem er verlangte, dass er nach Beendigung seiner Tätigkeit als Vizekönig von Indien, welches das höchste Amt war, das ein britischer Staatsbürger erreichen konnte, den in Aussicht genommenen Befehl über das 1. Kreuzgeschwader im Mittelmeer wieder zurückerhalte. Der Premierminister war einverstanden, aber Dickie wollte eine Bestätigung durch die Admiralität, weswegen man umgehend den Ersten Lord der Admiralität, Lord Hall, und den Ersten Seelord, Admiral Sir John Cunnigham, in die Downing Street einberief. Beide waren natürlich nicht begeistert darüber, jemanden quasi abzustufen, nachdem er Vizekönig von Indien gewesen war. So trug Dickie schließlich seine Forderung an König George VI. heran, der sich mit seinem Premierminister besprach, und man willigte ein. Mein Bruder hatte Attlee gefragt, ob der Indienminister über dem Vizekönig stünde, was dieser bejahte, und Dickie wollte keinesfalls ständig das Kabinett im Nacken haben, so verlangte er absolute Vollmacht. Man gestand sie ihm zu. Es mag daran gelegen haben, dass er einfach die einzige Person war, die sie in Betracht ziehen konnten für die Position eines Vizekönigs von Indien.

Dickie erzählte gerne die Geschichte, dass er eigentlich zuvor schon die Position angeboten bekam, als Churchill dem König geeignete Kandidaten vorstellen sollte. Unter den vier Namen befand sich auch Dickies, aber Churchill hielt in für zu jung. Mein Bruder meinte eher, der damalige Premierminister habe wohl befürchtet, er könne zu erfolgreich in Indien sein, daher ernannte man in lieber zum Oberbefehlshaber in Südostasien.

Man kann die Aufgabe meines Bruders, die mit einer eventuellen Ernennung zum Vizekönig von Indien einherging, aber nicht als leicht bezeichnen. Er musste dann vierhundert Millionen Menschen, einem Fünftel der Weltbevölkerung, politische Unabhängigkeit im Rahmen eines geeinten Staatswesens beibringen. Indien bestand aus zahlreichen Fürstentümern, zweihundert Millionen Hindus, neunzig Millionen Muslimen, sechs Millionen Sikhs und der Rest verteilte sich auf Christen, Buddhisten und verschiedene Sekten. Mehr als fünfhundert Fürsten und Maharadschas regierten das Land. Man sprach dreiundzwanzig verschiedene Sprachen, zweihundert Dialekte und die Bevölkerung war in dreitausend Kasten aufgesplittert, die auf Unterschieden der Religion, des Stammes, der beruflichen Tätigkeit und der landschaftlichen Herkunft beruhten. Es gab Hungersnöte, ständig oftmals blutige Auseinandersetzungen. Viele Fürsten und Maharadschas wollten die britische Herrschaft erhalten, die große Kongresspartei unter Führung des Politikers Jawaharlal Nehru ein geeintes Indien innerhalb des Commonwealth. Der Führer der Moslems, Mohammed Ali Jinnah, forderte mit Unterstützung der Moslemliga ein selbstständiges Pakistan.

Dickies Aufgabe würde also weitaus schwieriger sein als die Befreiung Südostasiens. Und da die vorangegangenen Vizekönige versagt hatten, wog sie umso schwerer.

König George VI. zögerte noch bezüglich der Eheschließung zwischen Lilibet und Philip, die britische Regierung war in die Probleme auf dem Balkan involviert, was auch Griechenland betraf. Man befürchtete auch, dass Philips Annahme der britischen Staatsbürgerschaft so ausgelegt werden könnte, als sei die griechische Monarchie schwach, er sich also mit diesem Schritt von seinem Land abwendete. Die Minister rieten dem König, die Angelegenheit zu vertagen, bis eine Volksabstimmung sich für eine Restauration der Monarchie in Griechenland aussprechen würde.

Da die konservative Partei, die für die Wiedereinsetzung des Königs war, bei den Wahlen am einunddreißigsten März des Jahres 1946 die Mehrheit der Sitze im Parlament innegehabt hatte, setzte man für den ersten September ein Referendum an, welches über die Restauration der Monarchie in Griechenland entscheiden sollte. Bis zu diesem Tag standen die Wahlregister unter Kontrolle der Alliierten und am Tag der Volksabstimmung sprachen sich 68,4 Prozent der Griechen für eine Restauration des Königs aus, wobei die Wahlbeteiligung bei 86,6 Prozent lag. Die Beobachter der Alliierten merkten zwar an, dass es angeblich zu einem maßgeblichen Betrug vonseiten der Unterstützer der Monarchie gekommen sei. Es bestand für diese kein Zweifel daran, dass die Partei, die die Ansicht der Regierung vertrat, einen unangemessenen Einfluss auf die Stimmengewinnung für die Rückkehr des Königs ausübte.

Am sechsundzwanzigsten September kehrte König George II. nach Griechenland zurück. Doch was er vorfand, bestätigte nur seine Zweifel, die er angesichts einer Rückkehr auf den Thron gehegt hatte, denn das Land hatte einen ökonomischen Kollaps erlebt, die politische Situation war mehr als instabil. Der königliche Palast in Athen war gestürmt und verwüstet wor-

den, vieles gestohlen. In Tatoi hatte man die Bäume radikal abgeholzt, um sie als Brennholz zu nutzen, in der näheren Umgebung waren wahllos Menschen begraben worden.
Ellen und ich waren bei der Ankunft des Königs in Athen zugegen, wir begrüßten ihn öffentlich, dann nahmen wir an einem gemeinsamen Te Deum in der Kathedrale teil.
George II. war nicht wirklich glücklich über seine Rückkehr. Er hatte im August noch in London verkündet, er würde den Thron zwar wieder annehmen, aber bis Ende des Jahres eine Entscheidung fällen, ob er die Krone nicht lieber an den Kronprinzen weiterreichte. Das Auswärtige Amt in London befand, er sei fast schon wahnsinnig, wieder nach Griechenland zurückzukehren, und König George VI. von England sah ihn mit einer sehr schweren Bürde betraut. Während der griechische König eigentlich keiner mehr sein wollte, freuten sich der Kronprinz Paul und Freddie mit den Kindern, wieder aus dem Exil in Südafrika heimkehren zu können.
Es bot sich nun die Möglichkeit, meinen Ehemann in seiner griechischen Heimat beisetzen zu lassen, der König willigte sofort ein. Auf dem griechischen Kreuzer *Averof* wurde der Sarg mit den sterblichen Überresten Andreas von Nizza nach Athen gebracht, dann setzten wir ihn auf dem Friedhof in Tatoi in einer kleinen Zeremonie bei. Ich sah darin einen letzten Dienst, dem ich meinem Ehemann erweisen konnte.

Im Jahr 1946 sah ich den Major Green häufig, wir waren nun wirklich gute Freunde. Sir Steven Runciman, der den britischen Rat in Griechenland repräsentierte, besuchte mich ebenfalls sehr oft. Wir verstanden uns sehr gut, ich lud ihn oft zum Mittagessen bei mir ein, wobei er die Schlichtheit der Mahlzeiten durchaus genoss. Mich beeindruckten sein scharfer Verstand, sein Intellekt und sein Urteilsvermögen. Manchmal zeigte er sich seinerseits interessiert an meinen doch recht ungewöhnlich erscheinenden Ausführungen über das Schulsystem in Dänemark oder als ich ihm erklärte, warum der Atlantik so rau sei. Meine Erklärung war recht einfach, denn es lag an den hohen Steinen, den schroffen Küsten, die das Meer zurückwarfen. Ich weiß nicht, ob er dies belächelte, meine Sicht auf die Welt durchaus auf eine Art und Weise spannend fand, aber wenn er es vielleicht seltsam fand, so ließ er es mich nicht spüren. Es wäre mir aber auch egal gewesen.
Tinys zweiter Ehemann, Prinz Georg von Hannover, sollte einmal offen aussprechen, wie erfrischend er meine Angewohnheit fand, auf alles eine Antwort zu finden. Oftmals, wenn man mir eine Frage stellte, sagte ich, das sei so, weil ..., um dann zu pausieren, nachzudenken und dann eine Erklärung vorzuweisen.
Jean-Charles Roux kam aus dem Grund zu mir, weil er wusste, wie gut ich

stets politisch informiert war, und erfuhr bei mir immer etwas Neues. Jedes Mal, wenn er in Athen weilte, richtete er es vor seiner Abreise nach Paris so ein, dass wir uns noch einmal trafen.
Das Leben war leichter geworden in Athen und ich kann offen sagen, ich war nie lange allein, hatte stets Gesellschaft, was ich sehr genoss.

Dickie, der auf seine Ernennung zum Vizekönig von Indien wartete, hatte im August schon Kontakt zu Tom Driberg, einem Abgeordneten des Parlaments und Journalisten aufgenommen, den er gut kannte. Er bat Driberg, einige jüngere Abgeordnete der Labour Party zu fragen, ob sie nicht bereit wären, mit Philip im *House of Commons*, dem britischen *Unterhaus*, gemeinsam ein Mittagessen einzunehmen. Dickie wollte so erreichen, dass sie sich ein Bild von Philip machen konnten, um ein gutes Wort für seine Annahme der britischen Staatsbürgerschaft einzulegen.
Nachdem Philip mit Lilibet und ihrer Familie in Balmoral gewesen war, nahm er die Einladung zu dem Mittagessen an, bekam auch eine Führung durch das Parlament und war überaus begeistert, sodass sich Dickie schriftlich bei Driberg bedankte. Ferner sagte ihm Driberg zu, er werde dafür Sorge tragen, dass man den Übertritt zur britischen Staatsbürgerschaft im Falle von Philip respektvoll in der Presse kommentieren werde. Dickie bestand nur darauf, nichts vorher zu veröffentlichen, also Spekulationen in die Welt zu setzen, bevor es offiziell war. Als Drahtzieher versicherte Dickie Driberg, Philip sei kein wirklicher Grieche, denn er spreche kein Wort Griechisch, war nur wenige Monate in dem Land gewesen und hatte schon gar nichts mit der Politik dort zu tun. Von Kindheit an sei er wie ein Engländer aufgewachsen. Er wandte aber ein, diese Entscheidung Philips beruhe einzig und allein auf der Tatsache, seine Karriere bei der britischen Marine aufrechtzuerhalten. Eine eventuelle Verlobung mit Lilibet spiele dabei keine Rolle.
Der englische Premierminister Attlee begann selbst Nachforschungen über meinen Sohn anzustellen, wurde auch bei der Admiralität vorstellig, wo man ihm versicherte, Philip sei in jeder Hinsicht über dem Durchschnitt, egal, ob es nun um seine Einsätze in Kriegszeiten ging oder bei seiner jetzigen Aufgabe als Ausbilder. Man würde ihn nur ungern als Offizier der britischen Marine verlieren. Als sich nun mein Bruder mit dem Premierminister und seinem Sekretär James Chuter Ede Mitte November traf, erklärte man sich mit dem Wechsel der Staatsbürgerschaft einverstanden. Dickie verlangte nur, dass Philip den Titel eines *HRH Prince Philip, His Royal Highness Prinz Philip* tragen solle, wenn man ihn offiziell erwähnte oder ihn ansprach. Attlee sah darin kein Problem. Schon am nächsten Tag bekam mein Sohn einen Brief mit dem entsprechenden Formular zur Annahme der briti-

schen Staatsbürgerschaft zugesandt.
Am fünften Dezember beantwortete Ede im Unterhaus öffentlich eine Frage bezüglich Philips Wechsel der Staatsbürgerschaft, indem er angab, man habe dem Prinzen das erforderliche Formular zugeschickt, sein kommandierender Offizier, mein Bruder, hätte dies befürwortet, mündlich die entsprechenden Informationen bereitgestellt und nun stünde dem Wechsel eines Ausländers, der während des Krieges bei den königlichen Streitkräften gedient habe, nichts mehr im Wege.
Natürlich spekulierte die britische Presse vornehmlich über eine eventuelle Verlobung von Lilibet mit Philip, was aber mein Bruder durch seine sehr guten Beziehungen zu dieser stets widerrufen ließ. Dickie hatte, wie man so sagt, alle Fäden in der Hand, obwohl er sich selbst gerade auf die Ernennung zum Vizekönig von Indien und die damit verbundene Reise dorthin vorbereitete.
Im Dezember des Jahres 1946 bot Premierminister Attlee Dickie offiziell an, der letzte Vizekönig von Indien zu werden, und mein Bruder nahm an. Es blieb ihm noch etwas Zeit, um Philip weiterhin unter die Arme zu greifen, bevor er mit Edwina und seiner jüngeren Tochter Pamela abreisen würde. Patricia, die ältere Tochter, konnte ihre Familie nicht begleiten, da sie am sechsundzwanzigsten Oktober John Knatchbull, den 7th Baron of Brabourne geheiratet hatte. Knatchbull war während des Krieges im Fernen Osten ein Berater von Dickie gewesen. Die Hochzeit hatte in der Abtei von Romsey in Hampshire stattgefunden, was unweit von Broadlands liegt. Es waren einige Mitglieder der englischen Königsfamilie anwesend gewesen, ebenso Lilibet, ihre Schwester, Pamela und Alexandra, die älteste Tochter von Marina. Sie fungierten als Brautjungfern. Patricia war im Jahre 1943 mit neunzehn Jahren dem *Women's Royal Naval Service* beigetreten, war für die Auswertung der Signale der Schiffe zuständig gewesen, dann 1945 zu einem dritten Offizier ernannt worden. Sie diente im Hauptquartier der Alliierten in Südostasien an der Seite ihres Vaters, wo sie dann auch Knatchbull kennenlernte. Sie zogen nach der Hochzeit nach Mersham in Kent, wo die Knatchbulls ihren Familiensitz hatten. John sollte sich bald einen Namen als Fernseh- und Filmproduzent machen.
Ich war bei der Hochzeit leider nicht zugegen, aber Philip und Mama. Vielleicht war es für Dickie auch leichter, nach Indien zu gehen und Patricia zurückzulassen, nun da sie gut verheiratet war.

Am zwölften Januar des Jahres 1947 veröffentlichte die Zeitung *Sunday Pictorial* eine Leserumfrage, bei sich fünfundfünfzig Prozent der Leser für eine Eheschließung von Philip und Lilibet aussprachen, unter der Voraussetzung, dass sie wirklich ineinander verliebt seien, und vierzig Prozent

waren dagegen. Viele Leser waren der Meinung, sie solle vielleicht einen Bürgerlichen ehelichen, denn die Zeiten einer ausschließlichen Heirat unter Adeligen gehörten doch mittlerweile der Vergangenheit an, womit man andeutete, dass das englische Königshaus modernere Wege beschreiten sollte. Manche betrachteten die Heirat als einen politischen Schachzug, um einen ausländischen Prinzen ins rechte Licht zu rücken. Es gab sogar sehr bitterböse Kommentare von ganzen Familien, die sich eindeutig gegen meinen Sohn aussprachen, weil er kein Brite war.
Dickie sah sich wieder gezwungen einzuschreiten, lud umgehend zwei Herausgeber des *Daily Express* und den Vorsitzenden der *Express Group* zu sich nach Hause ein und sprach sich für Philip aus, wobei er Rede und Antwort stand, was vor allem den Wechsel der Staatsbürgerschaft betraf. Damit wollte er allen Gegnern von Philip als Heiratskandidat für Lilibet ein für alle Mal den Wind aus den Segeln nehmen. Mein Sohn war bei diesem Treffen auch anwesend, schwieg aber und überließ das Reden lieber Dickie. Am Ende des Gesprächs waren sich die Journalisten und der Vorsitzende einig, dass es eigentlich keine vernünftigen Einwände gegen einen Wechsel der Staatsbürgerschaft von Philip gab, und dies publizierte man auch bald darauf in einer Ausgabe der Zeitung.

Ich erhielt in all diesem Hin und Her ein Telegramm von George, dass Sophie am fünfundzwanzigsten Januar den kleinen Prinzen Welf zur Welt gebracht hatte. Es war das erste Kind für sie und ihren zweiten Ehemann, aber ich hatte aufgrund der ganzen anderen Ereignisse ihrer Schwangerschaft nur peripher Beachtung geschenkt, was mir sehr leidtat. Aber Philips Zukunft beschäftigte mich bedauerlicherweise mehr und dann natürlich die Situation in Griechenland.

Am achtundzwanzigsten Februar legte mein Sohn offiziell die griechische Staatsbürgerschaft zugunsten der britischen ab. Auf seinen und Dickies Wunsch hin, bekam er damit verbunden auch den Titel *His Royal Highness Prince Philip* und wurde umgehend *Leutnant Philip Mountbatten, R.N.,* also *right now*. Philip nahm Dickies Nachnamen an, obwohl er auch den seiner väterlichen Linie präferierte, aber *Schleswig-Holstein-Sonderburg-Glücksburg*, der dynastische Name der Linie der griechischen Königsfamilie wäre in einem Pass einfach zu lang gewesen, wie er fand. Zudem wollte er nach den Nürnberger Prozessen nicht mit Deutschland in Verbindung gebracht werden, denn diese Linie entstammte ursprünglich einmal Schleswig-Holstein. Für Dickie war die Entscheidung, den Nachnamen Mountbatten zu nehmen, wunderbar, denn wenn Philip Lilibet heiratete, würde das Haus in gewisser Weise irgendwann auf dem britischen Thron sitzen, wenn

auch nur als Prinzgemahl. Und zeitgleich war es auch eine Ehrung für unseren Vater.
Mein Sohn hatte aus meiner Sicht auch richtig entschieden. Dickie war viele Jahre lang sein Vormund gewesen und setzte sich wie ein Vater für ihn ein. Daher lag es nahe, ihm in diesem Sinne etwas zurückzugeben.
König George VI. gab auch sein Einverständnis. Für meinen Sohn waren nun nur zwei Dinge belastend. Einmal, dass mein Bruder nach Indien ging, obwohl Philip ihm natürlich gut zuredete so eine Position niemals auszuschlagen, und zweitens begab sich die königliche Familie im Februar auf die Reise nach Südafrika, von der sie erst im Mai wieder zurückkehren sollte. Da sie sechs Wochen fort sein würden, luden Dickie und Edwina Lilibet und ihre Eltern vor ihrer Abreise am ersten Februar zu einer kleinen DinnerParty in ihr Haus in der Chester Street ein. Philip war natürlich auch zugegen, verabschiedete sich von allen und dankte der Königin zwei Tage später in einem Brief für ihre Freundlichkeit ihm gegenüber, denn sie ließ sich wohl zu allerlei tröstenden Worten hinreißen. Für Lilibet und ihre Schwester war es die erste große Reise außerhalb der britischen Inseln und sie freute sich auf Kapstadt und Südafrika an sich. Doch Philip bekam Zweifel, ob ihre Zuneigung noch dieselbe für ihn wäre, wenn sie wiederkäme, denn sie hatte nicht so viele Freunde oder gar einen väterlichen Onkel, der sie unterstützte, sie in ihrer Liebe zu ihm bestärken würde. Er hatte Angst, sie könne ihre Meinung schlichtweg ändern, schrieb dies auch Dickie, den er für den sprichwörtlichen *Strippenzieher* hielt. Doch die Verlobung war noch nicht offiziell bekannt gegeben worden, man hatte meinen Sohn auch nicht eingeladen, bei der Abfahrt des königlichen Schiffes in Waterloo, Merseyside anwesend zu sein oder gar beim Abschiedsessen im Palast. Ebenso erwartete man anscheinend auch nicht von ihm bei der Rückkehr, die für den elften Mai geplant war, am Hafen alle wieder willkommen zu heißen.
Am achtzehnten März, zwei Tage bevor sie nach Indien abreisten, gaben Edwina und Dickie noch einen großen Abschiedsempfang mit rund siebenhundert Gästen im *Royal Automobile Club* in Pall Mall in London. Es war nicht nur eine Party, die man am nächsten Tag in der *London Gazette* erwähnte, sondern dort fand sich auch unter der Bekanntgabe der Namen von achthundert neuen britischen Bürgern, von denen auch viele jüdische Flüchtlinge waren, unter dem Buchstaben M der von Philip als *Mountbatten, Philip, Griechenland, aktiver Offizier in den Streitkräften Seiner Majestät* mit der Adresse von Dickies und Edwinas Stadthaus in der *16 Chester Street, London SW 1, 28. Februar 1947.*
Als mein Sohn den Eid auf die britische Verfassung schwören musste, legte er auch gleichzeitig alle Ansprüche auf den griechischen Thron ab, ließ

danach noch das *HRH* entfernen, da er nicht wirklich auf diesen Titel Wert legte. Der Kampf um den Wechsel der Staatsbürgerschaft hatte Dickie tief befriedigt, denn er hatte sein Ziel erreicht. Nun würde er aber abwesend sein, wenn es um eine eventuelle Eheschließung zwischen seinem Neffen und Lilibet ging. Es fiel meinem Bruder nicht leicht, den Dingen in dieser Hinsicht seinen Lauf zu lassen, doch auf ihn wartete eine weitaus größere Aufgabe in Indien.

Im März des Jahres 1946 konnte England die Unterstützung der griechischen Regierung und der Armee nicht mehr aufrechterhalten. Man bat, neben der griechischen Regierung selbst, nun die USA um Hilfe. Diese Unterstützung vonseiten der USA wurde möglich durch die am zwölften März verabschiedete *Truman-Doktrin*. Der amerikanische Präsident Harry S. Truman hatte vor dem US-Kongress eine Erklärung abgegeben, nach der es zum außenpolitischen Grundsatz der Vereinigten Staaten von Amerika werden sollte, freien Völkern beizustehen, die sich der angestrebten Unterwerfung durch bewaffnete Minderheiten oder durch äußeren Druck widersetzten. Truman erklärte weiterhin, die USA seien bereit, dem dringenden Appell der griechischen Regierung um wirtschaftliche und militärische Unterstützung im *Griechischen Bürgerkrieg* nachzukommen. Auch die Türkei, die sich in einer ähnlichen Situation wie Griechenland befand, sollte Hilfe erhalten.

So engagierten sich die USA sofort mit Finanzmitteln, Waffen und wirtschaftlicher Unterstützung in Griechenland, sie entsandten aber keine Kampftruppen.

In Karpenissi, einer Kleinstadt in Mittelgriechenland, gelang es den Aufständischen, diese drei Wochen lang zu besetzen, aber die Gegenoffensive der griechischen Armee konnte diese wieder aufheben. Dadurch fand die ausgerufene provisorische Regierung unter Führung der Kommunistischen Partei Griechenlands keine Stadt, die als Regierungssitz fungieren konnte, und es fand natürlich auch keine internationale Anerkennung statt. Dennoch ließ sich die DSE davon nicht beirren.

Man verfolgte linksgerichtete Griechen weiterhin vehement, steckte sie in Umerziehungslager oder sie flüchteten vor der drohenden Verfolgung ins Exil. Auch die Zivilbevölkerung begann zu fliehen, da die griechische Armee ganze Landstriche und Dörfer entvölkerte, um der DSE und ihren Rebellen Operationsmöglichkeiten zu entziehen. Diese Vorgehensweise stürzte die Landbevölkerung zusehends in eine wirtschaftliche und soziale Katastrophe.

Ab dem Jahre 1947 begann die griechische Regierung auch gezielt Kinder von Rebellen zu entführen, die man in Indoktrinationslager auf der Gefäng-

nisinsel Leros internierte. Die DSE-Einheiten konterten daraufhin mit der Entführung von Kindern aus den umkämpften Gebieten und schickten diese in andere Staaten, wie unter anderem auch in die *Sowjetische Besatzungszone* in Ostdeutschland. Von der Regierung wurde dies als *Paidomazoma* oder auch als *Kinder-* oder *Knabenlese* bezeichnet. So wurden zum Beispiel eintausenddreihundert Kinder nach Ostdeutschland verbracht, auch die Tschechoslowakei nahm viele dieser Kinder auf. Man munkelte, Eltern hätten einer Evakuierung ihrer Kinder durch die DSE zugestimmt, aber in den meisten Fällen geschah es wohl mehr gegen den Willen der Eltern.
Die Bürgerkriegsflüchtlinge wählten meist Ungarn oder Polen als Exil, einige auch die Tschechoslowakei. In Ungarn gründete man sogar eine eigene Ortschaft für die Flüchtlinge, die zuerst den Namen *Griechendorf*, auf ungarisch *Görögfalva* erhielt, später in *Beloiannisz* umbenannt wurde, nach dem griechischen Kommunisten und Widerstandskämpfer Nikos Belogiannis.

Am ersten April verstarb König George II. von Griechenland im Palast in Athen. Er hatte wohl noch am Morgen wichtige Papiere bearbeitet und durchgesehen, dann plötzlich einen Schlaganfall erlitten. Seine Schwester Katherine fand ihn bewusstlos auf. Um zwei Uhr nachts verstarb der König. Es hieß, er habe wohl schon länger an einer Arteriosklerose gelitten. Dennoch kam sein Tod mit sechsundfünfzig Jahren sehr überraschend für uns alle, und da es der erste April war, hielt die griechische Bevölkerung die Schlagzeile in den Zeitungen zuerst für einen Scherz.
Die jüngste Schwester des Königs Katherine weilte in Athen, weil sie am einundzwanzigsten April den Major Richard Campbell Brandram, einen Offizier der britischen Artillerie, heiraten wollte. Es war ein furchtbarer Schock für sie, den Bruder kurz vor der Heirat zu verlieren.
Am sechsten April fand ein Gedenkgottesdienst für den König in der orthodoxen Kathedrale des Erzbischofs von Athen statt, dann wurde George II. feierlich in Tatoi beigesetzt.
Kronprinz Paul, der mit seiner Familie im Jahre 1946 auch wieder nach Athen zurückgekehrt war, wurde nun als Paul I. neuer König von Griechenland, was Freddie zur Königin an seiner Seite machte. Paul, der sich weigerte, nach dem Tod seines Bruders Alexander den Thron anzunehmen, sah es nun als seine Pflicht an. Ich sah in ihm einen Hoffnungsträger, der vielleicht den sogenannten frischen Wind ins Königshaus bringen würde. Die Kommunisten waren Freddie gegenüber seltsamerweise sehr zugetan, da sie im letzten Jahr und auch vor Kurzem erst wieder verwundete Rebellen in Hospitälern in Saloniki und Thrakien besucht hatte. Ich verstand ihre Beweggründe dafür nicht so ganz, nahm es aber hin, denn es war ihre eigene Ent-

scheidung, ob sie gegenüber den Rebellen sprichwörtlich *Good Will* zeigen wollte.

Der Verlust des Königs traf mich sehr, denn er war stets sehr nett gewesen, zögerte niemals, auch heikle Themen anzusprechen, und wenn man sich traf, saßen wir stets sehr nett beisammen, es wurde viel gelacht. Bei seiner ersten Regentschaft war er noch sehr zurückhaltend und schüchtern in der Öffentlichkeit gewesen, aber in den letzten Wochen öffnete er sich, so wie ich ihn aus London kannte. Die Bevölkerung hieß ihn wieder herzlich im Land willkommen, man spürte, wie betroffen viele über seinen so plötzlichen Tod waren. Mama meinte oft, es zeige sich manchmal erst auf einem Begräbnis, was für ein Mensch jemand war, und so betrachtet war George trotz des Exils ein beliebter König. Trauernde Menschen erwiesen ihm das letzte Geleit auf dem Weg nach Tatoi, das hätte ihn sicher sehr gefreut, nachdem er erst Zweifel hatte, wieder in sein Heimatland zurückzukehren.

Katherines Hochzeit mit dem Major Richard Brandram fand am einundzwanzigsten April in Athen statt, doch es war eine Trauung und Feier in kleinem Rahmen, denn so kurz nach dem Tod ihres Bruders war niemand wirklich in einer ausgelassenen Stimmung. Zudem hatte der König als Brautführer fungieren wollen, was nun der neue König Paul übernahm.

Ende April reiste ich nach London, um den Sommer mit meiner Mutter zu verbringen, die auch sehr betroffen über das Ableben Georges war. In Mamas Gesellschaft wollte ich wieder neue Kräfte tanken und es würde mir die Einsamkeit vom Leibe halten. Eigentlich hatte ich stets Berge von Arbeit, war voller Energie, aber ich brauchte wohl etwas Abstand von der politischen Situation in Griechenland. Und meine Mutter genoss meine Gesellschaft, denn in ihrem Alter passierte auch nicht mehr wirklich viel. Sie war aber guter Dinge, was Philips Zukunft betraf, denn sie bestätigte mir, Lilibet sei so verliebt in ihn, da könne nichts die beiden entzweien, nicht einmal Tausende von Kilometern zwischen ihnen, und wenn sie wieder in England wäre nach diesen sechs Wochen, so wäre sie nur noch verliebter und voller Sehnsucht nach Philip. Ich sollte da den Worten einer alten, erfahrenen Frau ruhig Vertrauen schenken. Und sie war damit nicht im Unrecht, denn sie war stets Papa gefolgt, wenn es möglich gewesen war, da sie die Trennung von ihm nur schwerlich ertrug.

*Ein Schnappschuss von mir bei meiner Ankunft
am Flughafen in London, April 1947*

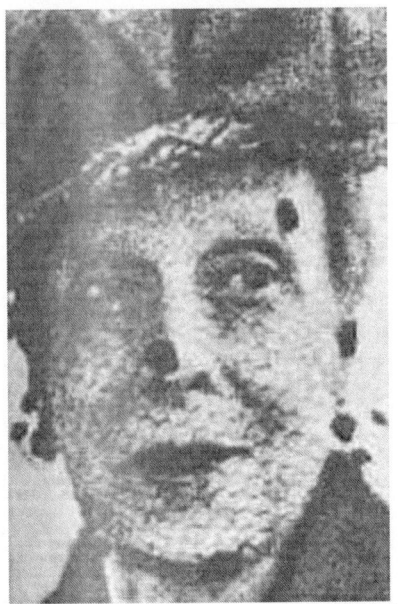

Eine Nahaufnahme von mir, April 1947

Während meines Aufenthalts bei Mama spekulierten wir natürlich darüber, ob sich nun bezüglich einer Vermählung von Philip und Elizabeth etwas ergeben würde. Dickie hatte beim Abendessen, welches er zum Abschied der königlichen Familie vor ihrer Reise nach Südafrika gab, so etwas wie eine Vorverlobungsfeier gesehen. Zwar hatten der König und die Königin zugestimmt, aber dennoch sollte die Neuigkeit erst einmal streng geheimgehalten werden. Wenn Elizabeth Philip nach der Reise noch heiraten wollte, würde die Verlobung offiziell im Sommer bekannt gegeben werden, die Hochzeit sollte dann im November folgen.

Dickie war mit Edwina und Pamela am frühen Morgen des zwanzigsten März vom Flughafen Northolt in London nach Indien abgeflogen und hoffte, er könne dann zur Hochzeit anwesend sein. Edwina war ihrem Ehemann auch gefolgt, weil sie die Not, von der sie hörte, in Indien bewegte. Sie wollte sich karitativ engagieren. Es war zudem das Jahr ihrer silbernen Hochzeit.

Meine Mutter war nicht sehr begeistert über Dickies Ernennung zum Vizekönig von Indien. Für sie brauchte die Regierung einen potenziellen Sündenbock für eine undankbare Aufgabe. Dickie würde seine Hände mit Politik beschmutzen und das nach allem, was diese unserem Papa angetan hatte. Für sie war dies ganz klar das Ende der Karriere meines Bruders. So wie sie ihn vor seiner Abreise belehrte, sagte sie nun auch mir, Politiker seien unverbesserlich, er werde mit dem Feuer spielen. Sie war sofort wieder außer sich vor Wut, doch nicht über Dickie, sondern über Attlee. Als eine Frau, der nie die Worte fehlten, fügte sie nun auch ein dreimaliges *Verdammt!* hinzu.

Sie hatte meinen Bruder, Edwina und Pamela liebevoll verabschiedet, aber dennoch ließ ihr die Sorge keine Ruhe. Ich versuchte sie zu beruhigen, denn ich kannte meinen Bruder. Er war zielstrebig und würde sich nicht unterkriegen lassen.

Nach der Rückkehr der königlichen Familie am elften Mai warteten wir alle ab, was nun kommen würde. Und jeder war hoch erfreut, als Crawfie anmerkte, Philips Wagen käme wieder regelmäßig zum Buckingham-Palast. Mein Sohn schrieb der Königin, er habe die Verzögerung und die Trennung durchaus positiv gesehen, doch sei sich nun absolut sicher, dass er ein neues Leben an Lilibets Seite führen wolle. Und so konnte auch die Königin ihrerseits, zwar erst am siebten Juli, ihrer Schwester verkünden, ihre älteste Tochter sei sich ebenfalls völlig sicher – sie wollte Philip um jeden Preis der Welt heiraten, denn sie hatte sich sofort in ihn verliebt, als sie ihn mit zwölf Jahren zum ersten Mal traf. Er sei die Liebe ihres Lebens und daran würde sich nie etwas ändern.

So veröffentlichte der Buckingham-Palast am Abend des neunten Juli 1947 die Hofnachrichten, in denen man die Verlobung von Philip und Lilibet bekannt gab.

> ## COURT CIRCULAR
>
> BUCKINGHAM PALACE, July 9
>
> It is with the greatest pleasure that The King and Queen announce the betrothal of their dearly beloved daughter, The Princess Elizabeth to Lieutenant Philip Mountbatten, R.N., son of the late Prince Andrew of Greece and Princess Andrew (Princess Alice of Battenberg), to which union The King has gladly given his consent.

Die offizielle Nachricht des Hofes zur Verlobung, 9. Juli 1947

Philip fuhr an diesem Abend von Corsham zum Buckingham-Palast, weil der König ihn zu einem Abendessen eingeladen hatte, während Lilibet eine Dinner-Party ihr zu Ehren in Dorchester besuchte und dann noch die Einladung zu einem Tanzabend im Apsley House in der Park Lane wahrnahm. Das Apsley House, ein sehr repräsentatives Stadthaus, befand sich bis zum Jahre 1947 im Besitz der Familie der Herzöge von Wellington. Napoleon war einst in Waterloo von einem Herzog aus der Familie geschlagen worden. Gerald Wellesley, der siebte Herzog von Wellington vermachte das Haus dem Staat, da es in ein Museum umgewandelt werden sollte, doch im Juli 1947 richtete die Familie dort Elizabets Verlobungsfeier aus.
Mama und ich waren so erfreut über die Verlobung und erleichtert, dass der König nun zugestimmt hatte. Ich hatte meinem Sohn meinen Verlobungsring für Lilibet gegeben, einen Platin-Ring, der mit Juwelen besetzt war. Andrea deponierte ihn nach meinem unfreiwilligen Abtransport nach

Kreuzlingen im Jahre 1930 in einer Bank in Paris. Doch ich fand, er würde meiner zukünftigen Schwiegertochter nun als ein schönes Geschenk dienlich sein. Auch Andreas Orden, der *Stern des Erlösers-Orden* oder *Star of the Order of the Redeemer*. Es war die höchste Auszeichnung in Griechenland und mein Ehemann hatte ihn für seine Leistungen während des Ersten Weltkriegs erhalten. Philip wollte diesen Orden am Tag seiner Hochzeit tragen, aber Andrea hatte die Diamanten durch unechte Steine ersetzen lassen, als er Geld brauchte. Das betrübte mich sehr, ebenso wie meinen Sohn.

Am nächsten Tag war die Nachricht von der Verlobung in allen Zeitungen zu lesen und die Eltern Lilibets richteten eine Gartenparty im Buckingham Palast für das junge Paar aus, bei der auch die ersten offiziellen Fotos gemacht wurden.

Ein Artikel aus dem Daily Telegraph, Juli 1947

Mein Sohn wirkte schüchtern, vielleicht, weil es nun kein Zurück mehr gab oder weil er sich erst an dieses royale Parkett gewöhnen musste. Denn von nun an würde er in der Öffentlichkeit stehen. Einige Gäste hegten die stille Hoffnung, er würde einst, wenn Elizabeth Königin wäre, so hilfreich an ihrer Seite stehen wie ein Albert an der Seite Königin Victorias stand. Andere merkten an, er hätte sich für diesen besonderen Tag auch gerne eine neue Uniform zulegen können, denn mein Sohn erschien in seiner üblichen, in der er eben auch in Corsham unterrichtete. Mama meinte, sie habe einen auffälligen After-the-war-look.

Eine offizielle Ansichtskarte mit Foto zur Verlobung, Juli 1947

Ich denke, mein Sohn brauchte damals etwas Zeit, um sich in seine neue Rolle einzufinden. Sicher hatte er auch Zweifel, aber ich sagte ihm, er solle alles auf sich zukommen lassen, und das Wichtigste sei doch, dass sie beide glücklich miteinander seien. Andrea wäre sicher auch sehr stolz auf seinen Sohn gewesen und Philip sollte daran denken, sich selbst treu zu bleiben. Alles Weitere würde sich zeigen.

Vier Tage nach der Gartenparty lud Marina Lilibet und Philip zu sich nach Coppins zu einem sonntäglichen Mittagessen ein. Dort waren auch andere Gäste anwesend, einer von ihnen war Sir Michael Duff, den alle nur *Mikie* nannten. Er war eigentlich ein langjähriger Freund von Philip, hielt viel auf ihn, aber während er nun Elizabeth als strahlende junge Braut wahrnahm, stufte er meinen Sohn plötzlich herab. Eigentlich hatte er ihn immer als charmant bezeichnet, doch nun sagte er nach dem Essen, Philip wirke doch eher stumpf und er habe keine liebenswerten Qualitäten. Er sei zu sehr Seemann, aber vielleicht könne er sich ändern. Seine Manieren seien sehr

rau, er scheine sich Dinge, die trivial seien und falsch, zu sehr zu Herzen zu nehmen und nicht die Dinge, die von Wichtigkeit wären. Vielmehr wirkte er auf Mikie nun hochnäsig, von dieser anmaßenden royalen Hochnäsigkeit beseelt und nehme diese Haltung an, um sich selbst zu verteidigen gegen all die Gerüchte und Anfeindungen.
Was mich aber noch mehr verärgerte an Mikies Aussage, war, dass er meinen Bruder Dickie für homosexuell hielt. Er wusste, wie Dickie sich um Philip bemüht hatte in den letzten Monaten. Aber er verneinte diese sexuelle Haltung für meinen Sohn, wobei ich hier betonen möchte, dass mein Bruder niemals Beziehungen zu Männern pflegte, auch wenn böse Zungen ihm zahlreiche Affären in dieser Richtung andichteten. Es entsprach lediglich der Wahrheit, dass er sich herausnahm, mit Edwina eine offene Beziehung zu führen. Sie flirtete gerne, hatte Affären und er tat ihr dies gleich, aber nur mit Frauen. Wie ich bereits erwähnte, hatten Dickie und Edwina daraus ein Spiel gemacht, was vielleicht auch die Leidenschaft zwischen ihnen am Leben hielt. Das ging mich aber nichts an. Es war ihre Sache. Für mich war es nie relevant, wie jemand die Begrifflichkeit einer Partnerschaft definierte. Doch es störte mich schon immer, wenn man Gerüchte in die Welt setzte, die absolut nicht der Wahrheit entsprachen, und gerade die englische Gesellschaft schien für so etwas prädestiniert zu sein. Einmal gaben sie einem das Gefühl willkommen zu sein, ein anderes Mal tuschelten sie hinter vorgehaltener Hand. Was meine eigene Person betrifft, ignorierte ich so etwas und schenkte dem schon lange keine Beachtung mehr.

In den Zeitungen schrieb man nun viel über Philip, um ihn den Lesern nahezubringen. Glücklicherweise ließ man aber meine Erkrankung, seine unstete Kindheit und Jugend aus sowie die Verstrickungen seiner Schwestern in das Nazi-Regime. Man spekulierte lediglich darüber, ob Philip seine Schwestern zur Hochzeit einladen würde, da sie mit Deutschen verheiratet seien. Mein Sohn meinte dazu nur, er hätte Christoph, Tinys ersten Ehemann, vielleicht nicht eingeladen, aber dieser war im Krieg gefallen. Der taktvolle Umgang mit der Person Philips in der Presse war sicher allein dem Einsatz meines Bruders und seiner Beziehung zu Driberg geschuldet, denke ich.
Mein Bruder wurde natürlich in Indien über die Verlobung informiert, bedankte sich auch schriftlich bei Driberg. Dickie war absolut euphorisch, gratulierte Philip und Lilibet und wollte versuchen zur Hochzeit nach London zu kommen.
Im Gegensatz zu Mamas Befürchtung, er könne in Indien versagen, war mein Bruder sehr dezent in seinem Bestreben und sehr erfolgreich in seinen Verhandlungen. Er traf einige bedeutende Persönlichkeiten, um die Ziele

und Meinungen der verschiedenen Fürsten, Maharadschas, aber auch die der Zivilbevölkerung kennenzulernen. Bei einem dieser Treffen lud er sogar Mahatma Ghandi ein, der auch als Vermittler und Friedensstifter unter den verschiedenen Interessengemeinschaften in Indien hilfreich war.
Am fünfzehnten August des Jahres 1947 hatte mein Bruder es geschafft. So erfolgte die Teilung der Kronkolonie in zwei *Dominions*, also Herrschaftsgebiete, die *Indische Union* und *Pakistan*, wobei Dickie noch für eine kurze Zeit zum *Generalgouverneur von Indien* ernannt wurde. Im Vorfeld der Entlassung Indiens in die Unabhängigkeit kam es allerdings zu Unruhen in einem Ausmaß und einer Heftigkeit, dass mein Bruder Tag und Nacht in seinem Amt arbeiten musste. Edwina besuchte derweil rastlos die Stätten des Aufruhrs, Spitäler und Flüchtlingslager. Jeden Tag mussten im zivilen und militärischen Bereich Entscheidungen von größter Tragweite getroffen werden, auch in Fragen, bei denen es buchstäblich um Leben und Tod ging. Sowohl Dickie als auch Edwina überlegten zu diesem Zeitpunkt ernsthaft, ob eine Abreise nach London zur Hochzeit von Philip und Elizabeth überhaupt möglich sei. Edwina verließ nur ungern ihre Arbeit, befürchtete, die Abreise könne einen schlechten Eindruck hinterlassen. Dickies Privatsekretär riet ihr aber dazu, denn eine Absage würde in der Öffentlichkeit lediglich den Eindruck einer krisenhaften Situation in Indien erhärten. Auch Dickie ließ sich diese Versicherung geben.
Hinzu kam die Tatsache, dass Patricia schwanger war und im Oktober ihr erstes Kind erwartete. Dickie und seine Ehefrau wollten auch gerne bei der Taufe anwesend sein.

Inzwischen hatte ich nicht nur als zukünftige Schwiegermutter Elizabeths eine Einladung zum Tee mit dem König, der Königin und Lilibet erhalten, auch fungierte Mamas Apartment im Kensington-Palast mittlerweile als eine Art zentrale Anlaufstelle für die Familie, Freunde und Verwandte. Für die bevorstehende Hochzeit wurde es daher auch hergerichtet, sodass Mama in einer fast rundum erneuerten Atmosphäre die Besucher, die da kamen und gingen, empfangen konnte. Sie genoss diesen Trubel sichtlich, denn endlich war in ihrem sonst so doch tristen Alltag wieder etwas los. Ich war die ganze Zeit auch zugegen, Philip ließ sich von Zeit zu Zeit blicken und auch mein Neffe David schaute herein, wenn er Urlaub von seinem Dienst in der Marine hatte.
In einem Raum über dem Apartment stapelten sich bald Kartons mit Andreas Büchern, Kleidung und Papieren, die wir in diesem Sommer von Andrée von der Riviera zugesandt bekamen. An zwei Tagen, die wir fast vollständig ausnutzten, sortierten Philip und ich die Kartons durch.
Oft hielt sich mein Sohn auch in der *Royal Lodge* im Windsor Great Park

bei seinen zukünftigen Schwiegereltern auf, da es noch viel vor der Hochzeit zu organisieren gab. Ich musste auch seine Zeit beanspruchen, da ich aus Griechenland einiges an Seide und anderen Stoffen mitgebracht hatte. Verschiedene Firmen und Freunde unserer Familie gaben mir diese als Geschenk für meinen Sohn. Es galt nun, ihm aus diesen Stoffen Kleidung anfertigen zu lassen, wobei viel auszumessen war, ein Schneider kontaktiert werden musste und Philip sich wohl von mir etwas bedrängt fühlte, weil er ohnehin nur wenig freie Zeit hatte, neben seiner Arbeit in Corsham. Aber ich wollte, dass er gut aussah, etwas hermachte als künftiger Prinzgemahl.

Schon vor der offiziellen Bekanntgabe der Verlobung hatte er einige Kleidungsstücke mitnehmen können, aber es waren nun noch nicht alle fertiggestellt. Ich hatte eine Kammerzofe namens Augusta gestellt bekommen, die uns dabei half, Philips Koffer zu packen. Nach und nach kam ein neues fertiges Kleidungsstück hinzu. Mein Sohn war aber zu aufgeregt, selbst seine Koffer zu packen, er brachte buchstäblich nur alles durcheinander. Ich verstand ihn, denn es war alles wirklich aufregend für ihn. Erst die vielen Glückwünsche, dann das Treffen mit der Mutter des Königs, Mary, wohin ich meinen Sohn begleitete, ebenso wie zu einem Mittagessen bei der königlichen Familie.

Mama war allerdings nicht mehr in der Lage, an allen Feierlichkeiten teilzunehmen, sie fühlte sich am Tag der Gartenparty einfach zu müde und sagte, sie sei letztes Jahr zu der alljährlichen Party im Sommer anwesend gewesen. Dafür bekam sie danach sofort Besuch von Lilibet und Philip.

Mary schrieb mir einen Brief, in dem sie mir zur Verlobung meines Sohnes nochmals auf das Herzlichste gratulierte. Sie versicherte mir, Lilibet habe einen guten Charakter und Philip könne sich sehr glücklich schätzen, ihr Herz für sich gewonnen zu haben. Die beiden zusammen zu sehen erfülle sie mit großer Freude, denn sie wisse, sie werden eine glückliche und erfüllte Ehe führen.

Ihre Worte machten mich wiederum sehr glücklich, denn ich wusste, dass sie meinen Sohn mochte. Sonst hätte sie während des Krieges auch nicht unermüdlich etwas für ihn gestrickt.

Im Spätsommer verließ ich kurz London, um nach Paris zu reisen. Ich hatte noch zwei graue Samtschleier aus Russland und wollte mir nun daraus ein Kleid für die Hochzeit schneidern lassen. Kurz nach meiner Ankunft in Paris zog ich mir allerdings eine sehr lästige und schmerzhafte Infektion der Drüsen zu, aber konnte mich davon nicht beirren lassen. Ich gab das Kleid in Auftrag bei einem sehr guten Schneider, reiste weiter zu Louise nach Schweden und im Oktober wieder zurück nach Paris, um das fertige Kleid abzuholen und die Bank persönlich aufzusuchen, in der Andrea meinen

Schmuck hatte deponieren lassen. Es handelte sich um eine Zweigstelle der National Westminster Bank. Ich wollte in den Ring noch die Signaturen von Philip und seinen drei Schwestern eingravieren lassen. Tiny und Dolla stimmten sofort zu, waren von der Idee begeistert, aber Margarita weigerte sich zuerst, kritisierte die Erbschaft, die sie von ihrem Vater erhalten hatte. Es war ihr augenscheinlich zu wenig gewesen, aber ich redete ihr gut zu. Gleichzeitig musste ich ihr klarmachen, dass ihr Vater stets auf großem Fuß gelebt hatte, ohne daran zu denken, jemals etwas von seinen dadurch verursachten Schulden zurückzuzahlen. Daher hatte ich nun meine liebe Not damit, was sie dann auch überzeugte, nicht über ein zu geringes Erbe zu grollen. Sie sollte froh sein, meinte ich, überhaupt noch etwas zu erhalten.
Ich brachte einige meiner Juwelen zu Juwelier Philip Antrobus in der *6 Old Bond Street* in London, ließ diese zu einem Ring umarbeiten mit einem großen Diamanten in der Mitte, umgeben von fünf kleineren Steinen, da Philip diese Aufgabe nicht übernehmen wollte. Er befürchtete nach all den Berichten in der Presse nun dort erkannt zu werden. Daher gab der Juwelier nachher auch vor der Presse offen zu, er habe gar nicht gewusst, für wen der Ring sein sollte.
Wie ich schon anmerkte, hatte Andrea einige Diamanten aus seinem Orden entfernen lassen, um sie zu Geld zu machen. Bei meinem Besuch der Bank in Paris musste ich feststellen, dass dies auch leider für seinen *Elephant of Denmark*-Orden galt. Allerdings fehlte dieser nun völlig. Man teilte mir mit, Steine seien auch von diesem entfernt worden und dann habe mein Ehemann ihn abgeholt. Mit anderen Worten, um den gesamten Orden zu versetzen. Nur mein *Imperial Russian*-Orden war nicht von ihm angetastet worden, ebenso fand ich auch den *St. Katherine`s Star* wohlbehalten vor und meiner war weitaus feiner als der von Ellen, schrieb ich an meinen Sohn.

Der Herzog von Gloucester schrieb nun alle Mitglieder der Familie an, um ein schönes Hochzeitsgeschenk für Philip und Elizabeth zu organisieren. Dickie und Edwina unterschrieben die Liste nicht. Mein Bruder entschuldigte sich damit, dass er nur eine quasi väterliche Rolle in Philips Leben gespielt habe. Edwina und er entschieden sich dafür, dem Brautpaar ihr Heimkino in ihrem Wochenendhaus, Windlesham Moor, in Berkshire zur freien Verfügung zu stellen. Er machte aber deutlich, Philip sei für ihn schon wie ein Sohn, da sie keinen eigenen vorzuweisen hatten, aber da er und Lilibet Filme liebten, wäre dieses Geschenk eben die bessere Alternative.
Nachdem ich den Ring, den ich Philip zur Verlobung für Lilibet gab, hatte überarbeiten lassen, konnte er ihr ein weitaus schöneres Stück geben und sie war sichtlich begeistert. Zuerst wirkte sie verwundert, als er ihn sich von ihr

wieder ausborgen wollte, nachdem die Verlobung offiziell bekannt gegeben worden war, aber nun verstand sie warum. Ich wäre gerne anwesend gewesen, als er ihr sagte, er wolle ihn zurück. Es war sicher eine sehr amüsante und dennoch seltsame Situation für meinen Sohn. Und Lilibets Gesichtsausdruck war bestimmt filmreif. Philip nahm es gelassen, wandte aber ein, er wollte sich nie wieder so einer Situation ausgesetzt sehen. Prinzipiell war es wirklich schon verwunderlich, ein Geschenk zurückzufordern, aber wenn es dann noch um ein so bedeutendes ging, konnte ich mir schon vorstellen, wie schwierig die Situation zu meistern war.

Dickies Tochter Patricia brachte am achten Oktober den kleinen Norton Louis Philip Knatchbull zur Welt, sie war überglücklich über die Geburt eines gesunden Kindes. Nun hoffte sie, ihre Eltern könnten an der Taufe des Jungen teilnehmen.
Am Sonntagmorgen des neunten November 1947 reisten Dickie, Edwina und Pamela aus Indien ab und landeten in Northolt. Sie würden nicht lange in England bleiben können, so war ihr Zeitplan sehr eng gestrickt. Kaum zu Hause angekommen, stürzten sie sich in einen Wirbel von Telefonaten, Briefen, Partys und Verabredungen. Edwina fuhr nach Broadlands, wo sie die letzten Anordnungen für die Flitterwochen von Philip und Elizabeth traf, da die beiden wie sie und Dickie fünfundzwanzig Jahre zuvor, diese auf dem Anwesen verbringen sollten. Dickie traf sich mit Premierminister Attlee, dieser empfing ihn weitaus herzlicher als sein Vorgänger Wavell. Dann folgte ein Mittagessen mit dem König und die Enthüllung eines Porträts von Nehru im Indienhaus sowie ein Abendessen im Buckingham Palast. Dickie und Edwina waren auch bei der Taufe ihres ersten Enkelkindes durch den Erzbischof von Canterbury zugegen.
Und am Vorabend der Hochzeit, dem neunzehnten November, war Edwina die strahlende Gastgeberin einer Cocktailparty, von der Dickie zum Polterabend von Philip eilte.

Mein Neffe David war als Trauzeuge für Philip vorübergehend in den Kensington-Palast eingezogen, obwohl er eigentlich mit seiner Freundin Robin Dalton in einer Wohnung in Chelsea lebte. Das einstige Zuhause seiner Familie, Lynden Manor, war kurz zuvor von Nada verkauft worden.
Isa Buxhoeveden hatte sich sofort bereit erklärt, Mama mit ihrer eigenen Post zu helfen und ferner in der Beantwortung der Glückwünsche, die zur Hochzeit eintrafen.
Katherine, die mit ihrem Ehemann auch zur Hochzeit nach London gekommen war, nahm gemeinsam mit mir am neunundzwanzigsten Oktober an einem Te Deum in der griechischen Kapelle in der Moscow Road teil,

mit dem an den Eintritt Griechenlands in den Zweiten Weltkrieg erinnert wurde.

Im Vorfeld der Hochzeit stellte sich die Frage, ob man Philips Schwestern überhaupt zu dieser einladen konnte. Das Ende des Krieges lag noch nicht weit zurück und eigentlich sah man es als politisch zu sensibel an, sie einzuladen.

Natürlich wollten sie alle bei der Hochzeit ihres Bruders dabei sein, aber sie waren sich keineswegs darüber bewusst, welche Schuld Deutschland gegenüber England hatte. Dabei war es noch von weitaus größerer Tragweite, dass sie alle mehr oder weniger durch in das Nazi-Regime verstrickt gewesen waren.

Tinys drei Schwager warteten auf ihre Entnazifizierung. Einer von ihnen, Philipp, war zu diesem Zeitpunkt noch interniert in einem Lager.

Im Palast riet man eher zu einer gewissen Verhaltenheit, denn niemand wollte, dass Philip sich nach der Hochzeit mit Anspielungen in der Presse konfrontiert sehen musste, was eben seine deutschen Verwandten betraf. Seine Schwestern wollten gerne kommen, fanden die Bedenken übertrieben und es schmerzte sie alle drei sehr, als die ehemalige Königin Helen von Rumänien eine Einladung erhielt, ebenso wie ihre Schwester Irene, die am ersten Juli 1939 den Prinzen Aimone, Herzog von Spoleto, ehelichte. Rumänien und Italien waren im Krieg Verbündete gewesen und Irene war bereits im Juni 1946 einmal die Einreise verweigert worden. Der Privatsekretär des Königs George VI., Sir Alan Lascelles, hatte sich dann jedoch für sie eingesetzt, sodass man sie schließlich einreisen ließ. Aber sie galt als *nationaler Feind* und kam auch nicht an ihre Finanzen, die bei der *National Provisional Foreign Bank* in London deponiert waren.

Meine Töchter entschieden sich nun dafür, die Hochzeit mit Verwandten in Deutschland zu feiern. Die Herzogin und der Herzog zu Braunschweig-Lüneburg, Tinys Schwiegereltern, luden alle zu sich auf Marienburg ein. Auch Lu und Peg reisten aus Darmstadt an, ebenso wie Marinas Schwester Elizabeth, Woolly, die mit ihrer Familie in Bayern lebte.

Tiny teilte uns schriftlich mit, es würde nicht leicht sein hinzunehmen, dass sie nicht alle bei Philip sein konnten. Aber sie verstand auch die Sorge um die Presse, denn sie alle würden bereits seit einiger Zeit von dieser belagert aufgrund der anstehenden Vermählung ihres Bruders. Dennoch merkte sie an, sie fühlten sich alle ausgeschlossen, entfremdet von einem Teil der Familie, was eine sehr unschöne und demütigende Position sei.

Mein Sohn fühlte sich zeitweise von dem ganzen Hochzeitsstress überfordert. Man hatte ihm direkt nach der Verlobung einen Sekretär zur Seite gestellt, der für ihn die anstehenden Termine ordnen sollte, ein Detektiv folgte ihm zumeist überall hin als Aufpasser und Dickie überließ ihm seinen Diener John Dean, damit dieser ihm helfen würde, seine Kleidung stets in Ordnung zu halten.

Aber mittlerweile kannte ihn ein jeder und wenn etwas passierte, war es sofort in aller Munde, wie sein Unfall mit dem Sportwagen, bei dem er Ende Oktober des nachts in einer Kurve von der Straße ab und erst in einer Hecke zum Stehen kam. Der Wagen hatte einen schweren Schaden, mein Sohn hatte sich aber zum Glück nur das Knie verdreht und einige Schrammen davongetragen. Er war auf dem Rückweg vom Palast nach Corsham gewesen.

Bevor Philip Elizabeth heiraten konnte, musste er auch noch zur anglikanischen Kirche übertreten, seine Aufnahme in die Kirche von England fand Anfang Oktober in einer kleinen Zeremonie im *Lambeth Palace*, der offiziellen Residenz des Erzbischofs von Canterbury in London statt.

Einen Monat später erhielt Philip von König George VI. den *Order of the Garter*, den *Hosenbandorden*, den Lilibet eine Woche vor ihm durch ihren Vater feierlich überreicht bekommen hatte. Ferner erhielt mein Sohn die Titel eines *Duke of Edinburgh*, *Earl of Merioneth* und *Baron Greenwich*. Die beiden letzteren waren in Anlehnung an Schottland und Wales verliehen worden und um an Philips Dienst in der britischen Marine zu erinnern. Und er erhielt nun doch den Titel einer königlichen Hoheit, den er eigentlich nicht mehr innehaben wollte, aber da er eine Prinzessin heiratete, rechtfertigte sich der Titel seiner Meinung nach. All diese Titel und die Auszeichnung verdeutlichten Philip aber auch, dass mit seiner Hochzeit mit Lilibet auch gleichzeitig viele neue Verpflichtungen auf ihn zukommen würden.

Die Erhebungen in die Adelsstände sollten erst am Abend der Hochzeit öffentlich bekannt gegeben werden, daher konnte man diese nicht mehr rechtzeitig auf die Blätter mit dem Programm der Hochzeitsfeierlichkeiten drucken. So wurde mein Sohn in diesen dann *nur als Philip Mountbatten, RN* vermerkt. Einige Gäste sollten daher witzeln, man hoffe, niemand würde Lilibet nach ihrer Hochzeit *Mrs. Mountbatten* nennen.

Im *St. James's Palace* konnte die Öffentlichkeit fünfzehnhundert Hochzeitsgeschenke bestaunen, die das junge Paar bisher erreicht hatten. Darunter fehlte einmal das kastanienfarbene Vollblut, welches der Aga Kahn Lilibet zur Hochzeit schenkte. Der edle Hengst Astrakhan sollte im Jahre 1950 überaus siegreich aus der Rennsaison hervorgehen. Ferner fehlte ein Truthahn, den eine Dame aus Brooklyn über den Atlantik schicken ließ, denn sie habe gelesen, es gäbe zur Zeit nichts wirklich Gutes zu essen in

England. Und eine Prinzessin müsse schließlich etwas Besonderes serviert bekommen. Viele Londoner Bürgerinnen schenkten Nylonstrümpfe oder handgestrickte Teekannenwärmer.
Die ausgestellten Geschenke waren alle in einem Katalog aufgeführt, den man erwerben konnte, bevor man die Präsentation betrat.
Ghandi ließ ein Fransentuch aus Spitze durch Dickie mitbringen, welches er auf seinem eigenen Spinnrad herstellte. Es handelte sich um ein sogenanntes Tabletttuch und Dickie riet Ghandi dazu nichts zu kaufen, sondern lieber etwas zu schenken, was er, der allem weltlichen Besitz entsagte, selbst gemacht habe. Die königliche Familie besuchte natürlich auch die Ausstellung und die alte Königin Mary besah sich genauestens Ghandis Geschenk, wandte sich dann angewidert ab. Sie sagte zu ihrer Hofdame, sie fände es sehr undelikat, dass dieser Mann sein Lendentuch geschickt habe! Es sei eine geradezu fürchterliche Vorstellung sich auszumalen, er habe immer nur dieses getragen!
Wir, insbesondere mein Sohn überhörten ihre Bemerkung, wobei Philip Ghandi sofort verteidigte. Er sei ein wundervoller und großer Mann, merkte Philip an. Mary schwieg, aber sie schenkte den weiteren Geschenken, an denen sie entlangging, kaum noch Beachtung.
Eine Krönung der Ausstellung war auch der Hochzeitskuchen, der aus vier Etagen bestand. Nachdem Zucker viele Jahre rationiert gewesen war in England, konnten sich viele Besucher an dem aufwendig hergestellten Backwerk gar nicht genug sattsehen. Der Kuchen war verziert mit einem Abbild der *Valiant* sowie einer Szene aus einem nächtlichen Seegefecht bei *Kap Matapan* im Jahre 1941 auf dem Peloponnes, wo Philip zugegen gewesen war. Eigentlich war die Hochzeitstorte viel größer und höher geplant gewesen, aber man wollte sich der vorherrschenden Sparpolitik anpassen.
Es war schon schwierig genug für den Designer Norman Hartnell, die zehntausend Perlen für Lilibets Hochzeitskleid mittels seines Assistenten aus den USA nach England bringen zu lassen. Beim Zoll war er nur erfolgreich durchgekommen, weil er sofort angab, die Perlen seien für das Brautkleid der Prinzessin Elizabeth. Die Öffentlichkeit wollte sogar darüber informiert werden, ob die Seide für das Kleid von Seidenraupen aus China stammte, denn in jenen Jahren nach dem Krieg galt inoffiziell die *Buy british*-Regel. So erkundigte sich der Premierminister bei Hartnell und dieser sagte, die Seide stamme von einigen Seidenraupen aus China, aber die für den Schleier von Nachzüchtungen aus Kent. Die Seide für das Kleid wurde in Schottland und Kent gewebt, die für den Schleier in London. Das zweite Kleid, welches die Prinzessin dann später tragen sollte, sei aus Lyons Seide hergestellt, von der er noch ausreichend im Lager hatte.
Die Hochzeit rückte näher und mein Sohn musste sich nun öfter der Öffent-

lichkeit präsentieren. In *Clydebank*, einer Stadt am Nordufer des Clyde am Rande Glasgows, war er an Elizabeths Seite, als sie das neue Schiff der Cunard Line, die *Caronia*, taufte. Vierzigtausend Menschen waren zur Schiffstaufe gekommen, Philip durfte die Flasche Champagner an den Rumpf schleudern, wobei die Menschenmenge ihm laut zujubelte. Lilibet erwähnte in ihrer Rede, wie sehr ihr Verlobter das Meer und Schiffe liebe, daher habe sie ihm den Vortritt überlassen. Es war ein sehr gelungener Auftritt für meinen Sohn.

Nach und nach trafen nun die vielen Gäste ein. Diejenigen, die finanziell nicht so gut gestellt waren, bekamen die Reisekosten von der königlichen Familie bezahlt, die überwiegende Mehrheit der Gäste kam im Claridge`s Hotel unter.
Freddie, ihre Kinder, Alexandra, die im Jahre 1944 den Ex-König Peter von Jugoslawien geheiratet hatte, und Aspasia wohnten bei mir und Mama im Kensington-Palast. König Paul war erkrankt und konnte daher nicht anreisen.
Königin Ena von Spanien reiste an, Louise mit ihrem Ehemann und Schwiegervater, der König des Irak, Michael von Rumänien, Philips Freund seit Kindertagen, seine Mutter Helen, der Comte von Paris und viele weitere – es war eines der imposantesten Treffen an gekrönten und adeligen Häuptern der letzten Jahre.
Verbunden mit der Einladung zur Hochzeit war auch eine zu einem Dinner und Ball im Buckingham-Palast, Empfängen und anderen Feierlichkeiten im Rahmen der Eheschließung.
Von der Familie meines Mannes war nur noch George übrig, das einzige noch lebende Kind von einstmals acht Geschwistern. Er reiste mit seiner Gattin Mimi an.

Am zwanzigsten November des Jahres 1947 war der große Tag für Philip und Elizabeth gekommen. Am Morgen erhielt mein Sohn noch in einer feierlichen Zeremonie seine Adelstitel. Philip trug das Schwert meines Vaters an seiner Uniform zur Hochzeit, die Trauung fand in der Westminster Abbey statt. Man zeichnete diese erstmal durch die BBC auf und so konnten zweihundert Millionen Menschen weltweit die Eheschließung am Radio verfolgen. Die Prozession des Brautpaars, die Gäste in den Kutschen wurden von den Menschen bejubelt, die sich an den Absperrungen auf den Straßen drängten. Es war eine wahrhaft wundervolle Hochzeit, eine glamouröse Feierlichkeit, die für die Menschen etwas Besonderes nach dem Krieg bedeutete.

Beim Einzug in der Westminster Abbey vor der Trauung; im Vordergrund König George VI., neben ihm die Königin Elizabeth, dahinter Mary, links, und ich, 20. November 1947

Eines der offiziellen Hochzeitsfotos, die an diesem Tage gemacht wurden; in der Mitte das Brautpaar, links neben Lilibet steht David, mein Neffe, vorne links Mary, daneben ich, rechts stehen König George VI. und Königin Elizabeth, daneben Mama, 20. November 1947

Eine Aufnahme von mir mit anderen Hochzeitsgästen, im Hintergrund links steht Mimi, 20. November 1947

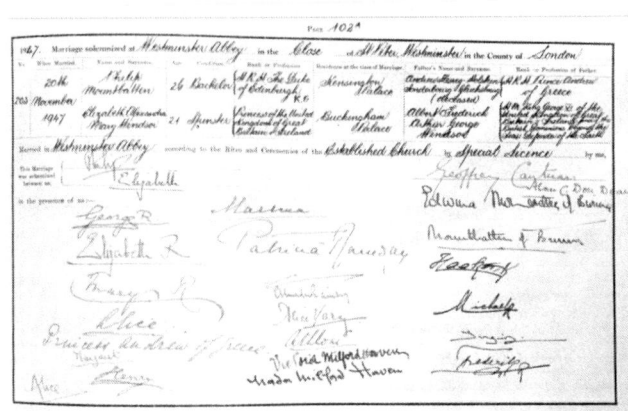

Das Hochzeitszertifikat mit den Unterschriften von König, Königin, Mama, Dickie, mir und anderen Verwandten, 1947

Am Tag nach der Hochzeit waren die Zeitungen natürlich voll von Berichten und Fotos, von denen ich mir viele aufhob.
Mein Sohn machte seiner Ehefrau das schönste Hochzeitsgeschenk von allen, indem er noch vor der Trauung mit dem Rauchen aufhörte.

Lilibet und Philip hatten ihre Flitterwochen eigentlich bei Dickie, Edwina und Pamela in Indien verbringen wollen, aber dann diesen Plan als zu anstrengend verworfen. Die erste Woche verbrachten sie daher in Broadlands. Aber es wollte sich keine wirkliche Ruhe und Entspannung für die beiden einstellen, denn wenn immer sie ausritten oder Spaziergänge machten, lauerten schon die Journalisten und Fotografen auf sie. Manche saßen sogar in den Bäumen, warteten ab, bis sie nach draußen gingen. Manchmal überraschte sie auch der eine oder andere Fotograf in den Hecken und Büschen, ebenso wie Anwohner, die sich dort mit Ferngläsern versteckten. Als sie am Sonntag zum Gottesdienst in die Romsey Abbey wollten, kletterten die Menschen über die Grabsteine, um nach vorne zu gelangen zur Tür und den besten Blick auf das Paar zu haben, oder sie stellten sich auf die Grabsteine. Einige brachten sogar Leitern mit, um von außen durch die Fenster sehen zu können. Aber Philip und Elizabeth trugen es mit Fassung, sie hatten sich, waren sehr verliebt ineinander und daher konnten sie die Welt um sich herum völlig ausblenden.

Den zweiten Teil ihrer Flitterwochen genossen sie in mehr Abgeschiedenheit in *Birkhall*, einem Herrenhaus auf dem Gelände von Balmoral in Schottland. Es begann zu schneien, als sie dort ankamen, bald waren sie fast eingeschneit, aber machten es sich vor dem Kaminfeuer gemütlich.

Nach ihrer Hochzeitsreise wollten sie eigentlich in *Clarence House* auf der Mall nahe des St. James`s Palace leben. Es war aber durch Bomben so zerstört, dass es gute achtzehn Monate dauern würde, bis es wieder in einem bewohnbaren Zustand wäre. Daher mieteten sie zuerst *Clock House* beim Kensington-Palast, welches Alice, der Countess von Athlone, und ihrem Gatten Alexander gehörte. Diese waren zurzeit nicht anwesend, kehrten aber überraschend nach drei Monaten schon zurück und Philip und Lilibet zogen zu ihren Eltern und der Schwester in den Buckingham-Palast.

Ich verstand, dass dieser Start in ein gemeinsames Leben für beide nicht einfach war, denn unter diesen Bedingungen konnte Philip nicht der *Herr im Hause* sein, so wie Lilibet es gerne für ihren Ehemann wollte, und dann waren sie nicht wirklich allein, denn immerzu war ein Diener oder eine Zofe anwesend oder eben die Schwiegereltern. Lilibets Schwester wusste sich zurückzunehmen, aber dennoch hoffte Philip, dass sie bald ins Clarence House ziehen konnten.

Bevor ich nach Athen zurückreiste, schrieb ich meinem Sohn noch, er habe die absolut richtige Wahl getroffen und ich freute mich sehr für ihn. Allein sein Gesichtsausdruck bei der Zeremonie und der Feier habe mir verraten, wie glücklich er sei und das allein zählte für mich.
Die Popoulo, die mich nach England begleitete, befürchtete auf dem Rückflug wieder krank zu werden, denn schon auf dem Hinflug litt sie unter starker Übelkeit. Das Fliegen bekam ihr einfach nicht. Als wir dann wieder in Athen landeten, war sie richtig krank und sagte mir sofort, sie habe das nur für mich getan, aber werde nie wieder in ein Flugzeug steigen.
Ich musste immer noch daran denken, wie gerne meine Töchter auf der Hochzeit gewesen wären, obwohl mir natürlich völlig klar war, warum sie nicht anreisen durften. Dennoch wollte ich sie etwas für ihre Abwesenheit entschädigen, nahm mir die Zeit und schrieb eine zwanzig Seiten lange genaue Beschreibung der Vorbereitungen und der Hochzeit. Diese gab ich Freddie mit, als sie zu ihren Eltern nach Deutschland reiste, die sich entschlossen, daraufhin nochmals für eine Woche alle auf die Marienburg einzuladen, nebst meinen Töchtern und Woolly, um die Hochzeit nochmals etwas zu zelebrieren. Sie hatten aber der Übertragung im Radio gelauscht, doch es war für meine drei Töchter nur ein kleiner Trost.
Ich entschloss mich kurzerhand, meine Mädchen eine nach der anderen zu mir einzuladen, um sie wieder etwas versöhnlicher zu stimmen.

Dickie, Edwina und Pamela waren nur eine Woche nach der Hochzeit wieder nach Indien abgereist. Edwina engagierte sich sofort wieder in ihren Hilfstätigkeiten, denn es kam immer noch vermehrt zu Gewalttaten, denen die Menschen zum Opfer fielen. Zudem starben bald darauf in Punjab Tausende von Flüchtlingen in kalten Novemberstürmen.
Ghandi, dieser energische Verfechter des Friedens, versuchte mit Fasten den täglichen Unruhen, Plünderungen, Vergewaltigungen und Morden etwas entgegenzuhalten. Er wollte diese Fastenperiode auch notfalls bis zu seinem Tod durchhalten, was Dickie sehr beunruhigte, und so besuchte er ihn. Mittlerweile war Ghandi so geschwächt, dass er zu den Gebetsübungen getragen werden musste. Obwohl er nur noch flüstern konnte, versuchte er dennoch vor meinem Bruder zu scherzen, indem er sagte, er müsse fasten, damit der Berg zu Mohammed kommt.
Am dreissigsten Januar des Jahres 1948 kam Dickie gerade von einem Besuch in Madras nach Delhi zurück. Man teilte ihm mit, dass es während einer Ansprache von Nehru zu Tumulten gekommen sei. Es seien zwei Männer mit Bomben verhaftet worden. Man ging davon aus, dass sie Nehru, der der erste Ministerpräsident des neuen Indiens war, töten wollten. Dickie setzte sich wieder in seinen Wagen, schaltete das Radio ein und hörte die

schreckliche Nachricht vom Attentat auf Ghandi. Jemand hatte auf ihn geschossen, er war dreimal getroffen worden und gestorben, bevor ein Arzt eintraf.
Als mein Bruder mir von jenem Tag schrieb, erzählte er mir, wie er Ghandi aufgebahrt in seinem Haus noch einmal gesehen habe, voller Wut darüber, was geschehen war. Die Menschen schimpften, sie vermuteten, es sei ein Moslem gewesen, und mein Bruder, der einen Bürgerkrieg und ein großes Blutvergießen vermeiden wollte, sagte ihnen, es war sicher ein Hindu. Dabei konnte er es zu diesem Zeitpunkt nicht wirklich wissen, sollte aber im Nachhinein mit seiner Vermutung recht behalten.
Vier Monate später verließen Dickie, Edwina und Pamela Indien wieder. Nach seiner Rückkehr nach England verlieh König George VI. meinem Bruder den Titel eines *Earl Mountbatten of Burma*. Dieser Adelstitel wurde eigens geschaffen und mit dem Recht versehen, dass er auf Dickies älteste Tochter übergehen konnte.
Edwina sollte dem Aufenthalt in Indien noch lange nachtrauern, denn sie hatte die Mentalität der Menschen dort sehr geschätzt und war oftmals eine sehr innige Bindung zu ihnen eingegangen. Man sagte ihr später nach, sie habe ein Affäre mit Nehru gehabt, was aus durchaus verlässlichen Quellen stammte und wohl auch der Wahrheit entsprach.

Da George, der Bruder meines verstorbenen Ehemannes, sein Haus selbst wieder nutzen wollte, zog ich noch im Winter des Jahres 1947 dort aus, musste mir eine neue Bleibe suchen. Ich mietete daher einige Räume in dem Haus von Edla Nasos an. Das Haus lag in der 4 Heraklion Street, einer Seitenstraße der Patissia Road, von wo aus man das Nationalmuseum im Blick hatte. Edla Nasos war Witwe und eine gute Freundin von mir. Sie war die Tochter und das einzige Kind von Lord John Abercromby, 5th Baron Abercromby, einem schottischen Archäologen, ihre Mutter war Schwedin. Edla hatte im Jahre 1906 George N. Nasos geheiratet, einen sehr begabten griechischen Musiker und Direktor des Konservatoriums für Musik in Athen. Diesen Posten hatte er für fast ein halbes Jahrhundert innegehabt, bevor er im Jahre 1934 starb.
Das Haus von Edla war eher klein und daher nicht dafür geeignet, um Gäste zu beherbergen.
Meine Tochter Margarita traf am siebenundzwanzigsten Februar des Jahres 1948 zu einem Besuch bei mir in Athen ein. Sie brachte ihre drei ältesten Kinder Kraft, Beatrix und Georg Andreas mit. Da bei mir im Haus kein Platz war, bot König Paul umgehend an, dass Margarita und die Kinder bei ihm und seiner Familie im Palast wohnen könnten.
Ich bezahlte meiner Tochter auch die Reisekosten, obwohl dieses Geld,

mein finanzieller Unterhalt, eigentlich von Edwina kam. Margarita war zum ersten Mal seit zehn Jahren wieder in Griechenland. Sie hatte damals an der Hochzeit von Paul und Freddie teilgenommen, aber das schien für sie eine Ewigkeit her zu sein und sie freute sich sehr, wieder in ihrer einstigen, alten Heimat zu sein. Wir unternahmen meist morgens ausgedehnte Spaziergänge zusammen, wobei uns die Kinder begleiteten, und nachmittags vertrieben diese sich die Zeit, indem sie Fahrrad fuhren oder Fußball spielten.

Ich genoss die Zeit mit meiner Tochter und den Enkelkindern sehr. Am dritten April reisten sie wieder ab und sie meinte noch zu mir, sie habe Friedel so viel zu erzählen, aber vermisse nun auch ihre beiden Jüngsten sehr.

Tiny besuchte mich kurz danach. Ihr Ehemann war inzwischen der neue Schulleiter der Schule in Salem geworden. Kurt Hahn lud ihn nach Schottland ein, weil er ihm dort Gordonstoun zeigen wollte. Das Internat war das Pendant zu Salem und George sollte sich davon selbst ein Bild machen. Ich entschloss mich, Tiny und George die Reise nach Schottland zu finanzieren, konnte dies aber nicht alles selbst tragen. So wandte ich mich an Philip, bat ihn, sie für fünf oder sechs Tage in einem guten Hotel unterzubringen und größtenteils für die Reisekosten nach Schottland und den Rückflug nach Deutschland aufzukommen. Mein Sohn erklärte sich sofort bereit dazu, denn er fand, er müsse etwas wiedergutmachen, nachdem keine seiner Schwestern bei seiner Hochzeit anwesend sein konnte. Lilibet und er entschieden sich, sie nach Birkhall einzuladen, um dort gewissermaßen das Eis zu brechen. Dort, in der Nähe von Blamoral, konnten sie sich in einer mehr privaten Atmosphäre um Tiny und George kümmern. Es sollte danach zu einer gewissen Tradition werden, die sich auch noch Jahre später aufrechterhielt.

Nur meine Tochter Dolla konnte mich leider nicht besuchen, da wir aufgrund der politischen Situation in Griechenland ihre Reise nach Athen erstmal verschieben mussten. Es hatte sich zu Beginn des Jahres ein gemeinsamer griechisch-amerikanischer Truppenführungsstab mit dem Politiker Alexander Papagos auf griechischer und dem General James van Fleet auf amerikanischer Seite gebildet. Dieser befehligte die militärischen Operationen der griechischen Armee. Papagos war im Zweiten Weltkrieg Oberbefehlshaber der griechischen Streitkräfte gewesen. Als die britischen Truppen im Frühjahr 1941 nach Kreta abzogen, um sich der Besatzung Griechenlands durch Deutschland und Italien zu beugen, folgte ihnen Papagos nicht, wurde festgenommen und ins KZ Dachau deportiert. Im April 1945 war er mit anderen prominenten Insassen des Lagers, wie auch Tinys Schwager Philipp, nach Niederdorf in Österreich gebracht worden. Nach seiner Freilassung kehrte er nach Griechenland zurück und war nun wieder Oberbefehlshaber der griechischen Armee, allerdings eben mit amerikanischer Unterstützung. Die kommunistischen Partisanen waren immer noch stark, man versuchte sie weiterhin auf das Äußerste zu bekämpfen, aber es war ein zäher Kampf.

Im März überlegte ich nach Tinos zu ziehen. Tinos ist eine griechische Insel südöstlich von Andros, die zur Inselgruppe der Kykladen gehört. Der Grund dafür lag einfach in der Tatsache, dass das Leben in Athen sehr teuer war und auf Tinos waren die Lebenshaltungskosten geringer, es gab auch reichlich zu essen. Die Insel ist eigentlich nicht besonders fruchtbar, aber die Menschen dort nutzen den Terrassenbau für die Landwirtschaft. So gibt es dort viel Gemüse, Artischocken, Zitronen und auch Kapern.

Die Insel war aber auch besonders bei Pilgern sehr beliebt, denn es gibt dort eine Wallfahrtsbasilika und weit über tausend kleine Kirchen und Kapellen. Tinos ist die wichtigste Marien-Wallfahrtstätte Griechenlands, daher nennt man es auch das *griechische Lourdes*. Im ganzen Jahr, vor allem am fünfundzwanzigsten März und zu Mariä Himmelfahrt am fünfzehnten August, welcher in Griechenland ein Feiertag ist, strömen mehrere zehntausend Pilger in die Wallfahrtsbasilika der Gottesmutter, *Panagia Evangelistra*, um das wundertätige Marienbild zu verehren.

Man sagt, im Sommer und Herbst des Jahres 1822 soll der orthodoxen Ordensschwester *Pelagia*, ihr richtiger Name lautete Lucia Negreponte, vom Kloster Kechrovoúni, die heilige Jungfrau mehrmals im Schlaf erschienen sein. In diesen Visionen bezeichnete die Gottesmutter eine Stelle am damaligen Rand der Stadt Tinos, an der man am dreißigsten Januar 1823 eine Marienikone ausgrub. An dieser Fundstelle wurde dann die Wallfahrtsbasilika errichtet. Das mit Edelsteinen besetzte Marienbildnis soll zahlreiche Wunder bewirkt haben. So soll es für das Ende der Pestepidemie, die im Jahre 1823 auf der Insel wütete, verantwortlich sein. Man dokumentierte auch andere Wunder und Heilungen, woraufhin die Schwester Pelagia von der orthodoxen Kirche heiliggesprochen wurde.

In der Nähe der Wallfahrtsbasilika bot mir die Kirche an, ein Stück Land zu übernehmen. Ich erzählte ihnen von meinem Plan, ein Kloster zu gründen, und die Insel schien mir wie geschaffen für mein Vorhaben. Man zeigte sich durchaus angetan, auf dem Stück Land ein Kloster nebst Religionsschule für lokale Nonnen zu eröffnen, und so gab ich den Zuständigen meinen Orden der heiligen Katherine, damit sie diesen verkauften, um Geld für den Bau zu beschaffen. Meine Familie fand es natürlich nicht gut, dass ich den Orden weggab. Aber ich hatte dafür eigentlich keine Verwendung mehr. Ich schrieb an Dickie, ich sei dankbar dafür, wieder eine Berufung zu haben, denn ich liebte die Arbeit und ich fühlte mich noch zu jung, um einfach nur

herumzusitzen, die Zeit totzuschlagen.
Am siebzehnten Juli zog ich mich buchstäblich von der Welt zurück und zog nach Tinos. Ich erklärte diesen Schritt meinem Sohn damit, dass ich mich in Tante Ellas Fußstapfen begeben wollte. Er wusste um ihren Konvent, da ich ihm viel davon erzählte, und nun war auch das letzte meiner Kinder verheiratet, hatte ein Heim und ich musste mir eine andere Aufgabe suchen, die mein Leben ausfüllte.
Ich lebte mich schnell auf der Insel ein, denn sie erinnerte mich an längst vergangene glückliche Tage auf Korfu und in unserer Villa Mon Repos. Bald begannen auch die ersten Arbeiten am Aufbau des Gebäudes.
Man kann sagen, ich sah Geld schon immer als etwas an, was einen rein ideellen Wert hat. Die tiefere Beschäftigung mit meinen persönlichen finanziellen Mitteln langweilte mich ganz offen und ehrlich schon immer. Ich lebte nicht nach dem Prinzip, dass man Geld hat und es dann auch ausgeben kann, sondern versuchte stets einigermaßen gut zurechtzukommen, ohne über meine Verhältnisse zu leben, denn ich brauchte keinen Luxus. In dieser Zeit bekam ich dreißig Pfund im Monat von Edwina und zehn Pfund von Louise als Unterstützung. Als es während des Zweiten Weltkriegs und nun während des Bürgerkrieges offizielle finanzielle Beschränkungen gab, sandte Louise das Geld auch oft an die Popoulo, um diese zu umgehen. Zudem erhielt ich endlich eine kleine Rente, da Andrea General in der griechischen Armee gewesen war. Eigentlich war dies genug Geld, um davon gut zu leben, aber manchmal bat ich um *Sonderzuwendungen*, die ich dann aber niemals für mich verwendete. Dadurch war ich die einzige gelegentliche Wohltäterin für jemanden aus der Familie, während jemand anderes aus dieser eben für die Rechnungen aufkommen musste. Das fand ich aber keineswegs verwerflich. Es gab auch Verwandte, die sich einfach nicht trauten, ihre finanzielle Misslage an die gesamte Familie heranzutragen und dann wandte man sich eben an mich. Wo das Geld herkam, spielte keine Rolle, wenn es der betreffenden Person half. Wobei ich die Menschen stets im Glauben ließ, es käme von mir. Ich denke nicht, dass man so etwas nicht gutheißen kann, denn einige in unserer Familie konnten sich viel leisten und gaben nur ungern. Man musste sie auf Umwegen dann zur Hilfsbereitschaft zwingen. Mir war es gleich, wenn man über mich tuschelte, weil ich zu viel spendete, selbst sehr spartanisch lebte.

Am zehnten Juni nahm ich an der heimlichen Trauung des Königs Michael von Rumänien und der Prinzessin Anne von Bourbon-Parma teil. Michael hatte im Jahre 1947 abdanken müssen, da sich in Rumänien eine kommunistische Diktatur durchsetzte. Man beschlagnahmte seinen gesamten Besitz, die rumänische Staatsbürgerschaft wurde ihm aberkannt. Michael lebte nun

überwiegend im Exil in der Schweiz. Anne war die Tochter von Andreas Cousine Meg, sie hatten bei uns in der Nähe in St. Cloud gelebt und ich kannte sie von Kindesbeinen an. Auf der Hochzeit meines Sohnes traf Anne Michael, beide verliebten sich ineinander. Doch nachdem Michael nach Rumänien zurückreiste, dort dann zur Abdankung gezwungen wurde, trafen sich beide erst im Januar des Jahres in Davos wieder. Als Katholikin durfte Anne aber Michael eigentlich nicht heiraten, da er der östlichen-orthodoxen Kirche angehörte. Man konnte dies umgehen, indem man zustimmte, die Kinder im Sinne der römisch-katholischen Kirche zu erziehen. Da Michael aber hoffte, eventuell einmal wieder als König nach Rumänien zurückkehren zu können, akzeptierte er so eine Lösung nicht. Der Papst verweigerte seine Zustimmung zu einer Eheschließung. Meg war selbst das Kind einer Ehe zwischen einer Katholikin und einem Protestanten, die sich entschieden, die Söhne als Protestanten zu erziehen, die Tochter aber eben im römisch-katholischen Glauben. Meg und ihr Gatte René verweigerten die Zustimmung zur Heirat ebenso und das Paar verzichtete daher sprichwörtlich auf den Segen des Papstes und der Brauteltern.
Sie heirateten im Thronraum des Palastes in Athen, wobei Prinz Erik von Dänemark, ein Bruder von Annes Vater, als Brautvater fungierte. Der Erzbischof Damaskinos hielt die Zeremonie ab, König Paul war Trauzeuge von Anne und ebenso von Michael.
Es war traurig für die Braut, dass ihre Eltern nun die Eheschließung nicht akzeptierten und diese ignorierten, um nicht exkommuniziert zu werden.
Das Brautpaar reiste direkt nach der Hochzeit nach England, wollte sich in Hertfordshire niederlassen, wo sie Obst und Gemüse anbauen und auf dem Markt verkaufen wollten. Anne plante zudem noch eine Geflügelzucht. Michael sagte mir noch kurz vor der Abreise, dass er die Hoffnung nicht aufgebe, einmal wieder König von Rumänien zu werden. Leider sollte sich diese in den nächsten Jahren nicht mehr erfüllen. .

Nur kurze Zeit später erhielt ich einen Brief von Lilibet. Sie informierte mich darüber, dass sie schwanger sei, und ich freute mich sehr für sie und meinen Sohn, antwortete ihr umgehend mit einem Glückwunschschreiben.
Im Sommer des Jahres 1948 entschied ich mich dafür, nun nur noch überwiegend mein graues Habit zu tragen und die zivile Kleidung nur noch, wenn es absolut vonnöten wäre. Während meiner Arbeit in den Suppenküchen war der Habit sehr praktisch gewesen und ich hatte ihn zu jener Zeit tagtäglich getragen. Zudem war er von Vorteil, wenn man Spenden sammelte, denn dabei wollte ich nicht als Prinzessin auftreten. Und beim Tragen des Habits brauchte ich mir keine Gedanken um meine Frisur machen oder mich darum scheren, was ich anziehen sollte. Es bedeutete für mich nicht

eine religiöse Weltanschauung nach außen zu zeigen, sondern hatte auch private Gründe.
Gleichzeitig war ich keine richtige Nonne. Es ging mir mehr darum, eine gewisse Vorbildfunktion zu haben, wenn ich mein Kovent eröffnen würde. Mein Ziel war es, eine Schwesternschaft ins Leben zu rufen, in der sich Frauen ausbilden ließen, die den Gedanken der Nächstenliebe in sich vereinten und dann zu bedürftigen Menschen geschickt werden konnten, um diesen zu helfen. Es sollte kein geschlossener Konvent werden, jede Frau würde willkommen sein, die bereit war im praktischen Sinne andere Menschen zu unterstützen. Tante Ellas Kovent war sehr erfolgreich gewesen, aber sie konnte auf große finanzielle Mittel zurückgreifen, wobei ich nur wenig eigenes Geld besaß. Wobei der Besitz eines Vermögens nicht die Voraussetzung dafür ist, ein Konvent zu eröffnen. Aber es bringt natürlich gewisse Vorteile mit sich und macht alles einfacher.
Mama war immer noch nicht sehr angetan von meinem Plan. Sie empfand es eher als eine gewisse Beleidigung gegenüber Tante Ella, dass ich mich wie eine Nonne kleidete, aber im Grunde genommen auch nicht vorhatte eine zu werden. Und ferner kritisierte sie mein Rauchen und merkte an, eine Nonne würde auch kein Canasta spielen. Ich liebte dieses Kartenspiel, fand das nicht verwerflich wie Mama. Auch eine gottesfürchtige Frau durfte doch Spaß haben. Ich verstand aber natürlich ihre Kritik am Rauchen. Da sie selber dieses Laster nicht aufgab, nannte hier buchstäblich *die eine Krähe die andere schwarz.*

Am vierzehnten November erreichte mich ein Telegramm von Philip, als ich mich gerade auf den Weg von Tinos nach Athen zu einem Zahnarzttermin begeben wollte. Mein Sohn teilte mir mit, dass sein Sohn Charles im Buckingham Palast das Licht der Welt erblickt hatte. Der Kleine sollte am fünfzehnten Dezember im Musikzimmer des Palastes durch den Erzbischof von Canterbury, Geoffrey Fisher, getauft werden.
Ich würde aufgrund der Arbeit an meinem Konvent nicht nach England kommen können, schrieb Philip aber, ich würde an ihn denken und mich sehr darüber freuen, dass er und Lilibet Eltern eines gesunden Sohnes seien. Die Natur sei faszinierend, fügte ich hinzu, denn man stehe so viele Ängste während der Geburt durch, dass man sich umso mehr danach an dem Kindlein erfreuen könne.
Für Mama war die Geburt des kleinen Charles so ein schönes Ereignis, dass sie nur hoffte, ihr Urenkelkind würde in einer Welt voller Frieden groß werden und einmal ein guter König sein. Das Baby war ein Thronfolger, damit verbunden besaß es aus ihrer Sicht einen gewissen Sonderstatus unter ihren Urenkeln.

Eine Aufnahme zur Taufe von Charles, 15. Dezember 1948, vorne links sitzend Mama, daneben Lilibet mit dem Baby, rechts Mary, neben ihr stehend Margaret Rose, links stehend Patricia, die Tochter von Dickie, rechts daneben Philip, König George VI., David Bowes-Lyon, der Bruder der Königin Elizabeth, Alexander, 1st Earl of Athlone

Mittlerweile lebte ich auf Tinos in einem zweistöckigen alten Haus, welches vier Räume besaß. Gesellschaft hatte ich in Sophia Dimitriou Alberti, einer fünfundvierzigjährigen orthodoxen Nonne, die die übliche schwarze Tracht der griechischen Nonnen trug. Sie kam aus dem Kloster und wollte mich in meiner Arbeit unterstützen. Ich kümmerte mich ausschließlich selbst um den Haushalt, wusch selbst die Wäsche.

In dem Haus gab es kein Telefon und Elektrizität war nur des Nachts verfügbar. Jeden Morgen stand ich um sechs Uhr auf, nahm an dem Gottesdienst in der nahe gelegenen Kirche teil und über Weihnachten begleitete ich die Nonnen schon um vier Uhr dreißig morgens zum Gebet.

Im Dezember traf ich mich auch mit dem Bischof von Gibraltar, Rt. Reverend Douglas Horsley. Das *Rt. Reverend* bezieht sich auf seinen Titel als Bischof der anglikanischen Kirche und bedeutet *Right Reverend*, wobei ein Erzbischof ein *Reverend* ist. Im Deutschen ist es vergleichbar mit der

Anrede *Hochwürden*. Ich wollte von dem Bischof wissen, wie man in seiner Kirche Diakonissen ausbildete und ob dies auch in anderen anglikanischen religiösen Orden von der Verwaltung her genehmigt werde. Er hörte sich geduldig meine Ausführungen über meinen geplanten Konvent an, aber schien doch eher skeptisch. Und so ging er nicht wirklich auf meine Frage ein, sondern meinte nur, ich müsse so einen Mittelweg dazwischen suchen. Es lag für mich auf der Hand, dass er von meiner Idee nicht sehr angetan war.

Im Herbst des Jahres 1948 war es schon zu einem Wendepunkt im griechischen Bürgerkrieg gekommen. Der amerikanische Einfluss begann nun endlich seine Wirkung zu entfalten. Ferner kam es zu einem Bruch zwischen Tito und Stalin. Josip Broz, *Tito*, der jugoslawisch-kommunistische Politiker und Generalsekretär des *Bundes der Kommunisten Jugoslawiens*, Marschall von Jugoslawien, war seit dem Jahre 1945 Staats- und Ministerpräsident des Landes. Sein Pseudonym *Tito* nahm er 1934 an, als er Mitglied des Politbüros der *Kommunistischen Partei Jugoslawiens*, kurz *KPJ*, wurde und in den politischen Untergrund ging. Im Zweiten Weltkrieg war er Partisanenführer gewesen, schon 1937 gelangte er mithilfe der Komintern an die Macht. Bei blutigen Parteisäuberungen ermordete man auch den damaligen Generalsekretär der KPJ Milan Gorkic, Tito trat sofort seine Nachfolge an, da er als zuverlässiger Anhänger Stalins galt. Jugoslawien war seit dem neunundzwanzigsten November des Jahres 1945 eine Volksrepublik und Diktatur.
Tito nahm für Jugoslawien in Anspruch, einen eigenen Weg zum Sozialismus zu gehen, der im Kern ein gewisses Maß an Selbstverwaltung der Betriebe vorsah. Dieser sogenannte *Titoismus* brachte das Land in einen Gegensatz zu den sowjetischen Hegemoniebestrebungen und führte so im Jahre 1948 zu dem besagten Bruch zwischen Tito und Stalin. Man führte diese Auseinandersetzung mit erbitterter Härte. Stalin versuchte vergeblich, die jugoslawische Partei gegen Tito aufzuhetzen, und drohte ihm in der *Prawda* öffentlich mit Mord. Die Einladung Stalins, die Differenzen in Moskau freundschaftlich zu besprechen, lehnte Tito ab.
Die DSE in Griechenland wurde durch Tito aktiv unterstützt, stand allerdings unter dem Einfluss der prosowjetischen, also kominternen Kommunistischen Partei Griechenlands. Tito stoppte nun seine Unterstützung der DSE, während die Kommunistische Partei Griechenlands sich nicht gegen die Komintern-Zentrale in Moskau zu stellen vermochte. So integrierte die DSE eine eher kleine Widerstandsgruppe namens *NOF*, deren Mitglieder vorwiegend aus der slawisch-mazedonischen Minderheit in Nordwestgriechenland kamen. Sie wollten ein unabhängiges oder weitgehend autonomes

Mazedonien schaffen. Aber auch diese Geste in Richtung slawischer Mazedonen konnte das Bündnis der griechischen Kommunisten mit Tito nicht retten. Zudem brachte die Forderung nach einem autonomen Mazedonien neutrale oder konservative Griechen zusätzlich gegen die Kommunisten auf.
Ende des Jahres 1948 verblieb als Unterstützter der DSE lediglich Albanien, dessen politische Beziehungen zu Moskau sich aber ebenfalls zusehends verschlechterten. Zu Beginn des Jahres 1949 endete die aktive Unterstützung Albaniens, da man der Entscheidung Titos folgte. Dies entzog den DSE-Rebellen ihre militärische Basis und sie verloren immer mehr an Einfluss.

In den ersten Wochen des Jahres 1949 entschied ich mich dafür, in Athen eine sogenannte Junggesellenwohnung zu erwerben, die aus zwei Räumen und einem Badezimmer bestand. Ich fand, ich brauchte neben meiner Arbeit und dem Leben im Konvent in Tinos auch noch einen Rückzugsort, wo ich nur für mich sein konnte. Da mir selbst für einen solchen Wohnungskauf die finanziellen Mittel fehlten, wandte ich mich an Philip und bat ihn mir zu helfen. Auch Louise bot ich um eine monetäre Unterstützung.
Ich hatte zu diesem Zeitpunkt schon eine Wohnung im Auge. Sie lag in der 62 Patriach Joachim Street und kostete sechstausend Pfund. Mein Sohn sollte mir eine Anzahlung von zweitausend Pfund zur Verfügung stellen. Ich schrieb ihm, ich sei mir völlig im Klaren darüber, dass dies eine sehr große Summe sei, aber erwähnte Louise, die mir auch helfen wollte. Meine Bitte stellte ich mit einem gewissen Nachdruck, denn ich wollte die Wohnung schnell erwerben, bevor sie verkauft war, und fügte aber hinzu, ich wäre ihm sehr dankbar für das Geld. Weiter wies ich darauf hin, seine Schwestern könnten dann bei einem Besuch in Athen dort wohnen. Vielleicht könnten sie mir auch eine kleine Miete zahlen. Aus meiner Sicht war es gut investiertes Kapital und eine große Hilfe, wenn Philips Schwestern anreisten, denn meine finanziellen Mittel in England waren angelegt und sie würden es eines Tages erben, aber momentan könne man kein Geld nach Deutschland aufgrund des Wertverlusts transferieren.
Mein Sohn erfüllte mir natürlich meine Bitte umgehend, damit ich den Kauf der Wohnung abschließen konnte.
Dickie und Louise waren beide nicht sehr erfreut über meine Entscheidung, eine derart teure Wohnung zu erwerben, verstanden aber, dass dies nun einmal die Kosten für eine solche in Athen waren. Für meine Schwester entschuldigte dies aber keinesfalls eine gewisse Form der Extravaganz in Bezug auf meinen Lebensstil. Sie befand, ich solle die Wohnung zwar kaufen, aber sie als einen Platz ansehen, an dem ich im Alter leben konnte.

Louise war absolut gegen meine Entscheidung, in einem Konvent zu leben. Meine Gesundheit war aus ihrer Sicht nicht die beste und ferner glaubte sie nicht, ich würde mit meiner religiösen Weltanschauung wirklich in ein Konvent passen. Meine liebe Schwester mutmaßte, ich würde auch gar nicht mehr lange leben, denn in den letzten fünf vergangenen Wintern hatte ich stets an einer Bronchitis oder leichten Lungenentzündung gelitten. Ich litt an Leberbeschwerden, was sich in einem braunen Fleck in meinem Gesicht äußerte, meine Gallenblase war nicht mehr in Ordnung und ich litt an Verdauungsproblemen. Durch die schlechte Angewohnheit, gierig beim Essen zu werden, wenn ich mich ausruhen und genießen konnte, aß ich dann viel zu viel. Danach fühlte ich mich sehr schlecht, musste ein Magenmittel einnehmen, lebte nur noch von Toast und Tee. Dies alles machte Louise natürlich große Sorgen, aber ich war daran gewöhnt, dennoch aber nicht in der Lage meinen Appetit zu zügeln, wenn es nichts zu tun gab, mich die sprichwörtliche Langeweile packte.

Im Januar 1949 entdeckte mich ein Journalist auf Tinos, beobachtete mich und veröffentlichte einen Artikel in einer Zeitung, der bald in anderen die Runde machen sollte. Eine Überschrift hieß *Philips Mutter – sie lebt wie eine Nonne*. Ein Reporter wollte daraufhin mit mir ein Interview machen. Die *Daily Mail* hatte ihn nach Tinos geschickt, aber ich sagte ihm sofort, ich wolle nicht über meine Arbeit sprechen. Die Pflicht sei meine einzige Belohnung und ich sei doch kein Politiker oder Filmstar. Es widerstrebte mir, während meiner Arbeit für irgendwelche Fotos zu posieren. Damit war die Angelegenheit erledigt.

Ich begann nun Regeln für meinen Konvent auszuarbeiten, wobei ich festlegte, dass jede Schwester nur vier Wochen im Jahr freihaben dürfe. Für mich galt diese Regel nicht, ich konnte mich einfach nicht daran halten. Ich musste oft nach Athen reisen. Es ergab sich bald, dass sich Dickie von Zeit zu Zeit blicken ließ, ich musste mich mit Komitees treffen, die mein Vorhaben unterstützten oder andere wichtige Dinge regelten. Und ich wollte auch weiterhin meine Kinder besuchen, was dann auch schon einmal Reisen von einigen Monaten werden konnten. Es war absehbar, dass die Arbeit im Konvent darunter leiden würde, meine Absenz nicht positiv war, aber es war für mich sehr wichtig, meine Verwandten in England und Europa zu besuchen.

Ein weiteres Problem ergab sich in der Tatsache, dass die allgemeine Einstellung zu einer Ausbildung von jungen Frauen sehr kontrovers war. Manche Griechen sahen nicht ein, dass ein Mädchen oder eine junge Frau einen Beruf erlernen musste, denn sie würde sowieso eines Tages heiraten. Eigentlich erhielt sie ihr Wissen über die Haushaltsführung, das Kochen und

die Kindererziehung von der Mutter. Eine berufliche Anstellung war meist nur von kurzer Dauer, um die Familie finanziell zu unterstützen, bis man eben einen geeigneten Heiratspartner fand. Es ging mir aber nicht darum, exzellente Ehefrauen und Mütter auszubilden. Indem man die jungen Frauen in einen grauen Habit steckte, gab es nur noch mehr Probleme. Der griechische Mann an sich hatte keinen Respekt vor einer Ordensschwester, man setzte sie auch oftmals gleich mit Prostituierten, was natürlich absolut verwerflich war. Es ergab sich bald, dass viele Familien, von denen ich die Töchter in meinem Konvent aufnehmen wollte, davon Abstand nahmen.
Der Konvent in Tinos war noch nicht fertig gebaut. Dennoch hatte ich bereits einige Schwestern, die in dem nahegelegenen Kloster lebten. Aber ich stand bald vor dem Problem, dass sich mein Plan eben nicht so erfüllen ließ, wie ich es vorgehabt hatte.
Die Wohnung in Athen sollte mir nun als ein Büro für meine Arbeit dienen. Doch immer, wenn ich fort war, so sollte es sich schnell zeigen, verließen auch meine Schwestern aus irgendwelchen Gründen den Konvent, reisten zu ihren Familien oder zu Verwandten, Freunden. Damit meine ich, wenn sie hörten, ich würde für eine Weile fort sein, kamen sie zu mir, baten darum, ebenfalls abreisen zu dürfen. Manche kamen auch nicht zurück. Dies sollte unter anderem im September des Jahres 1949 zu einem schweren Rückschlag in meinen Bemühungen führen, sodass ich etwas ändern musste.

In diesem Jahr entschloss ich mich auch zu einer Reise nach Jerusalem, um das Grab von Tante Ella zu besuchen. In dem dortigen russisch-orthodoxen Konvent traf ich auf die Prinzessin Tatjana Bagration, die sich gerade zu einer Äbtissin desselbigen ausbilden ließ und den Namen *Äbtissin Tamara* angenommen hatte.
Tatjana war eine Tochter des Großfürsten Konstantin Konstantinowitsch, dem bekannten Schriftsteller, der unter dem Pseudonym KR seine Werke publiziert hatte. Sie war fünf Jahre jünger als ich und in ihrer Kindheit sehr gut mit meinen Cousinen Olga und Tatjana befreundet gewesen. Im Jahre 1911 hatte sie den georgischen Prinzen Konstantin Bagration von Mukhrani geheiratet, ihr Mann fiel schon 1915 im Ersten Weltkrieg. Das Paar hatte zwei Kinder, Teymuraz und Natascha. Viele Jahre musste sie aufgrund der Russischen Revolution im Exil in der Schweiz leben, heiratete wieder, doch ihr Ehemann starb schon drei Monate nach der Hochzeit. So zog sie ihre Kinder alleine groß, aber als sie alt genug und verheiratet waren, entschied sie sich dafür Nonne zu werden. Zuerst lebte sie im *Maria-Magdalena-Konvent* in Jerusalem, wo Tante Ellas Gebeine ruhten, dann zog sie in den Konvent auf dem bekannten Olivenhügel, um dort eben Äbtissin zu werden.

Tatjana war sehr fromm, sie hatte alle Lehren beherzigt, um als eine richtige Nonne zu leben. Damit unterschied sie sich von Tante Ella, da diese ihr Konvent auch verlassen hatte, es sich nicht um ein geschlossenes handelte, was Tatjana aber befürwortete. Mit meiner Tante vereinte sie allerdings die traurige Tatsache, dass drei ihrer Brüder mit Ella in Alapayevsk ermordet worden waren.
Ich traf mich mit Tatjana und wir unterhielten uns auch über meinen Konvent, aber unsere Vorstellungen waren natürlich völlig gegensätzlich. Dennoch bewunderte ich sie allein dafür, wie sie ihr Leben gemeistert hatte, aber nun fand sie nur noch Frieden und Trost im Glauben.
Von Jerusalem aus reiste ich im Juli nach England, wo ich Mama besuchte. Ferner sah ich meinen Enkel Charles, der, wie ich sofort feststellte, ein sehr süßes Baby war.

Im August kam es am Berg Grammos im Pindosgebirge zwischen Griechenland und Albanien bei einer Schlacht zu einer entscheidenden Niederlage der DSE durch die griechischen Truppen. Die Rebellen konnten sich zwar nach Albanien zurückziehen, aber sich anders als in den Vorjahren nicht mehr neu bewaffnen und umorganisieren. Es gab danach noch einige kleinere bewaffnete Scharmützel am Berg Grammos, aber die DSE musste ihre Niederlage eingestehen. Sie war vollständig besiegt worden und die Führung setzte sich von Albanien über Ungarn nach Moskau ab.
Doch erst am neunten Oktober beschloss das Zentralkomitee der Kommunistischen Partei Griechenlands die vorübergehende Einstellung der Kampfhandlungen, welche auch nie wieder aufgenommen wurden. Damit endete der schreckliche Bürgerkrieg, der über drei Jahre Griechenland ins Chaos gestürzt hatte.

Inzwischen sah ich mich schon im Spätsommer nach einem neuen Ort für meinen Konvent um. Schließlich wurde ich außerhalb von Athen, etwas nördlich der Stadt, fündig. Ich verwarf umgehend meinen Plan, auf Tinos weiter an dem Konvent zu bauen, verlegte alles an den neuen Ort, denn es war auch sehr teuer gewesen, die Baumaterialien von Piräus aus zu der Insel zu transportieren. Ich reiste also noch einmal nach Tinos, holte meine Kleidung für den Winter aus dem Haus und zog zuerst in meine Wohnung in Athen.
Für einige Zeit war alles ein wenig in der Schwebe. Dies lag auch an dem Mangel an finanziellen Mitteln. Ein reicher Freund in Athen war verstorben und vermachte mir sein Golddepot, was mir für eine Weile durchaus half und wofür ich ihm sehr dankbar war. Doch Ellen war bald auch nicht ganz unschuldig daran, dass ich kaum noch Unterstützung von anderen

potenziellen Spendern erhielt. Sie redete auf ihre Freunde ein, die mir helfen wollten, bis diese sich umentschieden. Für Ellen war ich eben eine Verrückte, die das Geld anderer Leute für aus ihrer Sicht unsinnige Dinge verschwendete. Es ärgerte mich etwas, aber dann konzentrierte ich mich wieder auf meine Arbeit und ließ mich auch vom ersten Fehlschlag nicht unterkriegen.
Kurz darauf erhielt ich die Einladung des neuen Patriarchen von Konstantinopel, dem ehemaligen Erzbischof der USA, zu ihm in die Staaten zu reisen. Man wünschte, dass ich dem Nachfolger des Erzbischofs dabei half, eine griechisch-amerikanische Schwesternschaft auf dem Land außerhalb New Yorks aufzubauen. Diese sollte wie meine strukturiert sein. Der neue Erzbischof weilte noch in London, würde bald in die USA abreisen und ich sollte im neuen Jahr nach New York kommen. Diese Einladung war ein großer Triumph für mich, nur meine Mutter freute sich nicht wirklich.
Wenn man es hart ausdrücken möchte, glaubte sie, ich würde auf dem Mond spazieren wollen und wüsste nicht, was ich dann dort täte. Sie meinte, es sei meine Sache, aber wieder einmal geprägt von meiner steten Unruhe. Doch wie schon immer ihr Vater sagte, wenn er die Taten anderer Menschen kritisierte – *jedem Tierchen sein Pläsierchen*.

Bevor ich mich auf die Reise nach Amerika vorbereitete, begab ich mich nach Deutschland und besuchte Tiny in Salem, die am neunten Dezember den kleinen Prinzen Georg von Hannover zur Welt brachte. Es war ihr siebtes Kind, die Geburt leicht und der Kleine ein echter Wonneproppen, wie man so sagt.
Ich sah auch Dolla in Salem wieder, der es nicht so gut ging. Sie litt seit einiger Zeit an Herzproblemen, verbunden mit Kurzatmigkeit, was sie ihr weiteres Leben begleiten sollte. Danach besuchte ich Margarita in Langenburg, blieb über Weihnachten und Neujahr bei ihr und ihrer Familie. Ich entschied mich kurzerhand, auch noch nach Schweden zu reisen, verbrachte einige Tage bei meiner Schwester, die sich sehr darüber freute, dass ich mich überwinden konnte, wieder deutschen Boden zu betreten, um meine Töchter zu sehen. Sie verstand meine Abneigung nach dem Krieg, aber gestand, sie versuche damit abzuschließen.

Im neuen Jahr 1950 hörte ich zuerst nichts von dem Erzbischof aus den USA und dabei hatte ich mich sehr darauf gefreut, ihn zu unterstützen. Er schrieb mir, er habe noch keine festen Pläne für den Konvent, auch wolle er mich nicht bitten, mich auf die doch sehr weite Reise zu begeben. Ich war sehr enttäuscht, aber ich war schon immer eine Frau der Tat gewesen, wollte nun versuchen als griechische Prinzessin in Begleitung von König Paul und seiner Gattin Freddie bei einem offiziellen Besuch im Herbst in die Staaten mitzureisen.

Im Januar kündigte ich meiner Familie an, ich wollte die Wohnung in Athen wieder verkaufen, was weder Dickie noch Louise glauben konnten. Schnell kamen sie dahinter, dass sich meine Finanzen in einem wahren Durcheinander befanden. Es war sehr peinlich für mich. Um die Wohnung vollständig bezahlen zu können, hatte ich mir Geld von einem griechischen Freund, dem Admiral Liambey geliehen, der eine Fabrik besaß, in der künstliche Seide gesponnen wurde. Er hatte großzügigerweise Philip einiges an Seide für Hemden zur Hochzeit geschenkt. Diese hatte ich zur Feier mitgenommen nach England. Der Admiral befürchtete nun, er würde sein mir geborgtes Geld nie wiedersehen und Dickie war natürlich mehr als wütend, als er herausfand, wem ich Geld schuldete. Meinen Sohn hatte ich im Dunkeln gelassen, denn ich wollte ihn nicht beunruhigen, weil er mir bereits Geld für die Anzahlung der Wohnung gab. Auch musste mein Sohn noch die Tatsache verarbeiten, dass sein Vater uns allen überwiegend Schulden hinterlassen hatte. Da wäre es nicht richtig gewesen, ihn auch noch mit meinen eigenen selbst verursachten Schulden zu belasten. Es war aber dennoch mein Sohn, der alles für mich regelte. Philip zahlte eine erste Rate an den Admiral zurück. Dafür bestand er darauf, dass die Wohnung ab dem Oktober des Jahres, also nach Rückzahlung aller Raten, auf seinen Namen überschrieben wurde. Dann, so argumentierte er, habe ich so lange ein Zuhause, wie ich es brauchen würde.

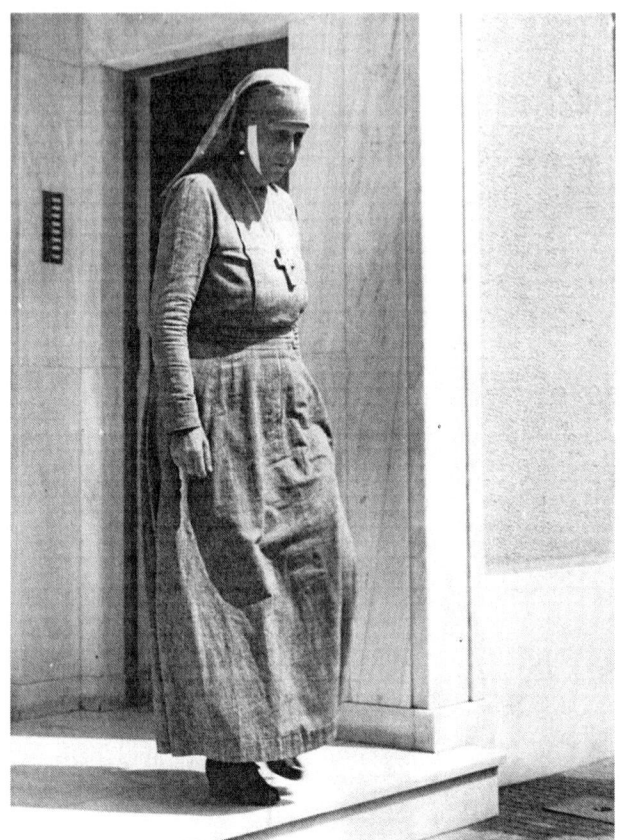
Beim Verlassen meiner Wohnung in Athen, 1950

Man möge mir hier vorwerfen, ich habe mir Geld geliehen und niemals die Intention gehabt es selbst zurückzuzahlen, oder ich hoffte stets, jemand würde für mich in die sprichwörtliche *Bresche* springen. Dem war aber nie so. Ich kann nur dazu stehen, dass ich von Finanzen einfach keine Ahnung hatte und mich aus Gründen der Langeweile auch nie damit beschäftigte. Ich bedauerte es auch, wenn mich wieder jemand aus finanziellen Nöten retten musste, aber für mich war es unangenehm auf Kosten anderer zu leben. Dennoch blieb mir keine Wahl. Im Bezug auf das Konvent trieb mich auch die stete Hoffnung, meinen Lebensunterhalt und den meiner Schwester sowie andere anfallende Kosten durch Spenden zu decken. Des Weiteren plante ich auch Obst und Gemüse selbst anzubauen, um mich zu versorgen.

In meiner Enttäuschung über die Absage aus den USA erreichte mich das Schreiben einer verwitweten Freundin aus Boston, die mich privat zu sich einlud.
Am fünften März reiste ich also doch noch in die USA und würde erst am achtundzwanzigsten April zurückkehren. Kurz vor meiner Abreise erhielt ich von Philip noch die Nachricht, dass Lilibet wieder ein Kind erwartete, dieses Mal wollte ich zur Geburt in England sein.
Mein Sohn war nach seiner Hochzeit zuerst bei der Admiralität in London angestellt, aber eigentlich füllte ihn diese Arbeit am Schreibtisch nicht aus. Er wollte wieder zur See fahren, musste aber noch einen Kurs für Mitglieder des Marinestabs am *Naval Staff College* in Greenwich belegen. Im Jahre 1949 durfte er endlich wieder auf See sein, wurde auf Malta stationiert. Dort lebte er in der *Villa Guardamangia*, ehemals *Casa Medina*, einem Stadthaus im gleichnamigen Ort in der Region Pietà. In Malta ernannte man Philip zum ersten Leutnant und er erhielt ein Kommando auf dem Zerstörer *HMS Chequers*. Es war das Flaggschiff der *Ersten Zerstörer-Flotille* im Mittelmeer.
Am sechzehnten Juli 1950 stieg er zum Leutnant-Kommandant auf und erhielt das Kommando über die Fregatte *HMS Magpie*. Da er sich einige Zeit vom Dienst freinehmen konnte, entschied ich mich dafür, im Juli nach England zu reisen, um auch wieder einige Tage bei Mama zu verbringen.
Bei einem Mittagessen mit Lilibet teilte mir diese mit, dass die Geburt ihres zweiten Kindes um den sechsten August herum geplant sei, aber das war natürlich ein ungefährer Geburtstermin, den der Gynäkologe berechnete. Es konnte sich immer noch verschieben.
Elizabeth und ich verstanden uns gut, aber wir hatten keine sehr enge Bindung. Vielleicht irritierte sie die Art und Weise, wie ich mein Leben führte, oder es störte sie, dass ich gerade in finanziellen Dingen oft die Hilfe meines Sohnes in Anspruch nahm. Sie machte mir nie Vorwürfe und wir sprachen dieses Thema auch nie an, dennoch verhielt sie sich mir gegenüber zwar höflich, gab sich herzlich, doch wir wurden nicht so recht warm miteinander.
Da noch Zeit bis zur Geburt war, entschied ich mich, die Familie Markwitz zu besuchen, die immer noch in Breibach lebte. Am einundzwanzigsten Juli begab ich mich nach Köln, fuhr dann weiter nach Breibach. Reinhold freute sich sehr mich wiederzusehen, ebenso seine Frau und seine Schwester. Bei ihnen fühlte ich mich sehr willkommen, genoss die Tage in ihrer Gesellschaft, denn wir hatten uns sehr viel zu erzählen. Am vierten August reiste ich zurück nach England.
Das Clarence House, in dem Philip und Lilibet lebten, wurde schon Tage vor der Geburt von Journalisten belagert und es fanden sich auch viele Bür-

ger der Stadt ein, die neugierig warteten. Doch erst am fünfzehnten August, um zehn vor zwölf am Mittag wurde die kleine Prinzessin Anne geboren. Einundzwanzig Kanonenschüsse aus dem Hyde Park verkündeten den Londonern die Geburt eines Mädchens. Man nennt dies auch den *Royal Salute,* bei Charles□ Geburt waren es einundvierzig Kanonenschüsse.
Philip und Elizabeth hatten sich eine Tochter gewünscht, um eben einen Jungen und ein Mädchen zu haben.
Die Presse wartete natürlich gespannt auf ein erstes Foto des Babys. Immer wenn man Clarence House verließ, umringten einen sofort die Reporter und stellten Fragen, wobei ich natürlich für sie sehr interessant war, nachdem man wusste, wie ich in Griechenland als Nonne lebte. Ihre Fragen beantwortete ich aber nur selten.

Philip, Lilibet, Charles und Baby Anne, Sommer 1950

Philip bat mich, eine der Taufpaten für Anne zu werden, neben seiner Schwiegermutter, der Königin, seiner Schwester Margarita, Dickie und einem Neffen der Königin, Andrew Elphinstone. Ich nahm dies gerne an, wusste aber noch nicht, ob ich zur Taufe anwesend sein könnte aufgrund meiner vielen Verpflichtungen.

Ein Kurzbesuch mit Mama, in der Mitte, bei Louise in Schweden, Sommer 1950

Anfang August reiste ich mit meiner Mutter nach Broadlands, nachdem wir gemeinsam einige Tage bei Louise in Schweden verbracht hatten. Mama war in der letzten Zeit oftmals sehr nachdenklich und sie holte die Erinnerung ein, sodass sie wieder mit dem schrecklichen Schicksal von Onkel

Nicky, Tante Alix und ihrer Familie sowie dem von Tante Ella haderte. Sie hatte dem russischen Volk nichts vorzuwerfen, aber würde niemals aufhören, die Bolschewiki zu hassen. Auch nach all diesen Jahren konnte sie ihnen nicht vergeben, was sie unserer Familie angetan hatten, worin ich durchaus mit ihr konform ging. Und meine Tante Ella war wenigstens bestattet worden, aber die sterblichen Überreste von Onkel Nicky und Tante Alix, ihrer Kinder, blieben verschollen. Ich glaube, es war für Mama und Tante Irene das Schlimmste.

Meine Mutter hatte ein sehr bewegtes Leben geführt, nun im Alter gab es auch Zeiten, in denen sie monoton ihren Alltag absolvierte, wobei sie die Pye-Crust unterstützte, aber sie genoss es mehr, wenn Leben um sie herum war, ihre Enkel- und Urenkel sie besuchten sowie wir Kinder. Zudem konnte sie sich mittlerweile entschuldigen, wenn ihr Temperament mit ihr durchging, sie jemandem auf die Füße trat mit ihren Äußerungen. Manchmal wirkte sie regelrecht verschämt, wenn sie sich dann entschuldigte, ihren Fehler einsah.

Sie war auch sehr abgemagert in den letzten Jahren, rauchte weiterhin eine Zigarette nach der anderen und litt dadurch ständig an Problemen mit den Bronchien. Meist musste sie unentwegt husten, was einen dazu veranlasste, sie darauf hinzuweisen, der Husten käme alleine vom Rauchen. Hustend und keuchend gab sie dann zurück, sie werde nicht mehr aufhören, denn das sei nun auch egal.

Als wir aus Broadlands in den Kensington-Palast zurückkehrten, erlitt meine Mutter kurz darauf einen leichten Herzinfarkt, von dem sie sich aber glücklicherweise wieder erholte. Dennoch ahnte sie wohl, dass ihre Tage auf Erden gezählt waren. Sie bat mich zu bleiben, was ich gerne tat. Mama wurde dennoch immer schwächer, war oft sehr müde, schlief fiel. Daher fand ich besser, Louise zu bitten zu kommen.

Die Ärzte diagnostizierten bei meiner Mutter eine tiefsitzende Bronchitis. Die damit einhergehende lange bestehende Entzündung der Bronchien führten zu einer Ansammlung von Schleim, den sie bald kaum noch abhusten konnte. Zeitgleich bedeutete dies, dass es sie innerlich vergiftete. Mama hatte eigentlich immer eine sehr gute Kondition besessen und glaubte an eine Besserung ihres Zustands. Erst als sie sich auch noch eine Zerrung eines Muskels in ihrem Bein zuzog, sprach sie erstmals vom Tod. Die Pye-Crust unterstützte mich in der Pflege, aber Mama war so schwach, dass sie sehr schwer zu verstehen war. Manchmal konnte ich kaum von ihren Lippen ablesen, was sie brauchte oder haben wollte.

Meine Mutter bat darum, von katholischen Nonnen gepflegt zu werden, um mich und die Pye-Crust zu entlasten, doch zuerst war niemand verfügbar. Endlich schickte uns aber die Mutter Oberin eines Konvents in Holland

Park, eines Stadtteils in London, zwei spanische Nonnen, da Mama die Tante der katholischen Königin Ena von Spanien war.
Die beiden Nonnen kümmerten sich sehr rührend um meine Mutter und sie fühlte sich sehr wohl in ihrer Obhut. Bis zuletzt war Mama völlig klar im Kopf, bei wachem Verstand, nur ihr Körper ließ sie zusehends mehr im Stich. Am Sonntag, den dreiundzwanzigsten September, ging es ihr in der Nacht sehr schlecht. Immer wieder verlor sie das Bewusstsein, saß fast aufrecht in ihrem Bett, von Kissen gestützt, damit sie Luft bekam. Sie sah völlig entspannt aus, doch war nur noch wenige Momente bei Bewusstsein, sodass ich froh war, Louise, die vor einigen Tagen angekommen war, an meiner Seite zu haben. Wir baten nun aber auch Dickie zu kommen und Edwina begleitete ihn, weil sie es für selbstverständlich hielt. Wir schickten sie aber wieder nach Hause, weil Dickie meinte, es genüge, wenn sie Mama Lebewohl sagte.
Mein Bruder schlief auf dem Sofa, während Louise und ich in Stühlen an Mamas Bett immer nur kurz einnickten. Wir ließen nochmals nach einem Arzt schicken, als sie plötzlich sehr unruhig wurde. Er gab ihr ein Beruhigungsmittel. Nur wenige Minuten nach der Injektion versank Mama in eine tiefe Bewusstlosigkeit, aus der sie nicht mehr erwachen sollte.
Um sieben Uhr vierzig am Morgen wurde ihre Atmung schwächer und wir sagten den Nonnen, sie sollten bitte die anderen Familienmitglieder informieren. Die Pye-Crust setzte sich auch zu Mama ans Bett, hielt ihre Hand. Louise, Dickie und ich beteten. Um acht Uhr morgens starb unsere Mutter.
Ich schrieb meinem Sohn, der sich wieder in Malta befand, sie sei sehr friedlich von uns gegangen und habe nicht lange leiden müssen.
Es war sehr schwer, als sie den Sarg mit Mama in die Chapel Royal im Palast brachten, wo ein kleiner Gedenkgottesdienst abgehalten wurde. Danach wurden ihre sterblichen Überreste nach Portsmouth überführt. König George VI. bestand darauf, dass eigens ein Schiff, die *RedPoll*, zur Verfügung gestellt wurde. Wir begleiteten den Sarg auf der Reise zur Isle of Wight, wo Mama neben unserem Vater auf dem Friedhof in Whippingham beigesetzt wurde.
Zahlreiche Verwandte reisten zur Beerdigung an, unter anderem auch Tante Irene, die ich viele Jahre nicht gesehen hatte. Sie war nun noch die einzige Lebende der Geschwister und Mamas Tod traf sie sehr, wie uns alle.
Im Kensington-Palast fand ich kurz nach Mamas Beerdigung einen Abschiedsbrief von ihr, den sie wohl vor einiger Zeit in weiser Voraussicht geschrieben hatte. Sie dankte ihrer Familie für all die Liebe, die man ihr stets hatte zuteil werden lassen, für die Hingabe, mit der man sich um sie kümmerte, und sie bat uns alle zusammenzuhalten. Jeder sollte den anderen unterstützen. Sie merkte aber auch, sie habe Georgies Tod nie wirklich

verwinden können, und sie wusste, wir würden sie alle sehr vermissen. Dennoch sollte es uns ein Trost sein, dass ihr Leben stets ein sehr glückliches gewesen sei, eine dieser glücklichen Phasen aber mit dem Tod unseres Vaters für sie endete. Sie sei bereit zu sterben, egal wann, und hadere weder mit dem Alter noch mit irgendwelchen körperlichen Gebrechen.
Ich gab den Brief an meine Geschwister weiter, doch ahnte, wie schwer es ohne meine Mutter werden würde. Dies war allein schon durch die Tatsache begründet, dass ich ihr nun nicht mehr schreiben konnte. Es gab keine Mutter mehr, die man darüber informieren musste, wenn man irgendwo gut angekommen war, die etwas für unsinnig hielt, was man plante, es dennoch hinnahm, akzeptierte, wenn man seinen eigenen Weg ging. Uns allen würden die Diskussionen mit ihr fehlen, die Wortgefechte, ihre spitzen Bemerkungen und Witze, die von einem bemerkenswert trockenen Humor eingefärbt waren.
Sie hatte mich nie aufgegeben. Dafür war ich ihr dankbar. Es gab ihr nichts vorzuwerfen, denn das war zu lange her, für mich abgeschlossen und letztendlich hatten wir uns wieder zusammengerauft. Dickie fasste es eigentlich in einer Bemerkung zusammen – wir konnten nicht fassen, dass sie schwieg. Und diese, wenn auch vielleicht etwas scharfzüngige Bemerkung in Anspielung auf ihren steten Redefluss, hätte ihr sicher gefallen. Vielleicht hätte sie sich sogar ein kleines Lächeln abgerungen.
Es war Mamas Wunsch gewesen, dass wir Geschwister wie eh und je zusammenhalten und uns unterstützen sollten. Diesen erfüllten wir ihr nur zu gern, denn wir standen uns in der Familie alle immer sehr nahe. Das sollte sich auch nach ihrem Tod nicht ändern. Dickie und Louise schrieben sich regelmäßig Briefe, obwohl sie stets viele Verpflichtungen hatten, daneben behielten sie mich aber immer im Blick. Wenn möglich, würden wir uns weiterhin regelmäßig in England, Schweden oder Griechenland treffen.
Nach seiner Rückkehr aus Indien wurde mein Bruder, wie es seine Forderung gewesen war, wieder im Dienst der britischen Marine eingesetzt. Er war zuerst Kommandant eines *Ersten Kreuzer-Schwadrons* im Mittelmeer. Am zweiundzwanzigsten Juni des Jahres 1949 wurde er Vize-Admiral, dann im April 1950 *Stellvertreter des Kommandierenden Offiziers* der gesamten Flotte im Mittelmeer. Meine Mutter hatte noch seine Ernennung zum *Vierten Seelord* der Admiralität im April mitbekommen und war darüber sehr erfreut. Bezüglich seiner Karriere bei der britischen Marine machte er dem Namen unseres Vaters alle Ehre.
Edwina engagierte sich mittlerweile sehr für die *St. John Ambulance Brigade*. Diese Organisation, die bereits im Jahre 1877 in England gegründet wurde, unterrichtete in vielen Ländern Erste Hilfe, stellte Notfallmedikamente und medizinische Geräte bereit. Die Arbeit gründete sich auf Freiwil-

ligen, die dann überall auf der Welt eingesetzt werden konnten, wie etwa in Australien, Indien, Afrika und Malaysia. Man war aber auch in England aktiv. Es war im Grunde genommen ein Zusammenschluss diverser Hilfsorganisationen, die alle unter dem Orden des *Heiligen St. Johannes von Jerusalem*, im Englischen St. John, zusammenarbeiteten, der Orden war auch das Symbol dieser Hilfsorganisation.
Edwina koordinierte einige ihrer Aufgaben von Malta aus, um in Dickies Nähe zu sein, reiste aber auch viel.
Dadurch, dass sich mein Bruder zumeist dienstlich im Mittelmeer aufhielt, konnten wir uns öfter sehen, wenn ich wieder in Griechenland war.

Wir mussten noch Mamas Erbe regeln und ich bekam ein Viertel des vorhandenen Vermögens, wobei ich meine zweitausend Pfund Philip gab, der sie für Tiny anlegen sollte. Meine Jüngste verfügte nicht über so viel Geld wie ihre Schwestern. Sie hatte sieben Kinder zu versorgen, ihr Ehemann war Schulleiter. Margaritas und Dollas Ehemänner besaßen aber auch Land.
Isa Buxhoeveden sortierte die Papiere meiner Mutter, wobei Dickie einige fand, die sich um meine Erkrankung drehten. Mama hatte viele der Briefe und Dokumente aus dieser Zeit vernichtet, aber wohl einige übersehen. Mein Bruder nahm sie an sich, aber ich bat ihn, diese nicht zu behalten, sondern zu verbrennen. Es war ihm freigestellt alles zu lesen, aber aufheben brauchte er es nicht. Ich wollte mich nie wieder mit dieser Phase meines Lebens befassen oder daran auch nur erinnert werden.
Die Pye-Crust durfte im Kensington-Palast wohnen bleiben, sie brauchte aber nur die Räume, in denen ich immer gewohnt hatte, wenn ich Mama besuchte. Meine Geschwister und ich fanden das nur gerechtfertigt, denn all die Jahre war die Pye-Crust unserer Mutter eine sehr treue Freundin gewesen. Als wir allerdings einige Wochen später hörten, dass der Vorsteher des königlichen Haushalts ihr den Schlüssel für Mamas kleinen privaten Garten abnahm, ärgerte uns dies sehr. Aber man sah keine Veranlassung diesen in den Händen der Pye-Crust zu belassen, da der Garten nur meiner Mutter zur Nutzung zugesprochen worden war.
Um das Andenken von Mama zu wahren, versuchten wir alle auch Kontakt zu ihren alten Freunden zu halten, wie Dick und Nona Crichton und Tante Anna, die nur finanzielle Hilfe von Battenbergs akzeptierte, weswegen ich von Dickie Geld erhielt, was ich an sie weiterleitete.
Mein Bruder überwachte auch den Fortschritt eines jungen Mannes namens Christopher Jenkins, der im Krieg in den Dardanellen seine Beine verloren hatte. Mama hatte ihn mit etwas Geld unterstützt, was nun Dickie fortsetzte. Auch den Kontakt sowohl schriftlich als auch persönlich mit ihm hielt er aufrecht. Es ging bei jeglicher Unterstützung nie nur um finanzielle Mittel,

so erhielten die alten Freunde Mamas auch Urlaube finanziert oder andere kleine Wünsche erfüllt. Man dankte ihnen damit einfach für ihre jahrelange Treue.

Am einundzwanzigsten Oktober wurde die kleine Prinzessin Anne im Musikzimmer des Buckingham-Palastes durch den Erzbischof von York, Cyril Garbett, getauft. Da ich eine ihrer Taufpatinnen war, tat es mir leid, dass ich nicht dabei sein konnte, aber musste schon bald nach Mamas Beerdigung wieder nach Griechenland zurück, mich wieder um den Aufbau meines Konvents kümmern.

Nur fünf Wochen nach Mamas Tod starb König Gustav V. von Schweden am neunundzwanzigsten Oktober in Schloss Drottningholm. Nun wurde sein Sohn als König Gustav VI. von Schweden sein Nachfolger und meine Schwester Louise Königin.

Louise und Gustav hatten im Jahre 1947 einen schweren Verlust zu tragen gehabt, als der Erbprinz Gustav Adolf bei einem Flugzeugunglück in Kastrup, Kopenhagen ums Leben kam. Die Linienmaschine aus Amsterdam mit dem Ziel Stockholm stürzte kurz nach dem Start vom Zwischenlandeplatz Kastrup ab. Es waren sechzehn Passagiere an Bord. Neben dem Erbprinzen kam auch die bekannte US-amerikanische Opernsängerin und Schauspielerin Grace Moore ums Leben.

Der Erbprinz hinterließ seine Ehefrau Sybilla und fünf Kinder, der jüngste Sohn war gerade erst vier Jahre alt, als sein Vater starb. Louise hatte nie viele Worte über den Verlust verloren, denn es schmerzte sie zu sehr. Die Kinder ihres Ehemannes waren ihr wie ihre eigenen ans Herz gewachsen und weitaus tragischer fand sie, dass es genau zehn Jahre nach dem schrecklichen Unglück passierte, welches auch Cäcilie und ihre Familie das Leben kostete.

Sie hatte immer befürchtet, Prinz Bertil würde als Erster bei einem Unfall sein Leben lassen, denn er liebte Autorennen und sein Hobby war es auch selbst an Rennen teilzunehmen, was er aber aus Rücksicht auf seinen adeligen Stand unter dem Pseudonym *Monsieur Adrian* tat.

Ihre Sorgenkinder waren der Jüngste, Prinz Carl Johan, der im Jahre 1946 morganatisch heiratete, sowie Sigvard, der bereits einmal geschieden war und sich auch in zweiter Ehe nicht standesgemäß verheiratete. Daher schieden diese beiden Söhne für eine Thronfolge aus.

Bertil hatte zwar auch eine Geliebte, verzichtete aber vorerst auf eine nicht standesgemäße Eheschließung, um eben die Rechte auf den Thron nicht zu verlieren.

Nachdem meine Schwester nun Königin war, machte sie sich zuerst daran, das alte steife Protokoll bei Hofe zu reformieren, was auch nach dem Ableben ihrer Schwiegermutter aus Zeiten vor dem Krieg, hochgehalten wurde. Louise war eine sehr liebevolle Frau, die aufgrund ihrer Gutherzigkeit auch am Hof sehr geschätzt wurde. Sie konnte manchmal herrisch werden, aber das legte sich meist bald wieder. Es ging dann zumeist darum, dass sie etwas verändern wollte, andere dies aber nicht als reformbedürftig betrachteten. So plante sie auch die sogenannten *Court presentations* abzuschaffen, bei denen es sich um Audienzen beim König oder bei der Königin handelte, die sie für sehr steif hielt. Aus ihrer Sicht war es nicht mehr zeitgemäß, Bittsteller bei Hofe so zu empfangen. Louise wollte lieber Frauen zu einem Mittagessen empfangen, die eine berufliche Karriere erfolgreich absolviert hatten oder dies anstrebten. Es war ihr wichtig, die Rechte von Frauen mehr in den Mittelpunkt zu rücken.

Schon kurz nach dem Regierungsantritt ihres Mannes begann Louise damit, im Palast einiges zu modernisieren, so ließ sie die oftmals kargen Zimmer der Bediensteten mit elektrischen Heizungen ausstatten und jeder bekam ein Radio. Ferner erkundigte sie sich bei einem jeden, wie es um die Familie stand, fragte nach persönlichen Problemen, um zu helfen. Vor allem für Weihnachten plante sie den Bediensteten dann die Geschenke so zukommen zu lassen, dass jeder auch das bekam, was er brauchte.

Die Zimmer im Palast wurden renoviert, wobei sie viel Wert auf die Gästezimmer legte. Es war ihr ein Bedürfnis, jedem Zimmer eine persönliche Note zu verleihen.

Meine Schwester hatte aber auch ihre sprichwörtlichen Macken. Eine waren ihre Zwergspitze und ein Mops namens *Eisi*, in die sie geradezu vernarrt war. Doch immer, wenn sie verreiste und Hunde sie begleiteten, musste sie den Zoll umgehen, damit ihre sensiblen Tiere nicht in Quarantäne gegeben wurden. Sie versteckte die Hündchen gerne mal in entsprechenden Taschen oder ließ Bedienstete die Hunde durch den Zoll schmuggeln. Es gab nie Probleme, da Louise auch unter dem Pseudonym *Gräfin von Gripsholm* oder einfach als *Mrs. Olsson* reiste.

Jedes Jahr verbrachte sie die Sommerferien mit ihrem Ehemann in Italien. Auf der Rückreise machte sie stets einen Zwischenstopp in England, bevor sie nach Schweden weiterreiste.

Louise bevorzugte das Reisen der normalen Bürger, nahm in England auch gerne den Bus oder die U-Bahn. Eine kleine Anekdote von ihr machte später immer wieder gerne die Runde in unserer Familie. Einmal versuchte sie in London die Straße zu Fuß zu überqueren, hatte ihren Koffer in der Hand, wobei sie sich durch den Verkehr drängeln musste, was man im Englischen *jay-walking* nennt. Es bezeichnet einfach die Unsitte, nicht auf dem Bürgersteig zu gehen, sondern den Weg über eine viel befahrene Straße zu nehmen, was natürlich zu Unfällen führen kann. Louise wollte nun hastig durch den Verkehr huschen, wurde dabei fast von einem Bus angefahren. Sie nahm es aber völlig locker, denn sie hatte eine Karte bei sich, auf der vermerkt war, dass sie die *Königin von Schweden* sei, wenn es einem zu einem Unfall kommen sollte.

In London nahm sie sich stets ein Zimmer im *Hyde Park Hotel*, welches an einer viel befahrenen Straße lag. Wenn sie nun zum Einkaufen zu den Geschäften auf der gegenüberliegenden Seite einfach durch den Verkehr lief, hofften wir immer, es würde nichts passieren. Da sie dies schon zu Lebzeiten unserer Mutter perfektionierte, war die erste Frage Mamas nach ihrem Eintreffen bei ihr immer, ob sie wieder lebensmüde eine Straße passiert hatte.

Meine Schwester schrieb mir, sie müsse sich erst an ihren neuen Status als Königin gewöhnen, denn man würde sie nun mit *Majestät* ansprechen, was ihr eigentlich nicht gefiel. Aber sie hatte Gustav an ihrer Seite und die Ehe der beiden war sehr glücklich. Sie würde sich schon in ihre neue Rolle reinfinden, antwortete ich ihr, denn sie musste es. Etwas schelmisch merkte ich an, dass sie gewusst habe, wen sie da heiratete, als sie Gustav ihr *Ja-Wort* gab.

Das neue Jahr 1951 begann für mich nicht sehr gut, denn ich konnte bei meiner Arbeit am Konvent nur auf wenig Hilfe zurückgreifen. Einige meiner Schwestern fielen für längere Zeit aus, da sie krank waren, sich einer Operation unterziehen mussten oder einen Unfall gehabt hatten. Sophia Alberti, meine Assistentin, die mit mir von Tinos nach Athen gezogen war, war für einen Monat im Krankenhaus und ich fühlte mich bald von der Arbeit völlig ausgelaugt. Selbst wenn ich mich abends an den Schreibtisch setzte, um einen Brief zu schreiben, schlief ich meist sofort darüber ein. Fast gänzlich auf mich allein gestellt, war es unmöglich, meinen Plan zu verwirklichen.

Daher entschied ich mich im Sommer endlich für eine Auszeit, wollte Familienmitglieder besuchen. Zuerst reiste ich nach Salem zu Tiny und Dolla, dann nach Langenburg zu Margarita. Danach, im August, begab ich mich nach Schweden.

Louise befand sich auf dem Sommersitz der schwedischen Königsfamilie in Sofiero und war auch sehr geschwächt. Die Anstrengungen der letzten Monate hatten auch bei ihr Spuren hinterlassen und sie war derart übermüdet, dass sie seit fünf Wochen überwiegend das Bett hütete. Meine Schwester war schon immer sehr zierlich gewesen, fast fragil. Daher wunderte es nie-

manden, wenn zu viel Stress sie völlig erschöpfte. Doch ich war ein angenehmer Gast, konnte mich auch gut selbst beschäftigen, wenn sie schlafen wollte. Wir brauchten nicht den ganzen Tag zusammenzusitzen. Ich war ebenfalls froh, bei ihr und Gustav ausspannen zu dürfen, denn mittlerweile erfassten mich auch oft Zweifel, ob mein Konvent überhaupt jemals wirklich richtig laufen würde, ich mein mir gestecktes Ziel erreichen konnte.
Ende August machte ich mich mit meinem kleinen Köfferchen auf nach London, besuchte Philip und Lilibet im Clarence House. Sie luden mich ein, mit ihnen nach Birkhall bei Balmoral nach Schottland zu kommen. Wir blieben dort für eine Woche, wobei auch Tiny, ihr Ehemann Georg und ihr Sohn Karl, der nun vierzehn Jahre alt war, anreisten. Meine Tochter Sophie und ihre Familie gehörten nun zum inneren Kreis der königlichen Familie, wovon aber in der Presse niemand wusste, da man sich stets in Birkhall traf.

Charles, Philip und Lilibet mit der kleinen Anne, Sommer 1951

König George VI. wollte im Jahre 1949 einen offiziellen Staatsbesuch nach Neuseeland und Australien machen, aber da sich sein Gesundheitszustand zusehends verschlechterte, musste diese Reise verschoben werden. Man wollte anstatt des Königs und seiner Frau dann Lilibet und Philip auf den Staatsbesuch schicken.

Elizabeth musste als Thronfolgerin nun einsehen, dass sie für ihren Vater öfter öffentliche Auftritte übernehmen würde müssen, bis es ihm wieder besser ging. Dies belastete sie und meinen Sohn etwas, denn natürlich waren sie davon ausgegangen, noch lange ein relativ ruhiges Leben führen zu können, bis der König einmal sterben würde.
Doch der Krieg und sein Hang zum Kettenrauchen hatten beim König seinen Tribut gefordert. Man ging zuerst davon aus, dass er sich wieder erholt. Doch es zeichnete sich bald ab, dass seine Lungenprobleme auf Krebs basierten. Des Weiteren litt er an Arteriosklerose und der *Buerger-Krankheit*, die zu einer fortschreitenden Entzündung und Thrombose von kleineren und größeren Venen in den Händen und Füßen führt. Damals brachte man diese Erkrankung schon mit einem dauerhaften starken Tabakkonsum in Verbindung, dies war aber noch nicht vollständig erforscht.
Im März des Jahres 1949 hatte sich erstmals eine Arterie im rechten Bein des Königs verstopft, was so gravierend war, dass die Ärzte zuerst davon ausgingen, sein Bein amputieren zu müssen. Nur durch eine *Lumbalsympathektomie*, einer operativen Nervenblockade, gelang es den behandelnden Ärzten das Bein zu retten.
Im Mai 1951 konnte der König noch das *Festival of Britain* eröffnen, eine sehr erfolgreiche nationale Ausstellung, aber am dreiundzwanzigsten September musste man ihm den linken Lungenflügel operativ entfernen, wobei sich dann nach einer Untersuchung herausstellte, dass sich Tumore in der Lunge befanden. Damit bestand nun die Gewissheit um den Gesundheitszustand des Königs.
Im Oktober begaben sich Philip und Lilibet auf einen offiziellen Staatsbesuch nach Kanada. Die Abreise war um eine Woche verschoben worden, da Lilibet nach seiner schweren Operation erst noch bei ihrem Vater sein wollte.

Als ich meinen Sohn und seine Gattin nach dem Urlaub in Birkhall wieder verließ, hatte ich Lilibet noch Mut gemacht, ihr gesagt, ich würde für ihren Vater beten. Und ich bedauerte sehr, sie beide wieder verlassen zu müssen. Dennoch freute ich mich auf den nächsten Sommer, denn dann wollten wir uns alle wieder in Schottland treffen. Meine Arbeit am Konvent würde mich wieder für einige Zeit ablenken, denn ich wollte mich von den Rückschlägen nicht entmutigen lassen.

Ich schickte meinem Bruder Dickie einen Artikel aus dem Magazin *Reader's Digest* über *fliegende Untertassen*, den ich durchaus mit Interesse gelesen hatte. Wie erwähnt schrieb ich eher selten Briefe, weil ich meist keine Zeit dazu fand. Dies betraf aber vor allem die Korrespondenz zwischen mir und meinen Kindern sowie den Geschwistern. An Mama hatte ich öfter geschrieben.

Mein Bruder revanchierte sich, indem er mir eine Erstausgabe seines gerade erschienenen Werkes über die Genealogie des Hauses Battenberg/Mountbatten zusandte. Dickie arbeitete bereits im Jahre 1943 an einem Buch über die *Combined Operations*, also kombinierte Operationen der britischen Marine, die von Streitkräften aus zwei oder mehr verbündeten Nationen durchgeführt werden, um gemeinsam eine Strategie, eine strategische und operative und manchmal taktische Zusammenarbeit zu erreichen. Sein Geschenk fand ich sehr schön, aber ich behielt niemals solche Geschenke lange selbst, sondern gab sie meist schnell weiter. Das Buch schenkte ich also dem Feldmarschall Alexandros Papagos als ein kleines Zeichen der Freundlichkeit. Papagos war Oberbefehlshaber der griechischen Armee, für seine Erfolge im Bürgerkrieg im Kampf gegen die Kommunisten zum Feldmarschall ernannt worden. Doch Papagos stand kurz davor zurückzutreten, da er in Bezug auf den König Paul meinte, dieser würde ihm nur Feindseligkeit entgegenbringen.

Das Buch nahm er dankend von mir an, quittierte aber nur kurze Zeit später seinen Dienst beim König und gründete im Jahre 1951 noch eine neue konservative Partei, die er die *Griechische Sammlung* nannte.

Pauls Gattin Freddie sprach sich offen gegen Papagos aus. Man muss aber hierbei anmerken, dass Freddie keinen leichten Stand in Griechenland hatte. Dies lag natürlich in großem Maße an ihren deutschen Vorfahren. Politiker, die dem linken Flügel angehörten, verwendeten immer wieder die Tatsache, dass ihr Großvater der deutsche Kaiser gewesen war, gegen sie, ebenso wie die Mitgliedschaft ihrer Brüder in der SS. Man kritisierte sie öffentlich als *sehr preußisch* oder auch als eine *Anhängerin der Nazis*.

Winston Churchill beleidigte sie bei einem Empfang zu Ehren von Philip und Lilibet kurz nach deren Trauung, als er Freddie mit ihrem Großvater, dem Kaiser, konfrontierte. Sie wusste sich aber zu wehren, wandte ein, sie sei auch eine Nachfahrin der Königin Victoria und nach der *Lex Salica*, dem *Salischen Gesetz* aus dem elften und zwölften Jahrhundert, würde ihr Vater auf dem englischen Thron sitzen, wenn man sich in England an eben dieses alte Herrschergesetz hielte und weibliche Nachkommen von der Thronfolge ausschlösse. Freddies Großvater väterlicherseits war ein Sohn des letzten Königs Georg V. von Hannover und ein Cousin ersten Grades der Königin Victoria.

Während des Bürgerkrieges baute Freddie die sogenannten *Queen's Camps* auf oder auch *Child Cities*. Es handelte sich um ein Netzwerk von dreiundfünfzig Einrichtungen, die sich über ganz Griechenland verteilten und in

denen Waisen sowie Kinder aus armen Familien aufgenommen wurden. In diesen Camps gab es genügend Essen, man bot ein Obdach und man bot sogar schulischen Unterricht an, der schon die Kinder ab drei Jahren mit einbezog. Doch auch bei dieser wirklichen arbeitsintensiven und ehrenvollen Aufgabe erntete die Königin wieder nur Kritik, denn man warf ihr Propaganda ganz nach den Vorstellungen und Wünschen der Monarchie für den Unterricht vor. Natürlich kamen solche Vorwürfe ausschließlich aus den Reihen der Kommunisten und der Opposition. Sie gingen sogar so weit zu behaupten, Kinder aus den Camps würden an reiche amerikanische Familien zur Adoption vermittelt.
Obwohl die Königin neben ihrem Gatten auf Staatsbesuchen stets glänzte, so kam doch auch bald heraus, dass sie als junges Mädchen im *Bund Deutscher Mädel* aktiv gewesen war. Ihre Befürworter merkten aber schnell an, sie habe dies nicht vermeiden können, denn in Deutschland sei die Mitgliedschaft in dem Pendant der Hitlerjugend nun einmal normal gewesen.
Freddie lehnte jegliches demokratische Bestreben ab, sie war eine strikte Verfechterin der Monarchie und als Papagos im September mit fast vierzig Prozent der Stimmen die Wahlen gewann, verärgerte sie dies sehr. Papagos hatte aber eigentlich ein leichtes Spiel bei den Wählern, denn er war sehr populär, seit der die Kommunisten besiegte. Man sah in ihm einen geborenen starken Anführer. Da er trotz seiner Mehrheit im Parlament keine neue Regierung formen konnte, musste er bis zu den nächsten Wahlen im nächsten Jahr warten.

Im Januar des Jahres 1952 plante ich wieder eine Reise in die Staaten, um Spenden für mein Konvent zu sammeln. Ich sprach mit dem König über meinen Plan und sagte ihm, ich könne diese Reise nicht inkognito oder geheim machen, da ich eben Spenden sammeln wollte, es daher auch einen offiziellen Charakter hätte. Er willigte ein, fand dies nicht problematisch, da es um einen guten Zweck ging. So fragte ich Philip, ob ich für eine kurze Zeit bei ihm in London unterkommen könnte, bis ich weiter in die USA flöge. Ohne zu zögern lud mich seine Schwiegermutter zu sich nach Sandringham ein. Ich nahm das Angebot dankend an, wusste aber, Elizabeth und ich würden uns nur auf einer höflichen Ebene miteinander austauschen, da wir völlig unterschiedlich in unseren Ansichten und Meinungen waren. Dennoch konnte sie sich ab und an ihre spitzen Bemerkungen mir gegenüber nicht verkneifen, sagte mir auf den Kopf zu, mein Habit sei von einer geradezu modischen Eleganz und stünde mir hervorragend.
Da es ihrem Gatten gesundheitlich immer schlechter ging, verkniff ich mir aber ein scharfzüngiges Kontern.
König George VI. war bei der Eröffnung des Parlaments im November

bereits so kraftlos gewesen, dass der Justizminister Lord Simonds seine Rede für ihn vorlesen musste. Seine alljährliche Radioansprache zu Weihnachten wurde in Teilen aufgenommen, dann zusammengeschnitten, da er nicht mehr am Stück lange reden konnte, ohne in Luftnot zu geraten. Dennoch sollten Philip und Lilibet Ende Januar den offiziellen Staatsbesuch nach Australien und Neuseeland, mit einer Unterbrechung in Kenia, antreten. Ich verstand also die Sorge der Königin um ihren Gatten. Auch meinem Sohn und Lilibet war es nicht wohl, die Reise zu machen, während niemand wusste, ob der König noch lange leben würde.

Ich flog in die Staaten und landete am achtzehnten Januar auf dem New York International Airport. Natürlich trug ich meinen grauen Habit. Sofort umlagerte mich die Presse, doch ich stand den Journalisten gerne Rede und Antwort, erklärte, ich befände mich auf einer Reise, um Spenden zu sammeln für meinen Konvent im Norden von Griechenland. Meine Schwestern benötigten eine dreijährige Ausbildung und im Moment gab es nur einen Raum für zehn Frauen. Durch meine guten Beziehungen finanzierte mir Skyros P. Skouras, der Vorsitzende der *Twentieth Century Fox*, der sehr bekannten amerikanischen Filmproduktionsfirma, meine Reise.

In New York fand ich schnell viele Sponsoren und bekam viele Spenden zusammen. Ich fuhr für einige Tage nach Boston und dann weiter nach Chicago.

Bei meiner Ankunft in Chicago am 6. Februar 1952 werde ich wieder von der Presse interviewt

Ich bezog ein Zimmer im Hotel Drake in Chicago. Schon am Flughafen erfuhr ich am sechsten Februar vom Tode des Königs George VI. von England. Nun erzählte man mir es auch noch einmal im Hotel, da die Nachricht auch im Radio gesendet worden war.

Ich hatte ihn nur kurz bei meinem Besuch in Sandringham gesehen, da die Anwesenheit von Gästen für ihn sehr anstrengend war, aber sein plötzlicher Tod traf mich sehr.

Sogleich schrieb ich an Philip, der mit Lilibet gerade in Kenia weilte, dass all meine Gedanken bei ihm seien und ich seinen schweren Verlust sehr bedauerte. Ich wusste, wie gut sich mein Sohn mit dem König verstanden hatte, wie sehr er ihn nun vermissen würde. Die kommende Zeit bedeutete für Philip viel Selbstaufopferung, denn er musste nun seiner trauernden Gattin, ihrer Schwester, der Mutter und den Kindern beistehen, die auch um ihren Großvater trauern würden, zudem m
usste sich Lilibet nun bereits der Bürde einer Thronfolgerin stellen, von der beide doch gehofft hatten, diese läge noch in weiter Ferne.

So erwähnte ich in meinem Brief auch seinen Vater, der stets mit einem brillanten Verstand gesegnet war, Philip solle sich ihn zum Vorbild nehmen, wenn er nun als Ehemann, Freund und Berater Lilibet in ihrer neuen Rolle unterstützen musste. Ich versicherte ihm, ich würde seine Ehefrau wie eine Tochter lieben, der ich viel Kraft und Stärke wünschte, um ihre neue Aufgabe zu bewältigen.

Man zeigt mir die Schlagzeile mit der Nachricht vom Tod des Königs, Chicago, 6. Februar 1952

Kurze Zeit später erfuhr ich, dass man den König morgens um sieben Uhr dreißig tot in seinem Bett in Sandringham vorfand. Er war an einer koronaren Thrombose im Schlaf verstorben. George VI. war gerade einmal sechsundfünfzig Jahre alt. Elizabeth und Philip flogen natürlich umgehend aus Kenia zurück nach London. Es war besonders schmerzlich für die beiden, ihn nicht mehr lebend wiederzusehen, nachdem er sich vor ihrem Abflug am einunddreißigsten Januar noch extra zum Flughafen in London aufmachte, um sie zu verabschieden, obwohl ihm die Ärzte davon abgeraten hatten.

Der Sarg mit den sterblichen Überresten des Königs wurde am neunten Februar für zwei Tage in der *St. Mary Magdalene Church* in Sandringham aufgebahrt, dann überführte man ihn zur *Westminster Hall* im Palast von Westminster in London, wo ab dem elften Februar die Bevölkerung von ihrem König Abschied nehmen konnte. Das offizielle Staatsbegräbnis fand am fünfzehnten Februar in der St. George`s Chapel im Schloss Windsor statt, wo der König danach in der königlichen Gruft seine letzte Ruhestätte fand.

Ich hätte dem König gerne die letzte Ehre erwiesen, aber eine Abreise aus den Staaten, nur um an der Beisetzung teilzunehmen, dann wieder zurückzureisen, wäre auch sehr kostenintensiv gewesen und der König hätte dies sicher auch nicht gutgeheißen. Da man mir meine Reise zudem noch finanzierte, erübrigte sich der Gedanke im Grunde genommen sofort. Ich konnte nicht noch mehr Kosten verursachen. Aber mein Sohn und meine Schwiegertochter verstanden das vollkommen.

Zur Krönung von Elizabeth, die man nach dem Trauerjahr auf den zweiten Juni des Jahres 1953 ansetzte, wollte ich unbedingt anwesend sein.

Also setzte ich meine Reise durch die USA fort, gelangte nach Washington, wo ich mit Baron Stackleberg, genannt *Steno*, einen Cousin traf, mit dem ich über die Familie Hauke verwandt war. Er lud mich zu einem kleinen Abendessen ein. Fast wäre es ihm gelungen, mich auch dem Vize-Präsidenten Alben Barkley vorzustellen, aber dieser musste sich leider für eine dringende Augenoperation ins Krankenhaus begeben.

Dafür traf ich mich mit der Gattin von Robert W. Bliss, die das Hospital in Nevers, Frankreich einst mitfinanzierte, in dem Louise während des Ersten Weltkriegs als Krankenschwester arbeitete. Ich wurde in das Zuhause der Bliss` in Dumbarton Oaks sogar an zwei aufeinanderfolgenden Nachmittagen zum Tee eingeladen.

Auch der griechische und der britische Botschafter luden mich jeweils zu einem Mittagessen ein.

Mir gelang es glücklicherweise, am fünfzehnten Februar an einem Gedenk-

gottesdienst für den verstorbenen englischen König in Washington teilzunehmen, bevor ich wieder nach New York flog. Nach einem anschließenden kurzen Aufenthalt in Kanada nahm ich einen Flug nach London, landete dort am sechsundzwanzigsten Februar, um Philip und Lilibet im Clarence House zu besuchen, ihnen Beistand zu leisten.
Bevor ich nach Griechenland zurückflog, stattete ich noch Dickie und Edwina einen zweitätigen Besuch in Broadlands ab.

Kurz nachdem ich wieder in Athen war, war es mir aufgrund der zahlreichen Spenden möglich, meinen Plan in die Tat umzusetzen. Die Bauarbeiten konnten endlich fortgesetzt werden, so wurde bald die Kapelle fertiggestellt, der zweite Stock des Hauptgebäudes und ich erweiterte den Konvent noch um ein Altersheim für ältere alleinstehende Damen.
Von Athen aus bekam ich die nun anstehenden Veränderungen im Leben meines Sohnes und seiner Ehefrau mit. Es begann mit ihrem Umzug in den Buckingham-Palast, wo sie mit der verwitweten Königin zusammenleben würden, bis diese nach dem Trauerjahr ins Clarence House zöge.
Meine einzige Sorge betraf auch Philips neue Rolle, denn er war nun nicht mehr der Herr im Hause, sondern so gesehen seine Gattin. Mit anderen Worten wurde mein Sohn nur noch zum Ehemann der Königin. Es bedeutete unter anderem, dass man sie vor ihm bediente. Lilibet geriet in die Führungsrolle, er in eine von der Verfassung her eher undefinierte als Prinzgemahl. Und ferner war damit auch das Ende von Philips Karriere bei der britischen Marine besiegelt. Am dreißigsten Juni ernannte man ihn noch zum Kommandanten, aber dies war nur noch eine reine Formsache.
Mein Bruder Dickie ließ es sich kurz nach dem Tod des Königs nicht nehmen, unter anderem vor dem Herzog Ernst August zu Braunschweig und Lüneburg zu verkünden, dass nun das Haus Mountbatten in England regieren würde. Der Herzog wandte sich damit an die Mutter des verstorbenen Königs und Mary kontaktierte Winston Churchill, der seit dem Jahre 1951 zum zweiten Mal zum Premierminister ernannt worden war. Dieser sah das gänzlich anders, bat Elizabeth, öffentlich eine Erklärung abzugeben, dass der Name des regierenden Hauses auf dem englischen Thron *Windsor* sei. Dem kam sie am neunten April 1952 nach. Der Nachname von Lilibet, Philip und ihren Nachkommen blieb aber *Mountbatten-Windsor*. Für meinen Bruder war das sehr enttäuschend, obwohl ich nicht wirklich verstand, warum er so viel Wert darauf legte. Es war wohl für ihn mehr eine Prestigefrage, wie man so sagt.

Im Sommer zog ich mir zuerst eine schwere Grippe zu und hatte dann auch noch einen Unfall mit dem Automobil. Eine meiner Schwestern fuhr mich

in meinem kleinen Ford. An einer Wegbiegung rief ich ihr zu, sie solle links weiterfahren, sie riss das Lenkrad so schnell herum, dass der Wagen von der Straße abkam und wir in einem Graben landeten. Ich zog mir zum Glück nur einen kleinen Kratzer unter dem Auge zu, der keine Narbe hinterließ, aber trug noch einige Schrammen davon. Die Schwester verletzte sich nicht, trug aber einen schweren Schock davon und der Wagen war völlig demoliert.
Da ich wusste, dass die Finanzen meines Sohnes sich nun sozusagen in einem sicheren Hafen befanden, zögerte ich nicht, ihn zu bitten mir zweihundert oder dreihundert Pfund für ein neues Automobil zu geben. Ferner bat ich ihn, dass sein Leutnant-Kommander Michael Parker mir einen neuen Wagen bestellte, da er mehr Ahnung davon hatte. Wie immer ging ich bei meiner Bitte sehr direkt vor, schrieb Philip, ich möchte wieder ein Automobil aus dem Geschäft in der *Regent Street*, da ich von dort auch das letzte erhalten hatte. Ohne Umschweife kam mein Sohn meiner Bitte nach, merkte aber an, er fand die Anmerkung, Parker könne eine Bestellung besser aufsetzen als er selbst und sei schneller, mehr als unschön. Ich hatte ihn nicht kränken wollen, aber dies war eben meine Meinung.
Dickie, Louise und ihr Ehemann hörten von meinem Unfall über Philip, sie legten das Geld zusammen, um für mich die jährliche Versicherung für das Automobil von fünfzig Pfund zu übernehmen.

Im Juli luden mich Paul und Freddie zu einem Familienessen nach Tatoi ein, zu dem auch Ellen anwesend war. Dickie, Edwina und ihre Töchter Patricia und Pamela befanden sich gerade auf Malta, kamen auch zu dem Essen. Mein Bruder war der Oberbefehlshaber der gesamten stationierten Flotte der britischen Marine im Mittelmeer, aber seit Juni auch Kommandant der Alliierten Streitkräfte im Mittelmeer der *NATO*, der *North Atlantic Treaty Organization*, die man im Jahre 1949 gründete. Die Anreise nach Griechenland war für ihn recht einfach und in den Sommermonaten war auch Edwina oft bei ihm in Malta, ebenso wie einer oder seine beiden Töchter.
Nach dem Essen bot sich die Gelegenheit, Dickie und seiner Familie mein Konvent zu zeigen, sie lernten auch sechs meiner Schwestern kennen. Danach lud mich Dickie zu einem Abendessen auf die *HMS Surprise* ein, das Schiff, welches unter seinem Kommando stand. Ich wollte ihnen allen auch noch meine Wohnung in Athen zeigen, was sie durchaus interessierte. Es war sehr schön, meinen Bruder und seine Familie in der Nähe zu wissen.
Im Herbst organisierte Dickie ein Familientreffen auf Malta in seinem Haus in der *52 Strada Mezzodi*. Mein Bruder mietete genau jenes Haus, in dem wir vor fünfundvierzig Jahren mit Mama und Papa gewohnt hatten. Louise

und ihr Ehemann Gustav reisten auch an und so verbrachten wir alle wunderschöne Tage zusammen, wobei wir Geschwister in Erinnerungen schwelgten. Es gab allerdings einige Diskussionen darüber, ob Gustav als König von Schweden Polizeischutz bedürfe, wenn er sich auf der Insel frei bewegen wollte, welchen man dann umgehend organisierte. Man bot ihm auch an, zu seinem persönlichen Schutz nur in einer dem Klima angemessenen Uniform eines britischen Admirals das Haus zu verlassen. Gustav lehnte aber ab und ließ sich nicht davon überzeugen, diese zu tragen. Der Polizeischutz war ihm schon Aufwand um seine Person genug.
Meine Geschwister kamen wieder einmal für meine Reisekosten auf, sodass ich mit Louise und Gustav auf der *HMS Surprise* erst nach Italien mitreisen konnte und am zehnten Oktober mit ihnen wieder in Malta eintraf.
Der Premierminister von Malta, Dr. Borg-Oliver, ließ es sich nicht nehmen uns bei unserer Ankunft in Malta mit dem Gouverneur Sir Gerald Creasy, einem geborene Maltesen, zu begrüßen. Ich schrieb Philip vom Haus der Admiralität in der Hauptstadt Valletta aus, welches wir besuchten. Nach fast fünfundvierzig Jahren war es wunderbar, all die alten Plätze und auch neue zu besuchen, die ich noch aus meiner Kindheit kannte. Louise genoss es ebenso wie ich. Wir fuhren auch zur Insel Gozo, welche eine von einundzwanzig des Archipels der Republik Malta ist. Diese hatte ich vorher nie besucht.
Es waren fünf herrliche Tage, das Klima bekam mir sehr gut, aber ich musste dann wieder an meine Arbeit im Konvent zurück. Philip wollte im nächsten Monat nach Malta kommen und ich bedauerte sehr, dass wir uns dann nicht dort treffen konnten. Die Insel war so etwas wie meine zweite Heimat in Kindertagen gewesen.

Im November fanden in Griechenland neue Wahlen statt und Papagos konnte mit seiner Partei neunundvierzig Prozent der Stimmen gewinnen. Man konnte sich zweihundertneunundreißig der dreihundert Sitze im Parlament sichern. Papagos □ Regierung hatte die Unterstützung der USA, er plante die Wirtschaft des Landes wieder aufzubauen, die nach zehn Jahren Krieg am Boden war. Allerdings sah sich Papagos mit dem Konflikt um Zypern konfrontiert.
Bereits seit dem Jahre 1878 verlangten die Zyperngriechen, sich mit dem griechischen Mutterland zu vereinigen. Dieses Vereinigungsbestreben mit Griechenland nannte man *Enosis*.
Damals war die Insel von England übernommen worden und erst im Jahre 1925 hatte England die Insel öffentlich zu einer Kolonie der britischen Krone ernannt. Nach dem Ersten Weltkrieg, dem Krieg mit den Osmanen, dem Zweiten Weltkrieg und dem Bürgerkrieg war die Lage auf der Insel immer

wieder instabil gewesen, denn dort lebten sowohl Zyperngriechen als auch Zyperntürken. Durch die Gründung der Türkei 1923 wuchsen die Spannungen, denn die eine ethnische Gruppe tendierte zu Griechenland, die andere zur Türkei. Es kam oftmals zu Aufständen, wobei man unter anderem 1931 auch das Haus des Gouverneurs der Insel, der von England eingesetzt wurde, niederbrannte.
London investierte stets nur wenig in die Insel, die Bevölkerung litt oftmals Hunger und Not. So verbanden die Zyperngriechen mit dem Festland große kulturelle, sprachliche und religiöse Gemeinsamkeiten und eben die Hoffnung auf eine bessere wirtschaftliche Entwicklung, wenn sie zu Griechenland gehören würden. Auf der Insel wurden die beiden ethnischen Gruppen durch separate Schulen, Verwaltungen und sonstige Institutionen voneinander getrennt. Dadurch wurden auch ihre Unterschiede betont. Da es in den letzten Jahren zu Feindseligkeiten zwischen den beiden ethnischen Gruppen gekommen war, fühlte sich England verpflichtet, als Ordnungsmacht auf der Insel zu bleiben. Man rechtfertigte dies durch Legitimitätsansprüche und hatte auch geostrategische Interessen an Zypern.
Die *Enosis*-Bewegung verunsicherte die Zyperntürken, denn sie befürchteteten, nach einem Anschluss der Insel an Griechenland unterdrückt oder sogar verfolgt zu werden. Daher forderten sie die Fortdauer des Kolonialstatus oder einen Anschluss von Zypern an die Türkei. Die Fragen der Nationalität und der Staatszugehörigkeit forcierten die Probleme.
Nachdem nun im Jahre 1931 die Zyperngriechen aktiv gegen die britischen Kolonialherren vorgegangen waren, wurde Propaganda für die Enosis-Bewegung verboten, man verhaftete in der Folge mehr als zweitausend Zyperngriechen, untersagte die Neugründung von politischen Parteien, verbot die bestehenden und führte eine Pressezensur ein. Der Konflikt schwelte und es war abzusehen, dass Papagos sich bald mit der Zypernfrage beschäftigen musste, um größere Ausschreitungen dort zu verhindern.

An Weihnachten lud mich König Paul zu einem Mittagessen mit Freddie, seinen Kindern und einigen anderen Gästen nach Tatoi ein.
Zum Jahreswechsel schrieb ich an Dickie, dankte ihm noch einmal für den schönen Aufenthalt auf Malta und wie sehr es mich gefreut hatte, dort mit ihnen allen zusammen zu sein. Es waren einige der schönsten Tage meines Lebens gewesen, gestand ich ihm.

Im neuen Jahr 1953 war natürlich die anstehende Krönung meiner Schwiegertochter Lilibet das Hauptthema.
Ich erhielt die Nachricht, dass Françoise, die Witwe von Andreas Bruder Christo, am fünfundzwanzigsten Februar im Alter von fünfzig Jahren ver-

storben war. Ihr Sohn Michael war erst vierzehn Jahre alt und kam nun in die Obhut seines Onkels Henri, dem Grafen von Paris, und wuchs mit dessen Kindern auf.
Dann verstarb leider auch noch am vierundzwanzigsten März Mary, die Mutter König Georges VI. Der Tod ihres Sohnes im Vorjahr hatte ihr sehr zugesetzt, denn sie fand es schlimm, ihre Kinder betrauern zu müssen, hatte sie im Jahre 1919 schon den Prinzen John verloren und 1942 Marinas Ehemann, ihren Sohn George. Sie war fünfundachtzig Jahre alt, nicht krank gewesen und starb friedlich im Schlaf. Mary hatte darauf bestanden, dass, ganz gleich, was kommen würde, man die Krönung ihrer Enkelin trotz der offiziellen Hoftrauer in keinem Fall absagen sollte. Daher hielt man sich auch an ihren Wunsch. Man setzte Mary in der St. George's Chapel in Windsor neben ihrem Ehemann bei.
Margarita, Dolla und Tiny wollten an der Krönungszeremonie unbedingt teilnehmen und hatten Philip dies bereits im letzten Jahr schon mitgeteilt. Er sollte im Hinterkopf behalten, sie dieses Mal nicht auszuschließen wie bei der Hochzeit. Sie brauchten sich da aber keine Sorgen zu machen. Ihr Bruder wollte seine Schwestern dieses Mal dabei haben.
Viel tragischer war es für meine Schwester, dass man zwar ihren Gatten einlud, aber sie nicht. Sie war immerhin die Ehefrau des Königs und zudem Schwester des Prinzgemahls. Das gleiche Theater spielte sich aber auch zwischen König Paul und Freddie im königlichen Palast in Athen ab. Es brachte aber nichts, denn nur die Könige waren jeweils eingeladen.
Dickie reiste aus Malta an und nur mit Nona gab es ein Problem, die auch bei den letzten drei Krönungen nach dem Ableben der Königin Victoria jeweils anwesend gewesen war. Doch man lud sie nicht zur Krönung von Lilibet ein. Dabei wollte sie so gerne dabei sein, denn sie sah sich, durchaus berechtigterweise, als Freundin der Familie um Philip an. Weder Dickie noch Luise sahen allerdings ihre Anwesenheit oder ihre und die ihres Ehemanns Dick als vonnöten an. Nona akzeptierte dies zuerst stillschweigend, bis sie erfuhr, Philip habe Isa als Gast eingeladen. Sie hatte aber eine ganz andere Position, da sie unter anderem für Dickie Mamas Erlebnisse während ihres langen Lebens aufgeschrieben hatte, die diese ihr diktierte, sie kümmerte sich auch zeitweise um andere enge Familienmitglieder, zog sogar einmal für kurze Zeit ins Clarence House, um zu helfen. Und Isa war für Mama wie eine letzte Erinnerung an ihre Schwester, Tante Alix, denn sie war ihre Hofdame und enge Freundin gewesen. Damit will ich nicht sagen, dass niemand Nona für all die Jahre undankbar war, in denen sie sich um meine Mutter kümmerte oder auch als sie Mama und Papa in Fishponds bei sich wohnen ließ. Doch mit zunehmendem Alter meiner Mutter war der Kontakt auch etwas, wie man so sagt, eingeschlafen. Die arme Nona fühlte

sich sehr gekränkt, was ich verstand, so bot ihr Philip an, von einem der Fenster in meinen Räumen im Kensington-Palast wenigstens die Parade anschauen zu dürfen. Es war nur ein schwacher Trost, aber immerhin etwas. Louise bot sogar an, Nona einen Wagen bereitzustellen, also für einen Leihwagen zu bezahlen, der sie von ihrem Zuhause in den Palast fahren würde. Ich wusste, Nona hatte Angst vergessen zu werden, wenn sie selbst davon ausging, dass ihre Anwesenheit bei einer Feierlichkeit gewünscht sei. Am achtundzwanzigsten Mai kam ich im Buckingham-Palast an, wo ich während meines Aufenthalts in England auf Wunsch der Königin Elizabeth ein Gästezimmer bezog. Isa leistete mir dort für die nächsten zehn Tage Gesellschaft, dann kam wie selbstverständlich die Pye-Crust, die eigentlich nach Mamas Tod in Rente war, um mir als Kammerzofe zur Hand zu gehen.

Meine Ankunft am Flughafen in London, Mai 1953

Es war unvermeidlich, dass meine Anwesenheit in London das Interesse der britischen Presse weckte. Für die Krönungsfeierlichkeiten reisten Journalisten aus aller Welt an und so gab ich sogar einem von *The American Weekly* ein Interview, erzählte aber mehr über meine Arbeit im Konvent als über die bevorstehenden Feierlichkeiten. Die Presse zeigte sich sehr fasziniert von *Mutteroberin Alice Elizabeth*, die aus ihrem Konvent in Griechenland zur Krönung in England auftauchte. Jedenfalls las ich es bald so in den Zeitungen und Klatschblättern. Man spekulierte über die strengen Regeln, die wohl in meinem Konvent herrschten, wie ich dort lebte und ließ auch keine Bemerkungen über mein neues graues Habit außer Acht, welches ich eigens zur Zeremonie anfertigen ließ. Man mag dieses gerne als zweischneidiges Schwert betrachten – ein einfaches Leben auf der einen Seite und eine plötzliche Extravaganz auf der anderen.

Ich wusste genau, dass ich bei der Krönung auffallen würde zwischen all den feinen Roben und Uniformen und nicht jeder würde meinen Auftritt gutheißen, aber ich stand schon immer zu dem, was ich tat, und so kümmerte es mich nicht.

Der Tag der Krönung, der zweite Juni des Jahres 1953, ließ den patriotischen Gefühlen der Briten freien Lauf. Obwohl der Himmel an diesem Tag bedeckt war, säumten bereits seit den frühen Morgenstunden riesige Menschenmengen die Straßen Londons. Im ganzen Land fanden Feste für die Bevölkerung statt und allerorten gab es Souvenirs zu kaufen.

Die Krönung selbst musste bis ins Detail perfekt organisiert sein, denn sie sollte im Fernsehen übertragen werden, auch wenn der Premierminister Winston Churchill dies für seine zu große Belastung Lilibets hielt. Das Fernsehen war noch jung, noch nicht viele Menschen hatten einen Apparat. Dennoch bot es weltweit den Menschen die Möglichkeit direkt dabei zu sein.

Elizabeth hatte darauf bestanden, nicht mit der leichten Krone, die Königin Victoria bei ihrer Krönung getragen hatte, sondern mit der sehr schweren *St. Edwards-Krone* gekrönt zu werden. Um sich an das Gewicht zu gewöhnen, trug sie die Krone schon Tage vor der Zeremonie probeweise zu Hause. Die Zeremonie selbst bestand aus fünf Abschnitten – der Anerkennung, dem Eid, der Salbung, der Investitur und der Huldigung. Dies dient dazu, die Monarchin dem Volk zu präsentieren, sie vor Gott zu salben und es ihren Untertanen zu ermöglichen, ihr die Treue zu schwören.

Um elf Uhr fünfzehn trat Lilibet unter dem eigens errichteten Baldachin durch das Westportal in die Westminster Abbey. Der Erzbischof von Canterbury, Geoffrey Fisher, führte sie in die Ecken des Kirchenraumes und stellte sie mit den Worten vor: „Königin Elizabeth, eure unbestrittene Königin!" Die Anwesenden erwiderten voller Überzeugung: „God save Queen

Elizabeth!"
Dann legte sie den Eid ab, in dem sie versprach, gemäß den bestehenden Gesetzen und Vorgaben der Kirche zu regieren. Daraufhin entfernten ihre Hofdamen dem Zeremoniell entsprechend jedes äußerliche Zeichen ihres weltlichen Rangs und verhüllten ihre funkelnde Robe mit einem schlichten weißen Gewand, um Elizabeths Demut vor dem Volk anzudeuten. Lilibet war dabei so aufgeregt, dass sie vergaß, ihre Ohrringe abzulegen. Dies war aber der einzige Fehler, der ihr unterlief.
Es folgte die Salbung durch den Erzbischof und dann ließ sich Elizabeth in die symbolische Tracht ihres Amtes einkleiden. Diese bestand aus einer weißen Tunika, worüber ein Kleid aus golddurchwirktem Stoff angezogen wurde. Auf dem King-Edwards-Thron empfing sie die beiden Armreifen, die eigens für die Krönung angefertigt wurden und die Aufrichtigkeit und Weisheit symbolisierten, die *Goldenen Sporen*, das Zeichen für die Oberhoheit des Souveräns über alle Ritterorden, und das juwelenbesetzte Staatsschwert als ein Symbol für die Ehre. Ferner hüllte man sie noch in die königliche Robe und Stola. Als Letztes empfing sie die Zeichen ihrer Macht – das Zepter mit dem Kreuz, welches ein Sinnbild der königlichen Gerechtigkeit und Macht darstellt, sowie das Zepter mit der Taube als ein Symbol der Unparteilichkeit und Gnade. Man legte ihr den Reichsapfel in die Hand, der für die unabhängige Landeshoheit stand, und steckte ihr den Krönungsring an. Er symbolisiert die Ehe der Monarchin mit ihrem Volk. Zuletzt hob der Erzbischof die Krone über ihren Kopf, ließ diese dann auf ihr Haupt sinken, während alle in der Kirche einstimmig „God save the Queen!" aussprachen.
Und dann endlich war es an Philip, seinen Teil der Krönung wahrzunehmen. Als Lilibet mit sicherem Schritt zu einem eigens errichteten Podest gegenüber dem Hochaltar gegangen war, sich setzte, nahm sie die Huldigung ihres *Peers* entgegen. Der Begriff bezeichnet einen Angehörigen des britischen Hochadels. Und der Erste, der vor ihr niederknien musste, war mein Sohn, der gelobte, mit Leib und Leben ihr Lehensmann zu werden.
Dann nahmen beide vor der Gemeinde das Abendmahl ein. Lilibet zog sich in die St. Edwards-Kapelle zurück, um die Krone gegen die leichtere Imperial State Crown auszutauschen und den Königsmantel gegen eine purpurne Samtrobe zu wechseln. Unter Glockengeläut und Hurrarufen der jubelnden Menschenmenge verließen Elizabeth und Philip die Kirche.
Es war eine sehr bewegende Zeremonie, die ich aus der königlichen Loge heraus an der Seite von Elizabeths Mutter, ihrer Schwester, meinen drei Töchtern und ihren Ehemännern verfolgen dufte. Ich musste an Königin Victoria denken, denn Lilibet würde nun als *Königin Elizabeth II.* ihre Position innehaben, in den Schlössern und Palästen leben, in denen ich in den

ersten fünfzehn Jahren meines Lebens an der Seite meiner Mutter und ihrer Großmutter so schöne Zeiten genossen hatte.

Leider hatte es am Morgen des Tages doch noch zu regnen begonnen, was aber die Schaulustigen in den Straßen nicht abschreckte. Ich hatte schon bei meiner Ankunft in der Kirche in meinem Habit für staunende Blicke gesorgt, da wir nun aber die Kirche verließen, um in Kutschen durch die Straßen vorbei an den jubelnden Menschen zu fahren, erregte die Königin Salote von Tonga in ihrem auffälligen Kleid sehr viel Aufsehen und einzelne Personen riefen ihr etwas zu, was sie zum Lächeln brachte. Ich nehme an, sie merkten an, wie hübsch sie aussah, exotisch eben, auffallend. Ich verließ direkt nach ihr die Kirche, bemerkte, wie die Menschen mich musterten, zu tuscheln begannen. Sie redeten sicher darüber, wer die Frau in dem Habit sei, oder sie erklärten sich gegenseitig, dass ich Philips Mutter sei. Es war mir aber, wie bereits angemerkt, gleich, was sie über mich sagten oder dachten.

Beim Einzug in die Westminster Abbey ziehe ich in meinem Habit alle Blicke auf mich, 2. Juni 1953

Lilibet mit Charles, Anne und Philip auf dem Balkon des Buckingham-Palastes am 2. Juni 1953

Es folgten noch einige weitere Feierlichkeiten im Rahmen der Krönung, die ich alle in meinem Habit absolvierte.
Vor meiner Abreise nach Griechenland sagte die Pye-Crust zu mir, sie habe es sehr genossen, mir zur Seite stehen zu dürfen, die Arme vermisste meine Mutter sehr, was man sofort spürte. Ich dankte ihr für ihre Hilfe, aber sie tat mir auch sehr leid, als sie nun wieder in den Kensington-Palast zog, wo sie praktisch keine richtige Aufgabe mehr erwartete.

Nach der Krönung fasste ich den Entschluss, mich ab sofort nicht mehr in der Öffentlichkeit zu zeigen, wenn ich in England war. Die Menschen wussten nun, dass ich, Philips Mutter, als Nonne lebte. Das reichte und ich wollte mich nicht mehr zur Schau stellen bei öffentlichen Auftritten der Familie. Beerdigungen und Gedenkgottesdienste würde ich natürlich noch besuchen als Verwandte, aber dies betraf dann nur familieninterne Belange. Für Griechenland sah ich das aber anders. Hier lief ich auch nicht Gefahr, als die Mutter des Prinzgemahls von Journalisten verfolgt zu werden.

Nachdem ich wieder in Athen eintraf, machte ich mich an die Arbeit in meinem Konvent. Die Reise in die USA, bei der ich viele Spenden sammeln konnte, und die Großzügigkeit einiger Menschen, die mir nach ihrem Tod Geld vermachten, brachten mich gut voran. Im Oktober trafen neue Schülerinnen ein. Es freute mich, dass es so gut lief, denn es war für mich die Erfüllung eines lang gehegten Wunsches.

Mein Bruder Dickie war am siebenundzwanzigsten Februar dieses Jahres zum Admiral ernannt worden und im März machte Lilibet ihn zu ihrem persönlichen Flügeladjutanten, was eine sehr große Ehre für ihn war. In seiner neuen Position begleitete er auch meinen Sohn und Elizabeth, als diese im Winter zu einer ihrer wichtigsten Reisen aufbrachen für einen Teil derselben. Sie sollten zahlreichen Ländern des Commonwealth, vom reichen Australien bis zum fernen Papua-Neuguinea, einen Besuch abstatten. Es war eine Krönungsreise, wenn man es so nennen möchte, bei der sich die neue Königin ihren Untertanen präsentieren sollte. So würde Lilibet als erste regierende Königin Neuseeland besuchen und aus diesem besonderen Anlass war auch geplant, dass sie dort im Rundfunk ihre erste Weihnachtsansprache halten sollte.

Die Reise trennte aber auch für sechs lange Monate den fünfjährigen Charles und die dreijährige Anne von ihren Eltern. Die beiden Kinder hatten eine sehr liebe Kinderfrau namens Catherine Peebles, doch die Trennung von den Eltern wog natürlich schwer, was mir sehr leid tat für die beiden Kleinen.

Im Juli besuchten mich Dickie, seine Tochter Patricia und ihr Ehemann Lord Brabourne in Athen. Am Abend lud ich sie alle zu einem Abendessen in meine Wohnung in der 7 Patriarch Joachim Street ein. Ich schickte sie zu einem kurzen Spaziergang hinaus, während ich den Tisch hübsch eindeckte, und schickte die Popoulo noch los, um bei einigen Geschäften besondere Delikatessen an der Hintertür einzukaufen, da diese alle offiziell schon geschlossen hatten. Über das renommierte Restaurant Délicieux ließ ich ein sehr aufwendiges Essen kommen, besonders mein Bruder war sehr angetan von den Köstlichkeiten. Ich war in Hochform, wie man so sagt, unterhielt alle mit Geschichten, die sie noch nicht kannten, berichtete von meiner Arbeit im Konvent. Nach dem Essen machten wir noch einen gemeinsamen Spaziergang zur Akropolis, was sich aufgrund des Vollmonds anbot, der das Ganze in eine sehr geheimnisvolle Atmosphäre tauchte. Als wir dort eintrafen, hatte der Bürgermeister von Athen von Dickies Anwesenheit gehört und ließ die Akropolis nun eigens für ihn mit Flutlicht bestrahlen. Der Besuch war für mich eine sehr willkommene Abwechslung.

Am nächsten Tag wollte mich Dickie dazu überreden, mit ihnen auf die Insel Petali zu reisen, wo sich der König und seine Gattin oftmals in den Sommerferien aufhielten, aber ich lehnte ab, was mein Bruder hinnahm, aber es auf meine wachsende Antipathie gegenüber Freddie schob. Er

machte mir keine Vorwürfe deswegen.
Obwohl mein Bruder immer sehr eingespannt war, stand doch die Familie für ihn immer im Vordergrund. So sandte er mir im Oktober ein sehr schönes Geschenk, um mich an meinen fünfzigsten Hochzeitstag zu erinnern. Da ich Geschenke aber grundsätzlich nie behielt, gab ich auch dieses weiter. Ich spendete auch viele für gute Zwecke, was mir wichtiger war, als sie zu behalten, was ich bereits erwähnte.

Das Ende des Jahres brachte aber noch einmal einen großen Verlust mit sich, denn am elften November starb Tante Irene in Hemmelmark. Sie wurde sechsundachtzig Jahre alt. Ich reiste nicht zu ihrer Beerdigung an, da es mir aus zeitlichen Gründen nicht möglich war. Ich erfuhr aber, dass man in der deutschen Presse sehr kritisierte, dass auch weder die Königin von England noch Philip anreisten, denn er war ihr Großneffe und oft bei ihr als Kind zu Gast gewesen.

Im Jahre 1954 begann Griechenland sich langsam wirtschaftlich zu stabilisieren. Da König Paul viele Staatsbesuche außerhalb des Landes wahrnahm, konnte er so die diplomatischen Beziehungen verbessern und Handelsbeziehungen knüpfen. Paul war auch der erste griechische Monarch, der das Oberhaupt der Türkei, den Ismet Inönü, traf. Dieser war von 1938 bis zum Jahre 1950 zweiter Präsident der Republik.
Die Beziehungen zu England gerieten allerdings durch die Zypernfrage ins Wanken und die Republikaner standen der Monarchie sehr kritisch gegenüber. Man kritisierte die vielen Auslandsreisen des königlichen Paares und auch deren ständige finanzielle Unterstützung von Familienmitgliedern. Um weiterer Kritik vonseiten der Republikaner zu entgehen, übergab der König sein Jagdanwesen *Polydendri* bei Larissa dem griechischen Staat.
Bisher regierte Paul das Land doch in einer sehr positiven Weise, wenngleich seine Gattin Freddie ihn auch oftmals in einer sehr energischen Weise, die man schon fast als manisch bezeichnen kann, unterstützte. Ich verstand mich mit Freddie nicht besonders gut, denn wir fanden einfach am Charakter der jeweils anderen keinen liebenswerten Zug, der uns verbunden hätte. Aus meiner Sicht war sie manchmal zu unsicher und auch sehr kapriziös.
Sie ereiferte sich über viele Dinge sehr, wollte dies auch öffentlich austragen. Aufgrund der Probleme mit Zypern war die Lage zwischen Griechenland und England sehr angespannt, daher musste Paul einen geplanten Staatsbesuch absagen. Dies erzürnte seine Gattin sehr und sie konnte sich darüber noch lange aufregen.
Oftmals war Pauls Charakter aber der Grund für einen Fehltritt, denn er war

eher ungezwungen, verhielt sich in einigen Situationen nicht sehr königlich. Einmal fuhr er mit seinem Automobil durch Athen, wobei das Verdeck offen war. Vor ihm blockierte ein sehr langsam fahrendes Taxi seine Route und so versuchte er sich daran vorbeizudrängeln, machte eine eindeutige Geste mit seiner Hand, als er es passierte. Zu seinem Erschrecken musste er allerdings feststellen, dass in diesem Taxi die Fahrgäste aus Priestern bestanden. Schnell fuhr er in eine Seitenstraße, hielt an, bekreuzigte sich dreimal, aber er entschuldigte sich nicht bei den Männern Gottes. Man kann sagen, er hatte ein sehr hitziges Gemüt.

Freddie war dagegen eine mehr kontroverse Person. Sie setzte meist ein strahlendes Lächeln auf, welches entwaffnend war für jeden Kritiker. Gleichzeitig versuchte sie alles, um an Popularität zu gewinnen, konnte mit jedem sofort ein Gespräch beginnen und in der ersten Zeit der Regentschaft ihres Gatten war ihr feiner Sinn für Humor und ihre ungezwungene Art noch sehr charmant gewesen. Damit konnte sie Zwietracht im öffentlichen Leben sofort ausschalten. Man nahm ihr karitatives Engagement sehr wohlwollend auf und im Jahre 1947 hatte sie immerhin Spenden im Wert von dreihunderttausend Pfund für ihre Hilfsprojekte im Norden Griechenlands sammeln können.

Ihr Ehemann äußerte sich in der Öffentlichkeit stets sehr bedacht über Missstände. Freddie sah sich aber in einer sehr emotionalen Position, aus der heraus sie immer alles offen ansprach, was sie für schlecht im Land hielt. Sie überzeugte viele Fürsprecher, aber erntete gleichzeitig eben so viel Kritik. Man hatte manchmal das Gefühl, sie spräche ohne nachzudenken und die Worte verließen dann einfach so ihre Lippen. Im Zuge der Krise mit Zypern sagte sie dem britischen Ministerpräsidenten einfach so ins Gesicht, dass Griechenland England seine hübscheste Prinzessin gegeben habe, womit sie Marina meinte, und den populärsten Prinzen, was sich auf meinen Sohn bezog. Frei heraus fragte sie dann, ob es daher zu viel verlangt wäre, England darum zu bitten, Zypern einfach an Griechenland zu übergeben.

Freddie war nicht besonders proenglisch, wenn man es ganz klar sagen möchte. Vielleicht war dies noch der Fall gewesen, als sie aus dem Exil nach Griechenland zurückkehrte, aber nun änderte sie ihre Einstellung und sie machte auch vor britischen Gesandten keinen Hehl daraus. Alsbald nannte man ihren Charme berüchtigt und trügerisch.

Dickie berichtete mir von der Ankunft von Philip und Lilibet zum Ende ihrer Krönungsreise. Charles und Anne waren kurz zuvor bei meinem Bruder und Edwina eingetroffen, um ihre Eltern zu begrüßen. Als diese nun im Mai des Jahres 1954 dort ankamen, zeigte sich Charles sehr verwirrt, da seine Eltern inmitten von Heerscharen von Bediensteten auf der Insel eintrafen. Ganz formell wollte er seiner Mutter die Hand schütteln, weil er sie so lange nicht gesehen hatte und zuerst gar nicht richtig erkannte. Dickie empfing sie in seiner Position als Oberkommandant der Mittelmeerflotte und hatte einen wahrhaft königlichen Empfang für sie vorbereitet, indem die Flotte die königliche Yacht *Britannia* in den Hafen eskortierte. Dickie betrat die Yacht nach einem gekonnten Manöver, bei dem beide Schiffe parallel zueinander standen.

Auf Malta gab es eine sehr bekannte Inhaberin eines Geschäfts für feine Seide namens Mary Bugeja. Sie kannte viele Mitglieder der königlichen Familie, unter anderem auch Elizabeth von ihren zahlreichen früheren Besuchen auf der Insel. Da Lilibet zu viele offizielle Termine wahrnehmen musste, schickte sie Dickie und Edwina zu dem Geschäft, um in ihrem Auftrag einiges zu erwerben. Mein Bruder musste feststellen, dass die Enttäuschung der Familie Bugeja sehr groß war, denn sie hatten sich alle in ihre feinsten Kleider und Anzüge gekleidet, zahlreiche wunderschöne Blumensträuße für die Königin bereitgestellt sowie teure Pralinen von diversen Herstellern in dekorativen Schachteln besorgt. Seit fünf Tagen hatte man sich auf den Besuch vorbereitet. Für Mary Bugeja war es natürlich kein Problem, *nur* mit meinem Bruder und seiner Gattin vorliebzunehmen, aber man konnte wohl spüren, wie sehr sie sich beherrschte. Sie zeigte ihnen einen besonders liebevoll dekorierten Raum, in dem sie sich gerne mit der Königin unterhalten hätte, und Dickies Blick fiel sofort auf ein Foto, welches schön gerahmt mitten im Raum auf einem Tisch stand. Es zeigte Lilibet und Philip am Tag ihrer Krönung und war von meinem Sohn unterzeichnet mit *To Darling Mama with our love*. Mein Bruder konnte es nicht fassen, dass ich auch dieses Geschenk an jemanden weitergegeben hatte. Er wusste um meine Bekanntschaft mit Mary Bugeja, aber fand, man könne so etwas doch nicht verschenken an andere, denn es sei sehr persönlich. Schnell bat er Frau Bugeja es zu entfernen, damit Lilibet ihr noch ein signiertes Foto geben würde, falls diese es doch noch ermöglichen könnte, selbst in den Laden zu kommen. Man verstand sein Ansinnen natürlich, ahnte aber nicht, was mein Geschenk auslöste.

Mein Bruder teilte Louise mit, was ich getan hatte, aber bat sie, mich nicht zu schelten deswegen. Doch mein Schwesterlein fand mein Verhalten höchst unglaublich, es habe sie sprichwörtlich *aus den Socken gehauen*, davon zu erfahren. Sie warf mir vor, immer so impulsiv zu handeln, dass ich einfach nicht nachdachte, was ich damit anrichten konnte. Und sie ahnte meine Beweggründe, denn Mary Bugeja hatte ihr letztes Jahr ein Weihnachtsgeschenk zukommen lassen und mir sicher auch. Da ich aber nichts hatte, was ich ihr im Gegenzug schenken konnte, griff ich einfach das Erstbeste, was sich fand. Louise gab mir den guten Rat nachzudenken, bevor ich

so etwas verschenkte, und ferner fragte sie mich ganz offen, warum ich nicht wenigstens Philips Widmung an mich weggeschnitten hatte, bevor ich es weiterverschenkte.
Ich muss gestehen, dass mir mein Fehler nun auch einleuchtete, und es mir schon peinlich war. Louise hatte recht, denn ich hatte nicht nachgedacht. Wäre mein Sohn in den Laden gegangen, hätte das Foto gesehen, dann wäre er mir sicher sehr böse gewesen. Insofern konnte ich Dickie nur dankbar sein, wie er das gehandhabt hatte. Der Zufall kann aber auch manchmal eine wirkliche Krux sein!

Die meiste Zeit des Sommers und des Herbstes verbrachte ich im Jahre 1954 damit nach Athen zu reisen oder auf die Insel Kalimnos auf den Dodekanes, eine Inselgruppe in der östlichen Ägäis. Einige meiner Schwestern arbeiteten auf Kalimnos in dem kleinen Hospital der Insel. Im Juli befanden sich allerdings nur fast genesene Patienten in den zwei Räumen in *Neon Heraklion*, der Krankenstation und dem Wohnheim neben dem Hospital. Man hatte die Räume zur Verfügung gestellt. Es gab sechs Betten für die Patienten, die Schwestern lebten in der ersten Etage des Gebäudes und in dem Raum nahe der Küche. Damit genug Lebensmittel vorhanden waren, musste ich jeden Tag einkaufen. Meine Schwestern hatten aber nicht viel Arbeit und ich hatte wieder einmal nur wenig finanzielle Mittel übrig. Damit mich meine Töchter aber noch besuchen konnten, musste ich mein Automobil und den Kombiwagen verkaufen.
Ich hatte von Tiny erfahren, dass sie im Oktober wieder ein Kind erwartete. Ich wusste aber nicht, ob ich die Zeit finden würde, sie zu besuchen.

Im September verfolgte ich mit durchaus großem Interesse, wie sich Freddie darum bemühte, einen geeigneten Heiratskandidaten für ihre älteste Tochter zu finden, denn Sophia wurde in diesem Jahr sechzehn Jahre alt. Ihre Geschwister Konstantin und Irene waren erst vierzehn und zwölf, aber da Freddie einige junge Prinzen und Prinzessinnen aus der Verwandtschaft zu einer kleinen Rundreise mit dem Schiff einlud, sollte vor allem Sophia sich schon einmal umschauen, die anderen beiden Kinder sich amüsieren.
Freddie war schier davon besessen, ihre Kinder einmal gut zu verheiraten und ermahnte vor allem Sophia sich genau zu überlegen, wem sie ihr Herz schenkte. Ungeeignete heiratswillige Junggesellen wurden von der Königin als *Schnibbelfippse* bezeichnet. Es sollte wohl ausdrücken, dass diese in ihren Augen nichts taugten.
Nach der Rundreise lud mich die königliche Familie zu einem Mittagessen nach Tatoi ein, und da auch Ellen anwesend war, fanden wir die Situation etwas befremdlich. Denn bei den eingeladenen anderen Prinzen und Prin-

zessinnen handelte es sich um fünf von Ellens Enkelkindern und zehn von mir. Wir brauchten nur die Blicke zu tauschen und ich wusste, dieses eine Mal hatte ich in Ellen eine Verbündete, die auch keines ihrer Enkelkinder mit einem Kind von Freddie vermählt sehen wollte.

Am fünfzehnten Oktober gebar meine Tochter Tiny mit der kleinen Prinzessin Friederike von Hannover ihr achtes und letztes Kind. Lilibet wurde Taufpatin der Kleinen, was ich wunderbar fand. Ich wünschte meiner Tochter und der kleinen neuen Erdenbürgerin alles Gute, merkte aber an, Tiny solle Wort halten, keine Kinder mehr bekommen, denn sie habe nun wahrlich ein halbes Kinderheim. Zudem war sie auch schon vierzig Jahre alt. Meine Tochter sah das aber ebenso.

Im November lud ich Ellen zu einem kleinen Mittagessen ein, denn ihre Töchter Marina und Woolly waren zu Besuch in Athen. Wir hatten so eine schöne Zeit zusammen, dass es für uns alle ein schwerer Schlag war, als Woolly am elften Januar des Jahres 1955 starb. Sie hatte wohl schon einige Zeit Schmerzen gehabt, aber diese ignoriert. Kurz nach ihrer Reise nach Athen suchte sie in Bayern einen Arzt auf. Man wies sie sogleich in ein Krankenhaus ein, diagnostizierte Krebs, der in einem unheilbaren Stadium war.
Für Ellen brach mit dem Tod ihrer Tochter, die nur fünfzig Jahre alt wurde, eine Welt zusammen. Ich versuchte sie zu trösten, aber musste nur wenige Zeit später einen weiteren Verlust verkraften.
In der Kirche von Tatoi fand ein Gedenkgottesdienst für Woolly statt und die Popoulo begleitete mich. Sie litt seit Kurzem an einem erhöhten Blutdruck. Die Emotionen, die mit der Trauer um Woolly bei den Anwesenden einhergingen, setzten ihr sehr zu. Wir waren kaum wieder nach Athen in die Wohnung zurückgekehrt, als die Popoulo vor meinen Augen einfach zusammensackte. Sie erlitt einen sehr schweren Schlaganfall und starb nur wenige Tage später.
Diese kleine und doch so zähe Frau hatte mich als meine Hofdame und Freundin für dreiundvierzig Jahre begleitet. Ich betrauerte ihren Tod sehr und vermisste sie schrecklich. Ich bezahlte für ihr Begräbnis, indem ich Louise bat, mir Geld zu schicken.
Nach dem Tod der Popoulo bat ich Kitty Valaoritis, eine Witwe und Nachbarin, mir bei meinen geschäftlichen Dingen zu helfen. Sie war die Enkelin eines Iren und hatte viele Freunde in England und Schottland. Ich schrieb Philip, sie sei eine sehr talentierte Geschäftsfrau, sehr erfahren in finanziellen Belangen und ich verstand mich gut mit ihr, auch wenn uns nicht dieselbe Freundschaft verbinden würde, die ich mit Virginie hatte.

Im Februar 1955 feierte ich meinen siebzigsten Geburtstag in Salem. Philip kam aus England mit Louise angereist, auch Dollas Tochter Margarita, die nun dreiundzwanzig Jahre alt war, reiste mit ihnen an. Sie lebte seit dem Jahre 1948 in London, machte im *St. Thomas Hospital* eine Ausbildung zur Krankenschwester.
Mein Sohn hatte einen Flugschein gemacht und war nun in der Lage, als Pilot selbst zu fliegen, was ich durchaus imposant fand.

Zurück in Athen widmete ich wieder meiner Arbeit.
Aber im August hielt ich mich wieder in England auf, unternahm mit Philip und Lilibet und den Enkeln eine kleine Rundreise auf der königlichen Yacht *Britannia*. Ich genoss diese Fahrten, die unter anderem nach Schottland zu den *Äußeren Hebriden*, der zu den Hebriden gehörenden Inselkette im Atlantischen Ozean an der Westküste Schottlands.

Von der königlichen Yacht Britannia aus, beobachte ich mit Charles und Anne vorbeifahrende Schiffe, neben uns steht Michael Parker, 1954

Philips privater Sekretär, Leutnant-Kommander Michael Parker, war mir seit dem Jahre 1947 ein treuer Freund geworden. Mit ihm konnte ich auch recht fortschrittliche Ideen besprechen, wobei ich stets darauf verwies, dass ich diese nur weitergab, sie nicht von mir selbst stammten. Er meinte einmal zu mir, ich sei sehr sensibel und feinfühlig, wenn es um die Einmischung in politische Ideen oder Ähnliches ging, doch war zugleich auch etwas irritiert,

wie viele Zigaretten ich an einem Tag rauchen konnte.
Parker fungierte oftmals auch als ein Sprachrohr zwischen mir und meinem Sohn, da Philip immer sehr eingespannt war in seinen Pflichten als Lilibets Ehemann. Mein Sohn betraute ihn eigens mit der Aufgabe, sich um mein Wohlergehen zu kümmern, wenn ich in England weilte, und dafür war ich nicht nur Philip, sondern auch Parker sehr dankbar.
Im August nun sprach ich mit Parker auch über Australien und seine Verfassung. Ich war der Überzeugung, es konzentriere sich alles zu sehr auf England und wandte ein, es gäbe natürlich die lokalen Regierungen in Schottland und Wales. Er klärte mich darüber auf, dass Australien zwar schon mit England verknüpft sei, aber es in dem großen Land alles auch sehr dezentralisiert ablief, die regierenden Kräfte und die Bundesregierung hätten zu wenig Macht an sich. Diese Unterhaltung war typisch für die Themen, die wir besprachen, und ich denke, Parker imponierte es, welche Gedanken ich mir oftmals machte, auch wenn ich längere politische Diskussionen wie früher nicht mehr bevorzugte.
Es war sehr traurig für mich, als Parker nach seiner Scheidung im folgenden Jahr auch den Dienst bei Philip quittierte. Dennoch sollte er noch nach Athen reisen, um mich zu besuchen. Sein Geschenk für mich waren natürlich sehr viele Päckchen Zigaretten und er lud mich zum Essen ein.
Während meines Besuches in England im Jahre 1955 schloss ich auch Freundschaft mit Lady Alice Egerton, einer der Hofdamen von Lilibets Mutter, die schon sehr lange in deren Diensten stand. Ich lud sie auch ein, mich in Athen zu besuchen, wenn sie Lust dazu verspürte.
In London konnte ich mein Leben genießen. Ich war in Philips und Lilibets Nähe, aber blieb im Palast, wenn sie ihre royalen Pflichten erfüllen mussten, Termine hatten. Wenn sie ins Theater gingen, bevorzugte ich es alleine zu bleiben. Verwandte und Freunde traf ich auch lieber im privaten Rahmen und ich kümmerte mich gerne um Charles und Anne.
Oftmals ging ich in die Stadt, machte Einkäufe in den bekannten Geschäften *Selfridge's* oder *Whiteley's*, erkundigte mich in einer Apotheke nach neuen Medikamenten, die mir in Bezug auf meinen Magen Linderung verschaffen sollten. Einmal nahm ich meinen Tee im vornehmen *Ritz* ein, schickte den Wagen, den mir Philip zur Verfügung stellte nebst Fahrer fort und ging zu Fuß zurück zum Buckingham Palast.
Vielleicht bildete ich mir oft ein, dass mich die Menschen als Philips Mutter überall erkannten. So sagte ich Dickies Tochter Pamela, ich sei die ewige Beute für die Pressefotografen, wenn ich durch die Stadt ging, aber als sie mit mir und Lady Egerton einen Spaziergang machte, tauchte kein Journalist auf. Daher meinte sie, ich würde übertreiben. Nun war es vielleicht auch so, dass für mich zwei oder drei Reporter schon viel waren, wenn sie mich

ansprachen. Für meinen Sohn und Philip war diese Anzahl wohl eher ein laues Aufgebot der Presse.

Wenn mich ein Journalist erspähte und über meinen Ausflug in die Stadt berichtete, verfolgte ich diese Meldung natürlich genauestens am nächsten Tag in der Zeitung. Pamela meinte neckisch, ich würde mich dabei verhalten wie ein Vogelkundler, der mit erhobenem Fernglas fasziniert einen seltenen Vogel im Fluge beobachtete.

Zumeist machte man Fotos von mir, wenn ich am Flughafen landete oder wenn ich Charles und Anne auf die königliche Yacht begleitete und diese nach einer Reise dann wieder mit ihnen verließ.

Mit Charles und Anne im Jahre 1955

Meine Familie war mit der Zeit sehr angewachsen. In Deutschland hatte ich allein sechzehn Enkelkinder, von denen fünf Hohenlohes waren, drei Badener, fünf Hessen und drei Hannoveraner. Dazu kamen die beiden in England. Das älteste von ihnen war Tinys Tochter Margarita. Für sie alle war ich *Yaya*, was im Griechischen *Großmutter* bedeutet.

Ich weiß, dass viele von ihnen mich für eine distanzierte Person hielten, die man nicht zu sehr beanspruchte oder belästigte, was auch an meiner Taubheit lag und natürlich der Tatsache geschuldet war, dass ich viele Jahre für die meisten nicht greifbar war, da ich aufgrund meiner Erkrankung keinen wirklichen Kontakt zu ihnen hatte. Und mein grauer Habit wirkte auf einige meiner Enkel sehr verstörend. Dennoch bemühte ich mich stets, bei meinen Besuchen Interesse an allem zu zeigen, was sie taten, fand aber meist nur die Muße, mich mit den älteren Kindern wirklich zu beschäftigen.

Man kann ohne Zweifel aber sagen, dass Charles und Anne einen Sonderstatus unter meinen Enkeln hatten, denn ich war völlig vernarrt in die beiden Kleinen. Und sie erwiderten dies mir gegenüber, genossen sogar meine kleinen Tadeleien. So sagte ich Charles einmal, Pünktlichkeit sei eine Höflichkeit von Prinzen, denn ich hasste nichts mehr als Verspätungen. Da ich mit den beiden oft mein Mittagessen in einem der Kinderzimmer einnahm, mussten sie pünktlich zu diesem erscheinen und zumeist verzögerte es sich über das Spielen. Doch ich war sehr streng darin, was aber beiden nicht schadete. Eher fand Charles meine Äußerung genau passend für sich, denn er war ja ein Prinz. Und als ich ihn ermahnte, man ließe ein Dame niemals warten, scherzte er mit mir, Anne käme doch immer mit ihm zum Essen, sie müsse nicht auf ihn warten.

Ich habe die beiden Kinder niemals mit meinen religiösen Ansichten zu beeinflussen versucht oder ihnen meine Sicht versucht nahezubringen, denn nach all den Jahren hielt ich mich daran, dies für mich zu behalten. Vielmehr versuchte ich aber den sehr aufgeschlossen und aufgeweckten Charles für eine Methode zu begeistern, bei der man sein Gehirn quasi unterteilt, um jeden am besten zu fördern. Dazu machten wir Erinnerungsspiele, wobei er sich daran erinnern sollte, was er vor zwei oder drei Tagen zum Mittag gegessen hatte, oder ich gab ihm andere Aufgaben, die auch seine Konzentration fördern sollten. Sein Kindermädchen fand das im Rahmen einer frühkindlichen Erziehung durchaus positiv.

Weder Charles noch Anne waren betrübt darüber, dass ich nie mit ihnen kuschelte oder sie übermäßig herzte. Wenn ich wieder in Athen war, schrieb ich ihnen auch nicht. Dennoch liebte ich die beiden sehr, versuchte es ihnen aber auf eine andere Art zu zeigen, wenn wir zusammen waren.

Anne war zuerst sehr irritiert über meine Taubheit, da sie nicht wusste, wie sie meine Aufmerksamkeit gewinnen konnte. Niemand hatte ihr das erklärt und so musste sie erst lernen, wie wir beide dennoch miteinander kommunizieren konnten. Sie überraschte mich auch einmal rauchend in einem Zimmer im zweiten Stock über den Räumen der Kinder. Die arme Kleine schien nicht fassen zu können, dass es Großmütter gab, die rauchten, denn sie stand völlig versteinert da.

Was beide Kinder gleichermaßen liebten, waren die Geschichten über Königin Victoria, die ich ihnen erzählte, und wie es früher im Palast gewesen war. Dann saßen sie ganz gebannt vor mir, wollten jede Einzelheit wissen.

Vielleicht war ich für beide so etwas wie eine geheimnisvolle Figur, von der man nicht alles wusste, aber die dennoch mit einem gewissen Charme zu verzaubern wusste.

Von England aus reiste ich zu Louise nach Schweden, um dort einige Wochen zu bleiben. Während meine Schwester alle ihre Aufgaben als Königin völlig entspannt bewältigte, war ich stets irgendwie müde und ausgelaugt, wenn ich bei ihr eintraf. Sie und Gustav schafften es aber, mir genügend Entspannungsmöglichkeiten zu bieten. Patricias Ehemann, Lord John Brabourne, traf auch nach einigen Tagen zu einem kleinen Urlaub ein und so unternahmen wir alle gemeinsam Ausflüge, abends spielten wir Karten. John zeigte sich eines abends sehr amüsiert darüber, als ich mir herausnahm, den König des Schummelns zu bezichtigen, was aber jeder mit Humor nahm, denn ich verstand mich sehr gut mit Gustav. Er war meine kleinen Spitzen und Neckereien mittlerweile gewohnt.

Am elften Oktober starb der Premierminister Papagos. Noch im August 1954 hatte er die Zypernfrage vor der UN-Generalversammlung in New York zur Sprache gebracht. Aber im Januar begann er an starken Magenschmerzen zu leiden, so ernannte er das Mitglied seines Kabinetts, den Politiker Stefanos Stefanopoulos für die Dauer seiner Erkrankung zum Premierminister. Leider verschlechterte sich Papagos☐ Zustand und von einem schweren Lungenbluten sollte er sich nicht mehr erholen.

Nach Papagos Tod ernannte König Paul den achtundvierzig Jahre alten Konstantinos Karamanlis zum neuen Premierminister. Er überging damit Stefanos Stefanopoulos und Panagiotis Kanellopoulos, die eigentlich für den Posten bereitstanden. Beide waren von der Wahl des Königs alles andere als begeistert. Sie gehörten zur *Populistischen Unionspartei*, Papagos gehörte zur *Greek Rally*, der *Griechischen Sammlung*. Man kann sagen, sie vereinigten sich alle in letzterer als Parteien des rechten Flügels. Doch Karamanlis organisierte und strukturierte die Partei neu, bildete die *Nationale Radikale Union*. Er strebte Reformen an, wobei er recht zügig nach seinem Amtsantritt das volle Wahlrecht für Frauen erweiterte, das ruhte, obwohl man es im Jahre 1952 nominell genehmigte.

Karamanlis gewann die Wahlen 1956 und sollte auch bei den folgenden 1958 wieder siegreich aus diesen hervorgehen, weil seine Popularität in der Bevölkerung schnell wuchs. So stand er einer Unabhängigkeit von Zypern sehr positiv gegenüber und befürwortete diese mehr als einen Anschluss der Zyperngriechen an das Festland.

Ich war immer noch politisch sehr interessiert, merkte aber, dass es mir mit zunehmendem Alter nicht mehr so wichtig war, alles in den genauen Einzelheiten zu wissen. Bis auf die Probleme mit Zypern war die politische Situation in Griechenland stabil und im Land verbesserte sich die wirtschaftliche Lage. Ich machte mir eigentlich nur einige Sorgen um den König und Freddie, da beide im Volk nicht wirklich beliebt waren.

Ende des Jahres schlug ich Dickie hinter vorgehaltener Hand schriftlich vor, dass Philip autorisiert werden könnte, eine Kommission zu leiten, wenn er im November des nächsten Jahres nach Australien reiste, um dort die Olympischen Spiele zu eröffnen. Ich bat meinen Bruder, dies doch vielleicht durchzusetzen, denn ich sei selbst nicht in der Position dies mit Lilibet oder Philip zu besprechen, da ich zum einen nicht in England lebte und zum anderen nur zu rein familiären Besuchen dort anwesend sei. Außerdem wollte ich mich in nichts einmischen. Dickie fand mein Ansinnen sehr exzentrisch, denn mein Sohn hatte als Prinzgemahl feste Aufgaben, aber man könne diese nicht einfach umstrukturieren, wie es einem passte oder nur aus dem Grund, damit er eine andere Position gegenüber seiner Frau einnahm, die nun einmal die Königin sei, nicht Philip.
Mein Bruder lehnte diese Idee grundweg ab und so nahm ich dies hin. Es war nur eine Idee meinerseits gewesen, aber ich musste akzeptieren, dass meine Einmischung, auch über meinen Bruder, unerwünscht war.

Meine Arbeit im Konvent füllte mich nicht wirklich aus, das heißt, ich hatte schon genug zu tun, aber es lief nicht so, wie ich es mir vorstellte. Daher befand ich mich auch im Jahre 1956 überwiegend auf Reisen. Im Sommer machte ich wieder eine Fahrt auf der *Britannia* mit Philip, Lilibet und den Kindern. Die Reise hatte dieses Mal einen offiziellen Charakter.
Als wir danach im Hafen von Southampton eintrafen, ging ich mit Charles und Anne vom Schiff, wobei uns ein Bootsmann begleitete. Sehr zur Freude der Kinder nahm ich dann dem Kommandanten und Stellvertreter des Kapitäns auf der Yacht John Adams die Pfeife weg und pfiff selbst die Melodie, mit der man Gäste vom Schiff verabschiedet. Ich erklärte ihm, dass mein Vater mir einst zeigte, wie man dies zu tun habe.
Während der Reise hatte ich bei offiziellen Anlässen durch Abwesenheit geglänzt, wie man so sagt. Als Philip und Lilibet von der Dame Flora Macleod of Macleod auf das Schloss Dunvegan, dem Stammsitz des Clans eingeladen wurden, verbrachte ich meine Zeit lieber mit den Kindern oder ging mit Margaret zum Strand. Manchmal blieb ich auch einfach an Deck der Yacht, genoss die Aussicht.
Wenn ich die königliche Familie wieder verließ, flog mich Philip, wie auch in diesem Jahr, mit seinem Flugzeug zum Flughafen in Prestwick südwestlich von Glasgow, küsste mich zum Abschied auf die Wange und flog nach

Balmoral. Die Presse stand am Flughafen, aber interessanter war für sie wohl eher die Tatsache, dass mein Sohn sein Flugzeug selbst flog, als mein Erscheinen.
Nach dem Aufenthalt in Schottland reiste ich weiter nach Salem. Ich wollte mich bei meinen Töchtern etwas ausruhen, da ich überraschend wieder an Magenschmerzen und Problemen mit der Leber litt. Auch mein Herz war geschwächt und so konnte ich nicht nach Griechenland zurückkehren, meiner Arbeit nachgehen. Zudem sagte ich meinen Töchtern, wie einsam ich mich oft in Athen fühlte. Im Winter hatten in Griechenland die Hotels geschlossen, also konnte ich auch dort dann nicht herumreisen, das Reisen fiel mir generell auch nicht mehr so leicht. Daher war es von Schottland für mich einfacher gewesen, einen Stopp in Deutschland zu machen, um auszuspannen. Es ging mir auch bald besser, doch meine Schwester Louise und meine Kinder sorgten sich sehr um mich. Louise wandte ein, ich sei vielleicht auch gar nicht wirklich krank, sondern solle einfach sagen, wenn ich Heimweh nach meinen Töchtern hatte. Es sei normal, dass man im Alter Freunde verliere, die sehr engen täten am meisten weh. Und dann fiele es einem schwer weiterzumachen. Sie habe da vollstes Verständnis und ich solle langsam auch realisieren, wie alt ich war. Mit zunehmendem Alter würde vieles schwerer fallen.
Meine Schwester kannte mich zu gut. Ich konnte ihre Vermutung nicht abstreiten.
Am zweiten August heiratete Tinys Tochter Christina im Schloss Kronberg im Taunus den Prinzen Andrej von Jugoslawien, den jüngsten Sohn des im Jahre 1934 bei einem Attentat in Marseille ermordeten Königs Alexander I. von Jugoslawien. Seine Mutter war Königin Maria von Jugoslawien, eine geborene Prinzessin von Rumänien.
Da es mir gesundheitlich nicht so gut ging, war ich bei der Hochzeit nicht zugegen, ließ dem Paar aber meine Glückwünsche ausrichten.

Am zwanzigsten November starb Isa von Buxhoeveden im Alter von siebzig Jahren. Ihr Tod traf vor allem Louise und mich schwer, weil sie die letzte Verbindung zu der Familie meiner Tante Alix und meiner Tante Ella gewesen war. Es war so, als würden wir mit ihr auch gleichzeitig die Erinnerung an glückliche Kindertage und die Erinnerung an unsere Cousinen, Tanten und den Onkel begraben, die im Zuge der Russischen Revolution auf so tragische Weise ihre Leben lassen mussten.

Im Laufe der folgenden Monate wurden Louise, Dickie und ich gewahr, wie schlecht es Nona und ihrem Ehemann Dick gesundheitlich ging. Beide bekamen nun das Alter deutlich zu spüren. Wir hatten aber gerade Nona

einiges zu verdanken, denn sie war Mama und uns stets eine treue Freundin gewesen. Es war eigentlich schlimm, wie wir sie in den letzten Jahren vernachlässigten.
Dickie hatte sich daher schon im Dezember 1955 dazu entschlossen, Nona und Dick nach Broadlands einzuladen, wo sich auch Philip und Lilibet aufhielten. Nona freute sich sehr, bei Tisch neben meinem Sohn sitzen zu dürfen, den sie schon als kleines Kind kannte. So viele Jahre war er ihr Gast gewesen, durfte immer zu ihr und ihrem Ehemann kommen, wenn er nicht wusste, wo er einige Zeit in den Ferien verbringen sollte.
Louise begann nun ihrerseits aktiv zu werden, indem sie Nona und Dick zu sich nach Sofiero für einen Sommerurlaub einlud. Beide waren sehr erfreut darüber, einmal im Jahr reisten sie nun ab dem Jahre 1956 nach Schweden.

Meine Beziehung zu Freddie sollte sich verschlechtern, als Ellen am fünfzehnten März des Jahres 1957 in der Villa Psychiko im Alter von fünfundsiebzig Jahren starb. Bis zuletzt war sie eigentlich in guter gesundheitlicher Verfassung gewesen, hatte nur ein Faible für Katzen entwickelt, die sich in einer großen Anzahl in der Villa tummelten.
Ihre Töchter Olga und Marina waren von Freddie verständigt worden, als es Ellen plötzlich sehr schlecht ging, und sie kamen eine Nacht vor ihrem Tod in Athen an, blieben an ihrem Bett sitzen bis zuletzt. Auch der Kronprinz Konstantin eilte zu Ellen, denn sie war seine liebste Großtante.
Man gab mir keine Gelegenheit, an Ellens Bett zu sitzen, Abschied von ihr zu nehmen. Freddie hatte verfügt, dass man mich nicht über ihre Krankheit informierte und ich erfuhr auch erst einige Tage nach ihrem Tod von ihrem Ableben. Es war mir unbegreiflich, warum Freddie mich nicht informierte, mich ausschließen wollte. Obwohl Ellen und ich uns nie wirklich sehr gut verstanden hatten, so waren wir doch einander verbunden gewesen, schon allein durch die Tatsache, dass wir in den schweren Zeiten in Griechenland geblieben waren, während Freddie und ihre Familie im Exil in Südafrika lebte. Wir engagierten uns für die Menschen, die Hilfe brauchten, erlebten die Not hautnah mit und ich konnte mir das nicht bieten lassen. So nahm ich an Ellens Beerdigung in Tatoi teil, wo man sie neben ihrem Ehemann beisetzte. Es war mir gleich, ob Freddie mich dabeihaben wollte oder nicht. Ellen war meine Schwägerin gewesen und ich musste ihr die letzte Ehre erweisen.

Anfang Juni war ich wieder in England. Dort verbrachte ich erneut Zeit mit Philip und seiner Familie, dann kümmerte ich mich um die Pye-Crust. Sie lebte noch im Kensington-Palast, aber es stand die Frage im Raum, wie lange sie noch dort leben konnte, alleine zurechtkam, denn sie war auch nicht mehr die Jüngste. Kurzerhand fuhr ich sie zur Besichtigung eines Seniorenheimes, welches sich *Friends of the Poor* nannte und auf dem Land lag. Sie war durchaus offen für den Gedanken, in ein solches Heim zu ziehen, weil man sie dort umsorgen würde, aber das Seniorenheim sagte ihr nicht zu. So entschied sie sich dafür, erst mal im Kensington-Palast zu bleiben, wobei Dickie und Louise versprachen, sich um sie zu kümmern, bis man ein Heim fand, welches ihr auch gefiel. Niemand nahm ihr übel, dass ihr das erste nicht gefiel, welches wir uns ansahen, denn sie musste sich das schon gut überlegen. In dem Heim würde sie schließlich bis ans Ende ihrer Tage leben.

Philip und ich, Sommer 1957

Von England aus reiste ich nach Salem. Dort nahm ich am fünften Juni an der Hochzeit meiner Enkelin Margarita von Baden und dem Prinzen Tomislav von Jugoslawien teil. Tomislav war der zweitgeborene Sohn des ermordeten Königs Alexander I. von Jugoslawien. Am fünften Juni fand die Trauung vor einem Standesbeamten statt, am sechsten folgte die lutherische und die serbisch-orthodoxe Zeremonie in einer Kirche. Philip, als Margaritas Onkel väterlicherseits, reiste eigens für diese an ebenso wie der König Simeon von Bulgarien. Die im Konzentrationslager verstorbene Prinzessin Mafalda von Hessen war eine Schwester seiner Mutter Giovanna, daher war es für Tiny selbstverständlich gewesen, ihn einzuladen.

Margarita und ihr Ehemann wollten sich nach der Heirat in England niederlassen und in Billingshurst in der Grafschaft Sussex ein Landgut betreiben, auf dem sie Obst anbauen wollte, um es dann zu verkaufen.

Erst jetzt unterrichtete ich meinen Bruder davon, wie Freddie mich behandelte, als Ellen starb, und es empörte ihn sehr. Louise, die es von Dickie erfuhr, zeigte sich ebenso verärgert über Freddies unsägliches Verhalten. Sie tröstete mich aber mit der Vermutung, dass diese ihren gutmütigen Ehemann eines schönen Tages mit diesen Lächerlichkeiten wahnsinnig machen würde. König Paul war mir immer wohlgesonnen und ich vermutete auch, dass er es nicht guthieß, wie seine Gattin sich mir gegenüber verhielt.

Tinys Tochter Christina brachte am achtzehnten Juli mein erstes Ur-Enkelkind zur Welt. Sie nannte ihr erstes Kind Maria Tatjana nach meinen russischen Cousinen, was ich wirklich sehr schön von ihr fand. Ich schrieb ihr dies auch in meinen Glückwünschen zur Geburt.

Am einundzwanzigsten November feierten Andreas Bruder George und Mimi ihren fünfzigsten Hochzeitstag. Ich war zur großen Feier in St. Cloud eigens nach Paris gereist. Doch nur vier Tage später starb Big George, wie wir ihn oft nannten. Er wurde achtundachtzig Jahre alt und war der letzte noch lebende Bruder meines Mannes gewesen.

Obwohl er und Mimi einander liebten, hatten sie mehr oder weniger über die Jahre getrennt voneinander gelebt. Sie war in Paris, er zog den Aufenthalt bei den Verwandten in Dänemark vor. Dennoch traf sie sein Tod natürlich sehr. Sie sagte mir, sie habe ihren toten Ehemann noch einmal auf die Stirn geküsst, da er ihr stets einen Kuss auf die Lippen verwehrte.

Ich reise umgehend zurück nach Athen, um dort den Sarg mit Georges sterblichen Überresten entgegenzunehmen, der auf einem Zerstörer von Marseille nach Griechenland gebracht wurde. Man setzte ihn auf dem Friedhof in Tatoi bei, sein Sarg war geschmückt mit der griechischen und der dänischen Flagge. Mimi, die in Begleitung ihrer Kinder zur Beisetzung anreiste, hatte ihm noch Erde von Bernstorff bei Kopenhagen, wo er sich oft im Schloss aufhielt, in den Sarg legen lassen sowie seinen Ehering, den er vor vielen Jahren ablegte, eine Locke des im Jahre 1939 verstorbene Prinzen Valdemar von Dänemark sowie ein Foto von ihm. Valdemar war der Bruder von Georges Vater gewesen und sein Onkel hatte ihm stets viel bedeutet. Mimi wollte ihrem Ehemann mit diesen Dingen eine letzte Ehre erweisen.

Meine Schwägerin ging immer noch als praktizierende Psychoanalytikerin ihrer Leidenschaft nach, sie hatte auch Freuds erste einunddreißig Vorlesungen zu diesem Thema ins Französische übersetzt und bis ins Jahr 1953 einige Bücher veröffentlicht. Seit einiger Zeit fühlte sie sich aber auch oft müde und wollte etwas kürzertreten. Ich leistete ihr Beistand, hatte sie immer für ihre Arbeit bewundert. Dennoch war unser Verhältnis nie sehr eng gewesen. Vor allem nicht mehr, seit ich St. Cloud unfreiwilligerweise verlassen musste.

Weihnachten des Jahres 1957 luden mich Lilibet und Philip zu sich nach Sandringham ein. Mein Sohn hatte einen neuen Privatsekretär namens James Orr, der mich vom Flughafen abholte. Schon kurz nach unserer Ankunft in Sandringham zeigte er sich sehr beeindruckt, wie höflich ich mit den Pagen und Lakaien umging, einem jeden die Hand schüttelte, als wir eintrafen. Doch er musste auch schnell feststellen, dass ich durchaus in der Lage war, den einen oder anderen bissigen Kommentar über andere Mitglieder des königlichen Haushalts fallen zu lassen, wenn mir danach war. Meine Meinung sei aber sehr solide, wie er leicht schmunzelnd anmerkte.

Beim Weihnachtsessen saß Edward Ford, der Privatsekretär von Lilibet neben mir. Er versuchte verzweifelt ein Gespräch mit mir zu führen, musste aber seine Fragen oft wiederholen, weil er sich einfach nicht darauf einstellen konnte, dass ich von den Lippen ablesen musste. Wir waren bald beide mehr als genervt, und als ich ihn endlich verstand, gab ich nur leicht böse zurück, dass ich doch wirklich gedacht habe, er wolle mir etwas Interessantes erzählen.

Man hatte zu dem Essen auch einige junge Gardeoffiziere eingeladen, die danach noch blieben, um der Tradition gemäß mit der königlichen Familie *Scharade* zu spielen. Ich saß neben Lilibet, versuchte ihr bei den Lösungen zu helfen. Es war ein recht netter Abend.

Am nächsten Tag setzte man James Fisher, einen der Chorherren in Windsor neben mich an den Tisch beim Essen. Ich verwickelte ihn schnell in ein Gespräch über Religion, wie man diese unter den Menschen verbreiten konnte, klärte ihn auch darüber auf, wie man richtig betete. Das Allerwichtigste dabei war, zu Beginn eine Pause zu machen. Bevor man nun zu Gott sprach, musste man seine Gedanken sammeln, sie bündeln, dann erst beginnen zu beten. Die Pause müsse man aber einhalten, sie sei essenziell. Fisher nickte, stimmte zu, denn er verstand sofort, was ich meinte, und war mir ein angenehmerer Sitznachbar als Ford.

Nachdem ich Weihnachten in Sandringham verbracht hatte, besuchte ich noch Dickie und Edwina in Broadlands. Ich war gerne bei ihnen. Manchmal verbaute ich mir allerdings die Möglichkeit sie zu besuchen selbst, weil ich meinem Bruder vorher wieder eine meiner neuen Ideen offenbarte, was ihn anscheinend so sehr verwirrte oder beschäftigte, dass er dann einfach sagte, er habe keine Zeit für mich. Dieses Mal war ich allerdings schon bei ihnen, als ich ihm von meinem neuen Plan erzählte. Ich wollte ein universitäres College nur für Frauen in Griechenland gründen, wofür ich nach meinem Aufenthalt bei ihnen nach Oxford reisen wollte, um dort Spenden für den Aufbau zu sammeln. Auch nach Paris würde ich vielleicht aus diesem Grund noch fahren. Dickies Blick verriet mir seine pure Skepsis und er tat es ab mit den einfachen Worten, dass er mich nicht bewundere, aber ich das nochmals überdenken solle. Er wusste ebenso wie ich um den eher schlechten Fortbestand meines Konvents. Und ebenso wie Louise, die meinen neuen Plan auch eher abwegig fand, sah ich es auch schnell ein, verwarf ihn wieder.

Im Frühsommer des Jahres 1958 hatte meine Schwester eine schwere Grippe und Probleme mit ihren Augen. Sie machte den Fehler, mir zu schreiben, und da wir stets beide umeinander besorgt waren, ich nicht wirklich etwas zu tun hatte, antwortete ich meiner Schwester, ich würde zu ihr kommen, um mich um sie zu kümmern und ihr Gesellschaft zu leisten. Leider verstand ich meine Schwester falsch, denn sie wollte nicht, dass ich extra zu ihr reise, doch ich machte mich sofort auf den Weg. Was aber weitaus tragischer für uns beide war, dass ich kurz nach meiner Ankunft selbst erkrankte, buchstäblich von der helfenden Krankenschwester zur Patientin wurde. Ein Hexenschuss zwang mich ins Bett, dabei hatte ich Louise Gesellschaft leisten und vorlesen wollen.
Kurz vor der Landung in Kopenhagen war ich im Flugzeug noch einmal zur Toilette gegangen. Auf dem Rückweg zu meinem Platz flogen wir durch ein Luftloch und ich musste mich schnell irgendwo festhalten, um nicht hinzufallen. Dabei zerrte ich mir einige Muskeln im Rücken und ein übler Schmerz durchfuhr ihn, zog sich bis in mein rechtes Bein. Ich konnte kaum laufen, als ich endlich bei Louise ankam, litt schrecklich unter den Schmer-

zen.
In den vier Wochen meines Aufenthalts in Ulriksdal sah ich dieses Mal nur mein Zimmer, das Esszimmer, in welches ich mich zu den Mahlzeiten förmlich schleppte, und das große Wohnzimmer. Wenigstens, so meinte Louise, wenn sie sich aus ihrem Bett aufraffen konnte und wir uns in einem der Räume trafen, konnten wir die Zeit nutzen, um miteinander zu reden.

Wenn ich in England zu Besuch war, freundete ich mich zusehends mehr mit meiner Nichte Pamela, Dickies jüngerer Tochter an. Sie war neunundzwanzig Jahre alt, aber eine sehr weltgewandte Frau, die schon viel gesehen hatte. So begleitete sie ihre Eltern nach Indien, wohnte mit ihnen im Haus des Gouverneurs in Neu-Delhi und in der Sommerresidenz des Vizekönigs in Shimla, der Hauptstadt und zugleich größten Stadt im indischen Bundesstaat Himachal Pradesh.
Bei Philips Hochzeit war sie Lilibets Brautjungfer gewesen, dann fungierte sie als ihre Hofdame auf der Reise nach Kenia. Ende 1953 und Anfang 1954 begleitete sie Lilibet in der gleichen Funktion auf der Krönungsreise.
Pamela konnte viele sehr interessante Geschichten von ihren vielen Reisen erzählen und sie schien auch gerne Zeit mit mir zu verbringen. Ich lud sie daher für den Oktober des Jahres 1958 zu einem Besuch bei mir in Athen ein. Sie nahm die Einladung dankend an, fragte mich aber, ob sie ihre Cousine Mary Anna Marten mitbringen dürfe. Ich war ehrlich gesagt enttäuscht, dass sie nicht alleine zu mir kommen wollte, und gab ihr etwas widerwillig meine Zustimmung, wobei ich in meinem Schreiben hinzufügte, dass sie wahrscheinlich annahm, sie könnte sich sonst bei mir langweilen.
Es war ein eher holpriger Besuch, denn ich hatte nicht sehr viel Geld, gerade immer so viel, dass es für das Benzin reichte, wenn wir Ausflüge machten. Pamela half dann oft aus, denn sie wollte mit ihrer Cousine noch einige andere Plätze besuchen.
Irgendwann nahm ich sie zur Seite, sagte ihr, ich nähme an, sie empfände etwas für ihren Schwager John, Patricias Ehemann. Pamela zeigte sich darüber sehr verstört, denn sie ging ganz normal mit ihrem Schwager um, hegte keinerlei Gefühle für ihn und fühlte sich von mir wohl sehr auf den Schlips getreten, denn sie gab meine Vermutung an ihren Vater weiter. Dickie winkte ab, denn er meinte, ich habe schon immer seltsame Vermutungen gehabt und sie solle sich keine Gedanken machen, wenn ich so etwas äußerte. Mir war nur aufgefallen, wie John und Pamela miteinander umgingen, und ich deutete diese Vertrautheit wohl einfach falsch.
Ich schrieb meinem Bruder aber nach dem Besuch, Pamela sei sehr nett und eine angenehme Gesellschafterin. Sie habe einen sehr guten Charakter, hohe Prinzipien und ich sei sehr glücklich, sie nun noch besser kennengelernt zu

haben.
Mit Anna Marten verstand ich mich auch gut, sie lud mich zu sich nach *Crichel House* ein, einem Landhaus in der Nähe des Dorfes Moor Crichel in Dorset. Ich freute mich immer, wenn ich Freunde unter der jüngeren Generation fand. Natürlich nahm ich diese Einladung gerne wahr.

An Weihnachten luden mich der König Paul und Freddie zu einem Essen ein, aber ich sagte dieses Mal ab. Ich konnte Freddie nicht verzeihen, wie sie mich in Bezug auf Ellens Ableben behandelt hatte, und sie entschuldigte sich schließlich bei mir. Diese Entschuldigung ihrerseits nahm ich an, aber dennoch war ich noch böse auf sie.

Zu Beginn des Jahrs 1959 veröffentlichte der Premierminister Karamanlis einen Fünf-Jahres-Plan, der die griechische Wirtschaft stabilisieren sollte. Dabei lag das Hauptinteresse auf einer Förderung der Landwirtschaft und der industriellen Produktion. Man wollte in die Infrastruktur investieren und den Tourismus fördern. Karamanlis sollte durch gezielte finanzielle Investitionen in diesen Bereichen dafür sorgen, dass man schon bald von einem Wirtschaftswunder in Griechenland sprach.

Im Juni musste ich leider schweren Herzens einsehen, dass ich meinen Konvent aufgeben musste. Es scheiterte alles buchstäblich an dem richtigen Impuls und vielleicht auch an meinem fortgeschrittenen Alter. Ich war vierundsiebzig Jahre alt, meine Gesundheit ließ auch oftmals zu wünschen übrig, hielt mich von der Arbeit fern und ich bereute, dass ich nicht vor vielen Jahren schon mit der Arbeit an einem Konvent begonnen hatte, als ich noch jünger war. Mein Traum zerplatzte buchstäblich wie eine Seifenblase. Nachdem ich die Schließung bekannt gegeben hatte, verließen mich alle Schwestern recht schnell und seltsamerweise folgten ihnen die Katzen, die mittlerweile als ein Merkmal des Konvents galten. Ich schloss die Schule für die Schwestern, man funktionierte das Gebäude in ein Heim für Kranke um, die dort genesen sollten. Es war aber nicht mehr an eine Konvention gebunden.
Philip fand es sehr schade, dass ich meine Arbeit, meinen Traum aufgab, denn er meinte, ich habe durchaus schon immer sehr gute organisatorische Fähigkeiten besessen. Er bezweifelte meine Effizienz nicht, aber wandte ein, wie alleine ich mit allem dastand über die ganze Zeit und es hätte einer professionelleren Organisation bedurft. Auch er verwies auf mein Alter, fand es besser, wenn ich mich nun nur noch auf mich und meine Familie konzentrierte.
Was mir von meinem Traum blieb, war der graue Habit, den ich nicht mehr

ablegte. Ich sagte jedem, ich befände mich in einem *halben* Ruhestand und der Habit gehöre nun einmal zu mir.

Von Louise erfuhr ich bald darauf, wie schlecht es Nona gesundheitlich ging. Dick und sie hatten ihre Reise nach Schweden in diesem Sommer absagen müssen, weil sie sich nicht mehr in der Lage fühlte, die für sie anstrengende Reise auf sich zu nehmen. Ich schrieb ihr, wollte sie aufmuntern, aber sie antwortete mir, es gehe ihr wirklich schlecht, sie sei auch nicht in der Lage, lange Briefe zu schreiben.
Einige Tage später teilte mir Philip mit, dass Lilibet wieder schwanger sei. Das dritte Kind sollte im Februar nächstes Jahr zur Welt kommen. Ich versprach meinem Sohn, ich würde versuchen, zur Geburt in London zu sein.

Im September traf ich die *Rajkumari* oder übersetzt Prinzessin Amrit Kaur auf einer Konferenz des Roten Kreuzes in Athen. Kaur war von 1947 bis zum Jahre 1957 Gesundheitsministerin in Indien gewesen. Wir unterhielten uns sehr angeregt und nach unserem Gespräch lud sie mich nach Indien ein, damit ich mir dort ein Bild von der Arbeit der Frauen beim Roten Kreuz und ihrem Einsatz für die Rechte von Frauen machen konnte. Sie zeigte sich so großzügig, auch für alle meine Reisekosten aufzukommen. Es war mir eine große Ehre und ich freute mich sehr auf die Reise.
Dickie berichtete mir später, sie habe es als eine große Freude und ein Privileg angesehen, mich einmal persönlich kennenzulernen. Ferner war sie völlig perplex über meine Gastfreundlichkeit gewesen, da ich sie ohne zu zögern zu einem Besuch in meiner Wohnung einlud. Ich hätte einen beeindruckenden Charakter und sie habe nicht gewusst, welcher Arbeit ich mich verschrieben hatte, doch bedauerte, dass ich diese nicht mehr weiterführen konnte.
Kaur lud mich auch nach Indien ein, weil ich mein Interesse an der indischen Philosophie bekundete, mich für spirituelle Themen begeisterte, die Meditation und daher wollte sie mich auch einige Persönlichkeiten dort vorstellen, wie dem Vize-Präsidenten Radhakrishnan und anderen, um mir auch die Lebensweise der Inder nahezubringen. Die Prinzessin war der festen Überzeugung, mein Leben würde besonders aufgrund meiner Arbeit viele Inder sehr beeindrucken, so war ich voller Vorfreude auf viele interessante Gespräche.
Mir lag aber nichts daran, wenn man zu viel Aufhebens um meine Person machte, daher bat ich Kaur, mich nicht im Gouverneurshaus unterzubringen, wie sie es zuerst vorschlug. Kurzerhand bot sie mir an, bei ihr im Haus zu wohnen.

Im Januar des Jahres 1960 flog ich nach Neu-Delhi. Ich hatte Philip gebeten, den hohen Kommissionen in Pakistan und Indien auszurichten, dass meine Reise rein privater Natur war und man keine offiziellen Empfänge oder Ähnliches für mich organisieren sollte.
Ich wohnte bei Amrit Kaur am *Willingdon Crescent* in Neu-Delhi. Ihr Haus lag nahe des Hauses des Präsidenten. Die Prinzessin war eine sehr bekannte Persönlichkeit in Indien und eine enge Freundin von Dickie und Edwina. Ihr Vater war Sir Harnam Singh, aus dem prinzlichen Haus von Kapurthala. Sie ging völlig in ihrem Engagement für Frauen in Indien auf, bemühte sich, ein volles Wahlrecht für diese durchzusetzen, forderte eine Beendigung des Kastensystems und setzte sich auch für die Abschaffung der *Purdah* ein. Purdah ist die englische Bezeichnung für *Parda*, die in Pakistan und Indien verbreitete Form der islamischen Verschleierung der Frau. Kaur war eine begeisterte Anhängerin Gandhis gewesen und arbeitete auch eine Zeit lang als seine Sekretärin in seinem Ashram bei Wardha in den zentralen Provinzen. Ferner fungierte sie als das erste weibliche Mitglied des Gutachterkomitees für Bildung. Aufgrund ihrer Tätigkeiten war sie im Jahre 1942 inhaftiert worden und wurde erst im Jahre 1945 wieder freigelassen. Das schreckte sie aber nicht ab. Schon im Jahre 1947 wurde sie die erste Frau mit einem Sitz in der Zentralregierung und dann die erste Gesundheitsministerin in Indien.
Mit großer Leidenschaft und großem Einsatz unterstützte sie auch die Arbeit des Roten Kreuzes in Indien. Man kann sagen, dass wir uns aufgrund ihres und meines Engagements schnell als verwandte Seelen betrachteten.
Während ich in Indien weilte, hielt sich auch Edwina dort auf. Ihre Tochter Pamela hatte am dreizehnten Januar den Innendekorateur und Designer David Nightingale Hicks in der Abtei von Romsey in Hampshire geheiratet. Leider konnte ich aufgrund meiner Reise nicht an der Feier teilnehmen.
Edwina war sofort nach der Hochzeit nach Indien aufgebrochen. Sie war durch ihre karitative Tätigkeit sehr eingespannt, hatte zahlreiche Termine, aber nahm sich doch etwas Zeit mich zu sehen. Ihr aufopferndes Schaffen forderte leider mittlerweile seinen Tribut. Schon Anfang des Jahres 1957 hatte ein Herzspezialist sie gewarnt, dass sie dringend kürzertreten solle, sonst sei sie binnen drei Jahren tot. Aber sie ignorierte die Warnung, stürzte sich nur noch umso mehr in ihre Arbeit. Im Auftrag der Johanniter reiste sie 1959 nach Ceylon, Indien und Indonesien. Dickie wusste um ihren Zustand, sorgte sich sehr, aber vor den meisten Verwandten und Freunden, wie Nehru, hielt sie ihre gesundheitlichen Probleme geheim. Sie sah in den Reisen kein großes Risiko, fühlte sich verpflichtet, da sie auch Vorsitzende der englischen Johanniter-Schwesternschaft war.
Wir trafen uns am Morgen kurz nach ihrer Ankunft in Delhi und sie war

sehr blass, sagte mir, sie sei müde, aber sie freute sich, wie gut es mir bei Kaur gefiel. Ich erzählte ihr von meinen bisherigen Begegnungen mit vielen unterschiedlichen Menschen, unter anderem auch Studenten. Mit allen hatte ich sehr interessante Gespräche geführt, denn ich war begeistert von Indien und den Indern. Die verschiedenen Religionen, die Kulturen und Sprachen fand ich beeindruckend. Jeder war sehr freundlich zu mir und ich sagte Edwina, Amrit Kaur sei ein wahrer Engel.

Wir nahmen gemeinsam ein Mittagessen ein, bei dem mir meine Schwägerin Fotos von der Hochzeit ihrer Tochter zeigte, mir den Ablauf bis ins Detail genau beschrieb und anschließend übergab sie mir noch einige Artikel über die Feier, die sie aus Zeitungen ausgeschnitten hatte. Edwina gab offen zu, dass Pammy mich sehr vermisst habe, denn sie habe mich sehr gern.

Dann erzählte ich meiner Schwägerin von meinen nächsten Reiseplänen, denn ich würde noch für eine Woche nach Kalkutta reisen, dort bei Gouverneur Padmaja Naidu wohnen, danach wollte ich für eine Woche nach Bombay, wo ich ebenfalls eine Woche bei dem Gouverneur Sri Pakassa eingeladen war.

Edwina bestand darauf, ihre gute Freundin Jena Duggan zu kontaktieren, die nach mir sehen und mich auf den Reisen begleiten sollte. Jena war Parsin, eine Religion, die sich auf den iranischen Priester und Philosophen Zarathrustra stützt, was für mich, so Edwina, sicher interessanten Gesprächsstoff bieten würde. Zudem war Jena Witwe, konnte also Zeit entbehren. Ihr verstorbener Ehemann war ein weltbekannter Chirurg gewesen.

Jena engagierte sich ferner auch in vielen Bereichen der Pflege, der sozialen Arbeit und sprach gerne über Philosophie. Meine Schwägerin war sich sicher, dass ich keine bessere Reisebegleiterin finden könnte. Und ich war selbstverständlich begeistert, wie sich jeder darum bemühte, mir meinen Aufenthalt in Indien so angenehm wie möglich zu machen. Ich bedankte mich bei Edwina, wünschte ihr alles Gute für ihre weitere Reise und sagte ihr noch, sie solle auf sich achten, sich auch einmal schonen. Aber sie hielt sich nicht an Letzteres.

Um siebzehn Uhr dreißig an diesem Tag begab sie sich wieder zur nächsten Station ihrer Reise, doch es sollte alles anders verlaufen, als wir beide es uns vorgestellt hatten.

Kurz nachdem Edwina fort war, fing ich mir eine schlimme Erkältung ein, was schnell zu einer Bronchitis führte. Zusätzlich bekam ich noch fürchterliche Leberschmerzen. Es ging mir bald so schlecht, dass ich in meinem Zimmer bleiben musste, aber mich kaum selbst versorgen konnte und Amrit wollte unbedingt einen Arzt kommen lassen, denn sie sorgte sich sehr um mich. Ich wollte ihr aber keine Mühe machen, lehnte dies ab.

Zum Glück erholte ich mich wieder, Edwina kam mich nochmals besuchen. Sie unterbrach eigens ihre Arbeit dafür, sprach lange mit mir, ebenso wie Amrit und sie versuchten mich davon zu überzeugen, nicht nach Kalkutta und Bombay zu reisen, da meine Gesundheit sehr angeschlagen war. Das ungewohnte Klima in Indien tat natürlich auch sein Übriges. Und es sei überall in Indien und Pakistan anders, erklärte Edwina, das solle ich bedenken.
Ich fühlte mich noch schwach, sah ein, dass es nicht gut wäre, in diesem Zustand weiterzureisen und sie überredeten mich auch, einen Arzt zu konsultieren. Doktor He untersuchte mich, meinte, es sei nichts Ernstes, aber ich solle mich schonen. Er empfahl mir, Ende der Woche nach Griechenland zurückzureisen, wenn ich mich noch ein paar Tage ausgeruht hatte. Ich stimmte zu.
Dennoch störte es mich, dass Amrit mich umsorgen sollte, so verließ ich Amrit, bat den griechischen Botschafter, meine Rückreise zu organisieren und zog in das *Ashoka Hotel*. Hier wollte ich die letzten drei Tage bis zu meiner Abreise bleiben, verletzte aber damit Amrit sehr, die sich die letzten drei Wochen als überaus gute Gastgeberin gezeigt hatte. Ich wusste selbst um meinen Fehler, den ich beging, indem ich Amrit einfach verließ. Manchmal war ich einfach sehr hartnäckig, wenn ich etwas wollte, und sie hatte nicht verstanden, wie sehr es mich störte, ihr in meinem Zustand zur Last zu fallen. Sie war tief verletzt über mein Verhalten, doch ich wollte sie nicht kränken. Es war einfach ein Missverständnis und Edwina sah sich dazu veranlasst, mich im Hotel zu besuchen und Amrit zu beruhigen.
Meine Version der Geschichte war aber eine andere als Amrits. Ich erklärte meiner Schwägerin, es sei in dem Haus einfach zu kalt gewesen, ich hatte mich auch oft alleine gefühlt, sei nun krank. Es wäre schöner gewesen, dort im Haus eine Gesellschafterin zu haben, die sich mit mir unterhielt oder sich um mich kümmerte, wenn Amrit ihrer Arbeit nachging. Die unterschiedliche Mentalität stellte ein Problem dar, meinte Edwina, die indischen Haushalte seien anders strukturiert als die englischen. Amrit sei sehr eingespannt in ihren Aufgaben außerhalb desselben, aber habe sich doch immer Zeit für mich genommen, sich bemüht, aber ich sei doch etwas undankbar. Schließlich habe mir Amrit auch die Aufenthalte in Kalkutta und Bombay organisieren wollen. Meine Schwägerin fand meine Sicht auf die Dinge verdreht, fand es sinnlos, mit mir weiter zu diskutieren und konnte über meine Verhaltensweise nur den Kopf schütteln. Sie verspürte keine Lust, mit mir noch weiter zu diskutieren, fand mich eigensinnig. Mittlerweile warf sie mir sogar vor, gar nicht wirklich ernsthaft krank zu sein, sondern mich nur unwohl zu fühlen. Kurzum, wenn es mir irgendwo aus einem Grund nicht mehr gefiel, suchte ich mir eine Ausrede, um mich sprichwört-

lich zu verziehen. Dennoch meinte Edwina, sie liebe mich, aber ich solle doch endlich einmal nachdenken, bevor ich etwas einfach so tat, wie es mir beliebte.
Ich verstand ihre Sichtweise und ihre Argumente durchaus. Aber ich fühlte mich doch irgendwie zu Unrecht beschuldigt.

Wieder zurück in Athen musste ich das alles erst mal verarbeiten. Es hatte mir gut in Indien gefallen und vielleicht machte mich mein Alter manchmal wirr. Ich schrieb an meine Enkelin Anne, ich habe in Indien eine besondere Erfahrung gemacht, indem ich meinen Körper verließ, in die nächste Welt reiste und dann wieder sicher und erfrischt zurückkehrte. Nachdem ich den Brief abgeschickt hatte, dem ich auch ein paar Reiseerlebnisse hinzufügte, bereute ich meine Worte, denn Anne war noch zu klein, um zu begreifen, was ihre Großmutter da von sich gab in Bezug auf die Spiritualität und besonders Philip und Lilibet wären sicher nicht erfreut. Aber niemand erwähnte meine Zeilen. Ich ging davon aus, dass sie den Brief lasen, dann entsorgten oder Anne und Charles nur den Bericht von der Reise vorlasen. Manchmal verstand ich mich selbst nicht mehr.

Eine Aufnahme von mir, Februar 1960

Edwina flog am achtzehnten Februar nach Borneo und absolvierte dort ein kräftezehrendes Programm. Dickie zeigte sich sehr beunruhigt, als die Oberin eines Hospitals, welches seine Gattin besuchte, sie vor Erschöpfung zittern sah und sie auf diese sehr schwach wirkte. Seine Frau erwähnte den Vorfall kurz, meinte aber, es habe nur an den Reisestrapazen gelegen.
Am neunzehnten Februar nach einem Abendessen in Jesselton im Norden Borneos wollte Edwina vom Tisch aufstehen, verlor kurz die Balance. Sie machte sich dennoch auf den Weg nach draußen, strauchelte und konnte sich nur mit Mühe am Geländer der Treppe zum Haus des Gouverneurs festhalten. Sie sagte, sie habe starke Kopfschmerzen, müsse sich ausruhen.
Am nächsten Tag nahm sie trotz der anhaltenden Schmerzen an zwei Partys teil, ging am Abend noch zu einer Veranstaltung, bei der hundertundzwanzig Gäste anwesend waren. Sie konnte sich kaum auf den Beinen halten, saß auf einem Sofa, begrüßte dort Anwesende, manchmal vier zugleich. Erst spät am Abend verabschiedete sie sich, ging auf ihr Zimmer und legte sich ins Bett. Sie sollte nicht mehr aufwachen. Am Morgen des einundzwanzigsten Februar fand man sie morgens tot in ihrem Bett. Meine Schwägerin war achtundfünfzig Jahre alt. Mein Bruder erhielt die Nachricht von ihrem Tod am Telefon.
Man konnte nicht feststellen, woran meine Schwägerin gestorben war, ein herbeigerufener Arzt tippte auf Herzversagen aufgrund körperlicher Erschöpfung. Es war tragisch, dass sie sich so sehr in ihrer Arbeit für die Hilfsbedürftigen verausgabt hatte. Vor allem für Dickie und seine Töchter war es ein sehr großer Schock. Und als ich es von meinem Bruder erfuhr, tat es mir sehr leid, wie wir beide in Indien auseinandergegangen waren. Edwina war vielleicht in ihrer Ehe egoistisch gewesen, indem sie sich oft in Affären flüchtete, aber für andere hatte sie stets alles gegeben. All die Jahre, die sich mich finanziell unterstützte, hatte sie dafür nie einen Dank gefordert.
Mein Bruder meinte, für ihn sei das wirklich Schlimmste, dass sie sich kurz vor ihrem Tod besser verstanden und ein engeres Verhältnis hatten als je zuvor. Sie freuten sich darauf, gemeinsam alt zu werden, denn eigentlich teilten sie viele Interessen.
Meine Schwägerin wollte immer auf See bestattet werden. Man überführte ihre sterblichen Überreste mit dem Flugzeug von Borneo nach England. Ich reiste natürlich umgehend zu meinem Bruder.
Edwinas Beerdigung fand in der Abtei von Romsey statt, dort, wo nur sechs Wochen zuvor Pammy geheiratet hatte. Gemeinsam mit Philip und Dickie reiste ich dann nach Portsmouth, wohin man den Sarg brachte.
Es war der fünfundzwanzigste Februar, mein fünfundsiebzigster Geburtstag. Dickie hatte die Fregatte *HMS Wakeful* nach Portsmouth beordert. Dort fuhren wir alle, auch seine Töchter mit ihren Familien hinaus auf das Meer

und sahen zu, wie der Sarg ins Wasser gelassen wurde. Mein Bruder ließ ihr mit der anwesenden Crew die letzte Ehre erweisen, da man noch ein paar Worte sprach, um Edwinas Arbeit zu würdigen. Allein auf diesem Schiff von ihr Abschied zu nehmen, was eigentlich nur Regentinnen vorbehalten war, zeugte von dem großen Einsatz, den mein Bruder zeigte, um seiner Gattin ihren letzten Wunsch in voller Gänze zu erfüllen.
Dickie war sechzig Jahre alt, ein gebrochener Mann, der sofort nach der Beisetzung sagte, er werde nie wieder heiraten. Für ihn würde es nie wieder eine Frau geben, die Edwina in ihren Qualitäten gleichkam.
Wie beliebt meine Schwägerin gewesen war und wie sehr man sie schätzte, zeigte sich in den vielen Kondolenzbriefen, die mein Bruder erhielt. Es waren an die Tausende von Schreiben aus aller Welt, darunter auch einer von Amrit Kaur, den er mir zeigte. Amrit wusste, wie sehr mich der Tod meiner Schwägerin traf, schrieb sie, denn ich hatte ihr nicht nur einmal erzählt, wie diese stets um mich besorgt war und welches Verständnis sie für meine Arbeit im Konvent aufbrachte, obwohl es sie anfangs sehr beunruhigte. Amrit hoffte, ich habe mich von meiner Erkrankung wieder erholt. Dickie sollte mir ausrichten, sie habe nur tiefsten Respekt für mich und Zuneigung in ihrem Herzen und es täte ihr sehr leid, dass ich ausgerechnet bei einem Besuch bei ihr erkrankt sei, was meinen Aufenthalt in Indien doch sehr verkürzte. Im Weiteren zollte sie Edwinas Engagement den größten Respekt, denn die Welt habe eine sehr engagierte Frau verloren, die sie auch sehr vermissen würde.
Amrit hatte mir vergeben, was ich sehr nett von ihr fand. Nun tat es mir wirklich leid, wie ich mich verhalten hatte.

Mit Edwinas Tod wurden die diversen finanziellen Unterstützungen von Familienmitgliedern eingestellt. Auch ich war natürlich davon betroffen. Es war schriftlich festgelegt worden, dass ich ab dem fünfzehnten April des Jahres 1954 eine monatliche Unterstützung von sechsundvierzig Pfund erhalten sollte, dies besserte meine Witwenrente von vierhundertunddreißig Pfund monatlich auf. Da Edwinas Unterstützung nun wegfiel, bat ich meinen Sohn einzuspringen, obwohl ich hinzufügte, es fiele mir nicht leicht darum zu bitten, denn ich wollte in dieser Hinsicht keine Bürde für ihn sein. Doch die sechzehn Pfund, um die ich als monatliche finanzielle Hilfe bat, wollte mein Sohn mir nicht zahlen. Er fühlte sich genötigt, gab mir zu verstehen, dass er in seinem Testament verfügt habe, ich würde den Kaufpreis der Wohnung in Athen im Falle seines Todes erhalten. Zudem könne ich sie jederzeit verkaufen, dann bekäme ich auch Geld. Vor dem Verkauf solle ich aber mit ihm sprechen. Das wäre alles, was er für mich tun könne.

Zu Edwinas Beerdigung auf der HMS Wakeful, 25. Februar 1960

Am dreiundzwanzigsten Februar war mein Cousin Alexander Mountbatten, der erste Marquess of Carisbrooke gestorben. In der Familie hatten wir ihn nur *Drino* genannt, er war ein Sohn von Tante Beatrice gewesen. Drino wurde dreiundsiebzig Jahre alt und war der letzte noch lebende Enkel von Königin Victoria. Nach dem Tod seiner Gattin Irene vor vier Jahren war er sehr einsam, zog sich immer mehr zurück, obwohl seine Tochter Iris sich um ihn kümmerte. Louise meinte aber, dass er nach dem Tod von Irene auch nicht mehr leben wollte. Es sei für ihn das Beste, schrieb sie mir, denn er sei nun wieder mit seiner Gattin vereint.

Nach Edwinas Beerdigung reiste ich weiter zu Philip und Lilibet, denn diese hatte am neunzehnten Februar den kleinen Prinzen Andrew zur Welt gebracht. Es war mir eine große Freude, dass mein Sohn den Vornamen seines Vaters für das Baby wählte, und als ich wieder in Griechenland war, zeigten sich auch dort die Menschen sehr erfreut, was ich meinem Sohn schrieb. Völlig Fremde grüßten mich in den Straßen, riefen *Andrea* und gratulierten mir zu meinem neuen Enkelkind. Ich war tief berührt, dass man sich auch noch an meinen Ehemann erinnerte und mir beim Händeschütteln versicherte, er sei nicht vergessen.

Charles, Philip, Lilibet mit dem kleinen Andrew und Anne, 1960

In diesem Jahr starb auch Georgina von Rotsmann in Darmstadt. Peg teilte es mir mit und ich bedauerte den Tod Ginas sehr, die meiner Familie viele Jahre sehr nahestand. Leider hatte ich den Kontakt zu ihr nicht aufrechterhalten.

Dickie, Louise und ich machten uns auch immer noch Gedanken um die Pye-Crust. Sie sollte einen ruhigen und schönen Platz für ihren Lebensabend finden. Wir entschieden, dass ein Seniorenheim der *Distressed Gentlefolks Aid Association*, etwa *Organisation für Notleidende Herrschaften*, in *Vicarage Gate* in Kensington etwas für sie sein könnte. Es war in der Nähe des Kensington Palasts und sie würde so ihre alte Heimat im Blick haben. In dem Heim nahm man aber nur Leute von Stand auf und so schrieb Dickie dorthin. Er erklärte in seinem Schreiben, Mamas ehemalige Hofdame habe ihn einst als Baby der Königin Victoria bei seiner Taufe übergeben, sie habe als Sekretärin und Gesellschafterin fungiert, wenn ich mich in London befand und sei eine richtige Lady mit sehr feinem Gespür. Vor allem würde sie die anderen Bewohner mit ihren Geschichten von den Reisen mit Mama ins vorrevolutionäre Russland sicher begeistern. Aber die Oberin, die das Haus leitete, lehnte die Pye-Crust ab. Aus ihrer Sicht sei Miss Pye anhand der Schilderungen meines Bruders noch in einer guten gesundheitlichen Verfassung und zu aktiv für ein Pflegeheim. Sicherlich würde sie es bald als eine sehr deprimierende Atmosphäre empfinden.

So verblieb die Pye-Crust weiterhin im Kensington-Palast.

Mein Bruder war im Jahre 1955 zum *Ersten Seelord* ernannt worden und vom April 1955 an bis zum Juli 1955 *Chef des Marinestabs* gewesen. Mit Letzterem hatte er dieselbe Position erreicht, in der unser Vater vierzig Jahre zuvor tätig war. Es war damit verbunden, auch das erste Mal in der Geschichte der britischen Marine, dass ein Vater und sein Sohn denselben Posten innehatten.

Am zweiundzwanzigsten Oktober 1956 ernannte man meinen Bruder auch noch zum *Admiral der Flotte*. Er dachte langsam an seinen Ruhestand, da er alles erreicht hatte, was er sich zum Ziel setzte, als er vor vielen Jahren zur britischen Marine ging.

Ende der 1950er Jahre beschäftigte man sich eingehend mit den beiden Abwürfen von Atombomben in Japan und überlegte beim Militär und so auch bei der Marine, wie man mit dieser Verteidigungsmöglichkeit umgehen sollte. Es war bereits bekannt, was ein sogenannte *Fallout* verursachen konnte, wie man diese Waffe perfektionieren konnte, aber gleichzeitig musste man die verheerenden Schäden und Verluste von Zivilisten im Auge behalten. Mein Bruder war jeder neuen Technik gegenüber offen, sah aber in der Atombombe eine viel zu große Gefahr. Als man damit begann, auf dem Bikini-Atoll die Bomben zu testen, um sie zu verbessern, befürchtete Dickie, eine alleine könnte schon durch den Ozean rasen und den ganzen Planeten in die Luft sprengen. Er war strikt dagegen, diese Waffe im Kampf zu verwenden, auch wenn er gleichzeitig davon überzeugt war, sie würde effektiv gegen U-Boote des Feindes sein. Da er auch bei der *NATO* beschäftigt war, musste er sich intensiv mit der Atombombe auseinandersetzen, aber man muss sagen, dass ich mit ihm darin übereinstimmte. wie verheerend diese Waffe sein konnte. Überall auf der Welt hatte man die Bilder aus Nagasaki und Hiroshima gesehen, sie prägten sich in die Köpfe der Menschen ein. Für mich lag die weitaus größere Gefahr darin, dass man diese Waffe noch perfektionierte, ihre zerstörerische Kraft verstärkte und dann, da ging ich mit meinem Bruder konform, würde sicher eines Tages jegliches Leben auf der Erde erlöschen, wenn man sie einsetzte.

Dickie beschäftige sich aber auch mit einem anderen Problem, welches ihn immer noch sehr beschäftigte. Er wollte Philips Status als Ehemann der Königin geklärt wissen, da er fand, man müsse ihn mit dem Titel eines Prinzen ausstatten. Weder meinen Sohn noch mich belastete diese Thematik, aber mein Bruder wandte sich sogar an Louise, weil er es nicht richtig fand, wie Philip neben seiner Gattin nur die sprichwörtliche *zweite Geige* spielen sollte. Als König George VI. meinem Sohn den Titel einer *königlichen Hoheit* und den eines *Herzogs von Edinburgh* verlieh, vergaß er, ihn auch damit verbunden zu einem *Prinzen des englischen Königreiches* zu machen.

Louise hatte gehofft, Lilibet würde ihrem Gatten an seinem vierunddreißigsten Geburtstag im Jahre 1955 öffentlich diesen Titel verleihen, aber es passierte nichts. Sie meinte, mein Sohn sei sicher sehr traurig darüber, aber dem war keineswegs so, denn es störte ihn, wie gesagt, nicht wirklich.

Zwei Jahre vergingen, dann sagte Dickie, er habe gehört, dass Lilibet mit dem neuen Premierminister Harold Macmillan gesprochen habe und mit seinen Kollegen im Commonwealth. Sie habe darum gebeten, ihren Gatten in den Prinzenstand erheben zu dürfen, wenn er von seiner viermonatigen Reise nach Australien und Neuseeland, unter anderem zu den Olympischen Spielen, zurückgekehrt sei. Man berichtete bald sogar in den Zeitungen darüber, wobei ich einige der Artikel las, aber es mich nicht wirklich tangierte. Ich schrieb meinem Bruder nur, dass sich sein innigster Wunsch nun hoffentlich bald erfüllen möge. Aber Dickie war keineswegs zufrieden. Man hatte Philip in seinen Augen das Recht genommen, eine neue Dynastie zu gründen, da man ihm den Nachnamen Mountbatten-Windsor bereits verweigerte. Ich muss ganz ehrlich zugeben, mir gefiel Dickies Vorschlag nie. Mein allzu energischer Bruder befand, dass er in seiner hohen Stellung bei der britischen Marine durchaus auch ein gewisses Einmischungsrecht habe, doch er war schon bei einigen Höflingen mit seiner Vehemenz angeeckt. So fragte er die hochschwangere Lilibet bei einem gemeinsamen Abendessen Anfang Februar 1960, wann sie denn nun endlich zu einem Entschluss käme bezüglich des Nachnamens und des Titels von Philip. Sie meinte, sie würde das nach der Geburt des Kindes öffentlich bekannt geben, aber der Palast gab schon am achten Februar die Meldung heraus, dass nach einer Anordnung des Rates die Nachkommen von Philip und Lilibet den Nachnamen Mountbatten-Windsor annehmen dürften, wenn sie keine königlichen Titel trugen. Lilibet erklärte sich auch damit einverstanden, dass ihre Kinder den Nachnamen verwenden durften, wenn sie sich in offiziellen Dokumenten eintragen mussten, also wenn aufgrund gesetzlicher Bestimmungen die Nennung eines Nachnamens gefordert wurde. Diese Regelung in Bezug auf den Doppelnachnamen bedeutete dann aber auch im Weiteren, dass Nachkommen des königlichen Hauses sich für eines entscheiden mussten – entweder sie agierten öffentlich unter dem Nachnamen, womit sie den Titel einer königlichen Hoheit aufgaben, oder sie zogen die Verwendung des Titels vor, was dann einen Verzicht auf die Verwendung des Nachnamens bedeutete.

Ich fand das alles nur absonderlich und so unbedeutend, dass ich meinem Bruder zu seinem *Erfolg* auch nicht gratulierte. Mein Sohn wurde dennoch kein *Prinz des englischen Königreiches*. Und Philip gestand mir, er hätte sich lieber für die Gründung einer Linie des Hauses von Edinburgh ent-

schieden, nach seinem Herzogtum.
Dickie hatte eindeutig noch nicht genug zu tun mit seinen Aufgaben bei der Marine, wie ich fand.

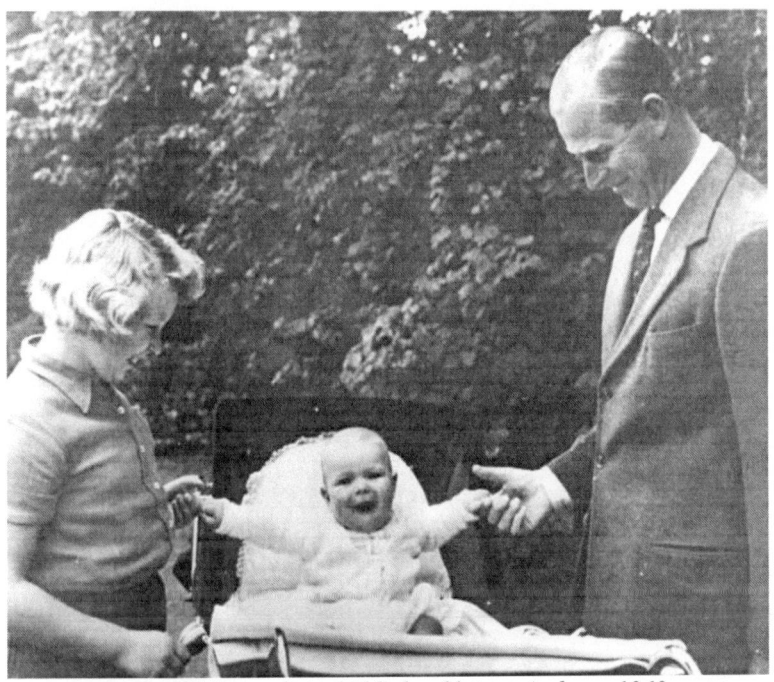

Anne, Philip und ein fröhlicher kleiner Andrew, 1960

Margaritas Ehemann Friedel war es schon seit einigen Monaten sehr schlecht gegangen. Sein Gesundheitszustand sollte sich nicht mehr verbessern und ich erfuhr erst sehr spät, dass er an Krebs litt. Als mir meine Tochter mitteilte, ihr Ehemann liege im Sterben, machte ich mich sofort auf den Weg zu ihr, flog umgehend nach Frankfurt am Main. Doch ich kam zu spät. Friedel starb am elften Mai, dem Tag meiner Ankunft. Er wurde dreiundsechzig Jahre alt. Ich musste meiner Tochter beistehen, die sehr unter dem Verlust ihres Ehemanns litt, denn sie hatten eine überaus glückliche Ehe geführt. Ihr Sohn Kraft wurde mit dem Tod des Vaters der neunte Fürst von Hohenlohe-Langenburg.
Ich versprach Margarita, mich in der nächsten Zeit mehr um sie kümmern, und plante sie zu den nächsten anstehenden familiären Festen mitzunehmen. Doch erst mal wollte ich ihr nach der Beerdigung Friedels etwas Zeit geben.

Nachdem ich noch einige Tage mit meiner Tochter und meinen Enkeln verbracht hatte, fuhr ich im Juni nach Breibach und besuchte meine alten Freunde, die Markwitzes. Ich blieb für eine Woche und genoss die Zeit mit ihnen sehr, zudem hatten wir uns viel zu erzählen. Danach flog ich nach London zu Lilibet und Philip, blieb dort fast den ganzen Juli. In dieser Zeit erwarteten meine Schwiegertochter und mein Sohn den Staatsbesuch des Königs und der Königin von Siam, sodass ich vom Buckingham-Palast in das *Hyde Park Hotel* umzog, in dem sich auch Louise und Gustav aufhielten.

Eines Nachmittags entdeckte mich ein Reporter, als ich in Hampton Court spazieren ging. Er bat mich um ein Interview, weil man darüber spekulierte, ob ich eventuell nach England ziehen würde. Nach dem Tod der Großfürstin Xenia am zwanzigsten April des Jahres stand ihre letzte Residenz Wilderness House leer. Man glaubte, ich würde dort nun einziehen wollen, was ich aber verneinte, denn ich lebte in Athen, hatte dort meine Wohnung.

Wieder zurück in Athen nahm ich Kontakt zu meinem Freund Major Gerald Green auf, der von Griechenland nach Bahrain gezogen war, um dort zu arbeiten. Er kommandierte nun den militärischen Flügel der öffentlichen Sicherheit in dem Inselstaat. Ich schrieb ihm, dass ich ihn gerne einmal dort besuchen wolle, und so lud er mich zu sich ein. Meine Reise war für den Januar des kommenden Jahres geplant.

Im August des Jahres 1960 wurde Zypern unabhängig. Dem vorausgegangen waren einige politische Querelen. Die Türkei hatte 1956 behauptet, Zypern sei eine Fortsetzung des türkischen Festlands. Dies war der Grund, weswegen der Streit zwischen den Inselbewohnern internationale Ausmaße annahm. Der Erzbischof Makarios III. entschied sich nun gemeinsam mit seinem Vertrauten, dem General Grivas, mit Waffengewalt gegen die *Enosis*-Bewegung vorzugehen.

Eine Serie von Bombenanschlägen hatte bereits am ersten April 1955 die Hauptstadt Nikosia erschüttert, was zur Gründung der *Nationalen Organisation zypriotischer Kämpfer*, kurz *EOKA*, führte. Man glaubte mit Gewalt die *Enosis* voranzutreiben und die Briten bekamen trotz Hausdurchsuchungen, Ausgangssperren und Massenfestnahmen die Situation nicht mehr unter Kontrolle. Daher rekrutierten sie aus Teilen der zyperntürkischen Bevölkerung eine Anti-Terror-Einheit. Mit Hilfe aus Ankara bildete sich gleichzeitig eine zyperntürkische bewaffnete Organisation, die versuchte, die Teilung Zyperns, auf Türkisch Taksim, herbeizuführen. Am siebten Juni 1958 explodierte am türkischen Pressebüro in Nikosia eine Bombe. Durch diese Aktion begann ein schleichender Bürgerkrieg. Doch die britische Kolonialmacht unterstützte indirekt die Spannungen, indem gezielt Polizisten und Sicherheitskräfte, die der jeweils anderen Ethnie angehörten, zu Schikanemaßnahmen ermuntert wurden. Damit erhofften sich die Briten, die Spannungen zu nutzen, um die ihre Kolonialherrschaft zu stärken. Gleichzeitig sollten so die Unabhängigkeitsbestrebungen unterbunden werden. Griechenland und die Türkei drohten wegen des Zypernkonflikts in einen Krieg zu geraten. So schalteten sich die USA ein, versuchten zu schlichten, wobei Makarios erklärte, er halte nicht unbedingt an der *Enosis* fest.

Um eine Einigung zu erzielen, schloss man die *Zürcher* und *Londoner Abkommen*, die aus mehreren Verträgen, Abkommen und Deklarationen bestanden und festlegten, dass Zypern ein unabhängiger Staat werden sollte. In einem Garantievertrag vereinbarte man, alle vier Vertragspartner, also Zypern, Griechenland, die Türkei und England, müssten dafür Sorge tragen, dass es hinsichtlich Zyperns von keiner Seite aus zu Angliederungs- oder Teilungsbestrebungen kommen durfte und derartige Aktivitäten in einem dieser Länder von den jeweiligen Regierungen zu unterbinden seien. Bei einer Verletzung dieses Abkommens konnten die Garantiemächte Griechenland, die Türkei und England notfalls auch im Alleingang Maßnahmen mit dem alleinigen Ziel ergreifen, die Bestimmungen der *Zürcher* und *Londoner Abkommen* auf der Insel wiederherzustellen.

Viele Zyperngriechen fühlten sich von der Kolonialmacht England bevormundet, weil sie trotz der Unterzeichnung durch ihren Repräsentanten Makarios glaubten, sie hätten bei der Ausarbeitung der Verfassung kein Mitspracherecht gehabt. Die Mehrheit des zyperngriechischen Volkes stand aber hinter dieser Verfassung, was auch dadurch zum Ausdruck kam, dass man Makarios zehn Monate später zum Präsidenten wählte.

Der zyperngriechische Extremist Nikos Sampson nannte nun als Vorwand für seine *Enosis*-Bestrebungen, dass dieses Abkommen die Trennung der Volksgruppen festige, da die Minderheit der Zypernrtürken ein Vetorecht in allen politischen Angelegenheiten erhielt. Diese Verfassung mit ihrer Vielzahl von ethnischen Klauseln erschwerte aber im weiteren Verlauf die Entwicklung eines einheitlichen Nationalgefühls der Inselbewohner noch zusätzlich.

England verblieb nach der Unabhängigkeitserklärung Zyperns noch ein souveränes Gebiet, auf dem etwa sechzehntausend Briten und Zyprer lebten.

Die Mehrheit der Zyperngriechen und ihre Führung fanden sich aber 1960 nun in einem Staat wieder, dessen Gründung nicht ihren politischen Zielen entsprochen hatte. Der *Enosis*-Gedanke war bei den Konservativen immer noch sehr populär und die neue Verfassung gewährte den Zypernrtürken Rechte, die von den Zyperngriechen als übertrieben und ungerechtfertigt angesehen wurden.

Doch auch für die zyperntürkische Bevölkerung bedeutete die staatliche Unabhängigkeit Abstriche von ihren ursprünglichen Forderungen, wenn auch in einem geringeren Maße als auf der zyperngriechischen Seite. Einerseits konnten die Bestrebungen nach einer Teilung nicht umgesetzt werden, auf der anderen Seite wurden ihre politischen Rechte in der neuen Verfassung klar festgelegt und die Garantieverträge gewährleisteten den Schutz durch die Türkei.

Die Verfassung hatte eine strikte ethnische Ausrichtung, denn das Amt des Präsidenten war immer einem Zyperngriechen vorbehalten, das des Vizepräsidenten einem Zyperntürken. Beide verfügten über ein Vetorecht und wurden ausschließlich von ihrer jeweiligen Volksgruppe gewählt. Im Ministerrat gab es eine Ämterverteilung von sieben zu drei, wobei den Zyperntürken das Ministerium für Finanzen, Verteidigung und das Außenministerium zustanden. In der gleichen Art und Weise besetzte man auch den Beamtenapparat.

Es begann ein politisches Kräftespiel, welches unter anderem den Aufbau von zentralen staatlichen Organen im Verlauf erschwerte. So kam es nicht zu einer Gründung einer Armee, weil sich die politischen Führer beider Gruppen einfach nicht einig wurden. Der Vizepräsident machte schließlich von seinem Vetorecht Gebrauch und verhinderte so den Aufbau einer Truppe. Man stritt sich um die Gemeindeverwaltungen in den Städten. Die Zyperntürken wollten eine getrennte Verwaltung dieser, die Zyperngriechen lehnten dies ab. Es war bald lächerlich, wie die Administration unter den zahlreichen gegenseitigen Vetos litt.

Kurz vor dem Jahreswechsel ereilte mich die traurige Nachricht, dass Nona am achtundzwanzigsten Dezember verstorben war. Meine Schwester Louise sah ihr Ableben recht optimistisch, denn wir sollten ihrer Meinung nach nicht um die so geliebte Nona trauern, die war alt gewesen und hatte glücklicherweise nicht an einer langen oder gar schweren Krankheit gelitten. Aber es tat ihr um ihren Ehemann Dick sehr leid, denn er würde nun ganz alleine sein. Dennoch war Nona für sie, wie auch für mich, so fügte sie an, eine letzte Verbindung zu unserer sehr glücklichen Kindheit gewesen und wir würden sie natürlich alle sehr vermissen.

Dickie und Louise wollten Nonas Ehemann weiterhin finanziell unterstützen, denn er war auch schon körperlich angeschlagen, wie man so sagt.

Lebensabend, 1961 bis 1969

Im Januar des Jahres 1961 flog ich alleine zu Major Green nach Bahrain. Ich ging fest davon aus, dass er sich dort um mich kümmern würde. Mein Aufenthalt begann nicht sehr gut. Green hatte eine Kammerfrau für mich engagiert, die ich aber sofort wieder entließ, da wir uns gleich bei unserer ersten Begegnung unsympathisch waren. Es mag an meinem Habit gelegen haben, aber ich wusste, es würde auf nichts hinauslaufen mit uns beiden.
Der Major zeigte sich darüber nicht sehr erfreut, hatte noch einen Besuch beim Emir organisiert, dem er vorab erklärte, er würde einen königlichen Gast mitbringen. Der Emir empfing mich eher pflichtbewusst, unterhielt sich höflich mit mir und ich erwiderte dies. Danach fragte ich Green, ob ich mich korrekt verhalten habe, was er bejahte. Ich denke, er war sehr erleichtert, dass der Besuch so reibungslos vonstattenging.
Da mein Bruder sich nur zu gut an Edwinas Bericht über mein Verhalten in Indien erinnerte, instruierte er den Konteradmiral Fitzroy Talbot, einen Flaggoffizier im Arabischen Meer, dass er nach mir schauen sollte. Darüber war ich aber ganz und gar nicht erfreut. Green fragte mich, ob er den Admiral und seine Gattin zu einem gemeinsamen Mittag- oder Abendessen einladen sollte, aber ich wandte ein, dass ein Glas Sherry sehr wohl ausreichen würde. Ich leistete mir aus seiner Sicht einen weiteren Fauxpas, als ich dem Admiral, der uns zu einem Abendessen einlud, nur zwei Finger reichte, da er mir zur Begrüßung die Hand schütteln wollte. Wir wechselten nur einige Höflichkeitsfloskeln miteinander, seine Gattin zeigte sich auch nicht gesprächiger mir gegenüber.
Der Major arbeitete morgens und ich war dann stets alleine in seinem Haus. Ich nutzte die Zeit, um viel zu lesen, genoss es und schrieb dies auch Louise. Mir war nie langweilig, denn ich wusste mich stets selbst zu beschäftigen.
In einem Brief an meinen Bruder versuchte ich zu würdigen, dass er mir jemanden zur Seite stellen wollte, der nach mir sah, aber ich war kein kleines Kind mehr. So schrieb ich ihm, wie gut es mir in Bahrain gefalle, vor allem, weil ich den Emir und seine Familie kennenlernen durfte, denn sie engagierten sich sehr für die Menschen des Inselstaates. Auch die englische Kolonie fand ich sehr interessant, ebenso wie den Admiral und seine Gattin, die mich zu einem Abendessen einluden, log ich.
Ich war auch von anderen höheren Persönlichkeiten eingeladen worden und eigentlich wunderte es mich, dass auch sie sich alle etwas befangen aufgrund meines Habits zeigten. Daher merkte ich gegenüber Green an, er müsse niemals einen Hehl vor anderen daraus machen, warum ich diesen

trug.

Bahrain hat nur einen sehr kurzen Winter, den ich während meines Aufenthalts dort erleben durfte, aber auch wenn es so kalt war wie in Athen im Winter, gefiel es mir dennoch.

Und ich nutzte die Zeit von Greens Abwesenheit, um einige meiner Vorträge, die ich im Konvent vor den Schülerinnen gehalten hatte, niederzuschreiben und ins Arabische übersetzen zu lassen. Ich wollte sie über Green einigen meiner Gastgeber zukommen lassen.

Am zwölften Februar reiste ich wieder ab und mein Bruder schien sehr erleichtert darüber. Er hatte sicher Angst, ich könne mich danebenbenehmen, aber stellte sich aus meiner Sicht in dieser Beziehung etwas zu sehr an. Zudem plante ich nicht, noch einmal so eine weite Reise auf mich zu nehmen.

Es machte mich sehr betroffen, als mir die Lady Alice Egerton schrieb, sie leide an einer manischen Depression und müsse daher ihre Stellung bei der Königinmutter in diesem Jahr aufgeben. Ich schrieb ihr einen langen Antwortbrief, denn niemand in der Familie konnte ihr Leiden besser verstehen als ich. Mit meinen Erfahrungen in dieser Hinsicht war ich sicher die Einzige, die nachfühlte, wie es ihr ging. Und sie zeigte sich sehr dankbar für meine Zeilen, denn auch sie fühlte sich oftmals missverstanden, wenn sie versuchte, ihren seelischen Zustand anderen zu erklären.

Schon kurz nach Mamas Tod hatten Dickie, Louise, Lu und einige andere Verwandte begonnen sich mit dem Fall der Anna Anderson zu befassen, gerichtlich gegen sie vorzugehen. Ich schloss mich dem an. Der Rechtsstreit zog sich aber bereits seit nun mehr fast elf Jahren hin, da Gutachten erstellt wurden, man immer wieder Anhörungen mit Verwandten anberaumte und während dieser Zeit gab diese impertinente Person immer noch vor, meine Cousine Anastasia zu sein.

In zahlreichen zivilrechtlichen Prozessen wollte sie auch selbst ihre Anerkennung erzwingen. Es gab leider immer wieder ehemalige Bedienstete und Freunde der Familie meiner Tante Alix, die glaubten, die echte Anastasia vor sich zu haben. Lili Dehn, eine ehemalige Freundin meiner Tante und Hofdame meinte, sofort in Anna Anderson meine Cousine zu erkennen, während der Englischlehrer der Zarenkinder, Charles Sydney Gibbes, bei einem Treffen mit ihr sofort jegliche Ähnlichkeit mit Anastasia abstritt.

Diese gerichtlichen Auseinandersetzungen mit der Betrügerin beanspruchten die Gerichte jahrelang und mittlerweile war es einer der längsten Prozesse, die jemals in Deutschland geführt worden waren.

Besonders Dickie investierte viel Geld in die Gerichtskosten, denn er mein-

te, er müsse dies tun. Es war alleine die Erinnerung an unsere Cousine Marie, die er einmal hatte heiraten wollen und deren Foto immer noch auf seinem Nachttisch stand, welche ihn antrieb.
Niemand aus meiner Familie hat je bezweifelt, dass Anna Anderson eine Betrügerin war, und sie lebte mit dieser Lüge ein wahrhaft gutes Leben durch ihre vielen Unterstützer. Man musste ihrem schäbigen Treiben ein Ende setzen.

Am achten Juni 1961 heiratete Marinas Sohn Edward, der zweite Herzog von Kent, Katharine Worsley, die Tochter des Baronet Sir William Arthrington Worsley im Münster in York, der größten mittelalterlichen Kirche Englands und dem Sitz des Erzbischofs von York. Ich überredete meine Tochter Margarita, mit zur Hochzeit zu kommen, und sie begleitete mich, konnte sich bei den Feierlichkeiten etwas von der Trauer um ihren Ehemann ablenken, den sie immer noch schmerzlich vermisste.
Auch zu einem Essen im Buckingham-Palast anlässlich des Staatsbesuchs des amerikanischen Präsidenten John F. Kennedy und seiner Gattin Jackie kam Margarita mit mir mit.
Ich hoffte, sie könne irgendwann ihre Trauer ein wenig überwinden. Aber sie meinte, der Aufenthalt in England habe ihr schon gutgetan, sie wisse meine Bemühungen zu schätzen, doch Friedel fehle ihr sehr. Und ich verstand das, denn ich hatte auch sehr lange um Andrea getrauert, obwohl wir nur noch auf dem Papier Eheleute gewesen waren.

Mein Bruder ging zwar noch einem sehr geregelten Arbeitspensum nach, aber dennoch wussten Louise und ich, wie einsam er nach Edwinas Tod war. Schon im ersten Sommer nach ihrem Tod hatte er einen neuen Brauch eingeführt, indem er sich den ganzen August freihielt, um ihn dann mit der Familie im irischen *County Sligo* auf dem Schloß *Classiebawn* zu verbringen, einem Herrensitz, den Edwina geerbt, aber selten genutzt hatte. Eigentlich war der Besitz nichts Besonderes, hatte aber eine wunderschöne Lage. Es lag unmittelbar an der wild zerklüfteten Atlantikküste und mein Bruder fühlte sich dem Meer so sehr verbunden, dass er sich auch gerne in seiner unmittelbaren Nähe aufhielt.
Louise und ich reisten also mit Dickie dorthin, um ihn aufzumuntern, wobei er im Vorfeld jedes kleine Detail der Reise und des Aufenthaltes exakt plante.
Das Schloss erinnerte mich an das *Castle of Mey* in der schottischen Grafschaft Caithness, auf dem die Mutter Lilibets gerne ihre Urlaube verbrachte. Wir hatten wirklich schöne Tage an der Seite unseres Bruders, fuhren in Fischerbooten über das Meer, wir inspizierten Hummerfangkörbe, fingen

Krabben und benutzten von uns selbst geangelte Makrelen als Köder für Seelachse. Wir fingen sogar fünf kleine Haie, lockten auch welche mit Makrelen an, denn es war ein Vergnügen ihnen dabei zuzusehen, wenn sie aus dem Wasser sprangen, nach der Beute schnappten.

Louise und ich besuchten das Grab des bekannten irischen Dichters William Butler Yeats in Drumcliff und reisten auf einem Schiff für einen kurzen Aufenthalt nach Enniskillen, einer Stadt in Nordirland, die auf einer Insel liegt. Bei einem Spaziergang durch die Stadt traf ich auf Menschen, die mir die Hand schüttelten, mir fast übereifrig gestanden, wie sehr sie meinen Sohn mochten.

Paula Long, eine von Edwinas engsten Freundinnen, reiste an, nachdem unser Bruder uns um die Erlaubnis gebeten hatte, sie einladen zu dürfen. Paula war eine Schönheit, sehr mondän und lebte ein recht exklusives Leben. Von ihren beiden ersten Ehemännern, dem Marquis des Casa Maury und dem Anwalt Bill Allen, war sie geschieden. Es war ein offenes Geheimnis, dass sie eine Affäre mit Marinas Ehemann gehabt hatte, und nun lebte sie in Kenia, war verheiratet mit einem Mann namens Boy Long.

Wir hatten eine sehr schöne Zeit alle zusammen, dennoch gingen Louise und ich nicht gänzlich ohne Blessuren aus dem Urlaub hervor, denn sie brach sich den Finger, als sie auf einer steinernen Treppe ausrutschte, und hatte nach ihrem Sturz noch einen Hexenschuss. Trotzdem reisten wir beide gemeinsam nach Schweden, wo ich bei ihr in Sofiero bleiben wollte. Kaum waren wir angekommen, bekam ich starke Leberschmerzen und eine Gallenkolik. Louise meinte nur, das sei das Ergebnis, wenn sie sich nicht wie eine Königin verhalte, mir befehle nicht zu viel zu essen oder mir rate, was ich essen solle und was mir nicht bekommen würde.

Wir verbrachten noch vier Wochen zusammen. Es verwunderte mich, wie Gustav sich von Louise herumkommandieren ließ in dieser Zeit, denn sie schickte ihn in einem stets etwas herrischen Tonfall los, um Besorgungen zu machen, oder meckerte an ihm herum, wie zum Beispiel, als sie sein altes Barett als absolut schäbig bezeichnete. Auch meine Schwester schien in gesetzterem Alter seltsam zu werden.

In Athen holte mich schnell mein tristes Leben wieder ein. Oftmals saß ich alleine in meiner Wohnung oder ging zum *Kolonaki Square*, wo ich mich auf eine Bank setzte und die Zeitung las. Manchmal beobachtete ich vorbeigehende Passanten, von denen auch mal der eine oder andere stehen blieb, mit mir ins Gespräch kam. Doch eigentlich sehnte ich mich nach Abwechslung, freute mich sehr, wenn jemand aus der Familie mich besuchte, ein Staatsbesuch beim König anstand, sich politisch etwas veränderte und auch jede politische Krise war mir mittlerweile willkommen. Wenn man es lapi-

dar sagen möchte, war dann wenigstens etwas los. Ich genoss jedes Treffen mit Philip und seiner Familie, war dann auch sehr angenehm überrascht, als er im Dezember nach Athen kam, um mich zu besuchen. Er nahm mich mit zu einem kleinen Tanzabend in einem Yacht Club, auf dem wir beide viel Spaß hatten.
Philip verzichtete aber darauf, mir zur Last zu fallen, wohnte in Andreas alten Räumen im königlichen Palast. Es war sehr zuvorkommend von ihm, Rücksicht auf mich zu nehmen, aber ich hätte ihn auch gerne in meiner Wohnung umsorgt, wie eine Mutter es eben gerne mit ihren Kindern tut. Dabei spielt weder das Alter der Mutter noch das der Kinder eine Rolle.

Im Februar des Jahres 1962 befand ich mich in London. Da Philip auf einer zweimonatigen Reise nach Südamerika war, leistete ich Lilibet Gesellschaft. Besonders mein Enkel Charles freute sich immer sehr, wenn ich nach London kam, weil ich ihm seit einiger Zeit stets Briefmarken aus Griechenland mitbrachte. Manchmal schrieb er mir auch schon im Vorfeld meiner Abreise, ob ich ihm nicht noch eine schöne Postkarte mitbringen könnte. Oder er bat mich ganz offen, ihm eine Karte zu schicken, auf die ich möglichst viele Briefmarken kleben sollte. Einige Zeilen an ihn brauchte ich nicht unbedingt darauf zu schreiben und so grüßte ich ihn dann nur mit wenigen Worten. Ich wusste, dass er die Karten dann gerne mit in die Grundschule nach Cheam nahm, die er inzwischen besuchte, um sie dort mit seinen Klassenkameraden zu tauschen. Es war mir aber immer eine große Freude und noch schöner war es, sein überglückliches Gesicht zu sehen, wenn ich nach London kam und viele schöne Briefmarken im Gepäck hatte. Er konnte es zumeist gar nicht erwarten, dass ich sie ihm endlich gab.
Mein Enkel erholte sich in diesem Februar gerade von einer Blinddarmoperation und so besuchte ich ihn natürlich gerne im Krankenhaus, nahm dann auch Anne und Andrew mit. Ohne Zweifel stand ich Philips Kindern von allen meinen Enkeln am nächsten. Hatte ich noch vor vielen Jahren keine rechte Lust verspürt, mich mit den Kindern meiner Töchter zu beschäftigen, da ich mit mir selbst zu tun hatte, so nahm ich mir nun alle Zeit der Welt für Charles und seine Geschwister.
Am neunzehnten Februar lud mich Lilibet zu einer Teeparty anlässlich Andrews zweitem Geburtstag ein, wozu auch einige kleine Gäste eintrafen wie meine Urenkel Prinzessin Tatjana von Jugoslawien, die wir alle nur *Tanja* nannten, und ihr Bruder, Prinz Christopher, die vier und ein Jahr alt waren. Tanja kam ohne Umschweife auf mich zu, umarmte mich und sagte, sie freue sich sehr mich wiederzusehen, dabei kannten wir uns kaum. Christinas Tochter nahm sich einfach die Freiheit heraus, kindlich unbefangen,

mich zu umarmen, was ich so nicht gewöhnt war und Anne mit einem sehr skeptischen Blick beobachtete, denn eigentlich war das ein Tabu in ihren Augen.

Im Mai starb die Pye-Crust. Dickie und Louise hatten sie bis zuletzt vor allem finanziell unterstützt. An einem Tag war sie vor dem Kensington-Palast auf dem Hof spazieren gegangen, wurde plötzlich ohnmächtig und schlug auf das Pflaster. Man wollte sie ins St. Mary Abbot`s Hospital in der Marloes Road bringen, aber auf dem Weg dorthin erlag sie einem Herzversagen. Sie wurde in einer kleinen Zeremonie beigesetzt, Louise und ich schickten einen Kranz.

Nach ihrem Tod ließen nun Dickie und meine Schwester Dick, dem Witwer von Nona, mehr Geld zukommen. So hoben sie seine finanzielle Unterstützung von achthundert auf tausend Pfund pro Jahr an. Und mein Bruder bot ihm an, einen Fernseher zu kaufen, damit er sich ablenken konnte, aber Dick wandte ein, dass ihm so ein scheußliches Gerät nicht ins Haus käme.

Am vierzehnten Mai heiratete Freddies Tochter Sophia den Prinzen Juan Carlos von Spanien. Da die Mehrheit der Bevölkerung in Spanien katholisch ist, konvertierte Sophia vor der Eheschließung vom griechisch-orthodoxen zum katholischen Glauben. Die Zeremonie fand in der katholischen *Kathedrale des Heiligen Dionysos* in Athen statt. Mit ihrer Heirat änderte Sophia auch die griechische Variante ihres Vornamens in die spanische Form *Sofia*.

Da in Spanien eine Diktatur unter General Franco herrschte, hatte dieser beschlossen, dass Juan Carlos nach seinem Ableben König in Spanien werden sollte. Seit dem Jahre 1947 bereitete er ihn auf die Regentschaft vor.

Auf den Schultern des Prinzen lastete allerdings eine große Schuld, denn am neunundzwanzigsten März des Jahres 1956 starb sein fünfzehnjähriger Bruder Alfonso. Juan Carlos war damals achtzehn Jahre alt, die Brüder hielten sich für das anstehende Osterfest in der elterlichen Villa Estoril in Portugal auf. Alfonso hatte von Franco einen Revolver als Geschenk erhalten und man munkelte, Juan Carlos habe mit diesem gespielt, wobei sich der tödliche Schuss löste. In den Zeitungen schrieb man, Alfonso wollte die Waffe reinigen und tötete sich aus Versehen selbst.

Die Schneiderin der Mutter der beiden Prinzen sagte aus, Juan Carlos habe die Waffe auf seinen Bruder gerichtet, wollte ihn im Spiel erschießen, doch wusste nicht, dass sie geladen war. Die Wahrheit würde man wohl nie erfahren, denn nur Juan Carlos kannte diese und schwieg betroffen über den Verlust seines Bruders.

Die Hochzeit war aber eine gute Gelegenheit für ein großes Treffen der royalen Häupter Europas. Margarita war auch eigens für die Feier angereist, wohnte bei mir und jeden Mittag hatten wir jemanden anderen zum Mittagessen zu Gast, offerierten auch Getränke, wodurch meine Wohnung bald ein zentraler Anlaufpunkt wurde. Zeitweise war es sehr laut und fast überfüllt, aber meine Tochter und ich hatten unseren Spaß beim Bewirten. Ich passierte Gäste, konnte aufgrund der zahlreichen Unterhaltungen eh nicht mehr folgen, weil ich mit dem Lippenlesen sprichwörtlich nicht nachkam und nickte einfach nur noch und lächelte, wenn jemand mich anstupste, mit mir sprechen wollte.

Auch Dickie kam nach Athen zur Hochzeit. Ich hatte ihm angeboten, ebenfalls bei mir zu wohnen, aber er zog die Botschaft vor und es war der beste Entschluss, denn kurz darauf bekam ich eine Grippe, war müde, half dennoch Margarita sich stets umzuziehen für die diversen Festlichkeiten.

Mein Bruder brachte eine Filmkamera mit und war so in der Lage, die anwesenden Gäste zu filmen, wobei besonders die Prinzessin Maria Gabriella von Savoyen, eine Tochter des Königs Umberto II. von Italien und damals zweiundzwanzig Jahre alt, die filmischen Bemühungen vonseiten meines Bruders etwas unangenehm fand, da er sie schon auffällig oft ins Visier nahm. Dickie schwärmte für die junge und sehr hübsche Prinzessin, was seine ebenfalls anwesende Tochter Patricia nur peinlich fand. Auch Louise merkte an, er verhalte sich wie ein balzender Hirsch und die neue Technik würde ihm dabei zu sehr in die Hände spielen.

Den fertigen Film der Hochzeit sollten wir dann alle im Laufe des Jahres von Dickie gezeigt bekommen.

Für König Paul war die Heirat seiner Tochter ein sehr schönes Erlebnis, denn er war gerade dabei sich gesundheitlich zu erholen. Im Jahre 1959 musste er sich einer Augenoperation aufgrund seines *grauen Stars* unterziehen, der Heilungsprozess hatte sich sehr lange hingezogen.

Einziges Manko an der wirklich schönen Hochzeit und den Feierlichkeiten war die Abwesenheit der Mutter von Freddie, der Herzogin Viktoria Luise zu Braunschweig und Lüneburg. Ihr Ehemann war im Jahre 1953 verstorben und sie verhielt sich seitdem oftmals sehr seltsam. So interviewte sie ein Journalist der griechischen Zeitung *Athenaiki* in Deutschland, fragte, warum sie nicht zur Hochzeit nach Athen gereist sei. Sie gab zurück, man habe sie gar nicht eingeladen. Der Journalist vermutete aufgrund ihrer Äußerung, ihre Kinder würden sie in einer sehr gemeinen Art und Weise meiden.

Als der Artikel veröffentlicht wurde, fasste man dies als öffentliche Beleidigung von Freddie, der Königin von Griechenland, auf. Der Herausgeber der Zeitung und der Journalist wurden umgehend verhaftet und nach einem dreitätigen Prozess jeweils zu einer fünfzehnmonatigen Gefängnisstrafe verurteilt.

Die Herzogin telegrafierte nun an König Paul, denn sie hörte von dem Prozess und den Urteilen in Deutschland, doch beteuerte ihre Unschuld. Dennoch sah sie ein, dass sie ohne Umschweife für diese harte Bestrafung der beiden Männer verantwortlich war. Sie entschuldigte sich aber nicht oder setzte sich für diese ein. Das Außenministerium in Griechenland sah das Problem eindeutig bei der Herzogin, die sich nie wirklich für das neue Heimatland ihrer Tochter begeistern konnte, auch nie zu Besuch kam und ihre Kinder im Grunde genommen beschuldigte, sie nicht so zu behandeln, wie sie es als Herzogin und Tochter des ehemaligen deutschen Kaisers gewöhnt war.

Dieses eine Mal stand ich völlig auf Freddies Seite, denn das Verhalten ihrer Mutter war absolut lächerlich. Sie hatte nicht nachgedacht, als sie sich dem Journalisten gegenüber in dieser Art und Weise äußerte und nun saßen die beiden Männer im Gefängnis, doch es interessierte sie gar nicht. Für mich war Vikilu eine impertinente Person.

Mit der Kronprinzessin Sibylla von Schweden bei der Hochzeit der Prinzessin Sophia am 14. Mai 1962, Athen

Mimi, die Witwe von Big George, starb am einundzwanzigsten September in Saint-Tropez an Leukämie. Sie wurde sechzig Jahre alt. Ihre sterblichen Überreste wurden eingeäschert und die Urne dann nach Athen überführt, wo wir sie in Tatoi im Grab ihres Ehemannes beisetzten.
Nach Mimis Tod war ich letzte noch Lebende meiner Generation aus der griechischen Königsfamilie.

Louises Ehemann Gustav feierte am elften November seinen achtzigsten Geburtstag und sie luden mich auch zu den Feierlichkeiten nach Schweden ein. Es waren wunderschöne Tage. Mir gefiel vor allem das große mittägliche Festessen in der sogenannten goldenen Halle des Rathauses in Stockholm mit über siebenhundert Gästen. Und es war wundervoll zu sehen, wie die Bevölkerung ihren König verehrte, ihm die Menschen in den Straßen der Stadt zujubelten, Fähnchen schwenkten und gratulierten. Louise war überglücklich. Leider hatte sie sich eine virale Erkältung eingefangen, war etwas erschöpft und hatte starke Halsschmerzen. Dennoch nahm sie an allen Feierlichkeiten teil, ging aber jeden Abend früh zu Bett.

Louise und ich, November 1962

Dickie erhielt zwei unabhängige Briefe von uns, in denen wir ihm von der Feier berichteten, mitteilten, wie sehr wir beide uns freuten zusammen zu sein, dies auch in unserem Alter noch alles gemeinsam erleben zu können. Gustav und Louise wirkten auf mich schon immer sehr glücklich und ich unterhielt mich gerne mit beiden. Meine Schwester wusste, wie gern ich sie hatte, nahm es auch hin, wenn ich das Gespräch auf meine Arbeit brachte, deren Fortfall ich bitter bereute, und über Religion und Philosophie reden wollte. Sie fragte mich nie aus, weil sie meinte, es wirke allzu neugierig, aber ich hätte ihr das niemals übelgenommen.

Im November rief Dickie bei Dick Chrichton an, um sich zu erkundigen, wie es ihm ging, doch er wollte nicht mehr viel mit ihm sprechen, weil er sagte, er bringe alles durcheinander und bezeichnete sich selbst als einen verwirrten und alten Idioten. Er starb nur einige Tage nach diesem Telefonat. Ich schrieb meiner Schwester, sein Ableben sei nun der endgültige Bruch mit unserem alten familiären Leben.

Anfang Januar des Jahres 1963 musste ich mich sehr um meine beiden älteren Töchter sorgen, denn Margarita erlitt einen sehr schweren Schock, als es im Schloss in Langenburg zu einem verheerenden Brand kam, bei dem sie viele ihrer persönlichen Besitztümer verlor. Einige hatten einen wahren nominellen Wert, andere nur einen sentimentalen, doch es traf sie sehr, denn eine Seite des Schlosses wurde bei dem Feuer komplett zerstört, was auch ihre privaten Räume betraf. Sie meinte, es sei nur gut gewesen, dass sie sich nicht in ihren Zimmern aufhielt, als das Feuer ausbrach, und sie habe die Perlenkette getragen, die meine Mutter ihr einst schenkte. So konnte wenigstens diese nicht in Rauch aufgehen. Dennoch fühlte sich meine arme Tochter einem Nervenzusammenbruch nahe. Sie würde einige Zeit brauchen, um diesen Schock zu verkraften.

Bei der Hochzeit von Sophia war mir aufgefallen, wie alt und abgehärmt meine Tochter Dolla aussah. Ich besuchte sie im Juli in Schloss Eberstein, einem Sitz des Hauses Baden bei Oberstrot.
Dolla war zeitweise überhaupt nicht mehr in der Lage fließend zu sprechen und hatte Mühe gerade zu gehen. Nach einiger Zeit schien sie sich aber immer wieder zu fangen, unterhielt sich mit mir wie immer, ging auch ohne zu torkeln. Da sie nicht wusste, wann ihr das Gehen wieder schwerfallen würde, hatte sie immer einen Gehstock bei sich. Die Ärzte untersuchten sie eingehend, stellten fest, dass ihre Arterien sich verengten und somit oftmals kaum Blut in ihr Gehirn gelangte. Auch ihr Herz war schwach, was mich sehr beunruhigte, weil mir dieses Leiden vertraut war. Ich riet ihr, sich zu

schonen, auf sich zu achten.
Aufgrund von Fisteln hatte man ihr viele Zähne ziehen müssen und es fiel mir anfangs schwer mich an ihr neues Lächeln zu gewöhnen.

Meine eigene Gesundheit ließ auch sehr zu wünschen übrig in diesem Jahr. Im Sommer, als ich mich in Broadlands bei meinem Bruder aufhielt, fühlte ich mich von einem auf den anderen Tag so elend, bekam Leberschmerzen und zog es vor mich in den Buckingham-Palast zu Philip und Lilibet zu begeben. Meine Schwiegertochter bot mir sofort an, sich um mich zu kümmern und schickte nach ihrem Leibarzt, den ich bereits kannte und sehr schätzte. Baron Horace Evans war schon der Leibarzt von König George VI. gewesen und von dessen Mutter Mary. Doch zuerst weigerte ich mich den Arzt zu empfangen, sagte Lilibet, ich sei zu krank dafür. Einige Tage später ging es mir etwas besser und ich fragte sie, ob sie nun nach Evans schicken lassen könnte. Meine Schwiegertochter fand das sehr verwirrend, denn eigentlich war man froh, wenn der Arzt eben dann kam, wenn man krank war oder sich krank fühlte. Daher fand sie mein Verhalten etwas unlogisch.
Nachdem Evans mich untersucht hatte, teilte er mir mit, ich habe einen Keim im Blut und dieser führe zu meiner andauernden Müdigkeit und Abgeschlagenheit. Ich bekam Medikamente, aber es ging mir nicht wirklich besser danach.
Dennoch besuchte ich meine Schwester und Gustav in Sofiero und bekam nur wenig später eine sehr schwere Gallenkolik und hohes Fieber, welches mich für dreißig Stunden buchstäblich niederwarf. Louise rief einen Krankenwagen und man brachte mich umgehend in das nächstgelegene Hospital. Dort verabreichte man mir sehr starke Medikamente, sodass ich meine Umwelt nur noch verschwommen wahrnahm, die meiste Zeit schlief. Ich erhielt auch mehrere Infusionen und schon am nächsten Tag fühlte ich mich etwas besser. Nach einigen medizinischen Tests stellten die behandelnden Ärzte fest, dass mein Herz und mein Blutdruck zufriedenstellend waren, aber meine Leber befand sich in keinem guten Zustand.
Ich erholte mich noch einige Tage im Krankenhaus, kehrte dann zu Gustav und Louise zurück. In Sofiero kümmerten sich beide sehr rührend um mich und ich kam langsam wieder zu Kräften.

In diesem Sommer musste König Paul in einer Notoperation in einem Hospital der Blinddarm entfernt werden. Freddie bangte viele Stunden um sein Leben, aber war erleichtert, als er die schwere Operation gut überstanden hatte.
Es war sehr positiv, dass sich die Situation in Zypern einigermaßen beruhig-

te, was auch gleichzeitig dazu führte, dass sich die Beziehungen zwischen Griechenland und England wieder verbesserten. Man lud König Paul sogar zu einem offiziellen Besuch nach London ein, doch dieser wurde dann überschattet von Demonstrationen in London, wobei man die Freilassung von politischen Gefangenen in Griechenland forderte. Dennoch verlieh Lilibet dem König den *Order of the Garter*, den *Hosenbandorden*, und die Politiker und Diplomaten waren sich einig darüber, dass dieser Besuch dennoch die englisch-griechische Beziehung wieder gestärkt habe. Den Zwischenfall mit den Demonstrationen überging man und sah darin nur einen kleinen Vorfall, der nicht wirklich von politischer oder diplomatischer Tragweite sei.

Philip schrieb mir nach der Abreise des Königs, sein Besuch sei durchaus positiv gewesen. Ferner erhielt ich die frohe Botschaft, dass Lilibet erneut ein Kind erwartete. Der Geburtstermin war von ihrem Gynäkologen auf Anfang März datiert worden.

Meine Tochter Dolla war im September nach Italien gereist, um sich dort etwas zu erholen. Sie blieb einen Monat. Doch kurz vor ihrer Rückreise nach Deutschland erreichte sie die schlimme Nachricht, dass ihr Ehemann Berthold am siebenundzwanzigsten Oktober gestorben war. Er war mit dem Sohn Ludwig im Auto unterwegs nach Baden-Baden gewesen, als er von einem auf den anderen Moment einfach tot am Steuer zusammensackte. Es passierte in der Nähe der Kleinstadt Spaichingen im Landkreis Tuttlingen. Sein Sohn griff instinktiv das Lenkrad und konnte den Wagen relativ unbeschadet zum Stehen bringen, aber für Berthold kam jede Hilfe zu spät. Es war ein sehr schlimmer Schlag für meine kranke Tochter, denn ihr Ehemann war gerade einmal siebenundfünfzig Jahre alt geworden. Zudem konnte sie es nicht verwinden, dass sie in Italien weilte, als er starb, denn sie war nicht bei ihm gewesen. Dolla sollte sich nicht mehr von diesem für sie traumatischen Erlebnis erholen. Danach war meine arme Tochter nicht mehr dieselbe.

Im Januar des neuen Jahres 1964 musste sich König Paul einer Operation unterziehen, da er seit einigen Wochen an schlimmen Magenschmerzen litt, kaum noch etwas essen konnte. Bei dieser Operation stellte man fest, dass er Magenkrebs hatte, und die Ärzte machten ihm keine große Hoffnung mehr. In einer weiteren Operation im Februar waren sie nicht in der Lage, den Tumor vollständig zu entfernen, zudem breitete sich der Krebs bereits aus. Freddie ließ in ihrer Verzweiflung die heilige Ikone von Tinos, die ich bereits erwähnte, an sein Krankenlager bringen, aber er verfiel zusehends.

Am sechsten März starb der König mit nur zweiundsechzig Jahren.
Der neue Präsident der USA, Lyndon B. Johnson, und seine Gattin Claudia, die *Lady Bird, Marienkäfer* genannt wurde, ein Spitzname aus ihrer Kindheit, befanden sich zu diesem Zeitpunkt gerade auf einem Besuch in Griechenland. Johnson war eigentlich Vizepräsident der Vereinigten Staaten gewesen, doch nachdem man den amtierenden Präsidenten John F. Kennedy am zweiundzwanzigsten November des Jahres 1963 in Dallas bei einem Attentat tötete, hatte er nun das Amt inne. Lady Bird Johnson kam in den Palast, in dem ich auch gerade anwesend war, und kondolierte Freddie, die ein schlichtes schwarzes Samtkleid trug, das Gesicht gerötet von den Tränen, die sie um ihren Ehemann vergossen hatte. Sie bedankte sich vielmals bei der Gattin des Präsidenten und diese betrat dann die große Halle, wo sie mich sah, stehen blieb, mich begrüßte. Wir stellten uns einander vor, sie meinte, ich hätte in meinem grauen Habit sofort einen großen Eindruck auf sie gemacht und ich erklärte ihr, warum ich diesen trug.

Die Beisetzung des Königs fand am elften März statt. Philip reiste stellvertretend für Lilibet an, denn diese hatte nur einen Tag zuvor dem kleinen Prinzen Edward das Leben geschenkt.
Nach dem Gedenkgottesdienst in der Kathedrale folgten mein Sohn und ich der Prozession zum *Hilton Hotel*, von dem aus wir nach Tatoi fuhren, um die sterblichen Überreste des Königs dort beizusetzen.
Mein Sohn, der schon immer mit einem gewissen speziellen Humor gesegnet war, konnte es sich nicht verkneifen anzumerken, dass Lady Bird Johnson und Fürst Rainier von Monaco, die neben uns gingen, ebenso wie wir in der Prozession dahinschleichen mussten, da der Priester, der voranging bereits zweiundneunzig Jahre alt war.
Louise war es aufgrund ihres gerade leider schlechten Gesundheitszustands nicht möglich gewesen anzureisen, aber Gustav war gekommen. Und einen Stuhl hielt man für den ehemaligen Präsidenten der USA Harry Truman bereit. Zwar war er achtzig Jahre alt, regte sich aber doch etwas darüber auf, dass er auf einem Stuhl Platz nehmen sollte. Der Platzanweiser zeigte sich verwirrt, doch Truman erklärte ihm, man mache ihn zu einem alten Greis. Der junge Mann verstand ihn falsch, meinte Truman würde darauf anspielen, dass er etwas verspätet erschienen war, und gab zurück, es würde noch eine lange Zeremonie auf ihn warten. Truman setzte sich, lächelte, antwortete, er hoffe es, denn ansonsten brauche er ja den Stuhl nicht.
Ich hatte mir vorsorglich auch einen Stuhl organisiert und bewunderte Gustav, der sich trotz seines hohen Alters als sehr standfest erwies, denn die ganze Beerdigung zog sich insgesamt über fünfeinhalb Stunden hin.

Beisetzung des Königs Paul von Griechenland, hinter mir stehen Katherine, Tinos Tochter und die Prinzessin Anne-Marie von Dänemark, 11. März 1964

Einige Tage nach der Beerdigung gab es Querelen wegen der Kränze, die zur Trauerfeier im Auftrag von abwesenden Verwandten angefertigt worden waren. Lilibet sollte für ihren fünfundsechzig Pfund bezahlen, Dickie, Ellens Töchter Olga und Marina sowie einige andere über dreiundfünfzig Pfund pro Kranz. Marina beschwerte sich über diesen Preis, bat Dickie und Philip einmal bei den Floristen des griechischen Königshofes nachzuforschen, ob da nicht Fehler in der Abrechnung vorliegen könnten. Seltsamerweise waren einige dieser Kränze auch gar nicht bei der Trauerfeier zu sehen gewesen und solche Preise waren unverschämt und übertetuert. Der britische Botschafter in Athen erklärte dann aber, dass alle Kränze angefertigt worden seien. Da ein griechischer Blumenhändler viel Lorbeer aufgekauft habe, um Vorräte zu haben, mussten die Hoffloristen zusätzlich welchen aus Italien einfliegen lassen, um die gestiegene Nachfrage aufgrund der Trauerfeier für den König noch bedienen zu können.

Dickie erinnerte mich an eine nette kleine Anekdote aus England, die gut dazu passte: Als König George III. von England einmal mit seiner Kutsche unterwegs war, ging ein Rad kaputt und er musste warten, bis es repariert war. Daher marschierte er auf den Hof eines Bauern zu, bat diesen um einige Eier, die er ihm abkaufen wollte, doch dieser verlangte einen viel zu hohen Preis dafür. Der König gab entrüstet zu bedenken, dass Eier nun wirklich nicht so selten seien, aber der Bauer meinte, die Eier nicht, aber Könige schon.

Der dreiundzwanzigjährige Kronprinz Konstantin, der bereits während der schweren Erkrankung seines Vaters die Regentschaft pro forma übernommen hatte, wurde nun im März 1964 der neue König Konstantin II. von Griechenland. In der Familie wurde er *Tino* genannt und er war sehr beliebt beim griechischen Volk. Im Jahre 1960 hatte er in Naples in Florida mit seiner Yacht bei den Olympischen Spielen eine Goldmedaille gewonnen und seit einiger Zeit war er verliebt in die Prinzessin Anne-Marie von Dänemark, einer Tochter König Fredericks IX. von Dänemark und Gustavs Tochter Ingrid. Die Prinzessin war aber erst siebzehn Jahre alt. Auf der Hochzeit von Prinzessin Sophia war Anne-Marie eine der Brautjungfern gewesen, sie kannte Tino seit dem Jahre 1959, als seine Eltern auf einem Staatsbesuch in Dänemark gewesen waren. Schon 1961 sagte Tino Freddie und Paul, dass er die Prinzessin heiraten wollte.

In diplomatischen Kreisen befürchtete man, der neue König sei noch zu jung für seine Aufgabe, da ein griechischer König stets mit den unterschwelligen demokratischen Bestrebungen des Volkes zu kämpfen und jeder König habe in Griechenland immer eine gewisse Probezeit zu durchlaufen habe, in der er sich beweisen musste. Man sah Tino diversen Stolperfallen ausgesetzt, wozu auch seine Mutter gezählt wurde, die stets den Ton angeben wollte.

Tino war Ellen immer mehr zugetan gewesen als mir, daher sah ich mich auch bald isolierter als zuvor in Athen.

Als ich im Juni in London an einem Mittagessen zum vierundsechzigsten Geburtstag meines Bruders Dickie teilnahm, fand er, ich sähe sehr zerbrechlich aus und sei sehr dünn geworden.

Im Juli gab man offiziell die Verlobung von Tino und Anne-Marie bekannt. Am dreißigsten August würde die Prinzessin achtzehn Jahre alt werden, zwei Wochen später sollte die Hochzeit stattfinden.

Ich befand mich in Sofiero bei Gustav und Louise, als ich die Neuigkeit erfuhr, und ich schrieb Philip, dass Gustav sich eigens für die Hochzeit seiner Enkelin eine weiße Admiralsuniform schneidern ließ.

Gesundheitlich ging es mir recht gut in diesem Sommer, denn ich achtete genauestens darauf, was und vor allem wie viel ich aß. Zeitweise konnte ich

nicht mehr so gut laufen, was aber daran lag, dass ich lange Strecken einfach nicht mehr gewöhnt war und inzwischen auch mal gerne ein kleines Päuschen bei Spaziergängen einlegte.
Meine Schwester Louise hatte vor einiger Zeit ein besonderes Projekt in Angriff genommen. Sie kontaktierte vor einiger Zeit die bekannte Autorin Martha Edith Almedingen oder auch Marta Alexandrowna Almedingen, die unter dem Kürzel E. M. Almedingen ihre Werke publizierte. In der Fachwelt schätzte man die Autorin besonders für ihre sehr gut recherchierten Biografien und Louise hatte sie gebeten, eine über Tante Ella zu schreiben, die nun, im Jahre 1964, zu ihrem hundertsten Geburtstag unter dem Titel *An Unbroken Unity, a memoir of Grand-Duchess Serge of Russia, 1864-1918*, erschien. Almedingen und Louise hatten sich mehrmals getroffen, ohne dass wir etwas davon erfuhren, und so bekam die Autorin auch Informationen über Tante Ella aus erster Hand. Natürlich waren in letzten Jahrzehnten viele Bücher über die letzte Zarenfamilie und unsere Tante erschienen, aber die Biografie von Almedingen war eine der besten. Meine Schwester schenkte mir eine Ausgabe, die ich mit großer Begeisterung las.
Bevor meine Schwester jedoch allen anderen Verwandten eine Ausgabe schenken konnte, kam Dickie ihr zuvor, übergab eine an Lilibet, was Louise sehr freute, aber dennoch protestierte sie, dass es doch ihr Buch sei. Sie war so enthusiastisch, dass die Vorgehensweise unseres Bruders sie sehr enttäuschte, es wäre an ihr gewesen, das Buch als Überraschung zu präsentieren.

Am achtzehnten September heirateten Tino und die Prinzessin Anne-Marie in der sogenannten Metropolis, der Kathedrale des Erzbischofs von Athen.
Tino hatte bereits im April Lilibet, Philip, Charles und Anne zur Hochzeit eingeladen, aber nur Philip konnte sofort zusagen und schrieb an den König, dass Lilibet als Königin Bedenkzeit brauche, solange die politische Situation in Zypern nicht stabil sei, aber Charles würde gerne während der griechisch-orthodoxen Zeremonie die Krone über Tino halten und Anne gerne als Brautjungfer für Anne-Marie fungieren. Es spiele keine Rolle, was sich bis zur Hochzeit politisch in Zypern ergäbe, man würde am Tag der Hochzeit pflichtgemäß erscheinen.
Meine Schwester Louise musste von einer Reise nach Athen aus gesundheitlichen Gründen leider absehen, sie konnte ihren Ehemann nicht begleiten. Ich machte mir sehr große Sorgen um sie, denn auch ein Treffen mit mir und Dickie hatte sie vor einiger Zeit nicht mehr wahrnehmen können.

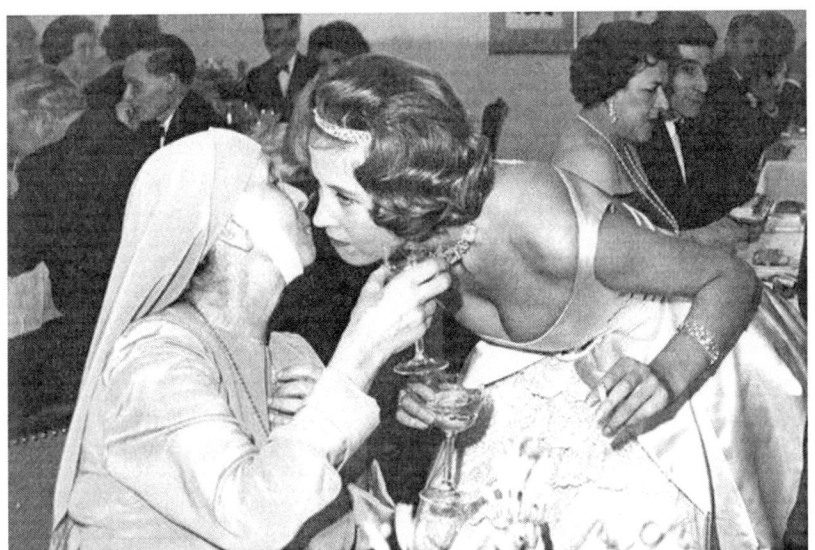

Mit der frisch gebackenen Königin Anne-Marie von Griechenland bei den Hochzeitsfeierlichkeiten am 18. September 1964

Lilibet blieb schließlich auf Anraten ihrer Minister den Hochzeitsfeierlichkeiten fern, aber Philip, Charles, Anne, Marina und einige andere englische Verwandte reisten an. Die Hochzeit war eine wunderschöne Feier, bei der die männlichen Gäste fast ausschließlich in weißen Uniformen erschienen, die weiblichen ihre hübschesten Kleider präsentierten. Allein sieben regierende Monarchen erschienen mit ihren Gattinnen in Athen, zwei ehemalige Könige, zwei regierende Fürsten, Prinzen und Prinzessinnen und viele andere Gäste. Es war eine, wie man so sagt, schillernde Gesellschaft.

Zu Weihnachten luden mich Tino, seine Gattin und Freddie zu einem Essen ein und ich wollte nicht unhöflich erscheinen, sagte zu, aber ansonsten hielt ich mich fern vom königlichen Hof. Mir kam es so vor, als fühlte man sich verpflichtet, mich einzuladen, und da ich mich nur geduldet fühlte, machte ich auch keine Anstrengungen, mein Verhältnis zu Tino zu verbessern oder eines zu seiner Gattin zu vertiefen.

Ende des Jahres erhielt ich eine Einladung des Emirs von Bahrain, die er mir über Major Green zukommen ließ. Ich sollte als Gast des Emir im Frühjahr 1965 den Inselstaat nochmals besuchen, wobei dieser für alle anfallenden Kosten aufkommen wollte. Ich war völlig verblüfft, aber hocherfreut über die Einladung, sagte zu und wollte dort meinen achtzigsten Geburtstag feiern. Ich bat aber meinen Sohn, seinem Onkel Dickie nichts von der geplanten Reise zu sagen, damit dieser nicht meinte, er müsse schon wieder einen Betreuer für mich organisieren. Philip verstand, wandte aber ein, ich solle mir gut überlegen, ob ich in meinem Alter noch so eine weite Reise auf mich nehmen wollte. Eigentlich hatte ich nach der letzten gesagt, ich würde davon absehen. Dennoch wollte ich das Abenteuer nun noch einmal wagen.

Im Dezember erreichte mich die schlimme Nachricht, dass Louise einen Herzinfarkt erlitten hatte. Sie befand sich im Sankt-Göran-Krankenhaus in Stockholm. Gustav schrieb mir, dass es ihr einigermaßen gut ginge, aber ich befürchtete schon längere Zeit, meine Schwester sei doch in einer schlechteren gesundheitlichen Verfassung, als sie es offenbaren wollte. Sie schrieb mir Anfang des neuen Jahres, nachdem ich ihr einen langen Brief schickte, in dem ich mich nach ihr erkundigte, sie wollte mich nicht in Panik versetzen. Sie müsse noch eine Weile im Krankenhaus bleiben, sei auf dem Wege der Besserung, aber ich sah mich wie immer gezwungen, zu ihr zu reisen. Dies lag vor allem an ihren Zeilen, die sie Dickie am siebenundzwanzigsten Januar des Jahres 1965 schrieb, in denen sie ausdrückte, wie sehr sie uns beide liebte, denn sie habe einen wundervollen Bruder und eine sehr hilfsbereite Schwester. Sie bestand darauf, dass ich nicht kommen sollte, bat auch meinen Bruder mir dies auszurichten, aber natürlich sagte ich die Reise nach Bahrain ab, machte mich auf den Weg nach Schweden und traf am dreiundzwanzigsten Februar dort ein.
Louise war am sechsten Februar aus dem Krankenhaus entlassen worden.
Statt sich ihrer eigenen Lage bewusst zu werden, sorgte sie sich wieder nur um mich, da meine Knie langsam steif wurden, weil ich im Winter meist nicht viel raus ging, mich nicht genug bewegte. Sie freute sich dennoch, dass ich gekommen war, wir unterhielten uns viel, saßen nach dem Frühstück meist eine Stunde zusammen oder vor dem Mittagessen, denn meine Schwester sollte viel ruhen und verbrachte viel Zeit in ihrem Bett. Man verordnete ihr tägliche Massagen und ich holte sie danach meist zum Tee wieder aus ihrem Zimmer. Es war fast so, als wären wir bei einem unserer üblichen Treffen in Sofiero.
Gustav ließ sich seine Sorge um Louise nicht anmerken, er verbrachte auch viel Zeit mit mir und an meinem Geburtstag organisierten sie sogar einen Biskuitkuchen mit einer delikaten Garnitur, versahen ihn mit einer Kerze und übergaben mir einige Geschenke, die mein Schwager im Auftrag meiner Schwester eigens für mich besorgte. Dickie hatte gemeinsam mit Louise eine graue Ledertasche für mich gekauft, die ich nun auch erhielt. Gustav

nahm sich die Freiheit, mir noch einen Schal für kalte Abende zu schenken, übergab mir eine kleine finanzielle Spende, die ich dem Seniorenheim zukommen lassen sollte, für das ich noch ab und an Geld sammelte.
Mich erreichten auch zahlreiche Glückwünsche in Briefen und Telegrammen und ich hatte einen wundervollen Tag, für den ich mich bei meiner Schwester und meinem Schwager sehr bedankte.
Ich genoss die Zeit in Schweden so sehr, dass ich es kaum fassen konnte, als meine Schwester am dritten März über sehr schlimme Herzschmerzen klagte, kaum noch Luft bekam. Man brachte sie umgehend wieder ins Krankenhaus. Dort musste sie sofort operiert werden, weil ein Blutgerinnsel die Hauptarterie an ihrem Herzen verstopfte. Gustav und ich waren erleichtert, als sie die schwere Operation überstand, sogar einen Tag später wieder mit uns sprach, sich fröhlich und zuversichtlich gab. Aber am sechsten März verlor sie das Bewusstsein. Ich saß an ihrem Bett, als sie am Morgen des nächsten Tages, einem Sonntag, einfach aufhörte zu atmen.
Ich hatte so viele schlimme Dinge in meinem Leben erlebt, so viel durchmachen müssen, aber Louises Tod fühlte sich für mich an, als würde im selben Moment ein großer Teil von mir mit ihr sterben.
Gustav hatte nicht bis zum Schluss bei ihr sein können, denn er bekam plötzlich hohes Fieber, musste das Bett hüten. Als ich es ihm mitteilte, sackte er neben mir zusammen, sagte immer wieder ihren Namen, meinte, es könne nicht wahr sein ... Ich gab mir alle Mühe, ihn zu trösten, doch mir selbst rannen die Tränen in wahren Sturzbächen die Wangen hinab. Mein Schwesterchen, Shrimp, Louise, die immer für mich da war ..., ich hatte sie verloren ...

Am dreizehnten März fand das Staatsbegräbnis für Louise statt. Der Gedenkgottesdienst wurde in der ältesten und schönsten Kirche in Stockholm abgehalten, der *Storkyrkan*, der *Großen Kirche* oder offiziell *Sankt Nikolai-Kirche* im alten Stadtzentrum. Soldaten der Svea Life Guards und des Grenadierregiments des Königs standen in Reih und Glied mit der schwedischen Flagge an der Kirche, auf den Straßen stand die trauernde Bevölkerung, die wusste, was sie mit dieser Königin verloren hatte.
Es waren sehr viele Gäste anwesend, wie der französische Präsident Charles de Gaulle, der Präsident der USA, Lyndon B. Johnson, König Konstantin II. von Griechenland, die Könige von Dänemark und Norwegen, zahlreiche Verwandte, und die Kirche vermochte sie alle kaum zu fassen.

*König Olav V. von Norwegen begleitet mich in die Kirche,
13. März 1964*

Meine stets unsentimentale Schwester hatte schon lange vor ihrem Tod schriftlich festgelegt, wie ihre Beerdigung einmal ablaufen sollte. Es sollten keine persönlichen Worte vonseiten des Pfarrers gesprochen werden, stattdessen hatte sie Texte aus der Bibel herausgesucht, selbst die Lieder waren von ihr feinsinnig ausgewählt worden.

Nach dem Gottesdienst trugen acht Seeleute den Sarg aus der Kirche, wobei Kämmerer einen Kranz nach dem anderen beiseite legten und mir Dickies ins Auge fiel, auf dessen Schärpe in goldenen Buchstaben *In ever loving memory of my darling sister Louise* eingewebt war. Die Worte trafen mich

tief im Herzen, denn ich fühlte ebenso wie mein Bruder.
Louise wurde dann auf dem königlichen Friedhof in Solna nördlich von Stockholm beigesetzt.

Ich schrieb Dickie kurz nach der Beerdigung, dass ich den Verlust unserer Schwester nicht wirklich verwinden könnte. Dennoch berichtete ich ihm, was geschehen war, wie schnell alles ging und ich war froh, dass ich meinen Geburtstag noch mit ihr verbracht hatte, weil ich nach meiner Ankunft in Schweden fühlte, dass etwas anders war. Ich wusste, wenn ich sie nicht noch einmal besucht hätte, wäre ich ewig unglücklich darüber gewesen. So aber konnte ich noch bei ihr sein, auch im Krankenhaus. Irgendwie spürten wir aber beide, es würde das letzte Mal sein, dass wir so zusammen sein konnten, doch wir ignorierten unsere böse Vorahnung beide. Ich dankte Gott für diese letzte wunderschöne Zeit mit ihr, aber es würde ungewohnt sein, am Schreibtisch zu sitzen, ein Blatt zu nehmen, den Stift und dann zu realisieren, dass ein Brief sie niemals mehr erreichte.

Königin Anne-Marie lud Gustav im April nach Athen ein und ich freute mich sehr, als Dickie mir mitteilte, dass er dann auch Zeit habe. Ich teilte ihm schriftlich mit, ich würde mich freuen ihn zu sehen, aber es sei nicht mehr so dringend wie direkt nach Louises Tod. Als ich ihm die ganzen Details ihres Ablebens schilderte, waren meine Zeilen in Tränen getränkt. Nun sei ich ruhiger, versuchte zu akzeptieren, dass unsere Schwester uns verlassen hatte.
Ich erfuhr von Anne-Marie, dass sie schwanger sei und freute mich sehr für sie. Ihr erstes Kind sollte im Sommer zur Welt kommen. Es war sehr nett von ihr, mir die freudige Nachricht zu überbringen.

Am dreiundzwanzigsten April, dem *Tag des Heiligen Georg*, besuchten mich Gustav und Dickie in meiner Wohnung in Athen. Wir unterhielten uns lange, sprachen über Louise und mein Bruder ermunterte Gustav, sich seinen Kummer von der Seele zu reden, denn wir alle drei hatten unsere Ehepartner verloren, verstanden einander. Und ich schrieb meinem Sohn, es sei gut gewesen, dass Dickie und Gustav sich austauschen konnten, denn Männer sehen so einen Verlust vielleicht etwas anders als Frauen.

Ich fand es sehr positiv, dass Lilibet und Philip im Mai 1965 zu einem Staatsbesuch nach Deutschland reisten, denn es war ein bedeutender Schritt von England und Deutschland, sich nach dem Zweiten Weltkrieg wieder anzunähern, die Beziehungen zu verbessern. Kurzerhand fragte ich Philip, ob es nicht möglich wäre, dass mein Cousin Victor Erbach einmal Lilibet

vorgestellt werden könnte, was ihn sicher sehr freuen würde, und mein Sohn versprach sich darum zu kümmern.
Für Philip bot die zehntätige Reise aber auch die Möglichkeit, Lilibet einmal Wolfsgarten zu zeigen, den Ort, der viele Jahre für ihn eine Heimat gewesen war. Am zwanzigsten Mai nahmen sie dort ein Abendessen mit Peg und Lu ein, dann besuchten sie Dolla für ein Wochenende in Salem und zum Abschluss schauten sie auch bei Margarita in Langenburg vorbei. Diese Besuche bei seinen Schwestern waren aber rein privater Natur und gehörten nicht zum offiziellen Programm des Staatsbesuchs. Margarita nahm sich drei Stunden Zeit für Lilibet und Philip, führte sie durch das Schloss, hatte einen Cocktailempfang organisiert, an dem auch die Fürstenpaare aus Waldenburg und Öhringen teilnahmen, und es blieb auch etwas Zeit für private Konversation. In den lokalen Zeitungen berichtete man später, der Bürgermeister von Langenburg habe eigens für eine Abschiedsrede der Königin und ihres Ehemannes eine Rede auf Englisch eingeübt, als er sie um dreiundzwanzig Uhr am Bahnhof traf.

In den nächsten Monaten pendelte ich zwischen Griechenland und England, reiste im Juni nach London. Da Philip und Lilibet nicht in der Stadt waren, schrieb ich Dickie, dass ich aufgrund der Tatsache, dass die *Filibets* nicht zu Hause seien, zu ihm nach Broadlands komme. Es wäre mir ein Vergnügen, zum Mittag- oder Abendessen zu erscheinen oder wann immer er Zeit für mich erübrigen könnte.
Da ich nun nicht mehr im Sommer nach Schweden weiterreiste, verbrachte ich einen Großteil der Sommermonate in London. So begleitete ich Philip und seine Familie im August auf der *Britannia* zu einer Parade der britischen Flotte auf dem Fluss Clyde bei Glasgow und verbrachte mit ihnen eine lange Zeit in Balmoral.
Danach bedankte ich mich schriftlich bei meinem Sohn für die schönen Tage, die wir miteinander verleben durften, und sagte, er habe mich damit sehr glücklich gemacht.

Am zehnten Juli gebar Königin Anne-Marie in Mon Repos auf Korfu die kleine Prinzessin Alexia von Griechenland. Das Baby wurde am zehnten September getauft und man lud mich auch zu dieser Festlichkeit ein.

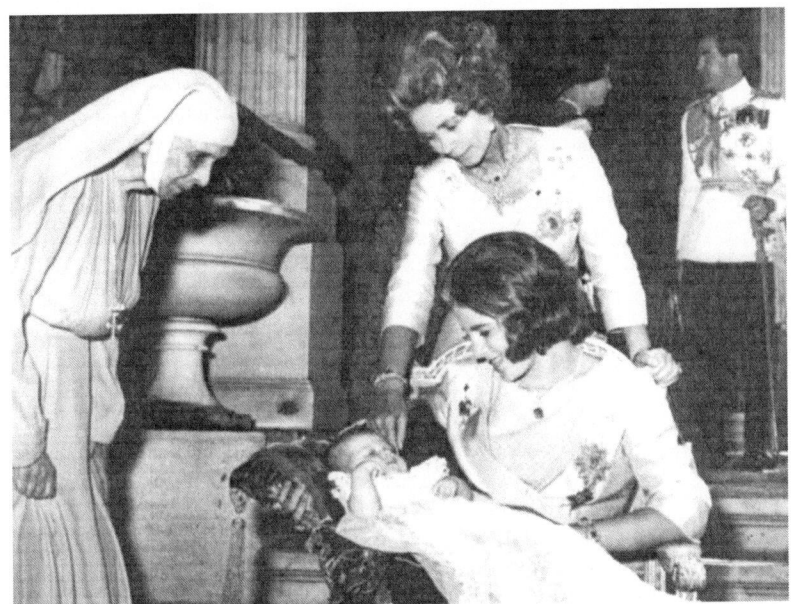

Königin Anne-Marie mit Alexia, hinter ihr stehen ihre Mutter, Königin Ingrid von Dänemark, und ich, 10. September 1965

Für den bei der Taufe anwesenden Prinzen Peter, den Sohn von Mimi, der sich oftmals etwas rückständig zeigte, war es eine Ungeheuerlichkeit, dass der König seine kleine Tochter mit dem Titel einer *Kronprinzessin* versah, was ich aber sehr lobenswert fand. Wenn in England eine Frau ebenso wie ein Mann den königlichen Thron innehaben konnte, dann sollte Griechenland ruhig gleichziehen, modernere Wege beschreiten.

Im Frühjahr 1966 befanden sich Lilibet und Philip auf einer offiziellen Reise in die Karibik. Von Kanada aus reisten sie am ersten Februar nach Barbados. Ihre letzte Station würde Anfang März Jamaika sein. Dann ginge es zurück nach England.

Sie waren quasi gerade aus der Tür, als ich in London eintraf, um mich um die Kinder zu kümmern. Außerdem konnte ich so einer für den fünfzehnten Februar geplanten Demonstration in Athen entgehen.

Beim Regierungsantritt des neuen Königs hatte man noch auf eine gute Zusammenarbeit mit dem im Februar des Jahres 1963 neu gewählten Premierminister Georgios Papandreou gehofft, aber das gute Verhältnis geriet langsam ins Wanken. Papandreou hatte im Jahre 1961 eine neue Partei ins

Leben gerufen, die *Zentrale Union*, kurz *EK*. Sie gewann immer mehr an Einfluss, verdrängte die *Nationale Radikale Union* des ehemaligen Premierministers Karamanlis dann zusehends. Zudem war es erneut zu Konflikten in Zypern gekommen, weswegen Papandreou griechische Truppen auf die Insel entsandte. Der König sah in diesem Schritt wieder die guten Beziehungen zwischen England und Griechenland bedroht, denn der Premierminister verstieß mit diesem Schritt gegen das *Zürcher* und *Londoner Abkommen*.

Das eigentliche Kernproblem war aber, dass die *Zentrale Union* sich auf Venizelos berief, gegen die Monarchie war.

Als der König im Juli 1965 Papandreou aufgrund wachsender Differenzen zwischen den beiden mitsamt der Regierung absetzte, eine neue formte und Georgios Athanasiadis-Novas einsetzte, begann es wieder in Griechenland zu kriseln. Konstantin II. sprach sich öffentlich gegen Papandreou aus, was den Anti-Royalisten in der griechischen Armee missfiel, es kam auch zu Streitigkeiten über das Verteidigungsministerium und diese ganzen politischen Ränkespiele waren mir in meinem Alter fast zu viel.

London wurde zu meinem Zufluchtsort, denn ich fühlte mich immer einsamer in Griechenland. Ich sagte Philip zwar, ich käme wegen der Kinder, aber eigentlich suchte ich Gesellschaft. Louises Tod hatte eine sehr tiefe Lücke in mein Leben gerissen.

Mein Enkel Charles besuchte nach der Schule in Cheam, ebenso wie sein Vater, das Internat in Gordonstoun, erhielt daneben aber auch Privatunterricht im Buckingham-Palast. Während meines Aufenthalts in London befand er sich gerade als Austauschschüler in Geelong, einer Hafenstadt im australischen Bundesstaat Victoria. Ich fand es nicht unvorteilhaft, ihn dorthin zu schicken, denn so würde er nicht nur andere Menschen des englischen Commonwealth kennenlernen, sondern auch ganz andere Lebensweisen. Und das Land würde ihm viele neue Eindrücke vermitteln.

Anne war in einem Internat, der *Benenden School* für Mädchen in Kent. So hatte ich viel Zeit für Andrew und Edward. Sie kamen meist nach dem Frühstück in mein Zimmer, um mit mir zur spielen, wir nahmen auch das Abendessen gemeinsam ein. Edward, damals fast zwei Jahre alt, liebte es die Tür aufzureißen, in meinen Raum gelaufen zu kommen und auf dem Bett herumzuhopsen, wobei ich ihn an den kleinen Händchen festhielt.

An den Nachmittagen spielte ich auch viele Partien Halma mit Andrew, der dieses Brettspiel besonders mochte. Er feierte am neunzehnten Februar seinen sechsten Geburtstag und ich ließ es mir nicht nehmen, ihm eine schöne Feier auszurichten, zu der zwölf Kinder eingeladen wurden und man einen Film zeigte.

Mir fiel auf, dass Lilibets Mutter kein Geschenk schickte oder ihrem Enkel

wenigstens am Telefon kurz gratulierte. Eigentlich hatte sie dies immer getan, wenn ihre Tochter mit meinem Sohn auf Reisen war, aber Andrew fragte zum Glück nicht nach ihr. Und sie ließ sich auch sonst nicht oft bei den Kindern blicken. Es konnte an meiner Anwesenheit liegen, vielleicht dachte sie auch, eine Großmutter sei genug, aber wenigstens zum Geburtstag, einem sehr wichtigen Fest für ein Kind, hätte sie sich blicken lassen können, nur dem Kleinen zuliebe.
Eigentlich wollte ich in England bleiben, bis Lilibet und Philip wieder von ihrer Reise zurück wären, aber die Demonstration in Athen war ohne große Zwischenfälle verlaufen und dann erhielt ich einen Brief von Mimis Tochter Eugénie, die mich zur Hochzeit ihrer Tochter Tatjana am zweiundzwanzigsten März in Athen einlud. Sie machte in ihrem Schreiben deutlich, dass meine Anwesenheit ihrer Tochter sehr wichtig sei, daher reiste ich zurück nach Griechenland.
Die politische Situation in Griechenland wurde zusehends instabiler. Meine beste Quelle für jegliche Informationen in dieser Hinsicht war die ehemalige Königin Helen von Rumänien, die sich beim König aufhielt und ein sehr großes Interesse an der griechischen Politik hatte. Sie war moralisch gefestigt, blieb ruhig, was mir sehr imponierte.
Einmal traf ich sie in der Wohnung von Kitty Valaoritis, in der ich mich gerade aufhielt, und sie gestand mir, sie sorge sich mittlerweile ernsthaft um einen Fortbestand der Monarchie, aber ich wandte ein, es wäre sicher, solange die Armee nur treu hinter dem König stünde. Helen hatte da so ihre Zweifel. Sie merkte an, Papandreous Sohn, ein griechischer Ökonom und sozialistischer Politiker, würde finanzielle Unterstützung aus Russland erhalten und die Offiziere seien jederzeit empfänglich für erhebliche Bestechungsgelder, um sich gegen den König zu stellen. Ich fand, der König habe einen sehr engagierten Privatsekretär, der ihm mit Rat und Tat zur Seite stand und ihn niemals schlecht beriet. Sein Name war Bitsios und er schien mir genauestens über die politische Entwicklung im Bilde zu sein. Andererseits war er noch ebenso ein junger Mann wie der König, hatte den Optimismus der Jugend, dass das Schicksal ihn und den König in Griechenland bleiben ließ. Er sah die Macht von Tino gefestigt.
Da ich aber einige Male das Land aufgrund der politischen Umstürze hatte verlassen müssen, war ich ein sprichwörtlich *gebranntes Kind* und wusste, was ein Exil bedeutete. Die Geschichte hatte mich weiser werden lassen. In dieser Hinsicht konnte Freddie ihrem Sohn sicher eine Stütze sein, denn sie war auch im Exil gewesen. Ich musste mich aber einfach an meinen Sohn wenden, wollte helfen und schrieb ihm, dass er sich aufgrund der eventuell drohenden Gefahr bereithalten solle, den König zu retten. Dies lag natürlich nicht in der Macht meines Sohnes, aber ich hoffte, er würde es Lilibet er-

zählen. Beide waren sicher auch im Bilde, was in Griechenland vor sich ging.

Die Hochzeit von Eugénies Tochter, Tatjana Radziwill, mit dem Arzt Jean Henri Fruchaud, am 22. März, 1966 in Athen, ich stehe hinten links

Mein Sohn und meine Schwiegertochter wollten mich zum Osterfest nach London einladen, doch obwohl mich Lilibet in einem Schreiben persönlich einlud, zögerte ich, denn ich wollte eigentlich zur Zeit wirklich nicht mehr in Griechenland sein, andererseits hatte mich Tino eingeladen mit ihm und seiner Familie das Fest zu verbringen. So sagte ich in London ab, was Lilibet wohl mehr verärgerte als meinen Sohn, denn sie war die Königin. Sicher war es nicht nett, eine Einladung ihrerseits auszuschlagen, aber ich war unruhig, machte mir auch Sorgen um Tino.

Am achtzehnten April heiratete mein Enkel Prinz Karl von Hessen-Kassel in Grote of Sankt Jakobs-Kerk, auch Große Kirche oder im englischen Saint James` Church in Den Haag in den Niederlanden die ungarische Gräfin

Yvonne Szapary von Muraszombath, Széchysziget und Szapár. Ich nahm mit Philip gemeinsam an den Feierlichkeiten teil.

Bei der Hochzeit meines Enkels Karl sitze ich mit Philip während der Zeremonie in der Kirche, 18. April 1966, Den Haag, Niederlande

Nach der Hochzeit reiste ich weiter nach Schweden und besuchte Gustav in Ulriksdal, wo sich auch Dickie, Patricia und Pammy mit ihrem Ehemann David aufhielten. Einziges Manko an meinem Aufenthalt war die Tatsache, dass Patricia, Pamela und David bei den offiziellen Mittag- und Abendessen nicht wie Gäste platziert wurden, die einen besonderen Rang innehatten, sondern weitab von ihrem Vater, mir und dem König saßen. Ich fand das sehr unschön, wandte mich an den Kämmerer des Königs und auch an Gustav selbst. Meine Empörung war sehr groß, aber meine Einmischung schlug auch noch nach meinem Besuch in Schweden Wellen, denn der Kämmerer sah sich nun gezwungen, meinem Bruder zu erklären, die gleichzeitige Anwesenheit von britischen und schwedischen Verwandten und hochrangigen Persönlichkeiten würde dem Zeremonienmeister bei der Platzverteilung Schwierigkeiten bereiten, denn er musste überlegen, wer welchen Rang innehatte und bevorzugt zu behandeln sei. Mein Bruder antwortete dem Kämmerer schriftlich und sah das Ganze eher nüchterner als ich. Er ent-

schuldigte sich für mein Verhalten, da ich mich auf eine, aus seiner Sicht, etwas zu offene Art und Weise an den Kämmerer gewandt hatte, um mein Missfallen darzulegen. Für ihn sei das alles aber bedeutungslos, ebenso wie für seine Töchter. Natürlich hatte ich ihm vorher gesagt, ich würde es ansprechen und Dickie machte mich sofort darauf aufmerksam, dass er keinesfalls dazu neigte, sich eventuell noch unbeliebt zu machen am schwedischen Königshof. So gab er dem Kämmerer auch zu verstehen, ich gehöre eben noch einer Generation an, die auf die korrekte Platzierung von Gästen Wert lege, aber am englischen Königshof hätte man die gleiche Verfahrensweise wie am schwedischen. Daher wunderte er sich eher über meinen Unmut diesbezüglich.
Ich beschloss, nach diesem Vorfall Gustav nicht mehr zu besuchen.

Am dreißigsten Mai wurde meine Tochter Dolla sechzig Jahre alt und ich reiste nach Salem. Es war ein schönes Fest mit viel Gesang, Reden und einem großen Mittagessen mit hundertfünfzig Gästen. Ich traf unter anderem Kurt Hahn wieder, der nun achtzig Jahre alt war, die ehemalige Lehrerin von Tino, Jocelin Winthrop-Young, und die ehemalige Königin von Portugal, Augusta Viktoria, die ich zuletzt vor dem Ersten Weltkrieg traf. Sie war Witwe des Königs Manuel II. von Portugal. Im Jahre 1910, mit der Abschaffung der Monarchie in Portugal, waren sie und ihr Ehemann in Exil nach Twickenham im Süden Londons gegangen.

Ich war in den nächsten Monaten öfter krank, erholte mich aber jedes Mal recht schnell wieder. Vor allem meine Leber machte mir oft zu schaffen, einige Erkältungen, starker Husten und die eine oder andere Grippe. Manchmal kam ich nur schwerlich auf die Beine, hatte Mühe zu gehen. Dazu kamen die Sorgen um die politische Lage in Griechenland, ebenso wie mich das Ableben von Freunden und Verwandten mit dem Alter zusehends mehr belastete. Und hinzu kam die Sorge um Dolla, die auch immer gebrechlicher wurde, und Margarita, deren gesundheitliche Probleme stetig anwuchsen.
Die britische Presse wusste um mein hohes Alter, erwähnte auch einmal die eine oder andere Erkrankung.

Im Juni hielt ich mich bei meiner Tochter Tiny auf, als es mir plötzlich sehr schlecht ging. Mir war immerzu schwindelig, ich fühlte mich sehr elend. Meine Tochter ließ mich schließlich mit einem Krankenwagen ins Rote-Kreuz-Krankenhaus nach München bringen. Mein Herz schmerzte und ich schob es darauf, dass ich schon im Jahre 1904 einmal an einem rheumatischen Fieber gelitten hatte, was mich all die Jahre in Bezug auf den Zustand

meines Herzens verfolgte. Die behandelnden Ärzte schlossen diese Tatsache nicht aus, denn mein Herz war momentan nicht in der Lage, stets genügend Blut in mein Gehirn zu pumpen, was den Schwindel verursachte und die Abgeschlagenheit.
Als mein Sohn von meinem Krankenhausaufenthalt erfuhr, flog er umgehend nach München und besuchte mich. Er kam auch für meine Arzt- und Krankenhausrechnung auf. Eigentlich hoffte ich, bald zu Margarita nach Langenburg reisen zu können, aber einen Monat später lag ich immer noch im Krankenhaus.
Mein Sohn befand sich inzwischen wieder in London, da ich ihm am ersten August schrieb, die Ärzte hätten festgestellt, dass meine Leber nicht mehr zufriedenstellend arbeitete, mein Herz sehr schwach sei. Nachdem man mir mitteilte, ich sei so krank, dass ich wahrscheinlich nicht mehr sehr lange zu leben hätte, akzeptierte ich dies, da ich mich in einem Alter befand, mit dem ich durchaus mit dem Tod rechnete. Ich wollte meinem Sohn nur sagen, wie sehr ich ihn liebte, ich ihn niemals mehr verlassen wollte, aber er würde mich spüren, wenn er sich an mich erinnerte. Ich bliebe immer seine treue alte Mama.
Meine Tochter kümmerte sich rührend um mich und ich wollte mich aufraffen, nur allzu gerne an der Hochzeit meines Enkels Maximilian von Baden mit Valerie Isabella von Habsburg-Lothringen im Schloss Persenbeug in Niederösterreich am dreißigsten September teilnehmen, aber ich konnte aufgrund meiner fragilen Gesundheit nicht dorthin reisen.
Victor von Erbach und seine Gattin kamen mich im Krankenhaus besuchen, worüber ich mich sehr freute. Und die Putzfrau kam eines Tages mit mir ins Gespräch, weil sie das Endspiel der Fußballweltmeisterschaft zwischen England und Deutschland im Fernsehen verfolgt und meinen Sohn unter den Zuschauern auf der Tribüne ausgemacht hatte. Philip hatte wohl in Richtung der deutschen Kameras gewunken.
Ich bekam laufend Infusionen, doch erholte mich nur sehr langsam. Ich schrieb meinem Sohn oft, beschäftigte mich mit der deutsch-englischen Beziehung und war immer erfreut, wenn jemand ihn erwähnte. Vor allem wollte ich Philip sagen, wie schön es gewesen war, dass er und Lilibet zu einem Staatsbesuch in Deutschland gewesen waren. Damit war man aufeinander zugegangen und konnte nun wieder die Verbindung zwischen beiden Ländern festigen.
Es war kurz nachdem ihn mein Brief erreichte, dass mein Sohn mir anbot, bei ihm und seiner Familie im Buckingham-Palast zu leben. Ich lehnte dies aber ab, da meine Freundin Kitty Valaoritis in Athen war, und ich wandte ein, das Krankenhaus in München läge näher zu Griechenland. Die griechische Hauptstadt war seit dreiundsechzig Jahren mein Zuhause. Dort kannte

ich viele Menschen und der Buckingham-Palast wäre ein völlig neues Leben für mich, wenn ich immer dort wäre. Zudem kannte ich die Londoner Hospitäler und Ärzte nicht. Ich bat ihn darum, mich zu verstehen. Man sagt, dass man einen alten Baum nicht mehr verpflanzt und genauso sah ich das.
Philip freute sich in London über die Rückkehr von Charles aus Australien und er reiste dann mit Anne und Charles zu den *Commonwealth-Spielen* nach Jamaika. Am siebzehnten August brachte er seine Kinder nach Balmoral, flog dann zur mir nach München, wo er mit den Ärzten sprach. Ich durfte das Krankenhaus verlassen, sollte aber in Athen meine Gesundheit von den dortigen Ärzten überwachen lassen. In Philips Flugzeug flogen wir dann nach Griechenland zurück. Er blieb eine Nacht bei mir in meiner Wohnung, nahm dann den Rückflug nach Schottland auf sich. Insgesamt war er sechzehneinhalb Stunden in der Luft.
Ich war ihm wirklich dankbar und fand das Fliegen in seiner Maschine sehr aufregend.
Margarita kam zu mir nach Athen. Die Ärzte ermahnten mich mehr zu essen, doch ich verspürte nur wenig Appetit.
Im Oktober erhielt ich immer noch Injektionen, war am Tage einige Zeit auf, ging durch die Wohnung, war aber nicht in der Lage, nach draußen zu gehen oder herumzufahren. Ich fühlte mich nicht besser, aber auch nicht schlechter. Dennoch musste ich einsehen, dass meine Gesundheit immer mehr zu wünschen übrig ließ.

Zu Beginn des Jahres 1967 war ich immer noch in keiner besseren Verfassung, musste eine junge Krankenschwester zur Seite gestellt bekommen, die nach mir sah und mich versorgte. Kitty konnte sich nicht mehr um mich kümmern, da man bei ihr Krebs diagnostiziert hatte und sie sich einer Operation unterziehen musste. Nun kam auch zu meinen Sorgen noch die um meine Freundin.
Philip besuchte mich zweimal, was mich aufmunterte. Einmal war er auf dem Weg nach Australien, als er nach Athen kam, einmal auf dem Rückweg nach London von Australien und hatte mir jedes Mal viel zu erzählen. Er kaufte mir sogar einen neuen Teppich bei einem Händler in Athen, weil er den alten zu schäbig fand.

Mittlerweile war König Konstantin II. in einer sehr schwierigen Lage. Freddie mischte sich zusehends in die Politik ein. Tino konnte sich einfach nicht politisch festigen, wobei er im Volk durchaus beliebt war. Seine Gattin Anne-Marie erwartete ihr zweites Kind und dennoch lag über allem eine gewisse Schwere, die mich bald vermuten ließ, Griechenland sei nicht mehr wirklich der richtige Platz für eine alte Frau wie mich, um dort noch ihren

Lebensabend zu verbringen.

Am siebenundzwanzigsten April kam es zu einem Staatsstreich in Griechenland. Eine nationalistische Gruppe des rechten Flügels bestehend aus Offizieren der mittleren Ränge unter Führung des Oberst George Papadopoulos marschierten vor der Residenz des Königs in Tatoi auf, ließen das Gebäude und die Umgebung von Panzern umstellen, sodass ein Widerstand verhindert wurde. Die loyalen Soldaten und Offiziere in der griechischen Armee sollten ihrem König nicht zu Hilfe kommen können. Tino meinte später, die Fahrer der Panzer seien in dem Glauben gewesen, dass sie in seinem Auftrag handelten.

Tino empfing den Oberst Papadopoulos und die anderen, es kam zu verbalen Auseinandersetzungen, in deren Verlauf er die Männer aus dem Dienst entließ. Später am Tag ging er zum *Ministerium für Nationale Verteidigung*, wo sich die Aufständischen versammelt hatten, und hatte dort eine Unterredung mit den führenden Generälen und dem amtierenden Premierminister Panayotis Kanellopoulos. Tino zeigte sich mit den Forderungen des Militärs einverstanden, würde dem neuen Regime aber nur seine Treue schwören, wenn die *Junta* sich dazu bereit erklärte, einige zivile Politiker, die er nominieren wollte, zu akzeptieren. Dazu gehörte auch die Einsetzung von Konstantinos Kollias als neuem Premierminister, den er für sehr fähig hielt.

In Athen kam es zu Auseinandersetzungen, die aber unblutig endeten. Das Militär begehrte immer noch die Macht und wollte den König absetzen.

Als mein Sohn von alldem hörte, erkundigte er sich sofort nach mir. Doch ich war auf Anraten Tinos schon in den königlichen Palast gezogen, um meine Sicherheit zu gewährleisten. Über die britische Botschaft ließ ich ihm eine Nachricht zukommen, dass es mir gut ginge, ich in Sicherheit sei und erinnerte ihn daran, dass Revolutionen und Kriege mir vertraut waren, ich an diese gewöhnt sei und zudem störten sie mich nicht mehr wirklich. Man könnte lapidar sagen, es war für Griechenland nichts Ungewöhnliches. Dennoch berichtete ich ihm ausführlich von den Ereignissen, denn der Tag des Staatsstreiches ähnelte sehr der Zeit der Besetzung. Die Geschäfte hatten alle geschlossen, es fuhren weder Busse noch Taxen, es gab kein Telefon, man konnte nicht telegrafieren und man verhängte vonseiten der Regierung wieder eine Ausgangssperre. Wir erhielten unsere Informationen über einen Diener, der die Ankündigungen des Militärs über den Sender der Armee am Radio verfolgte. Da auch der Palast an diesem Tag, ebenso wie Tatoi, von Truppen umstellt war, drangen Nachrichten von außen gar nicht zu uns.

Die Geschäfte wurden aber bald darauf wieder geöffnet, es gab wieder Telefon, wobei man aber nur Nummern innerhalb Griechenlands erreichen konnte, keine internationalen, und die Busse und Taxis fuhren wieder. Kitty erfuhr von ihrem Chauffeur aber, dass am Freitag, den einundzwanzigsten April um zwei Uhr nachts Panzer und Truppen an allen strategisch wichtigen Plätzen der Stadt waren, man Tino geweckt habe und ihm sagte, er dürfe Tatoi nicht verlassen. Da seine Mutter sich dem in Athen aber nicht beugen wollte, brachten Offiziere sie zu ihrem Sohn. Um sieben Uhr morgens durfte Tino, eskortiert vom Militär, nach Athen fahren, um dem neuen Kabinett seine Treue zu schwören. Einen Tag später durfte er ebenfalls wieder in die Stadt, traf seinen politischen Berater in dessen Haus.

Papandreou wollte nun nach Saloniki, dort seine eigene Regierung aufstellen. Nur aus diesem Grund hatte er den Staatsstreich forciert. Die Armee wollte eine demokratische Regierung mit einem konstitutionellen König durchsetzen. Man verbannte alle kommunistischen Agitatoren auf die Inseln, inhaftierte viele Politiker. Dies waren Maßnahmen des Königs, doch Andreas Papandreou, der ebenfalls Kommunist war, floh mit einem amerikanischen Reisepass, um mit dem ersten Flugzeug gleich das Land zu verlassen.

Glücklicherweise kamen keine Offiziere in den Palast und man ließ uns in Ruhe. Für die schwangere Königin Anne-Marie waren die Vorkommnisse aber Anlass zu großer Sorge um ihren Ehemann und sie durfte sich nicht zu sehr aufregen, damit das ungeborene Kind keinen Schaden nahm.

Im Folgenden gab man bekannt, dass die loyalen Angehörigen des Militärs Griechenland gerettet hätten. Man durchsuchte kommunistischen Hauptquartiere, es wurden gefundene Waffen und Munition beschlagnahmt, Berge von Geld und die Uniformen von Gendarmen und Polizisten, mit denen man sich tarnen wollte. Ende April entließ man den König aus der militärischen Bewachung. Die neue Regierung setzte, ohne einen Grund dafür zu nennen, acht hochrangige Generäle ab, doch wir fürchteten, dass gerade diese Generäle Unterstützer im griechischen Militär hätten und es zu einem Gegenschlag kommen könnte. Auch die Menschen in Griechenland hatten Angst vor weiteren militärischen Auseinandersetzungen, die dann eventuell auch die Zivilbevölkerung beträfen. Ich blieb interessiert, verfolgte jedes Manöver und wollte meinen Sohn auch auf dem Laufenden halten.

Schließlich durfte ich in meine Wohnung zurückkehren. Dolla kam nach Athen, sie verhielt sich mir gegenüber aber ein wenig kühl, vielleicht weil es sie ärgerte, dass ich Griechenland einfach nicht verlassen wollte.

Bis zum Mai war die politische Lage immer noch sehr angespannt und die Menschen wussten nicht, woran sie waren, denn der König schwieg, bezog öffentlich keine Stellung zu den Forderungen des Militärs. Man spekulierte darüber, ob er das Land verlassen würde oder versuchte Wahlen anzusetzen. Für Philip und Lilibet war zu diesem Zeitpunkt abzusehen, dass Tinos Tage als König gezählt waren, denn Geschichte wiederholt sich. Mein Sohn meinte sogar, der König müsse sicher in einer *Nacht-und-Nebel-Aktion* fliehen. Daher bot er sogar an, die Königin, die kleine Alexia, Freddie und die Prinzessin Irene mit seinem Flugzeug abzuholen und auszufliegen. Dann wäre aber kein Platz mehr in der Maschine für mich. Und man konnte mich nicht einfach so anrufen, mir sagen, wann man mich abholte. Es wäre der schnellste Weg gewesen, mich zu erreichen. Ich hatte zwar schon ein Telefon benutzt, gab dann aber nur Kitty Anweisungen und hängte gleich wieder auf, da ich eine Antwort eh nicht gehört hätte. Das brachte die Gute manchmal in schiere Verzweiflung, da sie dann doch zu mir kommen musste, um nochmals nachzufragen, was ich meinte oder wollte.

Tiny besuchte mich auf dem Weg zu ihrem geplanten Urlaub in Indien. Meine Tochter hatte eine Einladung von Lilibet im Gepäck, die mich bat, zu ihnen in den Buckingham-Palast zu ziehen. Tiny warnte mich vor den eventuellen Gefahren, die mir bald in Griechenland drohen könnten, die mir Philip auch schon nahegebracht hatte. Ich sollte nicht so störrisch sein, denn immerhin hatte mich nun Lilibet ganz offiziell eingeladen. Zudem hatte Tinys Ehemann Georg von seiner Schwester Freddie ein Schreiben erhalten, in dem diese ausdrücklich forderte, man solle sich um mich kümmern und nach England bringen, weil ich schon so alt sei. Sie merkte auch an, wie sehr sie sich selbst um mich sorgte, was mich verwunderte. Dennoch war es überaus freundlich von ihr.

Aber ich war so viele Jahre unabhängig gewesen, hatte mir diese Freiheit wieder erkämpfen müssen und gab sie nur sehr ungern auf. Auch wollte ich niemandem zur Last fallen. Doch zusehends litt ich unter der Einsamkeit, fühlte mich sehr isoliert. Wie bei jeder bedeutenden Entscheidung gab es auch hier etwas, was dafürsprach, zu meinem Sohn und seiner Familie zu ziehen, und Gründe dagegen. Weil aber meine Schwiegertochter mich einlud, sah ich es ein – ich konnte nicht ablehnen und sie vor den Kopf stoßen. Ich sagte Tiny, ich würde annehmen und gleich anfangen zu packen. Kurzum meinte ich zu ihr, wir könnten sofort am Nachmittag abreisen, aber dann stellte ich fest, dass es doch mehr mitzunehmen galt, als ich angenommen hatte. Tiny fand es anstrengend, da ich mich dann umentschloss, entschied, meine Möbel zu verschenken, mich von meinen weltlichen Gütern zu trennen. In Bezug auf meine eigene Person lag mir nie viel an Besitztümern, doch es dauerte, alles zu organisieren.

Ende Mai flog ich mit einem Flugzeug Tinos nach London. Dreiundsechzig Jahre zuvor hatte ich an der Hand meines Ehemannes zum ersten Mal griechischen Boden betreten, entstieg der königlichen Yacht als eine junge hübsche Braut, die in eine glückliche Zukunft blickte. Und ich verliebte mich auf den ersten Blick in dieses Land, ganz gleich, was alles kam. Ich verließ meine Heimat, erinnerte mich an die jubelnden Menschen, die mich vor all diesen Jahrzehnten empfingen, und ich entschwand so plötzlich, wusste, ich würde nun nie mehr zurückkehren. Es erwartete mich ein neues Leben im Land meiner Geburt, wobei mir ganz schwer ums Herz wurde, da ich das eine Land aufgeben musste und nicht wusste, wie viele Jahre mir noch bleiben würden.

Ich zog in zwei Räume im Buckingham-Palast, die im ersten Stock lagen und von denen aus ich die Mall im Blick hatte. Zuerst musste ich mich an meine neue Bleibe gewöhnen, war etwas traurig und deprimiert, bemängelte dieses und jenes, aber akzeptierte es dann. Es gelang mir, mich zu entspannen und einzuleben.

Bald darauf unternahm ich auch wieder Ausflüge, fuhr zum Schloss Windsor, verbrachte mit der Familie dort die Wochenenden. Lilibet war sehr nett zu mir, und man kann sagen, wir alle kamen uns nun noch näher. Charles und Anne hielten sich auch oft in meiner Nähe auf, sahen nach mir und waren stets besorgt um mein Wohlergehen. Die Kleinen, Andrew und Edward, kamen weiterhin zu mir zum Spielen. Als sie noch ganz jung waren, irritierte die beiden oftmals meine wohl sehr tiefe Stimme, aber nun verstanden sie, dass ich mich selbst ja nicht hören konnte, wenn ich sprach.

Mit Charles teilte ich den feinen englischen Humor, der auch mal gerne etwas derb sein durfte, wir unterhielten uns sehr angeregt über alles Mögliche, weil er an allem interessiert war, was ich zu erzählen hatte. Mein Enkel hatte begonnen Cello zu spielen, was mir gefiel, wenn ich die Hand auf das Instrument legte, um die Vibrationen zu spüren. Auch Andrea hatte das Instrument sehr gut beherrscht, als er noch ein junger Mann war. Später fehlte ihm oftmals die Zeit zum Spielen.

Die Bediensteten machten sich einen Spaß daraus, meine Ankunft in den Räumen vorherzusagen. Wenn Lilibet einen Raum betrat, folgten ihr stets die tapsigen Corgis, bei mir war es der Rauch einer Zigarette, gefolgt von meinem Husten. Es irritierte alle, auch die Familie, dass ich hustete, mir aber dennoch gleich wieder eine neue Zigarette ansteckte. An mein graues Habit gewöhnten sich die Diener auch recht schnell, fanden mich vielleicht exzentrisch, doch mir war das gleich.

Man installierte ein kleines Glöckchen in einem meiner Zimmer, damit ich im Notfall sofort Hilfe herbeirufen konnte. Zuerst befürchteten die Bediensteten sicherlich, ich könne immerzu etwas verlangen, da ich schon so alt war, aber ich benutzte diese Klingel nur sehr selten.

In der englischen Presse wusste man nun, dass ich im Buckingham-Palast

lebte, mokierte sich aber darüber, dass ich mich so selten öffentlich zeigte, mehr Zeit mit den Enkeln im Palast verbrachte oder Verwandte wie Dickie besuchte. Zuerst vermutete man, ich wäre auf einen längeren Besuch für einige Wochen in London, aber dann wurde man gewahr, dass ich Griechenland endgültig verlassen hatte.
Und zusehends gefiel es mir besser, vor allem, weil ich in Philips Nähe war. Manchmal waren wir nicht einer Meinung, dann ging er irgendwann vor die Tür, schritt auf dem Flur auf und ab. Anne sagte mir, er würde vor sich hinmurmeln, während ich in meinem Zimmer sitzenblieb, auch vor mich hinmurmelte, mich ärgerte. Ich wusste auch oft schon, was er beanstanden wollte, wenn er zu sprechen begann, wiegelte ihn manchmal ab, indem ich vorgab, genau seiner Meinung zu sein. Dennoch vergaßen wir einen Streit recht schnell und ein gutes Gewitter reinigte auch die Luft. Sein Gemurmel auf dem Flur konnte ich eh nicht hören und er wusste darum.

Am zwanzigsten Mai gebar Königin Anne-Marie in Tatoi den kleinen Kronprinzen Pavlos. Ich erfuhr es von Freddie und sandte Glückwünsche. Obwohl das Baby von seiner Geburt her ein Erbe auf den griechischen Thron war, sah es dennoch so aus, als würde es diesen niemals innehaben.

Als Philip und seine Familie im Sommer nach Balmoral reisten, zog ich es vor, im Palast zu bleiben. Ich fand mich gesundheitlich nicht in der Lage, mit ihnen zu reisen, und sie meinten wohl, ich könne mich in London langweilen.
Wenn die Königin in die Sommerferien fährt, wird der Palast geschlossen. Das ist eine sehr lange Tradition.
Im August zog ich daher ins Hyde Park Hotel um, während Philip zur alljährlichen Segelregatta nach Cowes aufbrach. Die anderen weilten in Schottland und ich genoss die Zeit im Hotel, erinnerte mich an die glücklichen Tage dort mit Gustav und Louise.
Natürlich schrieb ich Philip, Lilibet und den Enkeln, wie sehr ich sie vermisste. Und ich dankte ihnen allen, dass ich bei ihnen leben durfte.
Margarita kam nach London, verbrachte einige Tage mit mir, dann traf ich mich mit Dickie. Der kleine Edward war als einziges Mitglied der Familie von Philip im Palast geblieben, sein Kindermädchen Mabel Anderson kümmerte sich zwar rührend um den Dreijährigen, aber dennoch wollte er jeden Morgen zu mir ins Hotel kommen, weil er sich so einsam im Palast fühlte.

Am neunundzwanzigsten August hatte sich eine Bronchitis bei mir derart verschlimmert, dass ich mich ins *King Edward VII-Hospital* begeben musste, welches im Stadtteil Marylebone in London liegt. Philip kam am ersten September, um nach mir zu sehen. Es ging mir einige Tage sehr schlecht, aber ich sollte mich erholen. Dennoch musste ich noch im Hospital bleiben, fühlte mich doch bald in der Verfassung, um den Fotografen Godfrey Argent zu bitten, ein Porträt von mir aufzunehmen.

Die Aufnahme von mir im Hospital, September 1967

Während Argent das Foto von mir machte, wechselten wir kein Wort miteinander, stattdessen gab er mir Anweisungen mit den Händen, nickte oder lächelte. Es dauerte zwanzig Minuten, und als ich das fertige Foto erhielt, war ich sehr zufrieden damit.
Am dritten Oktober wurde ich endlich aus dem Hospital entlassen. Ein aufdringlicher Journalist machte einen Schnappschuss von mir in meinem Habit, dies sollte das letzte Foto sein, welches die britische Öffentlichkeit von mir zu sehen bekäme. Ich fuhr zurück in den Buckingham-Palast. An diesem Tag ahnte ich nicht, dass ich ihn nicht mehr verlassen würde.
Ich war gesundheitlich leider sehr angeschlagen, musste zumeist einen Rollstuhl benutzen, in dem mich Lilibets Page, ein sehr netter Mann namens Bennett, durch die Flure schob und Philip engagierte zwei Krankenschwestern, die sich in einer Vollzeitanstellung um mich kümmerten.

Die letzte öffentliche Aufnahme von mir beim Verlassen des Hospitals, am 3. Oktober 1967

Am dreizehnten Dezember schlug der Gegenschlag des Königs in Griechenland fehl. Die Armee unterstützte ihn nicht mehr und er hatte bis zuletzt auf Hilfe vonseiten der USA gehofft, aber diese kam nicht. Die Monarchie verlor erneut und Tino teilte das Schicksal seiner Vorgänger. Kurz nach seiner Niederlage verließ Tino mit seiner Gattin, den beiden Kindern, Freddie und seiner Schwester Irene in einem Flugzeug das Land, sie gingen ins Exil nach Italien. Nun regierte eine Militär-Junta in Griechenland und es war damit völlig ausgeschlossen, dass ich dorthin zurückkehren könnte, selbst wenn es mir gesundheitlich gut gegangen wäre. Wie man so sagt, war diese Tür damit ein für alle Mal geschlossen. Dennoch schrieb die griechische Botschaft öffentlich, ich sei sehr beliebt in der griechischen Bevölkerung und man würde sich sehr über meine Rückkehr freuen. Das war wenigstens ein kleiner Trost für mich.

Im Palast war ich nie einsam. Es war immer jemand verfügbar, wenn ich nach Gesellschaft verlangte, und ich bekam viel Besuch, so auch von Gustav. Immer wenn er sich in London aufhielt, schaute er bei mir vorbei. Es freute ihn sehr, mich dort glücklich und zufrieden zu sehen.
Auch meine Töchter reisten oft nach London, wechselten sich aber mit

ihren Besuchen bei mir ab. Sie mussten leider die Zeit mit mir im Palast verbringen, da ich nicht mehr hinausgehen konnte, und ich wollte von niemandem verlangen, die Treppen hinuntergetragen zu werden. Dann wäre ich mir als eine zu große Bürde vorgekommen.

Mein dreiundachtzigster Geburtstag fiel im Jahre 1968 auf einen Sonntag und Philip und Lilibet nahmen sich zu diesem Anlass eigens Zeit für mich. Dickie kam mittlerweile wöchentlich zu Besuch, hatte immer einen dicken Stapel Zeitungen bei sich, um mich mit Nachrichten aus aller Welt zu versorgen. Wir beide fassten auch den Entschluss, eine Biografie über Louise verfassen zu lassen, wofür wir die Autorin Margit Fjellman kontaktierten.

Im Oktober bat ich den Rechtsanwalt, der für die königliche Familie zuständig war, mein Testament aufzusetzen.
Dolla musste sich im Winter in ein Sanatorium in Büdingen in Hessen begeben, weil sie durch ihre zahlreichen körperlichen Gebrechen kaum noch in der Lage war, sich selbst zu versorgen, sie war darüber so unglücklich, dass sie seelische Hilfe dankbar annahm. Ich schrieb ihr viele Briefe, versuchte sie aufzumuntern, aber ihr Zustand bereitete mir viel Kummer und Sorgen.

Meinen vierundachtzigsten Geburtstag verlebte ich im Februar des Jahres 1969 im Kreise der Familie und genoss diesen besonderen Tag sehr.
Am fünfzehnten April starb meine Cousine Ena in Lausanne in der Schweiz. Auch sie hatte nach der Ausrufung der Republik in Spanien am vierzehnten April des Jahres 1931 mit ihrer Familie ins Exil gehen müssen.

Der schwerste Schlag war aber Dollas Tod am sechzehnten Oktober im Sanatorium in Büdingen. Sie wurde nur dreiundsechzig Jahre alt und ich war völlig erschüttert, als ich von ihrem Ableben erfuhr. Da Philip sich mit Lilibet auf einem Staatsbesuch in Kanada und den USA befand, flog Charles mit Anne zu Dollas Beerdigung nach Salem.
Kurz nach ihrem Tod schrieb ich Philip einige Zeilen, die ich einer meiner Krankenschwestern diktierte, da meine Handschrift nicht mehr sehr leserlich war. Ich wollte ihm nur mitteilen, dass Charles und Anne mit einem Helikopter nach Salem geflogen waren, früh am Morgen aufbrachen, aber abends wieder zurückkehrten. Die Beerdigung sei sehr schön gewesen. Margarita und Tiny hatten mir zwei sehr liebe Briefe zukommen lassen, vor allem Margarita, die Dolla seit der Kindheit immer schon sehr nahestand, war sehr betroffen, vermisste sie schrecklich.
Edward war noch zu klein, er brauchte von Dollas Tod nichts erfahren und

Charles und Anne hatten lange bei mir gesessen, um mich zu trösten. Ich ließ meine Zeilen mit den Worten enden, dass ich ihn sehr liebe und die Ärzte meinten, ich sei in einer guten Verfassung.

In den nächsten Tagen fühlte ich mich aber schlechter, mir setzte auch der Tod meiner Tochter sehr zu und ich lag oft im Bett, schlief viel. Der Arzt kam, gab mir Injektionen, aber ich wollte eigentlich keine Spritzen mehr, die mich wieder kräftigen sollten. Ich fuhr ihn daher an, er solle mich in Ruhe einschlafen lassen. Einmal meinte ich, es sei so weit, ließ nach meinem Bruder schicken und er war eher verärgert darüber, dass ich noch weiterlebte, denn er hatte alle seine Pläne sprichwörtlich über den Haufen werfen müssen. Ich gab barsch zurück, ich dachte, es sei so weit und dann müsse er sich eben noch gedulden.

Im November bat ich darum, dass man meinen Priester Vater Gregory, den Archimandriten und Vorstehenden der griechisch-orthodoxen Erzdiozöse von Thyateira und Großbritannien, holte. Da ich ihm sagte, ich würde bald sterben, gab er mir die letzte Ölung. Er unterhielt sich mit mir noch kurz, meinte, ich sei eine beeindruckende Frau.

Am fünften Dezember kam Dickie abends um achtzehn Uhr fünfzehn zu mir, wir schwelgten in Erinnerungen, bis ich ihm sagte, ich sei sehr müde. Er ging und wünschte mir eine gute Nacht. Und ich sagte ihm, er solle auf sich aufpassen.

****

Prinzessin Alice stirbt am fünften Dezember des Jahres 1969 friedlich im Schlaf. Lilibet und Philip befinden sich zu dieser Zeit im Palast. Alice hinterlässt nichts anderes als drei Morgenmäntel und einen nicht fertig geschriebenen Brief. Ihr letzter Wunsch ist es, in Jerusalem auf dem Ölberg in der Nähe ihrer Tante Ella in der Maria-Magdalena-Kirche begraben zu werden. Doch da die Erfüllung dieses letzten Wunsches religiös und politisch prekär ist zu jener Zeit, kann man ihn erst am dritten August 1988 erfüllen.
Am fünften Dezember bahrt man Alices Sarg erst in der kleinen privaten Kapelle im Palast auf und am neunten Dezember bringt man diesen zum Gedenkgottesdienst in die St. George`s Chapel von Schloss Windsor, wo man sie in der königlichen Gruft beisetzt. Man setzt die Trauerzeit für die königliche Familie auf eine Woche an.
Am einunddreißigsten Oktober 1993 nehmen die überlebenden Kinder der

Familie Cohen, Prinz Philip und die Prinzessin Sophie von Hannover, an einer Zeremonie teil, wobei ein Baum für Alice gepflanzt wird und ihre Kinder für sie die Ehrung als *Gerechte unter den Völkern* in der Holocaust-Gedenkstätte Yad Vashem erhalten.

****

Alices Bruder Lord Louis Mountbatten, Dickie, wird am siebenundzwanzigsten August des Jahres 1979 Opfer eines Attentats der Provisional Irish Republican Army, kurz IRA.
Während eines Urlaubs in seinem Sommerhaus in Sligo in Irland wird er von einer Bombe getötet, die in seinem Boot *Shadow V* platziert wurde. Diesem Anschlag fallen drei weitere Menschen zum Opfer, darunter sein vierzehn Jahre alter Enkel Nicholas Knatchbull. Des Weiteren wurden mehrere Familienmitglieder, die sich auch auf dem Boot befinden, teilweise schwer verletzt, wie auch Mountbattens Tochter Patricia, ihr Ehemann und ihre Schwiegermutter. Am achtundzwanzigsten November 1979 wird Thomas McMahon für den Anschlag zu lebenslanger Haft verurteilt, im Zuge des Karfreitagsabkommens im Jahre 1998 aber amnestiert.
Der von Mountbatten zu Lebzeiten selbst bis ins Einzelne geplante Trauergottesdienst, der weltweit im Fernsehen übertragen wird, findet in der Westminster Abbey statt. Beigesetzt wird er in der Romsey Abbey in Hampshire, die in der Nähe des Familiensitzes Broadlands liegt.

Dickie mit seinem Teddy Sonnenbein in London, 1905

Nachwort

Da ich mich schon seit sehr vielen Jahren mit den Mitgliedern der letzten russischen Zarenfamilie um Zar Nikolaus II. von Russland und seiner Gattin Zarin Alexandra beschäftige, genau genommen, seit ich mit vierzehn Jahren ein Buch über die falsche Anastasia las, waren mir schnell auch die Verwandten der Familie in Hessen und England sehr vertraut. In den letzten Jahren habe ich mein Wissen sehr vertieft, stieß dabei auf die Prinzessin Alice von Griechenland und beschäftigte mich eingehender mit ihr. Über die Mutter von Philip, dem Herzog von Edinburgh, ist nicht viel bekannt und die Historie behandelt sie zumeist leider sehr stiefmütterlich. Bei meiner Recherche für diese Biografie fiel mir auf, dass sie zu Unrecht im Schatten der Geschichte wandelt, denn sie war eine wirklich beeindruckende Persönlichkeit und nun, nach Fertigstellung des Manuskripts, konnte ich nur eines sagen: Danke, Prinzessin Alice, es war mir wirklich eine wahre Ehre und Freude, Sie näher kennenlernen zu dürfen!
Ich bevorzuge stets, meine historischen Persönlichkeiten selbst zu Wort kommen zu lassen, wenn es um ihr Leben geht, denn nur dadurch bekommt man als Leser eine intimere und tiefere Beziehung zu der jeweiligen Person. Sie soll für den Zeitraum des Lesens wieder lebendig werden und einen mitnehmen auf die Reise durch all ihre Erlebnisse, negative und positive eingeschlossen. Man soll nachempfinden können, was die Person durchlitt oder was ihr Freude bereitete. Natürlich hoffe ich, dass mir dies gelungen ist, denn gerade im Fall von Prinzessin Alice ist es wichtig, wenn man an gewissen Stationen ihres sehr langen Lebens, Gegebenheiten mit ihr in einer tieferen Form teilen kann.
Die meisten in dieser Biografie verwendeten Fotografien sind zeitlich sehr gut einzuordnen gewesen, bei einigen wenigen gab es jedoch Unstimmigkeiten und ich habe mich bemüht, diese zeitlich richtig einzuordnen. Sollte mir hierbei eine Abweichung von einem oder zwei Jahren unterlaufen sein, bitte ich dies zu entschuldigen, aber manchmal war es auch nach mehrwöchiger Bemühung und Recherche nicht möglich, eine Aufnahme auf einen ganz genauen Zeitpunkt zu datieren. Dies betrifft vor allem Fotografien aus den letzten Lebensjahren der Prinzessin.
In dieser Biografie wurden nicht alle Bilder aus den hessischen Archiven verwendet, was auf Platzgründen beruht, und einige dienten auch nur der Recherche.

In der angehängten Bibliografie alle die Bücher aufzulisten, die ich in deutscher, englischer und französischer Sprache über die letzte russische Zarenfamilie gelesen habe, würde hier leider den Rahmen sprengen. Daher habe ich die Titel genannt, die ich explizit für diese Biografie verwendete, viele historische Fakten sind mir durch die jahrelange Beschäftigung mit diesem Thema vertraut.

An dieser Stelle möchte ich noch die Gelegenheit nutzen und einige abschließende Informationen geben:

In Bezug auf den Wert der englischen Währung und für das bessere Verständnis möchte ich hier die Information anfügen, dass einhundert englische Pfund um 1910 heute, im Jahr 2019, einen Gegenwert von etwa elftausend Pfund hätten. Der Wert von zwanzig englischen Pfund in den Zwanzigerjahren entspräche einem heutigen Gegenwert von rund eintausend englischen Pfund.

Im Jahr 1925 lag der Durchschnittslohn eines Arbeiters in England bei etwa fünf englischen Pfund. Hierbei ist aber auch erwähnenswert, dass manche Gehälter wöchentlich ausbezahlt wurden.

Dies soll den Wert des Geldes besser verdeutlichen, wenn Geldbeträge in Alices Ausführungen erwähnt werden.

Die gestohlenen hessischen Kronjuwelen hatten um 1946 etwa einen Wert von 2,5 Millionen US-Dollar, was sich auf den gesamten Schmuck bezieht. Dies wäre heute vergleichbar mit etwa 30 Millionen US-Dollar.

Der Bundesgerichtshof entschied am 17. Februar 1970 in der sogenannten *Anastasia-Entscheidung* letztinstanzlich, dass das vorangegangene Urteil des Hanseatischen Oberlandesgerichts Hamburg, nach welchem Anna Anderson nicht bewiesen habe, mit der Großfürstin Anastasia Nikolajewna von Russland identisch zu sein, aus Rechtsgründen nicht zu beanstanden sei. Am 5. Oktober 1994 wurde bekannt gegeben, dass aufgrund eines DNA-Tests eindeutig festgestellt werden konnte, dass Anna Anderson-Manahan kein Nachkomme der Zarin sein kann. Dies begründete sich auch auf dem Fund der Gebeine der letzten Zarenfamilie und ihrer mit ihnen getöteten Bediensteten, wobei die Überreste von Marie und Alexei erst einige Jahre später gefunden wurden. Heute ist eindeutig bewiesen, dass Zar Nikolaus II. von Russland und seine Familie alle in Jekaterinburg ermordet wurden.

Bibliografie

Richard Hough (Hrsg.), Advice to my Grand-daughter, Letters from Queen Victoria to Princess Victoria of Hesse, Simon & Schuster, New York, 1975

Barbara Hauck, Capriolen, Die Männerfreundschaften des letzten hessischen Großherzogs Ernst Ludwig, Booy-Verlag, Beatrix van Ooyen, Bad Nauheim, 2017

Julia Gelardi, Born to rule, Granddaughters of Victoria, Queens of Europe, Headline Publishing Group, London, 2006

Katrin Boeckh, Von den Balkankriegen zum Ersten Weltkrieg, Kleinstaatenpolitik und ethnische Selbstbestimmung am Balkan, Oldenbourg Wissenschaftsverlag, München, 1996

Edward J. Erickson, Defeat in Detail: The Ottoman Army in the Balkans, 1912-1913, Praeger Publishers, Greenwood Publishing Group, Inc., USA, 2003

Helen Azar, In the steps of the Romanovs, Final two years of the Russian Imperial family 1916-1918, CreateSpace Independent Publishing Platform, UK, 2018

Richard C. Hall, Balkan Wars 1912-1913, Prelude to the First World War, Routledge, London, 2000

Gunnar Hering, Die politischen Parteien in Griechenland 1821-1936, Oldenbourg Wissenschaftsverlag, München, 1992

Marie Fürstin zu Erbach-Schönberg, Prinzessin von Battenberg, Memoiren, 1852-1923, Geschichtsblätter für den Kreis Bergstrasse, Sonderband 13, Bensheim, Verlag Laurissa, 1991, herausgegeben von der Interessengemeinschaft Schönberger Vereine und vom Museumsverein Bensheim in Verbindung mit der Arbeitsgemeinschaft der Geschichts- und Heimatvereine im Kreis Bergstraße, dritte, verbesserte Auflage

Deborah Cadbury, Queen Victoria's Matchmaking, The royal marriages that shaped Europe, PublicAffairs, Hachette Book Group, NewYork, 2017

Marilyn Pfeifer Swezey, The Romanovs under house arrest, From the 1917 diary of a palace priest, The Diary of Archpriest Afanasy I. Belyaev, Holy Trinity Publications, The Printshop of St. Job of Pochaev, Holy Trinity Monastery, Jordanville, New York, 2018

Manfred Knodt, Ernst Ludwig, Großherzog von Hessen und bei Rhein, Sein Leben und seine Zeit, Schlapp, H. L., Darmstadt, 1978

Walter A. Büchi, Karl August Lingner, Das große Leben des Odolkönigs (1861-1916), Eine Rekonstruktion, Edition Sächsische Zeitung, Dresden, 2006

Christopher Warwick, Ella, Princess, Saint & Martyr, John Wiley & Sons, Ltd., The Atrium, England, 2006

Timothy Knatchbull, From a clear blue sky, Surviving the Mountbatten Bomb, The Random House Group Limited, London, 2009

Frances Welch, The Imperial Tea Party, Family, Politics and Betrayal: The Ill-Fated British and Russian Royal Alliance, Short Books, London, 2018

Die Vertreibung des Königs Konstantin von Griechenland, dargestellt auf Grund amtlicher Urkunden, Deutsch-Griechische Gesellschaft (Hrsg.), J. F. Lehmanns Verlag, München, 1918

Ernst von Falkenhausen, Major im Großen Generalstab und ehemaliger Militär-Attaché bei der Kaiserlich-Deutschen Gesandtschaft in Athen, Die Erdrosselung Griechenlands, Ullstein-Kriegsbücher, Verlag Ullstein & Co., Berlin, Wien, 1918

Antony Lambton, The Mountbattens, The Battenbergs and young Mountbatten, Constable and Company Limited, London, 1989

Königliche Romanzen, Liebe, die Geschichte machte, Heft Nummer 20, Lord Louis Mountbatten und Lady Edwina, Marshall Cavendish International Ltd., Hamburg, 1991

Garabed Hatscherian und Dora Sakayan, Smyrna 1922, Das Tagebuch des Garabed Hatscherian, Kitab, Klagenfurt, Wien, 2006

Heinz A. Richter, Der griechisch-türkische Krieg 1919-1922, Peleus, Band

72, Studien zur Archäologie und Geschichte Griechenlands und Zyperns, Verlag Franz Philipp Rutzen, Harrassowitz, 2016

Christopher Clark und Norbert Juraschitz, Die Schlafwandler, Wie Europa in den Ersten Weltkrieg zog, Deutsche Verlags-Anstalt, München, 2013

Holger Afflerbach, Auf Messers Schneide: Wie das Deutsche Reich den Ersten Weltkrieg verlor, C. H. Beck-Verlag, München, 2018

Prince Andrew of Greece, Towards Disaster, The Greek Army in Asia Minor in 1921, John Murray Verlagsbuchhandlung, London, 1930

Pavlos Tzermias, Eleftherios Venizelos' historische Leistung, Der Weg eines „Weißberglers" zum Weltruhm, Sedones 13, Verlag Dr. Thomas Balistier, Mähringen, 2010

Célia Bertin, Die letzte Bonaparte, Freuds Prinzessin, Ein Leben, Kore, Verlag Traute Hensch, Freiburg, 1989

Zur Erinnerung an den Heimgang I. K. H. der Großherzogin Eleonore, des Erbgroßherzogs Georg Donatus, der Erbgroßherzogin Cäcilie, des Prinzen Ludwig, des Prinzen Alexander von Hessen, des Freiherrn Joachim Riedesel zu Eisenbach, der Schwester Lina Hahn, Im Flugzeug abgestürzt am 16. November 1937, 15.45 Uhr, bei Ostende, Erinnerungsblatt, L. C. Wittich Verlag, Darmstadt, 1937

Rena Molho, Der Holocaust der griechischen Juden, Studien zur Geschichte und Erinnerung,
Verlag J. H. W. Dietz Nachf., GmbH, Bonn, 2016

Christoph U. Schminck-Gustavus, Winter in Griechenland, Krieg, Besatzung, Shoah, 1940-1944, zweite Auflage, Wallstein Verlag, Göttingen, 2010

Martin Gilbert, The Righteous, The unsung heroes of the Holocaust, Transworld Publishers, The Random House Group Ltd., London, 2002

Mark Mazower, Griechenland unter Hitler, Das Leben während der deutschen Besatzung 1941-1944, S. Fischer Verlag GmbH, Frankfurt am Main, 2016

Martin Gilbert, Endlösung, Die Vertreibung und Vernichtung der Juden, Ein Atlas, überarbeitete Neuausgabe, Rowohlt Taschenbuch Verlag, Reinbek bei Hamburg, 1995

Richard Hough, Louis & Victoria, The Family History of the Mountbattens, second edition, George Weidenfeld & Nicholson Limited, London, 1984

Douglas Liversidge, The Mountbattens, From Battenberg to Windsor, Arthur Barker Limited, London, 1978

Philip Eade, Young Prince Philip, His turbulent early life, Harper Collins Publishers, London, 2012

Königin Friederike der Hellenen, Erfahrungen, Rainer Wunderlich Verlag, Herrmann Leins, Tübingen und Stuttgart, 1971

Janet Morgan, Edwina Mountbatten, A life of her own, Harper Collins Publishers, London, 1992

E. H. Cookridge, From Battenberg to Mountbatten, Arthur Barker Limited, London, 1966

Alden Hatch, The Mountbattens, The last royal success story, Random House, New York, 1965

Louis Wulff, M.V.O., Elizabeth and Philip, Our heiress and her consort, An authentic sketch of H.R.H. the Princess Elizabeth and Lieutenant Philip Mountbatten, R.N., Sampson Low, Marston & Co. Ltd., London, 1947

Margit Fjellman, Louise Mountbatten, Queen of Sweden, George Allen and Unwin Ltd., London, 1968

Hugo Vickers, Alice, Princess Andrew of Greece, Penguin Group, Hamish Hamilton Ltd., London, 2000

Königliche Romanzen, Liebe, die Geschichte machte, Heft 2, Königin Elizabeth II. und Prinz Philip, Marshall Cavendish International Ltd., Hamburg, 1991

George Rainbird Ltd., London (Hrsg.), Mountbatten, Eighty years in pictures, MacMillan London Ltd., London und Basingstoke, 1979

Richard Hough, Mountbatten, Ein außergewöhnliches Leben, Paul Neff Verlag, Wien, 1980

Königliche Romanzen, Liebe, die Geschichte machte, Heft 20, Lord Louis Mountbatten und Lady Edwina, Marshall Cavendish Ltd., Hamburg, 1991

Brian Connell, Manifest Destiny, A study in five profiles of the rise and influence of the Mountbatten family, Prince Louis of Battenberg, Sir Ernest Cassel, Countess Mountbatten of Burma, Earl Mountbatten of Burma, H.R.H. The Duke of Edinburgh, Cassell and Company Ltd., London, 1953

Lady Pamela Hicks, Daughter of Empire, My life as a Mountbatten, Simon & Schuster, New York, 2012

Rainer von Hessen (Hrsg.), Joachim Horn, Alexander Jehn, Hans Sarkowicz, Die Battenbergs, Eine europäische Familie, Waldemar Kramer in der Verlagshaus Römerverlag GmbH, Wiesbaden, 2019

Kathy Kacer, The brave Princess and me, inspired by a true story, Second Story Press, Ontario, Kanada, 2019

Filme

Eleni, von Peter Yates, 2004

Der Stern von Indien, von Gurinder Chadha, 2017

Princesse Marie, von Benoit Jaquot, 2004

The Crown, Staffel 1 und 2, von Stephen Daldry, 2017 und 2018

Bildnachweis

Folgende Fotografien und Dokumente wurden mir mit freundlicher Genehmigung des Hessischen Staatsarchivs zur Verfügung gestellt:

hla_d_27_a#6§459

hla_d_27_a#6§460

hla_d_27_a#63§372

hla_d_27_a#63§375

hla_d_27_a#63§388

hla_d_27_a#63§392

hla_d_27_a#63§458

hla_d_27_a#63§462

hla_d_27_a#76§4

hla_d_27_a#76§64

hla_d_27_b#725_uf

hla_d_27_b#859

hla_d_27_b#1647

hla_d_27_b#2106

hla_d_27_b#2110

hla_d_27_b#2181_uf

hla_o_3#345§23

hla_o_59#154§2

hla r_4#14020

hla r_4#29936

hla r_4#32572§7_a

hla r_4#3257§67_a

hla d_27_a#16§40

hla d_27_a#29§29

hla d_27_a#40§175

hla d_27_a#40§176

hla d_27_a#76§10

hla d_27_b#182

hla d_27_b#310

hla d_27_b#429

hla d_27_b#433

hla d_27_b#833

hla d_27_b#863

hla d_27_b#864

hla d_27_b#867

hla d_27_b#2800

hla 0_8#522-1 bis 12

hla 0_59#149-1 bis 4

hla d_27_a#97§81

hla d_27_a#97§82

hla d_27_a#97§83

hla d_27_a#97§84

hla d_27_a#97§85

hla d_27_a#97§86

hla d_27_a#97§87

hla d_27_a#97§88

hla d_27_a#97§89

hla d_27_a#97§90

hla d_27_a#97§91

hla d_27_a#97§92

hla d_27_a#97§93

hla d_27_a#97§94

hla d_27_a#97§95

hla d_27_a#97§96

hla d_27_a#97§97

hla d_27_a#97§98

hla d_27_a#97§99

hla d_27_a#97§100

hla d_27_a#97§101

hla d_27_a#97§102

hla d_27_a#97§102

hla d_27_a#97§103

hla d_27_a#97§104

hla d_27_a#97§105

hla d_27_a#97§106

hla d_27_a#97§107

hla d_27_a#97§108

hla d_27_a#97§109

hla d_27_a#97§110

hla d_27_a#97§111

hla d_27_a#97§112

hla d_27_a#97§113

hla d_27_a#97§114

hla d_27_a#97§115

hla d_27_a#97§116

hla d_27_a#97§117

hla d_27_a#97§118

hla d_27_a#97§119

hla d_27_a#97§120

hla d_27_a#97§121

hla d_27_a#97§122

hla d_27_a#97§123

hla d_27 a#97§124

hla d_27_a#97§125

hla d_27_a#97§126

hla d_27_a#97§127

hla d_27_a#97§128

hla d_27_a#97§129

hla r_4#16644

hla d_27_a#65§597

hla d_27_a#6§455

hla d_27_a#6§457

hla d_27_a#63§368

hla d_27_a#63§369

hla d_27_a#63§375

hla d_27_a#63§527

hla d_27_a#198§15

hla d_27_b#622

hla d_27_b#860

hla d_27_b#865

hla d_27_b#1666§4

hla d_27_b#2172

hla r_4_a#16698

Weiteres Bildmaterial setzt sich zusammen aus antiken Ansichtskarten aus meiner eigenen Sammlung sowie von mir erworbenem Pressematerial. Einige Aufnahmen und Artikel wurden mir freundlicherweise von Sammlern bereitgestellt, von denen aber nur Marylene Marsh aus New York genannt werden möchte.

Danksagung

Zuerst einmal möchte ich mich für die Abdruckgenehmigung und Verwendungsmöglichkeit von Fotografien und Archivmaterial beim Hessischen Staatsarchiv in Darmstadt bedanken. Mein besonderer Dank geht hierbei an Dr. Rainer Maaß, der mir auch bei einigen Fragen zur Großherzoglichen Familie von Hessen und bei Rhein sehr hilfreich zur Seite stand, und an Frau Eva Haberkorn, Diplom-Archivarin und Amtfrau im Hessischen Landesarchiv.

Ferner an meine Mutter Angela, die sich stets als Erstleserin und schärfste Kritikerin zur Verfügung stellt.

Bedanken möchte ich mich auch bei den historisch interessierten Sammlern, die sich mit mir über das Haus Battenberg, das Großherzogliche Haus in Hessen und die englische Königsfamilie austauschten und mir auch mit ihrem Wissen weiterhelfen konnten.

Lesen Sie mehr Historisches von Silke Ellenbeck bei DeBehr

Wie alles begann: Band 1 - Geburt, Kindheit, Jugend und die Jahre bis 1922

Silke Ellenbeck

In der Stille die Freiheit

Das bewegte Leben der Prinzessin Alice von Griechenland, Prinzessin von Battenberg, Mutter von Prinz Philip, Duke of Edinburgh, 1885-1969

Band 1

Historische Romanbiografie

486 Seiten Taschenbuch, ISBN: 9783957537140, 14,95€

Australien zur Mitte des 19. Jahrhunderts. Die beiden Sträflinge Henry und Hagen fliehen auf dem roten Kontinent aus der Gefangenschaft. Bald verbindet sie ihr tragisches Schicksal in der australischen Wildnis. Es entwickelt sich eine tiefe Freundschaft. Getrieben von der Hoffnung auf einen Neuanfang, ziehen die beiden Männer durch das weite, noch nahezu unberührte Land. Auf ihrem Weg begegnen sie anderen Verlorenen, deren Schicksale oft nicht minder tragisch sind. Doch bald soll der Zusammenhalt der beiden Männer auf eine harte Probe gestellt werden, denn ein junges Mädchen tritt in ihr Leben ...

Weites Land und rote Erde - in der britischen Kolonie am Ende der Welt kämpfen zwei entflohene Sträflinge um ihr Glück. Ein großartiges Werk von Sehnsucht, Liebe und Hoffnung unter dem endlosen Himmel Australiens.

474 Seiten Taschenbuch, ISBN: 9783944028705

"Als ich noch ein kleines Mädchen war, saß ich oft bei meinem Vater, Zar Nikolaus II., auf dem Schoss und erzählte ihm von meinem Traum. Wenn ich erwachsen geworden bin, werde ich heiraten - ein Soldat müsste es sein - und ich will viele Kinder haben, am besten zwanzig an der Zahl. " Doch dazu würde es nie kommen... Im Jahr 1899 wird dem russischen Herrscher Nikolaus II. eine dritte Tochter geboren. Maria, wie sie genannt wird, wächst auf in einem anachronistischen Hofstaat, zerrissen zwischen der autokratischen Politik ihres Vaters und dem nach Reformen dürstenden Volk. Ihre Kindheit und Jugend geraten zu einem Wechselspiel von verwandschaftlichen Treffen, ausgedehnten Reisen, Kummer und Freude, Krankheiten und dem bald bürgerlichen Familienleben - doch es zeichnet sich ab, dass unter dem Druck der Bevölkerung, den politischen Unruhen, dieser Spagat nicht ewig gelingen kann. Die Bedrohung des so behüteten Lebens hinter den Palastmauern, die gewohnte Sicherheit, werden bald von den drohenden Umbrüchen im Land überschattet... Ein bewegender historisch fundierter biografischer Roman mit zahlreichen Familien-Bildern jener Zeit, geschrieben aus der Sicht der Zarentochter Maria.

678 Seiten Taschenbuch, 14.95€, ISBN: 9783957532206

Als Prinzessin Caroline Reuß zu Greiz am 30. April 1903 in Bückeburg zum Traualtar schreitet, ist sie todunglücklich. Die Ehe war mehr ein kaiserlicher Befehl als eine liebende Verbindung. Ihr Verlobter Großherzog Wilhelm Ernst bat wie sie selbst noch im Vorfeld der Trauung häufiger, doch von dem Eheversprechen entbunden zu werden. Dementsprechend fragil ist die junge Ehe des cholerischen Militaristen Wilhelm Ernst mit der kunstsinnigen Freidenkerin Caroline. Dieses Buch öffnet tiefe und ehrliche Einblicke in ein Leben, welches nur Caritas, Stand und Pflichten kennen darf, in ein Getriebe, das diejenigen unnachgiebig aussiebt, die mehr sein wollen als nur die Frau eines Mannes. Ihr allzu kurzes Leben gerät in dem einengenden Hofstaat immer mehr zur Farce und treibt sie in die Melancholie… Eine bewegende Biografie, basierend auf historischen Fakten. Ellenbecks bewegende Romanbiografie basiert auf historischen Fakten und bietet einen vielseitigen und komplexen Eindruck der Prinzessin Caroline Reuß zu Greiz in ihrer Epoche. Unterlegt mit zahlreichen Familien-Bildern jener Zeit.

354Seiten Taschenbuch, 12.95€, ISBN: 9783957534378